# Grundlagen des Wirtschaftsprivatrechts

**Jos Mehrings**

# Grundlagen des Wirtschaftsprivatrechts

**Theorie und Praxis für Wirtschaftswissenschaftler**

ein Imprint von Pearson Education

München • Boston • San Francisco • Harlow, England
Don Mills, Ontario • Sydney • Mexico City
Madrid • Amsterdam

Bibliografische Information Der Deutschen Bibliothek

Die Deutsche Bibliothek verzeichnet diese Publikation in der Deutschen Nationalbibliografie;
detaillierte bibliografische Daten sind im Internet über *http://dnb.ddb.de* abrufbar.

10  9  8  7  6  5  4  3  2  1


08  07  06


ISBN-13: 978-3-8273-7210-9
ISBN-10: 3-8273-7210-0


© 2006 Pearson Studium
ein Imprint der Pearson Education Deutschland GmbH,
Martin-Kollar-Straße 10-12, D-81829 München/Germany
Alle Rechte vorbehalten
www.pearson-studium.de
Lektorat: Dennis Brunotte, dbrunotte@pearson.de
          Christian Schneider, cschneider@pearson.de
Korrektorat: Uta Schwegmann, Münster
Einbandgestaltung: Thomas Arlt, tarlt@adesso21.net
Herstellung: Elisabeth Prümm, epruemm@pearson.de
Satz: mediaService, Siegen (www.media-service.tv)
Druck und Verarbeitung: Kösel, Krugzell (www.KoeselBuch.de)


Printed in Germany

# Inhaltsübersicht

# Inhaltsverzeichnis

## Teil VII    Grundlagen der Fallbearbeitung    503

### Kapitel 29    Anleitung zur Lösung von Rechtsfällen    505

# Vorwort

Noch ein Lehrbuch zum privaten Wirtschaftprivatrecht, obwohl es doch schon Dutzende zum Bürgerlichen Recht, zum Zivilrecht und auch zum Wirtschaftsprivatrecht gibt? Macht das Sinn? Die Fragen sind berechtigt, weil in der Tat zahlreiche Lehrbücher zu dieser Thematik auf dem Markt sind. Darunter sind auch einige, die speziell die Zielgruppe der „Nebenfach-Juristen" ansprechen wollen, aber nach Aufbau, Stil und Duktus gleichwohl eher juristische Lehrbücher sind. Von diesen Werken möchte sich dieses Buch unterscheiden. Auf der Grundlage einer langjährigen Lehrtätigkeit am wirtschaftswissenschaftlichen Fachbereich der Carl von Ossietzky Universität Oldenburg und im Studiengang Wirtschaft der Fachhochschule Münster sowie einer zwischenzeitlichen fünfjährigen Tätigkeit als Zivilrichter am Amtsgericht, Landgericht und Oberlandesgericht habe ich versucht, es ganz bewusst und zielgerichtet auf die Gruppe der Wirtschaftswissenschaftler auszurichten. Es werden deswegen viele Probleme anders, zugleich aber auch andere Probleme als in einem „echten" juristischen Lehrbuch für Anfangssemester behandelt.

## Was wird anders behandelt?

- Manches, was in einem juristischen Lehrbuch unverzichtbar erscheint, etwa die legendäre Trierer Weinversteigerung, fehlt, weil die betriebliche Praxis das darin liegende Rechtsproblem nur sehr begrenzt interessiert. Dagegen interessieren mehr und mehr die Rechtsprobleme in Zusammenhang mit Versteigerungen im Internet, auf die an verschiedenen Stellen eingegangen wird.

- Bei den Leistungsstörungen wird die bei den Juristen so beliebte Unmöglichkeit in ihren vielfältigen Verschachtelungen und Ausprägungen nicht zu Beginn und auch nicht besonders ausführlich dargestellt; mehr Gewicht wird hingegen auf den Verzug und die Schlechtleistung gelegt, und zwar beim Kaufvertrag, aber auch beim Werkvertrag und beim Mietvertrag. Auch andere Aspekte dieser beiden Vertragstypen werden angesprochen, etwa die Frage der Sicherung von Werklohnforderungen und Probleme der Geschäftsraummiete. Denn es ist weitgehend bekannt, dass Mietverhältnisse über Geschäftsräume oft auf bestimmte Zeit (etwa auf fünf oder zehn Jahre) abgeschlossen werden, aber man macht sich oft keine Gedanken, warum dies so ist (Stichwort: Kein Kündigungsschutz).

- Im Teil Sachenrecht werden dem gesetzlichen Eigentumserwerb und der Kreditsicherung mehr Seiten gewidmet als dem gutgläubigen Erwerb.

- Aspekte des Handels- und Gesellschaftsrechts sind in den jeweiligen Kontext einbezogen, etwa das Schweigen im Handelsverkehr und das kaufmännische Bestätigungsschreiben im Teil zum Vertragsabschluss, die Vertretung von Gesellschaften im Teil Vertretungsrecht und die kaufmännische Rügeobliegenheit in Zusammenhang mit der Mängelhaftung.

Es war mein Ziel, mit vielen Beispielen zu arbeiten, die ich der Rechtsprechung — mehr als einmal auch meiner eigenen — und der betrieblichen Praxis entnommen habe. Der minderjährige Lottogewinner, die unerkannt Geisteskranken und die Hunde, die zu Alleinerben eingesetzt werden sollen, fehlen hingegen. Dies gilt auch für schwierige dogmatische Ableitungen und für juristische Spielereien, soweit diese mehr theoretischer oder akademischer Natur sind. Dagegen sollen Merksätze, Graphiken, Praxistipps, zahlreiche Beispiele, Hinweise zum Anfertigen von Klausuren und ein Glossar wichtiger Begriffe das Buch abrunden.

Ob dieses „etwas andere Lehrbuch" geglückt ist, mag jeder Leser für sich entscheiden. Ich hoffe, den „Nebenfach-Juristen" an Universitäten, Fachhochschulen, Berufsakademien, Verwaltungs- und Wirtschaftsakademien und ähnlichen Einrichtungen einen für das Studium geeigneten und für die spätere Berufspraxis verwertbaren Zugang zum Recht zu eröffnen, der sie in die Lage versetzt, die Bedeutung des Rechts zu erkennen und die Chancen, die es bietet, zu nutzen. Daneben soll dieses Buch aber auch den „jungen Juristen", der seine erste Hausarbeit oder seine ersten Klausuren zu schreiben hat, unterstützen. Schließlich wünsche ich mir, dass Lehrer an berufbildenden Schulen, die Rechtskunde zu unterrichten haben, Nutzen ziehen mögen.

Münster                                                                      Jos Mehrings

## Zur Arbeit mit diesem Buch

Wenn Sie dieses Buch nutzen wollen, um sich auf eine Klausur oder einen sonstige Prüfung vorzubereiten, sollten Sie folgende Arbeitshinweise beachten.

- Schlagen Sie Ihr BGB auf. Jede Vorschrift, die im Text genannt ist, lesen Sie bitte sorgfältig durch. Wenn Sie Schwierigkeiten mit dem Verständnis eines Paragraphen haben, notieren Sie sich, was Sie nicht verstehen. Bearbeiten Sie dann den Text und kontrollieren Sie, ob die Verständigungsprobleme verschwunden sind. Anderenfalls fragen Sie jemanden, der Ihnen weiterhelfen kann, zum Beispiel Ihren Dozenten.

- Fast alle im Text enthaltenen Vorschriften einschließlich des BGB sind in der Textsammlung „Zivilrecht" (Nomos Gesetze) enthalten (erscheint jährlich neu).

- Lesen Sie die Ausführungen im Text langsam, wenn es geht am besten laut. Versuchen Sie, einzelne Passagen zu wiederholen. Etwa so: „Also § 164 Abs. 1 BGB setzt voraus, dass ...“

- Machen Sie, wenn überhaupt, zurückhaltend vom Textmarker Gebrauch. Hier gilt der Satz: „Weniger ist mehr!" Schreiben Sie sich besonders wichtige Passagen heraus. Das erleichtert das Behalten.

- Prägen Sie sich die Merksätze ein, und bearbeiten Sie die Übungsaufgaben! Versuchen Sie, die Merksätze nach einer kleinen Pause zu wiederholen.

- Bei einigen Paragraphen finden Sie vor den einzelnen Voraussetzungen (den Tatbestandsmerkmalen) die Abkürzungen P1, P2, N1 usw. Die Bezeichnung „P" steht dabei für ein positives Merkmal, dass vorliegen muss, um eine bestimmte Rechtsfolge zu begründen. Die Bezeichnung „N" steht für ein negatives Merkmal, das *nicht* vorliegen darf, weil es die Rechtsfolge ausschließt. Betrachtet man eine Anspruchsgrundlage, dann sind die P-Voraussetzungen anspruchsgründend, die N-Voraussetzungen anspruchsvernichtend oder anspruchshemmend. Was heißt das nun?

Vergleichen Sie zum besseren Verständnis die Ausführungen auf den Seiten 221 f. unter Gliederungspunkt 13.2. Danach hat der Anspruch des Käufers auf eine Nacherfüllung des Kaufvertrages nach § 437 Nr. 1 BGB drei positive Voraussetzungen (P1, P2, P3, vgl. S. 221). Diese drei „P-Voraussetzungen" müssen als alle drei vorliegen. Fehlt nur *eine* davon, besteht kein Anspruch.

Von den vier „N-Voraussetzungen" (N1, N2, N3, N4, S. 222) darf *keine* vorliegen. Ist auch nur *eine* der negativen Voraussetzungen gegeben, besteht der Anspruch nicht bzw. ist er nicht durchsetzbar.

# Einleitung

Juristische Vorlesungen erfreuen sich jedenfalls bei einem Teil der Studierenden keiner besonders großen Beliebtheit. Immer wieder wird beklagt, „Recht sei eine trockene Materie" oder gar langweilig und die Fälle (Beispiele), die man lernen müsse, seien an den Haaren herbeigezogen. Damit einher geht die auch in breiten Bevölkerungskreisen vertretene Auffassung, Recht haben und Recht bekommen seien ganz unterschiedliche Dinge, die Gerichte seien zu teuer und arbeiteten zu langsam und viele (Straf-)Urteile schützten mehr den Täter als das Opfer. Auch die Juristen selbst kommen oft nicht gut weg. Da ist von Paragraphenreitern, von Winkeladvokaten oder gar von Rechtsverdrehern die Rede. In der Kurzgeschichte „Der Vertrag" von Ludwig Thoma[1] heißt es in sehr bissiger Form:

> *„Der königliche Landgerichtsrat Alois Eschenberger war ein guter Jurist und auch sonst von mäßigem Verstande. Er kümmerte sich nicht um das Wesen der Dinge, sondern ausschließlich darum, unter welchen rechtlichen Begriff dieselben zu subsumieren waren".*

Die Einschätzungen über das Recht und über die Juristen sollen hier – man möge mir dies nachsehen – unkommentiert bleiben, doch hat Ludwig Thoma uns zu einem der zentralen Aspekte der juristischen Tätigkeit geführt: Dem **Subsumieren**. Hierbei handelt es sich um einen juristischen Zentralbegriff. Allerdings ist nicht jeder, der gut subsumiert, allein deswegen auch ein guter Jurist, denn das erfordert eine ganze Reihe weiterer Fähigkeiten und persönlicher Eigenschaften. Aber jemand, der nicht subsumieren kann, ist mit ziemlich großer Sicherheit kein guter Jurist. Dieses Wortspiel lässt sich zwanglos auf das Anfertigen von juristischen Klausuren und Hausarbeiten übertragen. Wer gut subsumiert, hat nicht automatisch Erfolg. Wer aber nicht subsumiert, wird kaum Erfolg haben.

Was steckt also hinter diesem Wort? Um was geht es? Es geht um die Anwendung einer juristischen Vorschrift auf einen bestimmten Sachverhalt. Die Gesetze sind abstrakt gefasst, gelten also für eine Vielzahl von Sachverhalten und für eine Vielzahl von Personen. Entschieden werden müssen aber konkrete Sachverhalte, an denen wenige Personen beteiligt sind oder, etwa bei der Anfertigung eines Testamentes, nur eine Person beteiligt ist.

> **Beispiel** Fahrradfahrer F kommt zu Fall, weil Autofahrer A ihm die Vorfahrt nimmt. F verlangt von A Schadensersatz.

---

1   Die sehr lesenwerte Geschichte findet sich unter *http://gutenberg.spiegel.de/thoma/muenchnr/ mnch205.htm* (Stand 18.5.2006).

Dieser einfache Fall ist natürlich in keinem Gesetz der Welt geregelt. Andererseits muss es Regelungen geben, ob F von A Schadensersatz verlangen kann. Die hier in Betracht kommende Vorschrift ist § 823 Abs. 1 BGB. Dort heißt es:

> *„Wer vorsätzlich oder fahrlässig das Leben, den Körper, die Gesundheit oder die Freiheit, das Eigentum oder ein sonstiges Recht eines anderen widerrechtlich verletzt, ist dem anderen zum Ersatze des daraus entstehenden Schadens verpflichtet".*

Subsumieren bedeutet jetzt, dass geprüft wird, ob die in § 823 Abs. 1 BGB enthaltenen, abstrakt aufgeführten Voraussetzungen (Tatbestandsmerkmale) in *diesem* Fall, also konkret vorliegen. Liegen alle Voraussetzungen vor, dann ist Autofahrer (A) dem Fahrradfahrer (F) nach § 823 Abs. 1 BGB zum Schadensersatz verpflichtet; fehlt eine Voraussetzung, besteht nach § 823 Abs. 1 BGB kein Anspruch des F auf Schadensersatz. In Betracht kommen aber andere Anspruchsgrundlagen, die entsprechend zu prüfen sind.

Die Juristen haben eine ausgefeilte Technik der Rechtsanwendung entwickelt. Diese so genannte **Subsumtionstechnik** sollte jeder, der ein juristisches Problem in der Praxis zu bearbeiten oder eine juristische Aufgabe in der Ausbildung zu lösen hat, beherrschen und anwenden. Wie man das macht, wird innerhalb dieses Buches immer wieder an Beispielen und in einem eigenen Kapitel zur Lösung von Rechtsfällen erläutert[2].

Die Subsumtionstechnik ist aber nicht alles. Zu ihr muss sich Wissen gesellen: Und zwar nicht allein das Wissen von bestimmten Einzelheiten, sondern auch die Kenntnis von Strukturen und Zusammenhängen. Oft reicht es aus, dass man weiß, *wo* etwas steht, um nachzusehen, *was* da steht. Warum sollte man sich die verschiedenen Verjährungsfristen merken, wenn man sich gemerkt hat, wo die Fristen in etwa stehen oder wenn man in der Lage ist, mit Hilfe des Sachregisters die maßgeblichen Vorschriften zu finden.

Diese Ausführungen sollten nicht so verstanden werden, dass man keine Einzelheiten wissen darf! Wissen schadet nicht. Im Gegenteil: Bestimmte Definitionen und Zusammenhänge sollte man sogar wissen, weil sie im BGB und in den anderen Gesetzen nicht geregelt sind.

- So definiert das BGB in § 276 Abs. 2 BGB den Begriff „Fahrlässigkeit", aber an keiner Stelle den Begriff „Vorsatz".

- Aus § 151 BGB lässt sich zwar entnehmen, dass ein Vertrag durch die Annahme eines Antrages zustande kommt. Es wird aber weder hier noch an einer anderen Stelle definiert, was ein Antrag ist und wann eine Annahme vorliegt. Diese Begriffe sollte man kennen und sich merken.

- Gleiches gilt für den Begriff „Zugang" in § 130 Abs. 1 S. 1 BGB. Diese Vorschrift regelt, dass bestimmte Willenserklärungen (erst) wirksam werden, wenn sie einem anderen zugehen, sagt aber nicht, was unter „Zugang" zu verstehen ist.

---

2   29. Kapitel, S. 505 ff.

| Merksatz | Was Sie unbedingt wissen sollten und notfalls auswendig lernen müssen, wird in diesem Buch als **Merksatz** besonders gekennzeichnet. |
|---|---|

Wenn es jetzt für die Lösung eines Rechtsstreits darauf ankommt, ob ein Schreiben ein Angebot darstellt oder ob eine Kündigung rechtzeitig zugegangen ist, dann muss der jeweilige Begriff vor der Subsumtion definiert werden. **Ohne Definition keine Subsumtion!** Zuvor wird der Begriff, der geprüft werden soll, genannt. Dazu ein Beispiel aus einem ganz anderen Bereich:

**Beispiel** Im Berliner Olympiastadion findet ein Internationales Leichtathletikmeeting statt. Neben den üblichen Siegprämien gibt es einen Sonderpreis für denjenigen, der einen bestehenden Weltrekord verbessert. Wenn jetzt festgestellt werden soll, ob die in einem Stabhochsprungwettbewerb vom Sieger erzielte Höhe einen neuen Weltrekord bedeutet, muss zunächst geklärt werden, bei welcher Höhe der Weltrekord bisher liegt. Dieser Schritt entspricht der Definition. Anschließend wird geprüft, ob die im konkreten Wettbewerb erzielte Höhe größer ist. Dieser Schritt entspricht der Subsumtion.

**Nennen:** Es ist zu prüfen, ob ein neuer Weltrekord im Stabhochsprung aufgestellt worden ist.
**Definition:** Der bisherige Weltrekord liegt bei 6,14 m.
**Subsumtion:** Die heute erzielte Höhe beträgt 6,13 m und liegt damit 1 cm unter dem bisherigen Weltrekord. Es wurde also kein neuer Weltrekord aufgestellt.

Ganz ähnlich funktioniert die juristische Subsumtion: Auch wird zunächst allgemein definiert, danach wird konkret geprüft, also subsumiert. Diese Technik muss man üben, üben und nochmals üben.

## Was kommt inhaltlich auf Sie zu?

Die folgenden Fälle sollen Ihnen einen kleinen Vorgeschmack auf das liefern, was Sie in diesem Buch erwartet. Alle Beispiele sollten Sie nach dem Durcharbeiten des Buches lösen können. An dieser Stelle können Sie vorab eine Vermutung äußern, die dann später auf ihre Richtigkeit hin zu überprüfen ist.

## 1. Ein Fehler kommt selten allein (Versteigerung im Internet)[3]

Ein Student der Betriebswirtschaftslehre bot bei einer Versteigerung im Internet einen reimportierten neuen VW Passat zum Verkauf an den Höchstbietenden an. Ihm unterliefen dabei zwei „kleine" Fehler: Er setzte keinen Mindestpreis fest und ließ Bieterstufen von 10,-- DM, also etwa 5,-- € zu. Das Ergebnis: Am Ende der Auktion belief sich das höchste Gebot auf – umgerechnet – 13.472,-- €, während der Listenpreis des Fahrzeuges 29.140,-- € betrug. Angesichts dieses schlechten Geschäfts weigerte sich der Student, das Fahrzeug an den letzten Bieter auszuliefern. Dieser erhob daraufhin Klage vor dem zuständigen Landgericht Münster. Dieses wies die Klage ab. Das ließ sich der Bieter nicht bieten und ging in die Berufung. Das OLG Hamm gab ihm Recht, weil der Student aufgrund der Versteigerungsbedingungen verpflichtet sei, mit dem letzten Bieter einen Kaufvertrag abzuschließen. Gegen dieses Urteil legte der Student Revision beim Bundesgerichtshof ein. Musste er das Fahrzeug für 13.472,-- € an K liefern? Schreiben Sie Ihre Lösung in den folgenden Kasten:

> **Meine Lösung:**

## 2. Schnell verdientes Geld? (Skontoklausel)[4]

Die S-GmbH erthält von der G-AG eine Rechnung über 350.000,-- €. Auf der Rechnung heißt es:

> *„Bei Zahlung innerhalb von 10 Tagen gewähren wir einen Nachlass von 3 % auf den Rechnungsbetrag."*

Die S-GmbH erteilt ihrer Hausbank am letzten Tag der Zehn-Tages-Frist unter Abzug von 3 % (= 10.500,-- €) einen Überweisungsauftrag. Zwei Tage später wird das Geld auf dem Konto der G-AG gutgeschrieben. Diese meint, die Zahlung sei verspätet erfolgt und verklagt die S-GmbH auf Zahlung des in Abzug gebrachten Betrages. Wer wird den Prozess gewinnen?

> **Meine Lösung:**

---

3   Zur Lösung vgl. S. 39.
4   Zur Lösung vgl. S. 171.

### 3. Weniger wäre mehr gewesen (Inhaltskontrolle von AGB)[5]

In dem vom Gebrauchtwagenhändler G ständig genutzten „Autokaufvertrag" heißt es in Ziffer 9: „Alle Mängel sind unverzüglich, spätestens aber innerhalb von zwei Wochen anzuzeigen". Käufer K lässt sich ein wenig mehr Zeit und reklamiert einen Mangel erst nach drei Wochen. G beruft sich auf den von K unterschriebenen Vertrag und verweigert die von K geforderte Nachbesserung. Zu Recht?

**Meine Lösung:**

### 4. Sicher ist sicher (Vertragsstrafe)[6]

In einem vom Besteller vorformulierten Bauvertrag über ein Bürohaus heißt es:

*„§ 8 Fertigstellung: Das Gebäude ist bis zum 31.08.2006 bezugsfertig zu erstellen.*

*§ 9 Vertragsstrafe: Für jeden Tag der verspäteten Fertigstellung hat der Unternehmer einen Betrag von 1.000,-- € an den Auftraggeber zu zahlen."*

Der Abschluss der Arbeiten verzögert sich um 13 Tage. Muss der Unternehmer aufgrund des § 9 des Bauvertrages 13.000,-- € an den Auftraggeber zahlen?

**Meine Lösung:**

### 5. Sankt Florian lässt grüßen (Sachmängelhaftung)[7]

Käufer K hat bei Verkäufer V einen Laptop mit dreijähriger Herstellergarantie gekauft. Vier Monate nach dem Kauf treten erhebliche Mängel auf. K wendet sich an V mit der Bitte um eine Reparatur. V erklärt unter Hinweis auf die Herstellergarantie, K müsse sich direkt an den Hersteller wenden, dieser sei zuständig. Hat V Recht?

**Meine Lösung:**

---

5    Zur Lösung vgl. S. 87.
6    Zur Lösung vgl. S. 217.
7    Zur Lösung vgl. S. 267.

## 6. Erst die Arbeit – dann kein Geld? (Absicherung von Werklohnforderungen)[8]

Unternehmer U ist vertraglich verpflichtet, für den Auftraggeber A ein Bürohaus zu errichten. Drei Wochen vor Beginn der Arbeiten verlangt U von A, dass dieser eine Sicherheit für die Werklohnforderung in Form einer Bürgschaft oder einer Garantie stellen soll. Anderenfalls werde er mit den Arbeiten nicht beginnen. A erwidert, da dieser Punkt im Bauvertrag nicht geregelt sei, habe U keinen Anspruch auf eine solche Sicherheit. Wer hat Recht?

Meine Lösung:

## 7. Schönheit vergeht – aber wer zahlt die Reparaturen? (Überwälzung von Schönheitsreparaturen)[9]

Mieter M hat eine Wohnung von Vermieter V gemietet. In dem von V vorgelegten und dann von V und M unterschriebenen Mietvertrag heißt es:

*„Der Mieter ist verpflichtet, auf seine Kosten die Schönheitsreparaturen fachgerecht auszuführen. Die Zeitfolge beträgt bei Küche, Bad und Toilette zwei Jahre, bei allen anderen Räumen fünf Jahre".*

Als M nach gut fünf Jahren auszieht, verlangt V die Durchführung der Arbeiten. M weigert sich mit der Begründung, die Regelung sei „zu starr" und deshalb unwirksam. Hat M Recht?

Meine Lösung:

## 8. Guter Glaube oder böse Absicht? (Gutgläubiger Erwerb)[10]

Leasingnehmer N hat eine DV-Anlage vom Leasinggeber G geleast. N veräußert diese Anlage für einen angemessenen Preis an X, der davon ausgeht, dass die Anlage N gehört. Ist X Eigentümer der Anlage geworden?

Meine Lösung:

---

8    Zur Lösung vgl. S. 310.
9    Zur Lösung vgl. S. 326.
10   Zur Lösung vgl. S. 431 ff.

## 9. Künstlerpech hoch drei
### (mündliche Bürgschaft eines GmbH-Geschäftsführers)[11]

Die Rechtsanwälte R sind für die C-GmbH tätig. Da diese finanziell angeschlagen ist und mehrere Rechnungen der Anwälte offenstehen, weigern sich die Anwälte, neue Mandate für die C-GmbH zu übernehmen. Erst nachdem der Geschäftsführer G der GmbH am Telefon erklärt hat, „zur Not sei er ja auch noch da" nehmen die Anwälte ihre Arbeit wieder auf. Als die GmbH später in die Insolvenz gerät, verlangen die Anwälte die Bezahlung der Rechnungen für die neuen Mandate von G persönlich. Sie sind der Meinung, G habe eine Bürgschaft übernommen. G meint, es bestehe kein Anspruch gegen ihn, weil seine Zusage nur mündlich erfolgt sei. Daraufhin erheben die Rechtsanwälte gegen G eine Zahlungsklage vor dem zuständigen Landgericht. Mit Erfolg?

**Meine Lösung:**

## 10. Und es hat Zoom gemacht (Gesetzlicher Eigentumserwerb)[12]

F liefert Holzfenster unter Eigentumsvorbehalt an K. K lässt diese Fenster in sein Bürogebäude einbauen. Weil K die fällige Rechnung des F auch nach zwei Mahnungen nicht bezahlt, will F die Fenster unter Hinweis auf den Eigentumsvorbehalt wieder ausbauen und abholen lassen. K meint, er habe durch den Einbau der Fenster das Eigentum erlangt und müsse den Ausbau deshalb nicht dulden. Hat K Recht?

**Meine Lösung:**

---

11  Zur Lösung vgl. S. 470, 480.
12  Zur Lösung vgl. S. 447.

# TEIL I

## Verträge und andere Rechtsgeschäfte

# Der Abschluss von Verträgen

1

ÜBERBLICK

## Lernziele dieses Kapitels

*Was kommt in diesem Kapitel auf Sie zu? Sie lernen die wichtigsten Möglichkeiten kennen, wie ein Vertrag geschlossen wird. Es geht um Angebot und Annahme, um die Vorstufe eines Angebotes („invitatio ad offerendum" genannt), um die Rechtzeitigkeit der Vertragsannahme, um Willenserklärungen und deren Auslegung und um das Wirksamwerden (den Zugang) von Willenserklärungen. Sie werden nach der Lektüre in der Lage sein, Fragen des Vertragsabschlusses zuverlässig zu bearbeiten.*

Der Abschluss von Verträgen ist ein so wichtiges Thema, dass damit die Ausführungen in diesem Buch beginnen sollen. Ohne den Abschluss von Verträgen könnte die Volkswirtschaft nicht bestehen, weil der Vertrag das zentrale Mittel für die Regelung des Wirtschaftslebens bildet. Wichtige Verträge sind zum Beispiel der Kaufvertrag, der Mietvertrag, der Dienstvertrag unter Einschluss des Arbeitsvertrages und der Werkvertrag. Auch jeder Verbraucher schließt wohl täglich einen oder mehrere Verträge ab, häufig ohne es bewusst wahrzunehmen. Der Grund dafür besteht darin, dass der weitaus größte Teil aller Verträge mündlich geschlossen wird, aber dennoch wirksam ist.

**Beispiele**
- Kaufverträge über Lebensmittel
- Beförderungsverträge in Bussen und Bahnen
- Verträge zum Kino- und Theaterbesuch

Wie „funktioniert" also ein Vertragsabschluss? Was ist dafür erforderlich? Die Grundlagen für die Beantwortung dieser Fragen finden sich im Bürgerlichen Gesetzbuch (BGB) von 1896, welches bis heute gilt. Auch „moderne Verträge", wie beispielsweise die immer häufiger abgeschlossenen „Internetverträge", werden nach den Regelungen dieses „alten Gesetzes" beurteilt.

Einen wichtigen Ausgangspunkt für den Vertragsabschluss bildet § 151 BGB. Aus dem ersten Halbsatz dieser Vorschrift („Der Vertrag kommt durch die Annahme des Antrags zustande ...") ergibt sich, dass zunächst einmal

- ein Antrag vorliegen muss, der sodann
- (rechtzeitig) angenommen werden muss.

> **Beispiel** Ein Student der Betriebswirtschaftslehre bot bei einer Versteigerung im Internet einen reimportierten neuen VW Passat zum Verkauf an den Höchstbietenden an. Ihm unterliefen dabei zwei „kleine" Fehler: Er setzte keinen Mindestpreis fest und ließ Bieterstufen von 10,-- DM, also etwa 5,-- € zu. Das Ergebnis: Am Ende der Auktion belief sich das höchste Gebot auf – umgerechnet – 13.472,-- €, während der Listenpreis des Fahrzeuges 29.140,-- € betrug. Angesichts des aus seiner Sicht schlechten Geschäfts weigerte sich der Student, das Fahrzeug an den letzten Bieter auszuliefern. Dieser verklagte den Studenten vor dem Landgericht (LG) Münster, das die Klage jedoch abwies. Diese Entscheidung akzeptierte der letzte Bieter jedoch nicht und legte gegen das Urteil des LG Münster Berufung ein, die vor dem Oberlandesgericht (OLG) Hamm Erfolg hatte. Gegen dieses Urteil ging der Student mit der Revision vor, verlor aber erneut: Er wurde vom Bundesgerichtshof (BGH) in letzter Instanz zur Lieferung eines entsprechenden Fahrzeuges zum Preis von 13.472,-- € verurteilt, weil – so der BGH – zu diesem Preis ein Kaufvertrag zustande gekommen sei.[1]

Statt des etwas ältlichen Begriffes „Antrag" spricht man heute meistens vom „Angebot", sodass sich für den Vertragsabschluss folgende Formel ergibt:

> **Merksatz** Angebot + rechtzeitige Annahme des Angebotes = Vertrag

Dies ist die häufigste Art, wie die für den Vertragsabschluss erforderliche **Einigung** der Parteien – so werden die am Vertrag beteiligten Personen genannt – erzielt wird. Verträge kommen aber auch zustande, wenn die Parteien sich auf andere Weise einigen. So lässt sich, insbesondere bei längeren Verhandlungen, bisweilen gar nicht mehr eindeutig klären, wer das entscheidende letzte Angebot gemacht und wer die Annahme erklärt hat. Bei Verträgen, die zwischen den Parteien über längere Zeit ausgehandelt worden sind oder die ein Notar aufgesetzt und beurkundet hat, kann es vom Zufall abhängen, wer zuerst unterschreibt und damit das Angebot abgibt, und wer als Zweiter unterschreibt und damit die Annahme erklärt. Darauf kommt es aber auch gar nicht an, wenn feststeht, dass die Parteien sich geeinigt, also einen Konsens erzielt haben.

## 1.1 Angebot

Wenn zu entscheiden ist, ob ein Angebot zum Abschluss eines Vertrages vorliegt, muss zunächst allgemein (abstrakt) geklärt werden, was ein Angebot ist. Hier geht es also um eine **Definition** des Begriffes „Angebot". Danach ist zu prüfen, ob im konkreten Fall ein Angebot vorliegt. Dieser Vorgang heißt **Subsumtion**.

---

[1]  Veröffentlicht in Neue Juristische Wochenschrift (NJW) 2002, S. 363 ff.

> **Merksatz**  Ein Angebot (Antrag) ist eine **Willenserklärung**, die auf den Abschluss eines Vertrages gerichtet ist. Die Erklärung muss alle wesentlichen Vertragsinhalte enthalten, nämlich die **Parteien** des Vertrages, die **Leistung** der einen Seite und die **Gegenleistung** der anderen Seite, sodass der Vertrag durch ein einfaches „Ja" der anderen Seite zustande kommen kann. Erforderlich ist außerdem, dass der Anbietende sich rechtlich binden will (**Rechtsbindungswille**, **Rechtsfolgewille**).
>
> Abgekürzt kann man von **P/L/GL + RBW** sprechen (für **P**arteien, **L**eistung, **G**egenleistung und **R**echtsbindungs**w**illen).

> **Beispiel**  V erklärt dem K, er sei bereit, sein Auto für 3.000,-- € an K zu verkaufen. Liegt ein Angebot vor?
>
> **Definition**: Ein Angebot muss die Parteien des Vertrages, die Leistung der einen Partei und die Gegenleistung der anderen Partei enthalten. Außerdem muss der Erklärende sich rechtlich binden wollen.
>
> **Subsumtion**: Die inhaltlichen Bestandteile eines Angebotes sind gegeben, nämlich die Parteien des Vertrages (V als Verkäufer und K als Käufer), die Leistung (Übereignung des Autos von V an K) und die Gegenleistung (Zahlung von 3.000,-- € durch K an V). Aus dem Verhalten des V ist auf den Rechtsbindungswillen, das Fahrzeug zu verkaufen, zu schließen. Also liegt ein Angebot vor.

Besonderheiten für den Inhalt eines Angebotes bestehen bei Dienst- und Werkverträgen (§§ 611, 631 BGB). Zwar müssen auch hier die Parteien und die von der einen Partei zu erbringende Leistung im Angebot enthalten sein, doch muss die Gegenleistung der anderen Partei nicht genau bezeichnet werden.

> **Beispiel**  Im Einfamilienhaus des E ist es zu einem Wasserrohrbruch gekommen. E erteilt dem Sanitärfachmann S den „Auftrag zur Reparatur". Hier stehen die Parteien des Vertrages fest (E und S), die Leistung ist ebenfalls bezeichnet (erfolgreiche Reparatur), die Gegenleistung ist hingegen unklar, weil noch nicht feststeht, was E für die Reparatur zu zahlen hat. Diese Lücke wird durch § 632 Abs. 2 BGB geschlossen, weil es sich bei dem „Reparaturauftrag" trotz der Bezeichnung als Auftrag nicht um einen unentgeltlichen Auftrag (§ 662 BGB), sondern um einen Werkvertrag im Sinne des § 631 BGB handelt. Das Angebot des E ist deshalb so zu verstehen, dass er sich bereit erklärt, die übliche Vergütung für eine erfolgreiche Reparatur zu zahlen.

Eine Vorstufe zum Angebot bildet die so genannte **invitatio ad offerendum** (Einladung zur Abgabe eines Angebotes, oft auch mit „Aufforderung zur Abgabe eines Angebotes" übersetzt). Sie liegt vor, wenn das Verhalten einer Person noch kein Angebot beinhaltet, sondern darauf gerichtet ist, eine bestimmte andere Person oder viele andere Personen zur Abgabe von (verbindlichen) Angeboten zu veranlassen. Wegen des fehlenden rechtlichen Bindungswillens handelt es sich bei einer invitatio ad offerendum noch nicht um eine Willenserklärung. Beispiele bilden Anzeigen in Tageszeitungen oder Illustrierten und Auslagen in Schaufenstern.

> **Merksatz** Die invitatio ad offerendum ist kein Angebot, weil der Wille des Handelnden, sich rechtlich zu binden, noch fehlt. Ob bereits ein (verbindliches) Angebot oder nur eine (unverbindliche) invitatio ad offerendum vorliegt, ist im Wege der Auslegung zu entscheiden.

## 1.1.1 Willenserklärung

Bevor auf die Auslegung von Willenserklärungen eingegangen wird, muss zunächst geklärt werden, was eine Willenserklärung ist.

> **Merksatz** Eine Willenserklärung ist die Erklärung einer Person, die auf die Herbeiführung einer Rechtsfolge gerichtet ist. Wesentlicher Bestandteil einer Willenserklärung ist der **Rechtsbindungswille**, also der Wille, eine in rechtlicher Hinsicht verbindliche Handlung vorzunehmen, zum Beispiel einen Vertrag abzuschließen, die Kündigung eines Mietvertrages auszusprechen oder eine Anfechtung wegen arglistiger Täuschung zu erklären. Dieser Wille wird auch **Rechtsfolgewille** genannt.

Jede Willenserklärung besteht aus einer **objektiven** und einer **subjektiven Komponente**. Für das Verständnis ist es am einfachsten, wenn man das Wort Willenserklärung in seine beiden Bestandteile zerlegt.

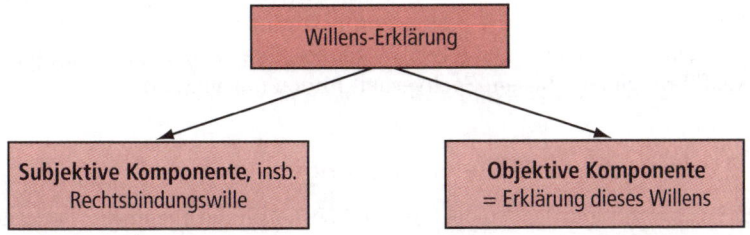

Abbildung 1.1: Willenserklärung

### Die subjektive Komponente

Die **subjektive Komponente** der Willenserklärung beinhaltet den Willen, eine rechtlich relevante Erklärung abzugeben, also mit Rechtsbindungswillen (Rechtsfolgewillen) zu handeln. Ob dieser Wille vorliegt, muss im Wege der Auslegung ermittelt werden, wobei der Grundsatz gilt: Je wichtiger eine Angelegenheit ist, desto eher ist ein Rechtsbindungswille anzunehmen.

> **Beispiele**
>
> ■ Die Zusage, sich mittags in der Mensa oder abends zum Kartenspielen zu treffen, enthält keine Willenserklärung, weil keine verbindliche Rechtsfolge begründet werden soll. Die Nichteinhaltung führt zu keinen rechtlichen Konsequenzen, doch muss man vielleicht in Zukunft allein essen oder sich eine neue Kartenspielrunde suchen.
>
> ■ Der Zusage, jemanden im Auto mitzunehmen, damit dieser rechtzeitig zur Klausur oder zur Arbeit kommt, ist im Wege der Auslegung wegen der Bedeutung der Angelegenheit ein Rechtsfolgewille zu entnehmen. Die Nichteinhaltung kann zu Schadensersatzansprüchen führen.

## Die objektive Komponente

Die **objektive Komponente** der Willenserklärung ist die Äußerung des Rechtsbindungswillens. Wenn jemand eine Willenserklärung abgeben will, dies aber nicht erklärt, sich also nicht äußert, dann liegt noch keine Willenserklärung vor.

> **Beispiel** Ein Arbeitgeber hat sich fest entschlossen, einem Angestellten zu kündigen. Er hat das Kündigungsschreiben bereits erstellt und unterschrieben (vgl. § 623 BGB). Der Arbeitgeber findet aber nicht den „richtigen Zeitpunkt" für die Aushändigung des Schreibens an den Arbeitnehmer. Deshalb liegt mangels Erklärung des Willens noch keine Willenserklärung vor.

## Schweigen (Nichtreagieren)

Da die Erklärung des Willens einer der beiden Bestandteile einer Willenserklärung ist, gibt derjenige, der nicht reagiert, also **schweigt**, in der Regel keine Willenserklärung ab. Dies gilt – was oft verkannt wird – auch unter Kaufleuten. Nur dann, wenn im Gesetz etwas anderes geregelt ist oder wenn bestimmte handelsrechtliche Besonderheiten vorliegen, kann Schweigen (Nichtreagieren) eine Willenserklärung sein. Detailliertere Ausführungen zu diesem Sachverhalt finden Sie ab S. 46.

## 1.1.2 Auslegung von Willenserklärungen

Mehrfach ist bereits von der Auslegung von Willenserklärungen die Rede gewesen. Was ist eine Auslegung? Wie wird eine Auslegung vorgenommen? Wann muss eine Auslegung erfolgen? Nun, Willenserklärungen werden im täglichen Leben oft nicht eindeutig und klar formuliert. Insbesondere bei mündlichen Erklärungen ergibt sich häufig erst aus dem Zusammenhang, in dem sie abgegeben werden, was gemeint ist. Es kommt auch vor, dass gar keine schriftliche oder mündliche Erklärung erfolgt, sondern nur eine Handlung vorgenommen wird. Auch hierbei kann es sich um eine Willenserklärung handeln[2]. In allen unklaren Fällen muss im Wege der **Auslegung**

---

2    Vgl. S. 40 f.

ermittelt werden, ob (überhaupt) schon eine Willenserklärung vorliegt und (wenn ja) welchen Inhalt sie hat.

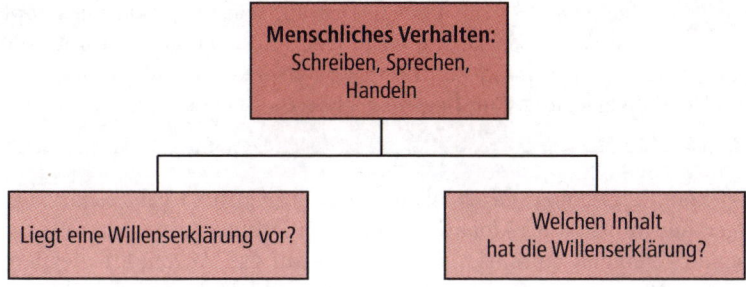

Abbildung 1.2: Menschliches Verhalten

## Auslegungsmethode

Ausgangspunkt für die Beantwortung der Fragen, *ob* (schon) eine Willenserklärung vorliegt und *welchen Inhalt* sie hat, ist § 133 BGB, der in einer etwas schwer verständlichen Formulierung vorschreibt, dass bei der Auslegung einer Willenserklärung der wirkliche Wille zu erforschen und nicht an dem buchstäblichen Sinne des Ausdrucks zu haften ist. Außerdem ist es üblich, für die Auslegung von Willenserklärungen neben § 133 BGB zusätzlich § 157 BGB heranzuziehen, obwohl diese Vorschrift nach ihrem Wortlaut nur für die Auslegung von Verträgen gilt. Man spricht dann von einer Auslegung gemäß §§ 133, 157 BGB.

Vorsicht ist bei der Formulierung des § 133 BGB geboten: Diese Vorschrift kann leicht zu einem Missverständnis führen, da es so scheint, als komme es (ausschließlich) auf den wirklichen Willen des Erklärenden an. Dieser Ansatz ist aber nur dann richtig, wenn der Empfänger eine Erklärung genau so versteht, wie der Erklärende sie gemeint hat. In diesem Fall ist es ohne Folgen, wenn bei strenger juristischer Sicht ein falsches Wort benutzt wird.

> **Beispiel** V betreibt einen „Autoverleih". Er bietet M mündlich den Abschluss eines „Leihvertrages" an, wonach M gegen Zahlung von 35,-- € pro Tag einen OPEL Corsa benutzen darf. M ist einverstanden. Hier hat V nach dem Wortlaut ein Angebot zum Abschluss eines „Leihvertrages" gemacht. V wollte jedoch einen Mietvertrag abschließen, weil die Überlassung des Fahrzeuges nicht unentgeltlich (nur dann läge eine Leihe vor, § 598 BGB), sondern gegen Zahlung einer Miete erfolgen sollte (§ 535 Abs. 2 BGB). Da M dies auch so verstanden hat, ist der wirkliche Wille des V maßgeblich und es darf nicht – wie es in § 133 BGB so schön heißt – „an dem buchstäblichen Sinne des Ausdrucks" gehaftet werden. Die falsche Bezeichnung als Leihvertrag steht dem Abschluss eines Mietvertrages nicht entgegen, sie schadet nicht.

Besteht kein übereinstimmendes Verständnis (V meint Miete, M versteht Leihe), kommt es hingegen – insoweit abweichend vom Wortlaut des § 133 BGB – *nicht* auf den wirklichen Willen des Erklärenden, sondern darauf an, wie der Empfänger die Erklärung verstehen musste.

> **Merksatz** Für die Auslegung einer (unklaren) Willenserklärung kommt es nach §§ 133, 157 BGB darauf an, wie der Erklärungsempfänger die Willenserklärung nach Treu und Glauben und unter Berücksichtigung der Begleitumstände und der Verkehrssitte verstehen musste. Dieser Ansatz wird als **Auslegung vom Empfängerhorizont** bezeichnet.

Dies klingt komplizierter als es ist. Vereinfacht ausgedrückt geht es darum, wie ein vernünftiger, gut informierter Mensch („objektiver Dritter") die Erklärung eines anderen Menschen verstehen musste. Also kommt es auf das Verständnis des Empfängers an. Dieser Ansatz geht aber nicht so weit, dass „der Empfänger sich dumm stellen" und die Erklärung so verstehen darf, wie sie für ihn am günstigsten ist. Er ist vielmehr nach Treu und Glauben verpflichtet, unter Berücksichtigung aller ihm erkennbaren Umstände mit gehöriger Aufmerksamkeit zu prüfen, was der Erklärende gemeint hat.

> **Beispiel** Verkäufer V hat Kaufmann K eine Ware zum „Komplett-Preis" angeboten, ohne die Umsatzsteuer aufzuführen. K kann daraus nicht ohne weiteres ableiten, dass der angegebene Preis der Bruttopreis ist, also die Umsatzsteuer enthält. Wenn V dem K in der Vergangenheit bei vergleichbaren Angeboten immer zusätzlich die Umsatzsteuer in Rechnung gestellt hat, muss K auch dieses Angebot so verstehen, dass die Umsatzsteuer hinzukommt. Anders wäre es, wenn V das Angebot einem Verbraucher gemacht hätte, der von dieser Praxis keine Kenntnis hatte. Der Verbraucher könnte davon ausgehen, dass der angebotene „Komplettpreis" die Umsatzsteuer enthält.

### Abgrenzung zwischen Angebot und invitatio ad offerendum

Für die Abgrenzung eines (verbindlichen) Angebotes zu einer (unverbindlichen) invitatio ad offerendum, also zur Aufforderung, ein Angebot abzugeben, ergibt sich unter Anwendung der auch hier maßgeblichen Auslegung vom Horizont eines vernünftigen Empfängers gemäß §§ 133, 157 BGB Folgendes:

Anzeigen in Zeitungen und Katalogen, Preislisten, Warenauslagen im Schaufenster – auch mit Preisauszeichnung – werden rechtlich noch nicht als Angebote bewertet, obwohl zu Marketingzwecken häufig von „Angeboten" oder „Sonderangeboten" gesprochen wird. Zur Begründung wird angeführt, der Unternehmer wolle sich noch nicht rechtlich binden, weil sonst mit jedem, der das „Angebot" annehme, sofort ein Kaufvertrag zustande käme. Wenn der Unternehmer dann infolge einer zu großen Nachfrage nicht liefern könne, mache er sich schadensersatzpflichtig. Das Interesse des Unternehmers gehe deshalb dahin, vorab zu prüfen, ob er die Ware überhaupt liefern könne und – zweites Argument – wie es um die Bonität des Kunden stehe. Die Argumente sind aus Sicht des Unternehmers sicherlich richtig, doch lässt sich dagegen einwenden, dass der Kunde, auf den es ankommt, dieses Interesse des Unternehmers nicht kennen muss. Der Kunde wird von der Rechtsprechung und den juristischen Autoren jedoch als „verständiger Kunde" angesehen, der von all diesen Dingen weiß. Für die Auslagen in Verbrauchermärkten wird von einem Teil der Juristen allerdings vertreten, dass die Auslagen bereits Angebote des Inhabers des Geschäftes enthalten, die von den Kunden an der Kasse angenommen werden. Die beschriebene Abgrenzung hat in der Praxis keine besonders große Bedeutung, erfreut sich aber in der Ausbildung und in Prüfungen einer recht großen Beliebtheit[3]. Also sollte man sich die Problematik aus diesem Grund gut einprägen.

Nach ganz überwiegender Meinung sind „Angebote" auf Websites im Internet juristisch ebenfalls noch keine Angebote, sondern stellen jeweils eine invitatio ad offerendum dar[4]. Daran lässt sich durchaus zweifeln, wenn der Internetanbieter mit Vokabeln wie „Sonderangebot. Nur heute! Lieferung binnen 12 Stunden" wirbt.

---

**Beispiele**

■ Verträge im Internet werden – auf der Grundlage der ganz überwiegenden Meinung – dadurch geschlossen, dass der Kunde per E-Mail ein Angebot abgibt und die Annahme durch den Internet-Händler erklärt wird. Dies kann auch automatisch mittels Computererklärung geschehen, da es sich auch bei solchen Erklärungen um Willenserklärungen handelt.

■ Anders ist die Rechtslage bei Internet-Auktionen: Hier gibt der Anbieter aufgrund der Auktionsbedingungen eine verbindliche Erklärung ab, den Gegenstand am Ende der Auktionszeit an denjenigen zu verkaufen, der das höchste Angebot abgegeben hat. Mit dieser Begründung hat der BGH den BWL-Studenten im ersten Beispielsfall[5] zur Lieferung des VW Passats verurteilt, wobei die genauen Einzelheiten des Vertragsabschlusses und die Begründung des BGH recht kompliziert sind[6].

---

## 1.1.3 Abgabe von Willenserklärungen

Im täglichen Leben werden Willenserklärungen in ganz unterschiedlichen Formen abgegeben. In bestimmten Fällen geschieht dies schriftlich, weil das BGB die Schriftform (vgl. § 766 S. 1 BGB für die Erklärung des Bürgen zur Übernahme einer Bürgschaft) oder sogar die notarielle Form verlangt (vgl. § 311 b Abs. 1 BGB für den Grundstückskaufvertrag, § 2 Abs. 1 GmbHG für den Gesellschaftsvertrag der GmbH). Dies sind Fälle der gesetzlichen Form.

Bei anderen Verträgen legen die Parteien „zur Sicherheit" Wert auf die Einhaltung einer bestimmten Form und schließen deshalb zum Beispiel einen Mietvertrag, obwohl dies nach dem BGB nicht erforderlich ist, schriftlich ab. Weitere Einzelheiten zu dieser Thematik entnehmen Sie bitte dem Kapitel zu den Formvorschriften[7].

---

3  Schiemann, in: Staudinger, Bürgerliches Gesetzbuch, Eckpfeiler des Zivilrechts, 1. Aufl., Berlin 2005, S. 60.
4  BGH NJW 2005, S. 976.
5  Vgl. S. 33.
6  BGH NJW 2002, S. 363, 364 f.
7  S. 137 ff.

Die meisten Willenserklärungen werden hingegen formlos, nämlich mündlich oder aber lediglich durch ein bestimmtes Verhalten abgegeben, das man als *konkludentes* oder auch *schlüssiges* Verhalten bezeichnet. Wie schon erwähnt, wird Schweigen, womit Nichtreagieren gemeint ist, nur in Ausnahmefällen als Willenserklärung gewertet. Mehr dazu lesen Sie im Abschnitt „Schweigen als Annahme"[8].

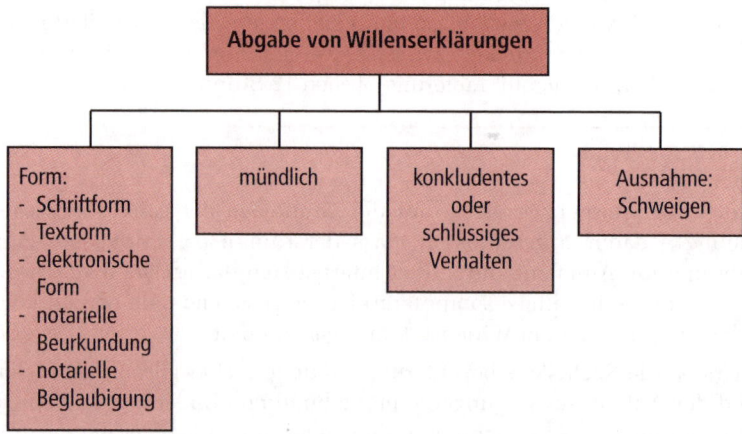

Abbildung 1.3: Abgabe von Willenserklärungen

An dieser Stelle soll nur das **konkludente Verhalten** erläutert werden.

> **Merksatz**    Ein konkludentes (schlüssiges) Verhalten liegt vor, wenn aus dem Verhalten einer Person mit Sicherheit auf einen bestimmten Rechtsfolgewillen geschlossen werden kann. Das Verhalten muss also den eindeutigen Schluss auf einen bestimmten Willen zulassen. Ob dies der Fall ist, wird im Wege der Auslegung nach §§ 133, 157 BGB ermittelt, die – auch hier – vom Empfängerhorizont ausgeht.

Für die Beurteilung kommt es also im Falle von Unklarheiten – wie auch sonst bei der Auslegung – nicht auf den tatsächlichen Willen des Handelnden an, sondern darauf, wie ein objektiver Dritter, der über die Einzelheiten des Vorgangs informiert ist, das Verhalten nach Treu und Glauben und unter Berücksichtigung der Begleitumstände und der Verkehrssitte bewertet.

---

8   S. 46 ff.

**Beispiele**

- J verkehrt regelmäßig im Lokal „bei Checko". Er trinkt dabei immer mindestens ein friesisch herbes Pils aus einem kugeligen Glas (0,4 l). Aufgrund langjähriger Übung wird vom freundlichen Pächter ein Pils angezapft, sobald J das Lokal betritt. Hier kommt durch konkludentes Verhalten beider Parteien ein Kaufvertrag zustande, ohne dass Angebot und Annahme ausdrücklich erklärt werden. Das Betreten des Lokals ist das Angebot des J, das Anzapfen des Getränkes die Annahme des Pächters.

- K bestellt bei V per Fax Ware und bittet um „sofortige Lieferung". Der zuständige Mitarbeiter des V lässt die Ware vom Lager holen und versandfertig machen. Hier ist aus dem Verhalten des Mitarbeiters der Schluss zu ziehen, dass er den Kaufvertrag abschließen will.

- Der mürrische K legt in einem Verbrauchermarkt wortlos Ware auf das Fließband an der Kasse. Die schlecht gelaunte Kassiererin scannt gleichfalls wortlos die Preise für die einzelnen Waren ein und gibt K dann schweigend den Kassenzettel. K nimmt diesen entgegen, seufzt laut und vernehmlich und bezahlt. Danach packt er die Ware ein und verlässt grußlos den Ort der Stille. Durch das Verhalten der Beteiligten ist auch hier ein Kaufvertrag abgeschlossen worden.

- Komplizierter ist folgender Fall: V steht gegen K eine Forderung in Höhe von 20.000,-- € zu. K erklärt, er könne allenfalls 5.000,-- € in Raten zahlen, da er „pleite" sei. V erwidert, wenn er schnell die „fünf Mille" bekomme, sei er bereit, einen Vergleich zu schließen und auf die restlichen 15.000,-- € zu verzichten. Er verlange aber, dass K die angebotenen 5.000,-- € bis zum 01.07. in „einem Rutsch zahle. Auf eine Abstotterei werde er sich auf keinen Fall einlassen". K äußert sich dazu nicht. Am 01.07. schickt K jedoch einen Verrechnungsscheck über 1.000,-- € an V mit dem Zusatz: „Mit dem Einlösen kommt ein Ratenzahlungsvergleich über 5.000,-- € zustande". Hierin liegt ein Angebot des K zum Abschluss eines Vergleichs mit dem Inhalt: Nach Zahlung von 5.000,-- € verzichtet V auf die Zahlung der weiteren 15.000,-- €. V löst diesen und vier weitere Schecks über je 1.000,-- € ein. Anschließend verklagt er K mit der Begründung, es sei kein Vergleich zustande gekommen, auf Zahlung von 15.000,-- €. Die Einlösung der Schecks stelle nämlich – so V – keine konkludente Annahme des Angebotes des K dar. Hat V damit Recht? Das Landgericht (LG) Osnabrück und das Oberlandesgericht (OLG) Oldenburg haben einen ganz ähnlichen Fall unterschiedlich entschieden: Das Landgericht hat im Einlösen der Schecks die Annahme zum Abschluss eines Ratenzahlungsvergleichs gesehen. Das OLG hat mit der Begründung, aus dem Verhalten des V sei nicht *eindeutig* zu entnehmen, dass er mit dem Ratenzahlungsvergleich einverstanden sei, anders geurteilt und K rechtskräftig zur Zahlung der restlichen 15.000,-- € verurteilt. Das OLG hat argumentiert, die Entgegennahme und das Einlösen der Schecks könne auch allein deshalb erfolgt sein, weil V damit jedenfalls einen Teil der ihm zustehenden Forderung habe erlangen wollen[9].

---

9  Beide Urteile sind nicht veröffentlicht.

## 1.2   Annahme

Wie schon ausgeführt, ergibt sich aus dem ersten Teil des § 151 BGB, dass ein Vertrag durch die Annahme eines Antrages (Angebotes) zustande kommt. Hinzukommen muss, dass die Annahme *rechtzeitig* erfolgt.

### 1.2.1   Voraussetzungen der Annahme

Durch die Annahme (auch Annahmeerklärung genannt) erklärt sich der Empfänger eines Angebotes mit dem Abschluss des Vertrages zu den im Angebot enthaltenen Bedingungen einverstanden. Der Annehmende muss das Angebot dabei vorbehaltlos und ohne jede Änderung akzeptieren. Auch bei der Annahme handelt es sich um eine Willenserklärung.

| | |
|---|---|
| **Merksatz** | Die Annahme ist eine Willenserklärung. Sie muss sich auf ein Angebot beziehen und durch ein bloßes „Ja" oder „Einverstanden" oder in ähnlicher Weise erfolgen. |

Wird die Annahme (rechtzeitig) erklärt, kommt der Vertrag zustande. Die Erklärung muss dabei in den meisten Fällen weder schriftlich noch mündlich erfolgen, sondern kann auch konkludent erklärt werden. Es reicht also auch hier aus, dass sich aus dem Verhalten eindeutig das Einverständnis mit dem Angebot ergibt.

**Beispiele**

- Nach längeren mündlichen Verhandlungen bietet V dem K einen gebrauchten VW für 4.995,-- € zum Kauf an und hält K die Hand zum Einschlagen hin (Angebot). Schlägt K ein (Annahme), ist ein Kaufvertrag geschlossen worden.

- M sieht sich bei V ein Zimmer an, das er sofort mieten möchte. V verlangt eine Warmmiete von 300,-- € pro Monat, M erwidert, er könne nur 280,-- € zahlen (Angebot). V grummelt vor sich hin, das sei ihm eigentlich zu wenig, übergibt M aber die Schlüssel zum Zimmer (Annahme). Damit ist ein Mietvertrag über das Zimmer zum Preis von 280,-- € zustande gekommen.

### 1.2.2   Geänderte Annahme

Weicht die Annahme inhaltlich vom Angebot ab (Formulierung etwa: „Ja, aber ..."), kommt der Vertrag zunächst nicht zustande. Nach § 150 Abs. 2 BGB gilt eine Annahme unter Erweiterungen, Beschränkungen oder sonstigen Änderungen vielmehr als Ablehnung verbunden mit einem neuen Antrag (Angebot), der nunmehr von der Partei, die das erste Angebot gemacht hatte, angenommen werden muss.

**Beispiele**

■ In der Bestellung des Bauunternehmers B (dem Angebot) heißt es: „Lieferung frei Baustelle", während die Auftragsbestätigung des Händlers H lautet: „Wir bestätigen die Bestellung. Die Lieferung erfolgt gegen eine Kostenpauschale in Höhe von 0,5 % des Bestellwertes". Damit liegt scheinbar eine Annahme durch H vor, doch ist eine solche juristisch nicht gegeben, weil das Angebot des B zwar grundsätzlich angenommen wird („Wir bestätigen die Bestellung"), aber gegenüber dem Angebot eine Änderung enthält (Kostenpauschale von 0,5 % für die Lieferung statt „Lieferung frei Baustelle"). Die „geänderte Annahme" gilt nach § 150 Abs. 2 BGB als neues Angebot des H, das nunmehr von B angenommen werden muss. Erklärt B keine Annahme des Angebotes des H, kommt kein Kaufvertrag zustande. Ist B einverstanden, muss er die Kostenpauschale von 0,5 % des Bestellwertes zahlen.

■ K bestellt Ware bei V (Angebot). Dieser erklärt die Annahme unter Hinweis auf seine Lieferbedingungen. Hier liegt eine geänderte Annahme vor, weil V das Angebot des K mit der Änderung „Geltung der Lieferbedingungen" angenommen hat. Die geänderte Annahme gilt nach § 150 Abs. 2 BGB als neues Angebot des V. Wird die Ware anschließend von V geliefert und von K abgenommen, so liegt in diesem Verhalten des K eine konkludente Annahme. Damit ist der Kaufvertrag geschlossen.

## 1.2.3 Annahmefrist

Liegt ein Angebot vor, setzt der Vertragsabschluss weiterhin voraus, dass die Annahme des Angebotes (Antrages) *rechtzeitig*, nämlich innerhalb der Annahmefrist erfolgt. Erfolgt keine rechtzeitige Annahme, erlischt der Antrag (§ 146 BGB). Da die Annahme bis zum Ende der Annahmefrist erfolgen kann, beschreibt diese Frist zugleich den Zeitraum, in dem der Anbietende gemäß § 145 BGB an sein Angebot gebunden ist. Bezüglich der Annahmefrist unterscheidet das BGB zwischen Angeboten gegenüber Anwesenden und solchen gegenüber Abwesenden.

### Angebot gegenüber Anwesenden

Nach § 147 Abs. 1 S. 1 BGB kann der einem Anwesenden gemachte Antrag nur *sofort* angenommen werden. Dies gilt nach Satz 2 auch bei einem „mittels Fernsprechers oder einer sonstigen technischen Einrichtung von Person zu Person gemachten Antrag". Entscheidend ist, dass eine direkte, unmittelbare Kommunikation möglich ist, sodass der Empfänger des Angebotes sofort reagieren kann. Die wichtigste Fallgruppe sind die am **Telefon** unterbreiteten Angebote, da hier eine unmittelbare Kommunikation erfolgt und eine sofortige Reaktion möglich ist. Angebote, die im Internet mittels **E-Mail** abgegeben werden, fallen hingegen nicht unter diese Vorschrift, weil die Parteien hier nicht unmittelbar miteinander kommunizieren.

> **Beispiel** Das Angebot eines Gebrauchtwagenhändlers, das dieser im Laufe eines mündlichen Verkaufsgesprächs abgibt, kann nur sofort angenommen werden. Geschieht dies nicht, erlischt das Angebot nach §§ 146, 147 Abs. 1 S. 1 BGB. Der Händler ist an das Angebot nicht mehr gebunden und kann das Fahrzeug deshalb anderweitig verkaufen. Der Kunde kann nicht mehr auf das Angebot „pochen", weil er es nicht rechtzeitig angenommen hat. Entschließt sich der Kunde später doch noch zur Annahme, liegt eine verspätete Annahme vor, die nach § 150 Abs. 1 BGB jedoch nicht als Annahme, sondern als neues Angebot des Kunden gilt. Dem Händler steht es frei, ob er dieses neue Angebot annimmt.

### Angebot gegenüber Abwesenden

Nach § 147 Abs. 2 BGB kann der einem Abwesenden gemachte Antrag nur bis zu dem Zeitpunkt angenommen werden, in welchem der Antragende den Eingang der Antwort, also die Annahme, unter regelmäßigen Umständen erwarten darf. Es kommt also darauf an, bis zu welchem Zeitpunkt derjenige, der das Angebot gemacht hat, noch damit rechnen muss, dass eine Annahme erfolgen könnte. Eine feste Frist gibt es dafür nicht und kann es auch nicht geben. Denn es macht einen Unterschied, ob das Angebot den Kauf von Lebensmitteln oder frischen Blumen, den Erwerb der „Sperrminorität" an einer Aktiengesellschaft[10] oder aber den Kauf einer Villa in einem Münchener „Promi-Viertel" betrifft.

Die Annahmefrist muss deshalb – wie die Juristen es so schön formulieren – jeweils nach den Umständen des konkreten Einzelfalles ermittelt werden. Sie setzt sich dabei zusammen aus

- der Zeit für die Übermittlung (Transport) des Antrages an den Empfänger,
- der Zeit bis zur Kenntnisnahme durch den Empfänger und dessen Überlegungs- und Bearbeitungszeit und
- der Zeit für die Übermittlung der Antwort an den Antragenden (Rücktransport).

> **Merksatz** Für die Berechnung der Annahmefrist gemäß § 147 Abs. 2 BGB gilt die „TÜR-Formel"
>
> **T**ransport + **Ü**berlegung und Bearbeitung + **R**ücktransport = Annahmefrist

Auf folgende Punkte ist zu achten:

- Wird für das Angebot ein schnelles Transportmittel benutzt (Fax, E-Mail), ist für die Berechnung der Annahmefrist davon auszugehen, dass die Annahme mit einem genauso schnellen Mittel übermittelt wird.
- Die Länge der Überlegungs- und Bearbeitungszeit hängt maßgeblich von der Art des Angebotes ab.

---

10 Erforderlich sind mehr als 25 % der Aktien, vgl. § 179 Abs. 2 AktG (Aktiengesetz).

> **Beispiel** Die K-GmbH bestellt auf der Grundlage einer aktuellen Preisliste des Lieferanten L während der Geschäftszeit per Fax bei L gestanzte Bleche für 35.000,-- € (Angebot). Nach zwei Wochen geht die „Auftragsbestätigung" des L bei der K-GmbH ein (Annahme). Ist die Annahme rechtzeitig erfolgt? Die Frage richtet sich nach § 147 Abs. 2 BGB, da das Angebot der K-GmbH unter Abwesenden erfolgte. Für den Transport des Angebotes per Fax und für die Zeit bis zur Kenntnisnahme ist bei einem gewerblichen Empfänger eine kurze Frist von wenigen Stunden anzusetzen, diese kurze Frist gilt damit auch für die Übermittlung der Annahme. Somit ist für die Fristberechnung im Wesentlichen die „Überlegungs- und Bearbeitungszeit" des L maßgeblich. Danach erscheinen zwei Wochen als zu lang, da die Bestellung der K-GmbH auf einer aktuellen Preisliste des L beruhte und keinerlei Besonderheiten aufwies (Ware, Umfang). Die K-GmbH konnte deshalb mit einer früheren Annahme rechnen. Die Annahme ist damit verspätet, sie gilt nach § 150 Abs. 1 BGB als neues Angebot. Der K-GmbH steht es frei, dieses Angebot anzunehmen. Erfolgt keine Annahme dieses neuen Angebotes, erlischt es nach § 146 BGB.

## Setzen einer Annahmefrist

Um die mit der Fristberechnung nach § 147 Abs. 2 BGB verbundenen Unsicherheiten zu vermeiden, hat der Antragende nach § 148 BGB die Möglichkeit, eine genaue (feste) Frist für die Annahme des Antrages zu bestimmen, etwa „bis zum 21.12." oder „... bis zum Ablauf der 16. KW" (Kalenderwoche). Die Möglichkeit, eine Annahmefrist zu setzen, besteht immer, also auch bei Angeboten unter Anwesenden. Wenn vom Antragenden eine Frist gesetzt wird, geht § 148 BGB dem § 147 Abs. 1 und Abs. 2 BGB nach dem Rechtssatz: „Die spezielle Regelung verdrängt die allgemeine Regelung" vor.

> **Praxistipp** Um Unklarheiten bezüglich der Länge der Annahmefrist zu vermeiden, sollte bei Angeboten unter Abwesenden eine Annahmefrist gesetzt werden.

Wird unter Anwesenden eine Frist gesetzt, bedeutet dies, dass die Annahme – abweichend von dem dann nicht geltenden § 147 Abs. 1 BGB – nicht sofort erfolgen muss, sondern innerhalb der Frist erklärt werden kann.

> **Beispiel** K verhandelt mit Händler H über den Kauf eines gebrauchten OPEL Kadett. Das „letzte" Angebot des H beträgt 3.500,-- €, doch kann K sich nicht zum Kauf entschließen, sondern will „noch einmal drüber schlafen". Daraufhin gewährt H dem K „24 Stunden Bedenkzeit". Diese Erklärung ist im Wege der Auslegung nach §§ 133, 157 BGB als Setzen einer Annahmefrist gemäß § 148 BGB zu werten. Deshalb ist H 24 Stunden an sein Angebot gebunden. K kann das Angebot innerhalb dieser Frist annehmen, eine sofortige Annahme ist abweichend von § 147 Abs. 1 S. 1 BGB nicht erforderlich.

Wird eine Annahmefrist unter Abwesenden gesetzt, muss die Annahmeerklärung ebenfalls innerhalb der gesetzten Frist erfolgen. In beiden Fällen muss die Erklärung innerhalb der Frist beim Antragenden ankommen (zugehen[11]). Es reicht deshalb zum Beispiel nicht aus, sie erst am letzten Tag per Brief abzuschicken, da der Zugang dann nicht mehr innerhalb der Frist erfolgt.

### Verspätete Annahme

Wird die Annahme eines Antrages verspätet erklärt, gilt sie nach § 150 Abs. 1 BGB als neuer Antrag, der nunmehr von der anderen Seite angenommen werden muss.

---

**Beispiel** Die B-Bank hat dem Kunden einen Darlehensvertrag mit einem Zinssatz von 5,1 % angeboten und eine Annahmefrist von zwei Wochen gesetzt. Nimmt der Kunde das Angebot erst nach Ablauf der zwei Wochen an, ist der Antrag der B-Bank nach §§ 146, 148 BGB erloschen. Nach § 150 Abs. 1 BGB gilt die verspätete Annahme des Kunden als neuer Antrag, der jetzt von der Bank angenommen werden muss. Erklärt die Bank die Annahme, kommt der Darlehensvertrag zustande. Die Annahme kann auch konkludent durch die Auszahlung der Darlehensvaluta erfolgen. Erklärt die Bank keine Annahme, erlischt das Angebot des Kunden.

---

**Praxistipp** Liegt eine verspätete Annahme vor, steht es dem Antragenden frei, ob er diese noch akzeptiert und den Vertrag damit zustande bringt. Wie auch immer man sich entscheidet: Es ist ratsam, den anderen Teil zu informieren.

---

### Schweigen als Annahme

Da eine Willenserklärung neben der subjektiven Komponente (dem Willen) eine objektive Komponente (die Erklärung des Willens) enthält, kann Schweigen im Sinne von Nichtreagieren eigentlich keine Willenserklärung sein. Dies gilt grundsätzlich auch unter Kaufleuten. Schweigen, also Nichtreagieren, stellt deshalb auch im kaufmännischen Verkehr im Regelfall keine Willenserklärung dar, auch wenn häufig etwas anderes behauptet wird. Auch unter Kaufleuten gilt jedoch der Satz:

---

**Merksatz** Wer schweigt, gibt keine (Willens-) Erklärung ab. Dies gilt grundsätzlich auch für Kaufleute (obwohl oft das Gegenteil behauptet wird!).

---

11  Zu den Voraussetzungen des Zugangs vgl. S. 51 ff.

Von dieser Regel gibt es nur wenige Ausnahmen. So können die Parteien, die in einer Geschäftsverbindung stehen, in einem **Rahmenvertrag** vereinbaren, dass das Schweigen auf ein Angebot eine Annahme darstellen soll. Von dieser Möglichkeit wird allerdings eher selten Gebrauch gemacht.

## Regelungen im BGB

Das BGB enthält mit § 108 Abs. 2 S. 2 BGB und § 177 Abs. 2 S. 2 BGB zwei Regelungen, in denen Schweigen als Verweigerung einer Genehmigung gilt[12]. In beiden Vorschriften geht es darum, dass jemand aufgefordert wird zu erklären, ob er einen *schwebend unwirksamen Vertrag* genehmigt. Wird die gewünschte Genehmigung nicht innerhalb von zwei Wochen erklärt, gilt sie als verweigert. Schweigen (Nichtreagieren) gilt also als Nichtgenehmigung. Hingegen gilt nach § 516 Abs. 2 S. 2 BGB im Fall einer Schenkung das Schweigen unter bestimmten Voraussetzungen als Zustimmung.

---

**Beispiele**

- Händler H fordert die Eltern des Minderjährigen M auf zu erklären, ob sie einen von M geschlossenen, bislang schwebend unwirksamen Vertrag genehmigen. Reagieren die Eltern auf diese Aufforderung nicht, gilt die Genehmigung nach Ablauf von zwei Wochen als verweigert (§ 108 Abs. 2 S. 2 BGB). Der bis dahin schwebend unwirksame Vertrag wird rückwirkend unwirksam (nichtig)[13].

- X schließt, ohne eine Vollmacht zu haben, als (angeblicher) Vertreter des K einen Kaufvertrag mit V ab. X handelt damit als „Vertreter ohne Vertretungsmacht". Der zwischen X und V geschlossene Vertrag ist schwebend unwirksam. Das „weitere Schicksal" des Vertrages hängt davon ab, ob K – also der angeblich Vertretene – das Handeln des Vertreters ohne Vertretungsmacht genehmigt und damit seine nachträgliche Zustimmung erteilt (vgl. § 184 Abs. 1 BGB). Reagiert K auf die Aufforderung des V zur Genehmigung nicht binnen zwei Wochen, gilt sie als verweigert (§ 177 Abs. 2 S. 2 BGB). Der Vertrag wird rückwirkend unwirksam[14].

---

## Schweigen auf ein Angebot

Einen gesetzlich geregelten Ausnahmefall für den kaufmännischen Geschäftsverkehr enthält **§ 362 HGB**. Hier gilt Schweigen als Annahme eines Angebotes, sodass der Vertrag durch das Schweigen zustande kommt. § 362 HGB ist wie folgt zu lesen:

**Wenn**

- einem Kaufmann im Sinne der §§ 1 ff. HGB,
- dessen Gewerbebetrieb die *Besorgung von Geschäften für andere* mit sich bringt,
- von jemandem, mit dem er in Geschäftsverbindung steht, ein Antrag auf Besorgung eines solchen Geschäftes zugeht, und wenn der Kaufmann
- keine unverzügliche Antwort gibt

---

12  Unter einer Genehmigung versteht das BGB die nachträgliche Zustimmung (§ 184 Abs. 1 BGB), während die vorherige Zustimmung als Einwilligung bezeichnet wird (§ 183 BGB).
13  Zu Einzelheiten vgl. S. 102 ff.
14  Zu Einzelheiten vgl. S. 119 ff.

**dann**

gilt sein Schweigen als Annahme des Antrages.

Die Bedeutung des § 362 HGB wird erheblich überschätzt. In aller Regel gilt das Schweigen eines Gewerbetreibenden auf ein Angebot nämlich nicht als Annahme, weil *eine* oder gleich mehrere Voraussetzungen des § 362 HGB nicht erfüllt sind.

- Häufig fehlt bereits die erste Voraussetzung, weil der Empfänger des Angebotes zwar Unternehmer nach § 14 BGB, aber kein Kaufmann nach §§ 1 ff. HGB ist. Nach § 1 Abs. 1 HGB ist nur derjenige Gewerbetreibende ein Kaufmann, dessen Gewerbebetrieb so groß ist, dass kaufmännische Einrichtungen, insbesondere eine kaufmännische Buchführung einschließlich der Aufbewahrung von Belegen und der regelmäßigen Bilanzierung, erforderlich sind. Zwar wird dies nach § 1 Abs. 2 HGB vermutet, doch sind in der Praxis die meisten Handwerker, Einzelhändler und Gastwirte **keine Kaufleute** nach HGB, und zwar auch dann nicht, wenn sie sich selbst als „Kaufmann" bezeichnen. Von allen Einzelunternehmern sind weniger als 10 % Kaufleute im handelsrechtlichen Sinn und damit zur Eintragung in das Handelsregister verpflichtet[15]. Da über 90 % der Einzelunternehmer keine Kaufleute sind, gilt § 362 HGB für diese Gewerbetreibenden von vornherein überhaupt nicht, sodass ein Schweigen dieser „Nicht-Kaufleute" auf ein Angebot nicht als Annahme gilt. Die Sachlage kann sich ändern, wenn ein „kleiner Handwerker" sein Unternehmen in der Rechtsform einer GmbH führt, da für eine GmbH immer das HGB gilt (§ 6 Abs. 1, 2 HGB, § 13 Abs. 3 GmbHG). Dies gilt auch für Aktiengesellschaften (§ 6 Abs. 1, 2 HGB, § 3 Abs. 1 AktG), für die Offene Handelsgesellschaft (§ 105 Abs. 1 HGB) und für die Kommanditgesellschaft (§ 161 Abs. 1 HGB).

> **Beispiel**   Kioskpächter K bekommt vom Getränkehändler G ein Angebot über den Kauf von 100 Flaschen „Grauer Burgunder". Wenn K auf dieses Angebot nicht reagiert („schweigt"), gilt sein Schweigen schon deshalb nicht als Annahme nach § 362 HGB, weil K zwar Unternehmer nach § 14 BGB, aber kein Kaufmann im Sinne des HGB ist.

- Bei der Prüfung des § 362 HGB ist zusätzlich zu beachten, dass von den in das Handelsregister eingetragenen Kaufleuten die meisten deshalb nicht unter § 362 HGB fallen, weil ihr Gewerbebetrieb keine *Besorgung von Geschäften für andere* mit sich bringt. Der ganz überwiegende Teil aller Kaufleute besorgt keine Geschäfte für andere, sondern Geschäfte für sich. In diesen Fällen fehlt also die zweite oben angeführte Voraussetzung des § 362 HGB. Dies gilt insbesondere für den so genannten Warenkaufmann, also den Kaufmann, der Waren an- und verkauft. Dieser Kaufmann besorgt keine Geschäfte für andere, sondern nur eigene Geschäfte.

---

15   Vgl. Meyer, Justus, Die Insolvenzanfälligkeit der GmbH als rechtspolitisches Problem, GmbH-Rundschau 2004, S. 1417 ff. m.w.Nachw.

> **Beispiel** K bestellt bei V, mit dem er in ständiger Geschäftsbeziehung steht, per Fax eine Lieferung von Elektromotoren. Wenn V auf die Bestellung nicht reagiert, kommt durch das Schweigen kein Vertrag nach § 362 HGB zustande, falls V kein Kaufmann nach HGB ist. Sollte V Kaufmann sein, hätte sein Schweigen nicht die Wirkung der Annahme, weil der Gewerbebetrieb des V nicht unter § 362 HGB fällt: V besorgt nämlich keine Geschäfte für andere, sondern nur eigene Geschäfte für sich.

Unter § 362 HGB fallen nur solche Tätigkeiten, die der andere (der „Auftraggeber") eigentlich selbst vornehmen müsste.

> **Beispiele**
>
> - K muss eine Rechnung bei V bezahlen. Er erteilt „seiner" Bank, der B-GmbH, einen Überweisungsauftrag. Die B-GmbH ist aufgrund der Rechtsform Kaufmann (§ 6 Abs. 1, 2 HGB, § 13 Abs. 3 GmbHG). Wenn die B-GmbH die Überweisung vornimmt, besorgt sie ein Geschäft des K, nämlich die dem K obliegende Zahlung des Kaufpreises. Der Vertrag zur Durchführung der konkreten Überweisung wird dadurch geschlossen, dass K durch das Einreichen des ausgefüllten Überweisungsträgers einen Antrag (ein Angebot) abgibt. Wenn die B-GmbH darauf nicht reagiert (schweigt), wird dieses Schweigen als Annahme gewertet. Damit ist der konkrete Überweisungsvertrag geschlossen. Die nach § 362 HGB erforderliche Geschäftsverbindung wird durch den Girovertrag begründet. Die Bank muss die Überweisung also ausführen. Etwas anderes kann sich daraus ergeben, dass die Bank dem K mitgeteilt hat, keine weiteren Überweisungen vorzunehmen, bevor das erheblich überzogene Konto des K nicht wieder in die Nähe der bewilligten Kreditlinie zurückgeführt worden ist.
> - V ist nach dem Kaufvertrag verpflichtet, eine von K gekaufte Ware zu K zu transportieren („Bringschuld"). Da V über keine freien Transportkapazitäten verfügt, beauftragt er per Fax die Frachtführer-GmbH, die schon mehrfach für V tätig geworden ist. Wenn die F-GmbH auf das im Fax enthaltene Angebot des V nicht reagiert (schweigt), ist der Frachtvertrag geschlossen.

Sind die bisher dargestellten drei Voraussetzungen erfüllt, ist der Empfänger des Angebots nicht verpflichtet, unverzüglich zu antworten. Der Antragende hat also keinen Anspruch auf eine Antwort. Im eigenen Interesse sollte aber eine Antwort des Kaufmanns erfolgen, falls er den Vertrag nicht schließen will. Anderenfalls gilt sein Schweigen als Annahme des Antrages. Unverzüglich bedeutet dabei gemäß § 121 BGB „ohne schuldhaftes Zögern".

## Kaufmännisches Bestätigungsschreiben

Das kaufmännische Bestätigungsschreiben ist im HGB nicht geregelt, sondern wird aus Handelsbräuchen abgeleitet (vgl. § 346 HGB). Ein Schweigen des Empfängers auf ein echtes Bestätigungsschreiben gilt als Zustimmung zum Inhalt des Schreibens, auch wenn das Schreiben andere Angaben als ein zuvor (mündlich) geschlossener Vertrag beinhaltet. Der Vertrag wird also insoweit abgeändert. Die Voraussetzungen sind:

- Zumindest der Empfänger des Schreibens muss **Kaufmann** (§§ 1 ff. HGB) sein oder eine Person, die zwar kein Kaufmann ist, aber in größerem Umfang am Geschäftsverkehr teilnimmt (Grundstücksmakler, Architekt).

- Es muss ein echtes Bestätigungsschreiben vorliegen: Das Schreiben muss das Ergebnis vorhergehender **mündlicher Vertragsverhandlungen** schriftlich zusammenfassen und klarstellen, dass der Absender den Vertrag für geschlossen hält. Kein Bestätigungsschreiben ist die bloße Auftragsbestätigung, mit der die Annahme zu einem vorhergehenden Angebot erklärt wird. Weicht die Auftragsbestätigung (Annahme) vom Angebot ab, gilt sie nach § 150 Abs. 2 BGB als Ablehnung verbunden mit einem neuen Angebot.

- Der Bestätigende muss **redlich** sein, also auf den Inhalt seines Schreibens vertrauen dürfen. Das ist nicht der Fall, wenn bewusst eine unrichtige Wiedergabe der vorhergehenden Vertragsverhandlungen erfolgt oder die Abweichungen zwischen dem mündlich Vereinbarten und dem schriftlich Bestätigten so erheblich sind, dass mit einem Einverständnis nicht gerechnet werden kann, oder wenn sich zwei Bestätigungsschreiben unterschiedlichen Inhalts kreuzen.

- Das Schreiben muss **unverzüglich** nach Ende der Vertragsverhandlungen abgesandt werden und dem anderen Teil **zugehen**.

- Der andere Teil darf dem Inhalt des Schreibens nicht **unverzüglich** widersprochen haben. Der Bundesgerichtshof (BGH) hat in einem Urteil einen Widerspruch nach drei Tagen als noch rechtzeitig angesehen[16].

Wenn alle Voraussetzungen gegeben sind, treten diese Rechtsfolgen ein:

- Wenn das Schreiben mit dem geschlossenen Vertrag übereinstimmt, hat es nur eine Beweisfunktion (deklaratorische Bedeutung).

- Wenn ein Vertrag noch nicht (endgültig) geschlossen war, kommt der Vertrag durch das Schweigen des Empfängers zustande (konstitutive Bedeutung).

- Wenn der Inhalt des Schreibens von einem bereits mündlich geschlossenen Vertrag abweicht, wird dieser Vertrag geändert. Es gilt dann das, was im Schreiben steht (konstitutive Bedeutung).

---

**Beispiel** Nach längeren zähen mündlichen Verhandlungen haben die Kaufleute V und K einen Kaufvertrag zum Preis von 15.000,-- € geschlossen. Noch am selben Tag faxt K ein Schreiben an V, in dem er „der guten Ordnung halber den heute geschlossenen Vertrag bestätigt" und den Kaufpreis, wie es nach seiner Erinnerung richtig ist, mit 14.500,-- € angibt. Falls V diesem Schreiben nicht unverzüglich widerspricht, gilt der Kaufpreis von 14.500,-- € als vereinbart.

---

16  BGH NJW 1962, S. 246, 247.

# 1.3 Zugang von Willenserklärungen

Es gibt Willenserklärungen, die wirksam sind, sobald der Erklärende sie geäußert hat. Andere Willenserklärungen werden hingegen erst wirksam, wenn sie beim Empfänger „ankommen".

## 1.3.1 Nicht empfangsbedürftige Willenserklärungen

Nicht empfangsbedürftige Willenserklärungen sind bereits mit ihrer Abgabe (Erklärung) wirksam. Ein Beispiel bildet die in einem Testament enthaltene Willenserklärung. Diese ist wirksam, sobald der Erblasser das Testament ordnungsgemäß angefertigt hat (vgl. § 2247 BGB). Weder die Erben noch sonst jemand muss Kenntnis vom Inhalt des Testamentes haben. Ein zweites Beispiel bildet die Aufgabe des Eigentums (§ 959 BGB), etwa durch Wegwerfen einer Sache. Daneben gibt es die so genannte Auslobung (Aushang im Verbrauchermarkt „Unser Bello ist weggelaufen. Wer ihn zurückbringt, bekommt 50,-- €", vgl. § 657 BGB).

## 1.3.2 Empfangsbedürftige Willenserklärungen

Die meisten Willenserklärungen sind empfangsbedürftig. Hierzu zählen Angebot und Annahme sowie die Rücktritts-, Kündigungs-, Widerrufs- und Anfechtungserklärung. Diese Willenserklärungen entfalten erst Wirkungen, wenn sie beim anderen Teil ankommen, wenn sie diesem **zugehen**.

### Zugang unter Anwesenden

Unter Anwesenden geht eine Willenserklärung zu, sobald der Adressat sie vernehmen kann (so genannte „Vernehmungstheorie"). Mündliche Erklärungen gehen deshalb sofort zu. Wird ein Schriftstück übergeben, muss dem Empfänger die Zeit für die Lektüre gewährt werden. In diesem Fall gilt § 130 Abs. 1 S. 1 BGB – vgl. die folgenden Ausführungen – entsprechend (analog).

### Zugang unter Abwesenden

Eine empfangsbedürftige Willenserklärung unter Abwesenden wird nach § 130 Abs. 1 S. 1 BGB wirksam, wenn sie dem Empfänger **zugeht**. Das BGB definiert den Begriff des Zugangs in § 312 e Abs. 1 S. 2 BGB für Willenserklärungen, die per E-Mail übermittelt werden. Diese Erklärungen gelten als zugegangen, wenn die Parteien, für die sie bestimmt sind, sie unter gewöhnlichen Umständen abrufen können. Für alle anderen Fälle muss auf die von der Rechtsprechung und Literatur zu § 130 BGB erarbeitete Definition zurückgegriffen werden.

> **Merksatz**　Eine Willenserklärung unter Abwesenden ist nach § 130 Abs. 1 S. 1 BGB zugegangen, wenn
>
> - sie in den Machtbereich des Empfängers gelangt ist und
> - der Empfänger unter normalen Verhältnissen die Möglichkeit hat, vom Inhalt der Erklärung Kenntnis zu nehmen und nach der Verkehrsanschauung mit einer Kenntnisnahme zu rechnen ist.
> - Außerdem darf kein vorheriger oder gleichzeitiger Widerruf erfolgen (§ 130 Abs. 1 S. 2 BGB).

**Machtbereich des Empfängers**　Zum Machtbereich des Empfängers – auch Geschäftsbereich genannt – gehören die von ihm zur Entgegennahme von Erklärungen bereitgehaltenen Einrichtungen wie Briefkästen, Postfächer, Anrufbeantworter und bei einer aktiven Teilnahme am Internet auch ein E-Mail-Account.

Daraus ergibt sich Folgendes: Wenn ein Brief in den Briefkasten oder in das Postfach des Adressaten gelegt wird, gelangt der Brief in dessen Machtbereich. Gleiches gilt für die auf einem Anrufbeantworter gespeicherte Nachricht. Bei Nutzung eines Mailboxsystems ist es ausreichend, dass der Empfänger die Möglichkeit hat, die Nachricht abzurufen.

> **Beispiele**　Ein um 23.50 Uhr in einen Hausbriefkasten eingeworfener Brief gelangt sofort in den Machtbereich des Empfängers. Gleiches gilt für eine um diese Zeit auf dem Server eines Providers gespeicherte E-Mail, die für einen Kunden des Providers bestimmt ist.

**Möglichkeit der Kenntnisnahme**　Damit ist aber nur die erste Voraussetzung des Zugangs erfüllt. Hinzukommen muss, dass der Empfänger unter normalen Verhältnissen die Möglichkeit hat, vom Inhalt der Erklärung Kenntnis zu nehmen und dass mit einer Kenntnisnahme zu rechnen ist. Nicht erforderlich ist hingegen, dass die Nachricht tatsächlich gelesen oder – im Falle eines Anrufbeantworters – abgehört oder dass die E-Mail vom Server abgerufen wird.

> **Beispiele**
> - Wenn die Kündigung eines Mietvertrages abends um 23.50 Uhr in einen Hausbriefkasten geworfen wird, kann im Normalfall nicht damit gerechnet werden, dass bis 24.00 Uhr eine Kenntnisnahme erfolgt. Die Kündigungserklärung geht deshalb erst am nächsten Tag zu.
> - In einem Unternehmen geht um 13.31 Uhr ein Fax ein. Da an diesem Tag ab 13.00 Uhr eine Betriebsversammlung stattfindet, wird das Fax erst am folgenden Tag gelesen. Das Fax ist um 13.31 Uhr in den Machtbereich des Unternehmens gekommen; unter normalen Umständen – keine Betriebsversammlung – bestand die Möglichkeit der Kenntnisnahme. Auch war damit zu rechnen, dass das Fax innerhalb der nächsten Stunden gelesen wird. Damit ist es an diesem Tag zugegangen.

- Die X-GmbH kann aufgrund einer technischen Störung von 14.20 Uhr bis zum Ende der Arbeitszeit (17.30 Uhr) keine E-Mails abrufen. Sollte eine E-Mail um 14.30 Uhr auf dem Server der X-GmbH angekommen sein, so ist sie an diesem Tag zugegangen, weil für die Beurteilung normale Verhältnisse zugrunde zu legen sind. Eine Störung des Servers von mehr als drei Stunden kann zwar vorkommen, ist aber nicht „normal".

**Kein vorheriger Widerruf**  Nach § 130 Abs. 1 S. 2 BGB wird eine Willenserklärung nicht wirksam, wenn dem Empfänger vorher oder gleichzeitig ein Widerruf zugeht.

**Beispiel**  Arbeitnehmer A hat aus Ärger über seinen Chef den Arbeitsvertrag per Einschreiben gekündigt. Noch bevor das Einschreiben beim Arbeitgeber ankommt, widerruft A durch einen persönlich abgegebenen Brief seine Kündigung.

**Sonderfall § 151 BGB**  Einen Sonderfall für das Zustandekommen eines Vertrages – und zugleich eine wichtige Ausnahme zu § 130 Abs. 1 S. 1 BGB – bildet § 151 BGB. Für das richtige Verständnis dieser Vorschrift ist es ganz besonders wichtig, sie sorgfältig zu lesen. Die Vorschrift erweist sich sonst als „Studentenfalle".

Nach § 151 BGB kommt der Vertrag

- „durch die Annahme des Antrags zustande,
- ohne dass die Annahme dem Antragenden gegenüber erklärt zu werden braucht, wenn ..."

Schon aus der Formulierung „Der Vertrag kommt durch die Annahme ... zustande" ist ersichtlich, dass auch im Fall des § 151 BGB eine **Annahme** vorliegen **muss**. Keinesfalls kommt der Vertrag ohne Annahme zustande! Allerdings muss die Annahme demjenigen, der das Angebot gemacht hat, nicht erklärt (mitgeteilt) werden, ihm also abweichend von § 130 Abs. 1 S. 1 BGB nicht zugehen. Der Vertrag kommt also schon durch die Annahme zustande, obwohl der Antragende von der Annahme noch gar nichts weiß.

**Merksatz**  Auch im Fall des § 151 BGB müssen Angebot und Annahme vorliegen. Verzichtet wird nur auf den *Zugang der Annahmeerklärung,* wenn

- die Erklärung der Annahme gegenüber dem Antragenden nach der Verkehrssitte nicht zu erwarten ist oder
- der Antragende auf die Erklärung (gemeint ist der Zugang der Erklärung) verzichtet hat.

„Nach der Verkehrssitte nicht zu erwarten" bedeutet so viel wie „nicht üblich". Dies gilt für Teile des Versandhandels, sofern die bestellte Ware sofort zugeschickt wird, ohne dass vorher eine „Auftragsbestätigung" (Annahmeerklärung) erfolgt. Auch im kaufmännischen Geschäftsverkehr gibt es solche Fälle:

> **Beispiele**
>
> - K bestellt per Fax bei V Ware zur „unverzüglichen Lieferung" (Angebot). V lässt die Ware vom Lager holen und an einen Frachtführer übergeben. Hier liegt eine konkludente Annahme des V vor, weil aus seinem Verhalten der eindeutige Schluss gezogen werden kann, dass er das Angebot des K annehmen will. Da K eine „unverzügliche Lieferung" wünscht, liegt ein Verzicht auf den Zugang der Annahmeerklärung vor.
> - K bestellt im Versandhandel eine Ware mit einer garantierten Lieferzeit von „36 Stunden". Wegen der kurzen Frist dürfte nach der Verkehrssitte davon auszugehen sein, dass K nicht vorab eine Auftragsbestätigung erhält.

## 1.4 Vorvertrag, Option, Letter of Intent

### 1.4.1 Vorvertrag

Sollten dem endgültigen Vertragsabschluss noch tatsächliche oder rechtliche Hindernisse entgegenstehen, haben die Parteien die Möglichkeit, einen Vorvertrag abzuschließen. Der Vorvertrag ist ein Vertrag, durch den die Verpflichtung zum Abschluss eines späteren Hauptvertrages begründet wird. Er bezweckt in der Regel eine vorzeitige Bindung der Parteien zu einem Zeitpunkt, in dem der „endgültige" Vertrag wegen noch bestehender Unklarheiten noch nicht abgeschlossen werden kann. Es ist auch möglich, dass nur eine Partei eine Bindung eingeht.

In jedem Fall ist sorgfältig zu prüfen, ob die Parteien sich tatsächlich bereits dahingehend binden wollen, später den Hauptvertrag zu schließen, oder ob insoweit eine noch unverbindliche Einigung im Sinne einer Absichtserklärung vorliegt. Kriterien für die Abgrenzung können der Wortlaut der getroffenen Vereinbarung und der aktuelle Stand der Verhandlungen, insbesondere der Grad ihrer Konkretisierung sein.

Inhaltlich setzt ein Vorvertrag voraus, dass sich die Vertragsparteien über alle **wesentlichen Punkte** geeinigt und der Inhalt des abzuschließenden Hauptvertrages zumindest bestimmbar ist. Ein Vorvertrag zu einem Kaufvertrag ist hinreichend bestimmt, wenn Kaufgegenstand, Kaufpreis und die von den Vertragsparteien als wesentlich angesehenen Nebenpunkte geregelt sind oder sich bestimmen lassen, notfalls im Wege einer gerichtlichen Klärung. Daraus folgt, dass nur noch kleine, eher nebensächliche Punkte offen sein dürfen.

**Beispiel** V und K verhandeln über den Kauf eines dem V gehörenden Unternehmens. Nachdem über den Kaufpreis und über zahlreiche weitere Punkte eine Einigung erzielt worden ist, schließen die Parteien einen „Vorvertrag", in dem sie sich zum Abschluss eines Hauptvertrages zu den ausgehandelten Bedingungen verpflichten. In den Verhandlungen war lediglich offen geblieben, ob und ggf. zu welchem Preis K zwei Patente von V erwirbt, da hierzu vorab noch ein Gutachten eines Unternehmensberaters eingeholt werden soll. Nachdem dieses vorliegt, weigert sich K, den Hauptvertrag abzuschließen. Zu Recht?

K kann den Abschluss des Hauptvertrages nicht verweigern, wenn ein verbindlicher Vorvertrag vorliegt. Um zu prüfen, ob ein Vorvertrag verbindlich ist, muss geklärt werden, welche Bedeutung die Patente für das Unternehmen haben. Kommt den Patenten im Gesamtgefüge des Kaufs nur eine untergeordnete Bedeutung zu, ist der Vorvertrag verbindlich. Anderenfalls ist K nicht zum Abschluss des Hauptvertrages verpflichtet, weil der Vorvertrag noch keine entsprechende Bindungswirkung entfaltet.

Keine Wirkungen hat ein Vorvertrag über den Erwerb eines Grundstückes, sofern der Vertrag nicht in notariell beurkundeter Form geschlossen wird (§§ 311 b Abs. 1 S. 1, 125 BGB). Dies gilt auch für so genannte „Ankaufs-" oder „Reservierungsbestätigungen", die Kaufinteressenten bisweilen von unseriösen Maklern vorgelegt werden.

**Beispiel** Eheleute E sind am Erwerb eines Einfamilienhauses interessiert. Nach Auskunft des vom Eigentümer eingeschalteten Maklers ist „die Nachfrage riesig". Der „freundliche" Makler („Man hilft ja, wo man kann") legt den Eheleuten eine Reservierungsbestätigung vor, in der es wie folgt heißt:

„Hiermit wird das Grundstück Pappelallee 36 in Regensburg verbindlich für die Eheleute E reserviert. Die Eheleute verpflichten sich, das Grundstück für 300.000,-- € zu kaufen. Sollte der Kauf aus Gründen scheitern, die die Eheleute E zu vertreten haben, schulden sie dem Makler eine Reservierungsentschädigung in Höhe von 4,5 % der Kaufsumme."

Diese Vereinbarung ist nach §§ 311 b Abs. 1, 125 BGB wegen Formmangels nichtig. Die Eheleute E müssen also im Falle des Nichtankaufs keine Entschädigung an den Makler zahlen. Die Rechtsprechung geht sogar noch weiter: Sollten die Eheleute das Grundstück kaufen, hat der Makler wegen seines treuwidrigen Verhaltens in erweiterter Anwendung des § 654 BGB keinen Anspruch auf eine Provision[17], und zwar selbst dann nicht, wenn eine solche im notariellen Kaufvertrag zu Lasten der Eheleute E als Käufer vereinbart wird[18].

Vom Vorvertrag abzugrenzen ist das Optionsrecht und der Letter of Intent.

---

17  BGH Versicherungsrecht (VersR) 1992, S. 958.
18  OLG Hamm, Neue Juristische Wochenschrift – Rechtsprechungsreport (NJW-RR) 1997, S. 817.

## 1.4.2 Option

Eine Option beinhaltet das Recht, einen bestehenden Vertrag zu verlängern oder einen Vertrag durch eine einseitige Erklärung zustande zu bringen. Im Gegensatz zum Vorvertrag wird keine rechtliche Verpflichtung zum Abschluss eines Vertrages begründet, sondern ein Gestaltungsrecht des Berechtigten geschaffen. Dieser kann frei entscheiden, ob er von der ihm eingeräumten Option Gebrauch oder nicht Gebrauch macht. Die Ausübung eines Optionsrechtes führt in der Praxis häufig zur Verlängerung von befristeten Mietverträgen oder zum Abschluss von Kaufverträgen.

---

**Beispiele**

- In einem Mietvertrag über Büroräume heißt es: „Das Mietverhältnis endet am 31.12.2008, es sei denn, der Mieter erklärt spätestens sechs Monate vor diesem Termin, das Mietverhältnis fortsetzen zu wollen. In diesem Fall tritt eine Verlängerung um drei Jahre ein. Für weitere Verlängerungen gilt Satz 1 entsprechend".

- „Der Leasingnehmer ist berechtigt, die Leasingsache bei Ablauf des Leasingvertrages zum Restwert zu kaufen. Er hat diese Absicht sechs Wochen vor Vertragsende dem Leasinggeber schriftlich anzuzeigen".

---

## 1.4.3 Letter of Intent

Der **Letter of Intent** (loi) ist eine, in der Regel rechtlich nicht verbindliche, Fixierung der Verhandlungsposition des Verfassers.

---

**Beispiel** V und K verhandeln seit einigen Wochen über den Verkauf des Unternehmens des V an K. Die Liste der zu verhandelnden Punkte füllt mehrere Seiten. Während man sich über einige Punkte bereits einig geworden ist, gehen die Vorstellungen bei anderen Punkten noch weit auseinander. K erstellt zur Förderung der weiteren Verhandlungen eine Aufstellung, in der er die noch unklaren Punkte benennt und seine Verhandlungsposition wiedergibt. So trägt er unter dem Stichwort „Wert Warenlager" 300.000,-- € ein, unter „Wert Fuhrpark" 250.000,-- € ein. Diese Eintragungen des K sind (noch) kein Angebot, es entsteht auch noch keine Bindung. Sie geben vielmehr nur die (augenblickliche) Verhandlungsposition des K wieder.

---

Da der Letter of Intent (loi) noch keine Rechtsbindung begründet, weist er eine Parallele zur invitatio ad offerendum[19] auf. Der Unterschied besteht darin, dass der loi während schon laufender Vertragsverhandlungen abgegeben wird, während eine invitatio ad offerendum die Vertragsanbahnung erst in Gang bringen soll.

---

19 Vgl. S. 38 f.

# Die Privatautonomie

**2**

ÜBERBLICK

## Lernziele dieses Kapitels

*Was kommt in diesem Kapitel auf Sie zu? Der Gesetzgeber ist bei der Gestaltung des BGB davon ausgegangen, dass das Gemeinwohl und auch das Wohl des Einzelnen am besten dadurch gewährleistet wird, dass Unternehmer und Verbraucher ihre wirtschaftlichen und sonstigen Dispositionen möglichst frei von staatlicher Bevormundung und Einmischung treffen. Jeder soll „seines Glückes Schmied sein". Deshalb gehen sowohl das BGB als auch die anderen Gesetze des Privatrechts (zum Beispiel das Handelsgesetzbuch (HGB), das GmbH-Gesetz (GmbHG) und das Aktiengesetz (AktG) vom Prinzip der Privatautonomie (Selbstbestimmung) aus. Dieses Prinzip enthält in Gestalt der Vertrags-, der Testier- und der Vereinsfreiheit drei wichtige Ausprägungen.*

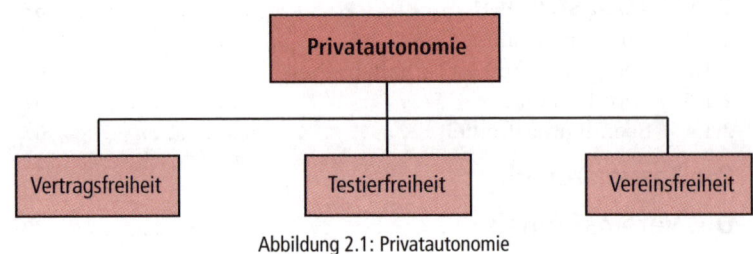

Abbildung 2.1: Privatautonomie

## 2.1 Die Vertragsfreiheit

Die Vertragsfreiheit beinhaltet zum einen die Entscheidung einer Person, mit einer anderen Person einen Vertrag zu schließen oder aber keinen Vertrag zu schließen. Außerdem umfasst sie das Recht der beiden Vertragsparteien, den Inhalt des Vertrages auszuhandeln, etwa den Kaufpreis oder die Dauer eines Mietvertrages über Geschäftsräume. Diese beiden Komponenten der Vertragsfreiheit werden als **Abschlussfreiheit** und als **Gestaltungsfreiheit** (auch „Inhaltsfreiheit" genannt) bezeichnet. Weitere Ausprägungen der Vertragsfreiheit, die man aber auch als Unterfälle der zuvor genannten Fälle verstehen kann, bilden die **Formfreiheit** und die **Beendigungsfreiheit**. Es ist „Geschmacksache", ob man die folgende Darstellung wählt, oder ob man mit Unterfällen arbeitet. Viel wichtiger als die Darstellung ist das Verständnis dafür, was sich hinter den Begriffen verbirgt und welche Auswirkungen und Probleme sich in der Rechtspraxis ergeben.

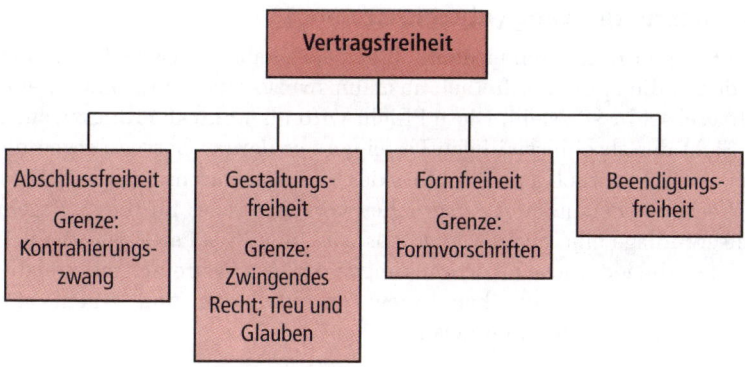

Abbildung 2.2: Vertragsfreiheit

## 2.1.1 Abschlussfreiheit

### Bedeutung und Inhalt

Die Abschlussfreiheit bedeutet, dass jeder selbst entscheiden kann, **ob** er mit einem anderen einen Vertrag abschließt oder *nicht* abschließt. Auch die Wahl des Vertragspartners ist frei. Grundsätzlich soll niemand vom Staat oder einer anderen Instanz gezwungen werden, eine vertragliche Bindung einzugehen, die er nicht will.

**Beispiele**

- V wohnt mit seiner Frau in einem großen Zweifamilienhaus. Die Eheleute V nutzen dabei nur die im Erdgeschoss gelegene Wohnung, während die obere Wohnung frei steht, weil die Eheleute, wie V immer wieder betont, „keine fremden Leute im Hause haben wollen, die uns von morgens bis abends auf dem Kopf herumtrampeln und laute Musik hören". Nachbar N, dessen Wohnung kürzlich ausgebrannt ist, sucht für seine sechsköpfige Familie dringend eine Bleibe und verlangt deshalb von V den Abschluss eines jedenfalls kurzfristigen Mietvertrages. Aufgrund der Abschlussfreiheit ist V *juristisch* nicht verpflichtet, mit dem wohnungssuchenden Familienvater einen Mietvertrag abzuschließen. *Moralisch* mag man die Sache hingegen anders beurteilen.

- K wohnt in einem Vorort, in dem es nur zwei Verbrauchermärkte gibt. K hat in der Vergangenheit „Stress" mit einer Angestellten des V 1 gehabt, weil diese das Wechselgeld falsch herausgegeben hatte. Nach einem heftigen Wortwechsel erteilt V 1 dem K „Hausverbot", sodass K seine täglichen Einkäufe bei V 2 erledigen muss, dessen Preise etwas höher liegen als die des V 1. Auch wenn das möglicherweise ungerechtfertigte Hausverbot dazu führt, dass K bei V 1 nicht mehr einkaufen kann, steht K kein Recht auf dessen Aufhebung zu. V 1 kann vielmehr selbst entscheiden, wen er in sein Geschäft lässt und an wen er Ware verkauft.

### Der Kontrahierungszwang (Abschlusszwang)

Das letzte Beispiel dürfte schon deutlich gemacht haben, dass es Situationen geben kann, in denen die Abschlussfreiheit ausnahmsweise nicht gilt, sondern eine Pflicht zum Vertragsabschluss besteht. Diese Pflicht wird als **Kontrahierungszwang** bezeichnet. Aus Sicht der abschlusswilligen Partei geht es darum, dass sie gegen die unwillige Partei einen Anspruch auf Abschluss des Vertrages durchsetzen will. Dies setzt in gleicher Weise wie bei anderen Ansprüchen voraus, dass es für dieses Begehren eine Anspruchsgrundlage gibt, aus der folgt, dass die unwillige Partei verpflichtet ist, den Vertrag abzuschließen. Diese Einschränkungen der Vertragsfreiheit sind relativ selten.

Zu unterscheiden ist zwischen einem unmittelbaren und einem mittelbaren Abschlusszwang (Kontrahierungszwang).

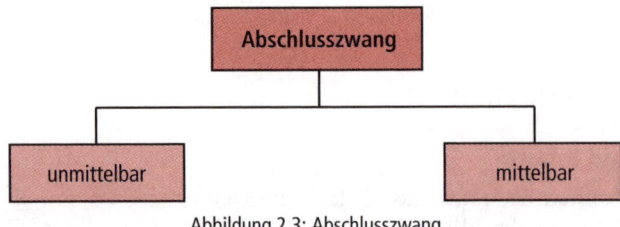

Abbildung 2.3: Abschlusszwang

Ein **unmittelbarer Zwang** zum Abschluss von Verträgen besteht im Bereich der so genannten **Daseinsvorsorge**, etwa für die Versorgung mit Strom und Gas (§ 10 Energiewirtschaftsgesetz) und für den Personentransport (§ 22 Personenbeförderungsgesetz).

> **Beispiel** Der Betreiber des örtlichen Busverkehrs ist – von Ausnahmen wegen der Person (Alkoholisierung, aggressives Verhalten, notorisches Schwarzfahren) oder wegen einer Überfüllung des Busses abgesehen – verpflichtet, zu den gültigen Tarifbedingungen mit jedem, der dies wünscht, einen Beförderungsvertrag abzuschließen. Er kann dies nicht mit der Begründung, Studenten könnten mit dem Fahrrad fahren oder zu Fuß gehen, oder aus anderen unsachlichen Gründen verweigern.

Ein **mittelbarer Abschlusszwang** kann sich für Rechtsbeziehungen zwischen Unternehmen aus § 20 Abs. 1 und Abs. 2 GWB (Gesetz gegen Wettbewerbsbeschränkungen) i.V.m. § 33 Abs. 3 GWB ergeben. Nach § 20 Abs. 1 GWB darf ein marktbeherrschendes Unternehmen ein anderes Unternehmen in einem Geschäftsverkehr, der gleichartigen Unternehmen üblicherweise zugänglich ist, weder unmittelbar noch mittelbar unbillig behindern. Wird gegen diese Vorschrift verstoßen, ist das marktbeherrschende Unternehmen gemäß § 33 Abs. 3 GWB zum Schadensersatz verpflichtet.

Die zum Vertragsabschluss führende Konstruktion ist allerdings ein wenig kompliziert, weil „um die Ecke gedacht" werden muss: Ausgangspunkt ist mit § 249 Abs. 1 BGB eine Vorschrift aus dem allgemeinen Schadensrecht des BGB, die auch für viele andere Gesetze unter Einschluss des GWB gilt. Nach § 249 Abs. 1 BGB ist ein Schädiger verpflichtet, den Zustand herzustellen, der ohne die schädigende Handlung bestehen würde. Die schädigende Handlung besteht hier darin, dass das marktbeherrschende Unternehmen sich weigert, einen Kaufvertrag abzuschließen, sodass der andere Teil, sofern ein Ausweichen auf einen anderen Lieferanten nicht möglich oder nicht zumutbar ist, keine Ware beziehen kann. Um diesen Schaden auszugleichen, besteht für das marktbeherrschende Unternehmen die Verpflichtung zum Abschluss des Vertrages.

> **Beispiel**  L ist alleiniger Lieferant der bekannten Skimarke Rossignol, Händler H betreibt ein bedeutendes Sportfachgeschäft in Oberbayern. Da H in der Vergangenheit mehrfach Produkte des L unter Einkaufspreis verkauft hat, weigert sich L, der Ärger mit seinen anderen Kunden hat, weiterhin Kaufverträge mit H zu schließen. Der Bundesgerichtshof (BGH) hat 1975 auf der Grundlage des damals geltenden Rechts entschieden, dass L zum Vertragsabschluss mit H verpflichtet war. Zur Begründung hat der BGH ausgeführt, dass zum vollständigen Angebot eines Sportfachgeschäfts auch Rossignol-Skier gehören, die H nur von L beziehen konnte[1].

Wenn der Vertragsabschluss nicht von einem Unternehmen, sondern von einem Verbraucher angestrebt wird, tritt an die Stelle der Vorschriften des GWB die Vorschrift des § 826 BGB. Die Konstruktion ist gleich: Falls der Nichtabschluss des von einem Verbraucher gewünschten Vertrages eine vorsätzliche sittenwidrige Schädigung des Verbrauchers darstellt, ist der Unternehmer im Wege des Schadensersatzes (§ 249 Abs. 1 BGB) zum Vertragsabschluss verpflichtet. Da die Anforderungen des § 826 BGB recht hoch sind („vorsätzliche sittenwidrige Schädigung"), mehren sich in der juristischen Literatur die Stimmen, die eine entsprechende (analoge) Anwendung der §§ 20 Abs. 1, Abs. 2, 33 GWB auf Sachverhalte befürworten, in denen Verbraucher beteiligt sind. Hieraus wird abgeleitet, dass jeder, der **lebenswichtige Güter** öffentlich anbietet, den Vertragsabschluss nur aus sachlichen Gründen ablehnen dürfe, sofern für den Kunden keine zumutbare Möglichkeit bestehe, seinen Bedarf anderweitig zu befriedigen[2]. Auf dieser Grundlage wird eine Abschlusspflicht zum Beispiel für Theater, Museen, städtische Badeanstalten und für Krankenhäuser hinsichtlich allgemeiner Krankenhausleistungen bejaht. Sofern eine zumutbare Ausweichmöglichkeit besteht, wie es in der Regel bei **Lebensmittelhändlern** und bei **Banken** der Fall ist, besteht hingegen kein Kontrahierungszwang. Die **Presse** muss politische Anzeigen nicht veröffentlichen, ist aber bei Bestehen einer regionalen Monopolstellung verpflichtet, Anzeigen nichtpolitischen Inhalts zu publizieren[3]. Demgegenüber hat der BGH einen Abschlusszwang für Spielbanken abgelehnt[4].

Aufgrund der vorzeitigen Auflösung des Bundestages und der damit beendeten Legislaturperiode ist das „Antidiskriminierungsgesetz", dessen Entwurf erhebliche Einschränkungen der Abschlussfreiheit vorsah[5], nicht mehr verabschiedet worden. Da dieses Gesetz aufgrund von Richtlinien der Europäischen Gemeinschaft erlassen werden muss, ist mit einer Verabschiedung in der neuen Legislaturperiode zu rechnen. Welche Änderungen sich daraus für die Abschlussfreiheit ergeben, lässt sich aufgrund der neuen politischen Verhältnisse nicht absehen.

---

1  BGH NJW 1976, S. 801, 803.
2  Vgl. Palandt/Heinrichs, Bürgerliches Gesetzbuch, 65. Aufl., München 2006, Einführung vor § 145 Rn. 10.
3  Vgl. Palandt/Heinrichs, Bürgerliches Gesetzbuch, Einführung vor § 145 Rn. 10a.
4  BGH NJW 1994, S. 1240, 1241.
5  Entwurf der Regierungskoalition (Rot-Grün) vom 16.12.2004, Bundestags-Drucksache 15/4538.

## 2.1.2   Gestaltungsfreiheit (Inhaltsfreiheit)

Während die Abschlussfreiheit die Frage betrifft, ob eine Pflicht zum Abschluss eines Vertrages besteht, befasst sich die Gestaltungsfreiheit (Inhaltsfreiheit) damit, ob und in welcher Weise die Parteien den **Inhalt des Vertrages** frei vereinbaren können. Dieser Ausprägung der Vertragsfreiheit kommt eine wesentlich größere praktische Bedeutung zu als der Abschlussfreiheit. Konkret geht es hier um die Frage, ob die Parteien eines Vertrages Regelungen vereinbaren dürfen, die nicht im BGB stehen oder die den BGB-Regelungen sogar explizit widersprechen. Diese Frage ist im Grundsatz mit einem eindeutigen „Ja" zu beantworten. Man denke nur an die in der Praxis weit verbreiteten, im BGB indes nicht geregelten „modernen Verträge" in Gestalt von Leasingverträgen, Franchiseverträgen (bekanntes Beispiel McDonald's) und Factoringverträgen (Ankauf von Forderungen)[6]. Allgemeine Geschäftsbedingungen enthalten vielfach Regelungen, die nicht im BGB stehen oder von Vorschriften des BGB abweichen.

Nach der liberalen Grundvorstellung des BGB müsste die Inhaltsfreiheit eigentlich, ähnlich wie die Abschlussfreiheit, sehr weitgehend sein. Das ist in der Rechtspraxis aber nicht der Fall. Vielmehr gibt es zum Schutz der als schwächer angesehenen Vertragspartei und des Rechtsverkehrs eine Vielzahl von Beschränkungen, die sich zum Teil aus allgemeinen Vorschriften, zum Teil aus sehr detaillierten Regelungen ergeben. Bei einem Verstoß gegen Vorschriften, die die Inhaltsfreiheit beschränken, ist entweder ein Teil des Vertrages oder aber der ganze Vertrag nichtig (unwirksam).

### Zwingendes und dispositives Recht

**Grundlagen**   Die Gestaltungsfreiheit (Inhaltsfreiheit) wird dadurch beschränkt, dass zahlreiche Regelungen des BGB und anderer Gesetze zwingendes Recht sind. Darunter sind Vorschriften zu verstehen, die durch vertragliche Absprachen nicht geändert oder aufgehoben werden können. Das Gegenstück zum zwingenden Recht bildet das **dispositive Recht**, das – wie der Name schon sagt – zur Disposition der Parteien steht. Die Parteien können hier also etwas anderes vereinbaren als im Gesetz steht.

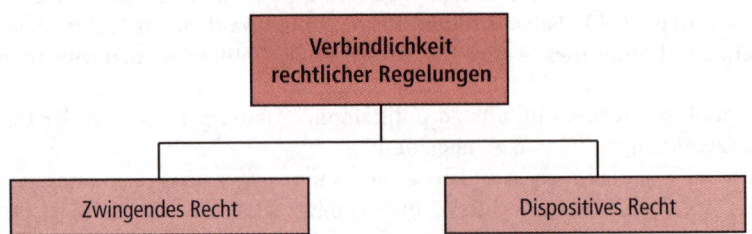

Abbildung 2.4: Verbindlichkeit rechtlicher Regelungen

Die Schwierigkeit besteht nun oft darin, zu erkennen, ob eine Vorschrift zwingend oder dispositiv ist. Als sehr grobe Regel lässt sich sagen, dass die meisten dispositiven Vorschriften im Schuldrecht (§§ 241 bis 853 BGB) stehen, während in den anderen Teilen („Büchern") des BGB viele zwingende Vorschriften enthalten sind. Dies hat seinen Grund darin, dass im Sachen-, im Familien- und im Erbrecht nicht nur die Interessen der unmittelbar Beteiligten geschützt werden sollen, sondern auch die des Rechtsverkehrs. Es darf und soll deshalb nicht der Disposition der Parteien unterlie-

---

6   Zu diesen Vertragstypen vgl. S. 345 ff.

gen, wie das Eigentum an einer Sache übertragen wird oder welche Folgen eine Eheschließung nach sich zieht.

**Einseitig zwingendes Recht**  Um die Sache noch ein wenig komplizierter zu machen, unterscheidet das BGB zwischen Vorschriften, die für beide Vertragspartner zwingend sind, und solchen, die nur zum Schutz *einer* Partei zwingend sind („einseitig zwingendes Recht").

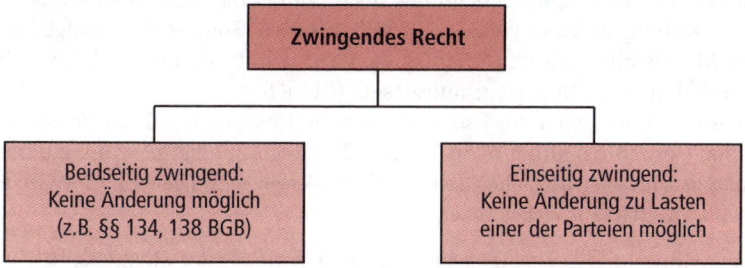

Abbildung 2.5: Zwingendes Recht

Einseitig zwingendes Recht bezweckt nur den Schutz der Vertragspartei, die vom Gesetzgeber als die schwächere Partei angesehen wird. So darf gemäß § 475 Abs. 1 und Abs. 2 BGB bei einem Kaufvertrag zwischen einem Unternehmer – als Verkäufer – und einem Verbraucher – als Käufer – von bestimmten dort genannten Vorschriften nicht zum **Nachteil des Verbrauchers** abgewichen werden, zum Vorteil hingegen schon.

> **Beispiel**  Gebrauchtwagenhändler G verkauft einen acht Jahre alten Mercedes an Verbraucher K. Im Vertrag heißt es: „Volle Gewährleistung für sechs Monate". Diese Klausel ist nach § 475 Abs. 2 BGB unwirksam. Beim Kauf gebrauchter Sachen darf die gesetzliche Gewährleistungsfrist, die nach § 438 Abs. 1 Nr. 3 BGB zwei Jahre beträgt, durch Rechtsgeschäft „nicht erleichtert werden" (gemeint ist „nicht verkürzt werden"), sofern die vereinbarte Frist weniger als ein Jahr beträgt. Eine Verkürzung auf weniger als ein Jahr ist deshalb unwirksam. Zulässig wäre es hingegen, wenn G statt der gesetzlichen Verjährungsfrist von zwei Jahren nur eine Frist von einem Jahr einräumen würde.

Ebenfalls keine Abweichung zum Nachteil des Verbrauchers ist gemäß § 506 Abs. 1 BGB bei einem Verbraucherkreditvertrag in Bezug auf die §§ 491 bis 505 BGB erlaubt. Deshalb darf dem Verbraucher das ihm nach § 495 BGB zustehende Widerrufsrecht weder ganz genommen noch darf es eingeschränkt werden.

> **Beispiel**  In einem Darlehensvertrag zwischen einem Verbraucher und einem Kreditinstitut heißt es unter Ziffer 15: „Der Verbraucher kann diesen Vertrag innerhalb einer Woche widerrufen". Diese Klausel ist unzulässig, weil die Frist für den Widerruf nach § 495 Abs. 1 BGB i.V.m. § 355 Abs. 1 S. 2 BGB zwei Wochen beträgt. Nach § 506 Abs. 1 BGB darf von § 495 BGB und damit auch von § 355 BGB nicht zum Nachteil des Verbrauchers abgewichen werden. Es wäre hingegen zulässig und wirksam, die Widerrufsfrist auf vier Wochen zu verlängern.

Einseitig zwingendes Recht findet sich außerdem im Mietrecht zum Schutz der Wohnungsmieter (§§ 549 ff. BGB): So ist in zahlreichen Vorschriften ausdrücklich festgelegt, dass abweichende Regelungen zum Nachteil des Mieters unzulässig sind. Beispiele hierfür sind die Regelungen zur Kaution (§ 551 Abs. 4 BGB), zur Mieterhöhung (§§ 557 Abs. 4, 558 Abs. 6, 558 a Abs. 5 BGB) und zur ordentlichen Kündigung durch den Vermieter (§ 573 Abs. 4 BGB).

Zum Schutz des Arbeitnehmers gibt es neben dem allgemeinen Kündigungsschutz, geregelt im Kündigungsschutzgesetz (KSchG), einen Sonderkündigungsschutz, z.B. durch das Mutterschutzgesetz (MSchG). Weitere Schutzgesetze sind das Arbeitszeitgesetz (ArbZG) und das Bundesurlaubsgesetz (BUrlG).

Weitere Einschränkungen der Gestaltungsfreiheit bestehen bei der Verwendung von Allgemeinen Geschäftsbedingungen (AGB). Eine Regelung kann, wenn sie individuell zwischen den Parteien ausgehandelt wird, wirksam, als Klausel in AGB hingegen gemäß §§ 307 ff. BGB unwirksam sein[7].

**Beidseitig zwingendes Recht** Für beide Seiten zwingendes Recht kann durch eine Vereinbarung der Vertragsparteien überhaupt nicht, also auch nicht zum Vorteil einer Partei geändert werden. Allgemeine Regelungen („Generalklauseln") mit einem sehr breiten Anwendungsbereich enthalten § 134 BGB und § 138 BGB.

Nach **§ 134 BGB** ist ein Rechtsgeschäft, das gegen ein gesetzliches Verbot verstößt, nichtig, es sei denn, aus dem Gesetz, gegen das verstoßen wird, ergibt sich etwas anderes. Damit ist gemeint, dass das Rechtsgeschäft trotz des Verstoßes wirksam sein soll.

---

### Beispiele mit der Folge der Nichtigkeit

- Wenn ein Handwerker nach Feierabend oder am Wochenende „schwarz" auf dem Bau arbeitet, ist der Vertrag nach § 134 BGB nichtig. Die Nichtigkeit ergibt sich einmal daraus, dass der Vertrag auf eine **Steuerhinterziehung** gerichtet ist. Sofern ein nach der Handwerksordnung zulassungspflichtiges Handwerk ausgeübt wird, folgt die Nichtigkeit bei fehlender Meisterprüfung außerdem daraus, dass der Handwerker gegen das **„Schwarzarbeitsgesetz"** verstößt[8]. Infolge der Nichtigkeit des Vertrages steht dem Handwerker kein vertraglicher Vergütungsanspruch aus § 631 BGB zu. Der Bundesgerichtshof (BGH) lässt aber entgegen § 817 BGB aus Gründen der Gerechtigkeit seit einigen Jahren einen Anspruch aus ungerechtfertigter Bereicherung zu (§ 812 Abs. 1 S. 1 BGB), der allerdings geringer ist, als ein wirksamer vertraglicher Anspruch für einen Unternehmer wäre[9].

- Die **Abtretung von Forderungen** (§ 398 BGB) ist nach § 134 BGB nichtig, wenn mit der Abtretung die Verletzung von **Berufsgeheimnissen** nach § 203 StGB (Strafgesetzbuch) verbunden ist. Das ist regelmäßig der Fall, wenn ein Steuerberater oder ein Rechtsanwalt Forderungen, die ihm gegen Mandanten zustehen, ohne deren Einverständnis an einen anderen abtritt. Denn mit der Abtretung verbunden ist die Mitteilung von geheim zu haltenden Daten über das der Forderung zugrunde liegende Mandat.

---

7    Zu AGB vgl. S. 76 ff.
8    Gesetz zur Bekämpfung der Schwarzarbeit und der illegalen Beschäftigung, BGBl. I 2004, 1842 ff.
9    BGH NJW 1990, S. 2542, 2543.

Die Abtretung ist selbst dann nichtig, wenn der Abtretungsempfänger ebenfalls Rechtsanwalt[10] oder Steuerberater ist und damit gleichfalls der Schweigepflicht unterliegt, es sei denn, dem Abtretungsempfänger waren die vertraulichen Informationen zuvor bereits bekannt. Ein Verstoß gegen § 203 StGB liegt auch beim Verkauf von Arztpraxen vor, wenn die Patientendatei mit übergeben wird[11]. Anders ist es nur dann, wenn der Betroffene (Mandant, Patient) mit der Abtretung einverstanden ist.

■ Nach **§ 5 WiStG (Wirtschaftsstrafgesetzbuch)** handelt ordnungswidrig, wer vorsätzlich oder leichtfertig für die Vermietung von Räumen zum Wohnen (Wohnungen, Appartements, Zimmer) unangemessen hohe Entgelte fordert. Unangemessen hoch sind Entgelte, die infolge der Ausnutzung eines geringen Angebots an vergleichbaren Räumen die ortsübliche Miete um mehr als 20 % übersteigen. Bei einem solchen Verstoß bleibt der Mietvertrag wirksam, doch wird die Miete auf die gerade noch zulässige Miete oder – nach anderer Ansicht – auf die ortsübliche Miete herabgesetzt[12]. Nichtig ist hier also nur der Teil des Mietvertrages, der die „überschießende" Miete betrifft.

### Gegenbeispiele, die keine Nichtigkeit zur Folge haben

■ Der Verkauf einer Ware unter Verstoß gegen das Ladenschlussgesetz begründet keine Nichtigkeit des Kaufvertrages, weil dieses Gesetz nicht den Abschluss von Kaufverträgen verhindern will, sondern den Schutz der Arbeitnehmer bezweckt.

■ Das Gesetz gegen den unlauteren Wettbewerb (UWG) verbietet unter anderem irreführende Werbung. Dennoch ist ein Vertrag nach dem UWG nicht nichtig, wenn ein Verbraucher „auf eine solche Werbung hereinfällt". In Betracht kommt aber eine Anfechtung nach dem BGB. Außerdem hat der Werbende mit einer Abmahnung durch die IHK, eine Verbraucherzentrale oder einen Konkurrenten zu rechnen.

Nach **§ 138 Abs. 1 BGB** ist ein Rechtsgeschäft nichtig, wenn es gegen die guten Sitten verstößt. Die Schwierigkeit besteht nun aber darin, zu bestimmen, was die „guten Sitten" sind. Nach einer gängigen Definition ist ein Rechtsgeschäft sittenwidrig, wenn es gegen „das Anstandsgefühl aller billig und gerecht Denkenden verstößt"[13]. Natürlich ist es schwer, mit einer so vagen Definition juristisch korrekt zu arbeiten. Deshalb enthält § 138 Abs. 2 BGB einige Erläuterungen und Konkretisierungen, was durch das Wort „insbesondere" ausgedrückt wird. Die dort aufgeführten Fälle stellen einen Verstoß gegen die guten Sitten dar, nach Abs. 1 können weitere Fälle hinzukommen. Beide Absätze gelten für ein- und zweiseitige Rechtsgeschäfte. Zur Sittenwidrigkeit von Testamenten – also einseitigen Rechtsgeschäften – vgl. die Ausführungen zur Testierfreiheit[14].

Verträge – zweiseitige Rechtsgeschäfte – können ebenfalls sittenwidrig sein, wobei sich die Sittenwidrigkeit aus beiden Absätzen des § 138 BGB ergeben kann. Abs. 2 erfasst die Rechtsgeschäfte (Verträge), bei denen die Leistung der einen Partei und die

---

10  BGH NJW 1993, S. 1638, 1639.
11  Zur Abtretung ärztlicher oder zahnärztlicher Honorarforderungen BGH NJW 1993, S. 2371 f.
12  OLG Hamburg NJW 1983, 1004.
13  BGH NJW 1969, S. 1343, 1345; BAG NJW 1976, S. 1958.
14  S. 68 ff.

Gegenleistung der anderen Partei in einem auffälligen Missverhältnis stehen. Hinzukommen muss, dass das Rechtsgeschäft unter Ausbeutung einer Zwangslage, der Unerfahrenheit, des Mangels an Urteilsvermögen oder der erheblichen Willensschwäche der benachteiligten Partei zustande gekommen ist. Wegen der hohen Voraussetzungen des Abs. 2 weicht die Rechtsprechung häufig auf den Abs. 1 aus, um die Nichtigkeit eines Rechtsgeschäfts zu begründen.

Typische Beispiele für sittenwidrige Verträge bilden der Zinswucher und der Mietwucher, während ein überhöhter Kaufpreis nur selten zur Nichtigkeit des Kaufvertrages führt[15].

---

**Beispiele**

- K hat sich bei V einen Kühlschrank für 600,-- € gekauft. Im nächsten Geschäft sieht er den gleichen Kühlschrank für nur 398,-- €, was in etwa dem gängigen Marktpreis entspricht. Der zwischen V und K geschlossene **Kaufvertrag** ist trotz des hohen Preises wirksam. Die Rechtsprechung nimmt erst bei einem „vielfach" überhöhten Kaufpreis eine Nichtigkeit des Kaufvertrages an[16].

- Nachdem die örtliche Sparkasse dem A den „Geldhahn zugedreht hat", wendet A sich an das private Finanzierungsinstitut F, das ihm ein Darlehen über 15.000,-- € gewährt, rückzahlbar in 48 Monatsraten. Während der Zinssatz für ein solches Darlehen bei Banken und Sparkassen durchschnittlich 11,75 % effektiv beträgt, muss A für das bei F aufgenommene Darlehen 19,5 % effektiv zahlen. Trotz dieser erheblichen Differenz liegt nach der Rechtsprechung noch keine Nichtigkeit nach § 138 vor, weil der „kritische Wert" erst bei einem Zins angenommen wird, der etwa **100 % über dem Marktzins** liegt. Dann wird unter Hinzuziehung der weiteren Darlehensbedingungen geprüft, ob der Darlehensvertrag sittenwidrig ist[17]. Ausreichend für einen „Anfangsverdacht", der zu einer näheren Prüfung führt, ist es auch, wenn der zu zahlende Zins 12 %-Punkte höher ist als der Marktzins[18], was nur in Hochzinsphasen der Fall sein wird (Marktzins 14 %, vereinbarter Zins 26 %). Von der Konstruktion her nur schwer zu erklären ist die Rechtsfolge im Fall eines sittenwidrigen Darlehensvertrages. Die Rechtsprechung lässt zum Schutz des Darlehensnehmers den Darlehensvertrag als solchen bestehen, nichtig ist nur die Vereinbarung über die Zinsen. Dies bedeutet, dass der Darlehensnehmer das Darlehen zu den vereinbarten Terminen zurückzahlen (tilgen) muss, aber keine Zinsen (auch nicht die Marktzinsen oder die gesetzlichen Zinsen) zu zahlen hat. Wirtschaftlich erhält er damit ein **zinsloses Darlehen**. Bereits gezahlte Zinsen kann er nach § 812 Abs. 1 S. 1 BGB zurückfordern, es sei denn, der Darlehensgeber würde sich mit Erfolg auf eine inzwischen eingetretene Verjährung berufen. Die Verjährungsfrist beträgt drei Jahre; sie beginnt frühestens am Ende des Jahres, in dem die jeweiligen Zinsen gezahlt wurden (§§ 195, 199 Abs. 1 BGB).

---

15   Vgl. die Beispiele bei Palandt/Heinrichs, Bürgerliches Gesetzbuch, § 138 Rn. 34 a.
16   BGH NJW 1992, S. 899, 890; NJW 2001, S. 1127, 1128.
17   BGH NJW 1988, S. 1659, 1660.
18   BGH NJW 1990, S. 1595, 1596.

■ Im Fall einer überhöhten Miete kann sich die Nichtigkeit der Mietverein-
barung – wie schon ausgeführt – aus § 5 WiStG ergeben, wenn der Vermieter
„vorsätzlich oder leichtfertig" eine um mehr als 20 % überhöhte Miete verlangt und dabei eine Wohnungsknappheit ausnutzt[19].

■ Eine Nichtigkeit eines Mietvertrages nach § 138 BGB wird bei Wohnraum
demgegenüber erst dann angenommen, wenn die vereinbarte Miete die angemessene Miete um mehr als 50 % übersteigt[20], bei Gewerberaum gilt sogar
eine Grenze von 100 %[21]. Im Fall einer wucherischen Miete bleibt der Mietvertrag als solcher bestehen, der Mieter hat eine angemessene Miete zu entrichten, Überzahlungen aus der Vergangenheit kann er nach § 812 Abs. 1 S. 1
BGB zurückfordern. Trotz der höheren Anforderungen hat § 138 BGB neben
§ 5 WiStG Bedeutung, wenn es nicht um eine Wohnungsmiete geht oder wenn
keine Ausnutzung der Wohnungsknappheit festgestellt werden kann.

### 2.1.3 Formfreiheit

Das Prinzip der Formfreiheit bedeutet, dass Rechtsgeschäfte nach dem BGB grundsätzlich keiner bestimmten Form bedürfen. So muss ein Kaufvertrag nicht schriftlich
abgeschlossen werden. Allerdings gibt es Ausnahmen, etwa beim Kauf eines Grundstücks nach § 311 b Abs. 1 BGB. Einzelheiten zu diesem Thema finden Sie im Kapitel
zu den Formvorschriften[22].

### 2.1.4 Beendigungsfreiheit

Aufgrund der Beendigungsfreiheit können die Parteien einen zwischen ihnen geschlossenen Vertrag jederzeit durch einen anderen Vertrag wieder aufheben (etwa einen Kaufvertrag) oder beenden (etwa einen Mietvertrag). Die Beendigungsfreiheit stellt das
Gegenstück zur Vertragsabschlussfreiheit dar. Der Gedanke ist folgender: Wenn die
Parteien das Recht haben, einen Vertrag zu schließen, dann haben sie natürlich auch
das Recht, diesen Vertrag durch einen weiteren Vertrag jederzeit zu „stornieren".

Wichtige Anwendungsbereiche bilden Miet- und Arbeitsverträge. Diese „Dauer-
schuldverhältnisse" enden, sofern sie wirksam befristet wurden, durch Zeitablauf
(Miete eines Geschäftslokals für fünf Jahre) oder durch die wirksame Kündigung einer
Partei. Die Parteien haben zusätzlich die Möglichkeit, jederzeit ohne Rücksicht auf die
Kündigungsfrist und unabhängig davon, ob ein Kündigungsgrund vorliegt, einen **Auf-
hebungsvertrag** zu schließen.

---

19  Vgl. das obige Beispiel zu § 134 BGB.
20  BGH NJW 1997, S. 1845, 1846.
21  Kammergericht Berlin, NJW-Rechtsprechungsreport (NJW-RR) 2001, S. 1092.
22  S. 137 ff.

**Beispiele**

- Der bisher arbeitslose Mieter M findet von heute auf morgen Arbeit in einer anderen Stadt und möchte deshalb möglichst sofort aus seinem Mietvertrag „raus". Nach § 573 c Abs. 1 BGB beträgt die von ihm einzuhaltende Kündigungsfrist jedoch fast drei Monate. Bei einer Kündigung bis zum 3. Werktag eines Monats (etwa 03.04.) endet das Mietverhältnis damit erst mit Ablauf des übernächsten Monats (also am 30.06.). M kann versuchen, sich mit V darauf zu einigen, dass der Mietvertrag früher endet, zum Beispiel am 30.04. V muss sich darauf aber nicht einlassen, sondern kann auf Einhaltung der Kündigungsfrist bestehen. Es reicht auch nicht aus – obwohl dies oft behauptet wird –, dass M dem V drei Nachmieter präsentiert[23]. Insbesondere bei der relativ kurzen Kündigungsfrist verstößt V nämlich nicht gegen Treu und Glauben (§ 242 BGB), wenn er keinen der Nachmieter akzeptiert. Also ist es Verhandlungssache, ob V der vorzeitigen Beendigung des Mietverhältnisses durch den Abschluss eines Aufhebungsvertrages zustimmt oder nicht. V kann seine Zustimmung davon abhängig machen, dass M einen Ausgleich zahlt, etwa eine weitere Monatsmiete.

- In Kündigungsschutzklagen vor den Arbeitsgerichten wird in vielen Fällen ein „Abfindungsvergleich" geschlossen. Die Parteien einigen sich darauf, dass der Arbeitnehmer seine Klage auf Feststellung der Unwirksamkeit der Kündigung zurücknimmt, der Arbeitgeber zahlt als Gegenleistung eine Abfindung. Zugleich wird das Arbeitsverhältnis „einvernehmlich" aufgehoben. Dieses Procedere ist sinnvoll, wenn das Vertrauensverhältnis der Parteien so stark erschüttert ist, dass eine Weiterbeschäftigung nur mit großen Problemen möglich wäre. Der Arbeitnehmer muss aber immer bedenken, wie seine Chancen sind, eine andere Arbeit zu finden. Außerdem müssen die steuerlichen Folgen und eine mögliche Sperre in Bezug auf das Arbeitslosengeld berücksichtigt werden.

## 2.2  Die Testierfreiheit

Nach einem Erbfall geht das Vermögen (Aktiva und Passiva) des Verstorbenen („Erblasser") gemäß § 1922 Abs. 1 BGB automatisch auf seinen oder seine Erben über („Von-Selbst-Erwerb"). Ist dies nur eine Person (Alleinerbe), gehört dieser Person das gesamte Vermögen, sind mehrere Erben vorhanden (Miterben), bilden diese eine Erbengemeinschaft. Damit ist aber die vorgelagerte Frage, wer Erbe wird, noch nicht entschieden. Dies kann der Erblasser aufgrund der Testierfreiheit „durch Verfügung von Todes wegen" im Wege der so genannten **„gewillkürten Erbfolge"** bestimmen. Zu diesem Zweck muss er ein Testament errichten (§§ 2247 ff. BGB) oder mit seinen gesetzlichen Erben oder Dritten einen Erbvertrag schließen (§§ 2274 ff. BGB).

Hat der Erblasser keine „Verfügung von Todes wegen" errichtet, regelt das BGB, wer Erbe wird. Sind mehrere Personen Erben, bestimmt das BGB auch den Anteil der einzelnen Erben an der Erbschaft und die Rechtsbeziehungen zwischen den Erben.

---

23  Vgl. S. 339.

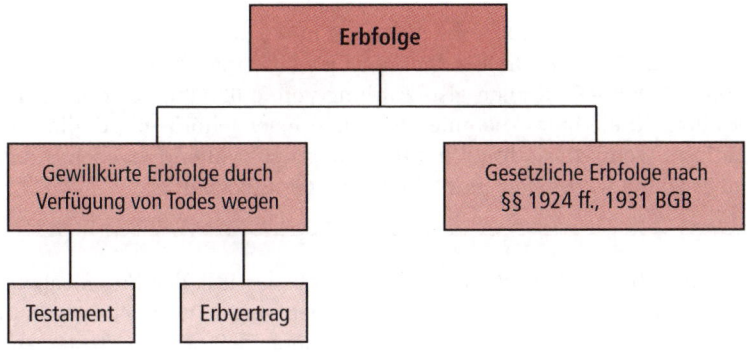

Abbildung 2.6: Erbfolge

> **Beispiel** Ehemann M hinterlässt seine Ehefrau F und zwei Kinder, von denen eines minderjährig ist. Da die Eheleute keinen Güterstand vereinbart hatten, bestand zwischen ihnen die so genannte Zugewinngemeinschaft (§§ 1363 ff. BGB). Eine „Verfügung von Todes wegen" (Testament, Erbvertrag) liegt nicht vor, sodass die gesetzliche Erbfolge eingreift. Danach erbt die Ehefrau nach § 1931 Abs. 1 BGB zu einem Viertel, zusätzlich erhält sie nach § 1371 Abs. 1 BGB als Zugewinnausgleich ein weiteres Viertel, im Ergebnis also die Hälfte der Erbschaft. Die Kinder erben gemäß §§ 1924 Abs. 1 und Abs. 4 BGB je ein Viertel. Die Minderjährigkeit des einen Kindes ist ohne Bedeutung, da es für die Erbenstellung nach § 1923 BGB auf die Rechtsfähigkeit, nicht aber auf die Geschäftsfähigkeit ankommt. Mutter und Kinder bilden eine Erbengemeinschaft (§§ 2032 ff. BGB). Das gesamte Erbe („der Nachlass") gehört ihnen gemeinschaftlich (§ 2032 Abs. 1 BGB).

Hat der Erblasser ein Testament errichtet oder einen Erbvertrag geschlossen, ändert sich die Rechtslage. Die Testierfreiheit geht dabei sehr weit: Der Erblasser kann sogar nächste Angehörige wie Ehepartner und Kinder von der Erbfolge ausschließen. Allerdings bestehen in einem solchen Fall **Pflichtteilsansprüche** der Ausgeschlossenen gegenüber dem oder den eingesetzten Erben. Der Pflichtteil besteht nach § 2303 Abs. 1 S. 2 BGB in der Hälfte des gesetzlichen Erbteils. Zu prüfen ist in einem solchen Fall daher, was der ausgeschlossene Erbe im Fall der gesetzlichen Erbfolge erhalten hätte. 50 % davon kann er von dem oder den Erben verlangen.

> **Fortsetzung des obigen Beispiels** Ehemann M setzt testamentarisch seine langjährige Lebensgefährtin X zur Alleinerbin seines Vermögens ein, das einen Wert von 500.000,-- € hat. Seine Ehefrau und seine beiden Kinder sind damit von der Erbschaft ausgeschlossen, doch haben sie gemäß § 2303 Abs. 1 BGB einen Zahlungsanspruch gegen die Erbin X auf den Pflichtteil in Höhe der Hälfte des Wertes des gesetzlichen Erbteils.
>
> Da im Fall der gesetzlichen Erbfolge die Ehefrau den M einschließlich des Zugewinnausgleichs zur Hälfte (§§ 1931, 1371 Abs. 1 BGB) und die Kinder zu je einem Viertel beerbt hätten (§ 1924 BGB), ergibt sich Folgendes: Die Ehefrau, die

als gesetzliche Erbin 250.000,-- € bekommen hätte, hat gegen X einen Anspruch in Höhe von 125.000,-- €. Die Kinder haben jeweils einen Anspruch in Höhe von 50 % von 125.000,-- €, können also Zahlung von je 62.500,-- € verlangen. Erbin ist aber allein X; sie muss die enterbten Familienangehörigen lediglich in Geld entschädigen, wenn diese ihre Pflichtteilsansprüche geltend machen. X behielte dann im Ergebnis wertmäßig „nur" die Hälfte der Erbschaft.

Das vorstehende Beispiel wirft die Frage auf, ob der mit der Erbeinsetzung der X verbundene Ausschluss der nächsten Angehörigen wegen Verstoßes gegen die guten Sitten nach § 138 Abs. 1 BGB nichtig ist. In früherer Zeit wurden Testamente – also einseitige Rechtsgeschäfte -, durch die ein Ehemann unter Ausschluss seiner Frau und seiner Kinder seine „Geliebte" zur Alleinerbin eingesetzt hatte, als sittenwidrig angesehen („Mätressentestament"). Seit etwa 1970 hat sich die Beurteilung geändert. Eine Sittenwidrigkeit wird nur noch angenommen, wenn die Erbeinsetzung *ausschließlich* den Zweck hatte, die geschlechtliche Hingabe zu belohnen oder zu fördern, was von den ausgeschlossenen Erben zu beweisen ist[24].

## 2.3 Die Vereinsfreiheit

Die Vereinsfreiheit wird durch **Artikel 9 GG (Grundgesetz)** geschützt. Danach haben alle Deutschen das Recht, Vereine und Gesellschaften ohne staatliche Bevormundung zu gründen. Auch wenn es grundgesetzlich nicht verankert ist, können sich ausländische Mitbürger ebenfalls auf die Vereinsfreiheit berufen. Die Schranken der Vereinsfreiheit ergeben sich aus Art. 9 Abs. 2 GG. Organisationen, deren Zweck oder Tätigkeit dem Strafgesetzbuch zuwiderläuft oder die sich gegen die verfassungsmäßige Ordnung oder gegen den Gedanken der Völkerverständigung richten, sind verboten. Nähere Einzelheiten bestimmen sich nach dem Vereinsgesetz.

Die Vereinsfreiheit umfasst die Gründung ideeller Vereine (Gesangverein, Kaninchenzüchterverein, Kleingartenverein) und wirtschaftlicher Vereine, wozu insbesondere die juristischen Personen in Form der GmbH und der Aktiengesellschaft gehören. Unter die Vereinsfreiheit fallen auch die Personengesellschaften OHG, KG und GbR. Allerdings gilt im Gesellschaftsrecht ein „Typenzwang", das heißt es sind nur die Rechtsformen zulässig, die in den Gesetzen vorgegeben sind. Es ist also nicht möglich, eine ganz neue Gesellschaftsform zu „erfinden" („numerus clausus" der Gesellschaftsformen). Zulässig ist es hingegen, verschiedene Gesellschaftsformen miteinander zu kombinieren, wie dies etwa bei der GmbH & Co KG geschieht. Hierbei handelt es sich um eine KG (§§ 161 ff. HGB), bei der eine GmbH als Komplementär (Vollhafter) fungiert[25]. Nach der Rechtsprechung des Europäischen Gerichtshofs und des Bundesgerichtshofs ist es außerdem zulässig, eine Gesellschaft in einem Mitgliedsland der Europäischen Union zu gründen und anschließend den Sitz in ein anderes Mitgliedsland zu verlegen oder dort eine Zweigniederlassung zu errichten. Von dieser Möglichkeit wird bezüglich der englischen private limited company, kurz limited (ltd) in der Bundesrepublik mehr und mehr Gebrauch gemacht.

---

24  BGH NJW 1970, S. 1273, 1276.
25  Vgl. S. 98, 123.

# Verbraucherschutz, insbesondere Allgemeine Geschäftsbedingungen

3

ÜBERBLICK

## Lernziele dieses Kapitels

*Was kommt in diesem Kapitel auf Sie zu? Die schon behandelte Gestaltungs-freiheit (Inhaltsfreiheit) wird neben den schon dargestellten Generalklauseln (§§ 134, 138 BGB) zum Schutz von Verbrauchern (§ 13 BGB) durch spezielle Vor-schriften weiter eingeschränkt. Dies sind insbesondere die Regelungen zum Fern-absatz, zum Verbraucherkreditvertrag, zum Haustürgeschäft und zu den Allgemei-nen Geschäftsbedingungen (AGB). Die Regelungen zu den AGB (§§ 305 ff. BGB) gelten in abgeschwächter Form auch für Kaufleute (§§ 1 ff. HGB) und sonstige Unternehmer (§ 14 BGB). Bevor auf die §§ 305 ff. BGB näher eingegangen wird, sind einige Begriffe und die anderen verbraucherschutzrechtlichen Vorschriften zu erläutern.*

## 3.1    Verbraucher, Unternehmer, Kaufmann

Das BGB definiert die in vielen Regelungen enthaltenen Begriffe „Verbraucher" und „Unternehmer" in den § 13 BGB und § 14 BGB. Ein **Verbraucher** ist nach § 13 BGB eine natürliche Person, die ein Rechtsgeschäft zu einem Zwecke abschließt, der weder ihrer gewerblichen noch ihrer selbstständigen beruflichen Tätigkeit zugerechnet wer-den kann. Dabei kommt es auf den konkreten Vertrag an. Dieselbe Person kann bei bestimmten Rechtsgeschäften Verbraucher sein, bei anderen hingegen nicht.

> **Beispiele**
>
> - Angestellter A kauft sich in einem Baumarkt Arbeitskleidung, die er aus-schließlich beruflich benötigt. Handelt A als Verbraucher? A ist eine natürli-che Person (Mensch). Da A Angestellter ist, betreibt er aber weder ein Gewerbe noch dient der Kauf einer (anderen) selbstständigen Tätigkeit. A tätigt den Kauf der Berufskleidung deshalb als Verbraucher (§ 13 BGB), obwohl er die Kleidung beruflich benötigt.
>
> - Der selbstständige Steuerberater S kauft sich einen Computer. Handelt S als Ver-braucher? Es kommt auf den Zweck des Kaufs an: Soll der Computer von der Tochter des S privat genutzt werden, handelt S als Verbraucher. Ist eine betrieb-liche Nutzung beabsichtigt, handelt S nicht als Verbraucher, weil der Computer dann für eine selbstständige berufliche Tätigkeit verwendet werden soll.

Nach § 14 BGB ist ein **Unternehmer** eine natürliche oder juristische Person oder eine rechtsfähige Personengesellschaft, die bei Abschluss des Rechtsgeschäftes in Aus-übung ihrer gewerblichen oder selbstständigen beruflichen Tätigkeit handelt. Der Begriff „Unternehmer" ist vom Begriff „Kaufmann" zu unterscheiden, der nicht im BGB definiert ist, sondern sich nach §§ 1 ff. HGB bestimmt. „**Kaufmann**" ist dabei der engere Begriff: Nur ein Teil aller Unternehmer ist zugleich auch Kaufmann im handelsrechtlichen Sinn. Nach § 1 Abs. 1 HGB ist (nur) derjenige Kaufmann, der ein **Handelsgewerbe** betreibt. Ein Handelsgewerbe ist jeder Gewerbebetrieb, es sei denn, dass das Unternehmen nach Art oder Umfang einen in kaufmännischer Weise einge-richteten Geschäftsbetrieb nicht erfordert (§ 1 Abs. 2 HGB). Kaufmännische Einrichtungen sind vor allem Buchführung und Bilanzierung, Führung einer Firma sowie eine kaufmännische Ordnung der Vertretung, insbesondere die Bestellung von Prokuristen. Ob diese Einrichtungen *erforderlich* sind, richtet sich nach einer Vielzahl von zu gewichtenden Kriterien wie Zahl und Art der Geschäfte, Höhe des Eigen- und Fremdkapitals, Höhe des Umsatzes, Mitarbeiterzahl, Vielfalt der Erzeugnisse und Leistungen und der Geschäftsbeziehungen, Aufnahme und Gewährung von Krediten usw. Letztlich wird auf das Gesamterscheinungsbild des Unternehmens abgestellt[1]. Mögen auch diese Kriterien eher vage sein, steht doch als Ergebnis fest, dass über 90 % der Einzelunternehmer keine Kaufleute im Sinne des HGB sind[2]. Sie sind Unternehmer, aber keine Kaufleute.

> **Merksatz**　Über 90 % aller Einzelunternehmer sind kein Kaufmann im Sinne des HGB.

Dies gilt für die meisten Einzelhändler, Handwerker und Gastwirte. Ebenfalls kein Kaufmann (oder besser keine Kauffrau?) ist die Gesellschaft bürgerlichen Rechts (GbR, §§ 705 ff. BGB). Demgegenüber betreiben die Offene Handelsgesellschaft (OHG, §§ 105 ff. HGB) und die Kommanditgesellschaft (KG, §§ 161 ff. HGB) ein Handelsgewerbe. Die GmbH und die Aktiengesellschaft *gelten* als Handelsgesellschaften, sodass das HGB sogar dann anzuwenden ist, wenn die jeweilige Gesellschaft weder ein Gewerbe noch ein Handelsgewerbe betreibt (§ 6 HGB, § 13 Abs. 3 GmbHG, § 3 Abs. 1 AktG). Kein Kaufmann sind hingegen die so genannten Freiberufler (Ärzte, Steuerberater, Wirtschaftsprüfer, Rechtsanwälte, Architekten usw.)

> **Beispiel**　Für eine aus drei Steuerberatern bestehende „Steuerberatungsgesellschaft mbH" gilt aufgrund der Rechtsform (GmbH) das HGB, obwohl Steuerberater freiberuflich tätig sind, also kein Gewerbe und damit auch kein Handelsgewerbe ausüben.

> **Merksatz**　Wird ein Unternehmen in der Rechtsform einer GmbH oder Aktiengesellschaft betrieben, sind unabhängig von der Größe des Unternehmens und vom Gesellschaftszweck die Vorschriften des HGB zu beachten (§ 6 HGB, § 13 Abs. 3 GmbHG, § 3 Abs. 1 AktG).

Für den „kleinen Handwerker" ergibt sich Folgendes: Betreibt er sein Unternehmen als Einzelunternehmer, muss er das HGB nicht beachten. Sobald er die Rechtsform der GmbH wählt, gilt für diese hingegen das HGB.

---

1　Canaris, Handelsrecht, 23. Aufl. , München 2000, § 3 Rn. 9.
2　Vgl. Meyer, Justus, Die Insolvenzanfälligkeit der GmbH als rechtspolitisches Problem, GmbH-Rundschau 2004, S. 1417 ff. m.w.Nachw.

> **Beispiel** Fliesenleger F, der für sein Unternehmen keine kaufmännischen Einrichtungen benötigt, kauft Fliesen bei V ein. F hat diesen Kauf in Ausübung seiner gewerblichen Tätigkeit und damit als Unternehmer nach § 14 BGB getätigt. F ist aber kein Kaufmann nach § 1 HGB, weil er zwar ein Gewerbe, aber kein Handelsgewerbe im Sinne des § 1 Abs. 2 HGB betreibt. Würde F sein Unternehmen als GmbH führen, müsste für die GmbH das HGB beachtet werden (§ 6 HGB, § 13 Abs. 3 GmbHG).

Hinzuweisen ist noch darauf, dass jemand, der Kaufmann im Sinne des HGB ist, bei bestimmten Verträgen als **Verbraucher** handeln kann mit der Folge, dass er dann weder Kaufmann noch Unternehmer ist.

> **Beispiel** Der im Handelsregister eingetragene Kaufmann K erwirbt am 24.12. (Heiligabend!) um 17.59 Uhr, und damit eine Minute vor Ladenschluss, als Geschenk für seine, wie er sich gegenüber dem Juwelier auszudrücken beliebt, „herzallerliebste Frau" einen goldenen Ring. K ist und bleibt Kaufmann, doch hat er diesen Ring als Verbraucher im Sinne des § 13 BGB gekauft und unterfällt damit – obwohl er „sonst" Kaufmann ist – für dieses konkrete Geschäft den besonderen Schutzvorschriften für Verbraucher. Es liegt kein Handelsgeschäft (§ 343 HGB) vor. Die Vermutung des § 344 Abs. 1 HGB ist wegen des privaten Charakters des Kaufvertrages (Zeit, Ort und Umstände) widerlegt.

## 3.2 Verbraucherschützende Regelungen

Die Regelungen zum Verbraucherschutz sind in weiten Teilen kompliziert und zum Teil wegen zahlreicher Verweisungen auf andere Vorschriften recht verworren. Der „normale Verbraucher", der geschützt werden soll, wird die Regeln, die ihn schützen (sollen), oftmals nicht verstehen.

### 3.2.1 Fernabsatzverträge

§ 312 d Abs. 1 S. 1 BGB gewährt dem Verbraucher (§ 13 BGB) beim Kauf im Fernabsatz ein zweiwöchiges **Widerrufsrecht** nach § 355 Abs. 1 BGB, wenn der Verkäufer ein Unternehmer ist (§ 14 BGB). Ein Fernabsatzvertrag ist nach § 312 b Abs. 1 BGB ein Vertrag zwischen einem Unternehmer und einem Verbraucher, der unter ausschließlicher Verwendung von Fernkommunikationsmitteln (Telefon, Brief, Fax, E-Mail) geschlossen wird. Beispiele bilden Kaufverträge im Versandhandel, im Teleshopping und im Internet sowie im Fernabsatz geschlossene Verträge über die Erbringung von Dienstleistungen und Finanzdienstleistungen. Wichtig ist die Rollenverteilung: So muss beim Kaufvertrag der Unternehmer der Verkäufer und der Verbraucher der Käufer sein.

Das Widerrufsrecht des Verbrauchers besteht auch bei Auktionen im Internet. Zwar bestimmt § 312 d Abs. 4 Nr. 5 BGB, dass bei Versteigerungen in Form des § 156 BGB kein Widerrufsrecht gegeben ist. Der BGH hat jedoch entschieden, dass Auktionen im

Internet keine Versteigerungen im Sinne des § 156 BGB sind, sodass der Widerruf nicht ausgeschlossen ist[3].

---

**Beispiel**  Der Angestellte A hat im Internet von V einen Laptop ersteigert, den er ganz überwiegend beruflich nutzen will. Steht A ein Widerrufsrecht gemäß § 312 d BGB zu? Obwohl A den Laptop vorwiegend beruflich nutzen will, ist er Verbraucher im Sinne des § 13 BGB, weil er als Angestellter kein Gewerbe betreibt und auch nicht anderweitig selbstständig ist. Falls der Verkäufer V ein Unternehmer gemäß § 14 BGB ist, steht A ein Widerrufsrecht zu. Wenn V hingegen ebenfalls ein Verbraucher ist, liegt kein Fernabsatzvertrag nach § 312 b Abs. 1 BGB vor und damit hätte A auch kein Widerrufsrecht nach § 312 d Abs. 1 BGB.

---

**Merksatz**  Beim Kauf „von privat" besteht kein Widerrufsrecht!

---

Die Frist für die Ausübung des Widerrufs beträgt zwei Wochen. Sie beginnt bei einem Kaufvertrag erst nach Eingang der Ware **und** ordnungsgemäßer Belehrung über das Widerrufsrecht zu laufen (§ 312 d Abs. 2 BGB). Erfolgt keine oder keine ordnungsgemäße Belehrung, läuft die Frist gemäß § 355 Abs. 3 S. 3 BGB gar nicht an. Dem Verbraucher steht dann ein zeitlich nicht begrenztes Widerrufsrecht zu. Allerdings kann die Belehrung nachgeholt werden, von da an gilt dann eine Monatsfrist gemäß § 355 Abs. 2 S. 2 BGB. Die Rechtsfolgen des Widerrufs regelt § 357 BGB, unter anderem durch einen Verweis auf §§ 346 ff. BGB.

§ 312 c BGB bestimmt in Verbindung mit der BGB-Informationspflichten-Verordnung (BGB-InfoV), welche Informationen ein Unternehmer einem Verbraucher bei Fernabsatzverträgen zu geben hat. Weitere Pflichten ergeben sich bei „Internetverträgen" aus § 312 e BGB und aus § 6 Nr. 1, 2 und 4 TDG (Teledienstegesetz). Die Regelungen sind sehr umfangreich und zum Teil so kompliziert, dass es für Unternehmer einen erheblichen Aufwand verursacht, sie vollständig und richtig umzusetzen. Ein erheblicher Teil der Unternehmer scheitert jedenfalls an den gesetzlichen Vorgaben.

## 3.2.2  Haustürwiderruf

Um den Verbraucher vor einer Überrumpelung in Zusammenhang mit dem Abschluss von Verträgen zu schützen, gewährt ihm § 312 BGB bei Haustürgeschäften, die zwischen ihm und einem Unternehmer geschlossen werden, ein Widerrufsrecht. Der Anwendungsbereich der Vorschrift geht dabei über Geschäfte an der Haustür hinaus. Erfasst werden auch Vertragsabschlüsse auf Freizeitveranstaltungen (nicht auf entsprechend angekündigten Verkaufsveranstaltungen!), am Arbeitsplatz, in öffentlichen Verkehrsmitteln (Bus, U-Bahn) und auf öffentlichen Verkehrsflächen (Straßen, Plätzen). Für Einzelheiten des Widerrufs gelten – wie bei Fernabsatzverträgen – die §§ 355 ff. BGB.

---

3  BGH NJW 2005, S. 53, 54 ff.

> **Beispiel** Der Vertreter V des Staubsaugerherstellers Nachwerk verkauft Frau K an deren Haustür den „Super-Klopf-Sauger AX 23". K kann binnen zwei Wochen das Widerrufsrecht ausüben, wobei die Frist – auch hier – erst nach ordnungsgemäßer Belehrung und Eintreffen der Ware zu laufen beginnt. Kein Widerrufsrecht steht Frau K zu, wenn sie den Vertreterbesuch angefordert hatte, etwa in Zusammenhang mit der Teilnahme an einem Gewinnspiel.

### 3.2.3 Verbraucherkreditvertrag

Besondere Regelungen zu Darlehensverträgen zwischen einem Verbraucher und einem Unternehmer enthalten die §§ 491 ff. BGB. Diese Vorschriften gelten gemäß § 499 Abs. 1 BGB überwiegend auch dann, wenn dem Verbraucher ein entgeltlicher Zahlungsaufschub von mehr als drei Monaten gewährt wird („Heute kaufen – in sechs Monaten zahlen, Zins 1,69 %"). Gleiches gilt für Teilzahlungsgeschäfte („Ratenkäufe" – §§ 501 ff. BGB) und für Ratenlieferungsverträge (etwa ein Zeitungsabonnement – § 505 BGB).

Die §§ 491 bis 505 BGB sind einseitig zwingendes Recht. Das bedeutet, dass von ihnen nicht zum Nachteil, wohl aber zum Vorteil des Verbrauchers abgewichen werden darf. Deshalb ist eine Verlängerung der Widerrufsfrist zulässig, nicht aber eine Verkürzung. Im Übrigen gelten diese Schutzvorschriften auch für Existenzgründer, es sei denn, das Volumen des Vertrags übersteigt 50.000,-- € (§ 507 BGB).

## 3.3 Allgemeine Geschäftsbedingungen

Häufig findet man für Allgemeine Geschäftsbedingungen (kurz: AGB) auch heute noch die zwar griffige, aber oft unzutreffende Bezeichnung „Das Kleingedruckte". Hiermit gemeint sind die aufgrund des gewählten Schriftgrades kaum oder nur mit einer Lupe lesbaren Regelungen, die auf der Rückseite eines Vertragsformulars in weißer Schrift auf einem grauen Untergrund abgedruckt sind. AGB gehen heute jedoch weit über das „Kleingedruckte" hinaus. Viele Verträge stellen insgesamt AGB dar.

> **Beispiele**
> ■ Ein Formularkaufvertrag über ein gebrauchtes Kfz
> ■ Mustermietverträge vom Bundesjustizminister, vom Haus- und Grundeigentümerverein oder von gewerblichen Vermietern.

Auch bei mündlich geschlossenen Verträgen haben AGB Einfluss auf den Inhalt des Vertrages, etwa in Form von Reparatur- oder Reinigungsbedingungen.

Mit den §§ 305 ff. BGB verfolgt der Gesetzgeber den Zweck, den *einen* Vertragsteil davor zu schützen, durch die vom anderen Vertragsteil („Verwender" genannt) eingeführten AGB in einer gegen Treu und Glauben (§ 242 BGB) verstoßenden Weise benachteiligt zu werden. In der Regel geht es um den **Schutz des Verbrauchers** gegen Benachteiligungen in den AGB eines Unternehmers (neudeutsch: b2c für „business to consumer"). Es kann aber auch sein, dass auf beiden Seiten Verbraucher stehen (neudeutsch: c2c, etwa beim privaten Autokauf unter Verwendung eines Kaufvertragsformulars) oder zwei Unternehmer beteiligt sind (neudeutsch: b2b für „business to business", z.B. beim Handelskauf oder einem gewerblichen Mietvertrag). Auch diese Konstellationen werden, für den b2b-Bereich allerdings mit einigen Modifizierungen, von den §§ 305 ff. BGB erfasst.

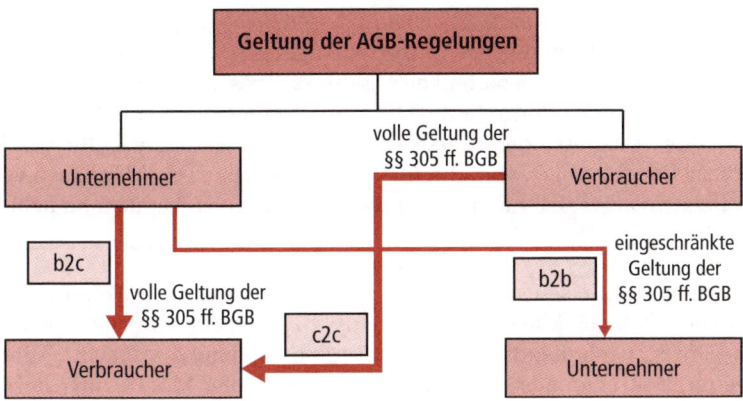

Abbildung 3.1: Geltung der AGB-Regelungen

Der von den §§ 305 ff. BGB bezweckte Schutz des anderen Teils basiert dabei im Wesentlichen auf zwei „Säulen":

1. AGB gelten nicht automatisch, sondern nur wenn ihre Geltung zwischen den Parteien vereinbart worden ist.

2. Wenn die Geltung der (kompletten) AGB im konkreten Fall vereinbart worden ist, wird im zweiten Schritt geprüft, ob einzelne (oder auch alle) Klauseln wegen eines Verstoßes gegen Treu und Glauben unwirksam sind.

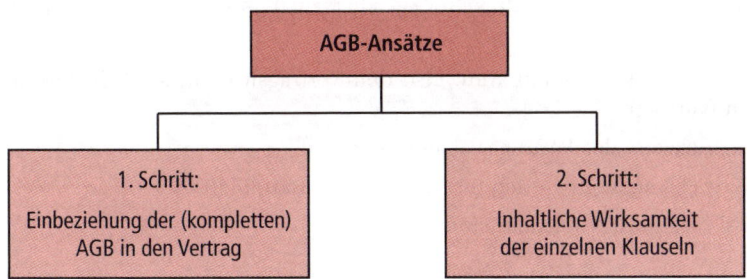

Abbildung 3.2: AGB-Ansätze

Diesen beiden „Hauptschritten" sind weitere Prüfungsschritte vor- und nachgelagert.

### 3.3.1 Anwendbarkeit der §§ 305 ff. BGB

Bevor in eine nähere Prüfung zur Einbeziehung und zur Wirksamkeit von AGB einge-treten wird, muss vorab geklärt werden, ob die §§ 305 ff. BGB auf den zu beurteilen-den Sachverhalt überhaupt Anwendung finden. Diese Frage bestimmt sich nach § 310 BGB. Um diese recht komplizierte Vorschrift verstehen zu können, sind aber Grund-kenntnisse des AGB-Rechts erforderlich. Die Erläuterungen zur Anwendbarkeit sollen deshalb, obwohl sie systematisch eigentlich an den Anfang gehören, einstweilen zurückgestellt werden[4].

### 3.3.2 Begriff Allgemeine Geschäftsbedingung

Nach § 305 Abs. 1 S. 1 BGB sind Allgemeine Geschäftsbedingungen alle für eine Viel-zahl von Verträgen **vorformulierten** Vertragsbedingungen, die eine Vertragspartei („Ver-wender") der anderen Vertragspartei bei Abschluss eines Vertrages stellt. Es muss sich also um schon fertige („vorformulierte") Bedingungen handeln, von der die eine Partei möchte, dass sie Bestandteil des Vertrages werden. Für das Merkmal **„für eine Vielzahl von Verträgen"** reicht es aus, dass die AGB bei (mindestens) drei Verträgen verwendet werden sollen, wobei es sich nicht um identische Parteien zu handeln braucht.

> **Beispiel** E möchte in seinem Zweifamilienhaus einmalig eine Wohnung vermie-ten. E besorgt sich den Mustermietvertrag des Bundesjustizministeriums und legt diesen Vertrag nach handschriftlicher Vervollständigung (Namen, Miethöhe, Mietbeginn, Kontonummer, usw.) dem künftigen Mieter M zur Unterschrift vor. Bei diesem Mietvertrag handelt es sich um AGB, auch wenn E den Vertrag nur einmal nutzen („verwenden") will, weil der Mustermietvertrag für eine Vielzahl von Verträgen genutzt wird.

Sofern ein Vertrag zwischen Unternehmer (§ 14 BGB) und Verbraucher (§ 13 BGB) geschlossen wird, finden nach § 310 Abs. 3 Nr. 2 BGB zahlreiche Regelungen der §§ 305 ff. BGB sogar dann Anwendung, wenn vorformulierte Vertragsbedingungen nur zur einmaligen Verwendung bestimmt sind, falls der Verbraucher aufgrund der Formulierung auf ihren Inhalt keinen Einfluss nehmen konnte.

Für die Qualifizierung von Regelungen als AGB kommt es nach § 305 Abs. 1 S. 2 BGB nicht darauf an, ob sie

- im Vertrag selbst enthalten sind, also den Vertragstext bilden (Mustermietvertrag, Autokaufvertrag),
- auf der Rückseite des Vertrages abgedruckt sind,
- dem Vertrag beigefügt werden (etwa auf einem Extrablatt) oder
- als Datei im Internet abrufbar sind.

---

4    Vgl. S. 91 ff.

Es kommt auch nicht auf die Länge einer Regelung an. Bei dem auf einem Angebot abgedruckten Satz: „Das Eigentum bleibt vorbehalten" handelt es sich trotz der Kürze um eine AGB. Auch die Form des Vertrages ist ohne Bedeutung (§ 305 Abs. 1 S. 2 BGB), sodass auch bei einem mündlichen Vertrag AGB möglich sind (Reparatur- bzw. Reinigungsbedingungen).

Keine AGB liegen vor, wenn die Bedingungen eines Vertrages **einzeln ausgehandelt** werden (§ 305 Abs. 1 S. 3 BGB). Diese Voraussetzung ist aber nur erfüllt, wenn eine ernsthafte Bereitschaft des Verwenders zu Verhandlungen über eine vorformulierte Klausel besteht. Bloße Wahlmöglichkeiten der anderen Partei in einem engen Rahmen reichen dafür nicht aus.

> **Beispiel** In einem von einer Versicherung verwendeten Formular ist eine Laufzeit von zehn Jahren bereits eingesetzt und mit einem vorgedruckten Häkchen versehen. Daneben befindet sich ein Kästchen, in das der Kunde eine abweichende Laufzeit handschriftlich einfügen kann. Nach Auffassung des BGH überlagert der vorformulierte Vorschlag des Versicherers (zehn Jahre) die Wahlmöglichkeit des Kunden. Nach dem Schutzzweck der Regelungen zu den AGB liege bei dieser Gestaltung trotz der Änderungsmöglichkeit für den Kunden eine AGB vor[5].

**Verwender** ist derjenige, der möchte, dass bestimmte AGB für den Vertrag gelten. Dies können seine eigenen AGB (Einkaufs- oder Verkaufsbedingungen), aber auch fremde AGB, etwa die von einem Verband erstellten Bedingungen (Rahmen-, Formular- oder Musterverträge) sein. Der Verwender ist in der Regel ein Unternehmer, ein Verbraucher kann aber ebenfalls Verwender sein.

> **Beispiel** V, ein Verbraucher, verkauft sein Fahrzeug unter Nutzung eines Musterkaufvertrages für gebrauchte Fahrzeuge an einen anderen Verbraucher. Hier ist V der Verwender der AGB. Hätte K das Formular besorgt, wäre er der Verwender.

### 3.3.3 Einbeziehung in den Vertrag

AGB gelten nicht automatisch, sondern nur, wenn die Parteien sich auf die Geltung der AGB, also auf deren Einbeziehung in den konkreten Vertrag geeinigt haben. Die Voraussetzungen der Einbeziehung enthält § 305 Abs. 2 BGB. Danach müssen nicht zwei – wie man bei flüchtiger Lektüre aufgrund der Nummerierung meinen könnte –, sondern drei Voraussetzungen erfüllt sein, also positiv vorliegen. Zusätzlich ist § 305 c BGB zu beachten, der ein negatives Merkmal enthält, das *nicht* vorliegen darf.

---

5  BGH NJW 1996, S. 1676, 1677.

> **Merksatz**    Voraussetzungen für die Einbeziehung von AGB sind:
>
> - **P1**[6]: Ein ausdrücklicher Hinweis des Verwenders auf die AGB,
> - **P2**: die Möglichkeit der zumutbaren Kenntnisnahme der AGB für die andere Partei und
> - **P3**: das Einverständnis der anderen Partei mit der Geltung der AGB.
> - Diese drei positiven Voraussetzungen müssen *„bei Vertragsschluss"*, also im Zeitpunkt des Vertragsschlusses vorliegen.
> - **N1**[7]: Aus § 305 c BGB folgt, dass AGB-Klauseln, die ganz und gar ungewöhnlich sind, kein Vertragsbestandteil werden, selbst wenn die drei erforderlichen positiven Voraussetzungen erfüllt sind.

### Hinweis des Verwenders (Voraussetzung P1)

Der Verwender – also derjenige, der möchte, dass seine oder die von einem Dritten erstellte AGB für den Vertrag gelten – muss die andere Partei *bei* Vertragsabschluss ausdrücklich auf die AGB hinweisen. Dies kann schriftlich, aber auch mündlich geschehen. Der Hinweis muss dabei so klar sein, dass die andere Partei ihn bei „flüchtiger Betrachtung", also selbst wenn sie sich nicht besonders konzentriert, nicht überhört bzw. übersieht. Kein Verbraucher ist hingegen gehalten, aus eigenem Antrieb nach AGB zu suchen.

> **Beispiel**    K will bei V Möbel kaufen. V legt ihm ein Bestellformular vor, auf dessen Rückseite die AGB des V abgedruckt sind. Auf der Vorderseite findet sich innerhalb eines längeren Textes ein leicht übersehbarer Hinweis auf die AGB. K unterschreibt das Formular, ohne sich um den Inhalt zu kümmern. Die auf der Rückseite abgedruckten AGB sind kein Vertragsbestandteil geworden, weil kein ausdrücklicher, sondern lediglich ein versteckter Hinweis vorlag. Dass K einen deutlichen Hinweis möglicherweise ebenfalls übersehen hätte, spielt keine Rolle.

Der ausdrückliche Hinweis ist ausnahmsweise entbehrlich, wenn er wegen der Art des Vertragsabschlusses nur unter unverhältnismäßigen Schwierigkeiten möglich ist. In einem solchen Fall reicht es aus, wenn am Ort des Vertragsabschlusses durch einen deutlich sichtbaren Aushang auf die AGB hingewiesen wird.

> **Beispiel**    Bei Benutzung eines Parkhauses mit elektronischer Zufahrtssperre reicht ein solcher Hinweis aus, wenn er bei der Einfahrt gut sichtbar ist.

---

6    „P" steht für ein positives Merkmal, das vorliegen muss. Fehlt nur ein positives Merkmal, werden die AGB kein Vertragsbestandteil.

7    „N" steht für ein negatives Merkmal, das nicht vorliegen darf.

## Möglichkeit der zumutbaren Kenntnisnahme (Voraussetzung P2)

Neben dem ausdrücklichen Hinweis auf die AGB muss der Verwender der anderen Vertragspartei die Möglichkeit verschaffen, die AGB in *zumutbarer* Weise zur Kenntnis zu nehmen. Dies setzt regelmäßig eine Aushändigung der AGB oder – bei kurzen AGB – eine ausreichend lange Zeit zum Lesen der Bedingungen voraus. Außerdem müssen die Regelungen überschaubar aufgebaut und die Lektüre „ohne Lupe" möglich sein. Schließlich müssen Länge und Umfang der AGB in einem angemessenen Verhältnis zur Bedeutung des Geschäfts stehen.

> **Beispiel** Bei einem Vertrag mit einem Umfang von 50,-- € werden AGB, die 50 Seiten lang sind, kein Vertragsbestandteil, da eine Kenntnisnahme zwar möglich, aber nicht zumutbar ist.

An der Voraussetzung der zumutbaren Kenntnisnahme scheitert häufig die Einbeziehung der „Vergabe- und Vertragsordnung für Bauleistungen, Teil B" **(VOB/B)**[8], sofern der Bauherr den „Auftrag" ohne Einschaltung eines Architekten vergibt[9].

> **Beispiel** Im Haus des E ist die Heizung ausgefallen. Heizungsbauer H unterbreitet ein schriftliches Angebot über den Einbau eines neuen Heizkessels. Auf dem Formular heißt es deutlich sichtbar: „Es gelten die VOB/B in der neuesten Fassung, die wir auf Wunsch kostenfrei zusenden". Hier ist zwar ein ausreichender Hinweis auf die AGB erfolgt, doch ist die Voraussetzung der zumutbaren Kenntnisnahme nicht erfüllt, weil das bloße Angebot zur Aushändigung dafür nicht ausreicht. Es ist nämlich nicht Sache des Verbrauchers, sich um den Erhalt der AGB zu bemühen. Vielmehr obliegt es dem Verwender, dem anderen die AGB zu „präsentieren", in der Regel also unaufgefordert auszuhändigen. Damit gelten für den Vertrag ausschließlich die §§ 631 ff. BGB und nicht die abweichenden Regelungen der VOB/B. Die Gewährleistungsfrist beträgt deshalb fünf Jahre (§ 634 a Abs. 1 Nr. 2 BGB) und nicht lediglich vier Jahre (§ 13 Nr. 4 VOB/B). Dies hat bei einem Mangel, der nach Ablauf des vierten Jahres und vor Ablauf des fünften Jahres auftritt, unmittelbare Bedeutung, weil der Heizungsbauer sich nicht mit Erfolg auf die Verjährung berufen kann.

Da der Verwender dem anderen Teil nur die *Möglichkeit* der Kenntnisnahme verschaffen muss, kommt es für die Einbeziehung der AGB nicht darauf an, ob der andere Teil diese Möglichkeit auch tatsächlich nutzt. Er muss die AGB also **nicht lesen**, sondern nur die Möglichkeit erhalten, sie ohne großen Aufwand lesen zu können.

---

8   Zur VOB vgl. S. 302.
9   Vgl. Mehrings, Monatsschrift für Deutsches Recht (MDR) 1998, S. 78 ff.

> **Beispiel** Bei einem Vertragsabschluss im Internet muss der Verwender im Zeitpunkt der Bestellung auf seine AGB hinweisen und dem Besteller die Möglichkeit der zumutbaren Kenntnisnahme eröffnen, zum Beispiel durch einen Link, der unmittelbar zu den AGB führt. Ausreichend ist folgendes Verfahren: „Hiermit bestelle ich unter Bezugnahme auf die Lieferbedingungen (zum Lesen klicken Sie hier) ...“, wenn sich die AGB ohne Probleme aufrufen und bei längeren AGB einfach und schnell herunterladen, speichern und ausdrucken lassen[10]. Ist dies der Fall, erfüllt der Unternehmer zugleich seine Verpflichtung nach § 312 e Abs. 1 Nr. 4 BGB.

## Einverständnis mit der Geltung der AGB (Voraussetzung P3)

Das Einverständnis mit der Geltung der AGB muss nicht ausdrücklich erklärt werden (etwa: „Ich erkenne die AGB an“). Es kann sich vielmehr auch daraus ergeben, dass der andere Teil nach einem Hinweis auf die AGB und der Möglichkeit der zumutbaren Kenntnisnahme den Vertrag abschließt. In diesen Fällen ist von einem konkludent erklärten Einverständnis auszugehen. Obwohl es häufig gefordert wird, ist es *nicht* erforderlich, dass der Besteller ausdrücklich bestätigt, die AGB gelesen zu haben und mit ihnen einverstanden zu sein.

## Überraschende Klauseln (Voraussetzung N1)

Nach § 305 c Abs. 1 BGB werden Klauseln, die nach den Umständen, insbesondere nach dem äußeren Erscheinungsbild des Vertrages so ungewöhnlich sind, dass der andere Teil mit ihnen nicht zu rechnen braucht, kein Vertragsbestandteil, auch wenn die vorab dargestellten drei (positiven) Voraussetzungen vorliegen. Diese Regel erfasst aber nur „ganz und gar ungewöhnliche“ Klauseln frei nach dem Motto: „Ich rechne ja mit allem, aber damit nun wirklich nicht“, oder anders formuliert: „Das ist ja schier unglaublich“. Ein solcher Fall liegt etwa dann vor, wenn zu Lasten der anderen Vertragspartei in den AGB zusätzliche vertragliche Pflichten begründet werden.

> **Beispiele**
> - In den AGB zum Kauf einer sehr „günstigen“ Kaffeemaschine heißt es: „Der Käufer ist verpflichtet, zwei Jahre lang jeden Monat drei Kilo Kaffee von uns zu kaufen“.
> - Vergütungspflicht für Kostenvoranschläge von Handwerkern, sofern der Auftrag nicht erteilt wird.
> - Abtretung von Gehaltsansprüchen des Mieters an den Vermieter zur Sicherung der Mietzahlungen in einem Formularmietvertrag.

---

10  Vgl. Löhnig, NJW 1997, S. 1688 ff.; Mehrings, Betriebs-Berater (BB) 1998, S. 2373 ff.

## Zeitpunkt der Einbeziehung

Die Voraussetzungen für die Einbeziehung der AGB müssen nach § 305 Abs. 2 BGB **bei Vertragsschluss** erfüllt sein. Daran fehlt es, wenn die AGB erst auf der Rechnung enthalten sind oder sich in der Verpackung befinden.

---

**Beispiel**  Gast G und Hotelier H haben an der Rezeption des Hotels einen Vertrag über die Nutzung eines Hotelzimmers geschlossen. Im Zimmer entdeckt G im Schrank „Nutzungsbedingungen", die vorschreiben, dass er das Zimmer am Abreisetag bis 9.30 Uhr zu räumen oder 50 % des Zimmerpreises zu zahlen hat. Diese AGB gelten nicht, da der Vertrag zuvor bereits ohne AGB geschlossen war. G muss das Zimmer deshalb erst zur üblichen Zeit räumen, also nicht vor 11.00 oder 12.00 Uhr.

---

Ist der Vertrag ohne AGB geschlossen, kann der Verwender die Ingebrauchnahme der Sache nicht davon abhängig machen, dass der andere Teil nachträglich der Geltung der AGB zustimmt.

---

**Beispiele**

- K hat bei V eine CD-ROM mit darauf gespeicherter Software gekauft. Bei der Installation erscheint auf der ersten Seite der Hinweis: „Es gelten die folgenden AGB. Sollten Sie damit nicht einverstanden sein, beenden Sie sofort die Installation. Sie erhalten gegen Rückgabe der CD-ROM den Kaufpreis erstattet". K muss sich auf dieses „freundliche Angebot" nicht einlassen, da der Vertrag ohne AGB geschlossen wurde. Er kann die Software nutzen, die AGB gelten nicht.

- K hat im Internet Software bestellt, die ihm zugeschickt wird. Auf der Verpackung befindet sich der Hinweis: „Mit dem Aufreißen der Verpackung werden die inliegenden AGB anerkannt". Auch dieser Hinweis ist nicht *bei* Vertragsschluss und damit zu spät erfolgt.

---

## Telefonischer Vertragsabschluss

Beim telefonischen Vertragsabschluss kann zwar auf die AGB hingewiesen werden, die Möglichkeit der zumutbaren Kenntnisnahme lässt sich aber kaum eröffnen. Nur ganz kurze und einfache AGB könnten vorgelesen werden, im Übrigen ist eine Einbeziehung kaum möglich. Insbesondere ist es – entgegen einer zum Teil vertretenen Ansicht – nicht ausreichend, wenn der Kunde durch formularmäßige Erklärung dazu animiert wird, im Telefongespräch auf die Möglichkeit der Kenntnisnahme zu verzichten. Dagegen soll es möglich sein, dass der Kunde durch Individualvereinbarung einen solchen Verzicht erklärt[11].

---

11  Palandt/Heinrichs, Bürgerliches Gesetzbuch, § 305 Rn. 37.

### Erleichterte Einbeziehung in besonderen Fällen

§ 305 a BGB ermöglicht eine erleichterte Einbeziehung für AGB von Verkehrsbetrieben und von Telekommunikationsanbietern. So können die AGB der Telekom und die ihrer Konkurrenten ohne ausdrücklichen Hinweis der TK-Anbieter und ohne Verschaffung der Möglichkeit der zumutbaren Kenntnisnahme Vertragsinhalt werden, sofern die AGB der anderen Vertragspartei nur unter unverhältnismäßigen Schwierigkeiten vor dem Vertragsabschluss zugänglich gemacht werden können. Weitere Voraussetzung ist, dass die AGB im Amtsblatt der Regulierungsbehörde für Post und Telekommunikation veröffentlicht sind und in den Geschäftsstellen des TK-Anbieters bereitgehalten werden.

> **Beispiel** Der TK-Anbieter T bietet die Möglichkeit des Call-by-Call-Verfahrens ohne vorherigen Vertragsschluss. T hat keine sinnvolle Möglichkeit, den Kunden vor Nutzung des Dienstes die AGB zugänglich zu machen. Die Möglichkeit, die AGB jeweils vor Beginn des Gespräches vorzulesen, kommt nicht ernsthaft in Betracht.

## 3.3.4 Inhaltskontrolle

Hat die Prüfung ergeben, dass die AGB als solche, also die Gesamtheit der Regelungen, Vertragsbestandteil geworden sind, ist im zweiten Schritt zu prüfen, ob die einzelnen Klauseln inhaltlich wirksam sind.

### Grundlagen

Es erscheint vielleicht etwas merkwürdig, dass Klauseln, die unwirksam sind, dennoch Vertragsbestandteil werden können. Aber der Gesetzgeber hat diese beiden Fragen unterschieden. Verstehen kann man das wohl am besten so, dass im ersten Schritt geprüft wird, ob wirksam vereinbart wurde, dass die **kompletten AGB** für den Vertrag gelten. Ist dies nicht der Fall, weil kein ausdrücklicher Hinweis erfolgt ist oder die Möglichkeit der zumutbaren Kenntnisnahme nicht eröffnet wurde, gelten die AGB insgesamt nicht für den Vertrag. Dann muss natürlich nicht geprüft werden, ob einzelne Klauseln nichtig sein könnten. Sind hingegen alle Voraussetzungen für die Einbeziehung der AGB erfolgt, wird im zweiten Schritt im Detail geprüft, ob **einzelne Klauseln unwirksam (nichtig)** sind.

> **Beispiel** K kauft bei V eine Couchgarnitur. Neben der von K geleisteten Unterschrift befindet sich auf dem Bestellformular des V der gut lesbare Hinweis: „Es gelten die umstehend abgedruckten Geschäftsbedingungen". Wenn die AGB tatsächlich abgedruckt sind und K damit die Möglichkeit der zumutbaren Kenntnisnahme hat, gelten die Bedingungen für den Vertrag. Damit steht aber noch nicht fest, dass die Bedingungen auch wirksam sind. Denn es kann durchaus sein, dass einzelne oder im Extremfall sogar alle Klauseln in den AGB K in einer Treu und Glauben widersprechenden Weise benachteiligen. Dann wären die AGB zwar insgesamt Vertragsbestandteil, doch würden die nichtigen Klauseln keine Wirkung entfalten.

Die praktische Bedeutung der Inhaltskontrolle ist sehr hoch, da AGB weit verbreitet und zugleich in vielen AGB unwirksame Klauseln enthalten sind[12].

## Abweichung von Rechtsvorschriften

Eine Inhaltskontrolle findet nach § 307 Abs. 3 BGB nur statt, wenn in AGB Bestimmungen enthalten sind, die von Rechtsvorschriften abweichen oder diese ergänzen. Das bedeutet zunächst einmal, dass nicht jede Vereinbarung in einem Vertrag der Kontrolle nach den AGB-Vorschriften unterliegt. Keine Kontrolle erfolgt, wenn die AGB lediglich das wiedergeben, was ohnehin im Gesetz steht. In vielen AGB finden sich durchaus solche Regelungen.

Wichtiger ist, dass im Hinblick auf die von den Parteien vereinbarten **Hauptleistungen** ebenfalls **keine Kontrolle** erfolgt. Dies gilt insbesondere für den Preis. Hier können gegebenenfalls aber andere Vorschriften eingreifen, wie zum Beispiel § 138 Abs. 1 und Abs. 2 BGB in Fällen des Zins- oder Mietwuchers[13].

> **Beispiel** V und M haben einen Mietvertrag zu einem völlig überhöhten Mietpreis geschlossen. M kann sich nicht mit Erfolg auf die §§ 307 ff. BGB berufen, weil Hauptleistungen eines Vertrages der Inhaltskontrolle nach diesen Regelungen nicht zugänglich sind. Denn durch die Vereinbarung des Preises wird nicht von Rechtsvorschriften abgewichen. Möglich ist aber eine Sittenwidrigkeit nach § 138 BGB.

Etwas anderes gilt für **Preisnebenabreden** und für **Preisbestandteile**. Hier lässt die Rechtsprechung eine Inhaltskontrolle zu. So sind in der Vergangenheit mehrfach Klauseln, die Banken in ihre AGB zum Nachteil der Kunden aufgenommen hatten, für unwirksam erklärt worden.

> **Beispiel** Die B-Bank hat D ein langfristiges Darlehen gewährt, das D in monatlichen Raten tilgen muss. Nach den AGB der B-Bank werden die monatlichen Tilgungen aber erst zum Jahresende berücksichtigt („jährliche Tilgungsverrechnung"). Das bedeutet, dass D für die im Laufe des Jahres schon zurückgezahlten Beträge bis zum Ende des jeweiligen Jahres weiterhin Zinsen zahlen muss. Diese Tilgungsvereinbarung ist als Nebenabrede zum Darlehensvertrag kontrollfähig, inhaltlich ist sie nach Treu und Glauben unwirksam, es sei denn, dass der Kunde auf die zinssteigende Wirkung ausreichend deutlich hingewiesen wird[14].

---

12  Eine an der Fachhochschule Münster geschriebene Diplomarbeit ergab, dass von 20 Klauseln in den AGB eines mittelgroßen Möbelhändlers nicht weniger als 17 Klauseln unwirksam waren.

13  Vgl. S. 66 f.

14  BGH NJW 1997, S. 1068; w.Nachw. bei Palandt/Heinrichs, Bürgerliches Gesetzbuch, § 307 Rn. 109.

## Methode der Inhaltskontrolle

Die Inhaltskontrolle richtet sich nach den §§ 307 bis 309 BGB. Während die §§ 308, 309 BGB eine Vielzahl von einzelnen Klauseln aufweisen, enthält § 307 BGB eine so genannte Generalklausel, von der die Klauseln aufgefangen werden sollen, die nicht bereits von §§ 308, 309 BGB erfasst werden. Daraus ergibt sich, dass § 307 BGB als letzte dieser drei Vorschriften zu prüfen ist. Die beiden anderen Paragraphen unterscheiden sich dadurch, dass die in § 309 BGB enthaltenen Klauseln (automatisch) unwirksam sind, ohne dass es einer Wertung bedarf, während nach § 308 BGB eine Wertung vorzunehmen ist. Zur Wertung berufen ist dabei das Gericht, das über die Wirksamkeit einer Klausel zu entscheiden hat.

> **Merksatz**    Bei der Inhaltskontrolle von AGB gilt der Satz: § 309 vor § 308 vor § 307 (oder kürzer: 9 vor 8 vor 7).

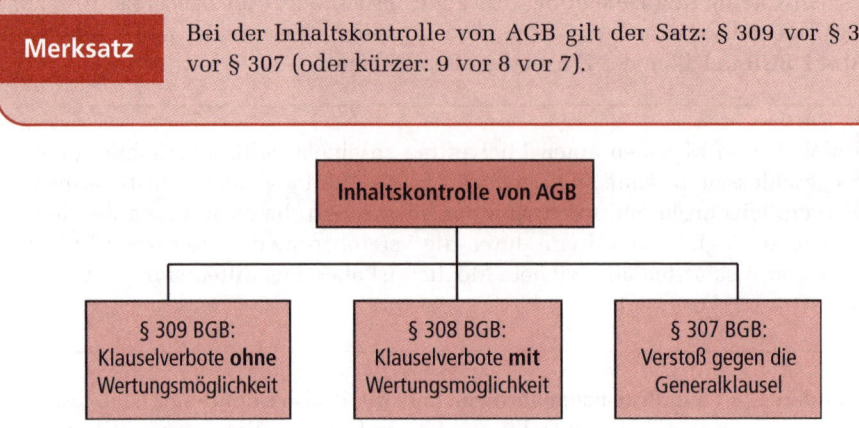

Abbildung 3.3: Inhaltskontrolle von AGB

Wegen der Vielzahl der Klauseln hier nur einige Beispiele:

## Klauselverbote ohne Wertungsmöglichkeit (§ 309 BGB)

- § 309 Nr. 1 BGB erklärt kurzfristige **Preiserhöhungen** für unwirksam, wenn die Ware innerhalb von vier Monaten nach Vertragsabschluss geliefert werden soll.

> **Beispiel**    Die Klausel: „Preiserhöhungen bleiben vorbehalten, sofern sich unser Einkaufspreis erhöht" ist unwirksam, wenn die Ware nach dem Vertrag innerhalb von vier Monaten zu liefern ist.

- § 309 Nr. 3 BGB beschränkt die Möglichkeit, in AGB ein **Aufrechnungsverbot** zu begründen.

> **Beispiel**    Die Klausel: „Eine Aufrechnung gegen uns zustehende Forderungen ist ausgeschlossen, es sei denn, die Forderung, mit der aufgerechnet werden soll, ist unbestritten" ist unwirksam, weil der in § 309 Nr. 3 BGB enthaltene weitere Vorbehalt „oder rechtskräftig festgestellt" fehlt.

- § 309 Nr. 4 BGB erklärt eine Klausel für unwirksam, nach der der Schuldner **ohne Mahnung** in Verzug gerät.

> **Beispiel** Die Klausel: „Der Schuldner gerät in Verzug, wenn er nicht innerhalb der in der Rechnung angegebenen Frist zahlt", ist nichtig.

- § 309 Nr. 7 und Nr. 8 BGB betreffen **Haftungsausschlüsse**, wobei die Nr. 8 b) die Mängelhaftung beim Kauf und beim Werkvertrag regelt.

> **Beispiel** Die Klausel: „Alle Mängel der Kaufsache sind binnen zwei Wochen nach der Lieferung zu rügen", ist nach § 309 Nr. 8 b) ee) unwirksam, weil eine Rügefrist nur für offensichtliche Mängel gesetzt werden kann.

Deshalb ist die in der Einleitung unter Nr. 3 abgedruckte Klausel unwirksam[15], sodass K die Nachbesserung nicht unter Hinweis auf diese Klausel verweigern kann. Davon zu trennen ist die kaufmännische Rügeobliegenheit nach § 377 HGB[16].

## Klauselverbote mit Wertungsmöglichkeit (§ 308 BGB)

- § 308 Nr. 1 BGB erklärt „unangemessen lange oder nicht hinreichend bestimmte" **Annahme- oder Lieferfristen** für unwirksam. Hier muss das Gericht jeweils im Rahmen einer Wertung eine Entscheidung treffen.

> **Beispiel** In den AGB des Möbelhändlers M heißt es wie folgt: „Bei Möbeln, die nicht vorrätig sind, ist der Besteller an sein Angebot gebunden, bis wir es annehmen oder ablehnen". Da ein Besteller nicht weiß und auch nicht wissen kann, wann M eine Entscheidung trifft, ist völlig unklar, wie lange er an das Angebot gebunden ist. Theoretisch könnte M seine Entscheidung erst nach zwei oder noch mehr Jahren treffen. Diese Klausel benachteiligt den Besteller ganz erheblich und ist deshalb unwirksam. Schwieriger wäre die Entscheidung, wenn der Besteller „sechs Wochen an sein Angebot gebunden" wäre. Auch diese Frist dürfte zu lang sein, weil nicht erkennbar ist, warum M so lange Zeit benötigt, um eine Entscheidung zu treffen. Aber wie wäre es bei drei Wochen? Das OLG Köln hat diese Frist als angemessen angesehen[17].

---

15  Vgl. S. 25.
16  Vgl. S. 241 ff.
17  OLG Köln NJW-RR 2001, S. 198; weitere Beispiele bei Palandt/Heinrichs, Bürgerliches Gesetzbuch, § 308 Rn. 4.

Nach § 308 Nr. 4 BGB ist eine Klausel unwirksam, durch die sich der Verwender das Recht vorbehält, die versprochene **Leistung zu ändern** oder von ihr abzuweichen, es sei denn, „die Änderung ist ... für den anderen Vertragsteil zumutbar".

> **Beispiel** K hat bei V Möbel gekauft. In seinen AGB behält sich V das Recht vor, die Möbel auch in einer anderen Farbe zu liefern. Ein derartiger Vorbehalt ist unwirksam. Wirksam wäre die folgende Klausel: „Änderungen der Farbe bleiben vorbehalten, wenn und soweit sie für den Käufer zumutbar sind".

### Generalklausel des § 307 BGB

Nach § 307 Abs. 1 S. 1 BGB sind Klauseln unwirksam, die den anderen Teil entgegen den Geboten von **Treu und Glauben** unangemessen benachteiligen. Man muss sich verdeutlichen, dass dieser Ausgangspunkt auch den §§ 308, 309 BGB zugrunde liegt. Dort ist konkret für bestimmte, typische Klauseln präzisiert worden, wann eine solche Benachteiligung vorliegt, während § 307 BGB als „Auffangbecken" für die in den anderen Vorschriften nicht erfassten Klauseln dient. Die damit für die Rechtsanwendung verbundenen erheblichen Probleme versucht § 307 BGB durch weitere Regelungen zu verringern:

- In § 307 Abs. 1 S. 2 BGB wird klargestellt, dass sich eine unangemessene Benachteiligung auch daraus ergeben kann, dass eine Bestimmung nicht klar und verständlich ist. Dahinter verbirgt sich das so genannte **Transparenzgebot**, dem AGB unterliegen. Die Praxis tut sich aber gerade hiermit recht schwer. Es kommt nämlich oft vor, dass AGB kaum, sehr schwer oder gar nicht verständlich sind (Beispiele: Versicherungs- oder Bankbedingungen), doch gibt es kaum Urteile, die daraus eine Unwirksamkeit der Klauseln abgeleitet haben. Im Gegenteil: Der BGH hat sinngemäß entschieden, wenn es nicht einfach ginge, dann sei auch das Schwierige in Ordnung. Das Transparenzgebot bestehe nämlich nur im Rahmen des Möglichen[18].

- § 307 Abs. 2 BGB enthält eine Auslegungsregel, weil „im Zweifel" davon auszugehen ist, dass eine Klausel unwirksam ist, wenn sie mit wesentlichen Grundgedanken der gesetzlichen Regelung, von der abgewichen wird, nicht übereinstimmt (Nr. 1). Gleiches gilt, wenn wesentliche Rechte und Pflichten, die sich aus der Natur des Vertrages ergeben, so eingeschränkt werden, dass die Erreichung des Vertragszwecks gefährdet ist (Nr. 2).

---

18  BGH NJW 1998, S. 3114, 3116.

> **Beispiele**
>
> - Nach Ziff. 6 eines Maklervertrages hat der Kunde eine „Aufwandsentschädigung" zu zahlen, wenn aufgrund der Tätigkeit des Maklers kein Vertrag mit einem Dritten zustande kommt (etwa ein Grundstückskaufvertrag oder ein Mietvertrag). Da nach § 652 BGB ein Provisionsanspruch des Maklers nur entsteht, wenn infolge des Nachweises oder infolge der Vermittlung des Maklers ein (weiterer) Vertrag zustande kommt, weicht die obige Klausel zum Nachteil des Kunden vom Grundgedanken der in § 652 BGB enthaltenen Regelung ab. Sie ist deshalb nach § 307 Abs. 2 Nr. 1 BGB unwirksam.
>
> - Eine Gefährdung des Vertragszweckes kommt insbesondere dann in Betracht, wenn in AGB jede Haftung für eine Verletzung wesentlicher Vertragspflichten (so genannter „Kardinalpflichten") ausgeschlossen wird. Da dem Schuldner im Falle eines wirksamen Haftungsausschlusses keine Schadensersatzansprüche drohen würden, wäre zu befürchten, dass er seinen Pflichten nicht sorgfältig genug nachkäme und deshalb die Erreichung des Vertragszwecks gefährdet sein könnte. Ein so weitgehender Haftungsausschluss ist daher nach § 307 Abs. 2 Nr. 2 BGB unwirksam.

## Ergänzung durch andere Vorschriften

Die §§ 307 ff. BGB werden durch § 276 Abs. 3 BGB ergänzt. Nach dieser Vorschrift kann dem Schuldner die Haftung wegen Vorsatzes nicht im Voraus erlassen werden. Wenn der Schuldner den Gläubiger vorsätzlich schädigt, haftet er also immer. Die Unwirksamkeit einer entgegenstehenden Klausel ergibt sich bereits aus § 276 Abs. 3 BGB, ohne dass es eines Rückgriffs auf die AGB-Vorschriften bedarf. Außerdem gilt dieses Verbot unabhängig davon, ob der Haftungsausschluss in AGB oder individuell vereinbart worden ist. Falls AGB vorliegen, wird § 276 Abs. 3 BGB durch § 309 Nr. 7 BGB ergänzt.

> **Beispiel** Der Schuldner hat im Vertrag jede Haftung für Schäden, die er verursacht, ausgeschlossen. Diese Regelung ist nach § 276 Abs. 3 BGB unwirksam, gleichgültig, ob sie in einem Individualvertrag oder in AGB enthalten ist. Wenn ein Schuldner die Haftung nicht vollständig, sondern „nur" für grobe und für einfache Fahrlässigkeit ausgeschlossen hat, kommt es darauf an, ob sich diese Regelung in AGB befindet. Für diesen Fall ist § 309 Nr. 7 BGB zu prüfen, anderenfalls § 242 BGB.

Eine weitere wichtige Ergänzung zum AGB-Recht gilt für den Verbrauchsgüterkauf mit § 475 Abs. 1 und Abs. 2 BGB. Danach sind bestimmte Vertragsinhalte unwirksam, wenn durch sie zum Nachteil des Verbrauchers von gesetzlichen Regelungen abgewichen wird. Einer AGB-Kontrolle bedarf es auch hier nicht. Auf § 475 BGB wird an späterer Stelle eingegangen[19].

---

19  S. 236 ff.

### 3.3.5 Rechtsfolgen

Der Gesetzgeber musste entscheiden, welche Rechtsfolge eintreten soll, wenn AGB kein Vertragsbestandteil geworden sind (vgl. §§ 305 Abs. 2, 305 c BGB) oder wenn einzelne, mehrere oder gar alle Klauseln nach §§ 307 bis 309 BGB unwirksam sind. *Eine mögliche Rechtsfolge besteht darin, dass der gesamte Vertrag dann ebenfalls unwirksam (nichtig) ist.* Das hätte aber fatale Konsequenzen, weil jeder Vertrag, der auch nur *eine* (einzige) unwirksame Klausel enthielte, ebenfalls nichtig wäre. Dies wäre eine unverhältnismäßige, auch wirtschaftlich unangemessene Reaktion auf einen möglicherweise nur geringfügigen Verstoß gegen die §§ 305 ff. BGB.

Der Gesetzgeber hat sich deshalb für eine andere Rechtsfolge entschieden: Nach § 306 Abs. 1 BGB hängt die Wirksamkeit des Vertrages weder davon ab, ob die AGB in den Vertrag einbezogen wurden noch ob sie wirksam oder unwirksam sind. Nach Abs. 2 treten an die Stelle der nicht einbezogenen oder nichtigen AGB die gesetzlichen Regelungen.

**Beispiele**
- Die AGB enthalten eine nach § 308 Nr. 1 BGB unwirksame Annahmefrist. Der Vertrag bleibt dennoch wirksam, an die Stelle der unwirksamen Klausel tritt das BGB: Bei Verträgen unter Anwesenden gilt § 147 Abs. 1 BGB, bei Verträgen unter Abwesenden § 147 Abs. 2 BGB.
- Im Falle einer unzulässigen Verkürzung der Verjährungsfrist nach § 309 Nr. 8 b) ff) BGB gilt bei Kaufverträgen die gesetzliche Gewährleistungsfrist des § 438 BGB, bei Werkverträgen gilt § 634 a Abs. 1 BGB.

Welche Folge aber soll eintreten, wenn eine Klausel zwar unwirksam ist, aber mit einem geringfügig geänderten Inhalt wirksam wäre?

**Beispiel** Eine Klausel schließt „jede Haftung des Verwenders für fahrlässig verursachte Sachschäden aus". Diese Klausel ist nach § 309 Nr. 7 b) BGB unwirksam, weil sie auch die Haftung für grob fahrlässig herbeigeführte Schäden umfasst.

Zu fragen ist, ob die Klausel auf den zulässigen Inhalt reduziert werden soll – Ausschluss der Haftung für einfache Fahrlässigkeit – oder ob sie insgesamt unwirksam sein soll. Die Rechtsprechung wendet in diesen Fällen das **Verbot der geltungserhaltenden Reduktion** an. Dies bedeutet, dass eine unwirksame Klausel insgesamt unwirksam ist, auch wenn sie mit einem geänderten Inhalt wirksam wäre. Die Gerichte sehen es zu Recht nicht als ihre Aufgabe an, unwirksame Klauseln im gerade noch zulässigen Umfang aufrechtzuerhalten. Der Klauselverwender, der über das Ziel hinausschießt, hätte sonst kein Risiko, weil das Gericht es für ihn „schon richten würde".

**Fortsetzung des Beispiels** Die obige Klausel ist deshalb unwirksam. Sie wird nicht auf den wirksamen Inhalt, wonach nur die Haftung für die *einfache* Fahrlässigkeit ausgeschlossen wird, reduziert.

Die Unwirksamkeit einer Klausel betrifft dabei nur diese Klausel. Andere Klauseln in denselben AGB, die einer Wirksamkeitskontrolle standhalten, bleiben also bestehen. Die Unwirksamkeit einer Klausel strahlt also nicht auf die anderen Klauseln aus, es sei denn, die Klauseln hingen unmittelbar zusammen.

> **Merksatz** Eine unwirksame AGB-Klausel wird nicht mit dem zulässigen Inhalt aufrechterhalten, „steckt" andererseits aber auch nicht die anderen Klauseln an.

Es kann also sein, dass von 20 Klauseln in AGB vier Klauseln nach §§ 307 bis 309 BGB unwirksam, die anderen 16 hingegen wirksam sind. Dann würden gemäß § 306 Abs. 2 BGB an die Stelle der vier unwirksamen Klauseln die gesetzlichen Regelungen, insbesondere die des BGB treten, während die anderen 16 Klauseln unverändert gelten würden.

## 3.3.6 Verwendung gegenüber Unternehmern

### Grundlagen

Zu Beginn dieses Abschnitts ist die Frage nach dem Anwendungsbereich der §§ 305 ff. BGB zurückgestellt worden, obwohl sie systematisch eigentlich an den Anfang gehört. Denn wenn die §§ 305 ff. BGB für einen bestimmten Sachverhalt gar nicht gelten, ist nicht zu prüfen,

- ob eine Klausel eine AGB ist,
- ob die Klausel in den Vertrag einbezogen wurde,
- ob sie unwirksam ist und
- welche Rechtsfolge sich aus der Nichteinbeziehung oder der Unwirksamkeit für den Vertrag ergibt.

Der für die Anwendung der §§ 305 ff. BGB maßgebliche § 310 BGB ist eine recht komplizierte Vorschrift, die aber auf der Grundlage der bisherigen Ausführungen besser verständlich sein dürfte.

Nach § 310 Abs. 1 S. 1 BGB finden die §§ 305 Abs. 2 und 3 und die §§ 308 und 309 BGB keine Anwendung, wenn AGB gegenüber einem Unternehmer oder einer juristischen Person des öffentlichen Rechts verwendet werden. Der volle Schutz der Regelungen zu den Allgemeinen Geschäftsbedingungen soll demnach nur Verbrauchern (§ 13 BGB) zugute kommen, während die Unternehmer (§ 14 BGB) und die juristischen Personen des öffentlichen Rechts (Bund, Länder, Kreise, Gemeinden) nur einen eingeschränkten Schutz genießen. Unternehmer sind alle im Handelsregister eingetragenen Kaufleute, aber auch die dort nicht eingetragenen Gewerbetreibenden und die so genannten Freiberufler (Ärzte, Steuerberater, Wirtschaftsprüfer, Rechtsanwälte, Architekten usw.). Diese Personen genießen also nur einen eingeschränkten Schutz.

## Einbeziehung von AGB gegenüber Unternehmern

Da nach § 310 Abs. 1 BGB bei der Verwendung von AGB gegenüber einem Unternehmer § 305 Abs. 2 und 3 BGB nicht gelten, richtet sich die Einbeziehung der AGB nicht nach dieser Vorschrift. Dies ist so zu verstehen, dass die gegenüber Verbrauchern geltenden strengen Anforderungen an die Einbeziehung nicht vorliegen müssen, wenn auf der Gegenseite des Verwenders ein Unternehmer steht. Daraus folgt aber nicht, dass die AGB automatisch gelten. Auch gegenüber Unternehmern bedarf es vielmehr einer Einbeziehung, doch ist diese im Verhältnis zu den Anforderungen des § 305 Abs. 2 BGB leichter herbeizuführen.

- Sofern die Verwendung von AGB branchenüblich ist (AGB der Banken, Allgemeine Deutsche Speditionsbedingungen), muss nicht einmal auf die AGB hingewiesen werden, der Verwender muss auch nicht von sich aus die Möglichkeit der Kenntnisnahme für den anderen Teil herbeiführen.

- Bei nicht branchenüblichen AGB reicht der Hinweis auf die AGB aus. Die Möglichkeit der zumutbaren Kenntnisnahme durch eine Übergabe der AGB ist nicht erforderlich. Allerdings sind die AGB auf Anforderung der anderen Seite zu übersenden.

## Einander widersprechende AGB

Im kaufmännischen Verkehr kommt es vor, dass beide Parteien unterschiedliche AGB haben. Hier ist zu klären, welche AGB gelten.

> **Beispiel** Die K-GmbH bestellt unter Bezugnahme auf ihre „Einkaufsbedingungen" bei der V-AG Ware. V erklärt die Annahme mit dem Zusatz: „Es gelten unsere Lieferbedingungen". Anschließend erfolgen Lieferung und Bezahlung. Welche AGB gelten? Das Angebot der K-GmbH hat die V-AG abgelehnt, weil die V-AG nur mit „Ja, aber unsere AGB gelten" zur Annahme bereit war. Diese eingeschränkte Annahme gilt nach § 150 Abs. 2 BGB als neues Angebot, das die K-GmbH mit der Entgegennahme der Lieferung und der Zahlung angenommen hat. Deshalb müssten eigentlich die AGB der V-AG gelten.

Nach der früheren Rechtsprechung galten in der Tat die AGB der Partei, die zuletzt auf ihre AGB verwiesen hatte („Theorie des letzten Wortes"). Diese Lösung trug recht zufällige Züge, auch war sie für den vorsichtigen Unternehmer Anlass, bis zuletzt und immer wieder auf die Geltung seiner AGB hinzuweisen. Heute geht der BGH davon aus, dass beide AGB-Werke gelten, soweit sie sich nicht widersprechen. Wenn ein Widerspruch zwischen den beiden AGB vorliegt, gelten insoweit das BGB, das HGB und die anderen Gesetze[20].

---

20   BGH NJW 1991, S. 2633, 2634 f.

> **Fortsetzung des Beispiels**  Wenn in den AGB der V-AG ein Aufrechnungsverbot enthalten ist und diesem Verbot in den AGB der K-GmbH nicht widersprochen wird, gilt das Verbot.
>
> Wenn beide AGB unterschiedliche Regeln zu den Transportkosten enthalten, gilt die gesetzliche Regelung, nämlich § 448 BGB.

## Abwehrklauseln

In der kaufmännischen Praxis werden verschiedentlich in AGB Abwehrklauseln wie folgt verwendet: „Für den Vertrag gelten ausschließlich unsere Lieferbedingungen. Der Geltung anderer Bedingungen wird widersprochen, auch wenn Sie unseren Lieferbedingungen nicht widersprechen". Nach der Rechtsprechung sind derartige Klauseln wirksam, und zwar auch in AGB[21]. Sie haben zur Folge, dass die AGB der anderen Partei nicht gelten, und zwar unabhängig davon, ob ein Widerspruch zwischen den beiden AGB vorliegt. Sollten beide Seiten Abwehrklauseln verwenden, kommt keine der AGB zur Anwendung. Vielmehr gelten dann die gesetzlichen Bestimmungen des BGB, HGB usw.

## Inhaltskontrolle

Nach § 310 Abs. 1 BGB finden die §§ 308 und 309 BGB keine Anwendung, wenn AGB gegenüber einem Unternehmer verwendet werden. Hieraus könnte man schließen, dass gegenüber Unternehmern die bei Verwendung gegenüber einem Verbraucher nach §§ 308, 309 BGB unwirksamen AGB wirksam sind. Dass diese Annahme ein Fehlschluss ist, folgt aus dem zweiten, allerdings schwer verständlichen Satz von § 310 Abs. 1 BGB. Danach findet § 307 Abs. 1 und Abs. 2 BGB in den Fällen des Satzes 1 auch insoweit Anwendung, als dies zur Unwirksamkeit von in den §§ 308 und 309 BGB genannten Vertragsbestimmungen führt.

Dies soll Folgendes bedeuten: Während bei einer Verwendung von AGB gegenüber Verbrauchern die §§ 308, 309 BGB unmittelbar zur Anwendung kommen und – wie oben dargestellt – vor § 307 BGB zu prüfen sind, ist bei einer Verwendung gegenüber Unternehmern nur § 307 BGB zu prüfen. Eine Klausel zur Annahmefrist kann im geschäftlichen Verkehr deshalb nicht nach § 308 Nr. 1 BGB unwirksam sein. Das heißt aber nicht, dass eine solche Klausel gar keiner Inhaltskontrolle unterliegt und deshalb immer wirksam ist. Auch hier findet eine Wirksamkeitsprüfung statt, aber eben nicht nach § 308 Nr. 1 BGB, sondern unmittelbar nur nach § 307 BGB. Dies hat zur Konsequenz, dass der Prüfungsmaßstab etwas weniger streng ist. Klauseln, die gegenüber Verbrauchern nach §§ 308 oder 309 BGB unwirksam sind, können gegenüber Unternehmern wirksam sein. Es ist Aufgabe der Rechtsprechung, in jedem Einzelfall zu entscheiden, welche der nach §§ 308 und 309 BGB unwirksamen Klauseln bei einer Verwendung gegenüber einem Unternehmer auf der Grundlage des § 307 BGB ebenfalls unwirksam sind. Man kann in den einschlägigen Quellen, insbesondere in den Kommentaren zum BGB, etwa dem Palandt[22], nachlesen, welche der in §§ 308 und 309 BGB enthaltenen Klauseln auch im geschäftlichen Verkehr gemäß § 307 BGB unwirksam ist. Merken kann und sollte man sich die Einzelfälle nicht.

---

21  BGH NJW-RR 2001, 484, 485; NJW 1991, 1604, 1606.
22  Palandt, Bürgerliches Gesetzbuch, 65. Aufl., München 2006.

### 3.3.7 Abschließende Hinweise

Hinzuweisen ist abschließend auf Privilegien für bestimmte Bereiche (Strom, Gas, Fernwärme) in § 310 Abs. 2 BGB und auf den generellen Ausschluss der Regelungen zu AGB für Verträge auf dem Gebiet des Erb-, Familien- und Gesellschaftsrechts sowie auf Tarifverträge, Betriebs- und Dienstvereinbarungen (§ 310 Abs. 4 BGB). Arbeitsverträge unterliegen hingegen einer Inhaltskontrolle, wobei die im Arbeitsrecht geltenden Besonderheiten angemessen zu berücksichtigen sind.

# Rechtsfähigkeit, Geschäfts-<br>fähigkeit und Deliktsfähigkeit

4

ÜBERBLICK

## Lernziele dieses Kapitels

*Was kommt in diesem Kapitel auf Sie zu? Vor weiteren Ausführungen zu einzelnen Problembereichen sollen einige für das weitere Verständnis wichtige Begriffe erläutert werden, nämlich die Rechtsfähigkeit, die Geschäftsfähigkeit und die Deliktsfähigkeit.*

Die drei recht ähnlich klingenden Begriffe lassen sich fast aus der jeweiligen Wortbedeutung erklären. Bei der **Rechtsfähigkeit** geht es darum, ob eine Person fähig ist, Rechte zu haben, ob sie also Rechte und – als Kehrseite – Pflichten haben kann. Die **Geschäftsfähigkeit** betrifft die Frage, ob eine Person fähig ist, (Rechts-)Geschäfte vorzunehmen, insbesondere Verträge zu schließen. Bei der **Deliktsfähigkeit** geht es darum, ob eine Person für ein Delikt haften kann, besser ob sie für ein Unrecht, das sie einer anderen Person zugefügt hat, haften *muss*.

## 4.1 Rechtsfähigkeit

| Merksatz | Rechtsfähig ist, wer Träger von Rechten und Pflichten sein kann. Dies können neben natürlichen und juristischen Personen auch Personenvereinigungen sein, sofern sie den juristischen Personen angenähert sind. |
|---|---|

### 4.1.1 Natürliche Personen

Rechtsfähig sind alle natürlichen Personen (Menschen) ab der Vollendung der Geburt (§ 1 BGB). Also sind auch wenige Minuten alte Kinder schon rechtsfähig. Außerdem gilt nach § 1923 Abs. 2 BGB das vor dem Erbfall bereits gezeugte, aber noch nicht geborene Kind als vor dem Erbfall geboren, sodass es bereits Erbe sein kann. Durch § 218 StGB (Strafgesetzbuch) wird das heranwachsende Kind gegen den Abbruch der Schwangerschaft geschützt.

**Beispiel** Ein vier Tage altes Kind kann bereits Millionär sein, zum Beispiel infolge einer Erbschaft. Das Erbe gehört dann dem Kind, weil es rechtsfähig ist. Hierfür spielt es keine Rolle, dass das Kind das Erbe noch nicht verwalten kann.

### 4.1.2 Juristische Personen

Juristische Personen sind ebenfalls rechtsfähig. Hierbei handelt es sich um künstliche Gebilde, die durch die Rechtsordnung („von den Juristen") geschaffen werden, während die natürlichen Personen „von der Natur" – wenn auch unter Mithilfe von Menschen – geschaffen werden. Man unterscheidet zwischen juristischen Personen des öffentlichen Rechts (Bund, Länder, Kreise, Gemeinden) und denen des Privatrechts.

Im BGB ist der Verein geregelt, der nach § 21 BGB mit der Eintragung in das Vereinsregister (beim Amtsgericht) die Rechtsfähigkeit erlangt. Ohne eine solche Eintragung ist der Verein nicht rechtsfähig. Aus dem Gesellschaftsrecht verdienen besonders die GmbH und die Aktiengesellschaft Erwähnung, die gleichfalls mit der Eintragung, und zwar im Handelsregister (ebenfalls beim Amtsgericht), rechtsfähig werden (§§ 11 Abs. 1, 13 Abs. 1 GmbHG, §§ 1 Abs. 1, 41 Abs. 1 S. 1 AktG).

### 4.1.3 Den juristischen Personen angenäherte Personenvereinigungen

Keine juristischen Personen sind die Gesellschaft bürgerlichen Rechts (GbR, auch „BGB-Gesellschaft" genannt), die Offene Handelsgesellschaft (OHG) und die Kommanditgesellschaft (KG).

#### Offene Handelsgesellschaft (OHG) und Kommanditgesellschaft (KG)

OHG und KG sind im Handelsgesetzbuch geregelt (§§ 105 ff. HGB, §§ 161 ff. HGB). Es handelt sich bei ihnen nicht um „echte" juristische Personen, doch sind diese beiden Personenhandelsgesellschaften der juristischen Person angenähert. So kann die OHG nach § 124 Abs. 1 HGB unter ihrer Firma (also ihrem Namen, vgl. §§ 17 ff. HGB) Rechte erwerben und Verbindlichkeiten eingehen, Eigentum und andere dingliche Rechte an Grundstücken erwerben und vor Gericht klagen und verklagt werden. Dies gilt in gleicher Weise für die Kommanditgesellschaft, da auf die KG das Recht der OHG Anwendung findet (§ 161 Abs. 2 HGB i.V.m. § 124 HGB).

---

**Beispiele**

- Ein Grundstück, das als Betriebsgrundstück für eine OHG gekauft wird, gehört der OHG, nicht ihren Gesellschaftern, denen – wenn man so will – allerdings die OHG gehört. In das Grundbuch wird aber die OHG als Eigentümerin eingetragen.
- Wenn ein Werkvertrag zwischen einer KG und einem Besteller vorliegt, steht der Anspruch auf Bezahlung des Werklohns gemäß § 631 BGB (allein) der KG zu, nicht deren Gesellschaftern. Die Klage eines Gesellschafters auf Zahlung an sich persönlich würde deshalb abgewiesen werden, er wäre – wie die Juristen sagen – nicht aktivlegitimiert.

---

Die vorstehenden Ausführungen gelten in gleicher Weise für die GmbH und die Aktiengesellschaft. Forderungen gegen Dritte (Kunden) stehen den Gesellschaften, nicht den Gesellschaftern (bei der GmbH) bzw. den Aktionären (bei der AG) zu. Insoweit besteht zwischen den („echten") juristischen Personen (GmbH, AG) und den an die juristischen Personen angenäherten Personenhandelsgesellschaften (OHG, KG) kein Unterschied.

Ganz anders sieht es hingegen bei der Haftung für Verbindlichkeiten aus: Während für Schulden (Verbindlichkeiten) der juristischen Person **ausschließlich deren Vermögen** haftet (§ 13 Abs. 2 GmbHG, § 1 Abs. 1 S. 2 AktG), haften bei OHG und KG neben der Gesellschaft auch deren Gesellschafter.

Die Haftung für Verbindlichkeiten ist bei der OHG für den Gläubiger deshalb deutlich besser geregelt als bei der AG und GmbH: Zunächst einmal haftet die OHG nach § 124 HGB mit ihrem Vermögen. Daneben haften gemäß § 128 HGB die einzelnen Gesellschafter mit ihrem gesamten Vermögen (anteiliges Gesellschaftsvermögen und **Privatvermögen**) für alle Verbindlichkeiten der OHG als Gesamtschuldner[1]. Der Gläubiger kann damit neben der OHG auch die einzelnen Gesellschafter in Anspruch nehmen.

---

**Beispiele**

- Die Aktionäre der Telekom-Aktiengesellschaft haften nicht für Schulden der Telekom-AG, etwa bei Banken und Lieferanten. Diese Gläubiger können nur von der Telekom-AG Zahlung verlangen.

- Wird eine GmbH insolvent, haben die Gläubiger der GmbH (Lieferanten, Vermieter, Banken, Arbeitnehmer usw.) wegen § 13 Abs. 2 GmbHG in der Regel keine Möglichkeit, auf das Privatvermögen der Gesellschafter der GmbH oder ihrer Geschäftsführer zuzugreifen. Nur in den Fällen der so genannten „Durchgriffshaftung" kann ein Gesellschafter persönlich neben der GmbH haftbar sein. Eine unmittelbare Haftung eines GmbH-Geschäftsführers kommt in Betracht, wenn dieser einen Insolvenzantrag zu spät gestellt hat (§ 823 Abs. 2 BGB i.V.m. § 64 Abs. 1 GmbHG) oder einen Lieferanten geschädigt hat § 826 BGB; § 823 Abs. 2 BGB i.V.m. § 263 StGB)[2]. Da es sich hierbei aber um Ausnahmen handelt, ist es generell sehr wichtig, bei Geschäften mit einer GmbH für eine ausreichende Kreditsicherung zu sorgen.

---

Gemäß §§ 161 Abs. 2, 124 HGB gilt die für die OHG beschriebene Haftung in gleicher Weise für die KG und gemäß §§ 161 Abs. 2, 128 HGB für deren Komplementäre (oft „Vollhafter" genannt). Demgegenüber haften die Kommanditisten (oft „Teilhafter" genannt) den Gläubigern der KG nicht mehr persönlich, sobald sie ihre Einlage vollständig geleistet haben (§ 171 HGB).

---

**Beispiele**

- Wenn eine OHG aus den Gesellschaftern A, B und C besteht, kann der Vermieter der Geschäftsräume die Zahlung der Miete von der OHG (§§ 535 Abs. 2 BGB, 124 HGB) und/oder von A, B und/oder C als Gesamtschuldner verlangen (§§ 535 BGB, 128 HGB, 421 ff. BGB). Er kann die Forderung dabei beliebig aufteilen, bekommt sie insgesamt aber natürlich nur einmal bezahlt.

- Eine KG besteht aus dem Komplementär V („Vollhafter") und den Kommanditisten K 1, K 2 und K 3 („Teilhafter"), die ihre Kommanditanteile voll eingezahlt haben. Für Mietschulden der KG haftet die KG (§§ 535 Abs. 2 BGB, 161 Abs. 2 HGB i.V.m. § 124 HGB) und der Komplementär V (§§ 535, 161 Abs. 2 HGB i.V.m. § 128 HGB), nicht hingegen die Kommanditisten, da sie ihre Einlage geleistet haben (§ 171 HGB).

---

1   Zur Gesamtschuld vgl. S. 174 ff.
2   Vgl. S. 375 f.

■ Identisch ist die Situation bei einer GmbH & Co KG, da es sich bei dieser Rechtsform um eine besondere Form einer KG handelt. Die Besonderheit besteht darin, dass die Komplementärin eine GmbH ist. Diese GmbH ist also die „Vollhafterin" und haftet deshalb gemäß §§ 161 Abs. 1, 128 HGB mit ihrem gesamten Vermögen. Daneben haftet die KG selbst (§§ 161 Abs. 2, 124 HGB), während die Kommanditisten nach vollständiger Einzahlung ihrer Einlage nicht haften (§ 171 HGB).

| Merksatz | Die GmbH & Co KG ist eine KG, bei der die Komplementärin („Vollhafterin") eine GmbH ist. |
| --- | --- |

### Gesellschaft bürgerlichen Rechts (GbR)

Die Gesellschaft bürgerlichen Rechts (GbR), die früher oft als „BGB-Gesellschaft" bezeichnet wurde, ist ebenfalls keine „echte" juristische Person. Nach neuerer Rechtsprechung des Bundesgerichtshofs[3] ist die GbR aber, sofern sie durch den Abschluss von Verträgen am Rechtsverkehr teilnimmt, in ähnlicher Weise wie die OHG und die KG der juristischen Person angenähert, obwohl es in den §§ 705 ff. BGB keine dem § 124 HGB vergleichbare Regelung gibt. Folge dieser vom BGH begründeten „Teilrechtsfähigkeit" ist, dass eine GbR eigene Rechte und Pflichten haben kann. Der GbR können deshalb Fahrzeuge, Produktionsmittel und sonstige Sachen gehören, sie kann Forderungen und Verbindlichkeiten (Schulden) haben. Es ist deswegen möglich, einen Vertrag mit einer GbR abzuschließen. Neben der GbR haften deren Gesellschafter wie die Gesellschafter einer OHG. Auf das Verhältnis der Gesellschafter einer GbR untereinander wird § 128 HGB entsprechend (analog) angewendet.

**Beispiel** Ein Steuerberater und ein Wirtschaftsprüfer haben sich zur gemeinsamen Berufsausübung in der Rechtsform einer GbR zusammengeschlossen. Wird für die damit gegründete Sozietät ein Pkw gekauft, kann der Verkäufer nach seiner Wahl Zahlung von der GbR, aber auch von jedem der Gesellschafter, also vom Steuerberater und/oder vom Wirtschaftsprüfer, verlangen. Natürlich bekommt er den Kaufpreis insgesamt nur einmal. Die Chance, seine Forderung durchzusetzen, ist aber recht hoch, weil neben der GbR auch die beiden Gesellschafter persönlich haften.

---

3   BGH NJW 2001, S. 1056 ff.

In der Praxis wird immer wieder der „untaugliche Versuch" unternommen, die Haftung der Gesellschafter einer GbR auf das Gesellschaftsvermögen oder auf den Anteil des einzelnen Gesellschafters am Gesellschaftsvermögen zu beschränken. Dieses Ergebnis versucht man dadurch zu erreichen, dass bei Vertragsabschlüssen die Bezeichnung „GbR mbH" verwendet wird. Dabei soll das Kürzel „mbH" – in Anlehnung an die GmbH – für „mit beschränkter Haftung" stehen. Die Rechtsprechung lässt dieses Vorgehen für die gewünschte Haftungsbegrenzung aber nicht genügen, sondern verlangt in jedem Fall eine individuelle, konkrete Einigung mit dem Gläubiger. Nur auf diese Weise ist es möglich, das Privatvermögen der Gesellschafter vor einem Zugriff der Gläubiger zu schützen[4]. Besonderheiten gelten für geschlossene Immobilienfonds, die vor Oktober 1999 in der Rechtsform einer GbR gegründet wurden[5].

> **Merksatz**
>
> Bei GbR und OHG haften den Gläubigern der Gesellschaften neben der Gesellschaft auch die Gesellschafter mit ihrem gesamten Vermögen. Gleiches gilt für die KG und deren Komplementäre. Bei der GmbH und der Aktiengesellschaft haften den Gläubigern hingegen nur die Gesellschaften mit dem jeweiligen Gesellschaftsvermögen.

## 4.2   Geschäftsfähigkeit

> **Merksatz**
>
> Geschäftsfähig ist, wer durch eigene Willenserklärungen wirksam Rechtsgeschäfte abschließen kann. Dies können zweiseitige Rechtsgeschäfte (Verträge) oder einseitige Rechtsgeschäfte (Rücktritt, Widerruf, Kündigung, Anfechtung, Testament) sein.

Das BGB nimmt in Bezug auf die Geschäftsfähigkeit drei Abstufungen vor:

- **Unbeschränkt (voll) geschäftsfähig** sind alle Menschen (natürliche Personen), die volljährig sind. Nach § 2 BGB tritt die Volljährigkeit mit der Vollendung des achtzehnten Lebensjahres ein (also mit dem 18. Geburtstag).
- **Beschränkt geschäftsfähig** sind Personen zwischen der Vollendung des siebenten Lebensjahres bis zur Vollendung des achtzehnten Lebensjahres. Für deren Willenserklärungen gelten gemäß § 106 BGB die §§ 107 bis 113 BGB. Das BGB bezeichnet diese Personen als **„Minderjährige"**.
- **Geschäftsunfähig** sind Kinder vor Vollendung des siebenten Lebensjahres (§ 104 Nr. 1 BGB) und dauernd geistig gestörte Personen (§ 104 Nr. 2 BGB).

---

4    Vgl. Palandt/Sprau, Bürgerliches Gesetzbuch, § 714 Rn. 18.
5    BGH NJW 2002, S. 1642 f.

**Beispiele**

- Wenn sich ein fünfjähriges Kind am Kiosk für 50 Cent eine Kugel Schoko-Eis kauft, ist der Kaufvertrag unwirksam (nichtig), weil das Kind nicht geschäftsfähig ist (§ 104 Nr. 1 BGB) und deshalb keine wirksame Willenserklärung abgeben kann (§ 105 Abs. 1 BGB). Dies gilt sogar dann, wenn die Eltern dem Kind das Geld als Taschengeld gegeben haben, da der „Taschengeld-Paragraph" nur für Minderjährige, also Kinder ab sieben Jahre, gilt (§ 110 BGB). Das Ergebnis ist sicherlich etwas sonderbar. In der Praxis machen solche Geschäfte indes keine Probleme, weil sich niemand daran stört, dass der Vertrag unwirksam ist. Der Verkäufer hat den Kaufpreis erhalten, das Kind schleckt das Eis. Ärger gibt es allenfalls, wenn sich Spuren des Schoko-Eises auf dem gerade gewaschenen T-Shirt wiederfinden.

- Wenn sich ein zwölfjähriges Mädchen einen MP3-Player kauft, ist die Sache hingegen komplizierter. Der Kaufvertrag ist wirksam, wenn die Eltern mit dem Kauf von vornherein einverstanden waren, also ihre vorherige Zustimmung (Einwilligung) gegeben haben (§§ 107, 182 Abs. 1, 183 Abs. 1 BGB). Anderenfalls ist der Vertrag zunächst weder wirksam noch unwirksam („weder Fisch noch Fleisch"), er befindet sich vielmehr in einer Schwebelage und wird als „schwebend unwirksam" bezeichnet. Ob der Vertrag wirksam oder (endgültig) unwirksam (nichtig) wird, hängt davon ab, ob die Eltern als „gesetzlicher Vertreter" der Minderjährigen (§§ 1626 Abs. 1, 1629 Abs. 1 BGB) nachträglich ihre Zustimmung (Genehmigung) erteilen (§§ 108 Abs. 1, 182 Abs. 1, 184 Abs. 1 BGB). Wird die Genehmigung erteilt, wird der Vertrag rückwirkend – also von Anfang an – wirksam, sonst wird er unwirksam (nichtig).

Ein anderer Weg wird durch § 110 BGB eröffnet, der häufig, was aber zu ungenau ist, als **Taschengeldparagraph** bezeichnet wird. Nach dieser Vorschrift gilt der von einem Minderjährigen abgeschlossene Vertrag von Anfang an als wirksam, wenn der Minderjährige die vertragsgemäße Leistung mit Mitteln bewirkt (hat), die ihm zu diesem Zweck vom gesetzlichen Vertreter (den Eltern, § 1626 BGB) oder mit dessen Zustimmung von einem Dritten (Tante *Karin*) zur freien Verfügung überlassen worden sind. Der Sache nach ist § 110 BGB ein Sonderfall des § 107 BGB. Während sich § 107 BGB auf einen bestimmten Vertrag bezieht, enthält § 110 BGB eine generelle Einwilligung zu allen Verträgen, die der Minderjährige mit seinem „Taschengeld" erfüllt.

Oft übersehen wird, dass ein Vertrag nach § 110 BGB aber erst dann wirksam wird, wenn der Minderjährige die ihm obliegende Leistung vollständig erbracht *hat*. In den Text des § 110 BGB muss man – wie oben geschehen – hinter die Passage „mit Mitteln bewirkt" das kleine Wort „hat" hineinlesen. Solange zum Beispiel nur ein kleiner Teil des Kaufpreises offen ist, ist der Vertrag noch schwebend unwirksam.

> **Merksatz**  Der von einem Minderjährigen geschlossene Vertrag wird nach § 110 BGB erst wirksam, wenn der Minderjährige die ihm obliegende Leistung vollständig mit ihm dafür überlassenen Mitteln erbracht *hat*. Im Fall eines Ratenkaufs muss also auch die letzte Rate gezahlt sein.

Aufgrund eines schwebend unwirksamen Vertrages kann der Verkäufer die Zahlung des Restkaufpreises vom Minderjährigen nicht verlangen. Verweigert dieser beim Ratenkauf weitere Zahlungen und genehmigen die Eltern den Vertrag nicht, müssen die wechselseitig schon erbrachten Leistungen herausgegeben werden (§ 812 Abs. 1 S. 1 BGB). Der Verkäufer bekommt die Kaufsache zurück, der Minderjährige die bereits geleistete Anzahlung. Juristisch sehr schwierig ist die Frage, ob der Minderjährige oder dessen Eltern für die Nutzung oder Verschlechterung der Sache eine Zahlung erbringen müssen. Häufig ist dies nicht der Fall, weil der Schutz des Minderjährigen vorgeht[6].

Unabhängig von § 108 BGB und § 110 BGB ist die von einem Minderjährigen abgegebene Willenserklärung von Anfang an wirksam, wenn der Minderjährige durch die Willenserklärung „lediglich einen rechtlichen Vorteil erlangt". Denn in einem solchen Fall bedarf der Minderjährige nach § 107 BGB keiner Einwilligung des gesetzlichen Vertreters. Dies bedeutet Folgendes: Gibt der Minderjährige eine Willenserklärung ab, die zu einem Vertrag führt (Angebot oder Annahme), ist zu prüfen, welche *rechtlichen* Folgen der Vertrag für den Minderjährigen hat.

> **Beispiel**  Der Minderjährige M schließt einen Kaufvertrag. Dieser Vertrag ist für M nicht „lediglich rechtlich vorteilhaft", weil M verpflichtet ist, den Kaufpreis zu zahlen. Anders ist es, wenn M eine Sache geschenkt wird, denn dann muss er keine Gegenleistung erbringen.

Zwei Punkte sind besonders zu beachten:

- Abzustellen ist nur auf die *rechtlichen* Folgen der Willenserklärung, nicht auf die *wirtschaftlichen* Folgen. Auch ein wirtschaftlich sehr günstiger Vertrag ist deshalb nicht nach § 107 BGB wirksam, wenn der Minderjährige irgendeine, auch noch so kleine Gegenleistung erbringen muss.

- Bei den rechtlichen Folgen werden ausschließlich die *unmittelbaren* Nachteile berücksichtigt, nur *mittelbare* Nachteile (Folgen) bleiben außen vor.

---

6  Vgl. Palandt/Sprau, Bürgerliches Gesetzbuch, § 812 Rn. 30.

**Beispiele**

- M kauft ein Mountainbike, das einen Wert von 600,-- € hat, für 150,-- €. Der Vertrag ist *nicht* nach § 107 BGB wirksam, weil der Minderjährige zwar ein gutes Geschäft gemacht hat, aber gleichwohl einen unmittelbaren rechtlichen Nachteil hat, weil er 150,-- € zahlen muss.

- M erhält ein Moped geschenkt, für das er Steuern zahlen und eine Versicherung abschließen muss. Hier muss M keine *unmittelbare* Gegenleistung für den Erwerb des Mopeds erbringen, sodass er insoweit nur einen rechtlichen Vorteil hat. Die Steuerpflicht ist zwar ein Nachteil, aber nur ein *mittelbarer* Nachteil, der unberücksichtigt bleibt. Der Schenkungsvertrag ist deshalb wirksam.

Hinzuweisen ist noch darauf, dass Probleme der Geschäftsfähigkeit in der gerichtlichen Praxis eine erheblich geringere Rolle spielen als in der juristischen Ausbildung.

## 4.3 Deliktsfähigkeit

**Merksatz** Nur wer deliktsfähig ist, muss für einen Schaden, den er einem anderen durch eine unerlaubte Handlung zufügt, aufkommen, also Schadensersatz leisten.

Deliktsfähig sind alle volljährigen Menschen (ab 18 Jahren, § 2 BGB), es sei denn, die Deliktsfähigkeit ist gemäß § 827 BGB ausnahmsweise ausgeschlossen. Für die unter 18-jährigen Personen unterscheidet das Gesetz in § 828 BGB zwischen den nicht deliktsfähigen Personen (Kinder bis zur Vollendung des siebenten bzw. bei Verkehrsunfällen des zehnten Lebensjahres) und den zwischen sieben (bzw. zehn) und 18 Jahre alten Personen.

### 4.3.1 Kinder bis zur Vollendung des siebenten Lebensjahres

Nach § 828 Abs. 1 BGB ist ein Kind bis zur Vollendung des siebenten Lebensjahres für einen Schaden, den es einem anderen zufügt, nicht verantwortlich. Dies bedeutet, dass das Kind nicht zum Schadensersatz verpflichtet ist.

**Beispiel** Ein Sechsjähriger verletzt beim Spielen ein anderes Kind mit einem Hammer. Der kindliche Schädiger haftet nicht, weil er noch nicht deliktsfähig ist. Eine Ausnahme enthält § 829 BGB, der eine Billigkeitshaftung vorsieht, wenn dem Geschädigten auch kein Anspruch gegen Dritte, insbesondere die Eltern des Schädigers oder deren Versicherung zusteht, während der Schädiger über ausreichende Mittel verfügt („reiches Kind verletzt armes Kind").

## 4.3.2    Sonderregelung für Verkehrsunfälle

Nach § 828 Abs. 2 S. 1 BGB wird die Grenze für den Beginn der Deliktsfähigkeit auf zehn Jahre angehoben, wenn der Schaden bei einem Unfall mit einem Kraftfahrzeug, einer Schienenbahn oder einer Schwebebahn entstanden ist. Nach Satz 2 gilt dieses Privileg allerdings nicht, wenn der Minderjährige vorsätzlich handelt.

> **Beispiel**    Ein Neunjähriger verursacht aus Nachlässigkeit einen Verkehrsunfall, weil er ein „Stoppschild" übersieht. Er haftet nicht, weil er nicht deliktsfähig ist. Eine Ausnahme kommt nicht in Betracht, weil lediglich ein fahrlässiges Handeln (§ 276 Abs. 2 BGB), aber kein Vorsatz (keine Absicht) vorliegt.

## 4.3.3    Haftung von Minderjährigen

Die Deliktsfähigkeit der Personen, die älter als sieben (bzw. zehn) Jahre, aber noch keine 18 Jahre sind, regelt § 828 Abs. 3 BGB. Diese Personen sind *nicht* deliktsfähig, wenn sie bei Begehung der schädigenden Handlung die zur Erkenntnis der Verantwortlichkeit erforderliche Einsicht *nicht* hatten. Für die Beurteilung kommt es darauf an, ob der Minderjährige das Unrecht seiner Handlung gegenüber den Mitmenschen und die Verpflichtung erkennen kann, in irgendeiner Weise für die Folgen seiner Handlung einstehen zu müssen. In der Praxis kommt der Frage nach der Deliktsfähigkeit Minderjähriger besondere Bedeutung bei Verkehrsunfällen und bei Bränden zu.

> **Beispiel**    Drei 11-Jährige unternehmen in der großen Pause ihre ersten Rauchversuche. Da die Zigaretten ihnen nicht schmecken, werfen sie diese in einen Papierkorb, ohne sie vorher richtig ausgemacht zu haben. Dadurch kommt es zu einem Schulbrand. Die Deliktsfähigkeit gemäß § 828 Abs. 3 BGB ist zu bejahen, da normal entwickelte elfjährige Kinder wissen, dass das „Abbrennen der Schule" negative Folgen für sie haben wird. Es ist deshalb davon auszugehen, dass die drei „Frühraucher" bei der Begehung der schädigenden Handlung die zur Erkenntnis der Verantwortlichkeit erforderliche Einsicht hatten.

## 4.3.4    Konsequenzen für die Praxis

Sollte ein unter sieben bzw. – bei Verkehrsunfällen – zehn Jahre altes Kind oder ein nicht deliktsfähiger Minderjähriger einen Dritten geschädigt haben, hat der Geschädigte keinen Anspruch gegen den Schädiger. Er hat auch nicht – auch wenn dies immer wieder behauptet wird – automatisch einen Anspruch gegen dessen Eltern. Als gesetzliche Vertreter des Kindes oder des Minderjährigen haften die Eltern nach § 832 Abs. 1 BGB nämlich nur dann, wenn sie ihre **Aufsichtspflicht** verletzt haben. Dies wird zwar vermutet, doch können die Eltern diese Vermutung gemäß § 832 Abs. 1 S. 2 BGB widerlegen, indem sie beweisen, dass sie ihrer Aufsichtspflicht ausreichend nachgekommen sind. Gelingt dieser Beweis, hat der Geschädigte weder einen Anspruch gegen den nicht deliktsfähigen Schädiger noch gegen dessen Eltern und muss seinen Schaden deshalb, sofern er nicht versichert ist, selbst tragen. Die Versicherung der Eltern oder des Schädigers tritt hingegen nicht ein, da die Versicherung nur zahlen muss, wenn der Versicherte (Eltern oder Schädiger) zahlen muss.

> **Beispiel**  Ein fast achtjähriges Kind legt den kurzen Weg zur Schule regelmäßig mit dem Fahrrad zurück. Die Eltern haben das Kind einen Monat lang begleitet und es danach mehrfach unbemerkt überwacht. Das Kind hat sich dabei absolut verkehrsgerecht verhalten. Wenn dieses Kind dennoch aus Unachtsamkeit einen Verkehrsunfall mit einem Auto verursacht, hat der Geschädigte „schlechte Karten": Das Kind haftet nicht, weil es gemäß § 828 Abs. 2 BGB nicht deliktsfähig ist; die Eltern haften nicht, wenn sie beweisen, dass sie ihrer Aufsichtspflicht genügt haben (§ 832 Abs. 1 S. 2 BGB).

> **Praxistipp**  Eltern sollten für sich und ihre Kinder eine ausreichend hohe Haftpflichtversicherung abschließen, um im Falle einer Inanspruchnahme abgesichert zu sein.

Zum Schluss ein zusammenfassendes Beispiel zur Rechts-, Geschäfts- und Deliktsfähigkeit: Wenn sich ein zehn Jahre altes Kind einen Basketball kauft und damit bei der Vielkauf-GmbH, deren Alleingesellschafterin Frau Bettina Viel ist, eine Scheibe einwirft, stellen sich folgende Fragen:

> 1. Hat die GmbH den Anspruch auf Schadensersatz oder steht der Schadensersatzanspruch der Alleingesellschafterin zu?
>    → Frage nach der **Rechtsfähigkeit** der GmbH (vgl. § 13 Abs. 1 GmbHG).
>
> 2. Ist der Kaufvertrag über den Basketball wirksam?
>    → Frage nach der **Geschäftsfähigkeit** des Kindes (§§ 107 ff. BGB).
>
> 3. Muss das Kind Schadensersatz leisten? Ist es für den angerichteten Schaden verantwortlich?
>    → Frage nach der **Deliktsfähigkeit** des Kindes (§ 828 Abs. 3 BGB).
>
> 4. Müssen die Eltern Schadensersatz leisten?
>    → Frage nach der Verletzung der **Aufsichtspflicht** (§ 832 Abs. 1 BGB).

# Das Recht der Stellvertretung

**5**

**ÜBERBLICK**

## Lernziele dieses Kapitels

*Was kommt in diesem Kapitel auf Sie zu? Sie werden lernen, wie die Vertretung einer Person oder eines Unternehmens bei der Vornahme von Rechtsgeschäften erfolgt. Dabei geht es um die Voraussetzungen und die Rechtsfolgen der Vertretung und auch darum, welche Folge es hat, wenn jemand keine Vertretungsberechtigung hat, aber dennoch als „Vertreter" tätig wird.*

## 5.1 Grundlagen des Vertretungsrechts

Vertretung im Sinne der §§ 164 ff. BGB bedeutet, dass jemand für einen anderen **rechtsgeschäftlich** handelt, indem er eine Willenserklärung abgibt („Aktivvertretung") oder entgegennimmt („Passivvertretung"). Im Folgenden wird nur die Aktivvertretung behandelt, alle Ausführungen gelten aber gemäß § 164 Abs. 3 BGB entsprechend für die Passivvertretung.

Nach § 164 Abs. 1 BGB liegt eine (Aktiv-)Vertretung vor, wenn jemand innerhalb einer Vertretungsmacht im Namen des Vertretenen eine Willenserklärung abgibt. Bei der Vertretung geht es also um **die Abgabe von *Willenserklärungen*** und damit um ein *rechtsgeschäftliches* Handeln. Keine Vertretung liegt vor, wenn nur *tatsächliche* Handlungen vorgenommen werden. Die meisten Mitarbeiterinnen und Mitarbeiter eines Unternehmers handeln deshalb nicht als Vertreter.

---

**Beispiele**

- Arbeitnehmer in der Produktion sind keine Vertreter, da sie zwar für den Unternehmer tätig sind (tatsächliches Handeln), aber keine Willenserklärung für den Unternehmer bzw. für das Unternehmen abgeben (also kein rechtsgeschäftliches Handeln).

- Eine Angestellte, die die Buchhaltung für den Inhaber verrichtet, ist keine Vertreterin. Anders ist es, wenn die Angestellte „für die Firma" Papier oder CD-ROMs zum Abspeichern von Belegen bestellt. Dann liegt ein rechtsgeschäftliches Handeln, also eine Vertretung vor.

- Die Kassierer in einem Verbrauchermarkt sind Vertreter, denn sie vertreten den Inhaber bei Abschluss der Kaufverträge mit den einzelnen Kunden.

---

Die Rechtsfolge einer wirksamen Vertretung besteht darin, dass die vom Vertreter abgegebene Willenserklärung „unmittelbar für und gegen den Vertretenen" wirkt (§ 164 Abs. 1 S. 1 BGB). Es wird also so getan, als ob der Vertretene die Willenserklärung selbst abgegeben hätte.

Eine Vertretung findet beim Abschluss von Verträgen, aber auch bei der Ausübung von Gestaltungsrechten statt (Kündigung, Anfechtung, Widerruf, Rücktritt).

---

**Beispiele**

■ Wenn der zur Vertretung berechtigte Personalchef als Vertreter einen Arbeitsvertrag mit einem neuen Mitarbeiter abschließt, kommt dieser Vertrag zwischen dem Inhaber des Unternehmens und dem neuen Arbeitnehmer zustande.

■ Wenn der Personalchef einem Mitarbeiter kündigt, hat die Kündigung dieselbe Wirkung, als wäre sie vom Inhaber des Unternehmens erklärt worden. Sie wirkt unmittelbar für und gegen den Inhaber. Falls die Kündigung wirksam ist, wird deshalb das zwischen dem Inhaber und dem Gekündigten bestehende Arbeitsverhältnis beendet, obwohl der Inhaber an dem Vorgang nicht unmittelbar beteiligt ist.

---

Im Vertretungsrecht sind drei Beteiligte zu unterscheiden, nämlich der Vertreter, der Vertretene und der Dritte (vgl. § 167 Abs. 1 BGB), der auch „der andere Teil" genannt wird (§ 177 Abs. 2 BGB).

---

**Beispiel** Wenn ein Angestellter für seine Chefin Ware bei einem Lieferanten bestellt, ist der Angestellte der Vertreter, die Chefin die Vertretene und der Lieferant der Dritte (der andere Teil).

---

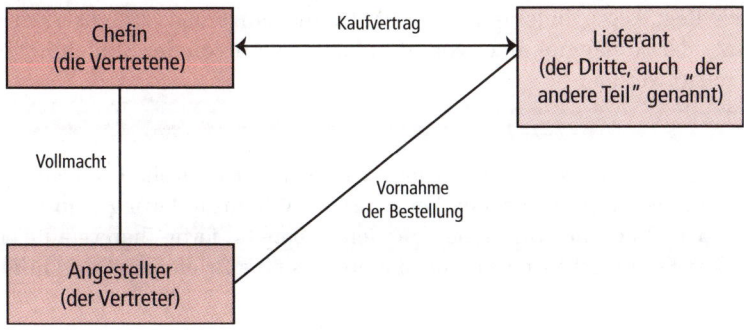

Abbildung 5.1: Vertretung

## 5.2 Voraussetzungen der Stellvertretung

> **Merksatz** Nach der Grundvorschrift des Vertretungsrechts, § 164 Abs. 1 S. 1 BGB, müssen für die Vertretung drei Voraussetzungen erfüllt sein, wobei sich folgende Prüfungsreihenfolge bewährt hat:
>
> ■ **P1:** Abgabe einer eigenen Willenserklärung durch den Vertreter,
>
> ■ **P2:** Abgabe dieser Willenserklärung im Namen des Vertretenen,
>
> ■ **P3:** Handeln im Rahmen der Vertretungsmacht.
>
> ■ **Rechtsfolge:** Liegen diese drei Voraussetzungen vor, wirkt die vom Vertreter abgegebene Willenserklärung unmittelbar für und gegen den Vertretenen. Es ist also so, als ob dieser die Erklärung selbst abgegeben hätte.

### 5.2.1 Abgabe einer eigenen Willenserklärung durch den Vertreter

Der Vertreter muss eine *eigene* Willenserklärung abgeben und nicht lediglich eine *fremde* Willenserklärung überbringen. Das Merkmal „Abgabe einer Willenserklärung" betrifft die in der Praxis wenig problematische Abgrenzung zwischen einem Vertreter und einem Boten. Als Kriterium für die Abgrenzung wird häufig genannt, dass der Vertreter selbst entscheidet, ob er eine Willenserklärung abgibt, also eine *Entscheidungskompetenz* hat. Das ist im Ansatz richtig, doch kann die Kompetenz des Vertreters gegen Null gehen, wenn ihm genau vorgeschrieben ist, wie er sich zu verhalten hat.

> **Beispiel** Studentin S ist als Aushilfe im Cafe „Chancenlos" tätig. Sie handelt beim Abschluss von Kaufverträgen über Speisen und Getränke als Vertreterin des Pächters, obwohl sie keine ernsthafte Entscheidungskompetenz hat. Denn sie muss die Bestellungen der Kunden im vorgegebenen Rahmen entgegennehmen. Dennoch liegt keine Botentätigkeit vor, da die einzelnen Willenserklärungen (Angebot oder Annahme) nicht vom Pächter, sondern von der Studentin abgegeben (erzeugt) werden.

Für die Abgrenzung zwischen Boten und Vertreter dürfte deshalb folgender Ansatz besser geeignet sein: Während der Vertreter die Willenserklärung selbst „erzeugt", überbringt der Bote die von einem anderen bereits fertig hergestellte Willenserklärung. Der Bote macht somit nichts anderes als eine Brieftaube (Merkhilfe: **B**ote = **B**rieftaube).

**Beispiele**

- Ein Unternehmer übergibt einem Fahrer einen Brief, der die Kündigung eines Arbeitnehmers enthält, und weist den Fahrer an, den Brief persönlich gegen eine Empfangsquittung beim Arbeitnehmer abzugeben. Hier überbringt der Fahrer eine vom Unternehmer hergestellte (schon „fertige") Willenserklärung. Er handelt deshalb nicht als Vertreter, sondern als Bote.

- Die Angestellte A bestellt auf Firmenpapier Ware. Hier gibt die Angestellte eine eigene Willenserklärung ab und handelt – wie aus der Benutzung von Firmenpapier ersichtlich wird – als Vertreterin.

- Vertreter ist auch der Kassierer in einem Lebensmittelmarkt, denn durch sein Handeln werden die Kaufverträge mit den einzelnen Kunden abgeschlossen. Da nicht feststeht, welche Kunden kommen und was diese einkaufen werden, kann der Geschäftsinhaber die Willenserklärungen nicht „auf Vorrat" abgeben.

## 5.2.2 Im Namen des Vertretenen

Eine wirksame Vertretung setzt weiterhin voraus, dass die Willenserklärung erkennbar im Namen des Vertretenen abgegeben wird **(Offenkundigkeitsprinzip)**. Häufig wird auch gesagt, der Vertreter müsse „im fremden Namen" handeln. Hintergrund ist, dass der andere Teil schon vor Abschluss eines Vertrages wissen soll, dass der Vertrag nicht mit dem Handelnden – dem Vertreter -, sondern mit einem anderen – dem Vertretenen – geschlossen werden soll. Dafür genügt es, dass der Vertretene bestimmbar ist, sein Name muss nicht genannt werden oder dem anderen Teil (Vertragspartner) bekannt sein.

Die Willenserklärung muss außerdem nicht ausdrücklich im Namen des Vertretenen abgegeben werden, vielmehr reicht es aus, wenn sich dies aus den Umständen ergibt (§ 164 Abs. 1 S. 2 BGB). Solche Umstände können sich aus der Verwendung von Firmenpapier, aus der Angabe der Firmenadresse als Lieferadresse und aus Art, Inhalt und Umfang einer Bestellung ergeben. Es gibt es zwei konkrete Anwendungsfälle, von denen der erste in der Praxis sehr wichtig ist.

### Unternehmensbezogenes (betriebsbezogenes) Geschäft

Bei Verträgen und anderen Rechtsgeschäften, die sich auf ein Unternehmen beziehen, nimmt die Rechtsprechung an, dass der Wille der Beteiligten im Zweifel dahin geht, dass der Unternehmensinhaber und nicht einer seiner Angestellten die Vertragspartei des anderen Teils werden soll. Diese Vermutung gilt insbesondere dann, wenn ein Rechtsgeschäft in den Räumen eines Unternehmens getätigt wird. Der Wille, für den Unternehmer zu handeln, muss hinreichend zum Ausdruck kommen und für den anderen Teil erkennbar sein[1]. Es kann sich aber auch aus den Umständen ergeben, zum Beispiel bei einem Reparaturauftrag für einen Firmenwagen[2].

---

1   BGH NJW 1995, S. 43, 44.
2   Palandt/Heinrichs, Bürgerliches Gesetzbuch, § 164 Rn. 2.

> **Beispiele**
>
> ■ Die Käuferin im Bekleidungsgeschäft „Pepe" will das „kleine Schwarze" für die Diplomandenfeier nicht von der Person kaufen, von der sie bedient wird, sondern von der Inhaberin des Geschäfts. Auch die Angestellte will den Vertrag nicht für sich persönlich schließen, sondern ebenfalls für ihre Chefin (Inhaberin). Deshalb kommt der Vertrag mit der tatsächlichen Inhaberin zustande, und zwar sogar dann, wenn die Käuferin die Angestellte aufgrund des Auftretens („*Ich* kann Ihnen preislich deutlich entgegen kommen ...") irrtümlich für die Inhaberin halten sollte.
>
> ■ Der Kaufvertrag in der Mensa soll nicht mit der Kassiererin, sondern mit dem Betreiber der Mensa geschlossen werden, etwa mit dem Studentenwerk.
>
> ■ Ein Versicherungsvertrag soll nicht mit dem Versicherungsvertreter, sondern mit der Versicherung geschlossen werden.

Der Grundsatz des unternehmensbezogenen Geschäfts kommt auch zur Anwendung, wenn ein **Geschäftsführer einer GmbH *mündlich*** einen Vertrag für die GmbH schließt. Wenn sich der Vertrag erkennbar auf das Unternehmen bezieht, wird die GmbH die Vertragspartnerin. Dafür kommt es nicht darauf an, ob die andere Seite weiß, dass das Unternehmen die Rechtsform der GmbH hat.

Etwas anderes gilt, wenn ein schriftlicher Vertrag geschlossen wird und der Gesellschafter bei der Firmenbezeichnung den Zusatz „GmbH" weglässt und damit den Eindruck einer persönlichen, unbeschränkten Haftung erweckt. In einem solchen Fall wird der Gesellschafter persönlich Vertragspartei, es sei denn, dem anderen Teil ist bekannt, dass der Vertrag für eine GmbH geschlossen werden soll.

> **Beispiel** Alleingesellschafter und Alleingeschäftsführer A der L-GmbH erteilt Bauunternehmer B mündlich den Auftrag für den Bau einer Lagerhalle, ohne darauf hinzuweisen, dass die GmbH Vertragspartner des B werden soll. B war aber bei Vertragsabschluss bekannt, dass die Bauarbeiten für das Unternehmen des A und nicht für A privat sein sollten. B wusste indes nicht, dass das Unternehmen des A in der Rechtsform einer GmbH geführt wurde. Nach Durchführung der Bauarbeiten wird die GmbH insolvent und ist nicht in der Lage, den Werklohn zu zahlen. Daraufhin verklagt B den A persönlich auf Zahlung. Das angerufene Landgericht hat die Klage abgewiesen, weil der Bauvertrag nach den Grundsätzen des unternehmensbezogenen Geschäfts mit der GmbH als Unternehmensträgerin zustande gekommen und damit gemäß § 13 Abs. 2 GmbHG nur eine Haftung der GmbH mit ihrem Gesellschaftsvermögen, aber keine persönliche Haftung des A begründet worden war[3].

---

3  LG Oldenburg, das Urteil ist nicht veröffentlicht.

## Geschäft für den, den es angeht

Hinter dem Wortungetüm „Geschäft für den, den es angeht" verbirgt sich, dass das Offenkundigkeitsprinzip nicht gilt, wenn es der anderen Seite gleichgültig ist, wer ihr Vertragspartner wird. Davon kann man bei Bargeschäften des täglichen Lebens ausgehen, also insbesondere bei Kaufverträgen, die von beiden Seiten sofort vollständig erfüllt werden. Die praktische Bedeutung dieser Fallgruppe ist gering.

> **Beispiel**  Wenn jemand ein Pfund Kaffee für einen anderen kauft, ist es dem Verkäufer egal, ob der Käufer den Kaffee für sich oder für seinen Nachbarn kaufen will.

### 5.2.3  Im Rahmen der Vertretungsmacht

Neben der Abgabe einer eigenen Willenserklärung und dem Handeln im Namen des Vertretenen ist dritte Voraussetzung für eine wirksame Vertretung, dass der Vertreter innerhalb der ihm zustehenden Vertretungsmacht handelt. Diese Voraussetzung zerfällt in zwei Bestandteile:

- Der Vertreter muss (überhaupt) eine Vertretungsmacht haben.
- Der Vertreter muss im Rahmen der Vertretungsmacht handeln.

> **Beispiel**  Wenn jemand als Vertreter einen roten AUDI für 15.000,-- € kaufen soll, dann aber einen grauen OPEL für 19.000,-- € erwirbt, dann hat er zwar eine Vertretungsmacht zum Kauf eines Autos, hat aber nicht im Rahmen der Vertretungsmacht gehandelt, weil er ein anderes Fahrzeug erworben und außerdem einen zu hohen Preis vereinbart hat.

> **Merksatz**  Die Vertretungsmacht kann sich ergeben aus
>
> - der Erteilung einer Vollmacht nach § 167 Abs. 1 BGB,
> - dem Gesetz und
> - einer Organstellung.

## Vollmacht

Eine durch Rechtsgeschäft erteilte Vertretungsmacht wird, wie § 167 Abs. 1 BGB zu entnehmen ist, „Vollmacht" genannt.

> **Beispiel**  Ein Arbeitgeber erteilt seiner Angestellten die Vollmacht, ihn während seiner Abwesenheit im Einkauf zu vertreten.

Die Vollmacht kann nach § 167 Abs. 1 BGB durch Erklärung gegenüber dem zu Bevollmächtigenden (das ist der Vertreter) oder gegenüber dem Dritten, dem gegenüber die Vertretung stattfinden soll, erteilt werden. Im ersten Fall handelt es sich um eine **Innenvollmacht**, da an der Erteilung nur der Vertretene und der Vertreter beteiligt sind, im zweiten Fall liegt eine **Außenvollmacht** vor.

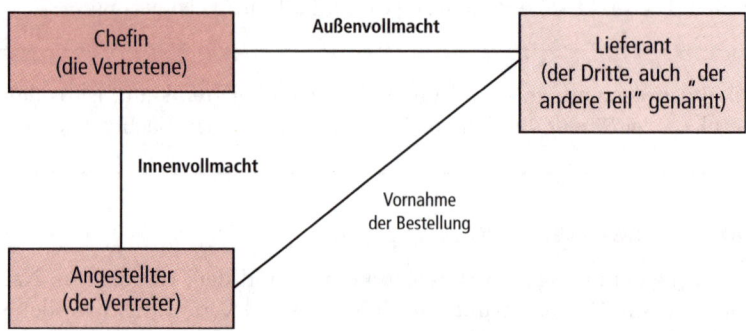

Abbildung 5.2: Erteilung der Vollmacht

Nach § 167 Abs. 2 BGB bedarf die Erteilung der Vollmacht nicht der gleichen Form, die für das abzuschließende Rechtsgeschäft gilt. Das bedeutet, dass die Erteilung einer Vollmacht für einen Vertrag, der schriftlich abgeschlossen werden muss, auch mündlich erfolgen kann. Allerdings gibt es von dieser Regel zahlreiche Ausnahmen[4], zum Beispiel in § 2 Abs. 2 GmbHG. Danach erfordert die Unterzeichnung eines GmbH-Vertrages durch einen Vertreter eine notariell errichtete oder beglaubigte Vollmacht.

### Anscheins- und Duldungsvollmacht

Die §§ 170 ff. BGB enthalten Regelungen zu den so genannten Rechtsscheinsvollmachten. Hierunter ist zu verstehen, dass jemand zwar keine Vollmacht hat, es aber so aussieht (den Anschein hat), als ob er eine Vollmacht hätte. Aus den in §§ 170 ff. BGB geregelten Fällen, die unmittelbar keine besonders große praktische Relevanz aufweisen, haben Rechtsprechung und juristische Literatur die Grundsätze der Anscheins- und der Duldungsvollmacht entwickelt. Dabei geht es darum, dass der „Vertretene" durch ein Tun oder Unterlassen gegenüber dem anderen Teil den – unrichtigen – Anschein erweckt, er hätte demjenigen, der als Vertreter auftritt, eine Vollmacht erteilt. Wenn die weiteren Voraussetzungen des § 164 Abs. 1 BGB vorliegen – Abgabe einer eigenen Willenserklärung durch den „Vertreter" im Namen des „Vertretenen" – wird der „Vertretene" deshalb in gleicher Weise verpflichtet, als ob er den „Vertreter" bevollmächtigt hätte. Deshalb kommt der Vertrag mit dem „Vertretenen" zustande.

Der Unterschied zwischen einer Anscheins- und einer Duldungsvollmacht besteht darin, dass der „Vertretene" im Fall der **Duldungsvollmacht** weiß, dass jemand als „Vertreter" für ihn handelt, gleichwohl aber nichts dagegen unternimmt. Bei der **Anscheinsvollmacht** kennt der „Vertretene" das Handeln des „Vertreters" nicht, er müsste es aber bei pflichtgemäßer Sorgfalt kennen. Hier muss eine gewisse Häufigkeit des Handelns des „Vertreters" hinzukommen, sodass der andere Teil darauf vertrauen konnte, dass dieser eine Vollmacht besaß.

---

4    Vgl. Palandt/Heinrichs, Bürgerliches Gesetzbuch, § 167 Rn. 2.

**Beispiel** Architekt A ist für Bauträger B für verschiedene Projekte in den Bereichen Planung und Bauüberwachung tätig, hat aber nach dem Architektenvertrag keine Vollmacht zur Vertretung des B. Anlässlich von Änderungen in der Bauausführung hat A bei früheren Bauvorhaben dennoch mehrfach „Aufträge" an Handwerker H vergeben, die von B anschließend ohne Beanstandung bezahlt worden sind. Hier durfte H darauf vertrauen, dass A über eine Vollmacht verfügte. B hätte das Handeln des A verhindern müssen. Ob B tatsächlich Kenntnis davon hatte (Duldungsvollmacht) oder ob er es (nur) hätte wissen müssen (Anscheinsvollmacht), ist ohne Bedeutung.

## Handelsrechtliche Vollmachten

Besondere Formen der rechtsgeschäftlichen Vertretungsmacht sind im HGB enthalten, nämlich die Prokura (§§ 48 ff. HGB), die Handlungsvollmacht (§ 54 HGB) und die (fingierte) Vollmacht des Ladenangestellten (§ 56 HGB).

**Die Prokura** Die Prokura ist eine rechtsgeschäftlich erteilte Vertretungsbefugnis und damit eine besondere Form der Vollmacht nach § 167 BGB. Die Grundlage der Vertretung bildet auch bei der Prokura § 164 Abs. 1 S. 1 BGB. Der Prokurist muss deshalb – wie ein „normaler Vertreter" – eine **eigene Willenserklärung** abgeben, **im Namen des Vertretenen** auftreten (oft liegt ein unternehmensbezogenes Geschäft vor) und **im Rahmen seiner Vertretungsmacht** handeln, hier also im Rahmen der Prokura. Eine wichtige Besonderheit der Prokura besteht darin, dass der Umfang der Vertretungsmacht gesetzlich festgelegt ist.

Die Erteilung der Prokura kann *nur* durch den Inhaber des Handelsgeschäftes erfolgen und verlangt eine *ausdrückliche* Erklärung (§ 48 Abs. 1 HGB). Nach § 53 Abs. 1 HGB muss die Erteilung zur Eintragung in das Handelsregister angemeldet werden, doch ist dies lediglich eine so genannte Ordnungsvorschrift und damit keine Voraussetzung für die Wirksamkeit der Prokura. Die Eintragung hat damit keine konstitutive (rechtsbegründende), sondern nur eine deklaratorische (rechtsbezeugende) Wirkung.

**Beispiel** Am 01.02. erteilt der im Handelsregister eingetragene Kaufmann K seinem langjährigen Mitarbeiter Pelle mündlich Prokura. Die Eintragung in das Handelsregister erfolgt am 15.03. Bereits am 01.03. bestellt P unter Hinweis auf seine Prokura einen neuen Lkw bei V. P handelte hier bereits als Prokurist, da die Erteilung der Prokura am 01.02. sofort wirksam war, auch wenn die Eintragung in das Handelsregister noch nicht erfolgt war.

Der Umfang der Vertretungsmacht eines Prokuristen ergibt sich aus § 49 Abs. 1 HGB, wobei mit dem Begriff *„eines* Handelsgewerbes" gemeint ist *„*irgend*eines* Handelsgewerbes". Die Prokura ist also nicht auf eine bestimmte Branche oder den Tätigkeitsbereich des jeweiligen Handelsgeschäftes beschränkt, sondern umfasst alle Geschäfte, die in *irgendeinem* Handelsgeschäft anfallen. Der Umfang der Vertretungsmacht ist also extrem weit, sodass ein Prokurist die verrücktesten Bestellungen vornehmen könnte. Die praktische Bedeutung des § 49 Abs. 1 HGB ist dagegen eher gering, da die Prokuristen sich in aller Regel an die Vorgaben ihrer Arbeitgeber halten und auch keine branchenfremden Geschäfte tätigen.

> **Beispiel**  Der Prokurist einer Bank kann aufgrund seiner umfassenden Vertretungsmacht als Vertreter der Bank für alle Mitarbeiter Liegestühle bestellen, da diese Bestellung zwar kein Geschäft einer Bank ist, aber bei einem („irgendeinem") Handelsgeschäft, zum Beispiel bei einem Gartencenter, zum Geschäftsbereich gehört. Der Kaufvertrag ist deshalb im Außenverhältnis zum Lieferanten wirksam, doch muss der Prokurist im Innenverhältnis mit Schwierigkeiten rechnen, wenn er eine solche Bestellung tätigt. Möglicherweise hat er bald auch an Wochentagen die nötige Zeit für die Nutzung eines Liegestuhls ...

Nach § 50 Abs. 1 HGB ist eine Beschränkung des Umfangs der Prokura gegenüber Dritten (also im Außenverhältnis) unwirksam, sie kann allerdings gegenüber dem Prokuristen (im Innenverhältnis) erfolgen. Dann fallen das *rechtliche Können* (unbeschränkte Vertretungsbefugnis im Außenverhältnis) und das *rechtliche Dürfen* (Beschränkung im Innenverhältnis) auseinander. Ein vom Prokuristen unter Überschreitung der intern erteilten Beschränkungen geschlossener Vertrag ist gleichwohl wirksam, der Prokurist hat aber eine Pflichtverletzung begangen, die arbeitsrechtlich relevant ist (Abmahnung, Kündigung) und Schadensersatzansprüche des Inhabers auslösen kann.

> **Beispiel**  Wenn einem Prokuristen einer GmbH vom Geschäftsführer die Weisung erteilt wird, bei Verträgen mit einem Volumen von über 200.000,-- € die Einwilligung des Geschäftsführers einzuholen, wirkt diese Beschränkung nur im Innenverhältnis. Hält der Prokurist sich nicht an die Vorgabe, verstößt er gegen seine internen Pflichten und kann sich schadensersatzpflichtig machen. Sofern die weiteren Voraussetzungen der Vertretung nach § 164 Abs.1 BGB vorliegen, ist der abgeschlossene Vertrag hingegen gültig, weil die Vertretungsmacht eines Prokuristen gegenüber Dritten gemäß § 50 Abs. 1 HGB nicht beschränkt werden kann. Etwas anderes gilt nur dann, wenn der Dritte von der Beschränkung weiß bzw. hätte wissen müssen. Dann kann er sich nach § 242 BGB nicht auf die unbeschränkte Vertretungsmacht berufen.

Nach § 48 Abs. 2 HGB kann eine Gesamtprokura für zwei (oder auch mehrere) Prokuristen erteilt werden, die dann jeweils zusammen handeln müssen. § 50 Abs. 3 HGB lässt eine Filialprokura zu.

> **Beispiel**  P erhält Filialprokura für die Niederlassung der Deutschen Bank in Baden-Baden. Er kann damit nur Geschäfte für diese Filiale tätigen.

**Die Handlungsvollmacht**   Neben der Prokura kennt das HGB die Handlungsvollmacht. Nach § 54 HGB kann die Handlungsvollmacht in verschiedenen Abstufungen erteilt werden, nämlich

- zur Führung des Betriebes eines (kompletten) Handelsgewerbes,
- zur Vornahme einer bestimmten zu einem Handelsgewerbe gehörenden Art von Geschäften, etwa für den Einkauf oder Verkauf, für Personaleinstellungen und Entlassungen, oder
- zur Vornahme einzelner zu einem Handelsgewerbe gehörenden Geschäfte, etwa nur für Einstellungen bis zu bestimmten Lohngruppen.

Neben dem Umfang der Vertretungsmacht bestehen weitere Unterschiede zwischen der Prokura und der Handlungsvollmacht darin, dass die Prokura nur durch eine ausdrückliche Erklärung vom Inhaber des Handelsgeschäftes erteilt werden kann und in das Handelsregister eingetragen wird (§§ 48, 53 HGB). Eine Handlungsvollmacht kann hingegen auch von einem Prokuristen erteilt werden, eine Eintragung in das Handelsregister ist weder vorgeschrieben noch möglich. Der Prokurist unterschreibt in der Regel mit dem Zusatz „ppa" (per prokura)" der Handlungsbevollmächtigte häufig mit „i. V" (für „in Vertretung", auch „in Vollmacht").

Für den Geschäftsverkehr hat die Prokura die Vorteile, dass ihr Bestehen durch einen Blick ins Handelsregister schnell prüfbar und der Umfang der Vertretungsmacht gesetzlich festgelegt ist. Überdies macht sich die Bezeichnung „Prokurist" auf Visitenkarten besser als die Bezeichnung „Handlungsbevollmächtigter". In der Sache würde es hingegen bei zahlreichen Prokuraerteilungen ausreichen, eine Handlungsvollmacht einzuräumen. Häufig erhalten verdiente Mitarbeiter als Auszeichnung die Prokura erteilt.

**Vollmacht des Ladenangestellten**   § 56 HGB enthält eine fingierte Vollmacht des Ladenangestellten. Fingiert bedeutet, dass keine Vollmacht erteilt wurde, aber so getan wird, als ob eine Bevollmächtigung erfolgt sei. Diese Fiktion kommt zur Anwendung, wenn jemand in „einem Laden oder offenen Warenlager" angestellt ist, aber keine Vollmacht hat. Sie hat schon deshalb keine große praktische Bedeutung, weil mit dem Anstellungsvertrag im Regelfall eine zumindest konkludente Vollmachtserteilung verbunden ist.

> **Beispiel**   Studentin S arbeitet als Aushilfskraft in einer Bäckerei. Mit der Einstellung und der Zuweisung der Arbeit ist die Erteilung einer Vollmacht für die üblichen Verkäufe verbunden. Anderenfalls hätte S nach § 56 HGB eine fingierte Vollmacht.

## Gesetzliche Vertreter

Nach § 1629 Abs. 1 BGB umfasst die elterliche Sorge (§ 1626 Abs. 1 BGB) auch die Vertretung des Kindes. Die Eltern haben eine gesetzliche Vertretungsmacht, der Erteilung einer rechtsgeschäftlichen Vertretungsmacht (Vollmacht) bedarf es deshalb nicht. Die elterliche Sorge steht beiden Elternteilen gemeinsam zu, sodass sie gemeinsam zur Vertretung des Kindes berechtigt sind. Natürlich können die Eltern sich absprechen, sodass es ausreicht, wenn jeweils ein Elternteil handelt. § 1629 Abs. 2 BGB enthält Beschränkungen zum Umfang der Vertretungsmacht, um eine mögliche Gefährdung der Kindesinteressen zu vermeiden.

Eine weitere auf dem Gesetz beruhende Vertretungsmacht ist in § 1357 Abs. 1 BGB geregelt. Danach ist ein Ehegatte auch ohne Erteilung einer Vollmacht berechtigt, den anderen Ehegatten zu vertreten, sofern die abgeschlossenen Geschäfte zur angemessenen Deckung des Lebensbedarfs der Familie erforderlich sind. Der Umfang der so genannten „Schlüsselgewalt" richtet sich nach den persönlichen und wirtschaftlichen Verhältnissen des Ehepaares.

---

**Beispiele**

- Erteilt ein Ehegatte einen Reparaturauftrag zur Behebung eines Wasserrohrbruchs, erfolgt eine Vertretung des anderen Ehegatten, sodass dieser ebenfalls zur Zahlung der Vergütung nach § 631 BGB verpflichtet ist.

- Lässt sich ein Ehegatte von einem Arzt privat behandeln, wird in der Regel auch der andere zur Zahlung verpflichtet. Dies gilt auch bei der Behandlung gemeinsamer Kinder.

---

Von diesen Fällen abgesehen haften Ehepartner grundsätzlich nicht für die Schulden des anderen Ehegatten.

---

**Beispiel** Ehemann K hat sich bei V auf Raten ein für die Einkommensverhältnisse der Familie viel zu teures Auto gekauft und gerät prompt mit der Zahlung der Raten in Verzug. V wendet sich deshalb an die Ehefrau des K und fordert diese zur Zahlung auf. Die Ehefrau ist nicht zur Zahlung verpflichtet, weil kein Fall des § 1357 Abs. 1 BGB vorliegt und auch aus keinem anderen Rechtsgrund eine Verpflichtung der Ehefrau begründet worden ist. Anders wäre es, wenn die Ehefrau den Kaufvertrag ebenfalls unterschrieben oder – was viel zu häufig geschieht – eine Bürgschaft übernommen hätte[5].

---

## Organschaftliche Vertreter

Organe sind natürliche Personen (Menschen), die für juristische Personen verantwortlich sind. Bestimmte Organe sind zur Vertretung der juristischen Person berechtigt. Die Vertretungsmacht knüpft dabei unmittelbar an die Organstellung an, sodass – wie bei den gesetzlichen Vertretern – keine Vollmachtserteilung gemäß § 167 Abs. 1 BGB erforderlich ist. Man spricht von einer organschaftlichen Vertretung. So ist der **Geschäftsführer einer GmbH** nach § 35 Abs. 1 GmbHG umfassend zur Vertretung der GmbH befugt. Dies gilt in gleicher Weise für den **Vorstand einer Aktiengesellschaft** (§ 78 Abs. 1 AktG).

---

5    Zu Bürgschaften durch Familienangehörige vgl. S. 477 ff.

# 5.3 Vertreter ohne Vertretungsmacht

Wenn jemand als Vertreter einen Vertrag schließt, ohne Vertretungsmacht zu haben oder wenn er außerhalb seiner Vertretungsmacht handelt, ist der Vertrag nach § 177 Abs. 1 BGB nicht nichtig, sondern „schwebend unwirksam". Die Wirksamkeit des Vertrages hängt davon ab, ob „der Vertretene" den Vertrag genehmigt, also seine nachträgliche Zustimmung zur Vertretung erteilt (§§ 182 Abs. 1, 184 Abs. 1 BGB). Tut er dies nicht, wird der Vertrag unwirksam (nichtig).

## 5.3.1 Vertragsabschluss als Vertreter

Ein Vertragsabschluss als Vertreter liegt immer dann vor, wenn der Handelnde wie ein Vertreter auftritt, indem er eine eigene Willenserklärung im Namen des Vertretenen abgibt. Mit anderen Worten: Die beiden ersten Voraussetzungen des § 164 Abs. 1 BGB sind erfüllt. Für den anderen Beteiligten (den anderen Teil) sieht es so aus, als ob ein Vertreter handelt.

> **Beispiel** A bestellt auf Firmenbögen bei V Waren, wobei er mit „i.V. A" unterschreibt. A hatte für dieses Geschäft keine Vollmacht. Hier hat A eine *eigene Willenserklärung* abgegeben und durch die Verwendung von Firmenbögen und den Zusatz „i.V." (für „in Vertretung" oder auch „in Vollmacht") *im Namen des Vertretenen* gehandelt.

## 5.3.2 Ohne Vertretungsmacht

Ein Handeln „ohne Vertretungsmacht" liegt zum einen dann vor, wenn der als Vertreter Handelnde (gar) keine Vertretungsmacht besitzt, so wie im vorstehenden Beispiel. Diese Voraussetzung ist aber auch erfüllt, wenn zwar eine Vertretungsmacht erteilt wurde, diese aber den konkreten Vertrag nicht abdeckt.

> **Beispiel** V soll sich auf einer Messe über neue Maschinen informieren. Bis zu einem Betrag von 50.000,-- € ist er bevollmächtigt, für seinen Arbeitgeber A einen Kaufvertrag zu schließen. V kauft in Vertretung des A eine Maschine für 70.000,-- €. Der Kaufvertrag ist gemäß § 177 Abs. 1 BGB schwebend unwirksam, weil V außerhalb seiner Vertretungsmacht gehandelt hat.

## 5.3.3 Genehmigung der Vertretung

Die „Schwebelage", in der sich der Vertrag gemäß § 177 Abs. 1 BGB befindet, wird dadurch beendet, dass der „Vertretene" sich äußert: Erteilt er die Genehmigung, wird der Vertrag rückwirkend wirksam (§§ 182 Abs. 1, 184 Abs. 1 BGB), verweigert der „Vertretene" die Genehmigung, wird der Vertrag unwirksam (nichtig). Schwierigkeiten bereitet, dass § 182 Abs. 1 BGB andere Bezeichnungen verwendet als die §§ 164 ff. BGB. Man muss sich deshalb vorab verdeutlichen, wer jeweils gemeint ist.

Nach § 182 Abs. 1 BGB kommt es auf die „Zustimmung des Dritten" an: Dies ist im Fall des Vertreters ohne Vertretungsmacht der „Vertretene", zum Beispiel ein Arbeitgeber oder Firmeninhaber. Die Zustimmung kann „sowohl dem einen als dem anderen Teile gegenüber erklärt werden". Dabei handelt es sich einmal um den Vertreter („der eine Teil"), das andere Mal um denjenigen, mit dem der Vertreter den (schwebend unwirksamen) Vertrag geschlossen hat („der andere Teil").

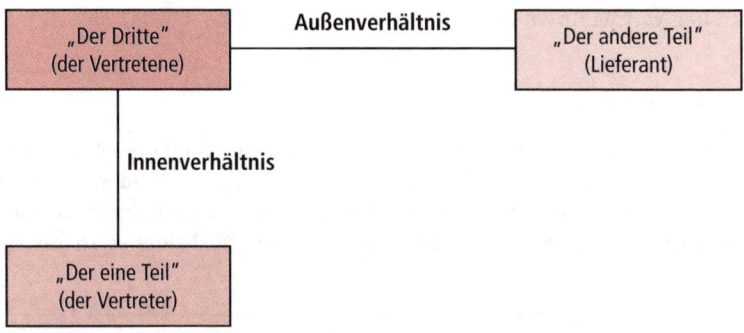

Abbildung 5.3: Zustimmung nach § 182 BGB

## 5.3.4    Anspruch gegen den Vertreter ohne Vertretungsmacht

Wenn der angeblich „Vertretene" den von einem Vertreter ohne Vertretungsmacht geschlossenen Vertrag nicht genehmigt, wird der Vertrag unwirksam. Folglich hat der „andere Teil" keinen Anspruch gegen den „Vertretenen", doch gewährt ihm § 179 Abs. 1 BGB einen Anspruch gegen den Vertreter ohne Vertretungsmacht. Dabei steht dem anderen Teil ein Wahlrecht zu. Er kann verlangen, dass der Vertreter ohne Vertretungsmacht den Vertrag erfüllt oder dass er Schadensersatz leistet.

> **Beispiel**   V hat als „Vertreter ohne Vertretungsmacht" im Namen des X mit Hersteller H einen Kaufvertrag über eine Maschine zu einem Kaufpreis von 1,2 Mio. € geschlossen. X verweigert die Genehmigung des Vertrages, sodass der zunächst schwebend unwirksame Vertrag nichtig wird. Wenn H sich nach § 179 Abs. 1 BGB für die Erfüllung entscheidet, hat er gegen V einen Anspruch auf Zahlung des im gescheiterten Vertrag vorgesehenen Kaufpreises, zugleich muss H die Maschine an V liefern und übereignen. Wirtschaftlich ist es dann so, als wenn ein Kaufvertrag zwischen V und H bestehen würde. H kann V aber auch auf Schadensersatz in Anspruch nehmen, insbesondere für den entgangenen Gewinn (vgl. § 252 BGB) aus dem unwirksamen Kaufvertrag. In diesem Fall muss V „nur" Schadensersatz, er bekommt allerdings auch die Maschine nicht.

Die Rechte „des anderen Teils" werden durch § 179 Abs. 2 und 3 BGB eingeschränkt. Wenn der Vertreter nicht gewusst haben sollte, dass er keine Vertretungsmacht hatte, kann er nach § 179 Abs. 2 BGB nur in eingeschränktem Umfang auf Schadensersatz in Anspruch genommen werden. Er muss dann nicht den entgangenen Gewinn ausgleichen, sondern nur die Kosten, die dem anderen Teil für die Anbahnung und die Durchführung des Vertrages entstanden sind, etwa Transportkosten oder Provisionen an Dritte.

> **Beispiel** Geschäftsführer GF 1 einer GmbH erteilt V Vollmacht. V wusste nicht, dass der zweite Geschäftsführer der GmbH (GF 2) ebenfalls hätte zustimmen müssen, sodass die Vollmachtserteilung nicht wirksam ist. Wenn V im Vertrauen auf die Vollmacht einen von den Geschäftsführern später nicht genehmigten Vertrag schließt, müsste er dem anderen Teil nur eingeschränkt Schadensersatz leisten.

Nach § 179 Abs. 3 S. 1 BGB haftet der Vertreter gar nicht, also weder auf Erfüllung noch auf Schadensersatz, wenn der andere Teil wusste oder hätte wissen müssen, dass der Vertreter keine Vertretungsmacht hatte.

> **Beispiel** Anlässlich von Verhandlungen über die Anmietung von Geschäftsräumen erklärt der als Vertreter handelnde H, dass seine Chefin sich „als letzte Instanz stets die endgültige Entscheidung vorbehalte", unterschreibt aber dennoch bereits den Mietvertrag. Aus der Erklärung des H musste der andere Teil (Vermieter) entnehmen, dass H keine Vertretungsmacht hatte. Verweigert die Chefin die Genehmigung des Mietvertrages, stehen dem Vermieter deshalb keine Ansprüche gegen den „Vertreter" zu (§ 179 Abs. 3 S. 1 BGB).

> **Merksatz** Ein Anspruch aus § 179 Abs. 1 BGB ist wie folgt zu prüfen:
>
> - **P1:** Abgabe einer eigenen Willenserklärung,
> - **P2:** im Namen des Vertretenen,
> - **P3:** ohne den Nachweis der Vertretungsmacht,
> - **N1:** keine Kenntnis des anderen Teils vom Mangel der Vertretungsmacht (§ 179 Abs. 3 S. 1 BGB).
> - **Rechtsfolge:** Wahlrecht des anderen Teils auf Erfüllung oder Schadensersatz, evtl. nach § 179 Abs. 2 BGB eingeschränkt.

## 5.4 Vertretung bei Personengesellschaften

### 5.4.1 Grundlagen

Die „Basisvorschrift" des Vertretungsrechtes, § 164 Abs. 1 BGB, gilt auch bei Vertretungsfällen außerhalb des BGB. Die Vorschrift kann aber durch spezielle Regelungen modifiziert oder verdrängt werden. Die Voraussetzungen:

- **P1:** Abgabe einer eigenen Willenserklärung,
- **P2:** im Namen des Vertretenen und
- **P3:** im Rahmen der Vertretungsmacht

müssen aber immer vorliegen.

### 5.4.2 Gesellschafter als Vertreter

Die Vertretungsmacht ergibt sich bei Personengesellschaften (GbR, OHG, KG) aus der Stellung einer Person als Gesellschafter. Es gilt der Grundsatz: Wer Gesellschafter einer GbR, OHG oder KG ist (Ausnahme: Kommanditist), ist auch zur Vertretung der Gesellschaft berechtigt. Dabei wird zwischen der Einzelvertretung (jeder Gesellschafter ist allein berechtigt) und der Gesamtvertretung (alle Gesellschafter sind gemeinsam berechtigt) unterschieden. Das Gesetz sieht bei der GbR die Gesamtvertretung vor (§§ 714, 709 BGB), bei OHG (§ 125 Abs. 1 HGB) und KG (§§ 161 Abs. 2, 125 HGB) hingegen die Einzelvertretung. Durch den Gesellschaftsvertrag können abweichende Vereinbarungen getroffen werden.

| | |
|---|---|
| **Merksatz** | Oft übersehen, aber von großer praktischer Bedeutung ist, dass neben den Gesellschaftern häufig Mitarbeiter, also Arbeitnehmer der Gesellschaft, zur Vertretung berechtigt sind. |

**Beispiel** Die X-GbR betreibt eine Boutique für Geschenkartikel. Gesellschafter sind Herr und Frau A, die nach dem Gesellschaftsvertrag alleinvertretungsberechtigt sind. Im Geschäft sind drei Verkäuferinnen angestellt, die neben den Gesellschaftern befugt sind, mit Wirkung für und gegen die GbR Kaufverträge mit den Kunden abzuschließen. Das Recht zur Vertretung ergibt sich entweder aus einer zumindest konkludent erteilten Vollmacht oder aber aus § 56 HGB. Also wird die X-GbR beim Abschluss von Kaufverträgen neben den Gesellschaftern auch von den Angestellten vertreten.

#### Gesellschaft bürgerlichen Rechts (GbR)

Wenn im Gesellschaftsvertrag keine Regelungen zur Vertretung enthalten sind, bestimmt sich die Vertretungsmacht bei der GbR gemäß § 714 BGB nach der Geschäftsführungsbefugnis. § 709 Abs. 1 BGB sieht eine gemeinschaftliche Geschäftsführung aller Gesellschafter vor, woraus nach §§ 709, 714 BGB eine Gesamtvertretung folgt. Dies bedeutet, dass bei *jedem* Rechtsgeschäft alle Gesellschafter *gemeinsam* handeln müssen. Da dies recht unpraktisch ist, werden in vielen Gesellschaftsverträgen abweichende Regelungen getroffen, z.B. das Recht zur Einzelvertretung. Im Übrigen können Mitarbeitern Vertretungsbefugnisse für bestimmte Geschäfte erteilt werden, was sehr oft geschieht.

### Offene Handelsgesellschaft

Die OHG wird nach § 125 HGB von ihren Gesellschaftern vertreten. Wenn keine andere Vereinbarung im Gesellschaftsvertrag getroffen worden ist, gilt nach § 125 Abs. 1 HGB das Prinzip der Einzelvertretung. Der Umfang der Vertretungsmacht ergibt sich aus § 126 HGB.

### Kommanditgesellschaft

Nach § 170 HGB ist der Kommanditist („Teilhafter") von der Vertretung der KG ausgeschlossen. Für die Komplementäre gelten gemäß § 161 Abs. 2 HGB die §§ 125 bis 127 HGB, sodass auch hier das Prinzip der Einzelvertretung greift. Diese Regeln gelten auch für die GmbH & Co KG, die eine besondere Form der KG ist. Die Besonderheit besteht darin, dass der Komplementär („Vollhafter") eine GmbH ist. Die Vertretung ist deshalb zweigestuft zu prüfen:

**1. Schritt:** Wer vertritt die KG? §§ 161 Abs. 2, 125 HGB: Der Komplementär.

**2. Schritt:** Wer vertritt den Komplementär, also die GmbH? § 35 GmbHG: Der oder die Geschäftsführer.

---

**Merksatz**  Die GmbH & Co KG ist eine KG, die von den Geschäftsführern der Komplementär-GmbH vertreten wird.

---

# 5.5 Vertretung bei Kapitalgesellschaften

## 5.5.1 Vertretung der GmbH

Die GmbH wird von dem oder – falls mehrere bestellt sind – von den Geschäftsführern vertreten. Diese können, müssen aber nicht GmbH-Gesellschafter sein. Sind sie keine Gesellschafter, spricht man vom „Prinzip der Fremdorganschaft", anderenfalls vom „Prinzip der Selbstorganschaft". In der Praxis weit verbreitet ist die Eine-Person-GmbH (auch „Ein-Mann-GmbH"), bei der alle Funktionen von nur einer Person ausgeübt werden.

---

**Beispiel**  Handwerker H entschließt sich aus Haftungsgründen, sein Unternehmen künftig in der Rechtsform der GmbH zu führen. In der „Errichtungserklärung", für die eine notarielle Beurkundung erforderlich ist (§ 2 GmbHG), übernimmt H alle Stammeinlagen, sodass er Alleingesellschafter der GmbH wird, und bestimmt sich außerdem zum (Allein-)Geschäftsführer.

---

Sind bei einer GmbH mehrere Geschäftsführer bestellt, gilt nach § 35 Abs. 2 S. 2 GmbHG das Prinzip der Gesamtvertretung, sodass alle Geschäftsführer gemeinsam handeln müssten. Von dieser Rechtslage wird in der Praxis häufig durch die Einräumung des Einzelvertretungsrechts abgewichen.

> **Beispiel**   Auszug aus dem Gesellschaftsvertrag: „Die GmbH hat einen oder mehrere Geschäftsführer. Zum Geschäftsführer werden Frau F und Herr H bestellt. Sie sind berechtigt, die GmbH allein zu vertreten".

Der Umfang der Vertretungsmacht eines GmbH-Geschäftsführers geht sehr weit. Er vertritt die Gesellschaft in allen Angelegenheiten, die nicht gemäß § 46 GmbHG der Gesellschafterversammlung vorbehalten sind. Eine Beschränkung der Vertretungsbefugnis hat gemäß § 37 Abs. 2 GmbHG gegenüber Dritten keine Wirkung.

> **Beispiel**   Frau G wird zur Geschäftsführerin der A-GmbH bestellt. Damit hat sie Vertretungsmacht für (fast) alle Angelegenheiten der GmbH (§ 35 GmbHG). Der Umfang der Vertretungsmacht ist – wie bei der Prokura – gesetzlich geregelt und kann Dritten gegenüber nicht eingeschränkt werden (§ 37 Abs. 2 GmbHG). Nur gewisse Geschäfte sind der Gesellschafterversammlung vorbehalten (vgl. § 46 GmbHG).

Die Gesellschafter der GmbH, die keine Geschäftsführer sind, sind nur in bestimmten Angelegenheiten zur Vertretung der GmbH berechtigt, insbesondere bei der Bestellung und Abberufung der Geschäftsführer (§ 46 Nr. 5 GmbHG) sowie bei der Bestellung von Prokuristen und von Handlungsbevollmächtigten zum gesamten Geschäftsbetrieb (§ 46 Nr. 7 GmbHG).

### 5.5.2   Vertretung der Aktiengesellschaft

Nach § 78 Abs. 1 AktG vertritt der Vorstand die Aktiengesellschaft gerichtlich und außergerichtlich. Sofern der Vorstand aus mehreren Personen besteht, sind diese gemeinschaftlich zur Vertretung berechtigt (Prinzip der Gesamtvertretung). Die Satzung kann aber bestimmen, dass einzelne Vorstandsmitglieder allein oder in Gemeinschaft mit einem Prokuristen zur Vertretung der AG berechtigt sind (§ 78 Abs. 2, Abs. 3 AktG).

# 5.6 Selbstkontrahieren

## 5.6.1 Grundlagen

Nach § 181 BGB kann jemand als Vertreter einer anderen Person mit sich selbst keinen Vertrag abschließen („selbstkontrahieren"), also kein „Insichgeschäft" vornehmen. Wird gegen diese Vorschrift verstoßen, ist der Vertrag allerdings nicht nichtig, sondern schwebend unwirksam. Das „weitere Schicksal des Vertrages" (wirksam oder unwirksam) hängt dann davon ab, ob der Vertretene die Genehmigung erteilt oder verweigert.

> **Beispiel** Der Prokurist einer Bank ist aufgrund der Prokura berechtigt, die Bank umfassend zu vertreten (§§ 49 f. HGB), kann aber wegen § 181 BGB nicht als Vertreter der Bank mit sich selbst einen Darlehensvertrag, etwa für seine private Hausfinanzierung, schließen. Tut er es doch, ist der Vertrag schwebend unwirksam. Genehmigt der Vorstand der Bank den Vertrag, wird er wirksam, anderenfalls wird er unwirksam.

## 5.6.2 Ausnahmen

In § 181 BGB sieht das Gesetz zwei Ausnahmen vor.

### Erfüllung einer Verbindlichkeit

Eine weniger wichtige Ausnahme ist gegeben, wenn das Rechtsgeschäft nur der Erfüllung einer schon bestehenden Verbindlichkeit dient, etwa in der Auszahlung der Vergütung durch den Vertreter eines Unternehmers an sich selbst oder in der Auszahlung von Reisekosten durch den Geschäftsführer einer GmbH an sich selbst.

### Gestattung

Die wichtigere, besonders im Gesellschaftsrecht relevante Ausnahme liegt vor, wenn dem Vertreter das Insichgeschäft gestattet, also erlaubt worden ist. Dies geschieht häufig im Gesellschaftsvertrag „kleiner" GmbH.

> **Beispiel** Handwerker H, der Alleingesellschafter und Alleingeschäftsführer der H-GmbH ist, lässt in die Errichtungserklärung der GmbH den Passus aufnehmen: „Der Geschäftsführer H ist von den Beschränkungen des § 181 BGB befreit". In diesem Fall kann H als Geschäftsführer der GmbH mit sich selbst einen Vertrag schließen.

# Gestaltungsrechte, insbesondere Anfechtung

**6**

ÜBERBLICK

## Lernziele dieses Kapitels

*Was kommt in diesem Kapitel auf Sie zu? Nicht immer geht alles glatt im Leben und deshalb können auch Rechtsgeschäfte unter verschiedenen Mängeln leiden, die wiederum unterschiedliche Folgen nach sich ziehen: Zu unterscheiden ist zwischen der Nichtigkeit, der schwebenden Unwirksamkeit und der Anfechtbarkeit von Rechtsgeschäften. Diese Begriffe werden Sie auf den nächsten Seiten kennen lernen. Anschließend wird die Anfechtung von Verträgen genauer beleuchtet. Vorab gilt es aber, erneut einige Begriffe zu klären.*

## 6.1    Begriffe

### 6.1.1    Nichtigkeit

Ein nichtiges Rechtsgeschäft entfaltet von Anfang an keine Wirkungen. Anfängliche Nichtigkeitsgründe sind Formmängel (§ 125 BGB)[1], der schon behandelte Verstoß gegen ein gesetzliches Verbot (§ 134 BGB) und der ebenfalls schon angesprochene Verstoß gegen die guten Sitten (§ 138 Abs. 1 BGB), insbesondere wegen Wuchers (§ 138 Abs. 2 BGB). Aus einem nichtigen Rechtsgeschäft können keine Ansprüche abgeleitet werden. Wenn das Geschäft aber trotz der Nichtigkeit durchgeführt wird, kommen Ansprüche wegen ungerechtfertigter Bereicherung in Betracht.

> **Beispiel**   Ein Bauvertrag, der gegen das „Schwarzarbeitsgesetz" verstößt, ist nichtig, sodass dem Schwarzarbeiter kein vertraglicher Anspruch aus § 631 BGB zusteht. Die Rechtsprechung gewährt aber einen Anspruch aus § 812 Abs. 1 S. 1 BGB[2].

### 6.1.2    Schwebende Unwirksamkeit

Ein schwebend unwirksames Rechtsgeschäft ist weder wirksam noch unwirksam (nichtig), sondern befindet sich in einer Schwebelage. Sein weiteres „Schicksal" hängt davon ab, ob ein bisher nicht beteiligter Dritter seine Genehmigung erteilt (vgl. §§ 177 Abs. 1, 108 Abs. 1 BGB). Tut er dies, wird das Rechtsgeschäft rückwirkend wirksam (§ 184 Abs. 1 BGB). Die Verweigerung der Genehmigung führt hingegen zur Nichtigkeit des Rechtsgeschäfts.

> **Beispiel**   X hat als Vertreter ohne Vertretungsmacht für K einen Vertrag mit V geschlossen. Dieser Vertrag ist nach § 177 Abs. 1 BGB schwebend unwirksam. Genehmigt K den Vertrag, wird dieser wirksam. Verweigert K die Genehmigung, wird der Vertrag nichtig[3].

---

1    Zu den Formvorschriften vgl. S. 137 ff.
2    Zu weiteren Einzelheiten vgl. S. 64.
3    Zu näheren Einzelheiten vgl. die Ausführungen zum Vertreter ohne Vertretungsmacht (S. 119 ff.) und zur beschränkten Geschäftsfähigkeit (S. 100 ff.).

### 6.1.3 Anfechtbarkeit

Ein anfechtbares Rechtsgeschäft ist wirksam, und zwar von Anfang an. Es „leidet" lediglich darunter, dass es möglicherweise angefochten und deshalb nichtig wird. Die Nichtigkeit tritt dabei rückwirkend ein (vgl. § 142 Abs. 1 BGB). Im Falle einer wirksamen Anfechtung wird das Rechtsgeschäft also so behandelt, als wenn es von Anfang an nichtig gewesen wäre. Erfolgt keine oder keine rechtzeitige Anfechtung, bleibt das Rechtsgeschäft wirksam.

## 6.2 Gestaltungsrechte

Bei dem Recht zur Anfechtung handelt es sich um ein Gestaltungsrecht. Weitere Gestaltungsrechte sind zum Beispiel der Rücktritt, der Widerruf und die Kündigung. Alle diese Rechte eröffnen die Möglichkeit, durch eine einseitige Erklärung auf einen Vertrag einzuwirken, ihn also zu gestalten. Dabei geht es nicht um den Abschluss eines Vertrages, sondern um die Einwirkung auf einen schon bestehenden Vertrag. Diese Einwirkung kann dabei ganz unterschiedlicher Natur sein:

- Im Falle einer **Anfechtung** gilt der Vertrag rückwirkend (von Anfang an) als nichtig (§ 142 Abs. 1 BGB).
- Wird der **Rücktritt** von einem Vertrag erklärt, wird ein Rückgewährschuldverhältnis begründet (§§ 346 ff. BGB). Dies gilt grundsätzlich auch im Falle eines Widerrufs (§ 357 Abs. 1 S. 1 BGB).
- Eine **Kündigung** beendet den Vertrag für die Zukunft.

### 6.2.1 Rücktritt

Ein Rücktritt vom Vertrag setzt voraus, dass ein **Rücktrittsrecht** vorliegt und der Berechtigte den **Rücktritt erklärt** (§ 349 BGB). Ein Rücktrittsrecht kann sich aus dem **Vertrag** („Der Käufer ist berechtigt, vom Vertrag zurückzutreten, wenn nicht ...") oder aus dem **Gesetz** ergeben. So kann ein Käufer, wenn die Kaufsache einen Sach- oder Rechtsmangel hat, gemäß § 437 Nr. 2 BGB nach Fristsetzung und Fehlschlagen der Nacherfüllung vom Kaufvertrag zurücktreten. Im Falle eines wirksamen Rücktritts sind die Parteien nach § 346 Abs. 1 BGB verpflichtet, die empfangenen Leistungen zurückzugewähren. Der Vertrag wird nicht nichtig, sondern wandelt sich in ein „Rückgewährschuldverhältnis" um.

> **Beispiel**  Tritt ein Käufer wirksam von einem Autokaufvertrag zurück, erhält der Verkäufer das Fahrzeug und der Käufer den Kaufpreis zurück, allerdings unter Abzug einer Nutzungsentschädigung für die gefahrenen Kilometer[4].

---

4    Zu Einzelheiten vgl. S. 247.

### 6.2.2  Widerruf

In zahlreichen Fällen stehen Verbrauchern Widerrufsrechte zu, insbesondere beim Fernabsatzvertrag (§§ 312 d Abs. 1, 355 BGB), bei Haustürgeschäften (§§ 312, 355 BGB) und beim Verbraucherdarlehensvertrag (§§ 495 Abs. 1, 355 BGB). Die fristgerechte Erklärung des Widerrufs hat nach § 357 Abs. 1 BGB zur Folge, dass der Vertrag gemäß §§ 346 ff. BGB rückabgewickelt wird. Zu den Voraussetzungen und zu weiteren Einzelheiten vergleichen Sie die Ausführungen im Kapitel Verbraucherschutz[5].

### 6.2.3  Kündigung

Die Kündigung beendet einen Vertrag, der auf einen dauernden Leistungsaustausch gerichtet ist („Dauerschuldverhältnis"), für die **Zukunft**. Die bis zum Wirksamwerden der Kündigung ausgetauschten Leistungen werden – anders als in Fällen der Anfechtung, des Rücktritts und des Widerrufs – nicht zurückgegeben, eine Rückabwicklung findet also nicht statt. Deshalb muss ein Vermieter die erhaltene Miete nicht zurückzahlen, der Arbeitnehmer darf den für die Vergangenheit gezahlten Lohn behalten.

#### Außerordentliche Kündigung

Eine außerordentliche Kündigung – oft auch fristlose Kündigung genannt – setzt voraus, dass ein Kündigungsgrund vorliegt (vgl. für den Mietvertrag §§ 543 und 569 BGB, für den Dienstvertrag §§ 626 f. BGB), eine Kündigungsfrist muss nicht eingehalten werden (also **mit Grund, ohne Frist**[6]). Bei Arbeitsverträgen wird in der Regel verlangt, dass vor Ausspruch der Kündigung eine Abmahnung erfolgt ist, es sei denn, der Verstoß des Arbeitnehmers ist so gravierend, dass eine sofortige Beendigung des Arbeitsverhältnisses gerechtfertigt ist.

> **Beispiel**  Ein Arbeitnehmer hatte während der Arbeitszeit pornographische Dateien, die erkennbar dem Unternehmenszweck zuwiderliefen, aus dem Internet auf seinen Rechner am Arbeitsplatz geladen. In diesem Fall war die fristlose Kündigung ohne vorherige Abmahnung wirksam[7].

Eine allgemeine Regelung zur außerordentlichen Kündigung von Dauerschuldverhältnissen enthält § 314 BGB.

#### Ordentliche Kündigung

Bei einer ordentlichen Kündigung muss eine Kündigungsfrist eingehalten werden (vgl. für den Mietvertrag über Wohnraum § 573 c BGB, für den Dienstvertrag §§ 621, 622 BGB), sie bedarf hingegen eigentlich keines Grundes (also **mit Frist, ohne Grund**).

Abweichend davon wird aber in wichtigen Bereichen aus sozialen Gründen auch bei dieser Kündigungsart ein Kündigungsgrund verlangt. Im **Wohnungsmietrecht** ist

---

5  S. 74 ff.
6  Vgl. aber § 626 Abs. 2 BGB: Danach muss die Kündigung eines Dienstverhältnisses innerhalb von zwei Wochen nach Kenntnis von den Kündigungsgründen erklärt werden.
7  Arbeitsgericht Hannover, NJW 2001, S. 3500, 3501; die Berufung des Arbeitnehmers hatte keinen Erfolg, Landesarbeitsgericht (LAG) Hannover, MultiMedia und Recht (MMR) 2002, S. 766, 767.

§ 573 BGB („berechtigtes Interesse des Vermieters", zum Beispiel „Eigenbedarf") zu nennen[8]. Bei **Arbeitsverträgen** sind häufig die Regelungen des Kündigungsschutzgesetzes (allgemeiner Kündigungsschutz) und solche zum Sonderkündigungsschutz (z.B. Mutterschutzgesetz) zu beachten, die eine ordentliche Kündigung erschweren oder für bestimmte Personengruppen sogar ausschließen.

## 6.3 Anfechtung

Besondere Formen der Anfechtung sind die Testamentsanfechtung (§§ 2078 ff. BGB), die Insolvenzanfechtung (§§ 129 ff. Insolvenzordnung), die Anfechtung von Hauptversammlungsbeschlüssen bei Aktiengesellschaften (§§ 243 ff. AktG) und die Anfechtung der Vaterschaft (§§ 1600 ff. BGB). Auf diese – zum Teil durchaus interessanten – Sonderformen kann an dieser Stelle aber nicht eingegangen werden. Vielmehr erfolgt eine Beschränkung auf die in den §§ 119 ff. BGB genannten Anfechtungstatbestände. Für diese sieht § 142 Abs. 1 BGB als Rechtsfolge vor, dass das bis zur Erklärung der Anfechtung wirksame Rechtsgeschäft als von Anfang an nichtig anzusehen ist, also rückwirkend nichtig wird („ex tunc"). Dies gilt für einseitige Rechtsgeschäfte (Kündigung, Rücktritt) und für mehrseitige Rechtsgeschäfte, insbesondere Verträge, die den Gegenstand der folgenden Erörterungen bilden.

> **Beispiel** Die Parteien haben am 21.01. einen Kaufvertrag über einen gebrauchten VW Golf geschlossen. Nach drei Monaten bemerkt der Käufer, dass der Verkäufer ihm einen schweren Unfall des Fahrzeuges verschwiegen hat. Der Käufer erklärt daraufhin am 25.04. die Anfechtung des Kaufvertrages wegen arglistiger Täuschung. Folge ist, dass der Kaufvertrag als von Anfang an nichtig angesehen wird, also rückwirkend zum 21.01. Die Rückabwicklung des Vertrages erfolgt gemäß §§ 812 ff. BGB.

> **Merksatz** Die Anfechtung nach den §§ 119 ff. BGB ist wie folgt zu prüfen:
>
> - Liegt ein Anfechtungsgrund vor?
> - Hat der Anfechtungsberechtigte die Anfechtung erklärt?
> - Ist die Erklärung innerhalb der Anfechtungsfrist erfolgt?
>
> Liegen diese drei Voraussetzungen vor, gilt das Rechtsgeschäft als von Anfang an nichtig (§ 142 Abs. 1 BGB).

---

8  Zu Einzelheiten vgl. S. 332

## 6.3.1    Anfechtungsgründe

Die Anfechtungsgründe sind im BGB abschließend geregelt. Die Anfechtung bezieht sich dabei immer auf eine einzelne Willenserklärung, nicht auf den Vertrag als solchen. Wird die Willenserklärung mit Erfolg angefochten, ist damit zugleich der Vertrag „hinfällig", weil es dann an einem Angebot bzw. an der Annahme fehlt. Die Anfechtungsgründe sind in § 119 Abs. 1, § 119 Abs. 2, § 120 und § 123 BGB enthalten.

- **§ 119 Abs. 1, 1. Alternative BGB: Inhaltsirrtum:** Hier erklärt jemand, *was* er erklären will, er erklärt *damit* aber etwas anderes, als er will, weil der verwendete Ausdruck eine andere Bedeutung hat, als der Erklärende meint. Die Fälle sind selten: Als Schulbeispiel wird immer wieder die Bestellung eines „halven Hahnes" in einer Kölner Altstadtkneipe strapaziert, die in Köln nicht zu einem Kaufvertrag über einen halben Hahn, sondern über ein Käsebrot führt. Aus der Rechtsprechung zu nennen ist die Bestellung von „25 Gros Rollen" Toilettenpapier durch die Konrektorin einer Realschule, wodurch ein Kaufvertrag über 3.600 Rollen Toilettenpapier geschlossen wurde. Das Landgericht Hanau gewährte ein Anfechtungsrecht wegen eines Inhaltsirrtums, da die Konrektorin nur 25 große Rollen Papier habe bestellen wollen. Deshalb sei anzunehmen, dass sie die Erklärung bei Kenntnis der Sachlage und bei verständiger Würdigung des Falles nicht abgegeben hätte[9].

- **§ 119 Abs. 1, 2. Alternative BGB: Erklärungsirrtum:** Hier erklärt jemand etwas anderes, als er erklären will, weil er sich versieht: Es handelt sich um die so genannten „Ver-Fälle": Verschreiben, Versprechen, Vertippen, Vergreifen usw.

> **Beispiel**   A hat sich bei der Abgabe einer Bestellung vertippt und deswegen statt 40 Stück einer Ware 400 Stück bestellt. Durch Annahme des Verkäufers ist der Kaufvertrag über 400 Stück zustande gekommen. Wenn A seine Bestellung nicht anficht, bleibt der Vertrag wirksam. A muss dann 400 Stück bezahlen. Erklärt A hingegen wegen eines Erklärungsirrtums (§ 119 Abs. 1 BGB) rechtzeitig die Anfechtung (§ 121 BGB), gilt der Kaufvertrag als von Anfang an nichtig. Es besteht dann gar kein Kaufvertrag, auch nicht einer über 40 Stück. Die Schwierigkeit in der Praxis besteht darin, dass A in einem möglichen Prozess beweisen müsste, dass er sich geirrt (vertippt) hat.

- **§ 119 Abs. 2 BGB:** Irrtum über eine **verkehrswesentliche Eigenschaft** einer Person oder einer Sache: Eigenschaften sind alle wertbildenden Faktoren einer Person oder Sache; verkehrswesentlich sind die Eigenschaften, die gerade für dieses konkrete Rechtsgeschäft von Bedeutung sind.

> **Beispiel**   Das Bestehen eines Bebauungsplans für ein Grundstück ist eine verkehrswesentliche Eigenschaft bei Abschluss eines Kaufvertrages über das Grundstück. Der **Preis** einer Sache als solcher ist hingegen **keine Eigenschaft**, sondern nur das in Geld bewertete Ergebnis der Eigenschaften dieser Sache. Ein bloßer Irrtum über den Preis berechtigt also nicht zur Anfechtung.

---

9    LG Hanau, NJW 1979, S. 721.

- **§ 120 BGB: Falsche Übermittlung einer Erklärung:** Beim Empfänger kommt etwas anderes an, als der Absender auf den Weg gebracht hat, weil die Erklärung auf dem Transport einen anderen Inhalt erhält.

- **§ 123 Abs. 1, 1. Variante BGB: Arglistige Täuschung:** Die arglistige Täuschung ist nicht ganz identisch, aber durchaus vergleichbar mit dem strafrechtlichen Betrug (§ 263 StGB). Beispiele sind falsche Angaben des Verkäufers eines Gebrauchtwagens zur Unfallfreiheit oder zur bisherigen Laufleistung des Fahrzeuges, die Vorlage gefälschter Zeugnisse bei der Einstellung oder eine „frisierte Bilanz" beim Unternehmenskauf.

- **§ 123 Abs. 1, 2. Variante BGB: Widerrechtliche Drohung:** Hier geht es nicht um einen Irrtum, sondern darum, dass jemand durch eine widerrechtliche Drohung zur Abgabe einer Willenserklärung veranlasst wird. Unter Drohung versteht man die Inaussichtstellung eines empfindlichen Übels. Die Widerrechtlichkeit ist gegeben, wenn zwischen der Drohung und dem Übel eine „verwerfliche Zweck-Mittel-Relation" besteht. Das bedeutet, dass nicht jede Drohung ein Anfechtungsrecht begründet.

> **Beispiel** Die Drohung, eine Klage auf Zahlung zu erheben oder den Schuldner wegen Betruges bei der Polizei anzuzeigen, wenn eine fällige Forderung nicht bis zu einem bestimmten Termin bezahlt wird, ist nicht widerrechtlich.

## 6.3.2 Anfechtungserklärung

Trotz Vorliegens eines Anfechtungsgrundes ist der Vertrag zunächst (voll) wirksam. Eine Änderung tritt nur ein, wenn der Anfechtungsberechtigte durch die Erklärung der Anfechtung fristgerecht von seinem Recht Gebrauch macht. Diese Erklärung hat bei einem Vertrag gegenüber dem Vertragspartner zu erfolgen (§ 143 Abs. 1, 2 BGB). Das Wort „Anfechtung" muss nicht unbedingt benutzt werden, vielmehr reicht es aus, dass zumindest im Wege der Auslegung (§§ 133, 157 BGB) erkennbar ist, dass der Vertrag wegen des Irrtums bzw. wegen der widerrechtlichen Drohung keinen Bestand haben soll.

## 6.3.3 Anfechtungsfrist

Der Anfechtungsberechtigte muss sich innerhalb der Anfechtungsfrist entscheiden, ob er die Anfechtung erklären will. Lässt er die Frist, bei der es sich um eine **Ausschlussfrist** handelt, verstreichen, ist keine Anfechtung mehr möglich. Je nach dem Anfechtungsgrund gibt es verschiedene Fristen: Wird die Anfechtung auf § 119 Abs. 1 bzw. Abs. 2 BGB oder § 120 BGB gestützt, gilt die Frist des § 121 BGB. Danach hat die Anfechtung ohne schuldhaftes Zögern (unverzüglich) zu erfolgen, nachdem der Anfechtungsberechtigte Kenntnis von dem Anfechtungsgrund erlangt hat. „Unverzüglich" heißt dabei nicht sofort. Vielmehr steht dem Anfechtungsberechtigten eine angemessene Überlegungsfrist zu. Soweit es erforderlich ist, darf er auch Rechtsrat einholen. Angesichts der Vielzahl möglicher Fälle gibt es keine feste Frist. Bei einfach gelagerten Sachverhalten muss die Anfechtung schnell erklärt werden, in der Regel innerhalb weniger Tage, eine Höchstgrenze dürfte bei zwei Wochen liegen[10]. Wenn in anderen Gesetzen oder Regelwerken von „unverzüglich" die Rede ist, liegt darin im Übrigen ein Verweis auf § 121 BGB.

Beruht das Anfechtungsrecht auf § 123 Abs. 1 BGB, beträgt die Frist gemäß § 124 Abs. 1 BGB ein Jahr ab Kenntniserlangung bzw. ab dem Ende der durch die Drohung geschaffenen Zwangslage.

Der Grund für die unterschiedlichen Fristen liegt darin, dass in den Fällen des § 123 BGB die Gründe für die Anfechtung vom Anfechtungsgegner geschaffen wurden (arglistige Täuschung, widerrechtliche Drohung), in den anderen Fällen hingegen aus der Sphäre des Anfechtungsberechtigten stammen, weil er sich versehen oder die von ihm gewählte Einrichtung zur Übermittlung den Fehler verursacht hat.

### Rechtsfolgen der Anfechtung

**Nichtigkeit** Die erste Rechtsfolge einer fristgerecht erklärten und begründeten Anfechtung besteht darin, dass das angefochtene Rechtsgeschäft nach § 142 Abs. 1 BGB als von Anfang an nichtig gilt.

> **Beispiel** Wird ein Kaufvertrag angefochten, wird er so behandelt, als sei er schon im Zeitpunkt des Abschlusses unwirksam gewesen. Sofern die Leistungen (Lieferung und Zahlung) schon erfolgt sind, findet eine Rückabwicklung nach den Vorschriften der ungerechtfertigten Bereicherung (§ 812 Abs. 1 S. 1 BGB) statt.

Eine Ausnahme von der rückwirkenden Nichtigkeit gibt es für **Arbeitsverträge**, die bereits in Vollzug gesetzt worden sind. Hier wirkt die Anfechtung erst ab dem Zeitpunkt ihrer Erklärung, also nur für die Zukunft („ex nunc"), weil eine Rückabwicklung nur mit großen Schwierigkeiten oder auch gar nicht möglich wäre. Zwar könnte der Arbeitnehmer den erhaltenen Lohn erstatten, doch kann der Arbeitgeber die geleistete Arbeit nicht zurückgewähren.

**Schadensersatz** Eine weitere Rechtsfolge der Anfechtung besteht nach § 122 BGB darin, dass der Anfechtende bei einer auf §§ 119 Abs. 1 und Abs. 2, 120 BGB gestützten Anfechtung dem anderen Teil Schadensersatz zu leisten hat. Zu ersetzen ist das so genannte „negative Interesse", d.h. der Geschädigte ist so zu stellen, als wäre das schädigende Ereignis, hier der Vertragsabschluss, nicht eingetreten. Man muss sich also den Vertrag „wegdenken".

> **Beispiel** Wenn dem Verkäufer für die Anlieferung der Ware Transportkosten entstanden sind, sind diese zu ersetzen, falls der Käufer die Anfechtung erklärt. Denn ohne den Vertrag wären diese Kosten nicht angefallen. Auf der anderen Seite hat der Verkäufer keinen Anspruch auf den entgangenen Gewinn, weil ohne den Vertrag – den man sich ja wegdenken muss – dieser Gewinn nicht erzielt worden wäre.

---

10  OLG Hamm, NJW-RR 1990, S. 523; OLG Oldenburg, NJW 2004, S. 168.

## 6.3.4 Praktische Bedeutung

Die §§ 119 Abs. 1, Abs. 2, 120 BGB sowie § 122 BGB haben in der Praxis keine besonders große Bedeutung. Allerdings hat der Bundesgerichtshof (BGH) Anfang 2005 einen besonderen Fall zum Anfechtungsrecht entschieden[11]. Aufgrund eines **Softwarefehlers** war der Preis zum Kauf eines Notebooks im Internet nicht wie gewollt mit 2.650,-- €, sondern nur mit 245,-- € angegeben. Dieser Fehler wurde vom Verkäufer erst nach Abschluss eines Kaufvertrages über 245,-- € und der Auslieferung des Gerätes zu diesem Preis entdeckt. Der Verkäufer erklärte daraufhin die Anfechtung des Vertrages und verlangte die Rückgabe des Notebooks aus § 812 Abs. 1 S. 1 BGB. Die Klage hatte Erfolg: Der BGH ließ eine Anfechtung des Verkäufers wegen eines Erklärungsirrtums nach § 119 Abs. 1 BGB zu.

Rechtlich schwierig ist die Behandlung des im BGB nicht geregelten **Kalkulationsirrtums** bei der Abgabe eines Angebotes. Hier ist zwischen einem internen, das heißt für den anderen Teil nicht erkennbaren, und einem externen, also für den anderen Teil erkennbaren Irrtum zu unterscheiden. Der interne Kalkulationsirrtum berechtigt nicht zur Anfechtung, vielmehr muss der Irrende sich am Vertrag festhalten lassen[12]. Die Behandlung des externen Kalkulationsirrtums ist umstritten. Früher wurde die Möglichkeit der Anfechtung bejaht, nach anderer Auffassung soll es an einem wirksamen Vertragsabschluss fehlen (Dissens), eine andere Meinung befürwortet eine Anpassung des Vertrages[13].

> **Beispiel** Die A-AG nimmt das Angebot des Bauunternehmers B über den Bau einer Lagerhalle zum Pauschalpreis (Festpreis) von 2,3 Mio. € an. Versehentlich hatte B bei der Preisermittlung die Gründungskosten in Höhe von 250.000,-- € nicht berücksichtigt. Wenn B der A-AG nur den Festpreis, nicht aber die einzelnen Positionen genannt hat, kann B den Vertrag nicht anfechten (interner Kalkulationsirrtum). Er muss die Halle dann zum Preis von 2,3 Mio. € errichten. Falls B der A-AG auch die einzelnen Positionen mitgeteilt hat, ist die Rechtslage umstritten (vgl. die vorstehenden Ausführungen).

Den praktisch wichtigsten Anwendungsfall der §§ 119 ff. BGB bildet die Anfechtung wegen **arglistiger Täuschung (§ 123 Abs. 1 BGB)**, wobei es häufig zu einer Konkurrenz mit den Ansprüchen wegen Mängeln der Kaufsache kommt.

> **Beispiel** Wenn der Verkäufer bei einem gebrauchten Pkw einen Unfall arglistig verschweigt und dadurch den Käufer täuscht, kann dieser den Kaufvertrag nach § 123 Abs. 1 BGB anfechten *oder* Ansprüche wegen eines Fehlers der Kaufsache nach § 437 BGB geltend machen[14].

---

11   BGH NJW 2005, S. 976 f.
12   BGH NJW 2002, S. 2312.
13   Vgl. Palandt/Heinrichs, Bürgerliches Gesetzbuch, § 119 Rn. 19 ff.
14   Vgl. S. 219 ff.

### 6.3.5 Zusammenfassung

Wird bei Vorliegen eines Anfechtungsgrundes (§§ 119 Abs. 1, Abs. 2, 120, 123 Abs. 1 BGB) vom Berechtigten innerhalb der Anfechtungsfrist (§§ 121, 124 BGB) die Anfechtung erklärt (§ 143 Abs. 1 BGB), gilt das Rechtsgeschäft (der Vertrag) als von Anfang an nichtig (§ 142 Abs. 1 BGB). Dies hat zur Folge, dass die bereits erbrachten Leistungen nach § 812 Abs. 1 S. 1 BGB zurückzugewähren sind.

# Formvorschriften

7

ÜBERBLICK

## Lernziele dieses Kapitels

*Was kommt in diesem Kapitel auf Sie zu? Aufgrund des Prinzips der Formfreiheit können die meisten Rechtsgeschäfte ohne Einhaltung einer besonderen Form geschlossen werden. Deswegen sind mündliche Verträge wirksam. In bestimmten Fällen verlangt des BGB aber die Einhaltung einer Form, in anderen Fällen vereinbaren die Parteien die Einhaltung einer Form, oft der Schriftform. Welche Formvorschriften es gibt und was passiert, wenn diese nicht eingehalten werden, wird auf den folgenden Seiten behandelt.*

## 7.1 Grundlagen der Formbedürftigkeit

Rechtsgeschäfte bedürfen grundsätzlich keiner bestimmten Form. Sehr viele Verträge können und werden daher mündlich geschlossen, oft auch durch konkludentes Verhalten.

**Beispiele**

- Kaufverträge in Verbrauchermärkten, in Bekleidungsgeschäften,
- Kaufvertrag über einen Pkw per Handschlag,
- Mietverträge über ein Hotelzimmer, aber auch möglich über Wohnraum oder Geschäftsräume,
- Beförderungsverträge mit Bahn und Bus.

Die beispielhaft genannten Verträge sind nach dem Prinzip der Formfreiheit wirksam. Für bestimmte Rechtsgeschäfte wird dieses Prinzip allerdings durch das Gesetz durchbrochen ("gesetzliche Form"). In anderen Fällen vereinbaren die Parteien, dass der Vertrag eine bestimmte Form haben soll ("vereinbarte Form", auch "gewillkürte Form" genannt). Nach § 127 Abs. 1 BGB gelten die §§ 126, 126 a und 126 b BGB im Zweifel auch für die vereinbarte Form.

## 7.2 Funktionen von Formvorschriften

Die gesetzlichen Formvorschriften erfüllen verschiedene Funktionen, die sich teilweise überschneiden und nicht immer klar voneinander abzugrenzen sind. Allgemein lassen sich folgende Funktionen unterscheiden:

- Warnfunktion, insbesondere zum Schutze des Verbrauchers,
- Klarstellungs- und Beweisfunktion,
- Beratungsfunktion, zum Beispiel durch einen Notar,
- Kontrollfunktion, zum Beispiel durch eine Behörde.

# 7.3    Formarten des BGB

Das BGB unterscheidet in den §§ 126 ff. BGB zwischen fünf verschiedenen Formarten, von denen zwei – die Textform und die elektronische Form – erst im Jahre 2001 gesetzlich geregelt wurden.

## 7.3.1    Schriftform

Die Einhaltung der Schriftform (§ 126 BGB) erfordert eine **eigenhändige** Unterschrift. Für die Errichtung eines eigenhändigen Testaments muss außerdem der ganze Text handschriftlich abgefasst sein (§ 2247 Abs. 1 BGB). Gilt für einen Vertrag die Schriftform, müssen die Unterschriften („die Unterzeichnung") auf derselben Urkunde erfolgen. Werden mehrere gleichlautende Urkunden erstellt, genügt es, wenn jede Partei die für die andere Partei bestimmte Urkunde unterschreibt („unterzeichnet").
Beispiele für die Schriftform sind:

- Der Verbraucherkreditvertrag: § 492 Abs. 1 S. 1 BGB,

- der Mietvertrag, der für längere Zeit als ein Jahr geschlossen wird: § 550 S. 1 BGB[1],

- die Kündigung eines Arbeitsverhältnisses: § 623 BGB,

- die Übernahme einer Bürgschaft: § 766 S. 1 BGB (Ausnahme: § 350 HGB)[2].

## 7.3.2    Elektronische Form

Die Einhaltung der elektronischen Form erfordert nach § 126 a BGB, dass der Aussteller der Erklärung seinen Namen hinzufügt und das elektronische Dokument mit einer qualifizierten elektronischen Signatur nach dem Signaturgesetz (SigG) versieht. Dieses Gesetz stellt sehr hohe Anforderungen, die zur Zeit nur selten erfüllt werden. In der Bundesrepublik ist die Verbreitung der digitalen Signatur sehr gering.

Liegt eine dem Signaturgesetz entsprechende qualifizierte elektronische Signatur vor, wird nach § 126 Abs. 3 BGB die Schriftform ersetzt, wenn sich nicht aus dem Gesetz etwas anderes ergibt. Die im letzten Satzteil enthaltene Einschränkung bildet indes den Regelfall, weil zahlreiche Formvorschriften die Möglichkeit des Schriftformersatzes durch die elektronische Form ausschließen. Beispiele bilden der Verbraucherkreditvertrag (§ 492 Abs. 1 S. 2 BGB), die Kündigung eines Arbeitsverhältnisses (§ 623 BGB) und die Übernahme einer Bürgschaft (§ 766 S. 2 BGB). Hier ist nach wie vor eine eigenhändige Unterschrift erforderlich. Ein Abschluss dieser Verträge im Internet mittels digitaler Signatur ist also nicht möglich. Etwas anderes gilt beim Mietvertrag, der für längere Zeit als ein Jahr geschlossen wird. Da sich in § 550 BGB kein Vorbehalt befindet, kann die elektronische Form in Gestalt einer qualifizierten digitalen Signatur die Schriftform ersetzen.

---

1    Vgl. S. 322 ff.
2    Vgl. S. 470 f.

### 7.3.3 Textform

Die Textform (§ 126 b BGB) stellt von allen Formvorschriften die geringsten Anforderungen auf. Nach dem schwer verständlichen Wortlaut der Vorschrift muss

- die Erklärung in einer Urkunde oder auf andere zur dauerhaften Wiedergabe in Schriftzeichen geeigneten Weise (Diskette, CD-ROM, E-Mail) abgegeben werden,
- die Person des Erklärenden genannt und
- der Abschluss der Erklärung durch Nachbildung der Namensunterschrift oder anders erkennbar gemacht werden.

Diese Anforderungen können bei einem Computerfax durch eine eingescannte Unterschrift oder bei einer E-Mail durch die Namensnennung des Erklärenden erfüllt werden. Die Textform soll bei Massengeschäften eingesetzt werden, bei denen eine eigenhändige Unterschrift einen zu großen Aufwand erfordern würde. So profitieren Vermieter mit einem großen Bestand an Wohnungen von der Textform, wie folgende Anwendungsfälle zeigen:

- Mitteilung der Änderung der Betriebskostenabrechnung durch den Vermieter: § 556 a Abs. 2 BGB,
- Begründung der Mieterhöhung durch den Vermieter: § 558 a Abs. 1 BGB.

### 7.3.4 Notarielle Beurkundung

Bei der notariellen Beurkundung (§ 128 BGB) müssen Antrag und Annahme vor einem Notar beurkundet werden, allerdings nicht notwendig gleichzeitig. Der Notar beurkundet den gesamten Vertrag, nicht nur die Unterschriften der Parteien. Beispiele sind:

- Der Grundstückskaufvertrag: § 311 b Abs. 1 S. 1 BGB,
- die Einigung über den Übergang des Eigentums an einem Grundstück („Auflassung" genannt), die nach §§ 873 Abs. 1, 925 Abs. 1 BGB bei gleichzeitiger Anwesenheit der Parteien vor dem Notar erklärt und beurkundet werden muss[3],
- der Gesellschaftsvertrag einer GmbH: § 2 Abs. 1 GmbHG,
- die Satzung einer Aktiengesellschaft: § 23 Abs. 1 AktG,
- Hauptversammlungsbeschlüsse einer Aktiengesellschaft: § 130 Abs. 1 S. 1 AktG. Ausnahmen bestehen für nicht börsennotierte Aktiengesellschaften (§ 130 Abs. 1 S. 2 AktG).

---

3   Vgl. S. 455.

### 7.3.5 Öffentliche Beglaubigung

Im Falle der öffentlichen Beglaubigung (§ 129 BGB) beglaubigt der Notar nur die Echtheit einer Unterschrift, hingegen nicht den Text der Urkunde. Beispiele sind:

- Anmeldungen zum Handelsregister: § 12 HGB, etwa die Bestellung oder Abberufung eines GmbH-Geschäftsführers,
- Anträge auf Eintragungen in das Grundbuch: § 29 GBO (Grundbuchordnung), etwa des Eigentümers in das Grundbuch oder bei der Bestellung einer Grundschuld oder Hypothek.

## 7.4 Rechtsfolgen von Formmängeln

Die Rechtsfolgen von Formmängeln ergeben sich allgemein aus § 125 BGB, für bestimmte Formmängel gelten davon abweichend spezielle Regelungen.

### 7.4.1 Allgemeine Regelung

Wenn eine gesetzlich vorgeschriebene Form nicht beachtet wird und keine spezielle Vorschrift eingreift, ist das Rechtsgeschäft nach § 125 S. 1 BGB nichtig. Nach Satz 2 gilt dies im Zweifel auch, wenn die Parteien die von ihnen vereinbarte Form – etwa die vereinbarte („gewillkürte") Schriftform – nicht beachten. Zur Frage, ob der Vertrag schon abgeschlossen ist, wenn die Parteien eine notarielle Beurkundung vereinbart haben, enthält § 154 Abs. 2 BGB die Auslegungsregel, dass der Vertrag „im Zweifel" noch nicht geschlossen ist. Diese Regelung gilt analog (entsprechend), wenn die Parteien vereinbaren, dass der Vertrag eine andere Form, etwa die Schriftform haben soll.

> **Beispiel** V und M verhandeln über den Abschluss eines Mietvertrages. Wenn der Vertrag nach dem Willen der Parteien erst mit den beiden Unterschriften wirksam werden soll, ist er vorher nach § 154 Abs. 2 BGB „im Zweifel" noch nicht geschlossen, auch wenn die Parteien sich schon über alle Punkte (Mietbeginn, Miete, Nebenkosten) einig sind.

### 7.4.2 Spezielle Vorschriften

Der Gesetzgeber hat die Rechtsfolgen eines Formmangels für bestimmte Fälle abweichend von § 125 S. 1 BGB geregelt. Die nach § 125 BGB eintretende Rechtsfolge der Nichtigkeit des Rechtsgeschäfts tritt gar nicht ein oder wird durch ein nachfolgendes Verhalten der Parteien modifiziert. Man spricht von einer „Heilung des Formmangels".

**Beispiele zur „Heilung von Formmängeln"**

■ Wenn jemand sich mündlich verbürgt, ist der Bürgschaftsvertrag nach §§ 766 S. 1, 125 BGB nichtig. Leistet der Bürge anschließend dennoch eine Zahlung, wird der Formmangel gemäß § 766 S. 3 BGB in Höhe der Zahlung geheilt („Soweit der Bürge ..."). Wenn sich die Bürgschaft auf 30.000,-- € beläuft und der Bürge 10.000,-- € zahlt, tritt also eine Heilung in Höhe von 10.000,-- € ein. Insoweit wird der Bürgschaftsvertrag wirksam. Da die Leistung mit Rechtsgrund erfolgte, kann der Bürge das Geld nicht nach § 812 Abs. 1 S. 1 BGB vom Gläubiger zurückverlangen. In Höhe des Restbetrages von 20.000,-- € bleibt der Bürgschaftsvertrag hingegen nichtig (unwirksam). Insoweit hat der Gläubiger gegen den Bürgen keinen Anspruch auf Zahlung aus § 765 BGB[4].

■ Nach § 311 b Abs. 1 S. 2 BGB wird ein wegen Formmangels unwirksamer Grundstückskaufvertrag nach der Auflassung (die vor einem Notar erfolgen muss, §§ 873 Abs. 1, 925 Abs. 1 BGB) und der Eintragung in das Grundbuch wirksam.

■ Nach § 550 S. 1 BGB gilt der auf bestimmte Zeit (zum Beispiel für fünf Jahre) geschlossene Mietvertrag, sofern er nicht schriftlich abgeschlossen wird, als auf unbestimmte Zeit geschlossen. Der Mietvertrag ist damit trotz des Formmangels von Anfang an wirksam, aber eben als unbefristeter und nicht als befristeter Vertrag. Er endet deshalb nicht automatisch nach Ablauf von fünf Jahren, sondern nur durch die Kündigung einer der Parteien. Eine solche Kündigung ist erstmals nach einem Jahr zulässig (§ 550 S. 2 BGB). Bei Einhaltung der Schriftform könnte der Vertrag wegen der festen Laufzeit von fünf Jahren während dieser Zeit ordentlich gar nicht gekündigt werden. Eine außerordentliche (fristlose) Kündigung, etwa wegen Nichtzahlung der Miete, wäre aber möglich[5].

---

4   Vgl. das weitere Beispiel auf S. 470.
5   Vgl. zu Einzelheiten S. 322 ff.

# Verjährung

**8**

ÜBERBLICK

## Lernziele dieses Kapitels

*Was kommt in diesem Kapitel auf Sie zu? Der Satz „Knapp zu spät ist auch verjährt" führt uns zum Thema Verjährung. Jeder Anspruch unterliegt der Verjährung. Wenn man das als Gläubiger nicht beachtet und nicht rechtzeitig aktiv wird, kann der Schuldner nach Ablauf der Verjährungsfrist die Leistung, zum Beispiel die Zahlung des Kaufpreises, verweigern. Das ist mehr als ärgerlich für den Gläubiger. Deshalb sollen hier die wichtigsten Verjährungsvorschriften und die Möglichkeiten, wie man den Eintritt der Verjährung verhindern kann, dargestellt werden.*

## 8.1  Grundlagen

Nach § 194 Abs. 1 BGB unterliegt das Recht, von einem anderen ein Tun oder Unterlassen zu verlangen (Anspruch), der Verjährung. Die in dieser Vorschrift enthaltene Definition des **Anspruchs** gilt für das gesamte Privatrecht, also nicht nur für das BGB, sondern auch für das Handelsrecht, das Gesellschaftsrecht, das Versicherungsvertragsrecht, das Patentrecht, das Urheberrecht usw.

> **Beispiele für Ansprüche**
>
> ■ Der Handelsvertreter hat nach § 87 Abs. 1 HGB gegen den Unternehmer einen Anspruch auf Zahlung einer Provision für die Geschäfte, die auf die Tätigkeit des Handelsvertreters zurückzuführen sind.
>
> ■ Nach § 8 UWG (Gesetz gegen den unlauteren Wettbewerb) hat ein Wettbewerber gegen einen anderen Wettbewerber einen Anspruch darauf, dass dieser Handlungen im Wettbewerb unterlässt, die gegen die guten Sitten verstoßen. Dazu zählt zum Beispiel das Zusenden unbestellter Werbefaxe und E-Mails (§ 7 Abs. 2 Nr. 3 UWG). Die Durchsetzung des Anspruchs bereitet in der Praxis allerdings oft erhebliche Probleme, vielfach ist sie sogar unmöglich (Server im Ausland, Absender verschleiert).

Was passiert, wenn ein Anspruch verjährt ist? Diese Frage wird oft falsch beantwortet. Die Rechtsfolge der Verjährung besteht *nicht* darin, dass der Anspruch untergeht (erlischt). Sie ist also nicht zu vergleichen mit der Bezahlung, die zu einem Untergang des Anspruchs führt (§ 362 Abs. 1 BGB). Nach Eintritt der Verjährung, also nach dem Ablauf der Verjährungsfrist, ist der Schuldner gemäß § 214 Abs. 1 BGB „lediglich" berechtigt, die Leistung zu verweigern, was in der Sache allerdings oft auf dasselbe hinausläuft. Der Schuldner hat nämlich ein **Leistungsverweigerungsrecht**. Er kann frei entscheiden, ob er die Leistung noch erbringen oder ob er sich auf die Verjährung berufen will, indem er die **„Einrede der Verjährung"** erhebt. Erhebt er die Einrede nicht, wird die eingetretene Verjährung in einem Gerichtsverfahren nicht beachtet und der Schuldner wird trotz Verjährung des Anspruchs zur Leistung verurteilt. Beruft der Schuldner sich auf die Verjährung, wird die Klage hingegen abgewiesen.

**Beispiel** K klagt gegen V auf Rücktritt vom Kaufvertrag mit der Begründung, die von V gelieferte Kaufsache sei mangelhaft. Die zweijährige Verjährungsfrist des § 438 Abs. 1 Nr. 3 BGB ist abgelaufen. V verteidigt sich im Prozess nur damit, die Sache sei nicht mangelhaft, beruft sich aber nicht auf Verjährung. Falls das Gericht zu der Auffassung gelangt, dass die Sache einen Mangel aufweist, hat die Klage Erfolg. Aus Gründen der Neutralität darf das Gericht V nicht auf die eingetretene Verjährung hinweisen. Es darf diese auch nicht „von Amts wegen", also von sich aus beachten, sondern nur, wenn V die Einrede der Verjährung erhebt.

| **Merksatz** | Wenn ein Anspruch verjährt ist, ist der Verpflichtete nach § 214 Abs. 1 BGB berechtigt, die Leistung zu verweigern. Die Verjährung bewirkt also nicht den Untergang (das Erlöschen) des Anspruchs, |

sondern begründet nur ein Gegenrecht. Dieses muss der Verpflichtete ausüben, indem er die „Einrede der Verjährung" erhebt.

## 8.2 Verjährungsfristen

Das BGB kennt eine nicht nur auf den ersten Blick verwirrende Vielzahl unterschiedlicher Verjährungsfristen. Es ist deshalb sehr wichtig, sich in jedem Fall zunächst klarzumachen, um welchen Anspruch es geht, um so die richtige Verjährungsfrist zu finden und zu prüfen.

**Beispiel** V und K haben einen Kaufvertrag über einen Lkw geschlossen. Nach § 433 Abs. 1 S. 1 BGB ist V damit zur Lieferung des Lkw und zur Übertragung des Eigentums verpflichtet, zugleich ist K nach § 433 Abs. 2 BGB zur Zahlung des Kaufpreises verpflichtet.

■ Diese beiden Erfüllungsansprüche verjähren nach derselben Frist (§ 195 BGB: drei Jahre).

■ Wenn der Lkw Mängel aufweist, gilt für die daraus resultierenden Ansprüche des K eine andere Verjährungsfrist, die gemäß § 438 Abs. 1 Nr. 3 zwei Jahre beträgt.

■ Falls V bei der Lieferung des Fahrzeuges einen Schaden an der Garage des K verursacht, gilt für den Schadensersatzanspruch des K nochmals eine andere Verjährungsfrist (§ 199 Abs. 3 Nr. 1 BGB: zehn Jahre).

Ganz schön verwirrend, oder? Hinzu kommt noch, dass die Fristen zu verschiedenen Zeitpunkten zu laufen beginnen.

Hat man die „richtige" Verjährungsfrist gefunden, bereitet die konkrete Prüfung immer noch einige Probleme, weil dann zu klären ist, wann die Frist angelaufen und ob der Lauf der Frist möglicherweise unterbrochen worden ist. Die folgende Dreiteilung ist für eine Prüfung deshalb ganz wichtig:

---

**Merksatz**  Die Verjährung ist wie folgt zu prüfen:

1. Welche Verjährungsfrist gilt?

2. Wann beginnt die Frist zu laufen?

3. Ist der Lauf der Frist unterbrochen worden?

---

## 8.2.1 Regelmäßige Verjährungsfrist

### Länge der Frist

Die „regelmäßige" Verjährungsfrist beträgt nach § 195 BGB drei Jahre. Sie gilt immer dann, wenn es für einen Anspruch keine spezielle Verjährungsfrist gibt, wovon hier zunächst ausgegangen werden soll. In der regelmäßigen Frist verjähren zum Beispiel Forderungen auf Zahlung des Kaufpreises (§ 433 Abs. 2 BGB) und der Vergütung beim Werkvertrag (§ 631 Abs. 1 BGB). Wenn die für den Fall richtige Verjährungsfrist – hier § 195 BGB – ermittelt worden ist, ist nur der erste Schritt getan, nämlich die Länge der Frist bestimmt. Im zweiten Schritt ist zu klären, wann die Frist zu laufen beginnt. Diese Frage ist leider nicht einheitlich geregelt und muss deshalb jeweils bei den unterschiedlichen Fristen dargestellt werden.

### Beginn der Frist

§ 199 Nr. 1 BGB ordnet für die regelmäßige Verjährungsfrist des § 195 BGB an, dass die Verjährung nicht sofort, sondern erst am Schluss des Jahres zu laufen beginnt, in dem die folgenden Voraussetzungen vorliegen:

■ Der Anspruch muss entstanden sein.

■ Der Gläubiger muss

– von den Umständen, die den Anspruch begründen, und

– von der Person des Schuldners Kenntnis erlangt oder wegen grober Fahrlässigkeit nicht erlangt haben.

Die tatsächliche Länge der dreijährigen Verjährungsfrist kann fast vier oder mehr Jahre betragen, nämlich dann, wenn der Vertrag Anfang Januar geschlossen wird.

> **Beispiel**  K hat am 11.01.2005 eine EDV-Anlage bei V gekauft. Die Zahlung des K lässt auf sich warten, weil K immer wieder angebliche Mängel der Anlage rügt. V möchte wissen, wann er Gefahr läuft, dass sein Anspruch auf Kaufpreiszahlung verjährt.
>
> 1. **Welche Verjährungsfrist gilt?** Da es für den Zahlungsanspruch keine spezielle Frist gibt, gilt die regelmäßige Verjährungsfrist des § 195 BGB, die drei Jahre beträgt.
> 2. **Fristbeginn:** Diese Frist beginnt nach § 199 Abs. 1 BGB aber erst mit dem Schluss des Jahres zu laufen, in dem:
>    Nr. 1: Der Anspruch auf Zahlung **entstanden** ist. Der Zahlungsanspruch ist mit Abschluss des Kaufvertrages am 11.01.2005 entstanden, und zwar auch dann, wenn die Ware erst später geliefert worden ist.
>    Nr. 2: Kenntnis des Gläubigers: Gläubiger V hat sofort **Kenntnis** vom Kaufvertrag („den den Anspruch begründenden Umständen") und von der Person des Schuldners (Käufer K) erlangt. Damit lagen die Voraussetzungen für den Beginn der Verjährung am 11.01.2005 vor. Die dreijährige Verjährungsfrist des § 195 BGB begann deshalb nach § 199 Abs. 1 BGB am Ende des Jahres 2005 zu laufen, läuft von da an drei Jahre und endet am 31.12.2008.

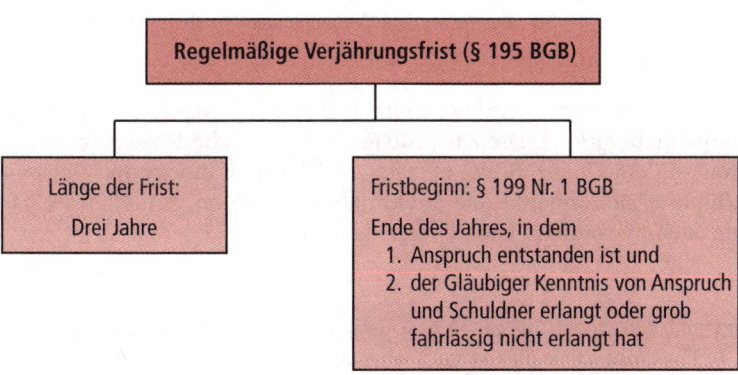

Abbildung 8.1: Regelmäßige Verjährungsfrist

## 8.2.2   Besondere Verjährungsfristen des Allgemeinen Teils

### Grundstücke

Nach § 196 BGB verjähren Ansprüche auf Übertragung des Eigentums an einem Grundstück und weitere in Zusammenhang mit Grundstücken stehende Ansprüche nicht in der regelmäßigen Verjährungsfrist des § 195 BGB, sondern erst nach zehn Jahren. Die Frist beginnt nach § 200 BGB mit der Entstehung des Anspruchs, also sofort und nicht erst am Jahresende.

## Ansprüche aus Urteilen

§ 197 BGB sieht für die dort im Einzelnen genannten Ansprüche eine Verjährungsfrist von **30 Jahren** vor. Besonders wichtig ist die Regelung in § 197 Abs. 1 Nr. 3 BGB: Danach verjähren rechtskräftig festgestellte Ansprüche in 30 Jahren. Dies sind Ansprüche aus **Urteilen** und aus **Vollstreckungsbescheiden**. Die Verjährungsfrist beginnt nach § 201 BGB bei einem Urteil oder einem Vollstreckungsbescheid mit der Rechtskraft zu laufen, also sobald kein Rechtsmittel (Berufung, Revision bzw. Einspruch) mehr möglich ist.

> **Beispiel**   Die V-GmbH verklagt im Frühjahr 2005 K auf Zahlung des Kaufpreises in Höhe von 50.000,-- € aus einem im Jahr 2002 geschlossenen Kaufvertrag. Das Landgericht verurteilt K im Herbst 2005 zur Zahlung, das Urteil wird am 23.11.2005 rechtskräftig. Obwohl der dem Urteil zugrundeliegende Anspruch auf die Kaufpreiszahlung nach § 195 BGB in drei Jahren verjährt, kann die V-GmbH gemäß § 197 Abs. 1 Nr. 3 BGB aus dem Urteil 30 Jahre nach Rechtskraft, also bis zum 23.11.2035 die Vollstreckung betreiben.

## Schadensersatzansprüche

Bei der Verjährung von Schadensersatzansprüchen unterscheidet das BGB danach, welches Rechtsgut oder Recht verletzt worden ist. Im Falle einer Verletzung des Lebens, des Körpers, der Gesundheit oder der Freiheit gilt die längste im BGB enthaltene Verjährungsfrist von 30 Jahren ab der Verletzungshandlung (§ 199 Abs. 2 BGB).

> **Beispiel**   Fahrradfahrer F wird bei einem Unfall durch Verschulden des Autofahrers A erheblich verletzt. Die Ansprüche des F auf Schadensersatz verjähren in 30 Jahren ab dem Unfall. Sollte es nach 28 Jahren zu einem Spätschaden kommen, könnte A sich (noch) nicht auf Verjährung berufen. Anders wäre es, wenn mehr als 30 Jahre seit dem Unfall vergangen wären.

Kompliziert ist die Regelung zu den sonstigen Schadensersatzansprüchen in § 199 Abs. 3 BGB. Hier gibt es eine Frist von zehn Jahren und eine solche von 30 Jahren. Die Zehn-Jahres-Frist beginnt mit der **Entstehung** des Schadens, die 30-Jahres-Frist beginnt mit der **schädigenden Handlung** zu laufen. Von diesen beiden Fristen gilt die im konkreten Fall früher endende Frist. Hierzu zwei recht komplizierte Beispiele:

**Beispiel zu § 199 Abs. 3 Nr. 1 BGB**   T hat am 23.02.2002 schuldhaft schädigende Stoffe auf das Grundstück seines Nachbarn N geleitet, die sofort zu einer erheblichen, aber noch nicht sichtbaren Verunreinigung des Erdreiches und damit zu einer Eigentumsverletzung des N geführt haben. Nehmen wir an, die Eigentumsverletzung würde erst acht Jahre später, also im Jahre 2010 anlässlich einer Bodenuntersuchung festgestellt. Mit der **Entstehung** des Schadens am 23.02.2002 (nicht erst mit der Entdeckung im Jahre 2010) begann die zehnjährige Verjährungsfrist des § 199 Abs. 3 Nr. 1 BGB zu laufen. Die Frist endet am 23.02.2012, sodass N noch ausreichend Zeit zur Verfügung steht, um den Schadensersatzanspruch geltend zu machen. Wenn N die Eigentumsverletzung erst nach dem 23.02.2012 entdecken sollte, wäre die Zehn-Jahres-Frist um und T könnte sich auf die Verjährung berufen.

**Beispiel zu § 199 Abs. 3 Nr. 2 BGB**   Notar N gestaltet im Jahr 2001 einen Erbvertrag zwischen E und seinen vier Kindern. Danach soll die Tochter T Alleinerbin werden. E stirbt 32 Jahre später. Aufgrund eines von N verschuldeten Fehlers im Erbvertrag wird T nicht Alleinerbin, sondern erbt zusammen mit ihren Brüdern B 1, B 2 und B 3. Hier tritt der Schaden erst mit dem Erbfall ein, sodass nach § 199 Abs. 3 Nr. 1 BGB noch keine Verjährung vorliegt. Nach Nr. 2 tritt die Verjährung aber spätestens 30 Jahre nach der Pflichtverletzung ein, auch wenn der Schaden noch nicht entstanden ist. Diese Frist ist verstrichen. Da bei einer Kollision der Zehn-Jahres-Frist mit der 30-Jahres-Frist die früher endende Frist maßgeblich ist, ist der Schadensersatzanspruch der T gegen den N verjährt.

Neben den im Allgemeinen Teil geregelten Verjährungsfristen gibt es eine Reihe von besonderen Vorschriften im Schuldrecht. Zu nennen sind insbesondere § 438 BGB, § 548 BGB und § 634 a BGB. Auf diese Vorschriften wird im Zusammenhang mit den zugrunde liegenden Ansprüchen eingegangen, also in den Kapiteln Kaufrecht, Mietrecht und Werkvertragsrecht.

## 8.3   Neubeginn und Hemmung der Verjährung

Wenn der Gläubiger bemerkt, dass ein Anspruch zu verjähren droht, hat er verschiedene Möglichkeiten, um den weiteren Lauf der Verjährungsfrist zu stoppen und so den Eintritt der Verjährung zu verhindern. Bezogen auf die Wirkung unterscheidet das BGB zwischen einer Hemmung und einem Neubeginn der Verjährung.

### 8.3.1 Neubeginn der Verjährung

Bei einem Neubeginn läuft die ursprüngliche Verjährungsfrist in voller Länge noch einmal von vorne an. Das ist vergleichbar mit einer Stoppuhr, die angehalten, auf „Null" zurückgestellt und dann neu gestartet wird. Nach § 212 Abs. 1 BGB kommt es zu einem Neubeginn der Frist, wenn der Schuldner dem Gläubiger gegenüber den Anspruch **anerkennt** oder wenn eine **Vollstreckungshandlung** vorgenommen wird. Der Neubeginn der Verjährung ist auch mehrmals nacheinander möglich.

> **Beispiel** Ein der dreijährigen Regelverjährung unterliegender Anspruch auf Kauf-preiszahlung verjährt am 31.12.2005. Der Schuldner leistet am 23.10.2004 eine Abschlagszahlung. Dies hat gemäß § 212 Abs. 1 Nr. 1 BGB einen Neubeginn der Verjährung zur Folge. Die neue Frist läuft allerdings sofort und nicht erst zum Jah-resende an (also am 24.10.2004, 0.00 Uhr). Die Frist ist so lang wie die ursprüng-liche Frist. Sie beträgt also drei Jahre und endet deshalb am 23.10.2007, 24.00 Uhr.

> **Praxistipp** Für einen Neubeginn der Verjährung reicht es aus, dass der Schuldner den Anspruch in irgendeiner Weise als berechtigt anerkennt. Dafür genügt eine Abschlagszahlung, eine Zinszah-lung, eine Bitte des Schuldners um einen (weiteren) Zahlungsaufschub oder um eine Ratenzahlung. Treffen Sie Vorkehrungen, damit Sie später beweisen kön-nen, dass es zu einer Anerkennung gekommen ist!

### 8.3.2 Hemmung der Verjährung

Vom Neubeginn der Verjährung zu unterscheiden ist die (bloße) Hemmung der Verjäh-rung. Nach § 209 BGB wird der Zeitraum, in dem die Verjährung gehemmt ist, in die Verjährungsfrist nicht eingerechnet. Dies bedeutet, dass die Frist während des Zeit-raums der Hemmung nicht weiterläuft. Endet die Hemmung, läuft die Verjährungsfrist genau an der Stelle wieder an, an der sie sich vor der Hemmung befand. Die Hem-mung ist vergleichbar mit einer Stoppuhr, die angehalten und dann wieder in Gang gesetzt wird, ohne vorher auf „Null" gestellt zu werden.

Aus der Vielzahl von Tatbeständen, die zu einer Hemmung der Verjährung führen, sollen §§ 203, 204 und 205 BGB kurz dargestellt werden.

Nach § 203 BGB tritt eine Hemmung der Verjährung ein, wenn zwischen dem Gläu-biger und dem Schuldner Verhandlungen über den Anspruch stattfinden.

> **Beispiel** Zwischen der Bau-GmbH und dem Besteller besteht Streit über die Höhe der Restvergütung aus dem Werkvertrag und darüber, ob das Werk mangelfrei ist. Wenn die Parteien sich darauf verständigen, einen Sachverständigen zu beauftragen und danach auf der Grundlage seines Gutachtens über die Restzahlung und die Mängelbeseitigung zu verhandeln, sind die Ansprüche auf Zahlung der Restvergütung und auf Mängelbeseitigung gemäß § 203 BGB bis zum Ende der Verhandlungen gehemmt.

§ 204 BGB regelt die Hemmung der Verjährung infolge der Rechtsverfolgung. Wichtige Fälle sind die Erhebung einer Leistungsklage (§ 204 Abs. 1 Nr. 1 BGB) und die Zustellung eines Mahnbescheides im Mahnverfahren (§ 204 Abs. 1 Nr. 3 BGB). Hierbei ist das gerichtliche Mahnverfahren (§§ 688 ff. ZPO) gemeint, eine einfache Mahnung hat auf die Verjährung keinen Einfluss. Die Frist läuft also trotz der Mahnung weiter, allerdings gerät der Schuldner durch die Mahnung in Verzug.

> **Beispiel** Vermieter V stehen gegen Mieter M Ansprüche auf Mietzinszahlung in Höhe von 240.000,-- € für ein Bürogebäude zu. Um eine Verjährung dieser Ansprüche zu verhindern reicht es nicht aus, dass V dem M eine oder auch mehrere Mahnungen schickt. V müsste entweder beim zuständigen Amtsgericht einen gerichtlichen Mahnbescheid beantragen oder bei dem aufgrund des Streitwertes für eine Klage zuständigen Landgericht eine Zahlungsklage mit dem Antrag erheben: „Der Beklagte (M) wird verurteilt, an den Kläger (V) 240.000,-- € zu zahlen" (in der Regel zuzüglich Zinsen).

> **Praxistipp** Eine außergerichtliche Mahnung hat auf den Lauf der Verjährungsfrist keine Wirkung. Um eine Hemmung der Verjährung zu erreichen, ist die Zustellung eines gerichtlichen Mahnbescheides oder die Erhebung einer Leistungsklage erforderlich. Lassen Sie sich nicht von mündlichen – und damit schwer zu beweisenden – Zahlungsversprechen oder anderen „Spielchen" des Schuldners vertrösten, sondern erheben Sie vor Ablauf der Verjährungsfrist eine Klage oder beantragen Sie den Erlass eines gerichtlichen Mahnbescheides.

Nach § 205 BGB tritt eine Hemmung dann ein, wenn der Schuldner aufgrund einer Vereinbarung mit dem Gläubiger vorübergehend zur Verweigerung der Leistung berechtigt ist. Dies ist zum Beispiel dann der Fall, wenn die Parteien eine **Stundungsvereinbarung** treffen. Während dieser Zeit läuft die Verjährungsfrist also nicht weiter.

# TEIL II

## Vertragliche Schuldverhältnisse

# Vertragliche Schuldverhältnisse

**9**

**ÜBERBLICK**

## Lernziele dieses Kapitels

*Was kommt in diesem Kapitel auf Sie zu? Sie lernen, was ein Schuldverhältnis ist, welche Arten es gibt und wie ein Schuldverhältnis zustande kommt. Besonderes Augenmerk wird auf vertragliche Schuldverhältnisse gelegt. Außerdem werden wichtige Bereiche des Allgemeinen Schuldrechts behandelt.*

## 9.1    Das Schuldverhältnis

Ein Schuldverhältnis liegt vor, wenn eine Person einer anderen Person etwas schuldet. Die am Schuldverhältnis beteiligten Personen werden *Gläubiger* und *Schuldner* genannt. Gläubiger ist derjenige, der einen Anspruch hat und glaubt (hofft), dass er diesen durchsetzen kann. Schuldner ist derjenige, der den Anspruch erfüllen soll (der etwas schuldet). So einfach ist das!

Der Begriff „Schuldverhältnis" umfasst die **vertraglichen Schuldverhältnisse** (Verträge) und die an späterer Stelle zu behandelnden **gesetzlichen Schuldverhältnisse**, zu denen insbesondere das „Recht der unerlaubten Handlungen" (auch „Deliktsrecht" genannt, §§ 823 ff. BGB) und das „Recht der ungerechtfertigten Bereicherung" (§§ 812 ff. BGB) gehören.

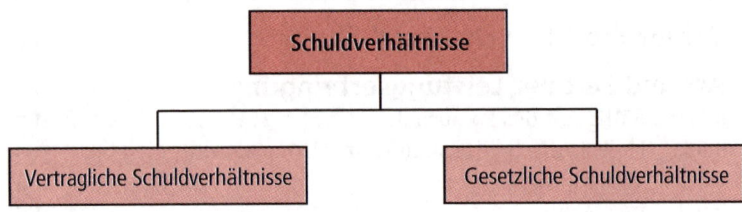

Abbildung 9.1: Schuldverhältnisse

Die gesetzlichen Schuldverhältnisse unterscheiden sich von den vertraglichen Schuldverhältnissen dadurch, dass die gesetzlichen Schuldverhältnisse ohne und auch gegen den Willen der Beteiligten allein deshalb entstehen, weil die im Gesetz enthaltenen Tatbestandsvoraussetzungen erfüllt sind, also „weil das Gesetz es will".

> **Beispiel**    Autofahrer A kollidiert aus Unachtsamkeit beim Einparken mit dem Fahrzeug des Autofahrers B, sodass dessen Fahrzeug beschädigt wird. B steht gegen A ein Schadensersatzanspruch gemäß § 823 Abs. 1 BGB, also aus einem gesetzlichen Schuldverhältnis, zu.

Demgegenüber beruht ein vertragliches Schuldverhältnis auf dem Willen der beteiligten Parteien: Ein Arbeitsvertrag kommt zustande, wenn Arbeitgeber und Arbeitnehmer sich über die zu leistende Arbeit, die Bezahlung und den Beginn der Tätigkeit einigen. Der Darlehensvertrag beruht auf der Einigung zwischen der Bank (Darlehensgeber) und dem Kunden (Darlehensnehmer) über die Darlehenssumme, die Rückzahlung der Darlehensvaluta, über die Zinsen, das Disagio usw.

> **Merksatz**
> Ein vertragliches Schuldverhältnis entsteht, weil die Parteien es wollen. Ein gesetzliches Schuldverhältnis entsteht, weil „das Gesetz es will".

Beide Arten von Schuldverhältnissen sind im 2. Buch des BGB „Recht der Schuldverhältnisse" geregelt, das von §§ 241 bis 853 BGB reicht. Das Buch „Schuldrecht" besteht dabei – auch wenn die Begriffe im BGB so nicht enthalten sind – aus einem „Allgemeinen Teil" (§§ 241 bis 432 BGB) und einem „Besonderen Teil" (§§ 433 bis 853 BGB). Im Besonderen Teil sind zunächst die vertraglichen Schuldverhältnisse geregelt, beginnend mit dem Kaufvertrag (§§ 433 ff. BGB). Dieser Teil umfasst außerdem die gesetzlichen Schuldverhältnisse (§§ 812 ff. BGB; §§ 823 ff. BGB). Vom besonderen Schuldrecht soll aber erst später die Rede sein. Zunächst wird der Blick auf die wichtigsten Regelungen des Allgemeinen Schuldrechts gerichtet.

Zu beachten ist dabei Folgendes: Die Vorschriften des Allgemeinen Schuldrechts gelten für *alle* besonderen Schuldverhältnisse, es sei denn, dort gibt es speziellere Vorschriften, die die Vorschriften des Allgemeinen Schuldrechts verdrängen.

Eine der wichtigsten Vorschriften, vermutlich sogar die wichtigste Vorschrift des Allgemeinen Schuldrechts ist **§ 280 BGB**. Nach dessen Abs. 1 hat der Gläubiger einen Anspruch auf Schadensersatz gegen den Schuldner, wenn der Schuldner eine Pflicht aus dem Schuldverhältnis verletzt. Hierbei kommt es nicht darauf an, welche Art von Schuldverhältnis vorliegt. In der Regel wird es sich um ein vertragliches Schuldverhältnis (etwa um einen Kauf-, Dienst- oder Werkvertrag) handeln. In Betracht kommt aber auch eine Pflichtverletzung aus einem gesetzlichen Schuldverhältnis.

> **Beispiel** A ist B nach § 823 Abs. 1 BGB zum Schadensersatz verpflichtet, zahlt den fälligen Betrag aber nicht fristgerecht. Sobald A mit der Zahlung in Verzug gerät, kann B nach § 280 Abs. 1 in Verbindung mit §§ 280 Abs. 2, 286 BGB wegen der verzögerten Zahlung weiteren Schadensersatz, insbesondere Zinsen, verlangen.

Mit § 280 Abs. 1 BGB hat der Gesetzgeber den Schadensersatzanspruch für (fast[1]) alle vertraglichen Schuldverhältnisse in *einer einzigen* Vorschrift geregelt.

> **Merksatz**
> § 280 Abs. 1 BGB begründet allein oder in Verbindung mit anderen Vorschriften eine Schadensersatzpflicht für (fast) alle Schuldverhältnisse. Daraus leitet sich der Satz ab: „§ 280 Abs. 1 BGB ist fast immer dabei!"

Dieses Prinzip – *eine* Regel für *alle* Schuldverhältnisse – gilt auch für andere Normen des Allgemeinen Schuldrechts, etwa für die Frage, wann der Schuldner für einen

---

1    Ausnahme: § 311 a Abs. 2 BGB.

Schaden verantwortlich ist (vgl. §§ 276 bis 278 BGB) und für die Art und den Umfang eines Schadensersatzanspruchs (§§ 249 bis 254 BGB).

## 9.2  Zustandekommen eines vertraglichen Schuldverhältnisses

Das BGB verwendet den Begriff „Vertrag" nur in Zusammenhang mit einzelnen Verträgen, etwa in den grundlegenden Regelungen zum Kauf- und zum Mietvertrag. So heißt es in § 433 Abs. 1 BGB: „Durch den Kauf*vertrag* wird der Verkäufer einer Sache verpflichtet, ...". Ganz ähnlich lautet § 535 Abs. 1 BGB: „Durch den Miet*vertrag* wird der Vermieter verpflichtet, ...". Außerhalb der Sonderregelungen zu den einzelnen Verträgen spricht das BGB hingegen nicht vom „Vertrag", sondern – umfassender – von den „Schuldverhältnissen".

Nach § 311 Abs. 1 BGB ist zur Begründung eines Schuldverhältnisses durch Rechtsgeschäft ein Vertrag zwischen den Beteiligten erforderlich, „soweit nicht das Gesetz ein anderes vorschreibt". Da aber der im letzten Halbsatz genannten Ausnahme keine praktische Bedeutung zukommt[2], setzt ein rechtsgeschäftliches Schuldverhältnis (fast) immer einen Vertrag voraus. Ein Vertrag wiederum verlangt eine Einigung der Parteien, die in der Regel durch die Annahme eines Angebots erzielt wird.

§ 311 Abs. 1 BGB stellt zusätzlich klar, dass die Änderung des Inhalts eines Schuldverhältnisses ebenfalls einen Vertrag erfordert.

> **Beispiel**  S hat im Jahre 2000 bei der B-Bank ein Darlehen zu 6,9 % Zinsen mit einer Laufzeit bis zum 31.03.2010 aufgenommen. Nach zähen Verhandlungen mit der Bank wird der Zinssatz auf 5,3 % gesenkt und eine Laufzeit bis zum 31.12.2015 vereinbart. Alle anderen Vereinbarungen bleiben unverändert. Hier ist ein bestehender Vertrag durch einen anderen Vertrag geändert worden.

Nicht besonders erwähnt wird in § 311 Abs. 1 BGB, dass die Aufhebung eines Vertrages ebenfalls einen Vertrag voraussetzt. So genannte „Aufhebungsverträge" begegnen uns bei den Dauerschuldverhältnissen, insbesondere im Arbeitsrecht und im Mietrecht. Hier können die Vertragsparteien, unabhängig von eventuellen Kündigungsgründen und ohne die Einhaltung von Kündigungsfristen, einen bestehenden Vertrag sofort oder zu einem späteren Zeitpunkt „einvernehmlich aufheben".

> **Beispiel**  Arbeitgeber AG möchte sich aus betrieblichen Gründen von mehreren Mitarbeitern trennen, aber möglichst vermeiden, Kündigungen auszusprechen. Er bietet daher der Belegschaft an, mit ihm über Aufhebungsverträge zu verhandeln. Mit dem Arbeitnehmer AN schließt er einen solchen Vertrag mit dem Inhalt, dass das bestehende Arbeitsverhältnis gegen Zahlung einer Abfindung in Höhe von 10.000,-- € zum Ersten des nächsten Monats einvernehmlich aufgehoben wird.

---

2   Ein Beispiel bildet die so genannte Auslobung: „Unser Bello ist ausgerissen. Wer ihn lebend zurückbringt, bekommt 100,-- €", vgl. § 657 BGB.

# 9.3 Inhalt des Schuldverhältnisses

## 9.3.1 Leistungspflichten

Wenn ein Schuldverhältnis vorliegt, ist der *Gläubiger* nach § 241 Abs. 1 BGB berechtigt, vom *Schuldner* eine *Leistung* zu fordern. Die **Leistung** kann in einem **Tun** (zum Beispiel Lieferung einer Ware, Zahlung des Kaufpreises, Arbeitsleistung, Reparatur einer Sache, Leistung von Schadensersatz oder Herausgabe einer Sache) oder in einem **Unterlassen** bestehen. Den Unterlassungspflichten kommt im Wettbewerbsrecht eine besondere Bedeutung zu.

> **Beispiel** Der X-Markt startet eine nach §§ 3, 5 Abs. 2 UWG (Gesetz gegen den unlauteren Wettbewerb) unzulässige Werbekampagne. Hier können Konkurrenten oder bestimmte Verbände (etwa die Verbraucherzentralen) nach § 8 UWG gerichtlich einen Unterlassungsanspruch mit dem Inhalt geltend machen, dass diese Werbung in Zukunft unterbleibt. Auf Antrag wird vom Gericht für jeden Fall der Zuwiderhandlung ein Ordnungsgeld von *bis zu* 250.000,-- € oder eine Ordnungshaft von *bis zu* sechs Monaten angedroht (§ 890 Abs. 1 ZPO). Das „*bis zu*" wird in der Presse gerne „vergessen".

## 9.3.2 Pflichten zur Rücksichtnahme

§ 241 Abs. 2 BGB bestimmt, dass ein Schuldverhältnis nach seinem Inhalt jeden Teil zur Rücksicht auf die Rechte, Rechtsgüter und Interessen des anderen Teils verpflichten kann. Damit ist gemeint, dass neben den in Abs. 1 BGB angesprochenen Hauptpflichten (Leistungen) je nach der Art des Vertrages weitere Pflichten in Form von Schutzpflichten, Aufklärungspflichten und anderen Nebenpflichten bestehen können.

> **Beispiele**
>
> - Der bundesweit bekannte Medienunternehmer K befindet sich in großen finanziellen Schwierigkeiten. Ein Sprecher „seiner Hausbank" erklärt in einem Interview gegenüber einem Fernsehreporter, er glaube nicht, dass es K gelingen werde, bei anderen Banken weitere Kredite zu bekommen. Hierin hat der BGH eine Verletzung des „Bankgeheimnisses" gesehen.[3]
>
> - V ist vertraglich verpflichtet, eine von K gekaufte Einbauküche in der Wohnung des K zu montieren. Die Montage als solche erfolgt ordnungsgemäß, doch beschädigen Mitarbeiter des V beim Abtransport der alten Küchenmöbel den Eingangsbereich der Wohnung des K.

---

3   Vgl. BGH NJW 2006, S. 830, 833 f. (Kirch/Deutsche Bank AG).

## 9.4 Vorvertragliche Schuldverhältnisse

Eine Ausdehnung der Pflichten zur Rücksichtnahme nach § 241 Abs. 2 BGB erfolgt durch § 311 Abs. 2 BGB. Nach dieser Vorschrift entsteht ein Schuldverhältnis mit Schutz-, Aufklärungs- und sonstigen Nebenpflichten bereits vor Abschluss eines Vertrages. Man spricht insoweit von einem **vorvertraglichen Schuldverhältnis**. Zum Teil wird auch heute noch die – allerdings zu enge – lateinische Bezeichnung „culpa in contrahendo" (Verschulden bei den Vertragsverhandlungen), abgekürzt **c.i.c.**, verwendet.

§ 311 Abs. 2 BGB nennt drei Fälle, in denen ein vorvertragliches Schuldverhältnis begründet wird:

- Nr. 1: Die Aufnahme von Vertragsverhandlungen.
- Nr. 2: Die Anbahnung eines Vertrages, bei welchem der eine Teil im Hinblick auf eine eventuelle rechtsgeschäftliche Beziehung dem anderen Teil die Möglichkeit zur Einwirkung auf seine Rechte, Rechtsgüter oder Interessen gewährt oder ihm diese anvertraut.
- Nr. 3 : Ähnliche geschäftliche Kontakte.

Nr. 1 setzt die Aufnahme von Vertragsverhandlungen voraus, für Nr. 2 genügt die bloße Anbahnung eines Vertrages, etwa durch das Betreten von Geschäftsräumen. Nr. 3 bildet einen Auffangtatbestand für ähnliche, von Nr. 1 und Nr. 2 nicht erfasste Sachverhalte.

> **Zwei Beispiele aus der Rechtsprechung[4]**
> - V und K verhandeln über den Kauf eines Hotels auf einer ostfriesischen Insel. K erklärt V, dass er das Hotel umfangreich umbauen möchte und deshalb schon in den nächsten Tagen „einen bekannten Hamburger Stararchitekten" mit der Planung beauftragen werde. Um den Kaufvertragsabschluss nicht zu gefährden, informiert V den K nicht darüber, dass eine von ihm (V) vor einem Jahr gestellte Bauvoranfrage wegen des nach Meinung der Baubehörde erhaltenswerten Ortskerns keinen Erfolg hatte. Auch wenn der für einen Grundstückskauf erforderliche notarielle Kaufvertrag (§ 311 b Abs. 1 BGB) noch nicht vorlag, war durch die Aufnahme der Vertragsverhandlungen ein vorvertragliches Schuldverhältnis zustande gekommen, das V verpflichtete, K über mögliche Probleme bezüglich seiner Umbaupläne aufzuklären (§ 311 Abs. 1 Nr. 1 BGB). Da er schuldhaft gegen diese Pflicht verstoßen hat, ist er nach § 280 Abs. 1 BGB zum Schadensersatz (Ersatz der Architektenkosten) verpflichtet[5].

---

4  Beide OLG Oldenburg, die Urteile sind nicht veröffentlicht.
5  Vgl. die Lösung auf S. 200.

■ Frau K begibt sich in den Verbrauchermarkt des V, um ihren Wochenendeinkauf zu tätigen. Unmittelbar nach dem Betreten des Gebäudes kommt Frau K zu Fall, weil sie in einer Wasserlache ausrutscht. Hier liegt ein Fall der Nr. 2 vor, weil Frau K „im Hinblick auf eine etwaige rechtsgeschäftliche Beziehung" (Abschluss eines Kaufvertrages) den Verbrauchermarkt betreten hat und V somit die Möglichkeit hatte, auf die Rechtsgüter Gesundheit und Körper von Frau K einzuwirken. Damit ist aber nur entschieden, dass ein vorvertragliches Schuldverhältnis vorliegt. Ob V zum Schadensersatz verpflichtet ist, richtet sich nach § 280 Abs. 1 BGB. Frau K hätte keinen Anspruch, wenn V nicht schuldhaft gehandelt hätte, etwa weil die Wasserlache erst unmittelbar zuvor entstanden war.

## 9.5 Art und Zeit der Leistungserbringung

Nach dem BGB haben die Parteien die Möglichkeit, in einem Vertrag alle wichtigen Punkte detailliert zu regeln. Dieses Vorgehen erfordert aber einen großen Aufwand, der oft in keinem angemessenen Verhältnis zur Bedeutung des Vertrages steht. Die damit unverhältnismäßig hohen Transaktionskosten lassen sich durch die Verwendung von Musterverträgen reduzieren, doch besteht hier das Problem, ob diese für eine Vielzahl von Fällen erstellten Verträge tatsächlich den Interessen der Parteien im konkreten Fall ausreichend Rechnung tragen. Außerdem können Klauseln in derartigen Musterverträgen, bei denen es sich in aller Regel um Allgemeine Geschäftsbedingungen handelt, wegen Verstoßes gegen Treu und Glauben nach §§ 307 bis 309 BGB unwirksam sein[6].

Zum Glück hat der Gesetzgeber den Parteien „ein wenig Arbeit abgenommen" und eine Reihe von Punkten, die für den Inhalt und für die Abwicklung von Verträgen wichtig sind, „auf Vorrat" geregelt. Diese Regelungen greifen dann ein, wenn die Parteien nichts anderes vereinbart haben. Die entsprechenden Vorschriften stehen zum Teil im Besonderen Schuldrecht bei den einzelnen Verträgen (vgl. §§ 446 ff. BGB), zum Teil im Allgemeinen Schuldrecht.

Bitte prägen Sie sich das folgende Beispiel gut ein, da es uns auf den nächsten Seiten begleiten wird:

**Beispiel** Kaufmann Kaiser (K) aus Düsseldorf hat beim Verkäufer Vey (V) aus Erlangen 2.000 Digitalreceiver der Marke Super 34, die zum Empfang des neu eingeführten digitalen Fernsehens benötigt werden, zur „umgehenden Lieferung" gekauft. Als die Ware nach vier Tagen noch nicht bei K eingetroffen ist, mahnt K die sofortige Lieferung bei V an. V meint, so schnell sei er nicht zur Erfüllung verpflichtet. Außerdem müsse K die Ware abholen oder abholen lassen, da eine Lieferung nicht vereinbart worden sei. Im Übrigen könne er zunächst nur 1.500 Geräte anbieten, da die Nachfrage ganz außergewöhnlich stark sei.

---

6   Vgl. Kapitel 3, S. 84 ff.

Das Beispiel wirft folgende Fragen auf:

- Hat K bereits einen Anspruch gegen V auf den Erhalt der Ware?
- Hat K einen Anspruch gegen V darauf, dass dieser die Ware liefert oder liefern lässt oder muss K sich selbst um den Transport kümmern?
- Hat K einen Anspruch gegen V auf eine vollständige Lieferung von 2.000 Geräten?

Da diese Punkte im Kaufvertrag zwischen V und K nicht geregelt sind, ist zu untersuchen, ob im Schuldrecht „passende" Regelungen enthalten sind. Der erste Blick muss dabei in das Besondere Schuldrecht gehen, da besondere Vorschriften die allgemeinen Vorschriften verdrängen.

> **Merksatz**
>
> Die Regelungen des *Besonderen* Schuldrechts gehen den Regelungen des *Allgemeinen* Schuldrechts vor.

In den Regelungen zum Kaufvertrag (§§ 433 ff. BGB), die am Anfang des Besonderen Schuldrechts stehen, gibt es zu diesen Fragen aber keine Vorschriften, also muss das Allgemeine Schuldrecht herangezogen werden.

## 9.5.1 Fälligkeit des Anspruchs

K hat bereits einen Anspruch auf den Erhalt der Ware, wenn der Anspruch schon *fällig* ist. Die maßgebliche Regelung zur Fälligkeit enthält § 271 BGB, aus dessen Abs. 1 sich Folgendes ergibt:

- Für die Fälligkeit kommt es in erster Linie darauf an, ob eine Zeit für die Leistung **bestimmt** ist.
- Ist keine Leistungszeit bestimmt, ist zu prüfen, ob die Leistungszeit aus **den Umständen zu entnehmen** ist.
- Ist auch das nicht der Fall, kann der Gläubiger die Leistung **sofort** verlangen und der Schuldner sie sofort bewirken (erbringen).

Die in erster Linie maßgebliche Bestimmung der Leistungszeit kann sich aus einer **Vereinbarung der Parteien** oder aus einer **gesetzlichen Regelung** ergeben. Hier findet sich im Vertrag die Formulierung, dass die Lieferung „umgehend" erfolgen soll. Damit liegt eine vertragliche Vereinbarung vor, sodass nicht auf die „Umstände" abzustellen ist (zuvor zweiter Aufzählungspunkt) und der Anspruch auch nicht sofort fällig ist (zuvor dritter Aufzählungspunkt). Unklar ist allerdings, was unter einer „umgehenden Lieferung" zu verstehen ist. Der Vertrag ist insoweit zumindest ungeschickt formuliert, weil die Regelung nicht eindeutig ist. Sie muss deshalb nach §§ 133, 157 BGB ausgelegt werden.

Bei der **Auslegung eines Vertrages**[7] ist vom **Wortlaut** des Vertragstextes auszugehen, außerdem ist **der Zweck des Vertrages** zu berücksichtigen. Auch wenn der Sachverhalt nur spärliche Angaben enthält, dürfte die Fälligkeit hier bereits gegeben sein, weil eine „umgehende Lieferung" vereinbart wurde und der kaufmännische Verkehr

---

[7]  Zur Auslegung einer einzelnen Willenserklärung vgl. S. 36 ff.

generell auf Schnelligkeit angelegt ist. Aus dem Fall wird außerdem deutlich, dass es sich um einen Artikel handelt, der zur Zeit stark nachgefragt ist. Also ist der Anspruch des K bereits fällig.

> **Praxistipp** Der Vertrag ist in diesem Punkt schlecht formuliert, weil der Begriff „umgehend" zu ungenau ist. Besser wäre es gewesen, einen konkreten Termin (genaues Datum) zu benennen. Im Geschäftsverkehr wird oft die Angabe „KW" für Kalenderwoche verwendet, also etwa: „Lieferung in der 17. KW".

## 9.5.2 Holschuld, Schickschuld und Bringschuld

In Fortführung des obigen Beispiels ist zu fragen, ob der Käufer Kaiser einen Anspruch gegen den Verkäufer Vey darauf hat, dass V die Digitalreceiver liefert oder liefern lässt oder ob K sich selbst um den Transport kümmern muss. Die Praxis verwendet in diesem Zusammenhang die – im BGB nicht enthaltenen – Begriffe **Holschuld**, **Schickschuld** und **Bringschuld**:

- Eine **Holschuld** liegt vor, wenn der Gläubiger (hier: Käufer Kaiser) die Ware beim Schuldner (hier: beim Verkäufer Vey in Erlangen) abholen muss. Der Verkäufer muss lediglich das Abholen der Ware ermöglichen, etwa durch Aussondern aus einer größeren Vorratsmenge und Bereitstellung zur Abholung, sich aber nicht um den Transport kümmern.

- Eine **Schickschuld** liegt vor, wenn der Schuldner (Vey) die Ware an den Gläubiger (Kaiser) abschicken, also zum Transport geben muss. Der Verkäufer muss die Ware in diesem Fall „auf den Weg bringen", zum Beispiel durch Aufgabe bei der Post oder Abgabe an eine andere Transportperson, etwa einen Frachtführer.

- Eine **Bringschuld** liegt vor, wenn der Schuldner (Vey) die Ware zum Gläubiger (Kaiser) bringen, in unserem Fall also in Düsseldorf abliefern muss.

Die Prüfungsreihenfolge gibt § 269 BGB vor. Nach dessen Abs. 1 gilt Folgendes:

Ist (*wenn*)

- der Ort für die Leistung weder bestimmt (im Vertrag oder in AGB vereinbart bzw. gesetzlich bestimmt)

- noch aus den Umständen, insbesondere aus der Natur des Schuldverhältnisses zu entnehmen (Hausbau auf dem Baugrundstück, Reparatur einer schweren Maschine „vor Ort"),

so (*dann*)

- hat die Leistung an dem Orte zu erfolgen, an dem der Schuldner zur Zeit der Entstehung des Schuldverhältnisses (also bei Vertragsabschluss) seinen Wohnsitz hatte.

Nach § 269 Abs. 2 BGB tritt bei gewerblichen Schuldnern der Sitz der Niederlassung („Firmensitz") an die Stelle des Wohnsitzes des Schuldners.

Da Vey und Kaiser im obigen Beispielsfall keine Vereinbarung getroffen haben und sich der Leistungsort auch nicht aus der „Natur des Kaufvertrages" ergibt, hat die Leistung nach § 269 Abs. 1 und Abs. 2 BGB an dem Ort zu erfolgen, an dem der Schuldner bei Vertragsabschluss seine Niederlassung hat. In Bezug auf die Lieferung ist V der Schuldner und K der Gläubiger[8]. Also hat die Leistung am Sitz des Schuldners V in Erlangen zu erfolgen.

Dieses Ergebnis wird durch § 269 Abs. 3 BGB gestützt: Danach ist allein aus dem Umstand, dass der Schuldner die Kosten der Versendung (Transportkosten) übernommen hat, nicht zu entnehmen, dass der Ort, an den die Versendung zu erfolgen hat (Niederlassung des Käufers) der Leistungsort sein soll. Was ein wenig wie Haarspalterei klingt, hat in der Praxis große Bedeutung:

> **Merksatz**    Gemäß § 269 Abs. 3 BGB folgt allein aus der Übernahme der Transportkosten durch den Verkäufer nicht, dass eine Bringschuld vorliegt und der Verkäufer damit für die Durchführung des Transports verantwortlich ist. Auch wenn der Verkäufer die Transportkosten zu tragen hat, kann also eine Schickschuld und evtl. sogar eine Holschuld vorliegen.

§ 269 Abs. 3 BGB ist mithin zu entnehmen, dass eine Bringschuld ohne eine entsprechende Vereinbarung und ohne dass sich dies aus der Natur des Schuldverhältnisses ergibt, nur in sehr seltenen Fällen vorliegt. Die bloße Übernahme der Transportkosten durch den Verkäufer reicht dafür nicht aus, es müssen weitere Anhaltspunkte hinzukommen.

> **Merksatz**    Die Unterscheidung zwischen Hol-, Schick- und Bringschuld ist wichtig für die Frage, wer das **Transportrisiko** zu tragen hat:
>
> - Bei der Holschuld trägt der Käufer das Transportrisiko, da er die Ware abholen und den Transport selbst durchführen oder durchführen lassen muss.
> - Gleiches gilt bei der Schickschuld, weil der Verkäufer die Ware zwar abschicken, also zum Transport geben muss, aber nicht für die Durchführung des Transports verantwortlich ist.
> - Anders ist es bei der Bringschuld: Hier trägt der Verkäufer das Transportrisiko, weil er die Ware transportieren (oder transportieren lassen) und beim Käufer abliefern (lassen) muss. Die Lieferung ist ein Teil seiner Verpflichtung aus dem Kaufvertrag.

---

8   Bezüglich der Kaufpreiszahlung ist es umgekehrt!

> **Beispiel** K hat bei V eine Spezialmaschine gekauft, die aufgrund ihrer Ausmaße nur auf einem besonderen Sattelschlepper transportiert werden kann, den V in seinem Fuhrpark hat. Nach dem Vertrag hat V die Transportkosten zu tragen. Hier ist aufgrund der besonderen Umstände von einer Bringschuld auszugehen.

Zurück zum Kauf der Receiver: Nach § 269 BGB steht bisher nur fest, dass V nicht verpflichtet ist, die Ware nach Düsseldorf zu bringen, denn dann würde er seine Leistung ja in Düsseldorf erfüllen. Zu entscheiden ist aber noch, ob V die Ware nur zur Abholung bereitstellen muss (Holschuld) oder ob er sie abschicken muss (Schickschuld). Dabei ist bei Geschäften des Handelsverkehrs Rücksicht auf die Handelsbräuche zu nehmen, sodass oft von einer Schickschuld auszugehen ist. Die Pflicht des Verkäufers besteht dann darin, die Ware „auf den Weg zu bringen".

Für die weitere Abwicklung ist § 447 BGB von Bedeutung: Da der Verkäufer die Ware im Falle der Schickschuld „auf Verlangen des Käufers nach einen anderen Ort als den Erfüllungsort" versendet, trägt der Käufer bei dem damit vorliegenden Versendungskauf nach § 447 BGB das Transportrisiko. Etwas verwirrend ist, dass mit dem Begriff „Erfüllungsort" in § 447 BGB der „Leistungsort" im Sinne des § 269 BGB gemeint ist. Auf unseren Fall bezogen bedeutet dies, dass V die Ware zum Transport geben muss (Schickschuld), K aber keinen Anspruch darauf hat, dass V ihm die Ware liefert (keine Bringschuld). Andererseits ist K aber auch nicht verpflichtet, die Ware abzuholen oder abholen zu lassen (keine Holschuld).

Zu beachten ist, dass § 447 BGB nicht gilt, wenn ein Verbrauchsgüterkauf vorliegt (§ 474 Abs. 2 BGB).

> **Beispiel** Studentin S kauft im Internet eine Ware beim Unternehmer U. Die Ware kommt beschädigt bei S an. S muss die Ware nicht bezahlen, da § 447 BGB auf diesen Kaufvertrag gemäß § 474 Abs. 2 BGB nicht anwendbar ist. Das Transportrisiko trägt deshalb U. Er muss noch einmal liefern.

## 9.5.3 Transportkosten

Anzusprechen ist noch, wer bei fehlender Vereinbarung die Transportkosten zu tragen hat. Hierzu findet sich für den Kaufvertrag, also im Besonderen Schuldrecht, eine spezielle Regelung in § 448 BGB: Danach trägt der Verkäufer die Kosten der Übergabe der Sache an die Transportperson, während der Käufer die Kosten der Abnahme und die Kosten der Versendung an einen anderen Ort als den Erfüllungsort zu tragen hat. Da Vey seine Pflicht (Übergabe an die Transportperson) in Erlangen zu erfüllen hat, bildet diese Stadt den Erfüllungsort (= „Leistungsort" im Sinne des § 269 BGB). Also muss – wenn nichts anderes vereinbart wurde – Käufer Kaiser die Transportkosten zahlen, während Verkäufer Vey – da eine Schickschuld vorliegt – verpflichtet ist, dafür zu sorgen, dass der Transport erfolgt.

> **Praxistipp**   Wegen der erheblichen Kosten und Risiken, die mit der Lieferung einer Ware verbunden sind, ist es sinnvoll, im Vertrag zu regeln, wer den Transport durchzuführen und das Transportrisiko zu tragen hat. Dies kann auch in „Allgemeinen Geschäftsbedingungen" geschehen, etwa in „Einkaufsbedingungen" oder in „Verkaufsbedingungen".
>
> Beispiel aus einer Einkaufsbedingung: „Lieferung auf Kosten und Gefahr des Verkäufers". Durch diese schlichte Klausel wird dem Verkäufer abweichend von § 447 BGB die Transportgefahr auferlegt, außerdem hat er, abweichend von § 448 BGB, die Transportkosten zu tragen.

### 9.5.4  Incoterms

Bei internationalen Lieferverträgen haben die Parteien die Möglichkeit, die Geltung der International Commercial Terms (kurz: „Incoterms") zu vereinbaren. Hierbei handelt es sich um Klauseln, die von der International Chamber of Commerce (Paris) seit 1936 herausgegeben werden. Die aktuelle Fassung stammt vom 1. Januar 2000. Durch eine einfache Inbezugnahme auf eine der 13 Klauseln können die Bedingungen für die Durchführung des Transports geregelt werden. Es gibt vier Gruppen von Klauseln (eine E-Klausel, drei F-Klauseln, vier C-Klauseln und fünf D-Klauseln), die danach differenzieren, wer das Transportrisiko und wer die Transportkosten zu tragen hat.

> **Beispiel**
>
> **EXW**[9]
>
> Der Gefahrübergang auf den Importeur erfolgt direkt ab Werk des Exporteurs. Der Importeur trägt außerdem sämtliche Transportkosten.
>
> **DAF**[10]
>
> Der Exporteur trägt die Transportkosten bis zu einem Bestimmungsort an der Grenze sowie die Exportabwicklung. Ab der Grenze geht die Gefahr auf den Importeur über, der auch die Einfuhrzölle zu zahlen hat.

### 9.5.5  Verbot von Teilleistungen

Es ist noch zu klären, ob Kaiser einen Anspruch gegen Vey auf die sofortige *vollständige* Lieferung der gekauften 2.000 Geräte hat. Nach § 266 BGB ist der Schuldner zu Teilleistungen nicht berechtigt. Daraus folgt im Umkehrschluss, dass der Gläubiger einen Anspruch auf die vollständige Lieferung hat. Kaiser kann also verlangen, dass er die gekauften 2.000 Geräte sofort nach Fälligkeit erhält. Eine davon abweichende Lieferung könnte er zurückweisen, es sei denn, sein Verhalten würde gegen Treu und Glauben verstoßen (§ 242 BGB). Dies könnte der Fall sein, wenn nur wenige Geräte fehlten oder Kaiser aus anderen Gründen durch die Teillieferung keinen Nachteil hätte.

---

9   Ex Works (ab Werk)

10  Delivered (geliefert)

## 9.5.6 Zusammenfassung

Zusammenfassend ist festzuhalten, dass der Käufer Kaiser

- einen fälligen Anspruch auf 2.000 Digitalreceiver der Marke Super 34 gegen den Verkäufer Vey hat, aber

- nicht verlangen kann, dass die Receiver von Vey geliefert werden. Vey ist lediglich verpflichtet, die Ware an eine Transportperson zu übergeben (Schickschuld). Die Kosten für den Transport hat Kaiser zu tragen (§ 448 BGB), er trägt nach § 447 BGB auch das Transportrisiko.

Da die § 447 und 448 BGB dispositiv sind, können die Parteien abweichende Vereinbarungen treffen, was auch in AGB zulässig ist.

## 9.5.7 Gegenleistung (Kaufpreiszahlung)

Die soeben für die Lieferung der Ware behandelten Fragen sind in ähnlicher Weise für die Gegenleistung, also für die Zahlung des Kaufpreises zu stellen. Wiederum anknüpfend an den obigen Beispielsfall ist zu fragen:

- Wann ist der Anspruch auf die Zahlung des Kaufpreises fällig?

- Wie muss oder darf K den Kaufpreis bezahlen? In bar, per Überweisung, per Lastschrift oder in sonstiger Weise (Wechsel, Scheck)?

- Wann ist die Zahlung rechtzeitig?

- Wer trägt das Risiko, wenn das Geld nicht oder verspätet ankommt?

- Zusätzlich interessiert, ob und ggf. unter welchen Voraussetzungen K berechtigt ist, Skonto von der Rechnungssumme abzuziehen.

Da die Vorschriften des Kaufrechts im Besonderen Teil des Schuldrechts (§§ 433 ff. BGB) zu diesen Fragen keine Regelungen enthalten, ist erneut auf das Allgemeine Schuldrecht zurückzugreifen, und zwar auf die §§ 270, 271 BGB.

### Fälligkeit der Gegenleistung

Für die Fälligkeit einer Geldschuld gilt mangels spezieller Regelungen der schon behandelte § 271 BGB.

- Deshalb kommt es auch für die Fälligkeit des Kaufpreises in erster Linie auf eine Bestimmung (vertragliche Vereinbarung oder gesetzliche Regelung) an.

- Fehlt eine Bestimmung, ist auf die Umstände abzustellen.

- Geben diese keine Auskunft, ist der Anspruch des Verkäufers auf die Zahlung des Kaufpreises sofort fällig.

Wenn es keine gesetzliche Regelung gibt und der Vertrag keine ausdrückliche Regelung enthält („Zahlung eine Woche nach Lieferung"), ist an eine Vertragsauslegung nach §§ 133, 157 BGB zu denken, die allerdings vor der Schwierigkeit steht, dass konkrete Anhaltspunkte für die Auslegung oft fehlen. In zweiter Linie kommt es auf die Umstände an. Geben auch diese keine Auskunft, ist der Anspruch auf die Zahlung des Kaufpreises sofort fällig.

### Kaufmännische Übung

Der sofortigen Fälligkeit widerspricht indes die kaufmännische Übung: Danach ist der Kaufpreis bei einem Kaufvertrag zwischen zwei Kaufleuten bzw. Unternehmern regelmäßig erst nach Lieferung der Ware zu zahlen, sofern nicht etwas anderes vereinbart wurde („Vorkasse"). Über die Begründung mag man streiten:

- Man könnte, obwohl der Vertrag keine Regelung enthält, wegen der weiten Verbreitung dieser kaufmännischen Übung an eine ergänzende Vertragsauslegung denken, wobei auch die bisherige Praxis der Parteien zu berücksichtigen wäre.

- Sofern man auf die Umstände abstellt, kommt neben der Natur des Schuldverhältnisses (gewerblicher Kaufvertrag) der Verkehrssitte Bedeutung zu.

Nach beiden Ansätzen wird der Anspruch erst nach der Lieferung fällig. Obwohl die Erteilung einer Rechnung nicht notwendig eine Voraussetzung für die Fälligkeit ist[11], werden beide Parteien oft der Meinung sein, dass erst nach Rechnungsstellung zu zahlen ist.

- Es ist auch vertretbar, von einer sofortigen Fälligkeit auszugehen, dem Käufer aber bis zur Lieferung und Rechnungsstellung die Einrede des nicht erfüllten Vertrages gemäß § 320 BGB zu gewähren.

Welcher Begründung man auch folgen mag: Auf den Beispielsfall bezogen ist Kaiser nicht verpflichtet, vor Lieferung und Rechnungsstellung zu zahlen.

### Besondere Regelungen

Bei einigen Vertragstypen gibt es besondere gesetzliche Regelungen zur Fälligkeit, die der allgemeinen Vorschrift (§ 271 BGB) vorgehen.

**Mietvertrag**  Aus § 556 b Abs. 1 BGB folgt für einem **Mietvertrag über Wohnraum**, dass die vereinbarte **Monatsmiete** spätestens bis zum dritten Werktag des Monats im Voraus zu entrichten ist. Dies gilt gemäß § 579 Abs. 2 BGB entsprechend für **Geschäftsräume**. Ist eine **Jahresmiete** vereinbart, etwa bei Geschäftsräumen, ist die komplette Jahresmiete zu Beginn des Jahres, also Anfang Januar, zu entrichten. Hier empfiehlt sich aus Sicht des Mieters aus Liquiditätsgründen eine abweichende Vereinbarung.

> **Beispiel**  Die Büromiete für den Monat Mai ist nach §§ 579 Abs, 2, 556 b Abs. 1 BGB am dritten Werktag des Monats Mai fällig, falls die Miete monatlich zu entrichten ist. Da der 1. Mai ein Feiertag ist, kann dies frühestens der 4. Mai sein. Ist der 4. Mai ein Samstag oder Sonntag, tritt an seine Stelle der nächste Werktag (§ 193 BGB), also der Montag. Da es hier nur um die Frage der Fälligkeit geht, ist noch nicht entschieden, ob die Miete am dritten Werktag nur gezahlt werden muss, etwa per Banküberweisung, oder ob sie an diesem Tag bereits auf dem Konto des Vermieters eingegangen sein muss. Dazu sogleich mehr!

---

11  Palandt/Heinrichs, Bürgerliches Gesetzbuch, § 271 Rn. 7.

**Dienstvertrag**  Bei einem **Dienstvertrag** ist die Vergütung gemäß § 614 Satz 1 BGB nach der Leistung der Dienste zu entrichten. Diese Vorschrift gilt auch für Arbeitsverträge, da der Arbeitsvertrag eine besondere Form des Dienstvertrages ist. Ist – wie üblich – monatliche Zahlung vereinbart, erhält der Arbeitnehmer den Lohn gemäß § 614 S. 2 BGB am Monatsende. Allerdings gibt es häufig abweichende Vereinbarungen, etwa in Tarifverträgen oder in den einzelnen Arbeitsverträgen, die dem dispositiven § 614 BGB vorgehen.

**Werkvertrag**  Bei einem **Werkvertrag**, etwa einem Bauvertrag, ist die Vergütung gemäß § 641 Abs. 1 Satz 1 BGB *bei* der Abnahme des Werkes zu entrichten. Das bedeutet, dass die Abnahme erfolgen muss, damit der Vergütungsanspruch fällig wird. Nach § 632 a BGB kann der Unternehmer allerdings für in sich abgeschlossene Teile des Werkes Abschlagszahlungen verlangen[12].

Diese soeben dargestellten Vorschriften aus dem Besonderen Schuldrecht greifen ein, wenn die Parteien keine Vereinbarung zur Fälligkeit getroffen haben. Eine abweichende vertragliche Absprache geht den Regelungen hingegen vor, zum Beispiel die Vereinbarung, dass die Miete – abweichend von § 556 b BGB – erst am 20. des Monats zu überweisen oder der Arbeitslohn nicht erst am Monatsende (vgl. § 614 Satz 1 BGB), sondern bereits zum 15. eines jeden Monats zu zahlen ist.

## 9.5.8  Art der Kaufpreiszahlung

Das „alte" BGB (von 1896) geht – ohne dies ausdrücklich auszusprechen – davon aus, dass eine Geldschuld in bar zu begleichen ist. Dieser Grundsatz gilt heute aber nur noch bei bestimmten Geschäften (Beispiel: privater Autokauf), bei relativ kleinen Geschäften, etwa zur Deckung des täglichen Lebensbedarfs, bei Besuchen in Lokalen usw. Aber selbst hier wird seitens der Verkäufer oder der Restaurantbesitzer immer häufiger die Möglichkeit der bargeldlosen Zahlung mittels elektronischer Zahlungsmittel (EC-Karte, Kreditkarte) angeboten. In zahlreichen anderen Fällen ist die Überweisung oder die Zahlung mittels Einzugsermächtigung an die Stelle der Barzahlung getreten, so etwa bei der Zahlung der Miete und der Begleichung von Versicherungsprämien. Im kaufmännischen Verkehr ist die Barzahlung fast völlig „ausgestorben": Wer hier eine Barzahlung verlangt oder anbietet, macht sich schon fast verdächtig (Schwarzgeld?). Die Zahlung erfolgt regelmäßig nach Rechnungsstellung per Überweisung. In Sonderfällen dienen Wechsel oder Scheck als Zahlungsmittel.

Bezogen auf den Beispielsfall über den Kauf der Receiver ist davon auszugehen, dass Kaiser den Kaufpreis nach der Rechnungsstellung zu überweisen hat. Das Recht – und auch die Pflicht – zur Überweisung an Stelle der vom BGB favorisierten Barzahlung kann sich aus der Verkehrssitte, der bisherigen Übung der Parteien oder schlicht daraus ergeben, dass auf der Rechnung des Gläubigers dessen Bankverbindung angegeben ist.

> **Merksatz**  Insbesondere im kaufmännischen Verkehr ist an die Stelle der Barzahlung in vielen Fällen die Überweisung getreten. Das Recht zur Überweisung ergibt sich aus der Angabe der Bankverbindung des Gläubigers auf der Rechnung.

---

12  Vgl. zur Absicherung von Werklohnforderungen S. 310 ff.

### 9.5.9   Leistungshandlung und Leistungserfolg

Wenn der Schuldner verpflichtet ist, seine Verbindlichkeit mittels Überweisung innerhalb einer bestimmten Frist zu erfüllen („Zwei Wochen nach Lieferung"), stellt sich die Frage, ob er das Geld innerhalb der Frist nur „auf den Weg bringen", also überweisen muss, oder ob der Betrag innerhalb der Frist auf dem Konto des Gläubigers gutgeschrieben werden muss. Dieses Problem tritt in gleicher Weise auf, wenn es um eine Zahlung geht, die bis zu einem bestimmten Termin geschuldet wird, wie etwa bei der Miete bis zum dritten Werktag des Monats (§ 556 b Abs. 1 BGB).

Wenn nichts anderes vereinbart ist, reicht es aus, dass der Schuldner rechtzeitig die so genannte **Leistungshandlung** vornimmt. Diese besteht im Falle der Überweisung darin, dass er „seine" Bank anweist, die Überweisung auszuführen. Diese Anweisung kann auch noch am letzten Tag der Frist erfolgen. Dagegen kommt es nicht darauf an, dass der **Leistungserfolg** (Gutschrift des Geldes auf dem Gläubigerkonto) ebenfalls innerhalb der Frist eintritt. Die Gutschrift des Geldes kann mithin auch noch nach Ablauf der Frist vorgenommen werden. Da Banken einige Tage für die Abwicklung einer Überweisung benötigen (vgl. zu den Fristen § 676 a Abs. 2 BGB), kommt es damit zu Lasten des Gläubigers zu Verzögerungen.

> **Beispiel** Ein Dauerauftrag für die Zahlung der Miete kann so eingerichtet werden, dass die Bank ihn jeweils am dritten Werktag des Monats ausführt. Die Zahlung ist rechtzeitig, auch wenn die Miete erst zwei oder drei Tage später dem Vermieterkonto gutgeschrieben wird.

> **Praxistipp** Will ein Vermieter oder ein sonstiger Gläubiger eher über das Geld verfügen, hat er die Möglichkeit, die Klausel wie folgt abzufassen: „Für die Rechtzeitigkeit der Zahlung kommt es auf den Eingang des Geldes auf dem Empfängerkonto an". In einem solchen Fall muss der Schuldner die Überweisung so früh veranlassen, dass die Gutschrift innerhalb der Frist erfolgt.

### 9.5.10   Verlustrisiko bei Geldzahlungen

Während § 269 BGB den Leistungsort für die Lieferung von Waren bestimmt, regelt § 270 BGB den Zahlungsort für eine Geldschuld. Dabei gibt es einen gravierenden Unterschied: Nach § 270 Abs. 1 BGB hat der Schuldner Geld „im Zweifel auf seine Gefahr und Kosten dem Gläubiger an dessen Wohnsitz" bzw. nach Abs. 2 an den Ort der gewerblichen Niederlassung, „zu übermitteln".

- „Im Zweifel" bedeutet, dass diese Regel gilt, wenn keine andere Regelung (Vereinbarung oder Gesetz) eingreift.
- „Auf seine Gefahr" bedeutet, dass der Schuldner das Risiko trägt, dass das von seinem Konto abgebuchte Geld auch auf dem Konto des Gläubigers ankommt.

- „Auf seine Kosten" bedeutet, dass der Schuldner die Überweisungskosten zu tragen hat, allerdings unter Ausschluss etwaiger Kontoführungs- und Buchungsgebühren, die dem Gläubiger entstehen.

Nach § 270 Abs. 4 BGB bleiben die Vorschriften über den Leistungsort unberührt, womit § 269 BGB gemeint ist. Geld ist damit trotz der Regelung in § 270 BGB keine Bringschuld, sondern eine Schickschuld. Da der Schuldner aber das Risiko trägt, dass das Geld ankommt, spricht man von einer „qualifizierten Schickschuld".

> **Merksatz**  Für die Rechtzeitigkeit einer Geldzahlung per Überweisung kommt es, sofern keine andere Vereinbarung vorliegt, darauf an, dass der Schuldner die Leistungshandlung (Erteilung des Überweisungsauftrages) vornimmt. Der Leistungserfolg (Gutschrift auf dem Gläubigerkonto) kann später eintreten. Daraus folgt, dass der Gläubiger das Verzögerungsrisiko trägt. Das Transportrisiko trägt nach § 270 BGB hingegen der Schuldner.

## 9.5.11 Skontoabzug

Der Abzug von Skonto ist im BGB nicht geregelt, in der Praxis aber weit verbreitet. Ein Schuldner ist nur dann zu einem Skontoabzug berechtigt, wenn eine entsprechende vertragliche Regelung mit dem Gläubiger besteht. Der Schuldner ist also nicht berechtigt, von sich aus einen Abzug vorzunehmen, und zwar auch dann nicht, wenn er eine Rechnung vor Ablauf der Zahlungsfrist begleicht. Dem Gläubiger steht es frei, ob er ein Skontorecht einräumt, um den Schuldner zu einer schnellen Zahlung zu motivieren. Tut der Gläubiger dies nicht, muss der Schuldner den vollen Preis zahlen.

> **Merksatz**  Ohne Einverständnis des Gläubigers ist der Schuldner nicht berechtigt, einen Skontoabzug vorzunehmen.

Zum Beispielsfall: Da im Kaufvertrag zwischen Vey und Kaiser keine Skontoklausel enthalten ist, ist Kaiser nicht berechtigt, einen Abzug vorzunehmen. Anders wäre es, wenn die Rechnung des Vey folgende Klausel enthielte:[13]

> **Merksatz**  „Bei Zahlung innerhalb von 10 Tagen gewähren wir einen Nachlass von 3 % auf den Rechnungsbetrag."

Hierin läge ein Angebot des Gläubigers Vey zum Abschluss eines Skontovertrages, das der Schuldner Kaiser durch die rechtzeitige Zahlung konkludent annehmen könnte. Für die Rechtzeitigkeit der Zahlung reicht es – wie bei anderen Zahlungsfristen – aus, wenn der Schuldner innerhalb der Frist die **Leistungshandlung (Überweisung)** vor-

---

13  Zugleich Lösung des in der Einleitung unter Nr. 2 (S. 24) enthaltenen Beispielsfalls.

nimmt, die Gutschrift auf dem Gläubigerkonto kann auch hier nach Ablauf der Frist erfolgen. Der Gläubiger hat aber die Möglichkeit zu bestimmen, dass die Gutschrift auf seinem Konto maßgeblich sein soll.

Einen besonderen Fall hatte vor einigen Jahren der Bundesgerichtshof (BGH) zu entscheiden. Hier hatte der Schuldner nach dem Vertrag das Recht, per **Scheck** zu bezahlen und zugleich innerhalb von 40 Tagen 3 % Skonto in Anspruch zu nehmen. Der Schuldner schickte dem Gläubiger am letzten Tag der Skontofrist einen Verrechnungsscheck, den dieser anschließend bei seiner Bank zur Einziehung einreichte. Der BGH entschied, die Übersendung des Schecks am letzten Tag der Skontofrist sei ausreichend, da der Schuldner damit die ihm obliegende Leistungshandlung rechtzeitig vorgenommen habe[14].

## 9.6 Leistung in Person oder durch einen Dritten

Nach § 267 Abs. 1 Satz 1 BGB kann ein Dritter die Leistung bewirken, wenn der Schuldner nicht in Person zu leisten hat. Mit dieser Vorschrift wird ermöglicht, dass der Schuldner die Leistung durch andere Personen erbringen lässt. Der Gläubiger hat also grundsätzlich keinen Anspruch darauf, dass der Schuldner persönlich tätig wird.

- Eine Pflicht zum persönlichen Tätigwerden kann sich aber aus einer ausdrücklichen vertraglichen Vereinbarung oder im Wege der Auslegung eines Vertrages (§§ 133, 157 BGB) ergeben.

> **Beispiel** Wenn ein Spezialist gegen Zahlung einer sehr hohen Vergütung damit beauftragt wird, Sicherheitslücken in einem betrieblichen DV-System ausfindig zu machen und zu beseitigen, ist er verpflichtet, persönlich tätig zu werden.

- Eine wichtige gesetzliche Regelung findet sich in § 613 S. 1 BGB. Danach hat der zur Dienstleistung Verpflichtete die Dienste im Zweifel in Person zu leisten. Da der Arbeitsvertrag ein Dienstvertrag ist, folgt daraus, dass ein Arbeitnehmer nicht einfach eine „Ersatzkraft" schicken darf, sondern persönlich zu erscheinen und zu arbeiten hat. Gleiches gilt für andere Dienstverträge: Wenn ein Mandant einen „berühmten" Wirtschaftsprüfer oder einen „Star-Anwalt" beauftragt oder ein Patient einen Vertrag mit dem Chefarzt schließt, dann müssen diese Personen persönlich tätig werden und können sich nicht vom Steuerfachangestellten, vom Referendar oder vom „Arzt im Praktikum" vertreten lassen. Dies schließt jedoch nicht aus, dass die genannten oder andere Personen bei der Erbringung der Leistung mitwirken.

---

14  BGH NJW 1998, S. 1302.

In zahlreichen anderen Fällen darf der Schuldner die Leistung nach § 267 Abs. 1 BGB hingegen durch einen Dritten erbringen lassen. Dies können **Arbeitnehmer**, aber auch Subunternehmer sein. Oft wird von „selbstständigen" Subunternehmern gesprochen, was in der Regel „doppelt gemoppelt" ist, weil **Subunternehmer** nahezu immer selbstständig sind.

---

**Beispiel**  Bauunternehmer B ist Generalunternehmer („Unternehmer", vgl. § 631 BGB) für den Bau einer neuen Sportarena. Hier versteht es sich von selbst, dass B nicht alle Arbeiten persönlich ausführen muss, sondern seine Arbeitnehmer damit betrauen kann. Sofern im Vertrag kein Ausschluss enthalten ist, darf B auch Subunternehmer mit einzelnen Gewerken, etwa mit den Gründungsarbeiten oder mit dem Einbau des Hallenbodens beauftragen. Mit diesen schließt B „Subunternehmer-Werkverträge". Im Verhältnis zum Auftraggeber („Besteller", vgl. § 631 BGB) ist und bleibt B für die Erbringung der Leistung verantwortlich, auch wenn einzelne oder alle Leistungen von Subunternehmern ausgeführt werden. Diese sind „Erfüllungsgehilfen" des B (§ 278 BGB). Die Arbeitnehmer des B sind ebenfalls dessen Erfüllungsgehilfen und zusätzlich dessen Verrichtungsgehilfen (§ 831 BGB)[15].

---

## 9.7 Abtretung von Forderungen

So wie das Eigentum an Sachen von einer Person auf eine andere Person übertragen werden kann[16], besteht auch die Möglichkeit, Forderungen und andere Rechte zu übertragen. Bei Forderungen spricht man von einer „Abtretung", auch „Zession" genannt. Nach § 398 BGB kann eine Forderung vom Gläubiger (Zedenten) durch Vertrag mit einem anderen (Zessionar) auf diesen übertragen werden. Mit dem Abschluss dieses Vertrages tritt der neue Gläubiger an die Stelle des bisherigen Gläubigers.

Der Abtretungsvertrag (§ 398 BGB) ist zu unterscheiden von dem Vertrag, durch den sich der Gläubiger zur Abtretung *verpflichtet*.

---

**Beispiel**  A verkauft eine Forderung in Höhe von 15.000,-- €, die ihm gegenüber Schuldner S zusteht, an N. Der Kaufvertrag bewirkt zunächst nur, dass A zur Abtretung *verpflichtet* ist. Vollzogen wird die Abtretung dadurch, dass A und N sich zusätzlich darüber einigen, dass die Forderung dem N zustehen soll. Erst mit Abschluss dieses „Abtretungsvertrages" ist nicht mehr A, sondern N der Inhaber der Forderung. In der Praxis werden diese Verträge oft nicht so genau auseinander gehalten und beide Schritte in einer Urkunde geregelt.

---

15  Zu Einzelheiten vgl. S. 376 ff., 382 ff.
16  Vgl. für bewegliche Sachen §§ 929 ff. BGB (S. 421 ff.), für unbewegliche Sachen §§ 873 Abs. 1, 925 Abs. 1 BGB (S. 454 ff.).

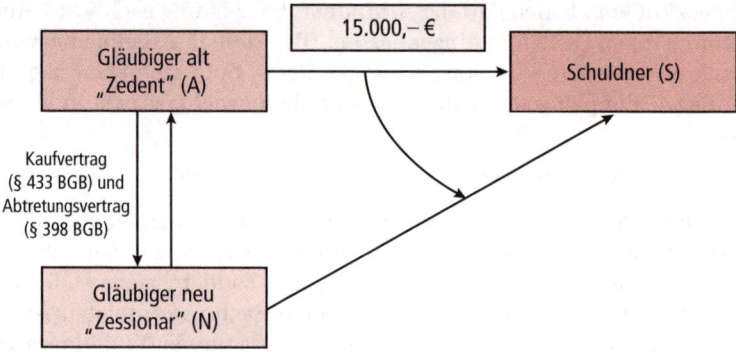

Abbildung 9.2: Abtretung

Nach § 398 BGB vollzieht sich die Abtretung und der damit verbundene Wechsel des Gläubigers, ohne dass der Schuldner an dem Vorgang beteiligt wird. Will der Schuldner verhindern, dass eine gegen ihn gerichtete Forderung an einen anderen Gläubiger abgetreten wird, muss er mit dem ersten Gläubiger ein Abtretungsverbot vereinbaren (§ 399 BGB).

Zum Schutz des Schuldners bestimmt § 407 Abs. 1 BGB, dass der neue Gläubiger eine Leistung, die der Schuldner nach der Abtretung an den bisherigen Gläubiger bewirkt, gegen sich gelten lassen muss, es sei denn, dass der Schuldner die Abtretung bei der Leistung kannte.

> **Beispiel** Im obigen Beispiel zahlt Schuldner S, der von der Abtretung an N nichts wusste, die 15.000,-- € an A. Durch die an A geleistete Zahlung wird S gemäß § 407 Abs. 1 BGB von seiner Verbindlichkeit befreit, obwohl N und nicht A im Zeitpunkt der Zahlung der Inhaber der Forderung war und S damit objektiv an den „Falschen" gezahlt hat. N hat einen Anspruch gegen A auf Herausgabe des erlangten Geldes aus § 816 Abs. 2 BGB.

## 9.8 Gesamtschuld

Eine Gesamtschuld liegt nach § 421 Satz 1 BGB vor, wenn mehrere (Personen) eine Leistung in der Weise schulden, dass jeder die ganze Leistung erbringen muss, der Gläubiger die Leistung aber nur einmal fordern kann. In einem solchen Fall kann der Gläubiger die Leistung von jedem Schuldner ganz oder zum Teil fordern.

> **Beispiel** A und B schulden Gläubiger G als Gesamtschuldner 5.000,-- €. G kann die gesamten 5.000,-- € von A oder von B verlangen oder eine beliebige Aufteilung, etwa „50:50", „70:30" oder „80:20" vornehmen.

Eine Gesamtschuld kann sich aus einer vertraglichen Vereinbarung oder aus dem Gesetz ergeben.

## 9.8.1 Gesetzliche Gesamtschuld

Nach § 128 HGB haften die Gesellschafter einer Offenen Handelsgesellschaft (OHG) den Gläubigern der Gesellschaft als Gesamtschuldner. Diese Vorschrift gilt analog (entsprechend) für die Gesellschafter einer Gesellschaft bürgerlichen Rechts (GbR).

---

**Beispiele**

- Die X-OHG besteht aus den Gesellschaftern O, H und G. Für Verbindlichkeiten der OHG aus einem mit der OHG geschlossenen Werkvertrag haftet dem Werkunternehmer (Gläubiger) zum einen die OHG (§ 631 BGB i.V.m. § 124 HGB). Zusätzlich haften aber auch die Gesellschafter O, H und G (§ 631 BGB i.V.m. § 128 HGB). Die drei Gesellschafter haften untereinander als Gesamtschuldner mit ihrem Anteil an der OHG, aber auch mit ihrem gesamten sonstigen Vermögen einschließlich des Privatvermögens. Dem Werkunternehmer steht es frei, ob er die OHG, alle Gesellschafter, zwei Gesellschafter oder nur einen von ihnen in Anspruch nimmt. In der Praxis werden neben der OHG oft „alle Gesellschafter als Gesamtschuldner" verklagt. Dies hat den Vorteil, dass im Falle des Erfolges der Klage in das Gesellschaftsvermögen *und* in die Vermögen der einzelnen Gesellschafter unter Einschluss des Privatvermögens vollstreckt werden kann.

- Ebenfalls als Gesamtschuldner haften die Gesellschafter der Gesellschaft bürgerlichen Rechts (GbR, § 128 HGB analog) und die Komplementäre („Vollhafter") der Kommanditgesellschaft (§§ 161 Abs. 2, 128 HGB).

- Nur zur Erinnerung: Die Gesellschafter einer GmbH und die Aktionäre einer AG haften den Gläubigern nicht unmittelbar. Hier haftet nur das Gesellschaftsvermögen (§ 13 Abs. 2 GmbHG, § 1 Abs. 1 S. 2 AktG)[17].

---

Wenn mehrere Personen für einen aus einer unerlaubten Handlung (§§ 823 ff. BGB) entstandenen Schaden nebeneinander verantwortlich sind, haften sie nach § 840 Abs. 1 BGB ebenfalls als Gesamtschuldner[18].

## 9.8.2 Rechtsgeschäftliche Gesamtschuld

Die rechtsgeschäftliche Gesamtschuld entsteht durch die Vereinbarung der Parteien. Ein häufiger Fall liegt im Mietrecht vor, wenn mehrere Personen einen Mietvertrag als Mieter unterschreiben.

---

17  Vgl. zu Einzelheiten S. 97 ff.
18  Vgl. S. 381.

**Beispiele**

- M 1 und M 2 sind gemeinsam Mieter einer Wohnung. Die Miete beträgt 600,-- €. Der Vermieter kann die komplette Miete von M 1 oder M 2 verlangen, aber auch eine beliebige Aufteilung vornehmen. Außerdem kann der Mietvertrag nur von beiden Mietern gemeinsam gekündigt werden. Die Kündigung durch einen Mieter ist nicht wirksam, es sei denn, der Vermieter ist einverstanden. Anderenfalls bleibt auch der kündigende Mieter weiter zur Zahlung der vollen Miete verpflichtet. Er muss versuchen, aus dem „Mietvertrag zu kommen", was sich in der Praxis als schwierig erweisen kann, weil der Vermieter die Kündigung durch den ausgezogenen Mieter nicht akzeptieren muss. Notfalls muss der ausziehende Mieter seinen Mitmieter verklagen, damit dieser ebenfalls die Kündigung erklärt.

- V hat Geschäftsräume an die G-GmbH vermietet. Um den Abschluss des Mietvertrages trotz bestehender Zweifel an der Liquidität der Gesellschaft zu ermöglichen, hat der Alleingesellschafter der GmbH, Herr A, den Mietvertrag „als weiterer Mieter" unterschrieben. Damit sind die GmbH und A Gesamtschuldner. Aus Sicht des V wäre ein ähnliches Ergebnis erzielt worden, wenn A eine selbstschuldnerische Bürgschaft übernommen hätte (§§ 765, 773 Abs. 1 Nr. 1 BGB)[19].

### 9.8.3   Rechtsfolgen der Gesamtschuld

Wie schon ausgeführt, kann der Gläubiger nach § 421 S. 1 BGB von jedem Gesamtschuldner die ganze Leistung verlangen. Diese Vorschrift betrifft das Außenverhältnis zwischen dem Gläubiger auf der einen und den Gesamtschuldnern auf der anderen Seite. Das Innenverhältnis, also die Beziehung zwischen den Gesamtschuldnern, ist in § 426 BGB geregelt. Nach dessen erstem Absatz sind die Gesamtschuldner untereinander zu gleichen Teilen verpflichtet („nach Köpfen"), soweit nicht ein anderes bestimmt, insbesondere in einem Vertrag vereinbart ist. Der zweite Absatz regelt den Ausgleichsanspruch zwischen den Gesamtschuldnern, wenn einer oder auch mehrere Gesamtschuldner eine Leistung an den Gläubiger erbracht haben.

**Beispiel**   A, B, und C sind Gesellschafter der X-GbR, die dem Gläubiger G aus einem Werkvertrag 240.000,-- € schuldet. Da die GbR zahlungsunfähig wird, fordert G die Zahlung vom finanzkräftigen Gesellschafter A. Dieser zahlt die 240.000,-- € und fragt nach seinen Ausgleichsansprüchen. A hat in voller Höhe einen Aufwendungsersatzanspruch gegen die GbR, der jedoch wegen der Zahlungsunfähigkeit nicht werthaltig ist. A bleibt aber der Ausgleichsanspruch gegen die anderen Gesellschafter:

Wenn im Gesellschaftsvertrag keine andere Regelung enthalten ist, haften die Gesellschafter A, B und C gemäß § 426 Abs. 1 BGB als Gesamtschuldner „nach Köpfen", also mit gleichen Anteilen, hier in Höhe von jeweils 80.000,-- €. A kann deshalb nach § 426 Abs. 2 BGB von B und C die Zahlung von je 80.000,-- € verlangen.

---

19  Vgl. S. 473.

# Erlöschen von Schuldverhältnissen

10

ÜBERBLICK

## Lernziele dieses Kapitels

*Was kommt in diesem Kapitel auf Sie zu? Sie lernen verschiedene Möglichkeiten kennen, wie ein Schuldverhältnis erlöschen kann. Das Erlöschen setzt voraus, dass der Schuldner oder ein Dritter die geschuldete Leistung erbringt. Das BGB kennt aber auch einige Möglichkeiten, in denen das Schuldverhältnis durch eine andere als die geschuldete Leistung erlischt, zum Beispiel durch eine Aufrechnung.*

## 10.1 Erlöschen durch Leistung

Nach § 362 Abs. 1 BGB erlischt das Schuldverhältnis, wenn die geschuldete Leistung an den Gläubiger bewirkt wird. Aus dem Fehlen des Wortes „Schuldner" im Text der Vorschrift folgt, dass es nicht unbedingt erforderlich ist, dass der Schuldner persönlich leistet, sondern dass die Leistung auch durch einen anderen („Dritten") erfolgen kann. Etwas anderes gilt nach § 267 Abs. 1 BGB, wenn der Schuldner „in Person" zu leisten hat[1].

> **Beispiel**  Der 13-jährige M hat einen Fahrradunfall verursacht, durch den G einen Schaden erlitten hat. Wenn G diesen Schaden von der Haftpflichtversicherung des M oder von dessen Eltern ersetzt bekommt, führt die Zahlung zum Erlöschen des zwischen G und M bestehenden gesetzlichen Schuldverhältnisses (§ 823 Abs. 1 BGB), obwohl die Leistung nicht durch den Schuldner M erfolgt.

Für das weitere Verständnis ist es wichtig, zu beachten, dass in jedem gegenseitigen Vertrag (besser „gegenseitig *verpflichtender* Vertrag" genannt) *zwei* Schuldverhältnisse enthalten sind.

> **Beispiele**
> - Beim Kaufvertrag ist zwischen der Verpflichtung des Verkäufers, die Sache zu übergeben und das Eigentum zu verschaffen (erstes Schuldverhältnis) und der Verpflichtung des Käufers zur Zahlung des Kaufpreises und zur Abnahme der Kaufsache (zweites Schuldverhältnis) zu unterscheiden.
> - Beim Mietvertrag betrifft das erste Schuldverhältnis die Überlassung der Mietsache, das zweite die Zahlung der Miete.
> - Beim Werkvertrag bildet die Verpflichtung zur Herstellung des Werkes das erste, die Zahlung der Vergütung das zweite Schuldverhältnis.

Hieraus ergibt sich, dass es in gegenseitigen Verträgen jeweils *zwei Schuldner* und demzufolge auch *zwei Gläubiger* gibt.

---

1  Vgl. S. 172 f.

> **Beispiel** In Bezug auf die Übergabe der Sache und die Eigentumsübertragung ist der Käufer der Gläubiger und der Verkäufer der Schuldner. Für die Kaufpreiszahlung ist es umgekehrt: Hier ist der Verkäufer der Gläubiger und der Käufer der Schuldner.

Abbildung 10.1: Schuldverhältnisse

Mit „Schuldverhältnis" im Sinne des § 362 BGB ist bei Verträgen die einzelne Leistungspflicht gemeint, also *eines* der beiden Schuldverhältnisse.

> **Beispiel** K hat die bei V gekaufte Ware bereits erhalten und das Eigentum erworben, die Zahlung des Kaufpreises soll per Überweisung erfolgen. Hier ist das *eine* Schuldverhältnis (gerichtet auf die Übergabe der Sache und die Übertragung des Eigentums) nach § 362 Abs. 1 BGB bereits erloschen, weil die nach § 433 Abs. 1 BGB von V geschuldete Leistung an den K bewirkt wurde. Das *andere* Schuldverhältnis (Zahlung des Kaufpreises) ist noch nicht erloschen.

## 10.2 Annahme an Erfüllungs statt

Nach § 364 Abs. 1 BGB erlischt das Schuldverhältnis auch dann, wenn der Gläubiger eine andere als die geschuldete Leistung an Erfüllungs statt annimmt.

> **Beispiel** K schuldet V 3.000,-- €. Da K den Kaufpreis nicht zahlen kann, vereinbaren die beiden, dass K an V statt der Zahlung des Geldes bestimmte Wertpapiere übereignet.

Davon zu unterscheiden ist § 364 Abs. 2 BGB. Hier geht es nicht um eine andere Leistung, sondern darum, dass der Schuldner zum Zwecke der Befriedigung des Gläubigers (zur Erfüllung) eine neue (zusätzliche) Verbindlichkeit übernimmt.

> **Beispiel** Bauherr Berger schuldet dem Unternehmer Unger Restwerklohn in Höhe von 40.000,-- €. B ist aber nicht in der Lage, diesen Betrag sofort zu zahlen. B unterschreibt deshalb einen Wechsel, der in drei Monaten zur Zahlung fällig ist (so genanntes „Drei-Monats-Akzept") und übergibt diesen an U. B hat damit eine neue Verbindlichkeit nach Art. 28 Abs. 1 WG (Wechselgesetz) übernommen, was nach § 364 Abs. 2 BGB „im Zweifel" nicht an Erfüllungs statt geschah. Diese Wechselforderung tritt deshalb nicht an die Stelle der Werklohnforderung, sondern *neben* diese. U steht deshalb gegen B nach wie vor der Anspruch aus § 631 BGB und zusätzlich ein Anspruch aus Art. 28 Abs. 1 WG zu.
>
> Die Annahme des Wechsels hat zur Folge, dass U bis zu dessen Fälligkeit in drei Monaten keine Zahlung aus der Werklohnforderung verlangen kann. Wird der Wechsel dann nicht eingelöst, kann U wieder auf die immer noch bestehende Forderung aus dem Werkvertrag zugreifen. Erhält U hingegen Zahlung aus dem Wechsel, erlischt zugleich die Werklohnforderung.

## 10.3 Aufrechnung

Eine weitere Möglichkeit, eine Verbindlichkeit zu erfüllen, bietet die Aufrechnung. Außerdem – und das ist fast wichtiger – eröffnet die Aufrechnung eine gute Möglichkeit, um Forderungen auch gegenüber „schlechten Schuldnern" wirtschaftlich durchzusetzen.

Eine Aufrechnung kann nach § 387 BGB erklärt werden, wenn

- **P1:** zwei Personen einander Leistungen schulden,
- **P2:** die ihrem Gegenstand nach gleichartig sind,
- **P3:** der Aufrechnende die ihm gebührende Leistung fordern und
- **P4:** die ihm obliegende Leistung bewirken kann.

Mit obliegender Leistung ist die vom Schuldner geschuldete Leistung gemeint.

> **Beispiel** V und M haben einen Mietvertrag über einen Lagerraum geschlossen, aus dem V noch eine Forderung in Höhe von 20.000,-- € gegen M zusteht. M weigert sich wegen angeblicher Mängel zu zahlen. Hier müsste V den M auf Zahlung verklagen und das Urteil anschließend ggf. im Wege der Zwangsvollstreckung durchsetzen. Dies kann durchaus ein oder auch mehrere Jahre dauern, wobei zusätzlich die Gefahr besteht, dass sich die Vermögensverhältnisse des M in dieser Zeit verschlechtern. Die Durchsetzung der Forderung ist einfacher, wenn V bei M ebenfalls Schulden hat, zum Beispiel aus einem Kaufvertrag über 15.000,-- €. Dann liegen die ersten beiden Voraussetzungen für eine Aufrechnung vor:
>
> - Zwei Personen schulden einander Leistungen (M schuldet V 20.000,-- € aus dem Mietvertrag, V schuldet M 15.000,-- € aus dem Kaufvertrag; die Leistungen sind auch gleichartig, da sie beide auf die Zahlung von Geld gerichtet sind, auch wenn unterschiedliche Verträge zugrunde liegen).

- Wenn V die Aufrechnung erklären will, muss hinzukommen, dass er die ihm gebührende (zustehende) Leistung aus dem Mietvertrag bereits fordern kann, was bedeutet, dass die Leistung fällig sein muss (§§ 579 Abs. 2, 556 b Abs. 1 BGB) und dass ihr keine Einrede entgegensteht (§ 390 BGB), etwa die Einrede der Verjährung (§ 214 Abs. 1 BGB).

- Außerdem muss V die ihm obliegende Leistung bereits bewirken dürfen, also den Kaufpreis schon zahlen dürfen. Diese Voraussetzung ist bei Forderungen, die auf Zahlung von Geld gerichtet sind, regelmäßig gegeben; anders kann es bei Darlehensverträgen sein, bei denen der Darlehensgeber eine vorzeitige Rückzahlung ablehnt, um weiterhin die vereinbarten Zinsen zu erhalten.

Wenn alle Voraussetzungen für eine Aufrechnung vorliegen, kann jede Partei nach § 388 BGB die Aufrechnung erklären. Es erfolgt also keine automatische Verrechnung (Saldierung) der Forderungen. Die Wirkung der Aufrechnung ergibt sich aus § 389 BGB: Nach Erklärung der Aufrechnung erlöschen die Forderungen, soweit sie sich decken. Mit der Erklärung der Aufrechnung durch V erlischt deshalb die Forderung des M gegen V aus dem Kaufvertrag in voller Höhe (15.000,-- €), zugleich erlischt die Forderung des V gegen M aus dem Mietvertrag in Höhe von 15.000,-- €, während sie in Höhe von 5.000,-- € bestehen bleibt. Bei wirtschaftlicher Betrachtung hat V 15.000,-- € Mietrückstände ohne die Einschaltung von Gerichten durchgesetzt.

Die §§ 391 ff. BGB enthalten Regelungen zu Sonderfällen, auf die hier nicht eingegangen wird. Hinzuweisen ist aber darauf, dass das Recht zur Aufrechnung in der Praxis oft ausgeschlossen wird, in der Regel durch ein in Allgemeinen Geschäftsbedingungen enthaltenes **Aufrechnungsverbot**. Es stellt sich dann die Frage, ob diese Regelung wirksam ist. Den Beurteilungsmaßstab bildet § 309 Nr. 3 BGB: Danach ist eine Bestimmung unwirksam, durch die dem Vertragspartner des Verwenders das Recht genommen wird, mit einer unbestrittenen oder rechtskräftig festgestellten Forderung aufzurechnen.

**Beispiel** In den „Verkaufsbedingungen" der V-GmbH heißt es wie folgt: „Eine Aufrechnung gegen unsere Forderungen ist ausgeschlossen". Diese Klausel verstößt gegen § 309 Nr. 3 BGB. Nach § 306 Abs. 1 BGB bleiben die geschlossenen Verträge wirksam, an die Stelle der unwirksamen Klausel treten nach § 306 Abs. 2 BGB die §§ 387 ff. BGB. Die Klausel wäre wirksam, wenn sie wie folgt gelautet hätte: „Eine Aufrechnung gegen unsere Forderungen ist ausgeschlossen, es sei denn, die Aufrechnung erfolgt mit einer unbestrittenen oder rechtskräftig festgestellten Forderung".

Bei Verwendung einer Aufrechnungsklausel in AGB gegenüber einem Unternehmer gilt § 309 Nr. 3 BGB nach § 310 Abs. 1 BGB nicht unmittelbar[2]. Als konkretisierte Ausformung von § 307 Abs. 2 Nr. 1 BGB ist § 309 Nr. 3 BGB aber mittelbar anzuwen-

---

2  Vgl. S. 93.

den, sodass Aufrechnungsverbote auch im Verhältnis zu Unternehmern nur unter Beachtung dieser Vorschrift zulässig sind[3].

## 10.4   Hinterlegung

Neben dem Erlöschen der Leistung durch Erfüllung (§ 362 Abs. 1 BGB), der Annahme einer anderen Leistung an Erfüllungs statt (§ 364 Abs. 1 BGB) und der Aufrechnung (§§ 387 ff. BGB) kann der Schuldner sich gemäß § 378 BGB durch eine Hinterlegung von seiner Verbindlichkeit befreien. Der Schuldner ist gemäß § 372 Satz 1 BGB zur Hinterlegung berechtigt, wenn sich der Gläubiger in Annahmeverzug befindet (§§ 293 ff. BGB), weil er die vom Schuldner angebotene Leistung nicht annimmt. Ein weiterer Hinterlegungsgrund liegt vor, wenn der Schuldner nicht weiß, an welchen Gläubiger er zu leisten hat (vgl. § 372 S. 2 BGB). Hinterlegt werden können nach § 372 BGB Geld, Wertpapiere (Aktien, Schatzbriefe) und sonstige Urkunden sowie Kostbarkeiten, etwa Schmuck.

---

**Beispiel aus der Rechtsprechung**[4]    Einzelhändler E hat bei der Versicherungs-AG (V-AG) eine Tiefkühltruhenversicherung abgeschlossen. Nach einem Stromausfall verderben die in den Tiefkühltruhen liegenden Waren. Bevor die V-AG den Schaden bei E beglichen hat, erhält sie ein Schreiben seines Fleischlieferanten L, in dem dieser behauptet, E habe ihm die Forderung gegen die V-AG abgetreten. Die V-AG müsse deshalb an ihn, also L zahlen. E bestreitet die Abtretung und behauptet, die Forderung stehe nach wie vor ihm zu. Was soll die V-AG tun?

Da die V-AG nicht weiß, wer der Gläubiger der Forderung ist, läuft sie Gefahr, an den „Falschen" zu zahlen. Wenn sie gar nicht zahlt, ist zu befürchten, dass sie von L oder E oder sogar von beiden auf Zahlung verklagt werden könnte. Um diese Risiken auszuschließen, kann die V-AG die Versicherungssumme gemäß § 372 S. 2 BGB bei der dazu bestimmten öffentlichen Stelle – das sind die Amtsgerichte – hinterlegen. Wenn die V-AG dabei auf das Rücknahmerecht (§ 376 Abs. 1 BGB) verzichtet, wird sie durch die Hinterlegung in gleicher Weise von ihrer Verbindlichkeit befreit, als wenn sie an den (richtigen) Gläubiger gezahlt hätte (§ 378 BGB). Die Hinterlegung wirkt also wie eine Zahlung nach § 362 Abs. 1 BGB. Das Amtsgericht zahlt das hinterlegte Geld nur aus, wenn die beiden von der V-AG genannten möglichen Gläubiger, also der Einzelhändler und dessen Lieferant, sich einigen. Gelingt keine Einigung, muss einer der Beteiligten den anderen auf Zustimmung zur Auszahlung verklagen, während die V-AG sich in Ruhe zurücklehnen kann. Insoweit gilt der bekannte Satz: „Wenn zwei sich streiten, freut sich der Dritte!"

---

3    BGH NJW 1984, S. 2404, 2405; Palandt/Heinrichs, Bürgerliches Gesetzbuch, § 309 Rn. 21.
4    OLG Oldenburg; das Urteil ist nicht veröffentlicht.

Liegt ein Handelskauf vor (§§ 343 ff. HGB), kann der Verkäufer in Erweiterung des § 372 BGB die verkauften Waren gemäß § 373 Abs. 1 HGB in einem öffentlichen Lagerhaus oder in sonst sicherer Weise hinterlegen, wenn sich der Käufer in Annahmeverzug befindet. § 373 Abs. 2 HGB gewährt dem Verkäufer das Recht zur öffentlichen Versteigerung oder zum freien Verkauf durch einen dazu ermächtigten Handelsmakler.

> **Beispiel** Die V-AG will verderbliche Ware bei der K-GmbH anliefern, die die Ware aber aufgrund von technischen Problemen nicht kühlen kann und deshalb die Annahme verweigert. Hier hat die V-AG nach § 373 HGB das Recht, die Ware einzulagern (zu hinterlegen), sie öffentlich zu versteigern oder durch einen dazu ermächtigten Handelsmakler verkaufen zu lassen.

## 10.5 Vergleich

Zur Beilegung eines Streits werden häufig die Gerichte angerufen, die den Streit – oft nach langer Prozessdauer – durch ein so genanntes streitiges Urteil beenden. In vielen Fällen bietet sich für Parteien jedoch als bessere Lösung der Abschluss eines Vergleiches an (§ 779 BGB). Dies kann vor Erhebung einer Klage ("vorprozessual") oder als so genannter gerichtlicher Vergleich an Stelle eines Urteils zur Beendigung eines Gerichtsverfahrens geschehen.

### 10.5.1 Außergerichtlicher Vergleich

Aus Kosten- und Zeitgründen ist der außergerichtliche Vergleich zu empfehlen, und zwar auch noch zu einem Zeitpunkt, in dem bereits Rechtsanwälte tätig sind. Die Abfassung und Gestaltung des Vergleichstextes sollte sorgfältig vorbereitet werden, die Einhaltung der Schriftform ist nicht vorgeschrieben, aber in der Regel anzuraten[5]. Der Gläubiger sollte Wert darauf legen, einen im Vergleich vereinbarten Betrag möglichst zeitnah zu erhalten. Als "sanftes Druckmittel" kann die rechtzeitige Zahlung als auflösende Bedingung (§ 158 Abs. 2 BGB) in den Vergleich aufgenommen werden.

> **Beispiel** Die Parteien streiten darüber, wie stark die Nutzung einer gemieteten Wohnung durch inzwischen beseitigte Feuchtigkeit beeinträchtigt war. Der Mieter hat die Miete um insgesamt 2.000,-- € gemindert. Wenn es den Parteien gelingt, sich auf eine Mietminderung in Höhe von 1.000,-- € zu einigen, könnte der Vergleich wie folgt lauten:
>
> 1. Der Mieter zahlt an den Vermieter mit der nächsten Monatsmiete zusätzlich 1.000,-- €.
> 2. Mit Eingang dieser Zahlung sind die Mietrückstände für die Monate März bis Juni 2006 vollständig ausgeglichen.
> 3. Zahlt der Mieter den Betrag nicht rechtzeitig, wird dieser Vergleich hinfällig.

---

5  Zu den Voraussetzungen an die Vollstreckbarkeit eines außergerichtlichen Vergleichs vgl. § 796 a ZPO.

## 10.5.2 Gerichtlicher Vergleich

### Ausgangslage

Nach § 278 Abs. 1 ZPO soll das Gericht in jeder Lage des Verfahrens auf eine gütliche Einigung des Rechtsstreits oder einzelner Streitpunkte bedacht sein. Deshalb geht der mündlichen Verhandlung in der Regel eine Güteverhandlung voraus, zu der das persönliche Erscheinen der Parteien, also des Klägers und des Beklagten, angeordnet wird (§ 278 Abs. 2, Abs. 3 ZPO).

Der in der ZPO enthaltenen Aufforderung, eine gütliche Einigung herbeizuführen, kommen die Richter gerne nach, weil sie „die Akte damit vom Tisch bekommen". Durch eine gütliche Einigung in Form eines gerichtlichen Vergleichs endet nämlich auch für die Richter der Prozess, der sonst möglicherweise wegen einer aufwändigen Beweisaufnahme für alle Beteiligten – Gericht, Rechtsanwälte, Parteien – noch viel Zeit und Nerven in Anspruch genommen hätte. Es kommt immer wieder vor, dass Parteien nach Abschluss eines Gerichtsverfahrens äußern, es wäre besser gewesen, wenn man den vom Gericht im Gütetermin unterbreiteten Vergleichsvorschlag angenommen hätte. Für einen Vergleich kann zusätzlich sprechen, dass der Kläger (Gläubiger) zwar nur einen Teil seiner Forderung durchsetzen kann, dieses Geld aber sehr schnell bekommt. Damit schließt der Kläger neben dem immer bestehenden Prozessrisiko („Es gibt keine sicheren Prozesse!") auch das Risiko aus, dass der Beklagte (Schuldner) während des Prozesses insolvent wird. Deshalb ist ein frühzeitig geschlossener Vergleich aus der Sicht der Parteien oft, wenn auch nicht immer, eine sinnvolle Möglichkeit zur Streitbeilegung.

Wenn das Gericht einen Vergleich vorschlägt, sollte man den Vorschlag zumindest unvoreingenommen prüfen und ihn nicht mit der Begründung ablehnen, man sei „ohnehin im Recht und werde den Prozess klar gewinnen". Es liegt dabei in der Natur eines Vergleichs, dass beide Parteien bereit sein müssen, Abstriche zu machen, also in gewissem Umfang nachzugeben. Die Einstellung, „Es geht mir nicht um das Geld, ich will nur mein Recht haben." oder gar „Dem werde ich es zeigen, das wollen wir doch mal sehen." ist wenig hilfreich.

### Formulierung des Vergleichstextes

Besteht die beiderseitige Bereitschaft, einen Vergleich zu schließen, ist viel Sorgfalt auf die richtige Formulierung des Vergleichstextes zu legen.

> **Beispiel** Unternehmer Unger (U) klagt aus einem Bauvertrag Restwerklohn in Höhe von 31.500,-- € gegen den Besteller Berger (B) ein. B bestreitet die Höhe der Rechnung und macht außerdem diverse Mängel geltend. Er beziffert die Mängelbeseitigungskosten auf mindestens 30.000,-- €. B lehnt deswegen jede weitere Zahlung ab („keinen Cent") und meint, er müsse eigentlich noch Geld herausbekommen.

Da kaum ein größeres Bauwerk völlig mangelfrei erstellt wird, ist es in Bauprozessen erfahrungsgemäß oft so, dass zwar Mängel vorliegen, diese aber nicht so gravierend sind, wie vom Besteller behauptet. Die Wahrheit liegt nicht notwendig in der Mitte, aber doch in aller Regel zwischen den von den Parteien eingenommenen Positionen. Wenn zur genauen Aufklärung der Mängel und zur Ermittlung der Mängelbeseitigungskosten umfangreiche und damit teure und zeitintensive Sachverständigengutachten erforderlich sind, kann sich ein Vergleich für beide Parteien „rechnen". Der Unternehmer bekommt zwar nur einen Teil der eingeklagten Forderung; dieses Geld erhält er aber kurzfristig, was zu einem schnellen Zufluss an Liquidität führt. Der Besteller muss weniger zahlen als der Unternehmer verlangt und kann immer noch entscheiden, ob und wann er die Mängel beseitigen lässt. Angenommen, unseren Parteien aus dem Beispielsfall gelingt es, sich auf einen Betrag von 21.000,-- € zu einigen, dann könnte der Vergleich wie folgt lauten:

1. Zur Abgeltung aller Forderungen aus dem streitigen Rechtsverhältnis verpflichtet sich der Beklagte (Besteller) an den Kläger (Unternehmer) 21.000,-- € zu zahlen.

2. Mit der Zahlung dieses Betrages sind alle wechselseitigen Ansprüche aus dem Bauvertrag vom 09.12.2005 erledigt.

3. Zahlt der Beklagte den Betrag nicht innerhalb von zwei Wochen, ist der Betrag in Höhe von 12 % zu verzinsen.

4. Die Kosten des Rechtsstreits und dieses Vergleichs tragen der Kläger zu 1/3 und der Beklagte zu 2/3.

Dieser Vergleichstext liest sich recht gut, enthält aber für beide Beteiligten Risiken und Nachteile:

Der Besteller trägt das Risiko, dass er möglicherweise einen höheren Betrag als die in Abzug gebrachten 10.500,-- € für die Mängelbeseitigung benötigt. Noch gravierender ist, dass nach Ziffer 2 *alle* Ansprüche aus dem Bauvertrag abgegolten sind, weil unter diese Formulierung auch die Ansprüche wegen heute noch gar nicht bekannter Mängel fallen. Wenn also sechs Monate später Risse und Setzschäden entstehen, hätte der Besteller wegen der weit gefassten Erledigungsklausel in Ziffer 2 des Vergleichs keine Sachmängelansprüche gegen den Unternehmer. Aus Sicht des Bestellers wäre deshalb folgende Formulierung in Ziffer 2 günstiger, wobei natürlich fraglich ist, ob der Unternehmer einen solchen Vergleich akzeptiert hätte:

**Beispiel** Mit der Zahlung dieses Betrages sind alle wechselseitigen Ansprüche aus dem Bauvertrag mit Ausnahme der Ansprüche wegen noch nicht bekannter Mängel erledigt.

Der Unternehmer muss bedenken, dass er durch den Vergleich auf bisher möglicherweise schon angefallene Verzugszinsen verzichtet. Will er dies nicht, muss eine Regelung zu den Zinsen getroffen oder der zu zahlende Betrag erhöht werden.

Um Druck auf den Besteller auszuüben, könnte die Ziffer 3 wie folgt abgefasst werden:

> **Beispiel**   Zahlt der Beklagte den Betrag nicht innerhalb von zwei Wochen, ist er zur Zahlung der gesamten Klageforderung in Höhe von 31.500,-- € verpflichtet. Überdies ist dieser Betrag ab dem Ende der Zahlungsfrist mit 12 % zu verzinsen.

Wenn der Besteller sich gegen diese Regelung sperrt, kann dies ein Indiz dafür sein, dass er nicht über die erforderlichen Mittel für die kurzfristige Zahlung der Vergleichssumme verfügt und mit dem Abschluss des Vergleichs nur „auf Zeit spielen will". Dieser Verdacht würde erhärtet, wenn sich der Besteller zusätzlich ein Widerrufsrecht einräumen lassen würde.

## Widerrufsvorbehalt

Sollte man sich im Gerichtstermin nicht endgültig zu einem Vergleich entschließen können, etwa weil man „eine Nacht über die Sache schlafen" oder Rücksprache mit der Geschäftsführung nehmen möchte, besteht die Möglichkeit, einen Vergleich „auf Widerruf" abzuschließen und diese Widerrufsmöglichkeit in den Vergleichstext aufzunehmen. Möglich ist, dass sich nur eine Partei den Widerruf vorbehält; oft machen aber auch beide Parteien von dieser Möglichkeit Gebrauch. In diesem Fall lautet die Formulierung im typischen Juristendeutsch wie folgt:

> **Beispiel**   Beiden Parteien bleibt nachgelassen, diesen Vergleich mit einem binnen zwei Wochen bei Gericht eingehenden Schriftsatz zu widerrufen.

Erfolgt während der Frist kein Widerruf, ist der Vergleich endgültig wirksam. Widerruft eine Partei oder widerrufen beide Parteien den Vergleich, ist er hinfällig. Der Prozess wird dann so weitergeführt, als ob kein Vergleich geschlossen worden wäre. In solchen Fällen ist es empirisch nicht belegt, doch aus Anwaltskreisen und sogar aus der Richterschaft zu hören, dass die Partei, die den Vergleich widerruft, sich der Gefahr aussetzt, einen auf der Kippe stehenden Prozess eher zu verlieren als die andere Partei.

> **Beispiel** In einem Prozess zwischen einem Versicherungsnehmer (Kläger) und einer Versicherung (Beklagte) geht es darum, ob der Kläger den der Klage zugrunde liegenden Versicherungsfall grob fahrlässig oder nur leicht fahrlässig herbeigeführt hat. Außerdem streiten die Parteien darüber, wie hoch der infolge des Versicherungsfalles eingetretene Betriebsunterbrechungsschaden ist, der sich aus einer Vielzahl einzelner Positionen zusammensetzt. In der mündlichen Verhandlung gibt das Gericht zu erkennen, dass es einige Anhaltspunkte für eine grobe Fahrlässigkeit des Klägers sieht. Dies hätte nach § 61 VVG (Versicherungsvertragsgesetz) zur Folge, dass der Kläger keinen Anspruch gegen die Versicherung hätte, sodass es nicht darauf ankäme, ob und in welcher Höhe ein Betriebsunterbrechungsschaden entstanden ist. Nach der Erörterung der Sach- und Rechtslage schließen die Parteien „auf dringendes Anraten des Gerichts und zur Vermeidung einer anderenfalls eventuell erforderlichen langwierigen und kostenintensiven Beweisaufnahme" einen Vergleich unter Widerruf. Darin verpflichtet sich die Versicherung „ohne Anerkennung einer Rechtspflicht zur endgültigen Beilegung aller aus dem Versicherungsfall vom 11.11.2004 resultierenden Ansprüche 35 % der Klageforderung an den Kläger zahlen".

Wenn der Versicherungsnehmer diesen Vergleich mit dem Ziel, einen höheren Betrag durchzusetzen, widerruft, läuft er Gefahr, dass das Gericht die *grobe* Fahrlässigkeit bejaht und die Klage deshalb insgesamt abweist. So würde sich der (un)schöne, aber unter Juristen durchaus bekannte Satz, „wer widerruft, verliert", bewahrheiten.

## Kosten

Bezüglich der Kosten eines Vergleichs ist Folgendes zu beachten:

- Die vor Abschluss eines Vergleichs bereits angefallenen Kosten und die Kosten des Vergleichs sind von den Parteien des Rechtsstreits vollständig zu tragen. Diese Kosten werden bei gerichtlichen Vergleichsverhandlungen oft weder vom Gericht noch von den Rechtsanwälten gesondert angesprochen. Sie betragen bei einem Streitwert von 31.500,-- €, der für den obigen Beispielfall aus dem Baurecht gilt, etwas mehr als 7.000,-- €[6]. Deshalb sollten sich die Parteien darüber im Klaren sein, welche Kosten auf sie zukommen. Außerdem sollte eine ausgewogene Regelung zu den Kosten einen wesentlichen Bestandteil des Vergleichs bilden.

- Im obigen Beispiel orientiert sich die Regelung zu den Kosten in Ziff. 4 des Vergleichs am Ergebnis des Vergleichs: Der Kläger bekommt von den eingeklagten 31.500,-- € aufgrund des Vergleichs 21.000,-- €, also etwa 2/3. Damit verzichtet er auf ein Drittel seiner Forderung und trägt in diesem Umfang die Kosten. Der Beklagte, der gar nichts zahlen wollte, erklärt sich bereit, ca. zwei Drittel der vom Kläger erhobenen Forderung zu begleichen und die entsprechenden Kosten zu übernehmen. Damit trägt der Kläger 1/3 und der Beklagte 2/3 der Kosten. Auf den Kläger entfallen ca. 2.300,-- €, auf den Beklagte 4.700,-- € der Kosten. Diese Kostenquote hätte sich auch ergeben, wenn der Beklagte durch ein Urteil des Gerichts zur Zahlung von 21.000,-- € verurteilt worden wäre (vgl. § 92 Abs. 1 ZPO). Für die Berechnung

---

6    Gerichtskosten (340,-- €); der Rest entfällt auf die Gebühren der beiden Rechtsanwälte.

der zu zahlenden Kosten werden alle Kosten (Gerichtskosten einschließlich der Kosten für Sachverständige und Zeugen sowie die Kosten für beide Rechtsanwälte) ermittelt und addiert und anschließend gemäß der Regelung in Ziff. 4 des Vergleichs zu 1/3 dem Kläger und zu 2/3 dem Beklagten auferlegt.

- Abweichend von dieser Quotelung können die Parteien im Vergleich vereinbaren, dass die Kosten *„gegeneinander aufgehoben werden"*. Dies bedeutet, dass die Gerichtskosten einschließlich eventuell schon entstandener Kosten für Zeugen und Sachverständige von jeder Partei zur Hälfte zu tragen sind und jede Partei darüber hinaus ihre eigenen Kosten, insbesondere für den von ihr beauftragten Rechtsanwalt trägt. Dies kann bei einem möglichen Entgegenkommen des eigenen Rechtsanwalts in Bezug auf die Abrechnung günstig sein, verhindert aber auf jeden Fall einen Streit darüber, ob die Abrechnung des gegnerischen Rechtsanwalts, etwa im Hinblick auf die Reisekosten, zutreffend ist.

- Wenn die Parteien keine Vereinbarung zu den Kosten eines Vergleichs treffen, gelten diese nach § 98 Satz 1 ZPO als gegeneinander aufgehoben.

### Resümee

Jede Partei sollte vor Abschluss eines Vergleichs wissen, auf was sie sich einlässt. Das Positive an einem Vergleich ist, dass der Prozess *endgültig* zu Ende ist. Zeit und Nerven werden geschont. Arbeitskraft, die für die Lektüre von Schriftsätzen, für Gespräche mit Rechtsanwälten sowie für die Vorbereitung und Teilnahme an Gerichtsverhandlungen anfällt, kann anderweitig produktiv genutzt werden. Das Kostenrisiko für eine zweite oder gar dritte Instanz wird ausgeschaltet. Dies gilt auch für das Risiko, dass der Beklagte (Schuldner) insolvent wird, sodass möglicherweise bestehende und vom Gericht nach langer Prozessdauer zugesprochene Ansprüche sich mangels Durchsetzbarkeit als wertlos erweisen.

# Leistungsstörungen (Einführung)

**11**

**ÜBERBLICK**

## Lernziele dieses Kapitels

*Was kommt in diesem Kapitel auf Sie zu? Die Praxis, insbesondere auch die gerichtliche Praxis, hat in vielen Fällen damit zu tun, dass es bei der Abwicklung von Schuldverhältnissen zu Störungen kommt. Das BGB enthält zahlreiche Regelungen zu unterschiedlichen Arten von Leistungsstörungen mit einer nicht nur auf den ersten Blick verwirrenden Anzahl verstreuter Vorschriften. Im Folgenden sollen nur die jeweils wichtigsten Regelungen zunächst genannt und später behandelt werden.*

## 11.1 Grundlagen

Nach der Reihenfolge im Gesetz, die allerdings nicht der praktischen Bedeutung entspricht, sind folgende Fälle von Leistungsstörungen zu unterscheiden:

a) Unmöglichkeit der Leistung (§§ 275, 280 Abs. 1, Abs. 3, 283, 311 a, 326 BGB),

b) Verzögerung der Leistung – Verzug (§§ 280 Abs. 1, Abs. 2, 286 BGB und §§ 280 Abs. 1, Abs. 3, 281 BGB),

c) Schlechtleistung (§§ 280 Abs. 1, Abs. 3, 281, 323 BGB mit zahlreichen zum Teil ergänzenden, zum Teil ersetzenden Vorschriften im Kaufrecht, Mietrecht und Werkvertragsrecht),

d) Verletzung von Schutzpflichten (§§ 280 Abs. 1, 241 Abs. 2 BGB und §§ 280 Abs. 1, Abs. 3, 282, 241 Abs. 2 BGB),

e) Störung der Geschäftsgrundlage (§ 313 BGB).

Diese bereits „beeindruckende" Aufzählung wird dadurch „getoppt", dass *eine* der Rechtsfolgen bei den verschiedenen Leistungsstörungen ein Anspruch auf Schadensersatz ist. Bei genauem Hinsehen wird dann aber zwischen einem (einfachen) „Schadensersatz", einem „Schadensersatz statt der Leistung" und einem „Schadensersatz statt der ganzen Leistung" unterschieden. Ob die mit der Schuldrechtsreform beabsichtigte Steigerung der Transparenz des BGB für den Bürger erreicht worden ist, darf angesichts dieses Paragraphen- und Begriffswirrwarrs wohl in Zweifel gezogen werden.

Die folgenden Ausführungen greifen zum besseren Verständnis der nicht ganz einfachen Materie immer wieder auf das folgende **Beispiel** zurück:

> **Beispiel** Fahrradhersteller Kaiser kauft im Herbst beim Maschinenlieferanten Vey eine Maschine, Typ HD 10.3, zur Herstellung von Fahrrädern. V ist nach dem Vertrag auch zur Lieferung und Montage der Maschine verpflichtet. K weist in den Verhandlungen darauf hin, dass die Maschine zunächst im Zwei-Schicht-Betrieb eingesetzt werden soll (16 Stunden/Tag), bei einer erhofften steigenden Nachfrage im Frühjahr des kommenden Jahres möglicherweise aber auch im Drei-Schicht-Betrieb (24 Stunden/Tag) arbeiten soll. Unter „Liefertermin" heißt es im schriftlichen Kaufvertrag: „ca. 45. KW".

Bei diesem Kaufvertrag können folgende Leistungsstörungen auftreten:

1. Anlässlich der Anlieferung der HD 10.3 beschädigt der Angestellte (A) des Verkäufers Vey (V) zwei Kraftfahrzeuge des Käufers Kaiser (K).

2. V liefert die Maschine erst in der 49. KW. Dadurch entstehen K Gewinneinbußen.

3. Die Maschine wird termingerecht geliefert, eignet sich aber nicht für einen Drei-Schicht-Betrieb.

4. Die Maschine wird auf dem Transport von V zu K beschädigt.

5. V liefert die Maschine pünktlich, K zahlt jedoch wegen erheblicher Liquiditätsprobleme den Kaufpreis nicht.

6. Nach Abschluss des Kaufvertrages zwischen V und K erhöht sich der Preis, zu dem V die Maschine von einem ausländischen Hersteller erwirbt, um 50 %.

7. Eine Maschine dieses Typs ist auf dem Weltmarkt nicht mehr verfügbar. Ein Nachbau ist aufgrund eines patentrechtlichen Schutzes des Maschinentyps HD 10.3 nicht zulässig.

Bitte versuchen Sie zu Übungszwecken, diese möglichen „Störfälle" der vorstehenden Liste der Leistungsstörungen wie folgt zuzuordnen:

1. = d), weil durch die Verletzung einer Schutzpflicht ein anderes Rechtsgut (Eigentum) des Kaiser geschädigt wurde.

Folgende Zuordnung sollten Sie für die Störfälle (2) bis (7) vorgenommen haben:

2. = b), weil eine verspätete Lieferung vorliegt.

3. = c), weil eine – jedenfalls aus Sicht des Kaiser – schlechte (mangelhafte) Maschine geliefert wurde.

4. = hier kommt in Betracht, dass die Zerstörung eine verspätete Lieferung nach sich zieht, also b). Es ist aber auch möglich, dass keine Lieferung mehr erfolgen kann, weil eine Maschine des Typs HD 10.3 weltweit nicht mehr zu erwerben ist und einem Nachbau das Patentrecht entgegensteht, also a).

5. = b), weil eine verspätete Zahlung in Frage steht.

6. = e), weil der Einkaufspreis die Geschäftsgrundlage für den Weiterverkauf von V an K sein könnte.

7. = a), weil die Lieferung einer Maschine des Typs HD 10.3 unmöglich ist.

Mit dieser Einordnung ist natürlich noch nicht entschieden, ob und ggf. welche Rechte den Beteiligten tatsächlich zustehen. Auch ist zu bedenken, dass die Komplexität noch deutlich zunehmen kann, etwa dann, wenn Vey eine mangelhafte Maschine zu spät liefert und seine Angestellten anlässlich der Montage durch unsachgemäße Schweißarbeiten einen Brand der Lagerhalle verursachen. Dann läge eine Kombination verschiedener Leistungsstörungen vor.

## 11.2   Die Grundvorschrift des § 280 Abs. 1 BGB

Die wohl wichtigste Vorschrift zu den Leistungsstörungen ist § 280 Abs. 1 BGB, die für sich gesehen nicht besonders schwierig ist. Im „Wenn-dann-Schema" lautet § 280 Abs. 1 BGB in einer für die Prüfung geeigneten Reihenfolge wie folgt:

> **Merksatz**    **Wenn**
>
> - **P1**[1]: ein Schuldverhältnis vorliegt,
> - **P2:** der Schuldner eine Pflicht daraus verletzt,
> - **P3:** der Schuldner die Pflichtverletzung zu vertreten hat, was vermutet wird[2],
> - **N1**[3]: das vermutete Vertretenmüssen nicht widerlegt wird,
> - **P4:** dem Gläubiger durch die Pflichtverletzung ein Schaden entsteht und
> - **N2:** kein Fall des § 280 Abs. 2 und Abs. 3 BGB gegeben ist, **dann**
>
> kann der Gläubiger Ersatz des entstandenen Schadens vom Schuldner verlangen.

### 11.2.1   Schuldverhältnis

Bei dem Schuldverhältnis kann es sich um ein gesetzliches (§§ 812 ff. BGB, §§ 823 ff. BGB) oder um ein rechtsgeschäftliches Schuldverhältnis handeln. In aller Regel wird ein rechtsgeschäftliches Schuldverhältnis in Form eines Vertrages („vertragliches Schuldverhältnis") vorliegen. Ausreichend ist auch ein vorvertragliches Schuldverhältnis nach § 311 Abs. 2 BGB.

> **Beispiel**   K betritt den Verbrauchermarkt des V, um sich über neue Angebote zu informieren. Dieses Verhalten des K reicht aus, um nach § 311 Abs. 2 Nr. 2 BGB ein vorvertragliches Schuldverhältnis mit den Schutzpflichten nach § 241 Abs. 2 BGB zu begründen. Bei einem Verstoß des V gegen diese Pflichten kommt ein Schadensersatzanspruch des K aus § 280 Abs. 1 BGB in Betracht.

### 11.2.2   Objektive Pflichtverletzung

Hinsichtlich der möglichen Pflichtverletzung des Schuldners sind der Phantasie keine Grenzen gesetzt: Verletzt sein können **Hauptpflichten** (bei einem Kaufvertrag etwa Nichtlieferung, verspätete Lieferung, Lieferung einer mangelhaften Sache) oder **Nebenpflichten** (etwa Schutzpflichten, Aufklärungspflichten). Beim Mietvertrag sieht es ähnlich aus: Die Wohnung wird dem Mieter nicht (rechtzeitig) überlassen, die Wohnung ist

---

1    Zur Erinnerung: „P" steht für eine positive Tatbestandsvoraussetzung, die vorliegen muss.
2    Auch wenn das „Vertretenmüssen" vermutet wird, handelt es sich um eine Tatbestandsvoraussetzung, die deshalb auch genannt werden sollte.
3    Zur Erinnerung: „N" steht für eine negative Tatbestandsvoraussetzung, die nicht vorliegen darf.

feucht, hat Schimmelbefall usw. Bei der Durchführung von Werkverträgen treten zwei Störungen besonders häufig auf: Verspätete Herstellung (Verzug) und Baumängel!

Ob eine Pflichtverletzung vorliegt, wird rein objektiv beurteilt. Es kommt an dieser Stelle (noch) nicht darauf an, ob der Schuldner die Pflichtverletzung auch subjektiv zu vertreten hat. Man spricht deshalb von einer **objektiven Pflichtverletzung**.

> **Beispiel** V und K haben einen Kaufvertrag über einen Stahlträger geschlossen, der nach wenigen Wochen rostet. Auch wenn V keinerlei Verschulden an diesem Mangel treffen sollte, liegt durch die Lieferung der mangelhaften Sache eine *objektive* Pflichtverletzung vor.

## 11.2.3 Vertretenmüssen

### Vermutetes Vertretenmüssen

Für einen Schadensersatzanspruch nach § 280 Abs. 1 BGB ist zusätzlich erforderlich, dass der Schuldner die objektive Pflichtverletzung auch *subjektiv* zu vertreten hat. Insoweit ist aber zu beachten, dass aus der objektiven Pflichtverletzung auf das Vertretenmüssen des Schuldners geschlossen wird. Man nennt dies ein **vermutetes Vertretenmüssen** (oft wird auch – etwas ungenau – von einem „vermuteten Verschulden" gesprochen). Diese Konstruktion hat Bedeutung, wenn es zu einem Prozess kommt. Dann müsste, sofern darüber Streit besteht, der Geschädigte das Bestehen des Schuldverhältnisses und die objektive Pflichtverletzung des Schuldners beweisen, aber nicht das Vertretenmüssen des Schuldners. Aus § 280 Abs. 1 S. 2 BGB ist vielmehr zu entnehmen, dass der Schuldner beweisen muss, dass er die Pflichtverletzung *nicht* zu vertreten hat. Man spricht von einer **Beweislastumkehr**, womit gemeint ist, dass der Schuldner sich entlasten (exkulpieren) muss. Gelingt dem Schuldner der Entlastungsbeweis (Exkulpationsbeweis) nicht, ist die Voraussetzung „zu vertreten hat" erfüllt. Diese Vermutung des Vertretenmüssens gilt nicht für Arbeitsverhältnisse (§ 619 a BGB).

> **Merksatz** § 280 Abs. 1 BGB verzichtet nicht auf die Voraussetzung „Vertretenmüssen des Schuldners", doch wird bei Vorliegen einer objektiven Pflichtverletzung vermutet, dass der Schuldner diese zu vertreten hat. Wenn er sich nicht entlastet (exkulpiert), ist das Merkmal „Vertretenmüssen" erfüllt.

### Widerlegung der Vermutung

Für die Beurteilung, was ein Schuldner tun muss, um die Vermutung des § 280 Abs. 1 BGB zu widerlegen, ist zu klären, was der Schuldner generell zu vertreten hat. Nach § 276 Abs. 1 Satz 1, 1. Halbsatz BGB hat der Schuldner Vorsatz und Fahrlässigkeit zu vertreten. Dies sind die beiden Verschuldensformen, die das BGB kennt. Der im BGB nicht definierte Begriff „**Vorsatz**" wird umschrieben als das „Wissen und Wollen des rechtswidrigen Erfolges"[4].

---

4  Palandt/Heinrichs, Bürgerliches Gesetzbuch, § 276 Rn. 10.

> **Merksatz**
>
> Vorsatz liegt vor, wenn der Täter absichtlich handelt (direkter Vorsatz). Vorsätzlich handelt aber auch, wer den Verletzungserfolg nicht will, ihn aber zumindest billigend in Kauf nimmt (bedingter Vorsatz, Eventualvorsatz). Hier handelt der Täter nach dem Motto: „Es wird schon nichts passieren, aber wenn es passiert, dann passiert es eben".

Nach § 276 Abs. 2 BGB handelt **fahrlässig**, wer die im Verkehr erforderliche Sorgfalt außer Acht lässt. Damit ist gemeint, dass jemand nicht so aufpasst, wie es in der konkreten Situation erforderlich ist.

> **Beispiele**
>
> - Der militante Radfahrer R ärgert sich über ein Auto, das auf einem Fahrradweg geparkt ist. Im Wege der Selbstjustiz bringt er „zur Strafe" mit einem spitzen Gegenstand einen Kratzer an. Hier liegt ein vorsätzliches Handeln vor.
> - Auf einer Landstraße kommt es zu einem Unfall, weil der Autofahrer A 1 beim Überholen „seiner doppelten Rückschaupflicht" (vor Setzen des „Blinkers" und noch einmal vor dem Fahrbahnwechsel) nicht nachkommt und deshalb den von hinten auf der Überholspur kommenden A 2 übersieht. Hier hat A 1 fahrlässig gehandelt.

Die Regel, dass der Schuldner Vorsatz und Fahrlässigkeit zu vertreten hat, gilt nach § 276 Abs. 1 Satz 1, 2. Halbsatz BGB nicht, wenn

- eine strengere oder mildere Haftung bestimmt ist oder
- wenn eine andere Haftung aus dem sonstigen Inhalt des Schuldverhältnisses, insbesondere aus der Übernahme einer Garantie oder eines Beschaffungsrisikos[5], zu entnehmen ist.

Eine strengere Haftung kann sich aus dem Gesetz ergeben. So haftet der Schuldner, der sich in Verzug befindet (Schuldnerverzug, § 286 BGB), gemäß § 287 Satz 2 BGB auch dann, wenn die Sache während des Verzuges durch Zufall untergeht (zerstört wird). Eine mildere Haftung ordnet § 300 Abs. 1 BGB an: Wenn sich der Käufer mit der Annahme der Ware in Verzug befindet (Annahmeverzug, §§ 293 ff. BGB), haftet der Verkäufer nur für Vorsatz und *grobe* Fahrlässigkeit, nicht aber für leichte (normale) Fahrlässigkeit.

---

5   Vgl. die Ausführungen im Kapitel zur Sachmängelhaftung im Kaufrecht, S. 265 ff.

---

**Beispiele**

■ Verkäufer V ist mit der Lieferung der Ware in Verzug geraten. Während des Verzuges wird die Ware gestohlen, ohne dass V ein Verschulden trifft (weder Vorsatz noch Fahrlässigkeit). Nach § 287 Satz 2 BGB hat V dennoch die Nichtlieferung zu vertreten.

■ Bei der vertragsgemäß erfolgenden Anlieferung verweigert K die Abnahme, weil er über keine freien Lagerkapazitäten verfügt. Wenn die Ware auf der Rückfahrt infolge „normaler" Fahrlässigkeit des Lieferanten bei einem Unfall zerstört wird, haftet dieser nicht.

Zurück zum Entlastungsbeweis: Der Schuldner kann sich *nicht* entlasten, wenn er die Pflichtverletzung fahrlässig oder vorsätzlich, also schuldhaft, begangen hat oder wenn er wegen einer strengeren Haftung ohne Verschulden haftet. Enthält der Sachverhalt zur möglichen Entlastung des Schuldners Hinweise und Angaben, ist eine Untersuchung durchzuführen. Fehlen entsprechende Angaben, kann wie folgt formuliert werden:

**Praxistipp** — **Tipp für eine Formulierung:** „Nach § 280 Abs. 1 Satz 2 BGB wird vermutet, dass der Schuldner die vorliegende objektive Pflichtverletzung zu vertreten hat. Hier liegen keine Angaben vor, die zu einer Widerlegung dieser Vermutung führen könnten. Also hat der Schuldner die Pflichtverletzung zu vertreten."

## Sonderfall: Erfüllungsgehilfe

Aufgrund der arbeitsteiligen Wirtschaft handelt in vielen Fällen nicht der Schuldner persönlich, sondern einer seiner Arbeitnehmer. Wenn ein Arbeitnehmer zur Erfüllung einer Verbindlichkeit des Schuldners tätig wird, ist er gemäß § 278 BGB dessen Erfüllungsgehilfe. Selbstständige Unternehmer (etwa Subunternehmer), die der Schuldner mit Arbeiten betraut, sind ebenfalls dessen Erfüllungsgehilfen. Oft wird übersehen, dass die Qualifizierung als Erfüllungsgehilfe nur gegenüber dem Gläubiger, also gegenüber dem jeweiligen Vertragspartner des Schuldners gilt, nicht aber gegenüber Personen, die an dem Schuldverhältnis nicht beteiligt sind[6].

**Beispiel**  Wenn ein Unternehmer mit einem Besteller einen Werkvertrag schließt und einen Gesellen mit der Durchführung der Arbeiten beauftragt, ist der Geselle im Verhältnis zum Besteller Erfüllungsgehilfe des Unternehmers (§ 278 BGB). Im Verhältnis zu anderen Personen (Passanten, Nachbarn) ist der Geselle *kein* Erfüllungsgehilfe, weil sein Chef diesen Personen gegenüber keine Verbindlichkeit zu erfüllen hat. Also wird der Geselle insoweit auch nicht zur Erfüllung einer Verbindlichkeit seines „Chefs" tätig.

---

6   Insoweit kommt eine Haftung des Schuldners für seinen Verrichtungsgehilfen nach § 831 BGB in Betracht, die im Kapitel Deliktsrecht erläutert wird, vgl. S. 376.

> **Merksatz** Erfüllungsgehilfen sind alle Personen, derer sich der Schuldner zur Erfüllung einer Verbindlichkeit bedient. Dies können Arbeitnehmer des Schuldners sein, aber auch selbstständige Unternehmer, zum Beispiel Subunternehmer. Die Qualifizierung als Erfüllungsgehilfe gilt aber immer nur gegenüber dem jeweiligen Gläubiger des Schuldners, nicht gegenüber dritten Personen (Passanten, Nachbarn, sonstige Dritte).

Rechtsfolge des § 278 BGB ist, dass der Schuldner ein Verschulden des Erfüllungsgehilfen (ein „fremdes Verschulden") wie ein eigenes Verschulden zu vertreten hat. Dem Schuldner wird das fremde Verschulden wie ein eigenes Verschulden zugerechnet. Er wird also so behandelt, als hätte er persönlich schuldhaft, zum Beispiel fahrlässig gehandelt. Hinter dieser Zurechnung steckt der Gedanke, dass derjenige, der die Vorteile der Arbeitsteilung nutzt, im Verhältnis zu seinem Vertragspartner auch die Risiken tragen soll. Steht fest, dass ein Erfüllungsgehilfe anlässlich der Erfüllung der Verbindlichkeit schuldhaft gehandelt hat, hat der Schuldner keine Möglichkeit, sich zu entlasten. Es nützt ihm also nichts, wenn er beweist, dass er den Erfüllungsgehilfen sorgfältig ausgesucht und überwacht hat[7].

Wie verhält sich § 278 BGB zur objektiven Pflichtverletzung? Nun, jetzt wird es etwas schwierig! Wenn der Schuldner die objektive Pflichtverletzung nicht persönlich begangen hat, sondern sein Erfüllungsgehilfe gehandelt hat, reicht § 280 Abs. 1 BGB für die Tatbestandsvoraussetzung „Pflichtverletzung" allein nicht aus, weil der Schuldner nicht gehandelt und damit auch keine Pflicht verletzt hat. Deshalb ist ergänzend § 278 BGB heranzuziehen. Diese Vorschrift regelt unmittelbar aber nur eine Zurechnung des (subjektiven) Verschuldens des Erfüllungsgehilfen auf den Schuldner, nicht aber die (objektive) Pflichtverletzung. Nach dem Rechtsgedanken des § 278 BGB muss die Vorschrift aber entsprechend für eine Zurechnung der Pflichtverletzung zur Anwendung kommen.

> **Merksatz** Die von einem Erfüllungsgehilfen begangene Pflichtverletzung wird wie eine Pflichtverletzung des Schuldners bewertet.

> **Wiederaufnahme des Ausgangsbeispiels** Anlässlich der Lieferung der Maschine HD 10.3 beschädigt der Angestellte A des Verkäufers Vey zwei Kraftfahrzeuge des Käufers Kaiser. Dieser verlangt die Erstattung der Reparaturkosten von V. A war hier von V zur Erfüllung der Verbindlichkeit eingesetzt und damit im Verhältnis zum Gläubiger K Erfüllungsgehilfe des V. V wird deshalb die von A begangene Pflichtverletzung nach § 278 BGB wie eine eigene Pflichtverletzung zugerechnet.

---

7   Anders ist es bei der Haftung für den Verrichtungsgehilfen, vgl. § 831 Abs. 1 Satz 2 BGB und die S. 377 ff.

## 11.2.4 Schaden des Gläubigers infolge der Pflichtverletzung

Bisher wurden die Voraussetzungen Schuldverhältnis (P1), objektive Pflichtverletzung (P2), Vertretenmüssen (P3) und N1 (Nichtwiderlegung des Vertretenmüssens) behandelt. Die vierte Voraussetzung (P4) für einen Schadensersatzanspruch nach § 280 Abs. 1 BGB ist, dass dem Gläubiger infolge der (objektiven) Pflichtverletzung „adäquat kausal" ein Schaden entstanden ist. Es muss also

- ein Schaden vorliegen[8], und

- dieser muss ursächlich (kausal) auf der Pflichtverletzung beruhen.

Das BGB lässt dabei fast jede Form der Kausalität (Ursächlichkeit) ausreichen. Nur solche Schäden, die nach der Lebenserfahrung ganz und gar unwahrscheinlich sind, sind nicht adäquat kausal[9].

---

**Beispiele**

- Infolge der verspäteten Lieferung der Maschine HD 10.3 durch V entgeht dem K „das Geschäft seines Lebens", weil ein europaweit tätiger Discounter von einem mit K geschlossenen Kaufvertrag über 500.000 Fahrräder zurücktritt. Der dem K dadurch entstehende Schaden beruht adäquat kausal auf der Pflichtverletzung des V, weil diese Entwicklung nach der Lebenserfahrung nicht völlig unwahrscheinlich ist.

- H wird bei einem Verkehrsunfall leicht verletzt, aber zur Vorsicht für eine Nacht zur Beobachtung in ein Krankenhaus eingeliefert. Hier zieht H sich eine Infektion zu, die zu einer dauerhaften Gesundheitsbeeinträchtigung führt. Dieser Geschehensablauf ist (noch) adäquat kausal, sodass der Unfallverursacher – ggf. neben dem Krankenhaus und der „Stationsschwester Stefanie" – auch für die weiteren Folgen schadensersatzpflichtig ist.

---

Art und Umfang des zu ersetzenden Schadens richten sich nach §§ 249 ff. BGB, die im Kapitel „Allgemeines Schadensrecht" behandelt werden[10].

## 11.2.5 Kein Fall des § 280 Abs. 2 und Abs. 3 BGB

So weit, so gut. Doch jetzt wird es leider schon wieder kompliziert, weil das BGB nur den Ersatz bestimmter Schäden aus § 280 Abs. 1 BGB (allein) gewährt, während für andere Schäden **zusätzliche** Voraussetzungen erfüllt sein müssen. Dies ergibt sich aus § 280 Abs. 2 und Abs. 3 BGB.

- Nach § 280 Abs. 2 BGB kann der Gläubiger Schadensersatz wegen der Verzögerung der Leistung nur unter den zusätzlichen Voraussetzungen des § 286 BGB verlangen.

- Wenn der Gläubiger Schadensersatz „statt der Leistung" oder „statt der ganzen Leistung" begehrt, müssen nach § 280 Abs. 3 BGB die zusätzlichen Voraussetzungen des § 281 BGB, des § 282 BGB oder des § 283 BGB vorliegen.

---

8    Zum Schaden vgl. S. 371.
9    Vgl. Palandt/Heinrichs, Bürgerliches Gesetzbuch, Vorbemerkung vor § 249 Rn. 59 m.w.Nachw.
10   S. 385 ff.

Also müssen diese beiden Fallgruppen jeweils ausgeschlossen werden, falls der Anspruch auf § 280 Abs. 1 BGB *allein* gestützt werden soll. Diese Einschränkung legt die Frage nahe, ob § 280 Abs. 1 BGB nur eine kleine, unbedeutende Norm ist, weil ja nur bestimmte Schäden *allein* aus dieser Vorschrift ersetzt werden. Die Antwort ist ein eindeutiges „Nein". Vielmehr ist das Gegenteil der Fall: Bei **§ 280 Abs. 1 BGB** handelt es sich um die **zentrale Vorschrift** aus dem Recht der Leistungsstörungen, weil § 280 Abs. 1 BGB in (fast) allen Fällen die Grundlage des Anspruchs bildet.

---

**Merksatz** Bei einem Schadensersatzanspruch aufgrund einer Leistungsstörung ist § 280 Abs. 1 BGB fast immer zu prüfen! Der Anspruch ergibt sich nämlich

- aus § 280 Abs. 1 BGB (allein) oder
- aus § 280 Abs. 1 BGB in Verbindung mit weiteren Vorschriften

Den Ausgangspunkt der Prüfung bildet (fast) immer § 280 Abs. 1 BGB. Ob die Vorschrift allein oder nur in Zusammenhang mit zusätzlichen Vorschriften zu einem Schadensersatzanspruch führt, hängt

- von der Art der Pflichtverletzung und davon ab,
- welchen Schaden der Gläubiger geltend macht.

---

## 11.3 Anspruch aus § 280 Abs. 1 BGB (allein)

Das BGB beschreibt leider nicht, in welchen Fällen § 280 Abs. 1 BGB allein die Anspruchsgrundlage bildet, sondern benennt nur die Fälle, in denen das *nicht* der Fall ist. Ein Anspruch aus § 280 Abs. 1 BGB allein, also ohne zusätzliche Voraussetzungen, kommt danach *nicht* in Betracht, wenn der Schaden auf einer Verzögerung der Leistung beruht (vgl. § 280 Abs. 2 BGB) oder wenn „Schadensersatz statt der Leistung" verlangt wird (vgl. § 280 Abs. 3 BGB). Was bleibt dann noch übrig?

### 11.3.1 Ersatz von Begleitschäden

Erinnern wir uns an den oben geschilderten Fall (1)[11]:

---

**Beispiel** Anlässlich der Anlieferung der HD 10.3 beschädigt der Angestellte A des Vey (V) zwei Kraftfahrzeuge des Kaiser (K). Dieser verlangt die Erstattung der Reparaturkosten von V.

---

Der Schaden des K beruht hier darauf, dass der Angestellte des V die Fahrzeuge beschädigt hat. Dieser Umstand hat mit der Pflicht zur Lieferung und Montage der Maschine nur mittelbar etwas zu tun, weil der Schaden weder auf einem Mangel der Maschine noch auf Verzug oder Unmöglichkeit beruht. Es handelt sich vielmehr um einen **Begleitschaden**, für den § 280 Abs. 1 BGB die alleinige Anspruchsgrundlage bildet.

---

11  S. 191.

*Lösungsskizze zum letzten Beispiel*

**Anspruch des K gegen V auf Schadensersatz aus § 280 Abs. 1 BGB**

- **P1: Schuldverhältnis:** Zwischen V und K liegt ein Schuldverhältnis in Form des Kaufvertrages vor.

- **P2: Objektive Pflichtverletzung:** Die Pflichtverletzung besteht darin, dass das Eigentum des K an den Fahrzeugen beschädigt wurde. Damit ist eine Nebenpflicht gemäß § 241 Abs. 2 BGB verletzt worden. Der Schuldner V hat nicht selbst gehandelt, vielmehr hat sein Angestellter A die Verletzungshandlung begangen. Für dieses Verhalten könnte V nach § 278 BGB einstehen müssen. Dann müsste A Erfüllungsgehilfe des V sein. Das ist der Fall, weil A auf Veranlassung des V zur Erfüllung des Kaufvertrages tätig wurde. § 278 BGB regelt unmittelbar aber nur eine Zurechnung des (subjektiven) Verschuldens des Erfüllungsgehilfen auf den Schuldner, nicht aber die (objektive) Pflichtverletzung. Nach dem Rechtsgedanken des § 278 BGB kommt die Vorschrift aber entsprechend für die Zurechnung der Pflichtverletzung zur Anwendung. Die von A begangene Verletzungshandlung mit der Folge der Beschädigung des Eigentums des K wird deshalb wie eine Pflichtverletzung des Schuldners V bewertet.

- **P3: Vertretenmüssen:** Der Anspruch auf Schadensersatz scheidet nach § 280 Abs. 1 Satz 2 BGB aus, wenn der Schuldner die Pflichtverletzung nicht zu vertreten hat. Aus dieser Formulierung ergibt sich, dass das BGB bei Vorliegen einer (objektiven) Pflichtverletzung das (subjektive) Vertretenmüssen des Schuldners vermutet. Diese Vermutung muss vom Schuldner widerlegt werden. Enthält der Sachverhalt – wie hier – zu diesem Punkt keine Angaben, bleibt es bei der Vermutung. Hier hat aber nicht V, sondern sein Erfüllungsgehilfe A gehandelt. Nach § 278 BGB wird dem Schuldner ein (tatsächlich vorhandenes) Verschulden seines Erfüllungsgehilfen wie ein eigenes Verschulden zugerechnet. Diese Regel gilt entsprechend für ein vermutetes Verschulden. Das bedeutet, dass die Vermutung des § 280 Abs. 1 Satz 2 BGB auch dann eingreift, wenn nicht der Schuldner persönlich, sondern dessen Erfüllungsgehilfe gehandelt hat. Dann wird ein Verschulden des Erfüllungsgehilfen vermutet, für das der Schuldner nach § 278 BGB einzustehen hat.

- **N1:** V hat laut Sachverhalt nichts vorgetragen, was die Vermutung entfallen lassen könnte.

- **P4: Schaden:** Das Vermögen des K hat sich verringert, weil er zuvor unbeschädigte Fahrzeuge hatte, die nunmehr beschädigt sind und repariert werden müssen. Dieser Schaden beruht adäquat kausal auf der Pflichtverletzung.

- **N2: Keine zusätzlichen Voraussetzungen:** Es liegt kein Fall des § 280 Abs. 2 BGB (Verzug) bzw. § 280 Abs. 3 BGB (Schadensersatz statt der Leistung) vor, sodass zusätzliche Voraussetzungen nicht zu prüfen sind.

- **Rechtsfolge:** K hat deshalb gegen V einen Anspruch auf Schadensersatz in Höhe der Reparaturkosten aus §§ 280 Abs. 1, 278 BGB. Die Höhe des Anspruchs richtet sich nach §§ 249 ff. BGB.

## 11.3.2 Ersatz von Schäden aus einem vorvertraglichen Schuldverhältnis

§ 280 Abs. 1 BGB bildet auch dann die (alleinige) Anspruchsgrundlage, wenn der Gläubiger einen Schadensersatzanspruch aus einem vorvertraglichen Schuldverhältnis geltend macht. Erinnert sei an zwei schon genannte Fälle:

---

**Beispiel** **1. Fall:** V und K verhandeln über den Kauf eines Hotels auf einer ostfriesischen Insel. K erklärt V, dass er das Hotel umfangreich umbauen möchte und deshalb schon in den nächsten Tagen „einen bekannten Hamburger Stararchitekten" mit der Planung beauftragen werde. Um den Kaufvertragsabschluss nicht zu gefährden, informiert V den K nicht darüber, dass eine von ihm (V) vor einem Jahr gestellte Bauvoranfrage wegen des nach Meinung der Baubehörde erhaltenswerten Ortskern keinen Erfolg hatte. Die Planung des Architekten, für die K 10.000,-- € zu zahlen hat, wird von der Baubehörde nicht genehmigt und ist deshalb wertlos.

*Lösungsskizze*

**Anspruch des K gegen V auf Schadensersatz in Höhe von 10.000,-- € aus § 280 Abs. 1 BGB**

- **P1: Schuldverhältnis:** Obwohl der notarielle Kaufvertrag (§ 311 b Abs. 1 BGB) noch nicht abgeschlossen war, war durch die Aufnahme der Vertragsverhandlungen ein vorvertragliches Schuldverhältnis gemäß § 311 Abs. 2 Nr. 1 BGB zustande gekommen.

- **P2: Objektive Pflichtverletzung:** V war verpflichtet, K über zu erwartende Probleme bezüglich der Umbaupläne zu informieren (Nebenpflicht aus § 241 Abs. 2 BGB), da V die Bedeutung des Umbaus erkannt hatte und von den baurechtlichen Schwierigkeiten wusste.

- **P3: Vertretenmüssen des V:** Das Vertretenmüssen des V wird vermutet, da eine objektive Pflichtverletzung des V vorliegt.

- **N1: Kein Entlastungsbeweis:** V hat keinen Entlastungsbeweis geführt.

- **P4: Schaden:** Durch die Beauftragung des Architekten ist K ein Schaden in Höhe von 10.000,-- € entstanden, der adäquat kausal auf der Nichtauskunft des V beruht. Es ist nämlich davon auszugehen, dass K den Architekten bei rechtzeitiger Aufklärung nicht beauftragt hätte, sodass die Kosten nicht angefallen wären.

- **N2: Keine zusätzlichen Voraussetzungen:** Kein Fall des § 280 Abs. 2 (Verzug) und Abs. 3 BGB (Schadensersatz statt der Leistung).

- **Rechtsfolge:** K hat gegen V nach § 280 Abs. 1 BGB einen Anspruch auf Schadensersatz in Höhe von 10.000,-- €.

---

**2. Fall:** K begibt sich in den Verbrauchermarkt des V, um seinen Wochenendeinkauf zu tätigen. Unmittelbar nach dem Betreten des Gebäudes kommt K zu Fall, weil er in einer großen Wasserlache, die sich bereits seit zwei Stunden im Eingangsbereich des Marktes befindet, ausrutscht und sich erheblich verletzt, woraus sich ein Schaden von 5.000,-- € ergibt.

*Kurze Lösungsskizze*

**Anspruch des K gegen V auf Schadensersatz in Höhe von 5.000,-- € aus § 280 Abs. 1 BGB**

- Durch das Betreten des Geschäftslokals ist ein **vorvertragliches Schuldverhältnis** zustande gekommen (§ 311 Abs. 2 Nr. 2 oder Nr. 3 BGB).

- Die **objektive Pflichtverletzung** besteht darin, dass V die Wasserlache, die bereits zwei Stunden vorhanden war, nicht beseitigt und dadurch seine Verkehrssicherungspflicht verletzt hat.

- Das **Vertretenmüssen** des V wird vermutet (§ 280 Abs. 1 Satz 2 BGB). Eine **Widerlegung** ist nicht erfolgt.

- Durch die Pflichtverletzung ist dem K adäquat kausal ein **Schaden** von 5.000,-- € entstanden.

- Es liegt kein Fall des § 280 Abs. 2 oder Abs. 3 BGB vor. V ist K zum Schadensersatz in Höhe von 5.000,-- € verpflichtet.

# Verzögerung der Leistung (Verzug)

**12**

**ÜBERBLICK**

## Lernziele dieses Kapitels

*Was kommt in diesem Kapitel auf Sie zu? Neben der Haftung für Sachmängel bildet die Verzögerung der Leistung (Verzug) die zweite in der Praxis relevante Leistungsstörung. In vielen Prozessen geht es zumindest auch um Fragen des Verzuges. Sie werden die Voraussetzungen und Rechtsfolgen des Schuldnerverzuges kennen lernen und erfahren, welche Rechte dem Gläubiger zustehen, wenn der Schuldner nicht termingerecht leistet. Am Ende dieses Kapitels wird die Vertragsstrafe behandelt.*

## 12.1 Grundlagen

Die Verzögerung der Leistung kann auf Seiten des Gläubigers und des Schuldners auftreten. Nimmt der Gläubiger die Leistung, die ihm vom Schuldner angeboten wird, nicht an, gerät er in Annahmeverzug (Gläubigerverzug, §§ 293 ff. BGB). Leistet der Schuldner nicht termingerecht, kann er in Schuldnerverzug geraten (§ 286 BGB). Auf den Annahmeverzug, der seine größte Bedeutung im Arbeitsrecht hat, soll an dieser Stelle nicht näher eingegangen werden. Deshalb hierzu nur ein Beispiel:

> **Beispiel** Arbeitgeber G hat dem Arbeitnehmer N fristlos gekündigt. A erscheint trotzdem am nächsten Werktag im Betrieb und möchte die Arbeit aufnehmen. G lehnt dies ab und erteilt N Hausverbot. N erhebt daraufhin innerhalb der dreiwöchigen Frist des § 4 KSchG eine Kündigungsschutzklage vor dem Arbeitsgericht. Das Arbeitsgericht erklärt die Kündigung für unwirksam. Da die Kündigung nicht wirksam war, ist G durch die Ablehnung der Arbeitsleistungen des N gemäß § 293 BGB in Annahmeverzug geraten.

Im Zivil- und Wirtschaftsrecht dominiert ganz eindeutig der Schuldnerverzug. Zwei wichtige Ausprägungen sind der **Lieferantenverzug** und der **Zahlungsverzug**.

> **Beispiele**
> - V kommt seiner Pflicht nicht nach, die Ware in der 16. KW (Kalenderwoche) zu liefern.
> - K zahlt den Kaufpreis nicht innerhalb der vereinbarten Zahlungsfrist.
> - V überweist die Miete erst am zehnten Werktag des Monats und damit nicht rechtzeitig (vgl. § 556 b Abs. 1 BGB).

In den Beispielsfällen kann dem Gläubiger infolge der verzögerten Leistung ein Schaden entstehen. Wie im letzten Kapitel schon ausgeführt, setzt der Anspruch auf Ersatz dieses Verzögerungsschadens gemäß § 280 Abs. 2 BGB neben den Tatbestandsmerkmalen des § 280 Abs. 1 BGB **zusätzlich** voraus, dass die Voraussetzungen des **§ 286 BGB** vorliegen. Dies bedeutet, dass der Schuldner sich mit seiner Leistung in **Verzug** befinden muss. Deshalb werden zunächst die Voraussetzungen des Verzuges erläutert.

Diese Voraussetzungen ergeben sich aus § 286 Abs. 1 BGB, zusätzlich ist Abs. 4 zu beachten. In einer für die Prüfung geeigneten sinnvollen Reihenfolge ist die Grundvorschrift des **§ 286 Abs. 1 Satz 1, Abs. 4 BGB** wie folgt zu lesen:

---

**Merksatz**   **Wenn**

- **P1:** der Gläubiger einen fälligen Anspruch auf eine (noch mögliche) Leistung hat,
- **P2:** der Schuldner die Leistung nicht erbringt,
- **P3:** der Gläubiger den Schuldner nach Eintritt der Fälligkeit mahnt,
- **P4:** der Schuldner die Nichtleistung zu vertreten hat, was nach § 286 Abs. 4 BGB vermutet wird, und
- **N1:** keine Widerlegung des vermuteten Vertretenmüssens erfolgt,

**dann**

gerät der Schuldner durch die Mahnung in Verzug.

---

## 12.1.1 Fälliger Anspruch

Zunächst einmal muss überhaupt ein Anspruch bestehen, zum Beispiel aus einem Vertrag (§§ 433, 535, 611 oder § 631 BGB) oder aus einer gesetzlichen Anspruchsgrundlage (§ 823 Abs. 1, § 831 BGB). Dieser Anspruch muss außerdem (schon) fällig sein. Für die Bestimmung der Fälligkeit ist – wie schon gesehen – von § 271 BGB unter Berücksichtigung einiger gesetzlicher Sonderbestimmungen (§ 556 b Abs. 1 BGB, § 614 Satz 1 BGB, § 641 Abs. 1 Satz 1 BGB) auszugehen[1].

Zu beachten ist, dass ein Anspruch nach § 275 Abs. 1 BGB entfällt, wenn die Leistung für den Schuldner **unmöglich** ist. Wenn der Schuldner nicht leisten kann, liegt deshalb kein Verzug vor. In einem solchen Fall treten die Regelungen zur Unmöglichkeit an Stelle der Vorschriften zum Verzug. Dies gilt für die dauernde Unmöglichkeit, während für die *vorübergehende* Unmöglichkeit die Verzugsvorschriften gelten, wenn und solange die Leistung noch sinnvoll nachholbar ist. Macht die mögliche Nachholung keinen Sinn mehr, liegt auch bei einer vorübergehenden Hinderung ein Fall der Unmöglichkeit vor.

---

**Beispiel**[2]   Die Stadt C hat für einen Stand auf dem Altstadtfest 50.000 Bratwürste beim Fleischer F bestellt. F liefert die Ware nicht wie vereinbart an. Wenn die Stadt C nach Ende des Festes keine Verwendung mehr für die Würste hat, kann F zwar noch liefern, doch ist die Nachholung nicht sinnvoll. Damit gelten die Vorschriften für die Unmöglichkeit.

---

1   Vgl. S. 162 f., 167 ff.
2   Weitere Beispiele auf S. 286.

Eine Besonderheit gilt für Geld: Auch wenn der Schuldner auf Dauer nicht in der Lage sein sollte, eine Verbindlichkeit zu begleichen, tritt keine Unmöglichkeit ein. Es bleibt vielmehr beim Verzug. Insoweit gilt der schöne Satz: „Geld hat man zu haben!" Dem Schuldner ist es verwehrt, die „Einrede der leeren Kasse" zu erheben.

### 12.1.2 Nichtleistung

Der Verzug setzt weiterhin voraus, dass der Schuldner die fällige und mögliche Leistung nicht erbringt. Gemeint ist damit der Zeitraum zwischen der Fälligkeit des Anspruchs und dem Zugang einer Mahnung. Dem Schuldner wird also *nicht* nach Zugang der Mahnung eine weitere Frist gewährt, was man nach der Formulierung in § 286 Abs. 1 BGB („Leistet der Schuldner auf eine Mahnung des Gläubigers nicht, ...") vermuten könnte.

> **Beispiel** Der Anspruch auf Lieferung ist am 3.9. fällig. Der Schuldner leistet nicht. Am 10.9. geht dem Schuldner eine Mahnung des Gläubigers zu. In diesem Zeitpunkt (Zugang der Mahnung) gerät der Schuldner *sofort* in Verzug. Der Schuldner erhält also keine weitere Frist für die Leistung.

### 12.1.3 Mahnung

Der Verzug tritt nicht automatisch mit Fälligkeit des Anspruchs und der Nichtleistung ein, sondern gemäß § 286 Abs. 1 BGB erst dann, wenn der Schuldner gemahnt wird, ein mahnungsgleicher Tatbestand vorliegt oder die Mahnung nach § 286 Abs. 2 BGB ausnahmsweise entbehrlich ist.

#### Anforderungen an eine Mahnung

Der Begriff „Mahnung" ist im BGB nicht definiert, sondern von der Rechtsprechung und Lehre entwickelt worden.

> **Merksatz** Eine Mahnung ist eine an den Schuldner gerichtete **bestimmte und eindeutige Aufforderung des Gläubigers zur Leistung**. Eine Fristsetzung ist nicht erforderlich, auch nicht die Androhung negativer Folgen. Es genügt vielmehr, dass der Gläubiger deutlich zum Ausdruck bringt, dass er die Leistung ernsthaft verlangt[3].

Ob eine Mahnung vorliegt, ist bei Unklarheiten im Wege der Auslegung nach §§ 133, 157 BGB analog zu ermitteln[4].

---

3  BGH NJW 1998, S. 2132, 2133.
4  Die Vorschriften gelten nicht direkt, weil die Mahnung keine Willenserklärung ist, man wendet sie aber analog, also entsprechend an.

> **Beispiele**
>
> ■ „Bitte seien Sie so freundlich, bei Gelegenheit unsere Rechnung zu bezahlen!"
>
> ■ Übersenden einer „2. Rechnung" ohne jeden weiteren Hinweis.

In beiden Fällen ist problematisch, ob bereits eine Mahnung vorliegt, da Zweifel bestehen, ob eine bestimmte und eindeutige Leistungsaufforderung gegeben ist[5]. Andererseits kann auch ein höflich abgefasstes Schreiben eine Mahnung darstellen[6]. Dies gilt auch für ein Schreiben, das mit „Zahlungserinnerung" betitelt ist, wenn der Inhalt des Schreibens „hart" genug formuliert ist und der Schuldner deshalb erkennen kann, dass der Gläubiger die Leistung verlangt. In Erweiterung des Wortlauts des § 286 Abs. 1 Satz 1 BGB muss die Mahnung nach der Rechtsprechung nicht notwendig *nach* Fälligkeit, sondern kann *zeitgleich* mit der Fälligkeit erfolgen. Eine Mahnung vor Fälligkeit hat hingegen keine Wirkungen, auch nicht, wenn der Anspruch nachträglich fällig wird.

> **Beispiel**  Käufer K erhält am 19.03. eine Mahnung des Verkäufers V bezüglich der Zahlung des Kaufpreises. Die Kaufpreisforderung wird aber erst am 22.03. fällig. Da die Mahnung vor der Fälligkeit erfolgt ist, hat sie keine Wirkung. Auch wenn K nach dem 22.03. nicht zahlt, tritt aufgrund der verfrühten Mahnung kein Verzug ein. V müsste noch einmal mahnen.

## Mahnungsgleiche Tatbestände

In § 286 Abs. 1 S. 2 BGB werden bestimmte Vorgehensweisen, mit denen der Gläubiger seinen Anspruch durchsetzen will, in ihrer rechtlichen Wirkung der Mahnung gleichgestellt, also wie eine Mahnung bewertet. Dies gilt für die Erhebung einer Klage auf die Leistung (Beispiel für den Klageantrag: „Der Beklagte wird verurteilt, an den Kläger 50.000,-- € nebst 8 Prozentpunkten Zinsen über dem Basisdiskontsatz seit dem 5.5.2004 zu zahlen") und für die Zustellung eines Mahnbescheides im (gerichtlichen) Mahnverfahren (§§ 688 ff. ZPO). In diesen Fällen liegt kein Verzicht auf die Mahnung vor. Vielmehr wird diese, gegenüber einer „normalen" Mahnung intensivere Form der Rechtsverfolgung, in Bezug auf den Eintritt des Verzuges mit einer Mahnung gleichgesetzt.

## Entbehrlichkeit der Mahnung

Demgegenüber ist die Mahnung nach § 286 Abs. 2 BGB in bestimmten Fällen entbehrlich, sodass der Verzug ausnahmsweise ohne Mahnung (bzw. ohne einen mahnungsgleichen Tatbestand) eintreten kann. Dies ist nach § 286 Abs. 2 Nr. 1 der Fall, wenn für die Leistung eine Zeit nach dem Kalender bestimmt ist („kalendermäßige Bestimmung"). Hierunter versteht man, dass bereits **im Vertrag vereinbart wird** oder **sich aus dem Gesetz ergibt**, wann der Schuldner die Leistung spätestens zu erbringen hat. Eine einseitig gesetzte Zahlungsfrist, etwa auf der Rechnung, reicht hingegen nicht aus.

---

5    Vgl. Palandt/Heinrichs, Bürgerliches Gesetzbuch, § 286 Rn. 18.
6    BGH NJW 1998, S. 2132, 2133.

> **Beispiele**
> - Formulierung im Vertrag: „Lieferung am 21.12.2005", „Lieferung bis zum 21.12.2005", „Lieferung in der 16. KW (Kalenderwoche)", „Zahlbar am 3. Werktag des Monats".
> - Hingegen reichen folgende Klauseln für Nr. 1 *nicht* aus: „Zahlung innerhalb von zwei Wochen nach Rechnungserstellung" oder „10 Tage nach Lieferung", da in diesen Fällen **im Zeitpunkt des Vertragsabschlusses** nicht feststeht, wann die Rechnung gestellt wird bzw. die Lieferung erfolgt und damit auch noch nicht feststeht, wann die Zahlung zu leisten ist.
> - Ausreichend ist hingegen, wenn sich der Zahlungszeitpunkt aus dem Gesetz ergibt, vgl. § 556 b BGB für die Zahlung der Miete.

Nach § 286 Abs. 2 Nr. 2 BGB bedarf es auch dann keiner Mahnung, wenn der Leistung ein Ereignis vorauszugehen hat und wenn eine angemessene Zeit für die Leistung **bereits im Vertrag** in der Weise bestimmt ist, dass sie sich von dem Ereignis an nach dem Kalender berechnen lässt.

> **Beispiel** Im Vertrag heißt es: „Lieferung binnen zwei Wochen nach Abruf." Hier gerät der Schuldner zwei Wochen nach dem Abruf der Ware in Verzug.

§ 286 Abs. 2 Nr. 3 BGB verzichtet auf die Mahnung, wenn der Schuldner die Leistung ernsthaft und endgültig verweigert. In diesem Fall sind aber hohe Anforderungen zu stellen. Nicht ausreichend ist, wenn der Schuldner „nur auf Zeit spielt". Im Zweifel sollte zur Sicherheit eine Mahnung erfolgen, um später nicht in Beweisprobleme zu geraten.

Schließlich enthält § 286 Abs. 2 Nr. 4 BGB ein „Sammelbecken" für die von den vorhergehenden Nummern noch nicht erfassten Fälle.

> **Beispiele**[7]
> - Reparatur eines Wasserrohrbruchs.
> - Die Zusage „einer schnellstmöglichen Reparatur" in einem dringenden Fall.
> - Die Zusage, Wertpapierkaufverträge im Internet in Sekundenschnelle auszuführen.

---

7  Vgl. Palandt/Heinrichs, Bürgerliches Gesetzbuch, § 286 Rn. 25 m.w.Nachw.

## Entgeltforderungen

Eine wichtige Sonderregelung für „Entgeltforderungen", also Forderungen, die auf Zahlung von Geld gerichtet sind, enthält § 286 Abs. 3 BGB. Nach Satz 1 kommt der Schuldner **spätestens** in Verzug, wenn er nicht innerhalb von 30 Tagen nach Fälligkeit und Zugang einer Rechnung oder gleichwertigen Zahlungsaufstellung leistet. Ist der Schuldner Verbraucher (§ 13 BGB), gilt dies aber nur, wenn er auf diese Folgen in der Rechnung besonders hingewiesen worden ist.

Die Besonderheit des § 286 Abs. 3 BGB besteht darin, dass der Verzug durch bloßen Zeitablauf eintritt, auch wenn die Parteien im Vertrag keine Zahlungsfrist vereinbart haben. Die Vorschrift ist aber nicht so zu verstehen, dass der Schuldner erst nach 30 Tagen zahlen muss, also eine gesetzliche Zahlungsfrist erhält. Die Fälligkeit des Anspruchs wird nicht geändert. Der Gläubiger hat es deshalb in der Hand, den Verzug schon vor Ablauf der 30 Tage durch Zusendung einer Mahnung herbeizuführen. Dann tritt der Verzug, sofern die anderen Voraussetzungen vorliegen, bereits mit Zugang der Mahnung beim Schuldner ein.

---

**Beispiele**

- Die V-GmbH und die K-AG haben einen Kaufvertrag geschlossen. Eine Woche vor der Lieferung erhält die K-AG bereits die Rechnung. Wann gerät die K-AG in Verzug, wenn keine Mahnung erfolgt? Der Verzug tritt spätestens 30 Tage nach Erhalt der Rechnung *und* der Fälligkeit ein. Die Fälligkeit des Zahlungsanspruchs ist im kaufmännischen Verkehr wegen der üblichen Vorleistungsfrist des Verkäufers erst gegeben, wenn die Lieferung erfolgt ist[8]. Der Verzug tritt also erst 30 Tage nach der Lieferung ein.

- Der privat krankenversicherte Verbraucher P erhält eine Rechnung seines Zahnarztes, in dessen Text in normaler Schriftgröße steht: „Auf die neuen Vorschriften zum Verzugseintritt nach dem BGB wird hingewiesen". Da P Verbraucher ist, setzt der automatische Verzugseintritt voraus, dass P auf die Folgen des Ablaufs der 30-Tage-Frist besonders hingewiesen wird. Diesen Anforderungen genügt der Hinweis nicht, weil er inhaltliche Defizite aufweist, da P nicht erkennen kann, worin die Bedeutung der neuen Vorschriften des BGB zum Verzugseintritt liegt. Es kommt hinzu, dass der Hinweis im Text der Rechnung „versteckt" ist, sodass kein *besonderer* Hinweis vorliegt.

---

## 12.1.4 Vertretenmüssen

Nach § 286 Abs. 4 BGB kommt der Schuldner *nicht* in Verzug, solange die Leistung infolge eines Umstandes unterbleibt, den er *nicht* zu vertreten hat. Inhaltlich gelten zu dieser Vorschrift die entsprechenden Ausführungen zu § 280 Abs. 1 S. 2 BGB[9]. Da die im Rahmen des § 280 Abs. 1 BGB erforderliche Pflichtverletzung in der verspäteten Leistung besteht, ist das Merkmal des vermuteten Vertretenmüssens hier doppelt enthalten und in der Regel identisch[10]. Eine einmalige Erwähnung reicht deshalb aus.

---

8   Vgl. S. 168.
9   S. 193.
10  Zu Einzelheiten vgl. Kaiser, in Staudinger, Eckpfeiler des Zivilrechts, Berlin 2005, S. 338 f.

**Beispiele für ein Nichtvertretenmüssen**

- Plötzliche schwere Erkrankung des Schuldners.
- Nicht vorhersehbare, plötzliche Einfuhrbeschränkungen.
- Völlig ungewöhnlicher monatelanger Dauerfrost, der keine Bauarbeiten zulässt.

## 12.2   Rechtsfolgen des Verzuges

Im dem bisher behandelten § 286 BGB sind nur die Voraussetzungen des Verzuges geregelt, nicht aber die entsprechenden Rechtsfolgen. Diese ergeben sich aus anderen Vorschriften.

### 12.2.1   Schadensersatz

Die wichtigste Rechtsfolge ergibt sich aus dem Zusammenspiel von § 280 Abs. 1 BGB mit §§ 280 Abs. 2, 286 BGB. Nach § 280 Abs. 1 BGB hat der Gläubiger gegen den Schuldner einen Anspruch auf Ersatz des Schadens, der dem Gläubiger durch die Pflichtverletzung des Schuldners – das ist hier die nicht rechtzeitige Leistung – entstanden ist. Hinzukommen muss nach §§ 280 Abs. 2, 286 BGB, dass der Schuldner sich bereits in Verzug befindet. Der Schaden, der bis zum Eintritt des Verzuges entsteht, wird also nicht ersetzt!

**Beispiele für mögliche Verzugsschäden**

- Dem Zwischenhändler entgehen Gewinne aus einem Weiterverkauf, weil der Produzent die Ware nicht termingerecht liefert.
- Der Käufer muss sich wegen der nicht termingerechten Lieferung zu einem höheren Preis anderweitig eindecken (so genannter „Deckungskauf").
- Die G-GmbH muss hohe Zinsen bei der B-Bank für einen Dispokredit zahlen, weil die K-AG den fälligen Kaufpreis nicht leistet.

### 12.2.2   Verzugszinsen

Besondere Regelungen zu Verzugszinsen enthalten die §§ 288 und 291 BGB. Nach § 288 Abs. 1 BGB ist eine Geldschuld während des Verzuges mit fünf Prozentpunkten über dem **Basiszinssatz** zu verzinsen. Der Basiszinssatz wird halbjährlich von der Deutschen Bundesbank im Bundesanzeiger bekannt gegeben (§ 247 Abs. 2 BGB). Nach § 288 Abs. 2 BGB beträgt der Verzugszinssatz bei Rechtsgeschäften, an denen kein Verbraucher beteiligt ist, also Verträgen zwischen Unternehmern, sogar acht Prozentpunkte über dem Basiszinssatz.

> **Hinweis** Der korrekte Antrag in einer Klageschrift muss heißen: „Der Beklagte wird verurteilt, an den Kläger 45.000,-- € zzgl. 5 Prozent**punkte** über dem Basiszinssatz ab dem 21.12.2005 zu zahlen". Falsch wäre es, lediglich „5 % Zinsen über dem Basiszinssatz" zu verlangen[11]. Wenn der Basiszinssatz zum Beispiel 3,62 % beträgt, sind 5 % darüber nämlich nur 3,62 + (3,62 % x 5 %) = 3,801 %. Bei 5 Prozentpunkten hingegen 3,62 % + 5 % = 8,62 %.

Die Bedeutung des § 288 BGB besteht nicht nur in dem relativ hohen Zinssatz, sondern auch darin, dass der Gläubiger einer Geldschuld einen Anspruch auf Verzugszinsen auch dann hat, wenn ihm insoweit gar kein Schaden entstanden ist. Er muss deshalb einen Zinsschaden weder behaupten noch beweisen. Dadurch will der Gesetzgeber die Zahlungsmoral verbessern (Abbau des so genannten „Lieferantenkredits"). Es soll sich nicht mehr lohnen, fällige Zahlungen zurückzuhalten. Soweit der Gläubiger höhere Zinsen verlangen kann, etwa aufgrund eines Vertrages, kann er diese fordern (Abs. 3). Nach § 291 BGB ist eine fällige Geldschuld während des **Prozesses** immer zu verzinsen. Für die Höhe gilt ebenfalls § 288 BGB.

### 12.2.3 Kosten der Mahnung

Die Kosten für die *erste* Mahnung sind nach §§ 280 Abs. 1, Abs. 2 , 286 BGB nur dann als Verzugsschaden zu ersetzen, wenn sich der Schuldner zuvor bereits in Verzug befand, etwa nach § 286 Abs. 2 BGB. Die Kosten für *weitere* Mahnungen können als Verzugsschaden geltend gemacht werden. Allerdings darf der Gläubiger nicht unendlich viele Mahnungen schicken, weil er sonst gegen seine aus § 254 BGB abgeleitete Schadensminderungspflicht verstößt. In der Praxis ist es weit verbreitet, drei Mahnungen zu verschicken. Erforderlich ist das nicht, weil der Schuldner schon durch die *erste* Mahnung in Verzug gerät, doch können weitere Mahnungen sinnvoll sein, wenn Aussicht besteht, dass der Schuldner sich beeindrucken lässt und die Forderung ohne die Inanspruchnahme eines Gerichts begleicht.

> **Beispiel** Besteller B bezahlt trotz Abnahme des Werkes den Werklohn nicht. Unternehmer U lässt deshalb durch einen Rechtsanwalt, der dafür 300,-- € in Rechnung stellt, eine Mahnung schicken. U verlangt neben dem Werklohn Zinsen ab dem Tag der Abnahme des Werkes und die Kosten der Mahnung. Zu Recht?
>
> ■ Nach § 641 Abs. 4 BGB steht dem Unternehmer von der Abnahme des Werkes an ein Anspruch auf Zinsen zu, den viele Unternehmer indes aus Unwissenheit (?) nicht geltend machen. Geschuldet wird allerdings nur der gesetzliche Zinssatz in Höhe von vier Prozent (§ 246 BGB) bzw. bei einem beiderseitigen Handelsgeschäft von fünf Prozent (§ 352 Abs. 1 HGB). In dieser Höhe besteht der Anspruch also ab der Abnahme, ohne dass es einer Mahnung oder des Verzuges bedarf.

---

11  Vgl. zu den praktischen Auswirkungen OLG Hamm, NJW 2005, S. 2238.

- Ab Eintritt des Verzuges erhöht sich der Zinssatz – wie gesehen – auf fünf bzw. acht Prozentpunkte über dem Basiszinssatz (§ 288 Abs. 1, 2 BGB).

- Die Kosten für den Rechtsanwalt können hier nicht als Verzugsschaden geltend gemacht werden, weil sie bereits entstanden sind, als B sich noch nicht in Verzug befand. Anders wäre es gewesen, wenn U den B vorab gemahnt hätte und dann erst für die *zweite* Mahnung den Rechtsanwalt beauftragt hätte.

### 12.2.4 Prüfungsschema

Theoretisch ist die Prüfung eines Anspruchs auf Ersatz des Verzögerungsschadens ganz einfach: Neben den Voraussetzungen des § 280 Abs. 1 BGB müssen wegen § 280 Abs. 2 BGB zusätzlich die Voraussetzungen des § 286 BGB vorliegen. Hält man sich daran, ergibt sich folgender Aufbau:

**Voraussetzungen des § 280 Abs. 1 BGB:**

- **P1:** Schuldverhältnis,
- **P2:** objektive Pflichtverletzung des Schuldners,
- **P3:** Vertretenmüssens des Schuldners, was nach § 280 Abs. 1 S. 2 BGB vermutet wird,
- **N1:** keine Widerlegung des vermuteten Vertretenmüssens,
- **P4:** infolge der Pflichtverletzung Eintritt eines Schadens beim Gläubiger.

**Wegen § 280 Abs. 2 BGB sind zusätzlich die Voraussetzungen des § 286 BGB zu prüfen:**

- **P5:** Fälliger Anspruch des Gläubigers auf die (noch mögliche) Leistung,
- **P6:** Nichterbringung der Leistung durch den Schuldner,
- **P7:** Mahnung des Schuldners durch den Gläubiger oder mahnungsgleicher Tatbestand oder Entbehrlichkeit der Mahnung,
- **P8:** Vertretenmüssen des Schuldners, was nach § 286 Abs. 4 BGB vermutetet wird,
- **N2:** keine Widerlegung des vermuteten Vertretenmüssens,

**Rechtsfolge:** Ersatz des durch die Pflichtverletzung (Nichtleistung) entstandenen Schadens.

Für eine Fallbearbeitung ist dieser Aufbau aber nicht sinnvoll, weil sich die Voraussetzungen zum Teil überschneiden und nicht eindeutig trennen lassen: Die nach § 280 Abs. 1 BGB erforderliche objektive Pflichtverletzung ist die nicht rechtzeitige Leistung, sodass § 286 Abs. 1 BGB zu prüfen ist. Sowohl § 280 Abs. 1 BGB als auch § 286 Abs. 1 BGB setzen ein Vertretenmüssen des Schuldners bezüglich der Pflichtverletzung (verzögerte Leistung) voraus, das in beiden Fällen vermutet wird.

**Merksatz** Ein Anspruch auf Ersatz des Verzugsschadens gemäß §§ 280 Abs. 1, Abs. 2, 286 BGB ist deshalb besser wie folgt zu prüfen:

- **P1:** Schuldverhältnis,
- **P2:** objektive Pflichtverletzung des Schuldners durch Nichterbringung der (möglichen) fälligen Leistung,
- **P3:** Mahnung des Schuldners durch den Gläubiger (oder mahnungsgleicher Tatbestand oder Entbehrlichkeit der Mahnung),
- **P4:** Schuldner hat die Nichtleistung zu vertreten, was vermutet wird,
- **N1:** keine Widerlegung des vermuteten Vertretenmüssens,
- **P5:** infolge der Pflichtverletzung (Nichtleistung) Eintritt eines Schadens beim Gläubiger.

**Rechtsfolge:** Ersatz des durch den Verzug entstandenen Schadens.

## 12.3 Weitere Folgen der verzögerten Leistung

### 12.3.1 Schadensersatz statt der Leistung

Bisher wurde nur der durch den Verzug entstandene Schaden des Gläubigers behandelt, aber noch nicht erörtert, welche Auswirkungen der Verzug auf die verzögerte Leistung und auf die Gegenleistung hat. Zu fragen ist etwa:

- Muss die Leistung trotz des Verzuges noch erbracht werden?
- Hat der Gläubiger die Möglichkeit, die Entgegennahme der verspäteten Leistung abzulehnen?
- Kann der Gläubiger sich anderweitig eindecken und die Mehrkosten vom Schuldner ersetzt verlangen?
- Was passiert mit dem Anspruch des Schuldners gegen den Gläubiger, also mit der Gegenleistung?

**Beispiel** V ist mit der Lieferung einer Ware an K in Verzug. Da K dringend auf die Ware angewiesen ist, kauft er die Ware anderweitig. Für den so genannten „Deckungskauf" entstehen K gegenüber dem mit V vereinbarten Preis Mehrkosten von 15.000,-- €. Da K für die bei V gekaufte Ware keine Verwendung mehr hat, verweigert er deren Abnahme und verlangt seinerseits den Ersatz des Mehraufwandes von 15.000,-- € von V. V verlangt den Kaufpreis von K.

Wenn der Schuldner nicht rechtzeitig leistet, eröffnet das BGB dem Gläubiger zwei Möglichkeiten:

- Der Gläubiger kann die verzögerte Leistung annehmen und sich darauf beschränken, nach §§ 280 Abs. 1, Abs. 2, 286 BGB vom Schuldner den durch den Verzug entstandenen **Schaden** ersetzt zu verlangen. In diesem Fall wird der Vertrag, wenn auch verspätet, durchgeführt, sodass der Gläubiger auch die von ihm geschuldete Gegenleistung erbringen muss, beim Lieferantenverzug also die Zahlung des Kaufpreises. Gegen diese Zahlungspflicht kann er aber mit einem Schadensersatzanspruch aus § 280 Abs. 1, Abs. 2, 286 BGB aufrechnen[12].

■ Der Gläubiger hat aber auch die Möglichkeit, den Vertrag zu „stornieren". In diesem Fall wird der Vertrag nicht mehr durchgeführt, die verzögerte Leistung und die Gegenleistung werden also nicht mehr erbracht. Der Gläubiger kann gemäß §§ 280 Abs. 1, Abs. 3, 281 Abs. 1 BGB **„Schadensersatz statt der Leistung"** verlangen. Will der Gläubiger diesen Weg gehen, genügt es allerdings nicht, den Schuldner lediglich zu mahnen. Vielmehr muss der Gläubiger dem Schuldner eine **angemessene Frist** für die Erbringung der Leistung setzen.

Zu beachten ist dabei Folgendes: Erfolgt innerhalb der dem Schuldner gesetzten Frist keine Leistung, hat dies zunächst noch keine Auswirkungen auf die vertraglichen Pflichten. Der Anspruch des Gläubigers auf die Leistung besteht nach Fristablauf unverändert fort. Der Schuldner ist also nach wie vor zur Leistung verpflichtet, der Gläubiger hat die geschuldete Gegenleistung zu erbringen. Eine Änderung tritt gemäß § 281 Abs. 4 BGB erst dann ein, wenn der Gläubiger „Schadensersatz statt der Leistung" verlangt. Erst mit Zugang dieser Erklärung beim Schuldner geht der Anspruch auf die Leistung unter! Wegen der Verbindung von Leistung und Gegenleistung entfällt bei gegenseitig verpflichtenden Verträgen – was sich aus § 286 Abs. 1 BGB aber nicht unmittelbar ergibt – zugleich der Anspruch des säumigen Schuldners gegen den Gläubiger[13]. Denn es kann nicht sein, dass der säumige Schuldner nicht mehr leisten muss, der vertragstreue Gläubiger aber nach wie vor zur Leitung verpflichtet ist.

> **Beispiel** K und V haben einen Kaufvertrag über die Lieferung von Röhren geschlossen. Da V bei Fälligkeit nicht liefert, setzt K ihm eine angemessene Nachfrist bis zum 21.12. Diese Frist läuft ergebnislos ab. Der Fristablauf hat keinen unmittelbaren Einfluss auf den Lieferanspruch des K aus § 433 Abs. 1 BGB. Dieser besteht also nach wie vor. Einen eventuellen Schaden aus der nicht rechtzeitigen Lieferung könnte K aus §§ 280 Abs. 1, Abs. 2, 286 BGB geltend machen. K hat nach Ablauf der Frist aber die Möglichkeit, gemäß §§ 280 Abs. 1, Abs. 3, 281 Abs. 1 BGB „Schadensersatz statt der Leistung" zu verlangen. Tut er dies, geht der Anspruch auf die Lieferung der Röhren nach § 281 Abs. 4 BGB unter. Dann entfällt zugleich der Anspruch des V aus § 433 Abs. 2 BGB auf die Zahlung des Kaufpreises.

## 12.3.2 Rücktritt vom Vertrag

Der Gläubiger kann zusätzlich vom Vertrag zurücktreten (§ 325 BGB), beispielsweise, um eine bereits erbrachte Anzahlung zurückzufordern. Das Rücktrittsrecht ergibt sich aus § 323 BGB. Die Voraussetzungen entsprechen den Voraussetzungen für den Anspruch auf „Schadensersatz statt der Leistung".

---

12 Zur Aufrechnung vgl. S. 180 ff.
13 Palandt/Heinrichs, Bürgerliches Gesetzbuch, § 281 Rn. 51.

**Rückrittsrecht gemäß § 323 BGB**

**Wenn**

- **P1:** ein gegenseitiger Vertrag vorliegt: Kaufvertrag,
- **P2:** der Schuldner (Verkäufer) die fällige Leistung nicht rechtzeitig erbringt: Lieferung erfolgt nicht termingerecht,
- **P3:** der Gläubiger dem Schuldner eine angemessene Frist zur Leistung setzt: Gläubiger (Käufer) setzt dem Schuldner (Verkäufer) eine angemessene Frist zur Lieferung, und
- **N1:** keine Lieferung innerhalb der Frist durch den Schuldner (Verkäufer) erfolgt,

**dann**

hat der Gläubiger (Käufer) das Recht, vom Vertrag zurückzutreten.

## Angemessenheit der Frist

Die Schwierigkeit für den Gläubiger besteht sowohl im Falle des Rücktritts nach § 323 BGB als auch beim Verlangen von „Schadensersatz statt der Leistung" nach §§ 280 Abs. 1, Abs. 3, 281 Abs. 1 BGB darin, dass er dem Schuldner eine **angemessene Frist** für die Erbringung der Leistung setzen muss. Leider ist es nicht möglich, eine allgemein gültige Frist anzugeben, vielmehr ist auf die Umstände des konkreten Einzelfalls abzustellen.

> **Merksatz** Angemessen ist eine Frist nach der Rechtsprechung des BGH[14], wenn der Schuldner die Möglichkeit hat, seine im Wesentlichen vorbereitete Leistung nunmehr zu erbringen. Er soll seine schon begonnene Leistung beenden können[15].

> **Beispiel** Die G-GmbH hat bei der Schultz-OHG Dachpfannen zur „Lieferung binnen fünf Tagen frei Baustelle" gekauft. Wenn die G-GmbH infolge einer Nichtlieferung nicht weiterarbeiten kann, dürfte eine Frist von drei Tagen angemessen sein.

Die Rechtsprechung kommt dem Gläubiger dadurch entgegen, dass eine zu kurze Frist in eine angemessene Frist umgedeutet wird[16].

## Entbehrlichkeit der Fristsetzung

In bestimmten Fällen bedarf es keiner Fristsetzung: Nach § 281 Abs. 2 BGB bzw. § 323 Abs. 2 Nr. 1 und Nr. 3 BGB ist diese entbehrlich, wenn der Schuldner die Leistung

---

14  BGH NJW 1985, S. 855, 857.
15  BGH NJW 1985, S. 320, 323.
16  BGH NJW 1985, S. 2640.

ernsthaft und endgültig verweigert oder wenn besondere Umstände einen sofortigen Rücktritt rechtfertigen. Einen weiteren Fall enthält § 323 Abs. 2 Nr. 2 BGB:

> **Fortsetzung des obigen Beispiels**  In dem Kaufvertrag über die Dachpfannen heißt es: „Liefertermin ist vom Verkäufer unbedingt einzuhalten, da der Käufer anderenfalls wegen drohender Vertragsstrafe seitens des Bauherrn eine Ersatzbeschaffung vornimmt".

> **Praxistipp**  In den Fällen des § 281 Abs. 2 BGB und 323 Abs. 2 BGB handelt es sich um Ausnahmen, deren Voraussetzungen im Streitfall vom Gläubiger zu beweisen sind. Um einer möglichen Beweisnot im Falle einer gerichtlichen Auseinandersetzung zu entgehen, sollte möglichst eine Frist gesetzt werden.

### Erklärung des Rücktritts

§ 323 BGB begründet zunächst nur das **Recht** des Gläubigers, vom Vertrag zurückzutreten, führt also nicht automatisch **zum Rücktritt**. Entscheidet sich der Gläubiger für den Rücktritt, muss er diesen gemäß § 349 BGB erklären. Erst mit Zugang der Rücktrittserklärung wandelt sich das Schuldverhältnis in ein so genanntes Rückgewährschuldverhältnis um. Nach § 346 Abs. 1 BGB sind die schon empfangenen Leistungen zurückzugewähren, noch nicht erbrachte Leistungen müssen nicht erbracht werden.

> **Fortsetzung des obigen Beispiels**  K hatte eine Anzahlung von 20.000,-- € geleistet. Nach Erklärung des Rücktritts hat K einen Anspruch auf Rückzahlung dieses Betrages aus § 346 Abs. 1 BGB. Die noch nicht erfolgten Leistungen – Lieferung der Pfannen und Zahlung des Restkaufpreises – entfallen.

## 12.4  Zusammenfassung zum Verzug

> **Merksatz**  Gerät der Schuldner in Verzug, hat der Gläubiger folgende Möglichkeiten:
> - Ersatz des durch den Verzug entstandenen Schadens (§§ 280 Abs. 1, Abs. 2, 286 BGB) unter Beibehaltung des Erfüllungsanspruchs.
> - Schadensersatz statt der Leistung (§§ 280 Abs. 1, Abs. 3, 281 Abs. 1 BGB) *und* Rücktritt vom Vertrag (§§ 323, 349 BGB).

# 12.5 Vertragsstrafe

## Inhalt der Vertragsstrafe

Die Vertragsstrafe, auch *Konventionalstrafe* genannt, wird in Verträgen vereinbart, um den Schuldner zu einer ordnungsgemäßen, insbesondere rechtzeitigen Erfüllung seiner vertraglichen Pflichten anzuhalten. Nach § 339 BGB ist eine Strafe, die der Schuldner dem Gläubiger für den Fall verspricht, dass er seine Verbindlichkeit nicht oder nicht in gehöriger (vereinbarter) Weise erfüllt, verwirkt, wenn der Schuldner mit seiner Leistung in *Verzug* kommt.

- Mit „Strafe" ist hier nicht eine vom Gericht verhängte und an die Staatskasse zu zahlende Geldstrafe oder gar eine Freiheitsstrafe gemeint, sondern eine Geldzahlung des Schuldners an den Gläubiger.

- Mit „Verwirkung" ist gemeint, dass der Anspruch auf die Strafe entsteht.

---

**Beispiel**  In einem Bauvertrag über ein Bürohaus heißt es:

§ 8 Fertigstellung: Das Gebäude ist bis zum 31.08.2006 bezugsfertig zu erstellen.

§ 9 Vertragsstrafe: Gerät der Unternehmer mit der Fertigstellung in Verzug, ist er verpflichtet, für jeden Tag der verspäteten Fertigstellung 0,2 % der Auftragssumme an den Besteller zu zahlen, höchstens aber 5 % der Auftragssumme.

---

Im Beispiel hat der Schuldner (Bauunternehmer) die Strafe für den Fall versprochen, dass er seine Leistung nicht in „gehöriger Weise", nämlich nicht termingerecht erbringt und dadurch in *Verzug* gerät. Es ist in bestimmten Fällen sogar möglich, eine Vertragsstrafe ohne die Voraussetzung des Verzuges zu begründen. Dies setzt allerdings regelmäßig eine individuelle Vereinbarung voraus[17]. Eine entsprechende Klausel in AGB ist nur wirksam, wenn für sie wichtige Gründe vorliegen, was zum Beispiel bei Bauverträgen nicht der Fall ist[18]. Deshalb ist die in der Einleitung im Fall 4 enthaltene Vertragsstrafe unwirksam, da dort ein AGB-Bauvertrag vorliegt, die Zahlung der Strafe aber nicht an die Voraussetzung des Verzugs gekoppelt ist[19].

Anders verhält es sich im vorstehenden Beispiel: Da der Tag der Fertigstellung überdies im Vertrag geregelt ist, tritt der Verzug mit Ablauf des 31.08.2006 ein, es sei denn, der Unternehmer beweist, dass ihn an der verspäteten Fertigstellung kein Verschulden trifft[20]. Vom 01.09.2006 an steht dem Besteller (Gläubiger) aus der Vertragsstrafe ein Anspruch auf Zahlung von 0,2 % der Auftragssumme pro Tag gegen den Unternehmer zu. Diese Zahlung kann der Gläubiger nach § 341 Abs. 1 BGB neben der Erfüllung, also der Fertigstellung des Gebäudes, verlangen. Die Begrenzung auf 0,2 % der Auftragssumme pro Tag und auf insgesamt 5 % der Auftragssumme ist nach neuerer BGH-Rechtsprechung erforderlich, wenn die Vertragsstrafe in AGB vereinbart wird[21].

---

17  BGH NJW-RR 1997, 686, 688.
18  Vgl. OLG Düsseldorf, NJW-RR 1997, S. 1378, 1380; vgl. auch BGH NJW 1998, S. 3488, 3489.
19  Vgl. S. 25.
20  Vgl. die Ausführungen zum Schuldnerverzug, S. 208 f.
21  BGH NJW 2003, S. 1805, 1808.

### Verhältnis zum Schadensersatz

Sollte dem Gläubiger infolge der verspäteten Fertigstellung ein Schaden entstehen, kommt *neben* der Vertragsstrafe ein Schadensersatzanspruch wegen Verzuges nach §§ 280 Abs. 1, 2, 286 BGB in Betracht, sodass das Verhältnis zwischen Vertragsstrafe und Schadensersatz zu klären ist. Anzuknüpfen ist an §§ 341 Abs. 2, 340 Abs. 2 BGB: Danach kann der Gläubiger die verwirkte (entstandene) Strafe als Mindestbetrag des Schadens verlangen. Dies bedeutet, dass der Gläubiger die Vertragsstrafe auf jeden Fall bekommt, und zwar – was sich allerdings aus dem Wortlaut der Vorschrift nicht ergibt – auch, wenn ihm gar kein Schaden oder kein Schaden in dieser Höhe entstanden ist.

> **Beispiel**  Das Gebäude ist am 20.9.2005 bezugsfertig. Dem Besteller steht damit eine Vertragsstrafe von 0,2 % der Auftragssumme für 20 Tage zu, zum Beispiel 20 x 1.000,-- € = 20.000,-- €. Diesen Betrag bekommt er auch dann, wenn er für den Monat September gar keinen Mieter gefunden und damit gar keinen Mietausfallschaden gehabt hätte.

Ist dem Gläubiger hingegen ein Schaden entstanden (zum Beispiel Mietausfall), ist die zu zahlende Vertragsstrafe auf diesen Schaden anzurechnen. Der Gläubiger bekommt also nicht die Vertragsstrafe und zusätzlich den vollen Schadensersatz.

> **Beispiel**  Beträgt die verwirkte Vertragsstrafe 20.000,-- € und der entstandene Mietausfallschaden 30.000,-- €, bekommt der Besteller insgesamt nur 30.000,-- €.

### Vorteile der Vertragsstrafe

Trotz dieser Anrechnungspflicht ist die Vereinbarung einer Vertragsstrafe aus der Sicht des Gläubigers sinnvoll, weil er bei verspäteter Fertigstellung in Höhe der verwirkten Vertragsstrafe nicht beweisen muss, einen Schaden erlitten zu haben. Außerdem stellt die Vertragsstrafe ein gutes Mittel dar, um den Schuldner zu motivieren, seine Leistung ordnungsgemäß zu erbringen. Es sollte deshalb insbesondere bei Werkverträgen immer über die Vereinbarung einer Vertragsstrafe nachgedacht werden.

### Herabsetzung der Vertragsstrafe

Nach § 343 BGB kann eine unverhältnismäßig hohe Vertragsstrafe durch ein Gericht herabgesetzt werden. Dies gilt aber gemäß § 348 HGB nicht, wenn die Vertragsstrafe von einem Kaufmann (§§ 1 ff. HGB) im Betriebe seines Handelsgewerbes versprochen wird.

# Schlechtleistung im Kaufrecht

**13**

**ÜBERBLICK**

## Lernziele dieses Kapitels

*Was kommt in diesem Kapitel auf Sie zu? Wer kennt das nicht? Der neue Compu-*
*ter stürzt immer wieder ab und bei den neuen Turnschuhen lösen sich nach nur*
*dreimaligem Gebrauch die Sohlen. Der Verkäufer bietet nach einigem Hin und*
*Her an, die Ware einzuschicken oder er verweist auf die Herstellergarantie. Außer-*
*dem betont er mit großem Nachdruck: „Geld zurück gebe es auf keinen Fall!" In*
*diesem Kapitel lernen Sie, welche Rechte der Käufer einer Sache hat, wenn diese*
*mangelhaft ist. Wahrscheinlich werden Sie an der einen oder anderen Stelle ange-*
*nehm überrascht sein!*

Die in der Praxis neben dem Verzug zweite wichtige Leistungsstörung bildet die
Schlechtleistung. Hier erbringt der Schuldner seine Leistung zwar rechtzeitig, doch
weist die Leistung Mängel auf. Auch für diese Störung gilt grundsätzlich § 280 Abs. 1
BGB. Für den Kaufvertrag und für den Werkvertrag gibt es aber ergänzende, für den
Mietvertrag ersetzende Regelungen.

In der gerichtlichen Praxis spielen Baumängel eine große Rolle. Wenn der Streitwert
höher als 5.000,-- € ist, sind in erster Instanz die Landgerichte zuständig, an denen es
häufig Spezialkammern für Bauprozesse gibt. Anderenfalls findet der Prozess vor
einem Amtsgericht statt (§§ 23 Nr. 1, 71 Abs. 1 GVG – Gerichtsverfassungsgesetz).
Betrifft der Prozess die Wohnungsmiete, sind ausschließlich, also unabhängig vom
Streitwert, die Amtsgerichte zuständig (§ 23 Nr. 2 a) GVG). Wenn eine Kaufsache mangelhaft ist, verteilen sich die Prozesse wie bei den Bauprozessen nach dem Streitwert
auf die Amtsgerichte (bis 5.000,-- €) und die Landgerichte (größer 5.000,-- €).

Die Regeln zur Schlechtleistung werden anhand der kaufrechtlichen Vorschriften
erläutert, da diesen in der Ausbildung die größte Bedeutung beigemessen wird. Die
insoweit maßgeblichen §§ 434 ff. BGB weisen seit 2002 große Parallelen zu den entsprechenden Vorschriften des Werkvertragsrechts auf (§§ 633 ff. BGB)[1], sodass weite
Teile der Ausführungen auch für den Werkvertrag gelten. Den mietrechtlichen Regelungen kommt hingegen eine Sonderrolle zu (§§ 536 ff. BGB)[2].

## 13.1  Grundlagen

Nach § 433 Abs. 1 S. 1 BGB ist der Verkäufer einer Sache verpflichtet, dem Käufer die
Sache zu **übergeben** und das **Eigentum** an der Sache zu verschaffen. Die Übergabe
erfolgt in der Regel dadurch, dass der Käufer die Ware sofort mitnehmen kann oder
dass sie ihm geliefert wird. In beiden Fällen wird der Käufer unmittelbarer Besitzer
der Sache (vgl. § 854 Abs. 1 BGB). Die Verschaffung des Eigentums vollzieht sich im
Regelfall nach § 929 S. 1 BGB. Danach ist es erforderlich, dass der bisherige Eigentümer (Verkäufer) und der Erwerber (Käufer, neuer Eigentümer) sich einigen, dass das
Eigentum vom Verkäufer auf den Käufer übergehen soll. Außerdem muss der Verkäufer zur Übereignung berechtigt sein[3].

---

1   Vgl. S. 306 ff.
2   Vgl. S. 329 ff.
3   Zu Einzelheiten vgl. S. 421 ff.

Im Folgenden geht es (noch) nicht um die Übereignung, sondern allein darum, welche Rechte einem Käufer zustehen, wenn die Kaufsache nicht in Ordnung ist. Nach § 433 Abs. 1 S. 2 BGB hat der Verkäufer dem Käufer die Sache **frei von Sach- und Rechtsmängeln** zu verschaffen. Das bedeutet, dass der Verkäufer seine Pflicht aus dem Kaufvertrag nicht erfüllt hat, wenn die Sache einen Mangel aufweist.

> **Beispiel** K hat bei V einen Rasenmäher gekauft und das Eigentum erworben. Der Mäher hat jedoch einen Mangel. Deshalb hat V seine Pflicht aus dem Kaufvertrag noch nicht erfüllt, weil die Verschaffung des Besitzes und die Übertragung des Eigentums dafür nicht ausreichen. Hinzukommen muss vielmehr, dass die Sache mangelfrei ist.

Falls eine Kaufsache einen Mangel hat, können dem Käufer verschiedene Rechte aus § 437 BGB jeweils in Verbindung mit weiteren Vorschriften zustehen:

> **Merksatz** Mögliche Rechte des Käufers bei Mängeln der Kaufsache:
>
> - § 437 Nr. 1 BGB: Nacherfüllung
> - § 437 Nr. 2 BGB: Rücktritt vom Vertrag oder Minderung des Kaufpreises
> - § 437 Nr. 3 BGB: Schadensersatz oder Aufwendungsersatz.

Aus dem Wortlaut des § 437 BGB ist nicht ohne Weiteres ersichtlich, dass zwischen diesen Rechten eine Reihenfolge besteht: Der Käufer hat zunächst (nur) ein Recht auf Nacherfüllung (§ 437 Nr. 1 BGB). Die weiteren Rechte (§ 437 Nr. 2 und Nr. 3 BGB) bestehen hingegen nur nachrangig.

> **Merksatz** Wenn eine Kaufsache mangelhaft ist, steht dem Käufer gegen den Verkäufer zunächst nur ein Recht auf Nacherfüllung gemäß § 437 Nr. 1 BGB zu. Die in § 437 Nr. 2 und Nr. 3 BGB genannten Rechte bestehen nur nachrangig.

## 13.2 Voraussetzungen der Nacherfüllung

Verlangt ein Käufer wegen eines Mangels der Kaufsache die Nacherfüllung des Kaufvertrages nach § 437 Nr. 1 BGB, müssen folgende positive Voraussetzungen (P1 bis P3) vorliegen:

- **P1:** Ein wirksamer Kaufvertrag über eine Sache oder ein Recht,
- **P2:** ein Sachmangel (§ 434 BGB) oder ein Rechtsmangel (§ 435 BGB), und zwar jeweils
- **P3:** im Zeitpunkt des Gefahrübergangs (§§ 434 Abs. 1, 446, 447 BGB).

Diese drei (positiven) Voraussetzungen (Tatbestandsmerkmale) müssen alle (kumulativ) gegeben sein, also P1 + P2 + P3. Wenn auch nur *eine* der Voraussetzungen fehlt, besteht kein Anspruch auf Nacherfüllung. Liegen die drei positiven Tatbestandsmerkmale vor, ist zu prüfen, ob (mindestens) *ein* negatives Tatbestandsmerkmal gegeben ist. Hierbei handelt es sich um Merkmale, die *nicht* vorliegen dürfen, da sie den Anspruch „zu Fall bringen".

Von den folgenden negativen Tatbestandsmerkmalen (N1 bis N4) darf deshalb keines vorliegen:

- **N1:** Kenntnis des Käufers vom Mangel (gesetzlicher Ausschluss nach § 442 BGB),
- **N2:** wirksamer vertraglicher Ausschluss der Rechte in einem Individualvertrag oder in Allgemeinen Geschäftsbedingungen,
- **N3:** Verjährung des Anspruchs (§§ 438, 214 Abs. 1 BGB).
- **N4:** Nur im kaufmännischen Bereich: Nichtbeachtung der kaufmännischen Rügeobliegenheit (§ 377 HGB).

Wichtig ist, dass der Nacherfüllungsanspruch bereits dann ausscheidet, wenn nur *eines* dieser negativen Merkmale gegeben ist. Anders als die positiven Tatbestandsmerkmale müssen diese Merkmale also nicht kumulativ vorliegen!

Das Zusammenspiel von positiven und negativen Tatbestandsmerkmalen bedeutet für die Prüfung Folgendes:

- Zunächst ist zu klären, ob *alle* positiven („anspruchsbegründenden") Tatbestandsmerkmale vorliegen, hier also P1 + P2 + P3. Fehlt (nur) eine dieser Voraussetzungen, besteht kein Anspruch aus § 437 Nr. 1 BGB.
- Liegen alle positiven Voraussetzungen vor, ist zu prüfen, ob (mindestens) *ein* negatives („anspruchsvernichtendes") Tatbestandsmerkmal vorliegt, also N1, N2, N3 *oder* N4. In diesem Fall ist kein Anspruch gegeben bzw. der Anspruch ist nicht durchsetzbar.

> **Merksatz**    Um einen Anspruch zu begründen, müssen alle positiven Tatbestandsmerkmale vorliegen. Negative Tatbestandsmerkmale dürfen nicht vorliegen, da sie einem Anspruch entgegenstehen, wobei frei nach dem Satz: „*Ein* schlechtes Ei verdirbt den Brei!" schon *ein* negatives Merkmal ausreicht.

## 13.2.1 Vorliegen eines Kaufvertrages

Da die Rechte nach § 437 BGB „dem Käufer" zustehen, folgt daraus, dass zwischen den Parteien ein wirksamer Kaufvertrag bestehen muss. Im Falle eines Werk- oder Mietvertrages bestehen keine Ansprüche aus § 437 BGB, vielmehr sind dann die §§ 633 ff. BGB (Werkvertrag) bzw. die §§ 536 ff. BGB (Mietvertrag) zu prüfen. Ob ein Kaufvertrag vorliegt, ist nur dann genauer zu untersuchen, wenn der Sachverhalt dazu Angaben enthält, insbesondere solche, die Anlass zu Zweifeln geben. In einem solchen Fall ist zu prüfen, ob und wie der Kaufvertrag abgeschlossen wurde und ob er noch besteht.

So könnte ein Kaufvertrag

- infolge der Minderjährigkeit eines Beteiligten (§§ 106 ff. BGB) oder

- wegen Verstoßes gegen eine Formvorschrift (§§ 311 b Abs. 1, 125 BGB) nichtig sein oder

- infolge einer Anfechtung als von Anfang an nichtig gelten (§§ 142, 119 ff. BGB).

Liegt einer dieser Fälle vor, scheidet ein Anspruch aus § 437 Nr. 1 BGB aus. Finden sich keine entsprechenden Hinweise im Sachverhalt oder heißt es „K hat von V einen roten Opel gekauft", reicht der Satz aus:

„Nach dem Sachverhalt ist davon auszugehen, dass ein wirksamer Kaufvertrag über eine Sache zwischen V und K besteht".

## 13.2.2 Mangel der Kaufsache

Ob die Sache einen Mangel hat, ist nach § 434 BGB und § 435 BGB zu prüfen. Das Gesetz unterscheidet zwischen Sach- und Rechtsmängeln, wobei in den allermeisten Fällen ein Sachmangel in Frage steht.

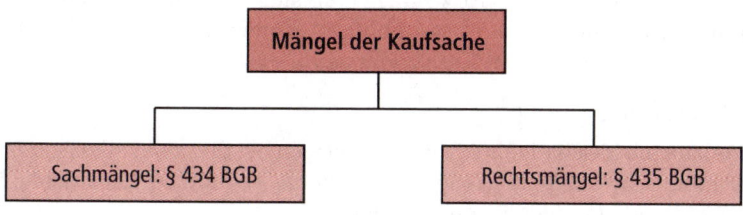

Abbildung 13.1: Mängelarten

### Sachmangel

Obwohl – vielleicht aber auch weil – § 434 BGB sehr ausführliche Definitionen zum Sachmangel enthält, kann die Klärung der Frage, ob im konkreten Fall ein solcher Mangel vorliegt, insbesondere aber welche Art von Sachmangel gegeben ist, im Einzelfall große Probleme bereiten. Zu beachten ist Folgendes:

- § 434 BGB enthält trotz einer etwas irreführenden Aufzählung nicht zwei, sondern **drei Ansätze** zur Bestimmung eines Sachmangels. Die Vorschrift definiert dabei *nicht*, wann ein Sachmangel vorliegt, sondern nennt drei Fälle, in denen *kein* Sachmangel gegeben ist, sodass die Sache mangelfrei ist.

- Relevant sind nur für **den Käufer nachteilige Abweichungen**. Wenn die Sache besser ist als vereinbart, vertraglich vorausgesetzt oder üblich, liegt kein Mangel vor.

> **Merksatz**     Eine Sache ist frei von Sachmängeln,
>
> - wenn sie bei Gefahrübergang die *vereinbarte Beschaffenheit* hat (§ 434 Abs. 1 S. 1 BGB).
> - Soweit die Beschaffenheit nicht vereinbart ist, ist die Sache mangelfrei, wenn sie sich für die nach dem Vertrag *vorausgesetzte Verwendung* eignet (§ 434 Abs. 1 S. 2 Nr. 1 BGB), sonst (gemeint ist im Übrigen),
> - wenn die Sache sich für die *gewöhnliche Verwendung* eignet und eine Beschaffenheit aufweist, die bei Sachen der gleichen Art *üblich* ist und die der Käufer nach der Art der Sache erwarten kann (§ 434 Abs. 1 S. 2 Nr. 2 BGB).

Das BGB geht vom so genannten subjektiven Fehlerbegriff aus. Für die Frage, ob ein Mangel vorliegt, kommt es nämlich in erster Linie darauf an, welche Beschaffenheit der Sache die Parteien **vereinbart** oder **nach dem Vertrag vorausgesetzt** haben. Wenn keine dieser Varianten vorliegt, ist zu fragen, ob sich die Sache für die **gewöhnliche Verwendung** eignet und was ein „vernünftiger" Käufer an Qualität erwarten durfte (insoweit objektiver Ansatz). Das Gesetz gibt damit die Prüfungsreihenfolge vor:

Zunächst ist also zu fragen, ob

- die Parteien eine Beschaffenheit vereinbart haben. Ist dies der Fall, ist zu prüfen, ob die vereinbarte Beschaffenheit (*Soll-Beschaffenheit*) mit der tatsächlichen Beschaffenheit (*Ist-Beschaffenheit*) übereinstimmt.
- Wenn keine Beschaffenheit vereinbart wurde, ist zu klären, ob die Parteien eine bestimmte Verwendung der Sache *im Vertrag vorausgesetzt* haben.
- In den verbleibenden Fällen („sonst") kommt es auf die Eignung der Sache für die gewöhnliche Verwendung und auf die vom Käufer erwartete übliche Qualität an.

Da die Rechtsfolge in allen drei Fallgruppen identisch ist – die Sache ist nicht mangelfrei, also mangelhaft -, bedarf es nicht unbedingt in jedem Einzelfall einer ganz genauen Abgrenzung, zumal diese sehr schwierig sein kann. Die drei Ansätze für die Bestimmung eines Mangels sollten aber bekannt sein und die Prüfungsreihenfolge beachtet werden.

**Die vereinbarte Beschaffenheit**    Eine Vereinbarung der Beschaffenheit der Kaufsache (*Soll-Beschaffenheit*) im Sinne des § 434 Abs. 1 S. 1 BGB kann dadurch erfolgen, dass der Zustand der Kaufsache im Kaufvertrag ausdrücklich festgehalten wird.

> **Beispiele**
> - „Verwendungszweck: Außenanstrichfarbe Segelboot, geeignet für extreme Bedingungen (Salzwasser)".
> - „Bisherige Laufleistung des Fahrzeugs 270552 km, unfallfrei, zwei Vorbesitzer".
> - „Hitzebeständig bis 300 Grad".

Die Vereinbarung kann auch stillschweigend (konkludent) getroffen werden: Wenn ein Verkäufer im Verkaufsgespräch, in einer Annonce, einem Katalog oder auf seiner Website konkrete Angaben zum Zustand der Kaufsache macht und der Käufer die Sache deshalb erwirbt, werden die entsprechenden Erklärungen des Verkäufers zum Inhalt des Vertrages und bilden damit die Grundlage für die Entscheidung, ob die vereinbarte Beschaffenheit von der tatsächlichen Beschaffenheit zum Nachteil des Käufers abweicht. Dies gilt allerdings nicht für reklamehafte Anpreisungen wie „Spitzenqualität", „super frisch" oder „absolute Weltneuheit".

**Beispiel** Fahrradhersteller Kaiser kauft im Herbst beim Maschinenlieferanten Vey eine Maschine, Typ HD 10.3, zur Herstellung von Fahrrädern. K weist in den Verhandlungen darauf hin, dass die Maschine zunächst im Zwei-Schicht-Betrieb eingesetzt werden soll (16 Stunden/Tag), bei einer erhofften steigenden Nachfrage im Frühjahr des kommenden Jahres möglicherweise aber auch im Drei-Schicht-Betrieb (24 Stunden/Tag) arbeiten soll. Durch den Hinweis des K im Verkaufsgespräch auf den möglichen Einsatz der Maschine im Drei-Schicht-Betrieb und den anschließenden Abschluss des Vertrages ist angesichts der Bedeutung dieses Leistungsmerkmals (Eigenschaft der Kaufsache) eine konkludente Beschaffenheitsvereinbarung getroffen worden, auch wenn insoweit im Kaufvertrag keine Einzelheiten enthalten sein sollten. Wenn die Maschine den Anforderungen an einen Drei-Schicht-Betrieb nicht entspricht, ist sie deshalb nach § 434 Abs. 1 S. 1 BGB mangelhaft.

Eine Vereinbarung der Beschaffenheit liegt auch dann vor, wenn der Verkäufer dem Käufer vorab ein **Muster** oder eine **Probe** zur Darstellung und Festlegung der Eigenschaften der Sache zur Verfügung gestellt hat.

**Beispiel** Reifenhersteller R überlässt dem Fahrradhersteller K während der Vertragsverhandlungen zu Testzwecken eine neu entwickelte „nahezu pannensichere" Fahrraddecke. Wird daraufhin ein Kaufvertrag geschlossen, stellt eine Abweichung vom Muster oder von der Probe einen Sachmangel nach § 434 Abs. 1 S. 1 BGB dar.

Zu beachten ist, dass die Parteien aufgrund der Privatautonomie die Möglichkeit haben, die Vereinbarung der Beschaffenheit ganz individuell zu treffen. Sie können dabei gegenüber der „Normalbeschaffenheit" eine höhere, aber auch eine geringere Qualität vereinbaren, was insbesondere beim Kauf gebrauchter Sachen wichtig sein kann.

**Beispiel** V verkauft seinen drei Jahre alten Pkw an K. Wenn V im Kaufvertrag festhält, dass das Fahrzeug einen erhöhten Benzinverbrauch hat, liegt insoweit kein Mangel vor, weil die vereinbarte Soll-Beschaffenheit nicht negativ von der Ist-Beschaffenheit abweicht. Falls das Fahrzeug einen von V nicht offenbarten Unfall hatte, ist es aber aus diesem Grunde mangelhaft.

**Die nach dem Vertrag vorausgesetzte Verwendung**   Wenn die Beschaffenheit weder ausdrücklich noch stillschweigend (konkludent) vereinbart wurde, ist zu prüfen, ob die Sache sich für die nach dem Vertrag vorausgesetzte Verwendung eignet (§ 434 Abs. 1 S. 2 Nr. 1 BGB). Die hier zu stellenden Anforderungen sind etwas geringer als in der ersten Fallgruppe, weil keine rechtsgeschäftliche (vertragliche) Vereinbarung vorliegen muss. Es reicht vielmehr aus, dass die Parteien eine *gemeinsame Vorstellung* vom Verwendungszweck der Sache haben, zum Beispiel weil eine bestimmte Verwendung der Sache im Vorfeld des Vertrages zugrunde gelegt wurde. Einseitige Vorstellungen des Käufers genügen ebensowenig wie das Wissen des Verkäufers, wozu der Käufer die Sache nutzen will. Es ist vielmehr erforderlich, dass beide Parteien eine bestimmte Verwendung der Sache „gemeinsam vor Augen" und damit **nach dem Vertrag gemeinsam vorausgesetzt** haben.

---

**Beispiele**

- V weiß aufgrund langjähriger Geschäftsbeziehung, dass K ausschließlich exklusive Rennräder im oberen Marktsegment für Profifahrer produziert. Für deren Herstellung bezieht er seit Jahren qualitativ hochwertige Schaltungen bei V. Sollte K nunmehr „für meine Produktion" auch Bremsen von V kaufen, müssen diese Bremsen sich für entsprechende Rennräder eignen, auch wenn die Parteien insoweit keine ausdrückliche oder konkludente Vereinbarung treffen.
- K führt eine kostspielige Außenrenovierung seines denkmalgeschützten Hauses durch und hat schon diverse Materialien (Mörtel, Putz, Werkzeuge) nach intensiver Beratung von V gekauft. Wenn K bei V „für die Beendigung der Arbeiten gute Farbe" erwirbt, muss diese Farbe für den Außenanstrich geeignet sein.

---

**Die gewöhnliche Verwendung**   Ist die Beschaffenheit der Sache weder vereinbart noch nach dem Vertrag vorausgesetzt, ist die Sache nach § 434 Abs. 1 S. 2 Nr. 2 BGB mangelfrei, wenn sie sich für die *gewöhnliche Verwendung* eignet und eine Beschaffenheit aufweist, die bei Sachen der gleichen Art *üblich* ist und die der Käufer nach der Art der Sache *erwarten kann*. Diese Fallgruppe wird vielfach bei Alltagsgeschäften vorliegen, etwa beim Kauf von Lebensmitteln oder Gebrauchsgegenständen (Kfz, Werkzeug, CD, DVD). Hier geben die Parteien keine rechtsgeschäftlichen Erklärungen zum Verwendungszweck der Kaufsache ab und treffen deshalb auch keine entsprechende Vereinbarung. Selbst wenn beiden Parteien klar ist, wozu die Sache dienen soll, lässt sich vielfach auch nicht feststellen, dass die Parteien nach dem Vertrag eine bestimmte Verwendung *vorausgesetzt* haben, da dieses Merkmal – wie gesehen – mehr als die bloße beiderseitige Kenntnis vom Verwendungszweck erfordert.

> **Beispiel** K hat im Verbrauchermarkt des V einen Liter „frische Milch" gekauft, die aber infolge falscher Lagerung ungenießbar ist. Hier haben V und K sich nicht vertraglich *geeinigt*, dass die Milch zum Verzehr geeignet sein muss. Auch wenn beiden Parteien dieser Verwendungszweck bekannt war (wozu sollte die Milch sonst gut sein?), war diese Eignung auch nicht nach dem Kaufvertrag vorausgesetzt[4]. Die Milch ist gleichwohl mangelhaft, weil sie sich nicht für die gewöhnliche Verwendung eignet und keine Beschaffenheit aufweist, die bei Sachen der gleichen Art üblich ist und die der Käufer nach der Art der Sache erwarten darf (§ 434 Abs. 1 S. 2 Nr. 2 BGB).

Welche Beschaffenheit der Käufer erwarten darf, bestimmt sich nicht nach der Erwartung des konkreten Käufers, sondern nach dem Erwartungshorizont eines **Durchschnittskäufers**. Den Vergleichsmaßstab bilden dabei Sachen der gleichen Art.

> **Beispiele**
>
> - K hat bei V zu einem marktgerechten Preis einen vier Jahre alten Mittelklassewagen gekauft, der laut Tacho eine Laufleistung von 45.000 km aufweist. Nachdem K mit dem Fahrzeug 5.000 km gefahren ist, hat der Pkw einen schweren Motorschaden. Liegt ein Mangel vor? Die Parteien haben keine Vereinbarung zum Zustand des Motors getroffen. Nach dem Vertrag wurde auch keine bestimmte Nutzung vorausgesetzt, sodass es auf die gewöhnliche Verwendung ankommt. Diese besteht bei einem Mittelklassewagen nach heutigem Stand der Technik darin, dass man mit dem „ersten Motor" ohne Reparaturen auf jeden Fall 100.000 km (wohl sogar 150.000 km) fahren kann. Bei vergleichbaren Fahrzeugen (Typ, Alter, Laufleistung) hat ein Motor bei 50.000 km keinen schweren Schaden, was ein durchschnittlicher (normaler) Käufer angesichts der objektiven Umstände (Preis, Alter, Laufleistung) erwarten kann. Das Fahrzeug ist damit mangelhaft.
>
> - Wie ist der Fall zu beurteilen, wenn das Fahrzeug (ein „Benziner") bereits 14 Jahre alt ist und 210.150 km „auf dem Buckel" hat und der Kaufpreis 999,-- € beträgt? Hier ändern sich die Beurteilungskriterien: Ein Durchschnittskäufer muss damit rechnen, dass es aufgrund des altersgemäßen Verschleißes des Fahrzeugs relativ schnell zu einem Motorschaden oder zu anderen gravierenden Schäden kommen kann. Deshalb liegt kein Mangel vor.

Zu beachten ist, dass zur Beschaffenheit für die gewöhnliche Verwendung nach § 434 Abs. 1 S. 3 BGB auch solche Eigenschaften der Kaufsache gehören, die der Käufer nach den **öffentlichen Äußerungen** des Verkäufers, des Herstellers oder seines Gehilfen (gemeint ist der Gehilfe des Verkäufers, zum Beispiel eine Werbeagentur) insbesondere in der Werbung oder bei der Kennzeichnung über bestimmte Eigenschaften

---

4     Vgl. aber Palandt/Putzo, Bürgerliches Gesetzbuch, § 434 R. 22.

der Sache erwarten kann. Relevant sind besonders die „öffentlichen Äußerungen" des Herstellers in der Fernseh-, Rundfunk- oder Internetwerbung, in Prospekten, Katalogen und in Zeitschriften- und Zeitungsanzeigen.

> **Beispiel** Die Auto-AG wirbt in Hochglanzbroschüren für ein neues Fahrzeug der Luxusklasse. Darin wird der Verbrauch mit „6,3 Liter im Drittelmix" angegeben. Ein von K beim Verkäufer V gekauftes Fahrzeug dieses Typs verbraucht jedoch 6,8 Liter auf 100 km. Liegt ein Mangel vor, wenn V und K bei Abschluss des Kaufvertrages nicht über den Benzinverbrauch gesprochen haben? Da der Benzinverbrauch weder konkret vereinbart noch nach dem Vertrag vorausgesetzt ist, kommt es darauf an, welche Beschaffenheit ein Durchschnittskäufer nach der Art der Sache erwarten darf. Insoweit ist auch auf den Inhalt der Hochglanzbroschüre zurückzugreifen, da es sich um eine „öffentliche Äußerung des Herstellers" handelt. Der Mehrverbrauch von 7,9 % begründet deshalb einen Mangel, auch wenn die Abweichung relativ gering ist und ein Verbrauch von 6,8 Liter auf 100 km für ein Fahrzeug der Luxusklasse recht wenig ist.

Die gerade dargestellte Erweiterung in Bezug auf die öffentlichen Äußerungen gilt nach § 434 Abs. 1 S. 3, 2. Halbsatz BGB nicht, wenn der Verkäufer die Äußerungen

- nicht kannte und auch nicht kennen musste,
- sie im Zeitpunkt des Vertragsabschlusses in gleicher Weise berichtigt waren oder
- sie die Kaufentscheidung nicht beeinflussen konnten.

Die Beweislast für einen dieser Ausnahmetatbestände (negatives Tatbestandsmerkmal) trifft im Streitfall den Verkäufer. Der Käufer muss also im vorstehenden Beispielsfall nicht beweisen, dass er die Werbung zum Benzinverbrauch kannte und das Fahrzeug deshalb gekauft hat. Vielmehr obliegt dem Verkäufer der Beweis, dass die falsche Werbung in einer anderen Hochglanzbroschüre berichtigt war, der Käufer sie nicht kannte oder dass die Werbung für den Kaufabschluss nicht ursächlich war. Dieser Beweis wird dem Verkäufer nur schwerlich gelingen.

**Montagefehler** Nach § 434 Abs. 2 BGB ist ein Sachmangel auch dann gegeben, wenn die vereinbarte Montage der Kaufsache durch den Verkäufer unsachgemäß durchgeführt wird oder wenn eine Montageanleitung mangelhaft ist (so genannte „IKEA-Klausel").

> **Beispiele**
> - K hat in einem Küchenmarkt des V eine Einbauküche gekauft, wobei V zur Lieferung und Montage verpflichtet ist. Mitarbeiter des V liefern die mangelfreie Küche, doch unterläuft ihnen beim Anschluss des Elektroherdes ein Fehler, sodass der – an sich mangelfreie – Herd nur eingeschränkt zu benutzen ist. Hier liegt ein Sachmangel der Küche vor.
> - Dies gilt auch, wenn ein Käufer aufgrund einer für den Durchschnittskäufer unverständlichen Montageanleitung eine Sache falsch zusammenbaut. Anders ist es, wenn es K trotz der fehlerhaften Anweisung gelingt, die Sache richtig zu montieren.

**Falsche Lieferung**   Nach § 434 Abs. 3 BGB werden bestimmte Fehler bei der Lieferung einem Sachmangel gleichgestellt, also wie ein Sachmangel behandelt. Dies gilt, wenn der Verkäufer

- eine andere als die gekaufte Sache oder
- eine zu geringe Menge liefert.

---

**Beispiele**

- Fahrradhersteller K hat bei V 22-mm-Felgen bestellt. V liefert aber Felgen in einer 23-mm-Breite. Hier hat V etwas anderes geliefert als K bestellt hat (ein „aliud"). Diese Falschlieferung wird wie ein Mangel behandelt, sodass K die Rechte zustehen, die er bei der Lieferung mangelhafter 22-mm-Felgen hätte.
- K hat bei V 2.000 Stück 22-mm-Felgen bestellt, V liefert aber nur 1.850 Stück. Auch die Zu-wenig-Lieferung wird einem Sachmangel gleichgestellt.

---

**Merksatz**   § 434 Abs. 1 BGB enthält damit folgende Kategorien von Sachmängeln:

1. Die Sache hat nicht die (vertraglich) **vereinbarte Beschaffenheit**,

2. die Sache eignet sich nicht für die **nach dem Vertrag vorausgesetzte Verwendung** oder

3. die Sache eignet sich nicht für die **gewöhnliche Verwendung** und weist nicht die Beschaffenheit auf, die bei Sachen gleicher Art **üblich ist** und die der Käufer nach der Art der Sache erwarten darf. Für die Beurteilung wird auch auf Angaben in der Werbung des Verkäufers, des Herstellers und eines vom Verkäufer beauftragten Gehilfen, wie etwa einer Werbeagentur, zurückgegriffen.

**Erweiterungen**, in denen ebenfalls ein Mangel vorliegt:

4. Die Sache wird vom Verkäufer **unsachgemäß montiert** (§ 434 Abs. 2 S. 1 BGB),

5. die vom Verkäufer übergebene **Montageanleitung** ist **mangelhaft**, es sei denn, die Montage durch den Käufer erfolgt dennoch fehlerfrei (§ 434 Abs. 2 S. 2 BGB).

Dem Sachmangel **gleichgestellt** werden folgende Fälle:

6. Der Verkäufer liefert eine andere Sache oder eine zu geringe Menge (§ 434 Abs. 3 BGB).

---

## Rechtsmangel nach § 435 BGB

Ein Anspruch auf Nacherfüllung kommt auch in Betracht, wenn ein Rechtsmangel vorliegt. Die Kaufsache ist nach § 435 S. 1 BGB frei von Rechtsmängeln, wenn Dritte in Bezug auf die Sache keine oder nur die im Kaufvertrag übernommenen Rechte gegen den Käufer geltend machen können.

> **Beispiel** Regisseur R hat von V das Drehbuch für den Film „Die Juraprüfung" gekauft. Die geplante Verfilmung scheitert daran, dass der Autor des dem Drehbuch als Vorlage dienenden Romans Urheberrechte geltend macht.

Da dem Rechtsmangel in der Praxis eine erheblich geringere Bedeutung als dem Sachmangel zukommt, soll auf den Rechtsmangel nicht näher eingegangen werden.

### 13.2.3 Im Zeitpunkt des Gefahrübergangs

#### Grundlagen

Bisher sind die beiden ersten positiven Tatbestandsmerkmale des § 437 Abs. 1 BGB behandelt worden, nämlich das Vorliegen eines Kaufvertrages **(P1)** und eines Mangels **(P2)**. Die dritte Voraussetzung **(P3)** ist, dass der Mangel bereits „bei Gefahrübergang" vorlag. Diese Voraussetzung wird zwar nur in Satz 1 von § 434 Abs. 1 BGB genannt, gilt aber in gleicher Weise für die anderen Mängelarten.

Regelungen zum Gefahrübergang finden sich in §§ 446, 447 BGB. Nach § 446 S. 1 BGB geht die Gefahr mit der Übergabe der Sache auf den Käufer über. Die Übergabe erfolgt bei Einkäufen in einem Ladenlokal dadurch, dass der Käufer die Sache erhält und mitnehmen kann und so deren unmittelbarer Besitzer wird (vgl. § 854 Abs. 1 BGB). Gleichbehandelt wird nach § 446 S. 3 BGB der Fall, dass der Käufer in Annahmeverzug gerät, zum Beispiel weil er eine Ware nicht wie vereinbart annimmt. Beim so genannten Versendungskauf geht die Gefahr nach § 447 BGB auf den Käufer über, wenn der Verkäufer die Ware an eine Transportperson ausgehändigt hat („Schickschuld")[5].

Der Mangel der Kaufsache muss im Zeitpunkt des Gefahrübergangs jedenfalls im Kern vorhanden sein (so genannte **Kerntheorie**), „sich zeigen" kann er auch noch später. In der Praxis ist problematisch, dass Mängel im Regelfall erst nach einiger Zeit, bisweilen erst nach mehreren Monaten oder gar Jahren auftreten. Hier kann es sehr schnell zum Streit darüber kommen, ob die Sache schon bei Gefahrübergang „im Kern" mangelhaft war („von Anfang an nicht in Ordnung", so der Käufer) oder erst infolge einer unsachgemäßen Nutzung durch den Käufer mangelhaft geworden ist („völlig unsachgemäße Nutzung", so der Verkäufer).

> **Beispiele**
> - K hat von V einen Laptop gekauft. Nach 18 Monaten lässt sich das CD-ROM-Laufwerk nicht mehr öffnen. Wenn dieser Umstand auf einem Materialfehler beruht, lag der Mangel bereits bei Gefahrübergang vor, war also „im Kern vorhanden". Anders ist es, wenn K das Laufwerk unsachgemäß bedient hat.
> - Ein Getriebeschaden bei einem Auto kann auf einem Konstruktions- oder Fabrikationsfehler oder auf einer extrem „sportlichen" Fahrweise („Die Gänge mal richtig hochziehen") beruhen, durch die das Getriebe geschädigt wird.

---

5  Vgl. S. 163 ff.

## Beweislast

Während Fragen der Beweislast in Vorlesungen häufig keine große Beachtung beigemessen wird, kommt der Beweislast in der gerichtlichen Praxis eine sehr große Bedeutung zu. In sehr vielen Prozessen geht es (nur) um die Fragen:

- Wer trägt die Beweislast?
- Wie kann der Beweis erbracht werden?
- Ist der beweisbelasteten Partei der Beweis gelungen?

Die Beweislast ist in Prozessen so verteilt, dass jede Partei die für sie günstigen Tatsachen beweisen muss, sofern nicht das Gesetz[6] oder die Rechtsprechung[7] eine andere Beweislastverteilung vornehmen.

> **Merksatz** Im Regelfall muss der Kläger die anspruchsbegründenden Tatsachen (positive Tatbestandsmerkmale), der Beklagte die anspruchsvernichtenden Tatsachen (negative Tatbestandsmerkmale) beweisen.

Dies bedeutet für die Mängelhaftung Folgendes: Wenn Streit zwischen den Parteien zu der Frage besteht, ob ein positives Tatbestandsmerkmal vorliegt, trifft die Beweislast den Kläger (Käufer). Er muss dann zunächst das Vorliegen eines Kaufvertrages beweisen (Voraussetzung P1). Aus einer versteckten Vorschrift (§ 363 BGB) folgt, dass den Käufer, wenn er die Sache als Erfüllung angenommen hat, auch der Beweis obliegt, dass die Sache einen Mangel hat (P2). Außerdem muss der Käufer beweisen, dass der Mangel bei Gefahrübergang (Lieferung, sonstige Besitzverschaffung, Abschicken der Ware) jedenfalls im Kern vorhanden war (P3). Das Vorliegen eines den Anspruch ausschließenden negativen Tatbestandsmerkmals muss hingegen der Verkäufer beweisen[8].

## Beweislast beim Verbrauchsgüterkauf

Von dieser allgemeinen Beweislastverteilung gibt es in der Praxis eine wichtige Abweichung, wenn ein Verbrauchsgüterkauf vorliegt.

**Begriff des Verbrauchsgüterkaufs** Ein Verbrauchsgüterkauf ist nach § 474 Abs. 1 BGB gegeben, wenn ein Verbraucher (§ 13 BGB)[9] von einem Unternehmer (§ 14 BGB)[10] eine bewegliche Sache kauft. Zum Schutz des Verbrauchers gelten neben den (allgemeinen) §§ 433 ff. BGB zusätzlich die (besonderen) §§ 474 Abs. 2 bis 479 BGB. Kaufverträge über Rechte, insbesondere Forderungen, und über Grundstücke (unbewegliche Sachen) fallen nicht in den Anwendungsbereich der §§ 474 ff. BGB. Ebenfalls ausgenommen sind öffentliche Versteigerungen über gebrauchte bewegliche Sachen, an denen der Verbraucher persönlich teilnehmen kann (§ 474 Abs. 1 S. 2 BGB).

---

6 Vgl. § 280 Abs. 1 S. 2 BGB (S. 193 f.); § 286 Abs. 4 BGB (S. 209); außerdem § 831 Abs. 1 S. 2 BGB (S. 377 f.) und § 1 Abs. 4 ProdHaftG (S. 277 f.).

7 Vgl. die Ausführungen zur Produzentenhaftung aus § 823 Abs. 1 BGB, S. 275.

8 Vgl. S. 234 ff.

9 Zum Begriff vgl. S. 72.

10 Zum Begriff vgl. S. 72.

> **Beispiele**
>
> - Privatmann X kauft vom Kfz-Händler H ein gebrauchtes Kraftfahrzeug: Die §§ 474 ff. BGB sind anwendbar, da ein Verbraucher (§ 13 BGB) von einem Unternehmer (§ 14 BGB) eine bewegliche Sache *gekauft* hat.
> - Privatmann X verkauft sein gebrauchtes Fahrzeug an den Kfz-Händler H: Die §§ 474 ff. BGB sind nicht anwendbar, weil in diesem Fall ein Verbraucher eine Sache an einen Unternehmer *verkauft* hat.
> - Verbraucher X verkauft sein gebrauchtes Fahrzeug an Verbraucher Y: Die §§ 474 ff. BGB sind nicht anwendbar, weil ein Kauf zwischen *zwei* Verbrauchern vorliegt.
> - Verbraucher X ersteigert einen Pkw im Internet. Die §§ 474 ff. BGB sind nur anwendbar, wenn der Verkäufer ein *Unternehmer* ist, aber nicht, wenn der Verkäufer ebenfalls *Verbraucher* ist.

**Beweislastumkehr**  Neben weiteren Besonderheiten für Verbrauchsgüterkaufverträge[11] ergibt sich aus § 476 BGB eine Beweislastumkehr zugunsten des Käufers. Diese Vorschrift hat in kurzer Zeit bereits mehrfach den Bundesgerichtshof beschäftigt[12], was verdeutlicht, dass ihr eine große praktische Bedeutung zukommt.

Um was geht es in § 476 BGB?

> **Merksatz**  Während nach der allgemeinen **Beweislastverteilung** der Käufer darlegen und beweisen muss, dass ein Mangel bereits im Zeitpunkt des Gefahrübergangs (§§ 446, 447 BGB) jedenfalls im Kern vorhanden war, wird bei einem Verbrauchsgüterkauf gemäß § 476 BGB *vermutet*, dass ein Sachmangel, der innerhalb von sechs Monaten ab Gefahrübergang auftritt (sich „zeigt"), bereits bei Gefahrübergang vorlag, es sei denn, diese Vermutung ist mit der Art der Sache oder des Mangels nicht vereinbar.

Zu beachten ist, dass die Vermutung nicht die Frage betrifft, *ob* überhaupt ein Mangel vorliegt. Diese Voraussetzung muss auch beim Verbrauchsgüterkauf der Käufer beweisen. § 476 BGB enthält nur eine in *zeitlicher Hinsicht* wirkende Vermutung, dass ein innerhalb von sechs Monaten auftretender Mangel bereits bei Gefahrübergang vorgelegen hat[13]. Diese Vermutung, die auch für gebrauchte Sachen gilt, muss der Verkäufer widerlegen.

---

11  Vgl. S. 235 ff., 253 ff., 269 f.
12  BGH NJW 2004, S. 2299 ff.; BGH NJW 2005, S. 483 ff.; BGH NJW 2005, S. 3490 ff.; dazu Witt, NJW 2005, 3468 ff.
13  BGH NJW 2004, S. 2299, 2300.

> **Beispiel**  Verbraucher K hat bei V, einem Unternehmer, zu einem marktgerechten Preis einen vier Jahre alten Mittelklassewagen gekauft, der laut Tacho eine Laufleistung von 75.000 km aufweist. Nachdem K mit dem Fahrzeug fünf Monate gefahren ist, hat dieses einen schweren Motorschaden. K behauptet, der Motor sei schon bei der Lieferung nicht in Ordnung gewesen, V beruft sich darauf, K habe einen „äußerst rasanten Fahrstil". Nach der allgemeinen Beweislastverteilung müsste K, etwa durch Vorlage eines Sachverständigengutachtens, beweisen, dass der Mangel im Zeitpunkt des Gefahrübergangs (bei der Auslieferung) jedenfalls im Kern vorhanden war[14]. Da hier ein Verbrauchsgüterkauf vorliegt und der Mangel innerhalb von sechs Monaten nach Gefahrübergang aufgetreten ist, greift jedoch zugunsten des K die Vermutung des § 476 BGB ein. Deshalb muss V beweisen, dass der Mangel *nicht* vorhanden war, sondern auf dem Fahrstil des K oder auf einer anderen Ursache beruht. Dieser Beweis dürfte nur sehr schwer zu führen sein.

Die Vermutung zugunsten des Käufers greift nach dem zweiten Halbsatz des § 476 BGB nicht ein, wenn sie mit der Art des Mangels nicht vereinbar ist.

> **Beispiele**
>
> ■ K reklamiert mit Nachdruck das Nichtfunktionieren seines Laptops. Aufgrund äußerer Spuren ist deutlich zu erkennen, dass das Gerät mindestens einmal aus großer Höhe zu Boden gefallen ist.
>
> ■ K reklamiert einen Motorschaden. Es wird festgestellt, dass K statt „Super unverbleit" versehentlich Dieselkraftstoff getankt hat.

Eine Entscheidung des Bundesgerichtshofs betraf einen äußerlich sichtbaren Karosserieschaden eines Kraftfahrzeuges in Gestalt einer Verformung des vorderen rechten Kotflügels und des Stoßfängers. Der BGH entschied, die Vermutung des § 476 BGB könne auch für äußere Beschädigungen der Kaufsache eingreifen. Sie sei jedoch dann mit der Art des Mangels unvereinbar, wenn es sich um äußere Beschädigungen handele, die auch einem fachlich nicht versierten Käufer auffallen müssten. Denn in einem solchen Fall sei zu erwarten, dass der Käufer den Mangel beanstande[15].

---

14   Zur Kerntheorie vgl. S. 230.
15   BGH NJW 2005, S. 3490, 3492.

## 13.2.4 Ausschluss des Anspruchs

Wenn die drei positiven Tatbestandsmerkmale (P1 + P2 + P3) gegeben sind, ist jedenfalls gedanklich kurz durchzugehen, ob der Anspruch ausgeschlossen sein könnte,
weil *ein* oder sogar mehrere negative Tatbestandsmerkmale vorliegen. Zu unterscheiden sind die folgenden vier Konstellationen:

- Kenntnis des Käufers vom Mangel
- Vertraglicher Ausschluss der Rechte
- Verjährung des Anspruchs
- Ausschluss im kaufmännischen Geschäftsverkehr.

### Kenntnis des Käufers vom Mangel

Nach § 442 S. 1 BGB sind die Rechte des Käufers wegen eines Mangels ausgeschlossen, wenn der Käufer den Mangel bei Vertragsschluss kennt. Der folgende Satz 2
betrifft den Fall, dass der Käufer den Mangel infolge grober Fahrlässigkeit nicht
erkannt hat. Da den Käufer grundsätzlich keine Untersuchungspflicht trifft[16],
beschränkt sich diese Gruppe auf Mängel, die einem Käufer eigentlich sofort auffallen
müssten, die ihm also geradezu „ins Auge springen". Übersieht der Käufer infolge
besonderer Nachlässigkeit einen solchen Mangel, behält er seine Rechte gemäß § 442
S. 2 BGB nur, wenn der Verkäufer den Mangel arglistig verschwiegen oder eine Garantie für die Beschaffenheit der Sache übernommen hat[17]. Dem § 442 BGB kommt insgesamt keine große Bedeutung zu. Wenn keine Anhaltspunkte vorliegen, kann man die
Vorschrift in einer Prüfung unerwähnt lassen oder sich mit dem Satz begnügen:
„Anhaltspunkte für einen Ausschluss des Nacherfüllungsanspruchs nach § 442 BGB
sind nicht ersichtlich".

### Vertraglicher Ausschluss der Rechte

Bis zur Änderung des BGB zum 01.01.2002 enthielten viele Kaufverträge über
gebrauchte Kraftfahrzeuge eine der folgenden Klauseln: „Gekauft wie besichtigt unter
Ausschluss jeglicher Gewährleistung" oder „Die Gewährleistung für Mängel wird ausgeschlossen". Auch heute wird in der Praxis nicht nur beim Kauf gebrauchter Gegenstände immer noch der Versuch gemacht, die Rechte des Käufers wegen Mängeln der
Kaufsache vollständig auszuschließen oder jedenfalls mehr oder weniger stark einzu-
schränken. Wie sich aus einem Umkehrschluss aus § 444 BGB ergibt, ist eine solche
Vereinbarung *grundsätzlich zulässig*. Bei den §§ 434 ff. BGB handelt es sich nämlich
nicht um zwingendes, sondern um dispositives Recht, also um Vorschriften, die zur
Disposition der Parteien stehen und die deshalb vertraglich geändert oder auch ganz
ausgeschlossen werden können[18].

Das ist aber ein eher theoretischer Ansatz, von dem die Rechtswirklichkeit erheblich abweicht. Bezüglich des Ausschlusses der Mängelhaftung gibt es nämlich eine
Reihe von Beschränkungen, und zwar insbesondere beim *Verbrauchsgüterkauf* und
bei der Verwendung von *Allgemeinen Geschäftsbedingungen*. In beiden Fällen ist es
für den Verkäufer zum Teil unmöglich, zum Teil nur sehr eingeschränkt möglich, die
Haftung für Mängel zu beschränken oder gar ganz auszuschließen.

---

16  Vgl. aber § 377 HGB, dazu S. 241 ff.
17  Zur Übernahme einer Garantie vgl. S. 267 ff.
18  Zur Vertragsfreiheit vgl. S. 58 ff.

> **Merksatz** Theoretisch kann die Mängelhaftung beim Kauf beschränkt oder sogar ganz ausgeschlossen werden, in der Praxis ist das aber insbesondere beim Kauf neuer Sachen häufig nicht möglich.

**Ausschluss durch Individualvereinbarung** Am ehesten kann die Haftung für Mängel durch eine Individualvereinbarung modifiziert werden. Eine solche liegt vor, wenn die Parteien den Inhalt einer vertraglichen Regelung im Einzelfall konkret aushandeln, wobei beide Parteien zu ernsthaften Verhandlungen über die Regelungen des Vertrages bereit sein müssen. Das Gegenteil bilden Allgemeine Geschäftsbedingungen. Hierbei handelt es sich gemäß § 305 Abs. 1 S. 1 BGB um vorformulierte Bedingungen, die eine Partei der anderen bei Abschluss des Vertrages stellt. Beispiele für AGB bilden Einkaufs- und Verkaufsbedingungen, Mustermietverträge, Versicherungsbedingungen und zahlreiche Bedingungen von Banken[19].

Liegt eine im konkreten Fall zulässige individuelle Vereinbarung zur Beschränkung oder zum vollständigen Ausschluss der Mängelhaftung vor, kann sich der Verkäufer nach § 444 BGB auf diese Vereinbarung nicht berufen, wenn er den Mangel arglistig verschwiegen oder eine Garantie für das Vorhandensein der Eigenschaft übernommen hat[20].

> **Beispiel** V und K verhandeln über den Kauf eines gebrauchten Sattelschleppers, den V von einem Spediteur in Zahlung genommen hat. Während der zähen Verhandlungen über den Preis erklärt V, er könne K „deutlich entgegenkommen", wenn dieser einem Gewährleistungsausschluss zustimme. K erklärt sich einverstanden. Nachträglich stellt sich heraus, dass der Sattelschlepper schwere technische Mängel aufweist, die dem V bekannt waren. Da V verpflichtet war, dem K diese Mängel ungefragt zu offenbaren[21], stellt sein Verhalten ein arglistiges Verschweigen dar. Aus diesem Grund kann V sich gemäß § 444 BGB auf den Ausschluss der Mängelhaftung nicht berufen.

Handelt es sich bei dem Kaufvertrag um einen **Verbrauchsgüterkauf (§ 474 Abs. 1 BGB)**, greift zum Schutz des Verbrauchers neben § 444 BGB zusätzlich § 475 BGB ein. Nach § 475 Abs. 1 BGB kann sich der Unternehmer auf eine vor Mitteilung des Mangels getroffene Vereinbarung, die zum Nachteil des Verbrauchers von den dort aufgeführten Paragraphen abweicht, nicht berufen. Da § 437 BGB in der Aufzählung des § 475 Abs. 1 BGB enthalten ist, ist eine Beschränkung oder ein Ausschluss der dem Verbraucher nach § 437 BGB zustehenden Mängelrechte unwirksam. Insoweit kommt es nicht darauf an, ob die Vereinbarung individuell getroffen wird oder in AGB enthalten ist. Das Verbot gilt also unabhängig davon, wie die Vereinbarung zustande gekommen ist.

---

19  Zu Einzelheiten vgl. S. 78 f.
20  Zur Übernahme einer Garantie vgl. S. 267 ff.
21  Zur Aufklärungspflicht eines Kfz-Verkäufers vgl. Palandt/Heinrichs, Bürgerliches Gesetzbuch § 123 Rn. 7.

Der Schutz des Verbrauchers nach § 475 Abs. 1, Abs. 2 BGB bezieht sich auf den Zeitraum vom Vertragsabschluss bis zur Mitteilung des Mangels. Er endet, sobald der Käufer dem Verkäufer einen Mangel mitgeteilt hat. Nach der Mitteilung können die Parteien, etwa im Wege eines Vergleichs, auch Vereinbarungen treffen, die von den §§ 437, 439 BGB und den anderen in § 475 Abs. 1 BGB genannten Vorschriften abweichen.

> **Beispiele**
>
> ■ Student K („Verbraucher", § 13 BGB) hat bei V („Unternehmer", § 14 BGB) einen Computer gekauft. In den „Service- und Garantiebedingungen" des V heißt es: „Im Falle eines Mangels werden wir das Gerät binnen drei Tagen kostenlos reparieren und ein Ersatzgerät bis zum Ende der Reparaturzeit bereitstellen". Nach § 475 Abs. 1 BGB kann V sich auf diese Klausel nicht berufen, weil K gemäß § 437 Nr. 1 i.V.m. § 439 Abs. 1 BGB ein Wahlrecht zwischen der Nachbesserung (Reparatur) und der Neulieferung (Lieferung eines mangelfreien Gerätes) zusteht, während die Klausel nur die Reparatur vorsieht.
>
> ■ Verbraucher K kauft beim Kfz-Händler V ein gebrauchtes Fahrzeug. In das Formular trägt V nach Absprache mit K handschriftlich ein: „Sechs Monate Gewährleistung". Obwohl K zugestimmt hat, kann V sich auf diese Regelung nicht berufen, weil die Verjährungsfrist bei gebrauchten Sachen nach § 475 Abs. 2 BGB mindestens ein Jahr betragen *muss*. Dies gilt auch, wenn der Verbraucher wie hier mit einer Verkürzung der Verjährungsfrist einverstanden ist. Da sich der Unternehmer auf diese Vereinbarung nicht berufen kann, tritt an ihre Stelle die gesetzliche Frist von zwei Jahren (§ 438 Abs. 1 Nr. 3 BGB). Die Vereinbarung wird also nicht in dem nach § 475 Abs. 2 BGB zulässigen Umfang (*ein* Jahr) aufrecht erhalten[22].

Zulässig – und aus Verkäufersicht geschickt – ist es allerdings, von vornherein die Soll-Beschaffenheit der Sache gemäß § 434 Abs. 1 S. 1 BGB so zu vereinbaren, dass bestimmte negative Abweichungen keine Mängel sind. Darin liegt kein Ausschluss von Mängelrechten.

> **Beispiel**  K kauft bei V einen vier Jahre alten Pkw. In die Rubrik „Zustand des Fahrzeugs" trägt V ein: „Fahrzeug hatte Unfall, Rahmen auch nach Reparatur leicht verzogen". Hier haben die Parteien in Bezug auf die Eigenschaften „unfallfrei" und „Zustand des Rahmens" eine ausdrückliche Vereinbarung getroffen. V ist deshalb (nur) verpflichtet, ein Fahrzeug zu liefern, das einen Unfall hatte und einen leicht verzogenen Rahmen aufweist. Ein Fahrzeug mit dieser Ist-Beschaffenheit entspricht der vertraglich vereinbarten Soll-Beschaffenheit und ist somit mangelfrei. Anders wäre es, wenn der Rahmen erheblich verzogen wäre oder das Fahrzeug andere, nicht aufgeführte Mängel hätte: Denn dann würde es der vereinbarten bzw. üblichen Beschaffenheit nicht entsprechen und wäre damit mangelhaft.

---

22  Vgl. Palandt/Putzo, Bürgerliches Gesetzbuch, § 475 Rn. 8.

Wie das Beispiel zeigt, haben Gebrauchtwagenhändler und andere Verkäufer durchaus die Möglichkeit, sich vor Mängelansprüchen zu schützen. Allerdings müssen sie die Mängel der Kaufsache deutlich offen legen und damit eine entsprechende Soll-Beschaffenheit vereinbaren. Natürlich ist ein solches Vorgehen für die Preisverhandlungen nicht unbedingt förderlich und deswegen wenig beliebt.

Eine andere, nach der Einführung der §§ 474 ff. BGB wieder entdeckte Möglichkeit besteht darin, dass der gewerbliche Händler nicht als Verkäufer auftritt, sondern den Kaufvertrag zwischen dem Verkäufer (bisheriger Eigentümer) und dem Käufer lediglich vermittelt. Wenn der Verkäufer kein Unternehmer ist, liegt kein Verbrauchsgüterkauf im Sinne des § 474 Abs. 1 BGB vor, sodass die §§ 474 ff. BGB keine Anwendung finden. § 475 Abs. 1 BGB steht einem Haftungsausschluss somit nicht entgegen.

> **Beispiel** Verbraucher V will ein neues Auto beim Kfz-Händler H kaufen und sein gebrauchtes Fahrzeug in Zahlung geben. Wenn H das Auto des V kauft und anschließend an den Verbraucher K weiterverkauft, liegt beim Weiterverkauf ein Verbrauchsgüterkauf vor, weil Verbraucher K vom Unternehmer H eine bewegliche Sache gekauft hat. Wenn der Kaufvertrag über das gebrauchte Auto des Verbrauchers V – unter Vermittlung des H – direkt zwischen Verbraucher V und Verbraucher K geschlossen wird, liegt hingegen kein Verbrauchsgüterkauf vor. § 475 Abs. 1 BGB steht damit einem Haftungsausschluss nicht entgegen.

Allerdings könnte es sich bei dieser Konstruktion um eine „anderweitige Gestaltung" im Sinne des § 475 Abs. 1 S. 2 BGB mit der Folge handeln, dass die in Satz 1 genannten Vorschriften anzuwenden sind. Nach der Rechtsprechung sind solche **Agenturgeschäfte** im Gebrauchtwagenhandel mit Verbrauchern aber nicht generell, sondern nur dann als Umgehungsgeschäfte anzusehen, wenn der Gebrauchtwagenhändler bei wirtschaftlicher Betrachtungsweise als Verkäufer des Fahrzeugs anzusehen ist. Entscheidende Bedeutung wird der Frage beigemessen, ob der Händler oder der nach außen als Verkäufer auftretende bisherige Fahrzeugeigentümer das wirtschaftliche Risiko des Verkaufs zu tragen hat. Dafür kommt es zum Beispiel darauf an, ob der Händler dem Kunden einen bestimmten Mindestverkaufspreis garantiert und ihm beim Kauf eines Neuwagens den entsprechenden Teil des Kaufpreises für den Neuwagen gestundet hat[23]. In diesem Fall läge ein Umgehungsgeschäft mit der Folge vor, dass der Händler sich nicht auf die anderweitige Gestaltung berufen könnte und deshalb gewährleistungspflichtig wäre[24].

Nach § 475 Abs. 3 BGB besteht beim Verbrauchsgüterkauf die Möglichkeit, **Schadensersatzansprüche** zu beschränken oder auszuschließen. Geschieht dies nicht in einem Individualvertrag, sondern – wie üblich – in Allgemeinen Geschäftsbedingungen, ist aber zu prüfen, ob ein Verstoß gegen §§ 307 bis 309 BGB vorliegt.

**Ausschluss durch Allgemeine Geschäftsbedingungen** In der Praxis werden bei zahlreichen Geschäften AGB verwendet, die – sofern der Verkäufer der Verwender ist – häufig Regelungen zur Mängelhaftung enthalten, die für den Käufer ungünstiger sind als die gesetzlichen Regelungen. Zum Schutz der anderen Partei, hier des Käufers,

---

23   BGH NJW 2005, S. 1039, 1040.
24   Vgl. Palandt/Heinrichs, Bürgerliches Gesetzbuch, § 475 Rn. 8.

findet nach §§ 307 bis 309 BGB eine Inhaltskontrolle von AGB statt. In Bezug auf „Mängelhaftungsklauseln" sind § 309 Nr. 7, Nr. 8 b) und ergänzend § 307 BGB von besonderer Bedeutung. Aber aufgepasst: Oft kommt man in der Prüfung gar nicht bis zu diesen Vorschriften, weil ein Verbrauchsgüterkauf vorliegt und die fragliche AGB-Klausel deshalb schon nach § 475 Abs. 1 BGB keine Wirkung entfaltet.

Nur bei AGB-Regelungen außerhalb des Verbrauchsgüterkaufs und bei dem nach § 475 Abs. 3 BGB möglichen Ausschluss von Schadensersatzansprüchen sind § 309 Nr. 7, Nr. 8 b) und ergänzend § 307 BGB zu prüfen.

---

**Beispiel**

Verbraucher K kauft beim Händler V ein Auto. In den Lieferbedingungen des V heißt es: „Schadensersatzansprüche bestehen nur im Falle vorsätzlichen Handelns".

- Liegt ein Verbrauchsgüterkauf vor? Hier ja: Verstößt die Klausel gegen § 475 Abs. 1 BGB? Antwort: Nein wegen § 475 Abs. 3 BGB.
- Ist die Klausel individuell vereinbart worden? Nein, da in AGB.
- Verstößt die Klausel gegen §§ 307-309 BGB? Ja, und zwar gegen § 309 Nr. 7 a) und Nr. 7 b) BGB. Die Klausel ist deshalb unwirksam.

---

Für die Anwendung des § 309 Nr. 7, 8 b) BGB und des § 307 BGB verbleiben wegen des Vorrangs des § 475 BGB beim Verbrauchsgüterkauf folgende Konstellationen:

1. Kaufverträge zwischen zwei Verbrauchern („von privat an privat", also c2c[25]),

2. Klauseln, die Ansprüche wegen Schadensersatzes beschränken oder ausschließen (vgl. § 475 Abs. 3 BGB),

3. Kaufverträge, bei denen der Käufer ein Unternehmer ist (c2b[26] und b2b[27]).

Der Hauptanwendungsfall in der ersten Fallgruppe dürften Kaufverträge über gebrauchte Gegenstände sein, unter anderem im Rahmen von **Internetversteigerungen**. Hier ist es außerhalb des Verbrauchsgüterkaufs üblich und grundsätzlich auch wirksam, bei gebrauchten Sachen die Gewährleistung ganz auszuschließen.

---

**Beispiel** Verbraucher K hat im Internet eine gebrauchte Kamera von Verbraucher V gekauft. Im Kaufvertrag sind alle Ansprüche wegen Mängeln der Sache ausgeschlossen. Ist der Ausschluss wirksam?

- Kein Verstoß gegen § 475 Abs. 1 BGB, da kein Verbrauchsgüterkauf vorliegt, weil beide Parteien Verbraucher sind.
- Kein Verstoß gegen § 309 Nr. 8 b) BGB, da kein Kauf einer *neuen* Sache.
- Grenze des Gewährleistungsausschlusses gemäß § 444 BGB: Arglistiges Verhalten des V: Dieses liegt vor, wenn V wusste oder es jedenfalls für möglich hielt, dass die Kamera einen Mangel hatte.

---

25 Im „Internet-Deutsch" für „consumer to consumer".
26 Für „consumer to business".
27 Für „business to business"

Bei der dritten Fallgruppe – Kaufverträge mit einem Unternehmer als Käufer – besteht die Besonderheit darin, dass § 309 BGB nicht unmittelbar gilt, weil es sich beim Käufer um einen Unternehmer handelt. Gemäß § 310 Abs. 1 BGB gelten §§ 308, 309 BGB aber im Rahmen der Inhaltskontrolle mittelbar[28]. Die Unwirksamkeit der Klauseln kann sich aber nur aus § 307 BGB ergeben. Hier ist jeweils im Einzelfall zu prüfen, ob die in §§ 308, 309 BGB enthaltenen Verbote auch im Verkehr zwischen Unternehmern gelten. Einzelheiten hierzu kann und sollte man sich nicht merken, sondern in den einschlägigen Quellen, insbesondere in den Kommentaren zum BGB, etwa dem Palandt[29], nachlesen.

## Praxistipp

1. Ein Unternehmer (Händler) kann beim Verkauf einer *neuen oder gebrauchten Sache* an einen Verbraucher die Haftung für Mängel nur bezüglich der Schadensersatzansprüche ausschließen (§ 475 Abs. 1, Abs. 3 BGB).

2. Nach § 475 Abs. 2 BGB besteht allerdings die Möglichkeit, die Gewährleistungsfrist auf *ein Jahr* zu verkürzen.

3. Der Händler kann sich darauf beschränken, den Kaufvertrag zwischen zwei Verbrauchern nur zu vermitteln (Agenturgeschäft), sodass die §§ 474 ff. BGB nicht gelten. Bei dieser Gestaltung ist darauf zu achten, dass kein Umgehungsgeschäft gemäß § 474 Abs. 1 S. 2 BGB vorliegt[27].

4. Liegt *kein* Verbrauchsgüterkauf vor, kann die Mängelhaftung bei *gebrauchten* Sachen vollständig ausgeschlossen werden. Der Ausschluss ist also möglich bei einem Verkauf „von privat an privat", „von privat an gewerblich" und „von gewerblich an gewerblich".

## Verjährung des Anspruchs (§§ 438, 214 Abs. 1 BGB)

Gemäß § 214 Abs. 1 BGB ist der Verpflichtete nach Eintritt der Verjährung berechtigt, die Leistung zu verweigern, indem er die „Einrede der Verjährung" erhebt. Mit „Eintritt der Verjährung" ist der Ablauf der Verjährungsfrist gemeint.

**Beispiel** K hat bei V am 10. Januar 2004 einen neuen Pkw gekauft, die Auslieferung erfolgte am 24. Januar 2004. Am 3. Mai 2006 tritt ein „Kolbenfresser" auf. Als K eine Nachbesserung (Reparatur) verlangt, beruft V sich auf Verjährung. Die zweijährige Verjährungsfrist (§ 438 Abs. 1 Nr. 3 BGB) ist am Tag nach dem Gefahrübergang (hier der Auslieferung des Fahrzeugs an K) und damit am 25. Januar 2004, 0.00 Uhr angelaufen (vgl. § 187 Abs. 1 BGB). Sie endete am 24. Januar 2006, 24.00 Uhr. Der Schuldner V ist deshalb berechtigt, die „Einrede der Verjährung" zu erheben und damit die Reparatur zu verweigern (§ 214 Abs. 1 BGB). K kann den Anspruch nicht mehr durchsetzen.

---

28  Vgl. S. 93.
29  Palandt, Bürgerliches Gesetzbuch, 65. Aufl., München 2006.
30  Dazu BGH NJW 2005, S. 1039, 1040.

Bei der Prüfung der Verjährung ist zunächst die Länge der Frist zu bestimmen, sodann ist zu klären, wann die Frist zu laufen beginnt und – aus der Sicht des Gläubigers – was der Gläubiger unternehmen kann, wenn der Eintritt der Verjährung droht[31].

**Verjährungsfrist**  Die Verjährung der dem Käufer bei Mängeln der Kaufsache nach § 437 BGB zustehenden Rechte richtet sich nach § 438 BGB. Diese Vorschrift trifft eine Unterscheidung nach der Art des Kaufgegenstandes:

**Tabelle 13.1**

| Gegenstand | Verjährungsfrist |
|---|---|
| Dingliche Rechte auf Herausgabe einer Sache (nach § 985 BGB) oder ein sonstiges im Grundbuch eingetragenes Recht (Grundschuld, Wegerecht) | 30 Jahre § 438 Abs. 1 Nr. 1 BGB |
| Bauwerk oder Sache, die für ein Bauwerk verwendet wurde und dessen Mangelhaftigkeit verursacht hat (Beton, Fenster, Heizkessel) | Fünf Jahre § 438 Abs. 1 Nr. 2 BGB |
| im Übrigen (Autos, Elektrogeräte, Haushaltsgegenstände, Kleidung, Möbel usw.), auch für gebrauchte Gegenstände | Zwei Jahre § 438 Abs. 1 Nr. 3 BGB |
| bei arglistigem Verschweigen des Mangels durch den Verkäufer | Mindestens drei Jahre §§ 438 Abs. 3, 195 BGB |

Besonders häufig ist die vorletzte Fallgruppe betroffen, in der Ansprüche des Käufers wegen Mängeln einer beweglichen Sache gegen den Verkäufer in **zwei Jahren** verjähren. Sollte die bewegliche Sache entsprechend ihrer üblichen Verwendungsweise für ein Bauwerk verwendet worden sein und dessen Mangelhaftigkeit verursacht haben, gilt abweichend eine Frist von **fünf Jahren** (§ 438 Abs. 1 Nr. 2 b) BGB).

**Beispiel**  Bauunternehmer U kauft bei V Fenster und baut diese in einen Neubau ein. Für die Fenster gilt nicht die zweijährige Verjährungsfrist des § 438 Abs. 1 Nr. 3 BGB, sondern die fünfjährige Frist des § 438 Abs. 1 Nr. 2 b) BGB. Eine fünfjährige Frist gilt gemäß § 634 a Abs. 1 Nr. 2 BGB auch zwischen U und seinem Auftraggeber (dem Bauherrn).

**Fristbeginn**  Nach § 438 Abs. 2 BGB beginnt die Verjährung bei Grundstücken mit der Übergabe, bei beweglichen Sachen mit der Ablieferung der Ware. Die Frist läuft gemäß § 187 Abs. 1 BGB an dem auf das Ereignis folgenden Tag an, beim Kauf einer beweglichen Sache also am Tag nach der Lieferung[32]. Etwas anderes gilt im Falle der Arglist des Verkäufers, da hier § 195 BGB i.V.m. § 199 BGB anzuwenden ist.

Auf die Frage der Verjährung ist in einer Prüfung, sofern keine Anhaltspunkte vorliegen, nicht oder nur sehr knapp, etwa wie folgt einzugehen: „Anhaltspunkte für eine Verjährung des Anspruchs nach § 438 Abs. 1 Nr. 3 BGB sind nicht ersichtlich" oder: „Da die zweijährige Verjährungsfrist des § 438 Abs. 1 Nr. 3 BGB noch nicht abgelaufen ist, kann V sich nicht mit Erfolg auf die Verjährung berufen (§ 214 Abs. 1 BGB)".

---

31  Vgl. S. 146 ff.
32  Etwas anderes gilt für die allgemeinen Verjährungsfristen der §§ 195 ff. BGB, vgl. S. 146 f.

## Ausschluss der Rechte im kaufmännischen Verkehr

Von großer praktischer Bedeutung im kaufmännischen Rechtsverkehr ist § 377 HGB. Die Nichtbeachtung der kaufmännischen Rügeobliegenheit führt für den Käufer zu einem vollständigen Verlust der Mängelrechte innerhalb einer ganz kurzen Frist, oft von wenigen Tagen oder Wochen.

**Funktion der Vorschrift**   Nach § 377 Abs. 1 HGB hat der Käufer eine Ware unverzüglich nach der Ablieferung zu untersuchen, soweit dies „nach ordnungsgemäßem Geschäftsgang tunlich ist". Zeigt sich dabei ein Mangel, ist dieser dem Verkäufer unverzüglich anzuzeigen. Anderenfalls gilt die Ware, auch wenn sie einen Mangel aufweist, nach § 377 Abs. 2 HGB als genehmigt. Das bedeutet, dass der Käufer die mangelhafte Sache behalten und zudem den vollen Kaufpreis zahlen muss, auch wenn die zwei- oder fünfjährige Verjährungsfrist für die Ansprüche wegen Mängeln (§ 438 Abs. 1 Nr. 2, Nr. 3 BGB) noch nicht abgelaufen ist.

Die juristisch korrekte Bezeichnung für diesen Sachverhalt lautet: „Verletzung der kaufmännischen Rüge*obliegenheit*". Der Verkäufer hat nämlich *keinen Anspruch* darauf, dass der Käufer die Ware untersucht. Wenn der Käufer die Untersuchung nebst unverzüglicher Rüge unterlässt, steht dem Verkäufer deshalb kein Schadensersatzanspruch zu. Der Käufer „schneidet sich aber ins eigene Fleisch", wenn er die Untersuchung nicht durchführt. Denn er verliert die ihm wegen des Mangels nach § 437 BGB gegen den Verkäufer zustehenden Rechte. Der vorliegende Verstoß gegen eigene Interessen wird als *Obliegenheitsverletzung* bezeichnet.

**Voraussetzungen des § 377 HGB**   § 377 Abs. 1 HGB ist wie folgt zu lesen:

**Wenn**

- **P1:** der Kauf für beide Teile ein Handelsgeschäft ist und
- **P2:** die Ware durch den Verkäufer abgeliefert wurde,

**dann**

- **P3:** hat der Käufer die Ware unverzüglich zu untersuchen, soweit dies im ordnungsgemäßen Geschäftsgang tunlich ist, und
- **P4:** wenn sich ein Mangel zeigt, dem Verkäufer unverzüglich eine Anzeige zu machen.

Die **Rechtsfolge** der unterlassenen oder verspäteten Anzeige ergibt sich aus § 377 Abs. 2 HGB:

Unterlässt der Käufer die Anzeige, so gilt die Ware als genehmigt, sodass dem Käufer wegen des Mangels keine Rechte mehr aus § 437 BGB zustehen, es sei denn, dass der Mangel bei der Untersuchung nicht erkennbar war.

Auf § 377 HGB kann sich der Verkäufer nicht berufen, wenn er den Mangel arglistig verschwiegen hat (§ 377 Abs. 5 HGB).

**Kauf für beide Teile ein Handelsgeschäft**   § 377 HGB setzt voraus, dass der Kauf für *beide* Teile ein *Handelsgeschäft* ist. Dies bestimmt sich nach den §§ 343, 344 HGB. Danach müssen Verkäufer und Käufer Kaufmann im Sinne der §§ 1 ff. HGB sein und der Kauf muss, was aber nach § 344 Abs. 1 HGB vermutet wird, zum Betrieb des jeweiligen Handelsgewerbes gehören. Kauft ein Verbraucher von einem Kaufmann eine Sache (Verbrauchsgüterkauf) oder ein Kaufmann von einem Verbraucher eine Sache (etwa Ankauf eines gebrauchten Kfz durch einen Kfz-Händler), gilt § 377 HGB nicht. Es ist auch nicht ausreichend, dass ein Kaufmann und ein Unternehmer (§ 13 BGB) beteiligt sind oder dass ein Unternehmer von einem anderen Unternehmer eine Ware kauft. Es müssen zwei Kaufleute im handelsrechtlichen Sinn sein[33]!

> **Beispiel** Einzelhändler E hat 200 Kaffeemaschinen von der L-GmbH gekauft. Nach drei Wochen teilt E der L-GmbH mit, dass an 15 Maschinen erhebliche Mängel vorliegen. Er verlangt deshalb gemäß § 437 Nr. 1 BGB die Lieferung mangelfreier Maschinen. Die L-GmbH lehnt dies unter Hinweis auf § 377 HGB ab. Zu Recht? § 377 HGB gilt nur, wenn der Kauf für *beide* Teile ein Handelsgeschäft ist. Dies setzt nach § 343 Abs. 1 HGB voraus, dass *beide* Parteien Kaufleute im Sinne des HGB sind. Die L-GmbH ist Formkaufmann nach §§ 6 Abs. 1 HGB, 13 Abs. 3 GmbHG. E ist nur dann Kaufmann, wenn sein Unternehmen, was zu klären ist, kaufmännische Einrichtungen erfordert (§ 1 Abs. 1 HGB)[34]. Ist dies nicht der Fall, liegt schon die erste Voraussetzung des § 377 HGB nicht vor.

§ 377 HGB gilt nach § 381 Abs. 2 HGB auch für Verträge, die die Lieferung herzustellender oder zu erzeugender beweglicher Sachen zum Gegenstand haben, aber nicht für reine Werkverträge, etwa für Reparatur- und Wartungsverträge. Allerdings kann unter Kaufleuten auch für diese Verträge eine Mängelrüge vereinbart werden, auch in Allgemeinen Geschäftsbedingungen.

**Ablieferung der Ware an den Käufer** Die Ware ist an den Käufer abgeliefert, wenn der Besitz auf ihn übertragen wurde, er also die tatsächliche Sachherrschaft erlangt hat (§ 854 Abs. 1 BGB). Es ist nicht erforderlich, dass der Käufer bereits Eigentümer der Kaufsache ist. Wird die Ware auf Veranlassung des Käufers an einen Dritten geliefert (so genannte „Durchlieferung", auch „Streckengeschäft" genannt), gilt sie ebenfalls als abgeliefert. Dem Käufer ist in einem solchen Fall zur Vermeidung von Rechtsnachteilen anzuraten, den Dritten vertraglich mit der Untersuchung zu beauftragen oder sich notfalls selbst an den Lieferort zu begeben. Es besteht auch die Möglichkeit, § 377 HGB im Verhältnis zum Lieferanten vertraglich etwa wie folgt zu ändern:

> **Praxistipp** Vorschlag für eine AGB-Klausel in Einkaufsbedingungen: „Im Falle eines Streckengeschäftes ist die Mängelanzeige rechtzeitig, wenn der Käufer einen von seinem Abnehmer angezeigten Mangel unverzüglich an den Verkäufer weiterleitet".

**Umfang der Untersuchung** Schwierigkeiten bereitet in der Praxis der Umfang der gebotenen Untersuchung. Das Gesetz verlangt eine Untersuchung, wie sie „im ordnungsgemäßen Geschäftsgange tunlich" ist. Die Untersuchung ist auf solche Mängel auszurichten, die bei einer mit verkehrsüblicher Sorgfalt durchgeführten Untersuchung erkennbar sind. „Tunlich" bedeutet deshalb nicht „üblich", sondern *zumutbar*. Art und Umfang der Untersuchung hängen von den Umständen des Einzelfalls ab.

---

33  Zum Kaufmannsbegriff vgl. S. 72 ff.
34  Vgl. S. 72 f.

**Beispiele**

- Werden nur wenige Stücke einer Ware geliefert, ist eine Untersuchung, die zur Zerstörung oder Unverkäuflichkeit führt, nicht tunlich (zumutbar). Die Ware ist aber „auf Sicht" zu prüfen, etwa auf äußere Beschädigungen der Verpackung und der Ware selbst.
- Kann eine Ware – hier Computerdisketten – ohne Einbuße von Wert und Verkaufsfähigkeit geprüft werden, sind bei einer Gesamtliefermenge von 20000 Stück 15-20 Stichproben *nicht* ausreichend[35].
- „Tunlich" (zumutbar) kann auch eine Weiter- oder Probeverarbeitung sein, sofern ein Mangel nur so festgestellt werden kann.

In allen Fällen muss die Untersuchung „ohne schuldhaftes Zögern" (vgl. § 121 BGB) erfolgen, um so die Voraussetzung für eine unverzügliche Rüge zu schaffen.

**Beispiel** Kaufmann K hat von der V-GmbH eine große Menge tiefgefrorenes Fleisch bezogen, das er verarbeiten will. Als K das Fleisch nach drei Wochen auftaut, wird aufgrund des Geruchs und des Aussehens sofort festgestellt, dass es verdorben ist. Hier hätte K, um der Rügeobliegenheit zu genügen, einen Teil des Fleisches auftauen müssen. Er hat seine Ansprüche aus § 437 BGB gemäß § 377 Abs. 2 HGB verloren und ist, sofern noch nicht geschehen, nach § 433 Abs. 2 BGB verpflichtet, den vollständigen Kaufpreis an die V-GmbH zu zahlen, obwohl das Fleisch verdorben ist[36].

**Unverzügliche Anzeige** Wenn sich ein Mangel zeigt, hat der Käufer dem Verkäufer den Mangel unverzüglich, das heißt ohne schuldhaftes Zögern anzuzeigen (§ 121 BGB). Eine feste, bestimmte Frist für die Anzeige gibt es nicht. Vielmehr kann diese je nach Liefergegenstand, Umfang der Lieferung und Schwierigkeit der Untersuchung zwischen wenigen Stunden (leicht verderbliche Ware) und einigen Tagen oder aber ausnahmsweise Wochen schwanken. Ein vorsichtiger Kaufmann wird unmittelbar nach dem Eintreffen der Ware mit der Untersuchung beginnen.

**Praxistipp** Es sollte für den Fall einer späteren gerichtlichen Auseinandersetzung in einem *Prüfprotokoll* festgehalten werden, wer wann welche Untersuchung vorgenommen hat und welche Mängel sich gezeigt haben bzw. dass die Ware mangelfrei war.

Wird ein Mangel festgestellt, muss dieser dem Verkäufer unverzüglich angezeigt werden. Dabei muss der Mangel möglichst genau beschrieben werden. Der Käufer muss allerdings nicht mitteilen, *warum* die Sache mangelhaft ist, sondern nur hinreichend

---

35  OLG Köln, NJW-RR 1999, S. 565, 566.
36  Vgl. OLG Oldenburg, Betriebs-Berater (BB) 1998, S. 398 f.

genau beschreiben, *welcher* Mangel vorliegt. Er muss also nicht die Ursache des Mangels nennen (die der Käufer ja oft auch gar nicht kennt), sondern lediglich das *Erscheinungsbild* des Mangels, dessen Symptom beschreiben.

---

**Beispiele**

- Die Rüge: „Die Ware ist EDV-Schrott. Sie steht zur Abholung bereit" genügt nicht den Anforderungen an eine ordnungsgemäße Anzeige.

- Ausreichend wäre folgende Anzeige: „Beim Hochfahren des Computers kommt es unregelmäßig zu folgender Fehlermeldung: Es ist ein schwerer Ausnahmefehler im Modul KS 12.0551 aufgetreten. Danach lässt sich das Gerät nicht weiter hochfahren und der Bootvorgang muss vollständig wiederholt werden."

---

Auch wenn § 377 HGB für die Anzeige des Mangels keine Form vorsieht, ist es aus Beweisgründen dringend anzuraten, eine schriftliche Rüge zu erheben. Häufig wird die Schriftform in den AGB des Lieferanten festgeschrieben, was im kaufmännischen Verkehr zulässig ist.

**Rechtsfolgen der unterlassenen Rüge**  Die Rechtsfolge bei Nichtbeachtung der Rügeobliegenheit ergibt sich aus § 377 Abs. 2 HGB: Danach gilt die Ware, so wie sie ist, als genehmigt. Es wird also so getan (es wird fingiert), als ob der Käufer mit der Qualität der Ware zufrieden ist und keine Mängelansprüche gemäß § 437 BGB geltend machen will.

---

**Beispiel**  Die bundesweit tätige K-AG (K) bezieht von der V-GmbH (V) 10.000 Computer, die K im Rahmen einer Sonderaktion vier Wochen später verkaufen will. Eine Eingangsuntersuchung bei K auf mögliche Mängel unterbleibt. Weniger als eine Stunde nach dem Start der Aktion sind sämtliche Computer nach teilweise heftigen Verteilungskämpfen in allen Filialen der K ausverkauft. Die Freude der erfolgreichen Käufer währt aber nur kurz, da alle Geräte erhebliche Mängel aufweisen, die bei der Installation unmittelbar sichtbar werden. K verlangt von V die Lieferung mangelfreier Geräte.

*Lösungsskizze*

Nach § 437 Nr. 1 BGB steht K – was in einer Klausur genau zu prüfen ist – der begehrte Nacherfüllungsanspruch zu. Dieser Anspruch ist aber nach § 377 Abs. 2 HGB ausgeschlossen, wenn K ihrer Untersuchungs- und Rügeobliegenheit nach § 377 Abs. 1 HGB nicht nachgekommen ist. Ein beidseitiger Handelskauf liegt hier vor, weil beide Parteien Kaufleute sind (§§ 6 Abs. 1 HGB, 3 Abs. 1 AktG, 13 Abs. 3 GmbHG) und der zwischen ihnen geschlossene Kaufvertrag zum Betriebe des jeweiligen Handelsgewerbes gehört (§§ 343, 344 Abs. 1 HGB). Eine Ablieferung der Ware ist erfolgt. K hat die Ware nach der Ablieferung aber nicht untersucht, was hier stichprobenartig durch eine Testinstallation tunlich (zumutbar) war.

Da die Anzeige des Mangels erst vier Wochen nach der Ablieferung erfolgt, liegt ein schuldhaftes Zögern vor (§ 121 BGB), sodass keine Unverzüglichkeit gegeben ist. Der Anspruch des K auf Neulieferung gemäß § 437 Nr. 1 BGB ist deshalb nach § 377 Abs. 2 HGB ausgeschlossen.

---

> **Hinweis**
> Das ist die juristische Lösung. Aufgrund der Nachfragemacht der K-AG und – aus der Sicht der V-GmbH – um Folgegeschäfte nicht zu gefährden, dürfte die betriebswirtschaftliche Lösung ganz anders aussehen!

### 13.2.5 Vertretenmüssen

Nach diesem Ausflug in das HGB geht es jetzt in das BGB zurück. Vor der Zusammenfassung ist darauf hinzuweisen, dass der Anspruch auf Nacherfüllung nach § 437 Nr. 1 BGB *kein* Verschulden oder ein sonstiges Vertretenmüssen des Verkäufers voraussetzt. Der Verkäufer kann sich deshalb nicht darauf berufen, dass der Mangel vom Hersteller verursacht wurde und dass er ihn weder kennen konnte noch kennen musste oder gar verhindern konnte.

> **Merksatz**
> Der Anspruch des Käufers auf Nacherfüllung gegen den Verkäufer besteht auch dann, wenn der Verkäufer den Mangel nicht verschuldet oder sonst zu vertreten hat.

### 13.2.6 Zusammenfassung zum Anspruch auf Nacherfüllung

Begehrt der Käufer wegen eines Mangels der Kaufsache die Nacherfüllung nach § 437 Nr. 1 BGB, müssen die positiven Voraussetzungen P1 + P2 + P3 kumulativ vorliegen:

- **P1:** Wirksamer Kaufvertrag über eine Sache,
- **P2:** Sachmangel (§ 434 BGB) oder Rechtsmangel (§ 435 BGB), und zwar jeweils
- **P3:** im Zeitpunkt des Gefahrübergangs (§§ 434 Abs. 1, 446, 447 BGB).

Von den folgenden negativen Tatbestandsmerkmalen N1 bis N4 darf keines vorliegen:

- **N1:** Kenntnis des Käufers vom Mangel (gesetzlicher Ausschluss nach § 442 BGB),
- **N2:** wirksamer vertraglicher Ausschluss der Rechte in einem Individualvertrag oder in Allgemeinen Geschäftsbedingungen,
- **N3:** Verjährung des Anspruchs (§§ 438, 214 Abs. 1 BGB).
- **N4:** Nur im kaufmännischen Bereich: Nichtbeachtung der kaufmännischen Rügeobliegenheit (§ 377 HGB).

### 13.2.7 Arten der Nacherfüllung

#### Wahlrecht des Käufers

Ergibt die Prüfung, dass dem Käufer ein Anspruch auf Nacherfüllung nach § 437 Nr. 1 BGB „dem Grunde nach" zusteht, kann der Käufer nach § 439 Abs. 1 BGB die Beseitigung des Mangels (Reparatur) oder die Lieferung einer mangelfreien Sache (Umtausch) verlangen. Die Wahl zwischen diesen Alternativen trifft dabei der Käufer, nicht der Verkäufer! Viele Verkäufer haben allerdings aus durchaus nachvollziehbaren Gründen wenig oder gar kein Interesse daran, die mangelhafte, oft schon gebrauchte Sache zurückzunehmen und dem Kunden eine neue mangelfreie Sache zu liefern. Sie versuchen deshalb, den Kunden in eine für sie günstige Richtung zu drängen.

> **Beispiel** K hat bei V einen neuen Lastwagen gekauft, an dem nach drei Monaten aufgrund eines Montagefehlers des Herstellers erhebliche Getriebeprobleme auftreten. V bietet die Reparatur an, K besteht auf der Lieferung eines neuen Fahrzeugs. Nach § 439 Abs. 1 BGB steht dem Käufer das Wahlrecht zwischen der Beseitigung des Mangels und der Lieferung einer mangelfreien Sache zu. K kann deshalb nach §§ 437 Nr. 1, 439 Abs. 1 BGB die Lieferung eines anderen Fahrzeugs verlangen (zu Einschränkungen des Wahlrechts vgl. § 439 Abs. 3 BGB und den folgenden Text).

Entscheidet sich der Käufer für die Neulieferung, hat er nach § 439 Abs. 1 BGB einen Anspruch auf eine mangelfreie Sache. Damit gemeint ist eine **neue** Sache! Es reicht also nicht aus, wenn der Verkäufer dem Käufer eine zwar mangelfreie, aber bereits gebrauchte Sache zur Verfügung stellt.

> **Beispiel**[37] Das fünf Monate alte Handy des K fällt immer wieder wegen eines Softwarefehlers aus. V bietet K an, das Handy einzuschicken. Für die Zwischenzeit könne K ein Ersatzgerät für 9,95 € pauschal „ausleihen" (also mieten!). K möchte ein neues Handy. V erwidert, darauf habe K keinen Anspruch, er könne aber ein generalüberholtes Gerät, das natürlich schon benutzt worden sei, bekommen. Schließlich gebe K ja auch ein gebrauchtes Handy zurück. Nach kurzer Diskussion lässt K sich in Unkenntnis der Rechtslage auf eine Reparatur ein, nachdem der V „großzügig" auf die Miete für das Ersatzhandy verzichtet hat.
> K hätte nach §§ 437 Nr. 1, 439 Abs. 1 BGB gegen Rückgabe des defekten Handys ein **neues** Gerät verlangen können, weil der Verkäufer seine Pflicht aus § 433 Abs. 1 S. 2 BGB zur Lieferung eines mangelfreien Handys bisher nicht erfüllt hat. V hätte im Gegenzug einen Anspruch auf eine Nutzungsentschädigung geltend machen können (dazu sogleich mehr).

Nach § 439 Abs. 2 BGB hat der Verkäufer die für die Mangelbeseitigung oder die Neulieferung erforderlichen Aufwendungen zu tragen, wobei ausdrücklich Transport-, Wege-, Arbeits- und Materialkosten genannt werden.

> **Beispiel** Da die von K bei V vor 18 Monaten gekaufte Waschmaschine nur noch bis 40 Grad aufheizt, bestellt K den Kundendienst des V. Dieser wechselt kostenlos ein defektes Teil aus („da ist noch Garantie drauf"), stellt aber pauschal Anfahrtskosten (20,-- €), Montagefahrzeugbereitstellungskosten (5,-- €) und Arbeitskosten (30,-- €), jeweils zzgl. Umsatzsteuer, in Rechnung. Da der Anspruch des K aus §§ 437 Nr. 1, 439 BGB bestand, hat V nach § 439 Abs. 2 BGB sämtliche Kosten der Nachbesserung zu tragen. K muss die Rechnung also nicht bezahlen.

---

37  So live erlebt in einem „Handyladen".

## Einschränkungen des Wahlrechts

Nun kann es vorkommen, dass ein uneinsichtiger Käufer wegen eines kleinen Mangels, der kurz vor Ablauf der zweijährigen Verjährungsfrist auftritt, die Lieferung einer neuen Sache verlangt, obwohl mit einem geringen Aufwand eine Reparatur der mangelhaften Sache möglich ist. In einem solchen Fall kann der Verkäufer sich auf § 439 Abs. 3 BGB berufen: Danach kann er die vom Käufer gewählte Art der Nacherfüllung verweigern, wenn diese nur mit unverhältnismäßigen Kosten möglich ist. Für die Beurteilung sind insbesondere der Wert der Sache im mangelfreien Zustand, die Bedeutung des Mangels und der Aspekt zu berücksichtigen, ob ohne erhebliche Nachteile für den Käufer auf die andere Art der Nacherfüllung zurückgegriffen werden kann. Eine weitere Einschränkung des Wahlrechts des Käufers besteht, wenn die gewählte Art der Nacherfüllung unmöglich ist (§ 275 Abs. 1 BGB) oder der Verkäufer sie nach § 275 Abs. 2 oder Abs. 3 BGB verweigern kann.

## Folgen der Neulieferung

Erhält der Käufer für die mangelhafte Sache eine neue Sache, kann der Verkäufer nach § 439 Abs. 4 BGB vom Käufer gemäß §§ 346 bis 348 BGB die Rückgewähr (Rückgabe) der mangelhaften Sache verlangen. Dieser Anspruch umfasst auch die Vorteile, die der Käufer aus der Nutzung der Sache gezogen hat.

---

**Beispiel** Nachdem K 19 Monate mit einem für 30.000,-- € bei V gekauften Pkw gefahren und insgesamt 40.000 km zurückgelegt hat, erhält er wegen eines Mangels an diesem Pkw im Wege der Nacherfüllung ein neues Fahrzeug. Für den Gebrauch des Fahrzeugs muss K dem V eine Nutzungsentschädigung zahlen. Diese wird dadurch ermittelt, dass aus dem Kaufpreis des mangelhaften Fahrzeugs und der voraussichtlichen Laufleistung ein Nutzungswert pro Kilometer errechnet wird. Bei einem Kaufpreis von 30.000,-- € und einer − angenommenen − voraussichtlichen Laufleistung des Pkw von 200.000 km entfällt nach der Formel (30.000,-- € : 200.000 km = x € : 1 km) auf einen Kilometer ein Betrag von 0,15 €. Nach Multiplikation mit den gefahrenen Kilometern ergibt sich eine Nutzungsentschädigung von 40.000 × 0,15 € = 6.000,-- €. Diese lineare Berechnung der Nutzungsentschädigung ist für den Verkäufer sehr nachteilhaft, weil der eingetretene Wertverlust am Fahrzeug nicht angemessen ausgeglichen wird. Dies verdeutlicht, warum einem Verkäufer bei teuren Waren daran gelegen ist, möglichst eine Reparatur durchzuführen. Bei billigen Waren, etwa aus Billiglohnländern bezogenen Elektrogeräten, lohnt sich eine Reparatur hingegen nicht. Hier ist aus Verkäufersicht der Umtausch die bessere Variante.

---

## 13.3 Rücktritt vom Vertrag

Vor den weiteren Ausführungen ist § 437 BGB nochmals in Erinnerung zu rufen: Die Vorschrift ist dreigeteilt: Sie gewährt dem Käufer jeweils im Zusammenwirken mit anderen Vorschriften folgende Rechte:

- Nr. 1: Nacherfüllung,
- Nr. 2: Rücktritt vom Vertrag oder Minderung des Kaufpreises und
- Nr. 3: Schadens- oder Aufwendungsersatz.

### 13.3.1 Verhältnis der Sachmängelrechte zueinander

Leider hat der Gesetzgeber es versäumt, das Verhältnis dieser Vorschriften zueinander deutlich klarzustellen. Dieses lässt sich lediglich aus den in § 437 Nr. 2 und Nr. 3 BGB genannten Vorschriften entnehmen. Insbesondere aus der Nennung des § 440 BGB folgt, dass der Käufer vorrangig ein Recht auf die Nacherfüllung hat, während ihm die weiteren Rechte nur nachrangig zustehen. Sie setzen den ergebnislosen Ablauf einer dem Verkäufer gesetzten **Frist zur Nacherfüllung** voraus. Das bedeutet, dass der Verkäufer zunächst „eine zweite Chance" erhält: Er kann die Sache reparieren oder eine mangelfreie Sache liefern, wobei das Wahlrecht aber dem Käufer zusteht. In beiden Fällen bleibt der Kaufvertrag bestehen. Der Käufer ist (noch) nicht berechtigt, vom Kaufvertrag zurückzutreten. Der Verkäufer muss (noch) keine Herabsetzung des Kaufpreises hinnehmen (Minderung) und ist (noch) nicht der Gefahr ausgesetzt, Schadensersatz zahlen zu müssen.

| Merksatz | Dem Käufer steht in erster Linie ein Recht auf Nacherfüllung (Nachbesserung oder Neulieferung) zu. Die anderen Rechte (Rücktritt vom Kaufvertrag, Minderung, Schadensersatz und Aufwendungsersatz) sind nachrangig. |
|---|---|

§ 437 BGB enthält damit, bildlich betrachtet, eine Kommode mit drei Schubladen, in denen die Rechte des Käufers liegen:

- Zunächst („obere Schublade") hat der Käufer ein Recht auf Nacherfüllung, wobei er zwischen der Beseitigung des Mangels (Reparatur der Sache) und der Lieferung einer mangelfreien Sache (Umtausch) wählen kann (§§ 437 Nr. 1, 439 Abs. 1 BGB).
- Darunter befinden sich nebeneinander zwei „untere Schubladen": Die eine untere Schublade enthält als weitere Rechte den Rücktritt vom Vertrag („Sache zurück – Geld zurück") und die Minderung (Reduzierung) des Kaufpreises (§ 437 Nr. 2 BGB). Schließlich kann dem Käufer („andere untere Schublade") ein Anspruch auf Schadensersatz oder auf Aufwendungsersatz zustehen (§ 437 Nr. 3 BGB).

Will man das Verhältnis dieser Rechte zueinander ebenfalls bildlich beschreiben, kann man sagen, dass dem Käufer ein Griff in die „unteren Schubladen" erst erlaubt ist, wenn die Rechte der „oberen Schublade" nicht ausreichen, zum Beispiel weil der Verkäufer die obere Schublade abgeschlossen hat (eine Nacherfüllung verweigert), weil diese leer ist (Unmöglichkeit der Nacherfüllung) oder weil die dort liegenden Gegenstände ebenfalls mangelhaft sind (Fehlschlagen der Nacherfüllung).

## 13.3.2 Voraussetzungen des Rücktritts

Die in § 437 Nr. 2 BGB geregelten Ansprüche auf Rückritt vom Vertrag und auf Minderung des Kaufpreises weisen identische Voraussetzungen auf, sodass im Folgenden zunächst nur der Rücktritt behandelt wird. § 437 Nr. 2 BGB ist wenig glücklich gefasst, weil eine Verweisung auf verschiedene andere Vorschriften erfolgt, was einigermaßen verwirrend ist. Die Verwirrung löst sich aber bei näherem Hinsehen auf, weil sich alle dort aufgeführten Vorschriften (§§ 440, 323, 326 Abs. 5 BGB) mit der Fristsetzung befassen. Unschön ist aber, dass der Gesetzgeber darauf verzichtet, die **Fristsetzung als Voraussetzung für den Rücktritt** ausdrücklich und klar zu benennen, sondern sich darauf beschränkt, Vorschriften anzugeben, in denen es um eine Fristsetzung geht. Erfreulich ist hingegen, dass mit Ausnahme des neuen Tatbestandsmerkmals, also der Fristsetzung, nahtlos an die Ausführungen zur Nacherfüllung angeknüpft werden kann.

---

**Merksatz**  Der Rücktritt vom Kaufvertrag setzt nach § 437 Nr. 2 BGB voraus, dass

- **P1:** die Voraussetzungen der Nacherfüllung (§ 437 Nr. 1 BGB) gegeben sind **und zusätzlich**
- **P2:** der Käufer dem Verkäufer eine angemessene Frist zur Nacherfüllung setzt und
- **N1:** keine Nacherfüllung während der Frist erfolgt.

---

### Fristsetzung

Die Voraussetzung der Fristsetzung ergibt sich am deutlichsten aus dem in § 437 Nr. 2 BGB enthaltenen Verweis auf § 323 BGB. Diese oben schon einmal behandelte Vorschrift[38] ist wie folgt zu lesen:

**Wenn**

- **P1:** ein gegenseitiger Vertrag vorliegt,
- **P2:** der Schuldner eine fällige Leistung nicht oder nicht vertragsgemäß erbringt,
- **P3:** der Gläubiger dem Schuldner für die Leistung eine angemessene Frist setzt und
- **N1:** der Schuldner keine Leistung innerhalb der Frist erbringt,

**dann**

hat der Gläubiger das Recht, vom Vertrag zurückzutreten.

---

38  Vgl. S. 214 ff.

**Beispiel** Da die von K bei V gekaufte Waschmaschine nur noch bis 40 Grad aufheizt, ruft K den Kundendienst des V an. V weist darauf hin, dass im Moment viel zu tun sei und man erst in etwa zwei Wochen vorbeikommen könne. K erklärt daraufhin, er verlange, dass V die Maschine innerhalb von einer Woche in Ordnung bringe. V erscheint in dieser Woche nicht. Kann K vom Vertrag zurücktreten?

*Lösungsskizze*

Recht des K zum Rücktritt aus **§ 437 Nr. 2 BGB**

- **P1:** Gegenseitiger Vertrag ist der Kaufvertrag.
- **P2:** Die Voraussetzungen der Nacherfüllung (§ 437 Nr. 1 BGB) müssen vorliegen (Kaufvertrag, Mangel im Zeitpunkt des Gefahrübergangs, kein Ausschluss der Sachmängelhaftung, keine Verjährung), was hier unterstellt wird.
- **P3:** Angemessene Frist zur Nacherfüllung nach § 323 Abs. 1 BGB: Das Verlangen des K, die Maschine innerhalb einer Woche in Ordnung zu bringen, enthält eine Fristsetzung zur Vornahme der Nacherfüllung in Form der Nachbesserung (§§ 133, 157 BGB). Die Frist war auch angemessen, da ein Kundendienst spätestens innerhalb einer Woche tätig werden muss.
- **N1:** Keine Nacherfüllung innerhalb der Frist. V hat den Mangel während der Frist nicht beseitigt.

**Rechtsfolge:** K hat nach § 437 Nr. 2 BGB das Recht, vom Vertrag zurückzutreten. Dies geschieht durch Erklärung des Rücktritts gemäß § 349 BGB. Bis dahin steht K trotz des Fristablaufs weiterhin der Anspruch auf die Nacherfüllung (hier Reparatur) zu.

## Angemessenheit der Frist

Der Käufer muss dem Verkäufer eine angemessene Frist zur Nacherfüllung setzen.

> **Merksatz** Angemessen ist eine Frist nach der Rechtsprechung des BGH, wenn der Schuldner die Möglichkeit hat, seine im Wesentlichen vorbereitete Leistung nunmehr zu erbringen[39]. Er soll seine schon begonnene Leistung beenden können[40].

Dies bedeutet, dass die Frist so lang sein muss, dass es dem Verkäufer möglich ist, die vom Käufer gewählte Art der Nacherfüllung zu Ende zu bringen. Insoweit kann keine allgemein gültige Frist angegeben werden, vielmehr ist – wie die Juristen es so schön formulieren – auf die Umstände des konkreten Einzelfalls abzustellen. Wegen der Schwierigkeit für den Käufer, die angemessene Frist zu bestimmen, kommt die Rechtsprechung ihm dadurch entgegen, dass eine zu kurze Frist in eine angemessene Frist umgedeutet wird[41].

---

39  BGH NJW 1985, S. 855, 857.
40  BGH NJW 1985, S. 320, 323.
41  BGH NJW 1985, S. 2640.

> **Beispiel** Das Rechenzentrum R hat von V Hard- und Software bezogen. Nach Installation und Durchführung einer erfolgreichen Probephase mit Beseitigung einiger Mängel werden die vorhandenen Systeme abgeschaltet. Kurze Zeit später fällt die Anlage komplett aus, sodass der Betrieb des R vollständig zum Erliegen kommt. R setzt V eine Frist von 24 Stunden für die Nachbesserung. Sollte sich diese Frist später als zu kurz erweisen, lässt die Rechtsprechung eine angemessene Frist anlaufen, zum Beispiel von 48 Stunden.

## Entbehrlichkeit der Fristsetzung

In bestimmten Konstellationen ist eine Fristsetzung entbehrlich. Einige dieser Fälle enthält § 440 Abs. 1 BGB, der zunächst auf zwei Regelungen aus dem Allgemeinen Schuldrecht (§ 281 Abs. 2 BGB und § 323 Abs. 2 BGB) verweist und eine Fristsetzung auch dann für entbehrlich erklärt, wenn

- der Verkäufer beide Formen der Nacherfüllung nach § 439 Abs. 3 BGB wegen unverhältnismäßiger Kosten verweigert,
- die dem Käufer zustehende Art der Nacherfüllung fehlgeschlagen ist oder
- ihm – dem Käufer – unzumutbar ist.

Eine Nachbesserung (Reparatur) gilt gemäß § 440 S. 2 BGB nach dem erfolglosen **zweiten Versuch als fehlgeschlagen**, sofern sich nicht aus der Art der Sache oder des Mangels oder aus den sonstigen Umständen etwas anderes ergibt. Der Käufer, der sich für eine Reparatur entscheidet, muss also im Regelfall zwei Nachbesserungsversuche (Reparaturversuche) „erdulden", bevor er ohne Fristsetzung den Rücktritt vom Vertrag erklären kann.

> **Beispiele**
> - Da die von K bei V gekaufte Waschmaschine nur noch bis 40 Grad aufheizt, bestellt K den Kundendienst des V. V führt eine Reparatur durch, doch tritt der Mangel nach drei Waschgängen erneut auf. Bevor K vom Vertrag zurücktreten kann, muss K dem V nochmals eine Möglichkeit zur Reparatur geben.
> - Das Krankenhaus K kauft ein medizinisches Gerät bei V. Während einer Operation kommt es zu einem erheblichen Leistungsabfall mit einer Gefährdung für den Patienten. Sollte dieser Mangel nach einer Reparatur nochmals auftreten, kann K abweichend vom Regelfall wegen der besonderen Umstände sofort vom Vertrag zurücktreten.

§ 440 S. 2 BGB bezieht sich nur auf die Nachbesserung (Reparatur), nicht auf die Nacherfüllung durch Lieferung einer anderen Sache. Eine Neulieferung ist deshalb schon dann fehlgeschlagen, wenn die als Ersatz gelieferte Sache denselben oder einen anderen Mangel aufweist, sofern zu befürchten ist, dass die zweite Nachlieferung auch mangelhaft sein wird[42]. Der Käufer ist dann berechtigt, ohne Fristsetzung vom Vertrag zurückzutreten. Weitere Fälle enthalten die §§ 323 Abs. 2 und 326 Abs. 5 BGB.

### Vertretenmüssen des Verkäufers

Wie der Anspruch auf die Nacherfüllung erfordert auch der Rücktritt vom Vertrag kein Verschulden oder sonstiges Vertretenmüssen des Verkäufers.

### Zusammenfassung zum Rücktritt vom Kaufvertrag

Der Rücktritt vom Kaufvertrag setzt gemäß **§ 437 Nr. 2 BGB** voraus:

- **P1:** Voraussetzungen der Nacherfüllung (Kaufvertrag, Mangel im Zeitpunkt des Gefahrübergangs, kein Ausschluss der Sachmängelhaftung, keine Verjährung).
- **P2:** Setzen einer angemessenen Frist zur Nacherfüllung durch den Käufer. Ausnahmsweise ist die Fristsetzung entbehrlich, zum Beispiel, wenn die Nacherfüllung fehlgeschlagen ist, was bei einer Reparatur in der Regel nach dem zweiten Versuch angenommen wird.
- **N1:** Keine Nacherfüllung während der Frist.

**Rechtsfolge:** Sind diese Voraussetzungen gegeben, hat der Käufer das Recht, vom Vertrag zurückzutreten.

## 13.4   Minderung des Kaufpreises

Liegen die gerade behandelten Voraussetzungen des § 437 Nr. 2 BGB vor, kann der Käufer zwischen dem Rücktritt vom Vertrag und der Minderung des Kaufpreises (§ 441 BGB) wählen. Der Unterschied besteht darin, dass die mangelhafte Sache im Falle des Rücktritts an den Verkäufer zurückgegeben wird und der Käufer den Kaufpreis, ggf. unter Abzug einer Nutzungsentschädigung zurückerhält (§ 346 Abs. 1 BGB). Im Falle der Minderung behält der Käufer die Sache hingegen, doch wird der Kaufpreis wegen des Mangels reduziert, zum Beispiel in Höhe der Instandsetzungskosten oder eines sonstigen Minderwertes.

> **Beispiel**   Erklärt der Käufer bei einem Kaufvertrag über einen Lkw den Rücktritt, bekommt er „Zug um Zug" gegen Rückgabe des Fahrzeugs den Kaufpreis zurück, muss sich aber nach § 346 Abs. 1 BGB wegen der gezogenen Nutzungen (der gefahrenen Kilometer) Abzüge gefallen lassen. Entscheidet er sich für die Minderung, behält der Käufer das Fahrzeug, doch wird der Kaufpreis anteilig herabgesetzt.

---

42   Palandt/Putzo, Bürgerliches Gesetzbuch, § 440 Rn. 7.

# 13.5 Rückgriff des Unternehmers

§ 478 BGB trägt dem Umstand Rechnung, dass der Verkäufer sich Ansprüchen des Verbrauchers wegen Mängeln der Kaufsache ausgesetzt sieht, obwohl der Verkäufer diese Mängel in der Regel *nicht zu vertreten* hat. Wie gesehen setzen die Ansprüche des Käufers auf Nacherfüllung (§ 437 Nr. 1 BGB) und auf Rücktritt oder Minderung (§ 437 Nr. 2 BGB) *kein* Vertretenmüssen des Verkäufers voraus[43]. Der Verkäufer muss die Ansprüche also auch dann erfüllen, wenn er weder vorsätzlich noch fahrlässig gehandelt und auch keine Garantie übernommen hat. Deshalb wird er versuchen, Rückgriff bei seinem Lieferanten (Zwischenhändler oder Hersteller) zu nehmen.

> **Beispiel** K hat bei V einen Fernseher gekauft, dessen Bildröhre nach 19 Monaten nicht mehr funktioniert. K steht gegen V ein Recht auf Nacherfüllung zu (§ 437 Nr. 1 BGB). Wählt K gemäß §§ 437 Nr. 1, 439 BGB die Neulieferung, muss V einen neuen Fernseher an K liefern und bekommt als „Gegenleistung" das defekte Gerät zurück und erhält allenfalls eine geringe Nutzungsentschädigung. Wählt K die Nachbesserung, muss V den Fernseher auf seine Kosten reparieren (§ 439 Abs. 2 BGB). Es liegt auf der Hand, dass V versuchen wird, diese Kosten von seinem Lieferanten ersetzt zu bekommen bzw. das defekte Gerät an seinen Lieferanten (Zwischenhändler oder Hersteller) zurückzugeben und den gezahlten Kaufpreis zurückzuerhalten.

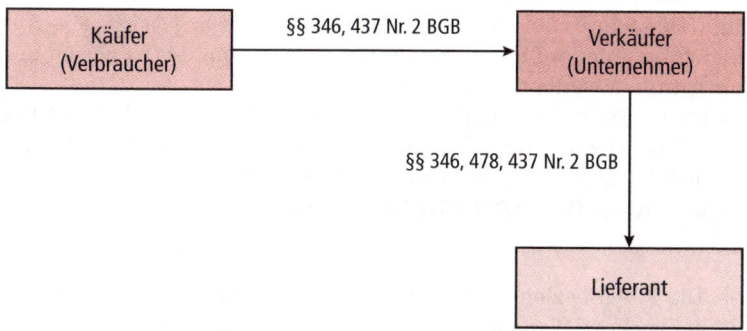

Abbildung 13.2: Rückgriff des Unternehmers

Weil zwischen dem Lieferanten und dem Verkäufer ein Kaufvertrag besteht, bilden §§ 437 Nr. 2, 346 BGB die Anspruchsgrundlage des Verkäufers auf Rückzahlung des Kaufpreises „Zug um Zug" gegen Rückgabe des defekten Fernsehers. Dies gilt auch, wenn beide Parteien Kaufleute im Sinne des HGB sein sollten, weil das HGB insoweit keine speziellen Regelungen enthält.

---

43  Im Gegensatz zum Anspruch auf Schadensersatz (§ 437 Nr. 3 BGB), dazu sogleich.

Will der Verkäufer den defekten Fernseher an seinen Lieferanten zurückgeben, muss er deshalb nach § 437 Nr. 2 BGB vom Kaufvertrag zurücktreten. Dieser Rücktritt setzt eigentlich eine Fristsetzung des Verkäufers an den Lieferanten zur Nacherfüllung voraus. Diese hier wenig sinnvolle Voraussetzung ist nach § 478 Abs. 1 BGB jedoch entbehrlich, wenn der Verkäufer die neu hergestellte Sache als Folge ihres Mangels vom Verbraucher zurücknehmen musste. Diese Regelung soll dem Verkäufer helfen, seine Rechte gegenüber seinem Lieferanten durchzusetzen. Im Falle einer mehrstufigen Absatzkette reicht das erleichterte Rücktrittsrecht nach § 478 Abs. 5 BGB vom Verkäufer über den oder die Zwischenhändler bis auf den Hersteller zurück.

> **Beispiel** Verbraucher K hat die Sache beim Verkäufer V gekauft, der sie vom Großhändler G bezogen hat. Dieser wiederum hat sie vom Hersteller H gekauft. V musste die Sache aufgrund eines Mangels von K zurücknehmen. V kann nach §§ 437 Nr. 2, 478 Abs. 1 BGB ohne Fristsetzung vom Vertrag mit dem Großhändler G zurücktreten, dieser kann gemäß §§ 437 Nr. 2, 478 Abs. 1, Abs. 5 BGB ohne Fristsetzung vom Vertrag mit dem Hersteller zurücktreten. Wenn der Verbraucher die Nachbesserung wählt, hat sein Lieferant die dem Verkäufer für die Nachbesserung (Reparatur) anfallenden Kosten zu tragen, wobei die Kette wiederum bis zum Hersteller zurückläuft (§§ 478 Abs. 2, 478 Abs. 5 BGB).

Für den Rückgriffsanspruch gilt gemäß § 478 Abs. 3 BGB die Beweislastumkehr des § 476 BGB entsprechend, obwohl zwischen Verkäufer und Großhändler bzw. Großhändler und Hersteller kein Verbrauchsgüterkauf vorliegt. Nach § 478 Abs. 4 BGB kann sich ein Verkäufer auf abweichende Vereinbarungen, die zu Lasten des jeweiligen Käufers getroffen werden, nicht berufen.

Eine erhebliche Sprengkraft enthält § 478 Abs. 6 BGB, wonach **§ 377 HGB** unberührt bleibt. Dies bedeutet, dass der jeweilige Käufer, sofern er Kaufmann im Sinne der §§ 1 ff. HGB ist, seine Ansprüche aus § 437 BGB verliert, wenn er die kaufmännische Rügeobliegenheit des § 377 HGB nicht beachtet[44].

> **Beispiel** Die K-AG bezieht die Ware von der V-GmbH, sodass ein zweiseitiger Handelskauf vorliegt. Wenn die K-AG die Ware nicht ordnungsgemäß untersucht und der V-GmbH bei Auftreten eines Mangels nicht unverzüglich eine Mängelanzeige schickt, hat sie gegenüber der V-GmbH ihre Ansprüche aus § 437 BGB gemäß § 377 Abs. 2 HGB verloren. Der K-AG steht damit gegen die V-GmbH auch kein Anspruch auf Rücktritt vom Kaufvertrag zu. Da § 377 HGB im Verhältnis zu Verbrauchern nicht gilt, kann es sein, dass die K-AG die Ware von einem Verbraucher zurücknehmen und diesem den Kaufpreis erstatten muss. Die K-AG bleibt damit „auf der mangelhaften Sache sitzen".

---

44  Zu Einzelheiten vgl. S. 241 ff.

# 13.6 Schadensersatz

Nach § 437 Nr. 3 BGB kann der Käufer Schadensersatz oder den Ersatz von Aufwendungen verlangen.

## 13.6.1 Verhältnis zu den anderen Ansprüchen aus § 437 BGB

- Der Anspruch auf Schadensersatz ist wie der Anspruch auf Rücktritt vom Kaufvertrag ein nachrangiges Recht des Käufers. Grundsätzlich geht der Nacherfüllungsanspruch des § 437 Nr. 1 BGB also auch dem Schadensersatzanspruch vor.

- Durch das ganz am Ende von § 437 Nr. 2 im Text enthaltene „*und*" wird klargestellt, dass die Rechte aus Nr. 2 und Nr. 3 nebeneinander bestehen können. Der Käufer kann also nach Fristsetzung den Rücktritt vom Kaufvertrag erklären und gleichzeitig Schadensersatz verlangen (vgl. allgemein § 325 BGB).

## 13.6.2 Arten von Schadensersatz

Dieses recht hohe Maß an Komplexität wird noch dadurch erhöht, dass die Rechtsfolge „Schadensersatz" im Recht der Leistungsstörungen ganz unterschiedlich ausgestaltet ist. Zu unterscheiden sind

- der („einfache") Schadensersatz,
- der „Schadensersatz statt der Leistung" und
- der „Schadensersatz statt der *ganzen* Leistung".

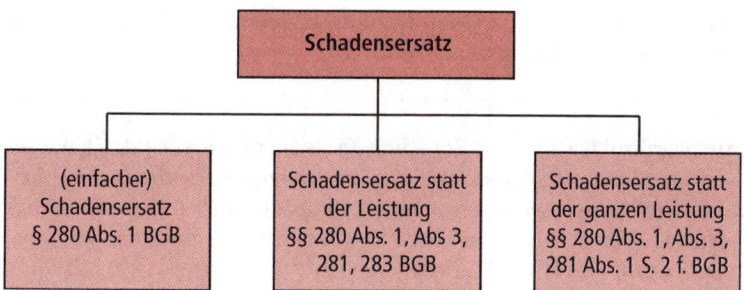

Abbildung 13.3: Arten des Schadensersatzes

Diese drei Begriffe sind aus sich heraus nicht verständlich. Um sie zu verstehen, soll ein schon bekanntes Beispiel wieder aufgenommen werden:

---

**Beispiel** Fahrradhersteller Kaiser (K) kauft im Herbst beim Maschinenlieferanten Vey (V) eine Maschine, Typ HD 10.3, zur Herstellung von Fahrrädern. Vey ist nach dem Vertrag auch zur Lieferung und Montage der Maschine verpflichtet. K hat in den Verhandlungen darauf hingewiesen, dass die Maschine zunächst im Zwei-Schicht-Betrieb eingesetzt werden soll (16 Stunden/Tag), bei einer erhofften steigenden Nachfrage im Frühjahr des kommenden Jahres möglicherweise aber auch im Drei-Schicht-Betrieb (24 Stunden/Tag) arbeiten soll.

---

Bei diesem Kaufvertrag kann es zu folgenden Schäden kommen:

1. Anlässlich der Anlieferung beschädigt ein Mitarbeiter des V zwei Kraftfahrzeuge des K. Anschließend erfolgt eine ordnungsgemäße Montage der mangelfreien Maschine.

2. Die Maschine wird pünktlich geliefert und montiert, doch zeigt sich nach einem halben Jahr, dass sie sich nicht für den Drei-Schicht-Betrieb eignet. K setzt V deshalb eine Frist zur Nacherfüllung, doch gelingt V die Reparatur nicht, was zu Gewinneinbußen bei K führt. K ist bereit, die Maschine zu einem reduzierten Preis (Minderung des Kaufpreises) zu behalten, verlangt aber zusätzlich Schadensersatz für erlittene Gewinneinbußen.

3. Wie (2), doch will K die Maschine nicht behalten und verlangt Schadensersatz für erlittene Gewinneinbußen.

### 13.6.3 Schadensersatz nach § 280 Abs. 1 BGB

Beim („einfachen") Schadensersatz tritt der Schaden in Zusammenhang mit dem Abschluss oder der Durchführung des Kaufvertrages auf, während die Kaufsache selbst mangelfrei ist. Man spricht von **Begleitschäden**, weil die Schäden weder auf einem Mangel der Kaufsache noch auf einer fehlerhaften Montage beruhen.

**Fortsetzung des Beispiels**
Im Fall (1) handelt es sich um einen Begleitschaden, da die Maschine mangelfrei ist und die Montage ordnungsgemäß erfolgt.

Als Anspruchsgrundlage für den Schadensersatzanspruch scheidet § 437 Nr. 3 BGB aus, weil diese Vorschrift neben einem wirksamen Kaufvertrag, der hier vorliegt, zusätzlich einen *Mangel der Kaufsache im Zeitpunkt des Gefahrübergangs* voraussetzt, an dem es hier aber gerade fehlt. Ein Anspruch kann sich, wie oben bereits behandelt, aus § 280 Abs. 1 BGB (allein) ergeben[45].

### 13.6.4 Schadensersatz wegen eines Mangels der Sache

Im Fall (2) – mangelnde Eignung der Maschine für den Drei-Schicht-Betrieb – ist von § 437 Nr. 3 BGB auszugehen, da ein Mangel der Kaufsache in Frage steht. Der Anspruch auf Schadensersatz ergibt sich aber nicht allein aus dieser Vorschrift, sondern nur in Zusammenwirken mit weiteren Regelungen, insbesondere mit den in der Aufzählung des § 437 Nr. 3 enthaltenen §§ 280 und 281 BGB. § 437 Nr. 3 BGB enthält damit eine Verweisung auf das allgemeine Leistungsstörungsrecht.

---

45  Vgl. S. 198 f.

Dessen zentrale Regelung bildet § 280 Abs. 1 BGB. Wie an anderer Stelle bereits ausgeführt[46], stellt § 280 Abs. 1 BGB in bestimmten Konstellationen aber nicht die alleinige Anspruchsgrundlage für einen Schadensersatzanspruch dar, vielmehr müssen weitere Voraussetzungen erfüllt sein. Dies ergibt sich aus § 280 Abs. 2 und Abs. 3 BGB:

- Nach § 280 Abs. 2 BGB kann Schadensersatz *wegen der Verzögerung der Leistung* (also der Verzugsschaden) – wie schon behandelt – nur unter den zusätzlichen Voraussetzungen des § 286 BGB gefordert werden. In den Verzugsfällen erhält der Gläubiger zwar eine mangelfreie Leistung, doch erfolgt die Leistung zu spät. Die Anspruchsgrundlage für den Ersatz des Verzögerungsschadens (Verzugsschadens) bilden die §§ 280 Abs. 1, Abs. 2, 286 BGB[47].

- Nach § 280 Abs. 3 BGB kann „Schadensersatz *statt der Leistung*" nur unter den zusätzlichen Voraussetzungen des § 281 BGB, § 282 BGB oder § 283 BGB gefordert werden. Im Gegensatz zu den Verzugsfällen bekommt der Gläubiger die Leistung hier *gar nicht* bzw. nur in einem *mangelhaften Zustand*. Es geht also nicht nur, wie der Text der Vorschrift nahelegt, um das völlige Ausbleiben der Leistung, sondern *auch* darum, dass die Leistung erbracht wird, aber Mängel aufweist. „Statt der Leistung" in § 280 Abs. 3 BGB ist also wie folgt zu lesen: „statt der Leistung bzw. statt der mangelfreien Leistung".

---

**Merksatz**     „Statt der Leistung" in § 281 BGB umfasst die Fallgruppen

1. an Stelle der Leistung *und*

2. an Stelle der *mangelfreien* Leistung.

---

**Beispiele**

- Der Verkäufer weigert sich, die bestellte Maschine HD 10.3 wegen eines gestiegenen Einkaufspreises zum vereinbarten Kaufpreis zu liefern. K verliert einen großen Auftrag, weil er seine Pflicht zur Lieferung von 20.000 Fahrrädern nicht erfüllen kann (Fallgruppe: „Schadensersatz statt der Leistung").

- Die Maschine wird pünktlich geliefert und montiert, doch zeigt sich nach einem halben Jahr, dass sie sich nicht für den Drei-Schicht-Betrieb eignet (Fall der Sachmängelhaftung). Damit hat K eine Leistung bekommen (die Maschine), doch war die Leistung nicht mangelfrei. K erleidet infolge der mangelhaften Leistung einen Schaden (Gewinneinbuße) und verlangt den Ersatz dieses Schadens (Fallgruppe: „Schadensersatz statt der *mangelfreien* Leistung").

---

46  Vgl. S. 197 f.
47  Vgl. S. 210 ff.

Für den Schadensersatzanspruch „statt der (mangelfreien) Leistung" müssen folgende Voraussetzungen vorliegen:

**Voraussetzungen für §§ 280 Abs. 1, Abs. 3, 281 Abs. 1 S. 1, 437 Nr. 3 BGB**

- **P1: Kaufvertrag** über eine Sache: Hier Kaufvertrag über die Maschine HD 10.3.
- **P2: Pflichtverletzung:** Verstoß gegen § 433 Abs. 1 S. 2 BGB durch die Lieferung einer nach § 434 Abs. 1 S. 1 BGB mangelhaften Maschine.
- **P3: Fristsetzung zur Nacherfüllung:** Hier unterstellt.
- **N1: Keine Nacherfüllung:** Nachbesserung oder Neulieferung: Nicht erfolgt bzw. nicht erfolgreich: Hier unterstellt.
- **P4: Vertretenmüssen des V bezüglich der Pflichtverletzung:** Wird vermutet (§ 280 Abs. 1 S. 2 BGB).
- **N2:** Keine Widerlegung des vermuteten Vertretenmüssens.
- **P5: Schaden infolge der Pflichtverletzung:** Hier Gewinneinbußen.

**Rechtsfolge:** K hat einen Anspruch auf Schadensersatz „statt der (nicht erbrachten mangelfreien) Leistung" gegen V.

Wenn der Verkäufer dem Käufer grundsätzlich (die Juristen sprechen von „dem Grunde nach") wegen Nichtlieferung oder eines Mangels der Kaufsache zum Schadensersatz verpflichtet ist, steht dem Käufer ein Wahlrecht zwischen dem „Schadensersatz statt der (mangelfreien) Leistung" und dem „Schadensersatz statt der *ganzen* (mangelfreien) Leistung" zu.

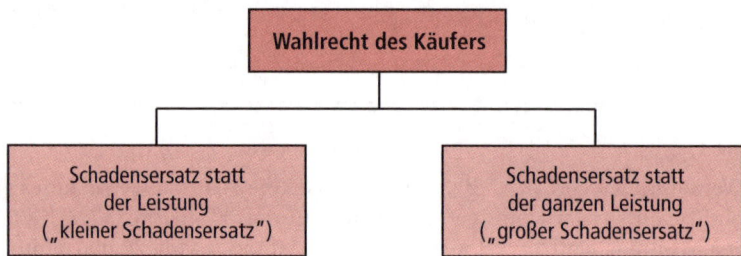

Abbildung 13.4: Wahlrecht beim Schadensersatz

### Schadensersatz statt der Leistung

Schadensersatz „statt der (mangelfreien) Leistung" bedeutet, dass der Käufer die mangelhafte Sache behält und als Ausgleich für den Mangel der Sache Schadensersatz verlangt („kleiner Schadensersatz"). Der Anspruch kann die Reparaturkosten, den mangelbedingten Minderwert der Sache und grundsätzlich auch den entgangenen Gewinn aus einer gescheiterten Weiterveräußerung umfassen.

**Beispiele**

- Ein von K bei V gekauftes „unfallfreies" Auto stellt sich als Unfallauto heraus. Auch wenn dieses Fahrzeug für 3.000,-- € ordnungsgemäß repariert wird, bleibt es ein Unfallauto, sodass bei einem Verkauf trotz ordnungsgemäßer Reparatur ein geringerer Preis erzielt wird (so genannter merkantiler Minderwert).

- Im Maschinenfall: K behält die für den Drei-Schicht-Betrieb nicht geeignete Maschine (mangelhafte Leistung), und verlangt – neben der Herabsetzung des Kaufpreises (Minderung) – zusätzlich „Schadensersatz statt der (mangelfreien) Leistung" von V, zum Beispiel weil K eine weitere Maschine kaufen muss, höhere Personalkosten hat oder weil er Gewinneinbußen erleidet.

### Schadensersatz „statt der ganzen Leistung"

Der Käufer kann nach seiner Wahl auch „Schadensersatz statt der ganzen (mangelfreien) Leistung" verlangen („großer Schadensersatz"). In diesem Fall gibt er die mangelhafte Sache an den Verkäufer zurück und verlangt

- die Erstattung des bereits gezahlten Kaufpreises und zusätzlich

- Schadensersatz.

Diese Wahlmöglichkeit besteht nicht, wenn die Pflichtverletzung nur unerheblich ist, zum Beispiel wenn nur ein kleiner Mangel vorliegt (§ 281 Abs. 1 S. 3 BGB).

**Fortsetzung des Beispiels zum Maschinenfall**

K verlangt Schadensersatz „statt der ganzen (mangelfreien) Leistung". Dann gibt er die mangelhafte Maschine zurück, erhält den Kaufpreis erstattet und bekommt zusätzlich Schadensersatz, zum Beispiel wegen Gewinneinbußen oder weil er für eine Drei-Schicht-Maschine bei einem anderen Lieferanten einen höheren Kaufpreis zahlen muss.

Falls die Nacherfüllung nicht möglich ist (§ 275 Abs. 1 BGB) oder vom Verkäufer nach § 275 Abs. 2, Abs. 3 BGB zu Recht verweigert wird[48], kann der Käufer ebenfalls „Schadensersatz statt der Leistung" oder „statt der ganzen Leistung verlangen" (§§ 437 Nr. 3, 280 Abs. 1, Abs. 3, 283 BGB), und zwar ohne zuvor eine Frist zur Mängelbeseitigung gesetzt zu haben.

## 13.6.5 Vertretenmüssen des Schuldners

In den bisherigen Ausführungen zur Sachmängelhaftung ist die Voraussetzung „Vertretenmüssen" aus zwei Gründen nicht näher thematisiert worden:

- Nacherfüllung (§ 437 Nr.1 BGB), Rücktritt und Minderung (§ 437 Nr. 2 BGB) erfordern kein Vertretenmüssen, insbesondere setzen sie kein Verschulden des Verkäufers bezüglich des Mangels voraus.

---

48  Zu Einzelheiten vgl. S. 286 f.

■ Bei einem Anspruch auf den Ersatz von Begleitschäden (§ 280 Abs. 1 S. 1 BGB) wird bei Vorliegen einer objektiven Pflichtverletzung gemäß § 280 Abs. 1 S. 2 BGB vermutet, dass der Schuldner diese auch subjektiv zu vertreten hat. Das BGB enthält damit eine für den Schuldner ungünstige Vermutung, die dieser widerlegen muss. Gelingt ihm dies nicht, hat er die Pflichtverletzung zu vertreten und muss dem Käufer – wenn die anderen Voraussetzungen vorliegen[49] – Schadensersatz zahlen.

> **Merksatz**
>
> Die Vermutung, dass der Verkäufer die in der Lieferung einer mangelhaften Sache liegende (objektive) Pflichtverletzung (subjektiv) zu vertreten hat, gilt nach §§ 437 Nr. 3, 280 Abs. 1 S. 2 BGB auch, wenn der Käufer durch die mangelhafte Kaufsache einen Schaden erleidet. Deshalb muss der Verkäufer beweisen, dass ihn *kein* Verschulden trifft. Dieser Umstand kann für den Verkäufer zu erheblichen Problemen führen.

> **Beispiele**
>
> ■ K hat bei V ein neues Auto gekauft. Da dessen Bremsanlage mangelhaft ist, verunglückt K und zieht sich erhebliche Verletzungen zu, die zu einer dauernden Erwerbsunfähigkeit führen.
>
> ■ K hat im Verbrauchermarkt des V Konfitüre gekauft, die Unbekannte zuvor vergiftet hatten. K erleidet nach dem Verzehr eine schwere Lebensmittelvergiftung, die zu Dauerschäden führt.

In beiden Fällen wird nach § 280 Abs. 1 S. 2 BGB vermutet, dass der Verkäufer die in der Lieferung der mangelhaften Kaufsache liegende objektive Pflichtverletzung zu vertreten hat und folglich schadensersatzpflichtig ist. Es leuchtet aber ohne Weiteres ein, dass diese Rechtsfolge unangemessen ist, weil sie den Verkäufer mit sehr hohen Risiken belastet. Es ist deshalb zu fragen, was ein Verkäufer tun muss, um die ihn stark belastende Vermutung zu widerlegen. Auszugehen ist davon, was der Schuldner generell zu vertreten hat[50]. Nach § 276 Abs. 1 BGB hat der Schuldner (hier der Verkäufer) Vorsatz und Fahrlässigkeit zu vertreten, wenn eine strengere oder mildere Haftung weder bestimmt noch aus dem sonstigen Inhalt des Schuldverhältnisses zu entnehmen ist. Dabei macht es keinen Unterschied, ob der Schuldner selbst oder sein Erfüllungsgehilfe handelt, da dem Schuldner dessen Verschulden wie eigenes Verschulden zugerechnet wird (§ 278 BGB)[51]. Für den Bereich des Kaufrechts ist zusätzlich die verschärfte Haftung aus der Übernahme einer **Garantie** wichtig, die in einem der nächsten Unterpunkte behandelt wird[52].

---

49  S. 192 ff.
50  Vgl. dazu S. 193 ff.
51  Vgl. S. 195 f.
52  S. 266 ff.

## Haftung wegen Vorsatzes

Eine vorsätzliche, also absichtliche Pflichtverletzung eines Verkäufers durch die Lieferung einer mangelhaften Sache ist eher selten. Sie liegt vor, wenn der Verkäufer weiß oder – was ausreicht – davon ausgeht, dass die Sache einen Mangel hat, er die Sache aber gleichwohl an den Käufer übergibt und eine mögliche Verletzung billigend in Kauf nimmt. Darin liegt häufig zugleich ein arglistiges Verhalten, das weitere Rechtsfolgen nach sich zieht[53].

> **Beispiel** Der Verkäufer erkennt, dass die Lenkung eines Fahrzeugs möglicherweise bei einem Unfall einen Schaden erlitten hat. Obwohl der Verkäufer weiß, dass es zu einem weiteren Unfall kommen kann, wenn die Lenkung tatsächlich nicht in Ordnung ist, unterlässt er eine genauere Untersuchung, weil sich „diese nicht rechnet."

## Haftung wegen Fahrlässigkeit

Nach § 276 Abs. 2 BGB handelt fahrlässig, wer die im Verkehr (gemeint ist der Rechts- und Geschäftsverkehr) erforderliche Sorgfalt außer Acht lässt. Dabei ist auf die Sorgfalt abzustellen, die vom Schuldner (hier vom Verkäufer) in der konkreten Situation erwartet werden kann. Verfügt der Schuldner über spezielle Kenntnisse, etwa als Gebrauchtwagenhändler, sind diese maßgeblich[54].

Zu fragen ist also, welche Sorgfaltspflicht ein Verkäufer aufwenden muss, damit der Käufer durch einen Mangel der Kaufsache nicht zu Schaden kommt. Insoweit ist zu beachten, dass die meisten Verkäufer Zwischenhändler in einer oft mehrstufigen Absatzkette sind. Sie beziehen die Ware, um sie möglichst schnell in unveränderter Form weiterzuveräußern, was vielfach – wie etwa bei Lebensmitteln – innerhalb weniger Stunden oder Tage geschieht. Hier können einem Verkäufer keine aufwändigen Untersuchungen zugemutet werden, da diese organisatorisch und finanziell gar nicht oder nur mit größten, wirtschaftlich nicht tragbaren Anstrengungen zu leisten wären. In diesen Fällen kann die Nichtvornahme einer Untersuchung durch den Verkäufer kein fahrlässiges Verhalten darstellen, sodass der Verkäufer die Möglichkeit hat, das nach § 280 Abs. 1 S. 2 BGB vermutete Vertretenmüssen zu widerlegen.

> **Beispiele** Die vom Verkäufer V gelieferte Ware ist mangelhaft, weil
>
> 1. beim Pkw-Hersteller ein versteckter Montagefehler aufgetreten ist,
> 2. beim Pkw-Hersteller ein Konstruktionsfehler aufgetreten ist,
> 3. der Verkäufer einen Gebrauchtwagen nicht ordnungsgemäß durchgecheckt hat,
> 4. Lebensmittel beim Erzeuger falsch gelagert wurden,
> 5. Lebensmittel beim Verkäufer versehentlich falsch gelagert wurden.

---

53  Vgl. §§ 444, 438 Abs. 3 BGB.
54  Vgl. Palandt/Putzo, Bürgerliches Gesetzbuch, § 276 Rn. 17.

Zu (1): Hier kann eine Fahrlässigkeit des Verkäufers nur angenommen werden, wenn von ihm erwartet werden konnte, dass er den Montagefehler bei Anwendung der im Verkehr erforderlichen Sorgfalt hätte erkennen müssen. Davon ist *nicht* auszugehen, da V als Zwischenhändler gar nicht oder nur mit unverhältnismäßigem Aufwand in der Lage ist, jedes vom Hersteller bezogene Fahrzeug auf versteckte Mängel zu untersuchen. Das Unterlassen der Untersuchung war deshalb nicht fahrlässig. Demgegenüber ist dem V eine Eingangsuntersuchung zuzumuten, etwa ein Test, ob die Räder richtig montiert sind, die Beleuchtung funktioniert und ausreichend Bremsflüssigkeit vorhanden ist. Unterlässt V eine solche Untersuchung, hat er die im Verkehr erforderliche Sorgfalt nicht beachtet und damit fahrlässig gehandelt. V könnte in diesen Fällen die Vermutung des § 280 Abs. 1 S. 2 BGB nicht widerlegen.

Zu (2): Hier liegt *kein* fahrlässiges Verhalten des V vor, weil er nicht in der Lage ist, einen Konstruktionsfehler zu erkennen.

Zu (3): In diesem Fall liegt ein fahrlässiges Verhalten des V vor, weil von einem Gebrauchtwagenhändler erwartet werden kann, dass er die von ihm an- und verkauften Fahrzeuge ordnungsgemäß durchcheckt. Tut er dies nicht, verletzt er die im Verkehr erforderliche Sorgfalt. Man muss „die Kirche allerdings im Dorf lassen" und den Vorbehalt machen, dass die Untersuchungspflicht nicht unbegrenzt besteht. Für das Nichtaufspüren von Mängeln, die unwahrscheinlich sind und sich nur mit einem erheblichen Aufwand finden lassen, haftet der Verkäufer nicht.

Zu (4): Auch hier kommt es darauf an, ob V mit zumutbarem Aufwand erkennen konnte, dass die Lebensmittel aufgrund der falschen Lagerung beim Erzeuger verdorben waren.

Zu (5): Es liegt ein fahrlässiges Verhalten des V und damit ein Verschulden vor, da die falsche Lagerung bei ihm erfolgt ist. V kann die Verschuldensvermutung nicht widerlegen.

## Verhältnis zu § 377 HGB

Nach – dem schon behandelten – § 377 HGB hat der Käufer bei Vorliegen eines beiderseitigen Handelskaufs die vom Verkäufer abgelieferte Ware, soweit dies im ordnungsgemäßen Geschäftsgang tunlich ist, zu untersuchen und dem Verkäufer etwaige Mängel unverzüglich anzuzeigen. Hierbei handelt es sich allerdings nicht um eine Pflicht des Käufers, sondern um eine Obliegenheit. Die Nichtbeachtung der kaufmännischen Rügeobliegenheit begründet deshalb keinen Schadensersatzanspruch des Lieferanten gegen den Käufer, sondern hat „nur" zur Folge, dass der Käufer seine Rechte wegen der Mängel der Kaufsache verliert[55]. Deswegen kann aus der Nichtbeachtung des § 377 HGB, der ja nur gegenüber dem Lieferanten und außerdem nur im kaufmännischen Geschäftsverkehr gilt, *nicht* automatisch geschlossen werden, dass zugleich ein Verschulden des Käufers im Verhältnis zu seinem Käufer (Abnehmer) vorliegt.

---

55  Vgl. S. 241 ff.

Abbildung 13.5: Absatzkette

Die Grundsätze, die von der Rechtsprechung zu Art und Umfang der Untersuchung nach § 377 HGB entwickelt worden sind[56], können gleichwohl zumindest Anhaltspunkte dafür liefern, was der Verkäufer tun muss, um das nach § 280 Abs. 1 S. 2 BGB vermutete Vertretenmüssen zu widerlegen. Im Hinblick auf eine Untersuchung der Ware ist es auf jeden Fall ausreichend, wenn der Verkäufer den strengen Anforderungen an die kaufmännische Rügeobliegenheit genügt. In vielen Fällen, etwa bei „kleinen Einzelhändlern" werden die Anforderungen sogar deutlich darunter liegen.

### Übernahme einer Garantie durch den Verkäufer

Nach § 276 Abs. 1 BGB kann sich eine verschärfte Haftung des Verkäufers aus der Übernahme einer Garantie oder eines Beschaffungsrisikos ergeben. Hier soll zunächst die Garantie behandelt werden.

In der Praxis wird oft nicht zwischen den gesetzlichen Ansprüchen aus § 437 BGB und den Ansprüchen aus einer freiwillig übernommenen **Garantie nach § 443 BGB** unterschieden. Beides sind jedoch ganz unterschiedliche Dinge, obwohl die Begriffe oft verwechselt werden. Dazu trägt zum Beispiel bei, dass Allgemeine Geschäftsbedingungen als „Garantiebedingungen" betitelt werden, obwohl in den AGB gar keine Garantie im Sinne des § 443 BGB enthalten ist. Auch Kunden machen gegenüber den Verkäufern „Garantieansprüche" geltend, obwohl es um Ansprüche aus § 437 BGB geht.

---

**Merksatz**

- Die Haftung nach § 437 BGB beruht auf dem Gesetz, sie tritt in Kraft, ohne dass Verkäufer und Käufer eine Vereinbarung treffen (müssen).

- Die Garantie nach § 443 BGB setzt dagegen eine freiwillige Übernahme durch den Verkäufer, den Hersteller oder einen Dritten voraus. Die Garantie kann für die Beschaffenheit der Sache übernommen werden (*Beschaffenheitsgarantie*) oder dafür, dass die Sache für eine bestimmte Dauer eine bestimmte Beschaffenheit behält (*Haltbarkeitsgarantie*).

---

Wegen der Ergänzung in § 276 Abs. 1 S. 1 BGB hat ein Verkäufer, der gemäß § 443 BGB eine Garantie übernimmt, eine Pflichtverletzung in Form der Lieferung einer mangelhaften Sache auch dann zu vertreten, wenn er die Pflichtverletzung weder vorsätzlich noch fahrlässig begangen und damit nicht schuldhaft gehandelt hat.

---

56  Vgl. S. 242 f.

> **Merksatz**
>
> Die Übernahme einer Garantie für Schäden, die sich aus Mängeln der Kaufsache ergeben, begründet eine Schadensersatzhaftung ohne Verschulden („verschuldensunabhängige Garantiehaftung").

Nicht zuletzt wegen dieser weit reichenden Folge muss in jedem Fall sehr sorgfältig untersucht werden, ob ein Verkäufer tatsächlich eine Garantie übernommen hat und welchen Inhalt die Garantie gegebenenfalls hat.

> **Merksatz**
>
> Die Übernahme einer Garantie für Schäden aus der Nutzung der Kaufsache setzt voraus, dass der Garantiegeber (hier der Verkäufer) zu erkennen gibt, dass er für das Vorliegen einer oder auch mehrerer Eigenschaften der Kaufsache **und** für alle Schäden, die sich aus dem Nichtvorliegen dieser Eigenschaft(en) ergeben, verbindlich einstehen will. Von der Garantie abzugrenzen sind bloße werbemäßige Anpreisungen und Zusagen, die sich nicht auf konkrete Eigenschaften beziehen.

Daraus folgt, dass Verkäufer in der Praxis ihr Produkt zwar gerne anpreisen, aber nur selten eine verbindliche Garantie übernehmen. Es gilt der Satz: „Nur ein dummer Verkäufer übernimmt eine Garantie". Wesentlich weiter verbreitet ist dagegen die Übernahme einer Garantie durch den Hersteller („Herstellergarantie"), auf die noch näher eingegangen wird[57].

> **Beispiele zur Verkäufergarantie**
>
> ■ Unternehmer K benötigt einen Kleber, den er zur Anbringung von schweren Deckenplatten in einem Neubau verwenden will. K erkundigt sich ausdrücklich beim Verkäufer V, ob das Produkt „Super-Klebefix" dafür geeignet sei, weil er sonst „in Teufels Küche komme". V erklärt, „Super-Klebefix" sei eine absolute Neuentwicklung und so gut, dass er ohne jedes Problem auch das zehnfache Gewicht der von K verwendeten Platten halte. Darauf könne K „Gift nehmen. Mit diesem Kleber sei er absolut auf der sicheren Seite". Die Erklärung des V ist gemäß §§ 133, 157 BGB als Übernahme einer Beschaffenheitsgarantie auszulegen, da es dafür nicht erforderlich ist, dass das Wort „Garantie" verwendet wird. Falls der Kleber für die von K beabsichtigte Verwendung nicht geeignet sein sollte, sodass sich die Deckenplatten nach einiger Zeit lockern oder gar herabfallen, schuldet V dem K Schadensersatz aus §§ 437 Nr. 3, 280 Abs. 1, Abs. 3, 281 BGB. Dieser Anspruch besteht auch dann, wenn V kein Verschulden trifft, weil er nach der Produktinformation des Herstellers, ohne fahrlässig zu handeln, von der zugesagten Leistungsfähigkeit von „Super-Klebefix" ausgehen durfte.

---

57   S. 266 ff.

■ Anders wäre es, wenn V lediglich erklärt hätte, „Super-Klebefix heiße nicht nur so, er sei es auch. Dies sei der beste Kleber, den er kenne". Hier liegt keine Übernahme einer Beschaffenheitsgarantie vor, weil keine bestimmte Eigenschaft zugesichert worden ist.

■ Die Angaben eines gewerblichen Kfz-Händlers auf dem Verkaufsschild eines Pkw zu bestimmten Eigenschaften (Zahl der Halter, Km-Leistung, PS (KW), Unfallfreiheit) wurden von der insoweit recht strengen Rechtsprechung zum § 459 Abs. 2 BGB alte Fassung als Zusicherung von Eigenschaften gewertet[54]. Heute dürfte eine Beschaffenheitsgarantie vorliegen. Der Kfz-Händler haftet damit ohne Verschulden für mögliche Schäden, die sich aus dem Nichtvorliegen dieser Eigenschaften ergeben. Erweist sich das als „unfallfrei" verkaufte Fahrzeug als Unfallauto, schuldet der Händler dem Käufer also selbst dann Schadensersatz, auch wenn er nachweist, dass ihn kein Verschulden trifft.

## 13.6.6  Weitere Fälle von Schadensersatz

### Übernahme eines Beschaffungsrisikos

Falls der Verkäufer das Risiko übernimmt, eine Sache zu beschaffen, ihm die Beschaffung aber nicht gelingt, haftet er nach §§ 280 Abs. 1, Abs. 3, 281 Abs. 1 BGB ebenfalls ohne Verschulden auf Schadensersatz. Ob und inwieweit der Verkäufer eine verschuldensunabhängige Einstandspflicht übernehmen will, ist im Wege der Auslegung zu ermitteln (§§ 133, 157 BGB). Bei „normalen" Kaufverträgen kann davon nicht ausgegangen werden, auch wenn der Verkäufer vollmundig erklärt, „das kriegen wir auf jeden Fall locker hin".

### Unmöglichkeit der Nacherfüllung

Falls die Nacherfüllung nicht möglich ist (§ 275 Abs. 1 BGB) oder vom Verkäufer nach § 275 Abs. 2, Abs. 3 BGB zu Recht verweigert wird, kann der Käufer nach seiner Wahl ebenfalls „Schadensersatz statt der Leistung" oder „Schadensersatz statt der ganzen Leistung" verlangen (§§ 437 Nr. 3, 280 Abs. 1, Abs. 3, 283 BGB), und zwar ohne vorherige Fristsetzung.

**Beispiele**

■ Eine für den Drei-Schicht-Betrieb geeignete Maschine des Typs HD 10.3 ist auf dem Weltmarkt nicht mehr verfügbar. Ein Nachbau ist aufgrund eines patentrechtlichen Schutzes nicht zulässig.

■ Ein gebrauchtes Fahrzeug, das einen Unfall hatte, bleibt auch nach einer fachgerecht ausgeführten Reparatur ein Unfallfahrzeug. Eine Nachbesserung ist also nicht möglich. Eine Neulieferung scheidet ebenfalls aus, da es ein anderes Fahrzeug diesen Typs mit genau diesen Abnutzungserscheinungen nicht gibt.

---

58  vgl. BGH NJW 1981, S. 1268.

### Zusammenfassung zum Schadensersatzanspruch

Ein Schadensersatzanspruch des Käufers gegen den Verkäufer wegen eines Mangels der Kaufsache setzt nach **§§ 437 Nr. 3, 280 Abs. 1, Abs. 3, 281 Abs. 1 BGB** voraus:

- **P1: Schuldverhältnis**: Kaufvertrag,
- **P2: Pflichtverletzung**: Lieferung einer gemäß § 434 Abs. 1 BGB im Zeitpunkt des Gefahrübergangs mangelhaften Sache, kein Ausschluss der Mängelhaftung,
- **P3: Fristsetzung zur Nacherfüllung** (oder ausnahmsweise Entbehrlichkeit der Frist),
- **N1: Nach Fristsetzung erfolgt keine oder keine erfolgreiche Nacherfüllung,**
- **P4: Vertretenmüssen des V**: wird vermutet,
- **N2: keine Widerlegung der Vermutung**, die dem Verkäufer allerdings häufig gelingen wird (§ 280 Abs. 1 S. 2 BGB), oder **Übernahme einer Garantie,**
- **P5: Schaden** infolge der Pflichtverletzung.

**Rechtsfolge:** Der Käufer kann nach seiner Wahl

1. die mangelhafte Sache behalten und als Ausgleich für den Minderwert der Sache und für weitere Schäden (Gewinneinbußen) „Schadensersatz statt der *mangelfreien* Leistung" verlangen („kleiner Schadensersatz") oder

2. die mangelhafte Sache „Zug um Zug" gegen Rückzahlung des Kaufpreises zurückgeben und zusätzlich „Schadensersatz statt der ganzen *mangelfreien* Leistung" verlangen („großer Schadensersatz").

## 13.7   Die Herstellergarantie

Insbesondere beim Absatz hochwertiger Konsumgüter wird in der Praxis häufig eine Herstellergarantie in Form einer Beschaffenheits- oder Haltbarkeitsgarantie gemäß § 443 BGB übernommen.

---

**Beispiele**

**Beschaffenheitsgarantie:**

- Garantie, dass ein Autoreifen für Geschwindigkeiten über 200 km/h geeignet ist.

**Haltbarkeitsgarantien:**

- Sechs Jahre Durchrostungsgarantie bei einem Pkw,
- Garantierte Laufleistung des Motors 300.000 km.

---

Das Besondere an der Herstellergarantie ist, dass der Käufer als Garantienehmer Rechte erwirbt, obwohl zwischen ihm und dem Hersteller (Garantiegeber) in vielen Fällen gar kein Kaufvertrag besteht.

**Beispiel** K kauft einen Pkw vom Kfz-Händler V, der das Fahrzeug vom Hersteller H erwirbt. Hier liegen zwei Kaufverträge vor: Vertragspartner des K ist der Kfz-Händler V, während der andere Kaufvertrag zwischen Hersteller H und V besteht. K und H haben hingegen keinen Kaufvertrag miteinander geschlossen.

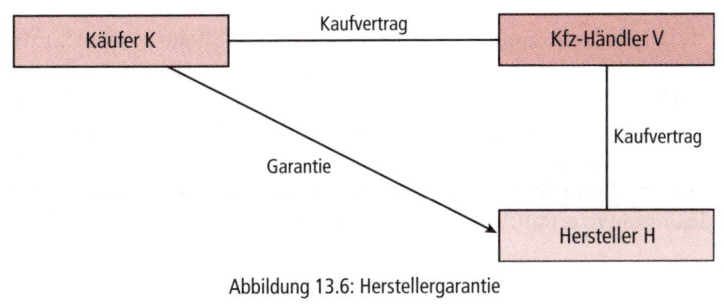

Abbildung 13.6: Herstellergarantie

## 13.7.1 Übernahme der Herstellergarantie

Da der Käufer und der Hersteller in der Regel nicht in direktem Kontakt stehen[59], erfolgt die Übernahme der Herstellergarantie häufig durch Einschaltung des Verkäufers, indem dieser dem Käufer eine Garantieerklärung des Herstellers übergibt. Ausreichend für die Übernahme der Garantie kann auch ein schlichter, vom Hersteller auf der Ware angebrachter Aufkleber („36 Monate Garantie") oder die Werbung des Herstellers mit bestimmten Eigenschaften der Kaufsache („Garantierte Laufleistung 300.000 km"; „Sechs Jahre Durchrostungsgarantie") sein. Die Anforderungen an das Zustandekommen einer Herstellergarantie sind also relativ gering.

## 13.7.2 Verhältnis zur Sachmängelhaftung

Durch die Herstellergarantie erwirbt der Käufer **zusätzliche** Ansprüche:

- Bei Mängeln der Sache stehen ihm nach wie vor die gesetzlichen Rechte gegen den **Verkäufer** aus §§ 437 ff. BGB zu.
- Bei Fehlen einer garantierten Eigenschaft hat der Käufer nach § 443 Abs. 1 BGB zusätzliche Ansprüche aus der Garantie gegen den **Hersteller**.

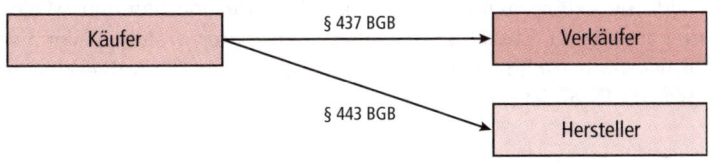

Abbildung 13.7: Mängelhaftung und Garantie

---

59  Anders ist es, wenn der Hersteller zugleich der Verkäufer ist, etwa bei einem Verkauf „ab Werk".

Das Wahlrecht zwischen Mängelhaftung und Garantie steht dem Käufer zu. Wie § 443 Abs. 1 BGB mit der Formulierung „unbeschadet der gesetzlichen Ansprüche" zum Ausdruck bringt, kann der Verkäufer den Käufer nicht unter Hinweis auf die Garantie an den Hersteller verweisen, obwohl dies in der Praxis von Verkäufern – wider besseres Wissen? – gerne getan oder zumindest versucht wird.

---

**Beispiel**    K hat einen Computer bei V gekauft, der erhebliche Mängel aufweist. Als K diese Mängel bei V reklamiert, verweigert dieser unter Hinweis auf die „umfassende Herstellergarantie" die Reparatur und erst recht den von K sodann geforderten Umtausch gegen ein mangelfreies Gerät. V meint vielmehr, „K müsse sich direkt an den Hersteller wenden. Er (V) sei zu nichts verpflichtet und werde auch nichts machen. Das sei definitiv sein letztes Wort". Als K daraufhin etwas unwirsch sein Geld zurückverlangt, erteilt V ihm Hausverbot. Welche Ansprüche hat K?

*Lösungsskizze*

K kann von V nach §§ 437 Nr. 1, 439 Abs. 1 BGB wegen des Mangels der Kaufsache nach seiner Wahl die Mangelbeseitigung oder die Lieferung einer mangelfreien Sache verlangen. Diese Rechte werden gemäß § 443 Abs. 1 BGB durch die Herstellergarantie nicht berührt. Da V beide Arten der Nacherfüllung verweigert, kann K nach §§ 437 Nr. 2, 440 S. 1 BGB ohne Fristsetzung vom Vertrag zurücktreten. K hat nach Erklärung des Rücktritts (§ 349 BGB) gegen V einen Anspruch auf Rückzahlung des Kaufpreises Zug um Zug gegen Rückgabe des Computers (§ 346 Abs. 1 BGB), eventuell abzüglich einer Nutzungsentschädigung.

*Wahlweise* könnte K die Herstellergarantie in Anspruch nehmen, er muss es aber nicht! Außerdem müsste zunächst einmal geklärt werden, ob H tatsächlich eine Herstellergarantie übernommen hat und welchen Inhalt diese hat.

---

Diese Ausführungen gelten auch für den in der Einleitung unter Nr. 5 enthaltenen Beispielsfall[60].

### 13.7.3   Inhalt der Herstellergarantie

Da die Übernahme der Herstellergarantie eine freiwillige Leistung ist, ist der Garantiegeber bezüglich der Ausgestaltung an keine gesetzlichen Vorgaben gebunden. Er kann eine gegenüber den gesetzlichen Ansprüchen weitergehende, aber auch eine dahinter zurückbleibende oder eine ganz andersartige Garantie übernehmen. Welche Rechte dem Garantienehmer im Einzelfall zustehen und unter welchen Voraussetzungen diese Rechte bestehen, richtet sich nach dem Inhalt der Garantieerklärung, die bei Unklarheiten auszulegen ist (§§ 133, 157 BGB).

---

60   Vgl. S. 25.

> **Beispiele**
>
> - Durchrostungsgarantie bei einem Pkw für sechs Jahre: Diese Garantie erstreckt sich über einen Zeitraum, der vier Jahre länger ist als die gesetzliche Verjährungsfrist für Mängel (§ 438 Abs. 1 Nr. 3 BGB),
>
> - Übernahme einer „Mobilitätsgarantie bei einem Reisebus europaweit für ein Jahr". Diese Garantie bleibt hinter der gesetzlichen Frist von zwei Jahren für Sachmängel zurück, dürfte aber – je nach konkreter Ausgestaltung – andere Leistungen, etwa das Bereitstellen eines Ersatzbusses und die Kosten der Unterbringung der Fahrgäste einschließen.

Wenn eine **Haltbarkeitsgarantie** vorliegt, wird nach § 443 Abs. 2 BGB vermutet, dass ein während der Geltungsdauer auftretender Sachmangel die Rechte aus der Garantie begründet.

> **Beispiel** „Herstellergarantie: Laufleistung eines Pkw-Motors 300.000 km": Sollte der Motor nach 250.000 km einen Mangel aufweisen, wird zugunsten des Käufers (Garantienehmers) vermutet, dass der Mangel bereits bei Gefahrübergang (§§ 446, 447 BGB) vorlag und nicht auf einem Fehlverhalten des Käufers beruht. Diese Vermutung muss der Garantiegeber (Hersteller) widerlegen, wenn er eine Inanspruchnahme aus der Garantie abwenden möchte. Sollte der Käufer hingegen Ansprüche gegen den Verkäufer wegen eines Mangels des Motors geltend machen wollen, müsste der Käufer beweisen, dass der Mangel schon bei Gefahrübergang vorhanden war[61], was angesichts der gefahrenen Kilometer mehr als fraglich ist.

## 13.7.4 Sonderbestimmungen beim Verbrauchsgüterkauf

§ 477 BGB stellt bei Vorliegen eines Verbrauchsgüterkaufs (§ 474 BGB) besondere Anforderungen an Haltbarkeits- und Beschaffenheitsgarantien (§ 443 BGB) auf. Diese Garantien müssen einfach und verständlich abgefasst sein. Außerdem muss der Verbraucher darauf hingewiesen werden, dass die Rechte aus der Garantie neben den Ansprüchen aus § 437 BGB bestehen und dass diese Rechte durch die Garantie nicht eingeschränkt werden (§ 477 Abs. 1 Nr. 1 BGB).

> **Beispiel** In der Garantieurkunde eines Herstellers heißt es: „Bei Mängeln gewähren wir eine dreijährige Garantie": Diese Klausel entspricht nicht den Anforderungen des § 477 Abs. 1 Nr. 1 BGB, weil der Hinweis fehlt, dass dem Verbraucher daneben die gesetzlichen Ansprüche aus § 437 BGB gegen den Verkäufer zustehen und dass diese Ansprüche durch die Garantie nicht eingeschränkt werden.

---

61 Vgl. aber § 476 BGB, wenn ein Verbrauchsgüterkauf vorliegt, dazu S. 232 f.

Weitere Anforderungen ergeben sich aus § 477 Abs. 1 Nr. 2 BGB (Informationen zur Durchsetzung der Garantie). Überdies kann der Verbraucher nach § 477 Abs. 2 BGB verlangen, dass ihm die Garantieerklärung in Textform, das heißt auf einer Urkunde oder einem anderen Datenträger übergeben wird (§ 126 b BGB). Werden diese Anforderungen gar nicht oder nur unzureichend erfüllt, ist die Garantieerklärung gleichwohl wirksam (§ 477 Abs. 3 BGB). Anderenfalls würde der Verbraucher daraus, dass der Unternehmer das BGB nicht beachtet, einen Rechtsnachteil erleiden.

# Produkthaftung (Produzentenhaftung)

14

ÜBERBLICK

## Lernziele dieses Kapitels

*Was kommt in diesem Kapitel auf Sie zu? Behandelt wird die Produkthaftung, auch Produzentenhaftung genannt. Diese Haftung wird oft zu Unrecht mit der Haftung des Verkäufers wegen Mängeln der Kaufsache gleichgesetzt oder verwechselt, obwohl es sich um „zwei Paar Schuhe handelt".*

## 14.1   Grundlagen

Bei der Sachmängelhaftung nach §§ 434 ff. BGB geht es darum, dass der Käufer eine Sache erwirbt, die aufgrund eines Mangels weniger wert ist als eine mangelfreie Sache. Geschützt wird das Interesse des Käufers, für „sein gutes Geld" eine „gute", nämlich mangelfreie Sache und damit eine äquivalente Gegenleistung zu erhalten. Man spricht vom **Äquivalenzinteresse** des Käufers: Die Leistung des Käufers und die Leistung des Verkäufers sollen sich entsprechen. Anspruchsgegner im Fall von Mängeln ist der Verkäufer, also der Vertragspartner des Käufers. Bei der Sachmängelhaftung handelt es sich also um einen **vertraglichen Anspruch**. Erleidet der Käufer infolge der mangelhaften Sache einen Schaden, kommt ein Anspruch gegen den Verkäufer nur dann in Betracht, wenn dieser – was aber häufig nicht der Fall ist – den Mangel der Kaufsache zu vertreten hat[1].

Durch die Produkthaftung wird das **Integritätsinteresse** einer Person geschützt. Dies ist das Interesse des Käufers oder einer anderen mit der Sache in Berührung kommenden Person, durch den Gebrauch der Sache keinen Schaden zu erleiden, also nicht in seiner Integrität verletzt zu werden. Hier geht es nicht um einen mangelbedingten Minderwert der Sache selbst, sondern um Schäden an *anderen* Rechtsgütern (Leben, Körper, Gesundheit) oder Rechten (Eigentum an *anderen* Sachen). Anspruchsgegner ist der Produzent (Hersteller), der in der Regel keinen Vertrag mit dem Käufer bzw. dem sonstigen Nutzer der Sache hat. Es handelt sich also um einen **gesetzlichen Anspruch** auf Schadensersatz.

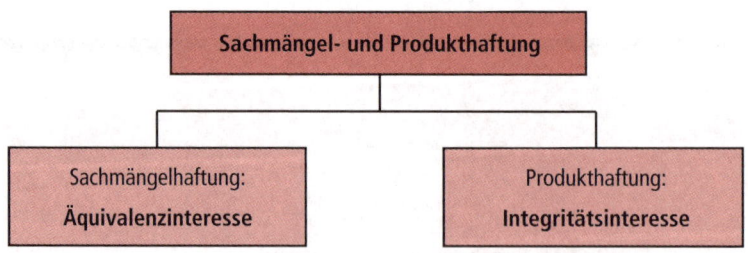

Abbildung 14.1: Sachmängel- und Produkthaftung

Hat der Verkäufer oder der Hersteller eine Garantie übernommen, ist es möglich, dass auf dieser Grundlage ebenfalls Schadensersatz zu leisten ist[2].

---

1   Vgl. S. 259 ff.
2   Vgl. S. 266 ff.

> **Merksatz** Ein Anspruch auf Schadensersatz wegen eines Mangels der Sache kann sich ergeben aus:
>
> 1. Haftung wegen Sachmängeln: §§ 437 Nr. 3, 280 Abs. 1, Abs. 3, 281 Abs. 1 BGB gegen den Verkäufer (Voraussetzung: Vertretenmüssen des Mangels)
>
> 2. Übernahme einer Garantie: § 443 BGB gegen den Garantiegeber (Hersteller, Verkäufer, Dritter)
>
> 3. Produkthaftung gegen den Hersteller (Produzenten)

Das Verhältnis dieser Rechte lässt sich mit Hilfe eines Beispiels verdeutlichen:

> **Beispiel** K hat bei V ein Fernsehgerät gekauft, das infolge einer fehlerhaften Montage des Herstellers (H) in Brand gerät. Durch den Brand wird neben dem Fernsehgerät auch die restliche Wohnzimmereinrichtung des K zerstört.
>
> - Der Anspruch des K auf Nacherfüllung (§§ 437 Nr. 1, 439 BGB) richtet sich gegen den Verkäufer, da K für den gezahlten Kaufpreis einen mangelhaften Fernseher und damit keine äquivalente Gegenleistung erhalten hat. Nur unter strengen Voraussetzungen (Vertretenmüssen!) ist gegen den Verkäufer auch ein Schadensersatzanspruch wegen des Mangelschadens (zerstörter Fernseher) gemäß §§ 437 Nr. 3, 280 Abs. 1, Abs. 3, 281 Abs. 1 BGB[3] und des Mangelfolgeschadens (zerstörte Wohnzimmereinrichtung) gemäß § 280 Abs. 1 BGB möglich[4].
>
> - Je nach Umfang und Inhalt einer vom Hersteller, Verkäufer oder Dritten übernommenen Garantie können weitere Ansprüche aus § 443 BGB bestehen. In aller Regel sind Schadensersatzansprüche allerdings nicht Inhalt einer Garantie.
>
> - Die Schäden an den sonstigen Einrichtungsgegenständen fallen deshalb vorrangig unter die Produkthaftung, da K durch die Benutzung des Fernsehers einen Schaden an *anderen* Sachen erlitten hat. Der Anspruch richtet sich gegen den Hersteller (Produzenten).

Die Produkthaftung (Produzentenhaftung) beruht auf zwei Ansätzen: Aufgrund der Rechtsprechung des Bundesgerichtshofs[5] basiert sie zum einen auf § 823 Abs. 1 BGB, zum anderen ist sie im Produkthaftungsgesetz (ProdHaftG) geregelt.

---

3   Palandt/Putzo, Bürgerliches Gesetzbuch, § 437 Rn. 38.
4   Palandt/Putzo, Bürgerliches Gesetzbuch, § 437 Rn. 39.
5   Beginnend mit der „Hühnerpestentscheidung", BGH NJW 1969, 269 ff.

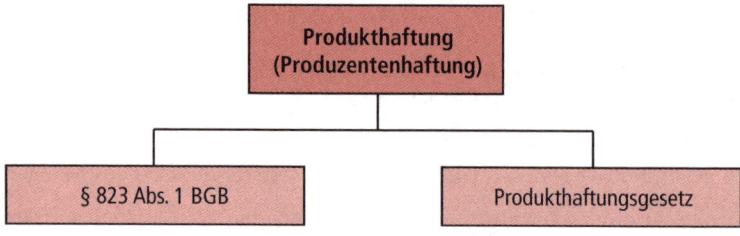

Abbildung 14.2: Produkthaftung

Beide Ansätze bestehen dabei nebeneinander (§ 15 Abs. 2 ProdHaftG) und beruhen auf einem ähnlichen Rechtsgedanken, auch wenn im Detail einige Unterschiede bestehen.

> **Merksatz** Die Produkthaftung beruht auf folgendem Ansatz: Den Hersteller eines Massenprodukts trifft die Pflicht, alle zumutbaren Maßnahmen zu ergreifen, um zu verhindern, dass jemand durch die Nutzung des in Verkehr gebrachten Produkts eine Rechtsgut- oder Rechtsverletzung erleidet und dadurch zu Schaden kommt. Wird diese Pflicht nicht beachtet, liegt ein Verstoß gegen eine Verkehrssicherungspflicht vor, der zum Schadensersatz verpflichtet.

## 14.2 Produkthaftung nach § 823 Abs. 1 BGB

### 14.2.1 Fallgruppen der Produkthaftung

Die Rechtsprechung hat zu § 823 Abs. 1 BGB je nach der Art des Pflichtenverstoßes verschiedene Fallgruppen entwickelt. Aufgrund der **Organisationspflicht** hat der Hersteller seinen Betrieb so einzurichten, dass Konstruktions- und Produktionsfehler möglichst ausgeschaltet oder durch Kontrollen entdeckt werden. Die **Instruktionspflicht** umfasst die Pflicht des Herstellers, den Benutzer des Gegenstandes so einzuweisen, dass aus der Nutzung keine Gefahren entstehen, etwa durch Warnhinweise auf dem Produkt selbst. Immer wieder wird in diesem Zusammenhang eine Geschichte aus den USA berichtet, nach der ein Katzenhalter sein Tier in der Mikrowelle getrocknet habe, was dem Tier nicht gut bekommen sein soll. Glaubt man seriösen Quellen, hat sich diese Geschichte jedoch so nicht zugetragen.

Ab dem In-Verkehr-Bringen, also der Auslieferung, trifft den Hersteller eine **Produktbeobachtungspflicht** bezüglich der bis dahin noch nicht bekannten schädlichen Eigenschaften und der sonstigen eine Gefahrenlage schaffenden Verwendungsfolgen, und zwar unter Beachtung der Fachliteratur und der Produktentwicklung seiner wichtigsten Mitbewerber. Aus dieser Pflicht können sich zusätzlich Instruktions- und Warnpflichten ableiten und **Rückrufpflichten** ergeben. Diese Pflicht ist vom Nacherfüllungsanspruch aus §§ 437 Nr. 1, 439 BGB zu unterscheiden und unterliegt deshalb auch nicht der Verjährung nach § 438 Abs. 1 Nr. 3 BGB. Aus dem **Automobilbereich** sind Rückrufaktionen zum Zwecke der kostenlosen Beseitigung von sicherheitsrelevanten Mängeln bekannt.

> **Beispiel** Bei Vertragshändlern der Auto-AG werden bei turnusmäßigen Inspektionen an einem Teil der Fahrzeuge Unregelmäßigkeiten an den Bremsen festgestellt, die im Zusammentreffen mit weiteren Umständen zu einem Abfall der Bremsleistung führen können. Hier ist die Auto-AG verpflichtet, alle Fahrzeuge dieses Typs durch öffentliche Bekanntmachungen, etwa Zeitungsanzeigen, zurückzurufen und die Mängel kostenlos zu beseitigen. Das gilt auch dann, wenn die Gewährleistungsfrist wegen Mängeln (§ 438 Abs. 1 Nr. 3 BGB) bereits abgelaufen ist.

## 14.2.2 Verschulden

### Fahrlässiger Verstoß gegen Verkehrssicherungspflicht

Schadensersatzansprüche nach § 823 Abs. 1 BGB setzen neben der schädigenden Handlung ein Verschulden voraus. Erforderlich ist also ein zumindest fahrlässiger Verstoß gegen die Verkehrssicherungspflicht im Zeitpunkt des In-Verkehr-Bringens des Produkts, wofür es auf den Stand von Wissenschaft und Technik in diesem Zeitpunkt ankommt. Diese Voraussetzung kommt insbesondere bei Konstruktionsfehlern in Betracht. Dagegen besteht bei so genannten „Ausreißern" in Form von Fabrikationsfehlern, die trotz aller zumutbaren Vorkehrungen unvermeidbar sind, mangels Verschuldens oft kein Anspruch auf Schadensersatz nach § 823 Abs. 1 BGB. Ein schuldhafter Verstoß gegen die Produktbeobachtungspflicht ist demgegenüber eher möglich.

### Beweislast

Die Beweislast ist wie folgt verteilt: Nach den allgemeinen Grundsätzen muss der Geschädigte die für ihn günstigen (anspruchsbegründenden) Tatsachen beweisen, also dass das Produkt einen Fehler hatte und dass ihm durch diesen Fehler ein Schaden entstanden ist. Gelingt dieser Beweis, kommt die Rechtsprechung dem Geschädigten im Fall der Produkthaftung ganz entscheidend entgegen: Der Geschädigte muss – abweichend von den allgemeinen Regeln – *nicht* zusätzlich beweisen, dass den Hersteller auch ein Verschulden trifft (Vorsatz oder Fahrlässigkeit). Vielmehr muss der Hersteller im industriellen und auch im handwerklichen Bereich beweisen, dass ihn *kein* Verschulden an dem Fehler des Produktes trifft[6]. Wie bei § 280 Abs. 1 BGB[7] wird das Verschulden also auch hier vermutet. An den Gegenbeweis des Herstellers werden hohe Anforderungen gestellt, sodass dieser häufig nicht gelingt.

> **Beispiel** K hat bei V ein Fernsehgerät gekauft, das in Brand gerät. Durch den Brand wird die Wohnzimmereinrichtung des K zerstört. Wenn K einen Anspruch auf Schadensersatz aus § 823 Abs. 1 BGB gegen den Hersteller H durchsetzen will, muss er beweisen, dass der Fernseher einen Fehler hatte und dass ihm durch diesen Fehler ein Schaden entstanden ist. K muss hingegen *nicht* beweisen, dass H ein Verschulden trifft. Vielmehr muss H beweisen, dass ihn *kein* Verschulden trifft.

---

6 BGH NJW 1999, S. 1028, 1029; BGH NJW 1992, 1039, 1040.
7 Vgl. S. 193 ff.

## 14.2.3 Schadensumfang

Art, Inhalt und Umfang des Schadensersatzanspruchs richten sich nach den §§ 249 ff. BGB. Zu ersetzen ist der Vermögensschaden (materieller Schaden), aber auch der immaterielle Schaden, insbesondere in Form von Schmerzensgeld (§ 253 Abs. 2 BGB)[8].

## 14.2.4 Verjährung

Wenn eine Verletzung des Lebens, des Körpers oder der Gesundheit vorliegt, beträgt die Verjährungsfrist gemäß § 199 Abs. 2 BGB 30 Jahre. Die Frist beginnt mit der schädigenden Handlung, also mit der Auslieferung eines fehlerhaften Produkts. Soweit Sachschäden in Frage stehen, richtet sich die Verjährung nach § 199 Abs. 3 BGB, wobei die Frist mindestens zehn und höchstens 30 Jahre beträgt[9].

# 14.3 Produkthaftung nach dem ProdHaftG

Das ProdHaftG beruht auf einer Richtlinie der (damaligen) Europäischen Wirtschaftsgemeinschaft (EWG)[10], durch die alle Mitglieder verpflichtet wurden, im nationalen Recht bestimmte Regelungen zu schaffen. Der deutsche Gesetzgeber hat die neuen Vorschriften nicht – was möglich gewesen wäre[11] – in das BGB eingefügt, sondern das ProdHaftG mit insgesamt (nur) 19 Paragraphen geschaffen. Bis zu dessen In-Kaft-Treten am 01.01.1990 bildete § 823 Abs. 1 BGB die alleinige Anspruchsgrundlage der Produkthaftung.

## 14.3.1 Anspruchsgrundlage

Die Anspruchsgrundlage für den Schadensersatzanspruch ist § 1 Abs. 1 S. 1 ProdHaftG. Zu beachten ist bei der Prüfung Folgendes:

- Die Voraussetzungen „Schaden" und „Hersteller" sind in der Rechtsfolge der Vorschrift „versteckt", doch handelt es sich um Tatbestandsvoraussetzungen.

- Die Voraussetzungen „Produkt", „Fehler" und „Hersteller" werden in den §§ 2 bis 4 ProdHaftG definiert.

- Der Anspruch setzt *kein Verschulden* des Herstellers voraus. Bei § 1 Abs. 1 S. 1 ProdHaftG handelt es sich vielmehr um einen Fall der **Gefährdungshaftung**, also einer Haftung ohne Verschulden. Im Gegensatz dazu verlangt § 823 Abs. 1 BGB ein Verschulden des Herstellers, das allerdings – wie gesehen – vermutet wird.

---

8   Zu Einzelheiten vgl. S. 385 ff.
9   Zu Einzelheiten vgl. S. 148 f.
10  Richtlinie 85/374/EWG des Rates vom 25.07.1985 zur Angleichung der Rechts- und Verwaltungsvorschriften über die Haftung für fehlerhafte Produkte, Amtsblatt L 210 vom 07.08.1985, S. 29 ff.
11  Vgl. §§ 651 a bis m BGB in Umsetzung der Richtlinie 90/314/EWG des Europäischen Parlaments und des Rates über Pauschalreisen vom 13.06.1990 (Amtsblatt EG Nr. L 158, S. 59 ff.).

Im Wenn-dann-Schema lautet § 1 Abs. 1 S. 1 ProdHaftG wie folgt:

**Wenn**

- **P1:** ein Produkt (vorliegt),
- **P2:** das Produkt einen Fehler hat,
- **P3:** jemand durch den Fehler des Produkts getötet, sein Körper oder seine Gesundheit verletzt oder eine (andere) Sache beschädigt wird,
- **P4:** dadurch ein Schaden entsteht und
- **P5:** jemand Hersteller des Produkts ist,

**dann**

ist der Hersteller dem Geschädigten zum Schadensersatz verpflichtet.

## 14.3.2 Einschränkungen der Haftung

Die nach § 1 Abs. 1 S. 1 ProdHaftG begründete Gefährdungshaftung wird in Satz 2 und im folgenden Absatz 2 erheblich eingeschränkt. Nach Satz 2 ist im Falle der Sachbeschädigung nur der Schaden an *anderen* Sachen zu ersetzen, wobei hinzukommen muss, dass diese Sache ihrer Art nach gewöhnlich für den privaten Gebrauch oder Verbrauch bestimmt war und hierzu vom Geschädigten hauptsächlich verwendet worden ist. Derartige Einschränkungen bestehen bei § 823 Abs. 1 BGB nicht.

---

**Beispiel** A verunglückt mit seinem Pkw aufgrund eines Fehlers der Bremsanlage. Wenn A bei dem Unfall eine Körperverletzung erleidet, die zu einem Schaden führt (etwa Zuzahlungen im Krankenhaus oder Verdienstausfall), kommt ein Anspruch aus § 1 Abs. 1 S. 1 ProdHaftG gegen den Hersteller des Pkw in Betracht. Der Schaden am Fahrzeug scheidet hingegen aus, weil keine im Verhältnis zum fehlerhaften Produkt *andere* Sache beschädigt worden ist. Wenn ein im Fahrzeug liegender Laptop zerstört wird, setzt der Anspruch voraus, dass dieser Laptop seiner Art nach gewöhnlich für den privaten Gebrauch oder Verbrauch bestimmt war und hierzu von A hauptsächlich verwendet worden ist. Der Laptop eines Handelsvertreters wäre deshalb nach dem ProdHaftG nicht zu ersetzen, aber möglicherweise nach § 823 Abs. 1 BGB.

---

§ 1 Abs. 2 ProdHaftG regelt zahlreiche Ausschlüsse der Ersatzpflicht des Herstellers, etwa wenn der Fehler darauf beruht, dass das Produkt in dem Zeitpunkt, in dem der Hersteller es in den Verkehr gebracht hat, zwingenden Rechtsvorschriften entsprach (Nr. 4) oder der Fehler nach dem Stand der Wissenschaft und Technik im Zeitpunkt des In-Verkehr-Bringens nicht erkannt werden konnte (Nr. 5).

### 14.3.3 Beweislast

§ 1 Abs. 4 ProdHaftG enthält eine Beweisregel: Danach trägt der Geschädigte – in gleicher Weise wie bei der Produkthaftung nach § 823 Abs. 1 BGB – die Beweislast für den Fehler, den Schaden und den ursächlichen Zusammenhang zwischen Fehler und Schaden. Einen möglichen Ausschluss der Ersatzpflicht nach § 1 Abs. 2 und Abs. 3 ProdHaftG hat der Hersteller zu beweisen.

---

**Beispiel** K hat durch die Nutzung einer im Jahre 2001 gekauften fehlerhaften elektrischen Heizdecke erhebliche Verbrennungen erlitten. Der Hersteller H behauptet, die Decke habe im Jahre 2001 exakt den damals geltenden und verbindlichen Sicherheitsanforderungen entsprochen. K bestreitet dies. Wenn dem nach § 1 Abs. 4 S. 2 ProdHaftG insoweit beweispflichtigen H der Beweis gelingt, dass das Gerät im Zeitpunkt des In-Verkehr-Bringens im Jahre 2001 den geltenden Rechtsvorschriften (Sicherheitsanforderungen) entsprochen hat, führt dies gemäß § 1 Abs. 2 Nr. 4 ProdHaftG zu einem Ausschluss seiner Haftung nach § 1 Abs. 1 ProdHaftG. Der unabhängig davon mögliche Anspruch aus § 823 Abs. 1 BGB dürfte daran scheitern, dass H wegen der Beachtung der verbindlichen Sicherheitsanforderungen kein Verschulden treffen dürfte.

---

### 14.3.4 Produkt und Fehler

Die §§ 2 bis 4 ProdHaftG enthalten Definitionen wichtiger Begriffe, nämlich des Produkts, des Fehlers und des Herstellers. Nach § 2 ProdHaftG sind **Produkte** bewegliche Sachen, auch wenn sie Teil einer anderen beweglichen Sache (Motor in einem Auto) oder einer unbeweglichen Sache (Heizungskessel in einem Haus) sind. Elektrizität wird ebenfalls als Produkt angesehen. Nach § 3 Abs. 1 ProdHaftG hat ein Produkt einen **Fehler**, wenn es nicht die Sicherheit bietet, die unter Berücksichtigung aller Umstände erwartet werden kann. Diese Definition des Fehlers unterscheidet sich im Ansatz ganz erheblich vom Begriff des Mangels in § 434 BGB. Während nach § 434 Abs. 1 BGB maßgeblich ist, ob die Sache sich für die vereinbarte, für die vorausgesetzte oder für die gewöhnliche Verwendung *eignet*[12], geht es im ProdHaftG um die *Sicherheit* des Produkts. Diese unterschiedlichen Ansätze können zu abweichenden Ergebnissen führen.

---

**Beispiele**

- Wenn die Bremsanlage eines Reisebusses bei Nässe nur eingeschränkt funktioniert, liegt sowohl ein Mangel nach § 434 Abs. 1 BGB als auch ein Fehler nach § 3 Abs. 1 ProdHaftG vor.

- Wenn der Reisebus einen gegenüber der Werbung um 11 % erhöhten Benzinverbrauch hat, liegt zwar ein Mangel nach § 434 Abs. 1 Nr. 2 S. 3 BGB, aber kein Fehler nach § 3 ProdHaftG vor, weil die Sicherheit durch den Mehrverbrauch nicht beeinträchtigt wird.

---

12  Zu Einzelheiten vgl. S. 223 f.

## 14.3.5 Hersteller

Um dem durch ein fehlerhaftes Produkt Geschädigten eine gute Chance zur Rechtsdurchsetzung zu geben, ist der Begriff **Hersteller** sehr weit gezogen. Nach § 4 Abs. 1 ProdHaftG ist Hersteller jeder, der das Endprodukt, einen Grundstoff oder ein Teilprodukt der fehlerhaften Sache hergestellt hat.

> **Beispiel**  Reißt ein Motorblock, ist neben dem Automobilproduzenten auch der Hersteller des Motors „Hersteller" im Sinne des ProdHaftG.

Als Hersteller *gilt* außerdem jeder, der sich durch das Anbringen seines Namens, seiner Marke (Warenzeichen, Logo) oder eines anderen Kennzeichens als Hersteller ausgibt (§ 4 Abs. 1 S. 2 ProdHaftG).

> **Beispiel**  Die Textil-GmbH lässt Textilien in Billiglohnländern unter Anbringung ihres Logos fertigen. Da die Textilien schädliche Stoffe enthalten, erleiden zahlreiche Verbraucher Hauterkrankungen. Die Textil-GmbH ist Hersteller im Sinne des ProdHaftG, weil sie ihre Marke hat anbringen lassen.

§ 4 Abs. 2 ProdHaftG enthält eine nochmalige Erweiterung. Danach gilt auch derjenige als Hersteller, der ein Produkt zum wirtschaftlichen Vertrieb in den Geltungsbereich des Abkommens über den europäischen Wirtschaftsraum einführt. Hierzu gehören neben den zurzeit 25 Mitgliedsländern der EU Island, Liechtenstein und Norwegen.

> **Beispiel**  H hat Ware aus Lettland eingeführt und in Deutschland verkauft. Da Lettland seit Mai 2004 Mitglied der Europäischen Union ist, liegt keine Einfuhr in den Europäischen Wirtschaftsraum vor, sodass H nicht als Hersteller nach § 4 Abs. 2 ProdHaftG gilt. Wenn er seine Marke (Warenzeichen, Logo) auf der Ware anbringt, gilt er aber als Hersteller nach § 4 Abs. 1 S. 2 ProdHaftG.

§ 4 Abs. 3 ProdHaftG enthält besondere Regelungen für den Fall, dass der Hersteller nicht ermittelt werden kann. § 5 ProdHaftG betrifft das Verhältnis mehrerer Hersteller zueinander, § 6 ProdHaftG regelt die Folgen, wenn der Geschädigte bei der Entstehung des Schadens mitgewirkt hat.

> **Beispiel**  K bemerkt beim Lenken seines zwei Jahre alten Pkw „seltsame Geräusche". Er fährt dennoch mit dem Fahrzeug in Urlaub, ohne es vorher in einer Werkstatt durchchecken zu lassen. Kommt es wegen eines Fehlers der Lenkung zu einem Unfall, trifft K ein erhebliches Verschulden, sodass ein möglicher Anspruch aus der Produkthaftung nach § 6 ProdHaftG deutlich zu reduzieren wäre.

## 14.3.6 Schadensumfang, Selbstbeteiligung

Die §§ 7 bis 12 ProdHaftG regeln den Umfang und die Art des Schadensersatzanspruchs im Falle der Tötung und der Körperverletzung. § 10 ProdHaftG sieht einen **Höchstbetrag** von 85 Millionen Euro bezüglich der Haftung für Personenschäden vor, die durch *ein* Produkt oder *gleiche* Produkte mit demselben Fehler verursacht worden sind. Diese Zahl erscheint auf den ersten Blick sehr hoch, doch ist das Risiko, dass durch massenhaft vertriebene fehlerhafte Produkte ausgelöst wird, nicht zu unterschätzen. Sollten die 85 Millionen nicht für alle Geschädigten ausreichen, wird Schadensersatz anteilig geleistet. Nach § 11 ProdHaftG besteht im Falle einer Sachbeschädigung eine **Selbstbeteiligung** in Höhe von 500,-- €. Diese beiden Einschränkungen gibt es bei Anwendung des § 823 Abs. 1 BGB nicht. Hier ist der Hersteller unbegrenzt schadensersatzpflichtig, eine Selbstbeteiligung des Geschädigten ist nicht vorgesehen. Auch deshalb hat § 823 Abs. 1 BGB neben dem Produkthaftungsgesetz nach wie vor Bedeutung.

Art, Inhalt und Umfang des Schadensersatzanspruchs richten sich auch unter Anwendung des ProdHaftG ergänzend nach den §§ 249 ff. BGB. Zu ersetzen ist – wie bei einem auf § 823 Abs. 1 BGB gestützten Schadensersatz – der Vermögensschaden (materieller Schaden) und der immaterielle Schaden, insbesondere in Form von Schmerzensgeld (§ 253 Abs. 2 BGB)[13].

## 14.3.7 Verjährungs- und Ausschlussfristen

Die Verjährungsfrist für die Ansprüche aus dem ProdHaftG beträgt drei Jahre: Diese Frist beginnt aber erst zu laufen, wenn der Geschädigte vom Schaden, vom Fehler und von der Person des Ersatzpflichtigen Kenntnis erlangt hat oder hätte erlangen müssen (§ 12 Abs. 1 ProdHaftG). Zusätzlich enthält § 13 Abs. 1 ProdHaftG eine **Ausschlussfrist** von zehn Jahren, beginnend mit dem Zeitpunkt des In-Verkehr-Bringens des Produkts.

---

**Beispiel** Das Produkt wurde 1995 vom Hersteller in Verkehr gebracht. Am 19. April 2003 erlitt ein Verbraucher durch einen Fehler des Produkts einen Schaden. Alle erforderlichen Informationen (Schaden, Fehler, Hersteller) bekam der Verbraucher am 29.05.2003, sodass am folgenden Tag (30.05.2003) um 0.00 Uhr die dreijährige Verjährungsfrist zu laufen begann. Die Frist endet am 29.05.2006, 24.00 Uhr (§ 12 Abs. 1 ProdHaftG). In diesem Zeitpunkt ist der Anspruch aber nach § 13 Abs. 1 ProdHaftG ausgeschlossen, weil mehr als zehn Jahre seit dem In-Verkehr-Bringen des Produkts vergangen sind.

---

13 Zu Einzelheiten vgl. S. 385 ff.

## 14.3.8 Ergänzende Regelungen

Nach § 14 ProdHaftG darf die Ersatzpflicht des Herstellers nach diesem Gesetz im Voraus weder ausgeschlossen noch beschränkt werden. Entgegenstehende Vereinbarungen sind nichtig. Das Verhältnis des ProdHaftG zu anderen Haftungsgrundlagen regelt § 15 ProdHaftG. Nach dessen Abs. 1 gilt das ProdHaftG nicht für bestimmte Arzneimittel[14], nach Abs. 2 bleibt eine Haftung nach anderen Vorschriften unberührt, zu denen insbesondere § 823 Abs. 1 BGB gehört. Derselbe Anspruch kann sich also aus § 1 Abs. 1 S. 1 ProdHaftG und aus § 823 Abs. 1 BGB ergeben.

Die wichtigsten Unterschiede zwischen den beiden Formen der Produkthaftung zeigt die folgende Tabelle:

**Tabelle 14.1**

| | § 823 Abs. 1 BGB | ProdHaftG |
|---|---|---|
| Voraussetzungen für den Anspruch | Der Anspruchsteller muss beweisen, dass er durch ein fehlerhaftes Produkt einen Schaden erlitten hat | |
| Verschulden des Herstellers | Erforderlich, wird aber vermutet | Nicht erforderlich, vielmehr Gefährdungshaftung |
| Haftungsbegrenzung bei Personenschäden | Keine | 85 Millionen € pro Produkt oder insgesamt für gleiche Produkte |
| Selbstbeteiligung | Keine | Nur bei Sachschäden: 500,-- € |
| Schadensumfang | Materieller Schaden und Schmerzensgeld für Körperschäden Sachschäden, aber nur an anderen Sachen | Materieller Schaden und Schmerzensgeld für Körperschäden Sachschäden, aber nur an anderen und zudem privat genutzten Sachen |
| Verjährungsfrist | Zwischen zehn und 30 Jahren | Drei Jahre ab Kenntnis |
| Ausschlussfrist | Keine | Zehn Jahre ab In-Verkehr-Bringen des Produkts |

---

14  Hier gilt das Arzneimittelgesetz vom 24.08.1976, das in § 84 AMG ebenfalls eine Gefährdungshaftung enthält.

# Weitere Leistungsstörungen

**15**

## Lernziele dieses Kapitels

*Was kommt in diesem Kapitel auf Sie zu? Was passiert eigentlich, wenn der Schuldner nicht in der Lage ist, die vom Gläubiger beanspruchte Leistung zu erbringen? Ist der Vertrag dann nichtig? Muss der Schuldner dann jedenfalls Schadensersatz zahlen? Die aufgeworfenen Fragen berühren die Leistungsstörung der Unmöglichkeit, deren Beherrschung vielen Studierenden erhebliche Probleme bereitet. Nach der Lektüre der folgenden Seiten sollten Sie diese Probleme nicht mehr haben. Am Ende des Kapitels wird die Störung der Geschäftsgrundlage behandelt.*

Die zu Beginn des Kapitels zu den Leistungsstörungen gegebene Übersicht[1] ist noch einmal in Erinnerung zu rufen:

a) Unmöglichkeit der Leistung (§§ 275, 280 Abs. 1, Abs. 3 , 283, 311 a, 326 BGB),

b) Verzögerung der Leistung – Verzug (§§ 280 Abs. 1, Abs. 2, 286 BGB und §§ 280 Abs. 1, 3, 281 BGB),

c) Schlechtleistung (§§ 280 Abs. 1, Abs. 3, 281, 323 BGB mit zahlreichen zum Teil ergänzenden, zum Teil ersetzenden Vorschriften im Kaufrecht, Mietrecht und Werkvertragsrecht),

d) Verletzung von Schutzpflichten (§§ 280 Abs. 1, 241 Abs. 2 BGB und §§ 280 Abs. 1, Abs. 3, 282, 241 Abs. 2 BGB),

e) Störung der Geschäftsgrundlage (§ 313 BGB).

Die unter b), c) und d) aufgeführten Leistungsstörungen sind bereits behandelt worden.

## 15.1 Unmöglichkeit

### 15.1.1 Grundlagen

Die oben in der Auflistung unter Buchstabe a) angeführten zahlreichen Regelungen zur Unmöglichkeit sind auf den ersten Blick sicherlich etwas verwirrend, beim zweiten Hinsehen aber durchaus zu verstehen, wenn konsequent zwischen der Leistung, die unmöglich ist, und der anderen, also der noch möglichen Leistung unterschieden wird.

> **Merksatz** Bei der Behandlung der Unmöglichkeit muss zwischen der unmöglichen und der noch möglichen Leistung unterschieden werden.

> **Beispiel** V hat ein gebrauchtes Kfz an K verkauft. V und K vereinbaren, dass V das Fahrzeug noch so lange benutzen darf, bis der von ihm bestellte Neuwagen eingetroffen ist. Während dieser Zeit verunglückt V mit dem Fahrzeug, das bei dem Unfall völlig zerstört wird. Hier kann V das verkaufte Fahrzeug nicht mehr an K liefern und übereignen, die von ihm nach § 433 Abs. 1 S. 1 BGB geschuldete Leistung ist unmöglich. Die vereinbarte Gegenleistung, also die von K gemäß § 433 Abs. 2 BGB geschuldete Zahlung des Kaufpreises, ist hingegen noch möglich.

---

1 Vgl. S. 190.

Anknüpfend an das Beispiel wird deutlich, dass es wenig Sinn macht, den Schuldner, hier V, zu einer Leistung zu verurteilen (hier: Lieferung und Übereignung des völlig zerstörten Fahrzeugs), die der Schuldner, auch wenn er sich noch so viel Mühe gibt, auf keinen Fall erbringen kann. Folgerichtig heißt es deshalb in § 275 Abs. 1 BGB, dass der Anspruch auf die Leistung ausgeschlossen ist, soweit diese für den Schuldner oder für jedermann unmöglich ist. Diese Rechtsfolge – der Anspruch ist ausgeschlossen – tritt aus logischen Gründen ohne Wenn und Aber ein! Im Ansatz wird dabei zwischen der subjektiven Unmöglichkeit (bezogen auf den Schuldner) und der objektiven Unmöglichkeit (für jedermann) unterschieden, doch ist die Rechtsfolge (Ausschluss des Anspruchs) identisch. In Bezug auf *diese* Rechtsfolge kommt es auch noch *nicht* darauf an, wer die Unmöglichkeit zu vertreten hat. Diese Frage ist aber für einen eventuellen Schadensersatzanspruch des Gläubigers oder für die Frage, ob die noch mögliche Gegenleistung zu erbringen ist, von Bedeutung.

> **Merksatz** Wenn eine Leistung unmöglich ist, hat der Gläubiger gemäß § 275 Abs. 1 BGB keinen Anspruch mehr auf die Leistung, ohne dass es darauf ankommt, wer die Unmöglichkeit zu vertreten hat. Davon zu trennen sind die Fragen, ob der Gläubiger einen Schadensersatzanspruch hat und ob er die noch mögliche Gegenleistung erbringen muss.

## 15.1.2 Abgrenzung zum Verzug

Die Unmöglichkeit ist von den anderen Leistungsstörungen, insbesondere vom Verzug abzugrenzen. Unmöglichkeit liegt vor, wenn die Leistung *auf Dauer* nicht erbracht werden kann, während der Verzug ein vorübergehendes Leistungshindernis darstellt.

> **Beispiele**
> - V hat K eine Maschine HD 10.3 verkauft, ohne zu wissen, dass eine Maschine dieses Typs auf dem Weltmarkt gar nicht mehr verfügbar ist. Ein Nachbau ist aufgrund eines patentrechtlichen Schutzes des Maschinentyps 10.3 nicht zulässig. Hier liegt ein Fall der Unmöglichkeit nach § 275 Abs. 1 BGB vor.
> - Anders wäre es, wenn die Maschine nur im Augenblick nicht verfügbar wäre und V deshalb nicht termingerecht liefern könnte. Dann läge nur ein vorübergehendes Leistungshindernis vor, sodass die Regeln des Verzuges und nicht die der Unmöglichkeit zur Anwendung kämen.

Wenn eine Leistung zwar noch nachgeholt werden kann, dies aber keinen Sinn mehr macht, liegt kein Verzug, sondern ebenfalls Unmöglichkeit vor. Dies ist der Fall, wenn die Einhaltung der Leistungszeit nach dem Zweck des Vertrages und der Interessenlage für den Gläubiger so wesentlich ist, dass eine Leistung zwar noch möglich ist, aber keine sinnvolle Erfüllung mehr darstellt („absolutes Fixgeschäft").

> **Beispiele**
>
> - B hat bei T ein Taxi bestellt, das ihn zum Flughafen bringen soll. Das Fahrzeug trifft so spät bei B ein, dass der Flieger nicht mehr erreicht werden kann, eine kurzfristige Umbuchung auf einen anderen Flug ist nicht möglich. Hier kann T den B zwar noch zum Flughafen fahren, doch macht dies keinen Sinn mehr. Also ist die Leistung durch den Zeitablauf unmöglich geworden, obwohl sie grundsätzlich noch erbracht werden kann.
> - Musikveranstalter M hat von V eine Bühne für ein Open-Air-Konzert gemietet. Wenn V die Bühne nicht zum vereinbarten Termin bereitstellt, ist die geschuldete Leistung zwar noch nachholbar, macht aber keinen Sinn mehr. Deshalb liegt auch hier ein Fall der Unmöglichkeit und kein Verzugsfall vor[2].

Zwei spezielle Fälle enthalten § 275 Abs. 2 und Abs. 3 BGB. Hier ist die Leistung zwar *nicht* unmöglich, doch kann der Schuldner sie aus besonderen Gründen nach Erhebung einer Einrede verweigern. Dieses Recht steht dem Schuldner nach § 275 Abs. 2 BGB zu, wenn die (mögliche) Leistung einen Aufwand erfordert, der unter Beachtung des Inhalts des Schuldverhältnisses und der Gebote von Treu und Glauben in einem groben Missverhältnis zum Leistungsinteresse des Gläubigers steht. Für die Entscheidung ist zu berücksichtigen, ob der Schuldner das Leistungshindernis zu vertreten oder nicht zu vertreten hat.

> **Beispiel** Das viel strapazierte, auch in der Gesetzesbegründung enthaltene Schulbeispiel ist der Ring, der sich auf dem Grund eines Sees befindet und den der Verkäufer (Schuldner) nur liefern kann, wenn er den Ring zuvor mit großem Aufwand bergen lässt[3].

Nicht von § 275 Abs. 2 BGB erfasst werden die Fälle der so genannten „wirtschaftlichen Unmöglichkeit", etwa verursacht durch stark gestiegene Einkaufspreise.

> **Beispiel** Nach Abschluss des Kaufvertrages zwischen V und K erhöht sich der Preis, zu dem V die Maschine HD 10.3 von einem ausländischen Hersteller erwirbt, um 50 %. Dies ist kein Fall des § 275 Abs. 2 BGB, sondern lediglich eine „wirtschaftliche Unmöglichkeit", die dem V kein Recht zur Verweigerung der Leistung gibt[4].

Nach § 275 Abs. 3 BGB kann der Schuldner die ihm mögliche Leistung auch dann verweigern, wenn er diese persönlich zu erbringen hat und sie ihm unter Abwägung des seiner Leistung entgegenstehenden Hindernisses mit dem Leistungsinteresse des Gläubigers nicht zugemutet werden kann.

---

2 Vgl. das weitere Beispiel auf S. 205.
3 Deutscher Bundestag, Entwurf eines Gesetzes zur Modernisierung des Schuldrechts, Bundestagsdrucksache 14/6040 vom 14.05.2001, S. 129 f.
4 Zu denken ist an eine Störung der Geschäftsgrundlage gemäß § 313 BGB, vgl. S. 293 f.

> **Beispiel** Rechtsanwalt R aus Rostock, der zugleich Steuerberater ist, ist verpflichtet, die V-GmbH in einer mündlichen Verhandlung vor dem Bundesfinanzhof in München *persönlich* zu vertreten. Unmittelbar vor der geplanten Abreise zum Termin erleidet die Ehefrau des R einen schweren Verkehrsunfall, sodass nach Auskunft der Ärzte „mit dem Schlimmsten gerechnet werden muss". Hier ist es für R nicht zumutbar, den Termin persönlich wahrzunehmen.

### 15.1.3 Gegenleistung

Die bisherigen Ausführungen bezogen sich nur auf die unmögliche Leistung, die der Schuldner nach § 275 Abs. 1 BGB nicht mehr erbringen muss. Noch nicht entschieden ist, wie es sich mit der noch möglichen Gegenleistung, zum Beispiel der Zahlung des Kaufpreises verhält.

> **Beispiel** Die gemäß § 433 Abs. 1 S. 2 BGB geschuldete Lieferung und Übereignung eines gebrauchten Baggers ist für den Verkäufer (V) infolge eines Totalschadens unmöglich. Damit verliert der Gläubiger (Käufer) gemäß § 275 Abs. 1 BGB seinen Anspruch auf die Lieferung des Baggers. Die von K nach § 433 Abs. 2 BGB geschuldete Gegenleistung, also die Zahlung des Kaufpreises, ist demgegenüber immer noch möglich.

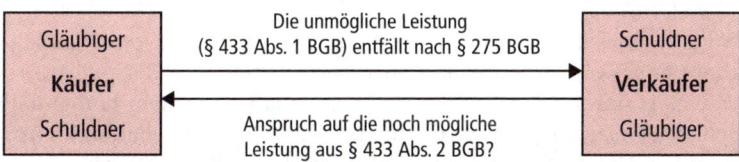

Abbildung 15.1: Unmöglichkeit beim Kaufvertrag

Das „Schicksal" der noch möglichen Gegenleistung lässt sich mit etwas Logik bestimmen. Von entscheidender Bedeutung *muss* sein, wer die Unmöglichkeit zu *vertreten* hat. Bezogen auf den Kaufvertrag über den gebrauchten Bagger ergibt sich Folgendes:

- Hat der *Gläubiger* der unmöglich gewordenen Leistung auf die Lieferung des Baggers (also der Käufer) die Unmöglichkeit zu vertreten, behält der *Schuldner* (Verkäufer) den Anspruch auf die vereinbarte Gegenleistung, also die Zahlung des Kaufpreises (§ 433 Abs. 2 BGB).

- Hat der *Schuldner* (Verkäufer) die Unmöglichkeit zu vertreten, entfällt sein Anspruch auf die *Gegenleistung* (Zahlung des Kaufpreises). Außerdem muss der Schuldner (Verkäufer) dem Gläubiger (Käufer) an Stelle der unmöglichen Leistung (Lieferung des Baggers) eventuell *Schadensersatz* leisten (höhere Kosten beim Kauf eines anderen Fahrzeugs).

- Haben weder Gläubiger noch Schuldner die Unmöglichkeit zu vertreten, entfallen beide Leistungspflichten aus § 433 BGB, sodass der Verkäufer den Bagger nicht liefern und der Käufer den Kaufpreis nicht zahlen muss.

Diese Rechtsfolgen ordnet § 326 BGB an, auf den sich das folgende Beispiel bezieht:

**Beispiel** V und K haben einen Kaufvertrag über einen gebrauchten Bagger zum Preis von 125.000,-- € geschlossen. Vor der Übertragung des Eigentums wird der Bagger auf dem Transport von V zu K vollständig zerstört.

*Lösungsskizze*

1. Anspruch des K aus § 433 Abs. 1 S. 1 BGB
   Da der Schuldner V die von ihm nach § 433 Abs. 1 S. 1 BGB geschuldete Leistung zur Lieferung und Übereignung des Baggers nicht mehr erbringen kann, ist der Anspruch des K gemäß § 275 Abs. 1 BGB ausgeschlossen, ohne dass es darauf ankommt, wer die Unmöglichkeit zu vertreten hat.

2. Anspruch des V auf Zahlung des Kaufpreises aus § 433 Abs. 2 BGB
   Diese Frage lässt sich nach dem Sachverhalt nicht beantworten, weil unklar ist, wer die Unmöglichkeit zu vertreten hat:

   ■ Wenn der Schuldner der unmöglichen Leistung, hier also V, den Unfall verschuldet und damit die Unmöglichkeit zu vertreten hat, hat er keinen Anspruch mehr auf die Zahlung des Kaufpreises. Anderenfalls müsste V nach § 275 Abs. 1 BGB nicht liefern, bekäme aber dennoch aus § 433 Abs. 2 BGB den Kaufpreis von K. Deshalb ordnet § 326 Abs. 1 BGB an, dass der Anspruch auf die Gegenleistung (hier Zahlung des Kaufpreises) entfällt, wenn der Schuldner die Unmöglichkeit zu vertreten hat. Also müssen weder K noch V Pflichten aus § 433 BGB erfüllen. Wenn K infolge der Nichtlieferung ein Schaden entsteht, kann er unter den Voraussetzungen der §§ 280 Abs. 1, Abs. 3, 283 BGB verlangen, dass V ihm den Schaden ersetzt.

   ■ Wenn nicht der Schuldner V, sondern der Gläubiger K die Unmöglichkeit allein oder weit überwiegend zu vertreten hat, zum Beispiel weil K den Transport durchgeführt und dabei den Unfall verursacht hat, entfällt sein Schadensersatzanspruch; außerdem muss K den vereinbarten Kaufpreis an V zahlen. Diese Rechtsfolge ordnet § 326 Abs. 2 S. 1 BGB an.

   ■ Wenn weder der Gläubiger K noch der Schuldner V die Unmöglichkeit zu vertreten haben, entfällt mit dem Anspruch auf die Leistung gemäß § 275 Abs. 1 BGB (Lieferung und Übereignung des Baggers) auch der Anspruch auf die Gegenleistung (Zahlung des Kaufpreises) nach § 326 Abs. 1 BGB. Man spricht von einem synallagmatischen Zusammenhang von Leistung und Gegenleistung[5].

Kein Fall der Unmöglichkeit ist die **Zahlungsunfähigkeit**. Hier gilt der schöne Satz „Geld hat man zu haben". Niemand kann deshalb mit Erfolg die „Einrede der leeren Kasse" erheben. Falls jemand zur Zahlung (oder zu einer sonstigen Leistung) verurteilt wird, verjährt der Anspruch erst nach 30 Jahren (§ 197 Abs.1 Nr. 3 BGB), sodass aus dem Urteil einschließlich der Zinsen so lange vollstreckt werden kann. Es kann sich deshalb durchaus lohnen, jemanden zu verklagen, der zurzeit über keine Mittel verfügt.

---

5   Vgl. Palandt/Grüneberg, Bürgerliches Gesetzbuch, § 326 Rn. 2.

## 15.1.4 Sonderfall: Die anfängliche Unmöglichkeit

Eine versteckte Sonderregel zur Unmöglichkeit findet sich in § 311 a BGB. Sie betrifft den zwar wenig wahrscheinlichen, bei Juristen aber gleichwohl – oder deswegen? – sehr beliebten Fall, dass die Unmöglichkeit schon im Zeitpunkt des Vertragsabschlusses vorlag, ohne dass eine der Parteien davon wusste.

> **Beispiel** Landwirt L verkauft seinem Nachbarn N das Pferd Mäxchen, das aber zehn Minuten vor Abschluss des Kaufvertrages infolge eines Blitzschlages eingegangen war. Nach § 311 a Abs. 1 BGB ist der Kaufvertrag trotz der schon bei Vertragsabschluss vorliegenden Unmöglichkeit wirksam. Da die Lieferung und Übereignung des Pferdes unmöglich ist, hat der Käufer darauf aber keinen Anspruch (§ 275 Abs. 1 BGB), muss aber auch den Kaufpreis nicht zahlen (§ 326 Abs. 1 BGB). Nach § 311 a Abs. 2 BGB kann dem Gläubiger (Käufer) ein Anspruch auf Schadensersatz oder Aufwendungsersatz zustehen, falls der Schuldner (Verkäufer) die Unmöglichkeit zu vertreten hat.

## 15.1.5 Versendungskauf und Unmöglichkeit

In der Praxis dürfte das Problem der Unmöglichkeit am häufigsten in Zusammenhang mit dem in § 447 BGB geregelten Versendungskauf auftreten, wo es zu schwierigen Rechtsfragen führt.

### Kein Verbrauchsgüterkauf

Dabei ist eingangs zu beachten, dass die allgemeine Vorschrift des § 326 BGB bei Vorliegen eines Versendungskaufs durch die spezielle Vorschrift des § 447 BGB verdrängt wird, es sei denn, es liegt ein Verbrauchsgüterkauf vor (vgl. § 474 Abs. 2 BGB)[6].

> **Merksatz** § 447 BGB verdrängt beim Versendungskauf § 326 BGB, es sei denn, es liegt ein Verbrauchsgüterkauf vor (vgl. § 474 Abs. 2 BGB).

> **Beispiel** Unternehmer K aus Köln bestellt bei V aus Verden im Internet einen neuen Laptop des Typs GM 21.12, wobei V gegen eine Kostenpauschale den Versand übernimmt. Die von V ordnungsgemäß zum Transport gegebene Ware wird von Unbekannten aus einem Lastwagen gestohlen. Muss K dennoch den Kaufpreis zahlen oder muss V, was ohne weiteres möglich wäre, einen anderen Laptop des Typs GM 21.12 vom Lager liefern?

---

6    Dazu mehr auf S. 165.

Im vorstehenden Beispiel scheint auf den ersten Blick gar kein Fall der Unmöglichkeit vorzuliegen, weil V ja einen anderen Laptop des Typs GM 21.12 liefern könnte. Die Sachlage ändert sich aber, wenn man nur auf das von V zum Transport gegebene Gerät abstellt, da *dieses* Gerät nicht mehr auffindbar und die Lieferung und Übereignung *dieses* Gerätes für V unmöglich ist. Worauf kommt es also an? Ob ein Gerät dieses Typs geliefert werden kann oder darauf, dass das zum Transport gegebene Gerät nicht mehr geliefert werden kann?

Den Ausgangspunkt für die Entscheidung bildet § 243 BGB. Nach dessen Abs. 1 hat derjenige, der eine nur der Gattung nach bestimmte Sache schuldet, eine Sache mittlerer Art und Güte zu leisten. Man spricht von einer **Gattungsschuld**, den Gegenbegriff bildet die Stückschuld. Bei einer **Stückschuld** bezieht sich der Kaufvertrag von Anfang an auf eine ganz konkrete, bestimmte Sache, bei einer Gattungsschuld bezieht sich der Vertrag auf eine Sache aus einer größeren Menge gleicher Sachen. Einmal geht es also um dieselbe Sache (Stückschuld), das andere Mal um die gleiche Sache (Gattungsschuld). Bei der konkreten Abgrenzung gilt allerdings der Satz: „Der Teufel steckt im Detail", weil scheinbare Kleinigkeiten zu unterschiedlichen Ergebnissen führen.

---

**Beispiele**

■ Der Kauf eines gebrauchten Pkw ist ein Stückkauf, weil ein ganz bestimmtes Auto gekauft wird; ein solches Auto gibt es nicht zweimal.

■ Der Kauf eines Neufahrzeugs, das beim Händler nicht vorrätig ist, ist ein Gattungskauf, weil nicht ein ganz bestimmtes Fahrzeug geliefert werden muss, sondern ein Fahrzeug mit bestimmten (Gattungs-)Merkmalen (Typ, Farbe, Ausstattung usw.). Steht das Auto hingegen schon in der Halle des Händlers, und wird genau dieses bestimmte Auto gekauft, liegt auch bei einem Neuwagenkauf ein Stückkauf vor.

■ Die Bestellung von Ware durch einen Unternehmer bei seinem Lieferanten ist regelmäßig ein Gattungskauf, da nicht ganz bestimmte Sachen gekauft werden, sondern Waren mit bestimmten Gattungsmerkmalen, also etwa „10.000 Schrauben, 8 cm, runder Kopf, Kreuzschlitz".

■ Beim Kauf im Versandhandel liegt ebenfalls ein Gattungskauf vor, oft auch bei Kaufverträgen im Internet. Bei einer Versteigerung im Internet ist hingegen ein Stückkauf gegeben, wenn es um eine ganz bestimmte Sache geht, etwa um ein gebrauchtes Sofa.

■ Der Kauf im Verbrauchermarkt ist ein Stückkauf, wenn der Kunde mit einer bestimmten Ware an die Kasse geht oder sich bei Textilien nach Anprobe für eine bestimmte Hose („die oder keine!") entscheidet. Kauft er hingegen drei Zwiebelbrötchen, die von der Bedienung aus einer größeren Menge entnommen und eingepackt werden, liegt ein Gattungskauf vor.

---

**Mittlerer Art und Güte** § 243 Abs. 1 BGB regelt, dass bei einer Gattungsschuld eine Sache von mittlerer Art und Güte geschuldet wird. Es müssen also durchschnittliche Qualitätsanforderungen erfüllt werden, es sei denn, die Parteien hätten eine nach oben oder auch nach unten abweichende Vereinbarung getroffen. Hier gilt das zum

Mangel einer Kaufsache Ausgeführte: Eine vereinbarte oder eine nach dem Vertrag vorausgesetzte Beschaffenheit geht auch bei einer Gattungssache der üblichen Beschaffenheit des § 243 Abs. 1 BGB („mittlere Art und Güte") vor.

**Konkretisierung** Gemäß § 243 Abs. 2 BGB beschränkt sich das Schuldverhältnis, wenn der Schuldner das zur Leistung einer Gattungssache seinerseits Erforderliche getan hat, auf *diese* Sache. Die Vorschrift entfaltet, ohne dass dies aus dem Wortlaut zu ersehen ist, weitreichende und nicht ganz einfache Konsequenzen:

- Zunächst ist also zu fragen, was der Schuldner einer Gattungssache tun muss (was das „seinerseits Erforderliche" ist), um seine Leistung zu erfüllen.

- Hat der Schuldner das „seinerseits Erforderliche" in Bezug auf die gekaufte Sache getan, ordnet § 243 Abs. 2 BGB an, dass sich das Schuldverhältnis auf *diese* Sache beschränkt. Dies bedeutet, dass durch die Handlung des Schuldners aus einer Gattungsschuld eine Stückschuld wird. Man nennt diesen Vorgang „**Konkretisierung**". Das Schuldverhältnis betrifft nur diese bestimmte Sache! Für die Frage der Unmöglichkeit folgt daraus: Kann *diese* Sache nicht mehr geliefert werden, tritt nach § 275 Abs. 1 BGB die Unmöglichkeit ein, auch wenn der Schuldner ohne Probleme eine *andere* Sache dieses Typs liefern könnte.

Die Frage bleibt, was der Schuldner tun muss, um die Konkretisierung herbeizuführen. Und hier lautet die typische Juristenantwort wieder einmal: „Es kommt darauf an", nämlich darauf, ob eine Holschuld, eine Schickschuld oder eine Bringschuld vorliegt.

---

**Hinweis**    **Zur Erinnerung**

- Beim Kaufvertrag liegt eine Holschuld vor, wenn der Gläubiger (Käufer) die Ware beim Schuldner (Verkäufer) abholen muss. Der Schuldner muss die Ware in diesem Fall lediglich zur Abholung bereitstellen und dem Gläubiger die Möglichkeit zur Abholung geben.

- Eine Schickschuld liegt vor, wenn der Schuldner die Ware an den Gläubiger abschicken, also zum Transport geben muss.

- Eine Bringschuld liegt vor, wenn der Schuldner die Ware zum Gläubiger bringen, also anliefern muss.

---

Im Verkehr zwischen Unternehmern, aber auch im Versandhandel zwischen Unternehmern und Verbrauchern liegen – wie oben gesehen[7] – oft Schickschulden vor. Das bedeutet, dass der Schuldner die Ware zwar zum Transport geben, aber den Transport nicht selbst durchführen muss. Im Fall der Schickschuld hat der Schuldner deshalb das „seinerseits Erforderliche" getan, sobald er die Sache an eine Transportperson übergeben hat. Von diesem Zeitpunkt an beschränkt sich das Schuldverhältnis auf die zum Transport gegebene Sache, gemäß § 243 Abs. 2 BGB tritt die Konkretisierung ein.

Zurück zum obigen Beispiel mit dem gestohlenen Laptop:

---

7    Zu Einzelheiten vgl. S. 163 ff.

> **Beispiel** Unternehmer K aus Köln hat bei V aus Verden im Internet einen neuen Laptop des Typs GM 21.12 bestellt, wobei V gegen eine Kostenpauschale den Versand übernimmt. Die von V ordnungsgemäß zum Transport gegebene Ware wird von Unbekannten aus einem Lastwagen gestohlen. Muss K dennoch den Kaufpreis zahlen oder muss V, was ohne weiteres möglich wäre, einen anderen Laptop des Typs GM 21.12 vom Lager liefern?
>
> **Aufbautipp:** Kommt eine Unmöglichkeit einer Leistung in Betracht, ist es wichtig, die Prüfung mit der eventuell unmöglichen Leistung zu beginnen und sich erst danach mit dem „Schicksal" der – noch möglichen – Gegenleistung zu befassen.
>
> *Lösungsskizze*
>
> 1. Anspruch des K gegen V auf Lieferung eines Laptops des Typs GM 21.12 gemäß § 433 Abs. 1 BGB
>    K könnte einen Anspruch auf die Lieferung (Eigentumsübertragung und Besitzverschaffung) eines Laptops GM 21.12 gegen V aus § 433 Abs. 1 BGB haben. Der Anspruch ist mit dem Abschluss des Kaufvertrages entstanden. Er könnte aber nach § 275 Abs. 1 BGB ausgeschlossen sein, soweit die Leistung für V oder für jedermann unmöglich ist. V kann den zum Transport gegebenen Laptop nicht mehr liefern, aber durchaus einen anderen Laptop desselben Typs. Deshalb kommt es darauf an, ob bereits eine Konkretisierung nach § 243 Abs. 2 BGB eingetreten ist. Dies setzt voraus, dass eine Gattungsschuld vorliegt, was hier der Fall ist, und dass V das seinerseits Erforderliche getan hat, um diese Schuld zu erfüllen. Da V das Gerät nach der Vereinbarung der Parteien versenden sollte, lag eine Schickschuld vor. Das seinerseits Erforderliche hat V getan, indem er die Ware zum Transport gegeben hat. Deshalb ist nach § 243 Abs. 2 BGB die Konkretisierung eingetreten, sodass aus der Gattungsschuld eine Stückschuld geworden ist. Es geht damit nur noch um den von V zum Transport gegebenen Laptop. Infolge des Diebstahls ist es V nicht möglich, *diesen* Laptop zu liefern und so seine Pflicht aus § 433 Abs. 1 BGB zu erfüllen. Deshalb ist der Anspruch des K auf Lieferung und Übereignung nach § 275 Abs. 1 BGB wegen Unmöglichkeit ausgeschlossen, ohne dass es darauf ankommt, wer die Unmöglichkeit zu vertreten hat.
> 2. Anspruch des V gegen K auf Zahlung des Kaufpreises aus § 433 Abs. 2 BGB
>    Der Anspruch auf Zahlung des Kaufpreises ist entstanden, könnte aber nach § 326 Abs. 1 BGB ausgeschlossen sein. Diese allgemeine Vorschrift wird aber bei Vorliegen eines Versendungskaufes durch die spezielle Vorschrift des § 447 BGB verdrängt, es sei denn, es liegt ein Verbrauchsgüterkauf vor (§ 474 Abs. 2 BGB), was hier nicht der Fall ist, weil der Käufer kein Verbraucher ist. Deshalb ist die Gefahr – gemeint ist die Gefahr des Untergangs oder der Beschädigung der Sache – nach § 447 BGB auf den Käufer übergegangen, sobald der Verkäufer den Laptop einer Transportperson übergeben hat. Dies bedeutet, dass die Transportrisiken vom Käufer zu tragen sind und hat zur Konsequenz, dass der Käufer den Kaufpreis nach § 433 Abs. 2 BGB zahlen muss, obwohl er den Laptop nicht erhält. Der Käufer hat mit Hilfe einer recht schwierigen juristischen Konstruktion die Möglichkeit, Schadensersatz vom Transportunternehmer zu verlangen (so genannte „Drittschadensliquidation"[8]).

---

8  Vgl. Palandt/Heinrichs, Bürgerliches Gesetzbuch, Vorbemerkung vor § 249 Rn. 112 ff.

## Unmöglichkeit beim Verbrauchsgüterkauf

Wenn ein Verbrauchsgüterkauf gemäß § 474 Abs. 1 BGB vorliegt[9], findet § 447 BGB gemäß § 474 Abs. 2 BGB keine Anwendung, sodass der Fall nach § 326 BGB zu lösen ist. Infolge des Ausschlusses des § 447 BGB trägt bei einem Versendungskauf nicht der Käufer (Verbraucher) das Transportrisiko, sondern der Verkäufer (Unternehmer). Geht die Ware auf dem Transport verloren oder wird sie beschädigt, muss der Verbraucher (Käufer) sie also nicht bezahlen. Dies gilt beim „klassischen" Versandhandel, aber auch beim stetig wachsenden Internethandel – aber nur dann! –, wenn der Verkäufer Unternehmer und der Käufer Verbraucher ist (vgl. § 474 Abs. 1 BGB). Also nicht bei einer privaten Auktion! Hier trägt der Käufer das Transportrisiko, wenn die Ware auf Verlangen des Käufers vom Verkäufer geschickt wird (Schickschuld)[10], da § 447 BGB nicht ausgeschlossen ist.

> **Beispiel** Verbraucher S, ein Student, hat bei E-Bay einen Laptop ersteigert, der ohne Verschulden des Verkäufers V beschädigt bei S eintrifft. Wenn V Unternehmer ist, findet § 447 BGB gemäß § 474 Abs. 2 BGB keine Anwendung, sodass V das Transportrisiko trägt. Folge: S muss den beschädigten Laptop nicht bezahlen. Sollte V ebenfalls Verbraucher sein (private Auktion), läge das Transportrisiko wegen des nicht ausgeschlossenen § 447 BGB bei S. Er müsste für das beschädigte Gerät den vollen Preis zahlen und mühsam versuchen, im Wege der Drittschadensliquidation Schadensersatz vom Frachtführer zu erhalten[11].

# 15.2 Störung der Geschäftsgrundlage

Nach § 313 Abs. 1 BGB kann eine Partei abweichend vom allgemein gültigen Prinzip „Verträge sind zu halten" („pacta sunt servanda") die Anpassung eines Vertrages verlangen, wenn sich die Umstände, die zur Grundlage des Vertrages geworden sind, nach Vertragsabschluss schwerwiegend geändert haben. Hinzukommen muss, dass die Parteien den Vertrag gar nicht oder zu anderen Bedingungen abgeschlossen hätten, wenn sie die Veränderung vorausgesehen hätten. Schließlich muss ein Festhalten am unveränderten Vertrag dem einen Teil unter Berücksichtigung aller Umstände des Einzelfalls, insbesondere der vertraglichen und gesetzlichen Risikoverteilung, nicht zumutbar sein. Einer Veränderung der Umstände steht es gleich, wenn sich wesentliche Vorstellungen, die zur Grundlage des Vertrages geworden sind, als falsch herausstellen (§ 313 Abs. 2 BGB).

Die Bedeutung dieser Vorschrift darf nicht überschätzt werden. Ihre Funktion besteht nicht darin, Verträge, die sich für einen Beteiligten als ungünstig erweisen, weil sich seine Erwartungen nicht erfüllen, im Nachhinein zu ändern. § 313 BGB stellt insbesondere kein Mittel bereit, um unternehmerische Risiken zu reduzieren oder entsprechende Fehlentscheidungen auszugleichen. Vielmehr muss sich nach Vertragsabschluss ein schwerwiegender Umstand so ändern, dass es gegen Treu und Glauben verstoßen würde, wenn der Vertrag unverändert bestehen bliebe.

---

9   Vgl. S. 231 f.
10  Vgl. S. 163.
11  Vgl. Palandt/Heinrichs, Bürgerliches Gesetzbuch, Vorbemerkung vor § 249 Rn. 112 ff.

**Beispiele**

- Eine unerwartet hohe Geldentwertung berechtigt den Darlehensgeber auch bei einem langfristigen Darlehen *nicht* zu einer Anpassung des Vertrages, da sie zu seinem Risiko gehört.

- Kann eine vom Großhändler bezogene Ware vom Händler mangels Nachfrage nur unter Einkaufspreis und in Sonderverkäufen abgesetzt werden, muss der Händler dennoch den vereinbarten Kaufpreis an den Großhändler zahlen.

- Erwirbt ein Bauunternehmer von einem Landwirt günstig Bauerwartungsland, stellt die Gemeinde für dieses Gebiet dann aber keinen Bebauungsplan auf, begründet dieser Umstand keinen Anspruch auf eine Vertragsanpassung.

- Demgegenüber besteht kein Anspruch von Musikern aus einem Engagement für eine Faschingsveranstaltung, wenn diese ausfällt, weil die Gemeinde dem Veranstalter die angemietete Halle wegen eines kurze Zeit vorher begonnenen Krieges (hier Golfkrieg) nicht zur Verfügung stellt[12].

Sollte eine Vertragsanpassung nicht möglich sein, besteht ein Rücktrittsrecht bzw. bei Dauerschuldverhältnissen (Miete, Pacht, Darlehen) ein Kündigungsrecht (§ 313 Abs. 3 BGB).

**Beispiel** Pächter P hat für zehn Jahre eine „Bier- und Schnitzelkneipe" an einer Straße, an der 5.000 Soldaten stationiert sind, aber sonst keinerlei Verkehr herrscht, gepachtet. Nach einem Jahr wird dieser Standort völlig überraschend geschlossen. P kann eine Vertragsanpassung in Form einer Reduzierung der Pacht verlangen, wenn das Vorhandensein der Kaserne die Geschäftsgrundlage des Vertrages bildete. Kommt eine Anpassung nicht in Betracht, kann der Vertrag von P gekündigt werden.

---

12  Oberlandesgericht Karlsruhe, NJW 1992, S. 3176, 3177.

# TEIL III

## Einzelne Vertragliche Schuldverhältnisse

# Werkvertrag

**16**

ÜBERBLICK

## Lernziele dieses Kapitels

*Was kommt in diesem Kapitel auf Sie zu? Während in der Ausbildung der Kaufvertrag dominiert und die anderen Verträge in den Hintergrund rücken, kommt in der Praxis dem Mietvertrag, besonders aber dem Werkvertrag und dem Dienstvertrag eine mindestens gleich große Bedeutung zu. Sehr „beliebt" bei den Gerichten sind Bauprozesse, die sich aufgrund der vom Besteller geltend gemachten Mängel bereits in der ersten Instanz über Jahre hinziehen können. Die rechtlichen Lösungen sind im Werkvertragsrecht zu suchen (§§ 631 ff. BGB). Die Arbeitsgerichte stöhnen über die stetig steigende Zahl von Prozessen, ganz überwiegend in Form von Kündigungsschutzklagen. Hier geht es um Probleme aus dem Arbeitsrecht, das zum Dienstvertragsrecht gehört (§§ 611 ff. BGB). In Zeiten knappen Wohnraums haben die Amtsgerichte Konjunktur mit Klagen, die sich gegen die Kündigung von Wohnungsmietverträgen richten und in denen vielfach die Frage zu klären ist, ob ein vom Vermieter behaupteter „Eigenbedarf" tatsächlich vorliegt (§ 573 Abs. 2 Nr. 2 BGB). Es gibt also nicht „nur ein Leben, sondern viele Leben neben dem Kaufvertrag!" Deshalb werden in den folgenden Kapiteln der Werkvertrag, der Dienstvertrag, der Mietvertrag und einige weitere Verträge behandelt. Zunächst lernen Sie den Werkvertrag kennen.*

## 16.1 Grundlagen

Die Vorschriften zum Werkvertrag finden sich in den §§ 631 BGB bis 651 BGB. Nach § 631 Abs. 1 BGB wird der Unternehmer durch den Werkvertrag zur Herstellung des versprochenen Werkes, der Besteller zur Entrichtung der vereinbarten Vergütung, also zur Bezahlung des Werklohns, verpflichtet. Gegenstand eines Werkvertrags kann sowohl die Herstellung oder Veränderung einer Sache als auch jeder andere durch Arbeits- oder Dienstleistung herbeizuführende Erfolg sein (§ 631 Abs. 2 BGB). Aus diesem Satz ist zu entnehmen, dass der Werkvertrag auf einen **Erfolg** ausgerichtet, also erfolgsbezogen ist.

## 16.2 Abgrenzung zu anderen Verträgen

### 16.2.1 Abgrenzung zum Dienstvertrag

Durch die Erfolgsbezogenheit unterscheidet sich der Werkvertrag vom Dienstvertrag, der gemäß § 611 Abs. 1 BGB auf die Leistung der versprochenen Dienste gegen Zahlung einer Vergütung und damit auf eine **Tätigkeit** gerichtet ist.

> **Merksatz** Der Werkvertrag ist erfolgsbezogen, der Dienstvertrag ist tätigkeitsbezogen.

Die gerade beschriebene Abgrenzung zwischen Werk- und Dienstvertrag kann im Einzelfall schwierig sein, weil der Dienstvertrag oft ebenfalls auf einen Erfolg gerichtet ist. Der entscheidende Unterschied zwischen Dienst- und Werkvertrag besteht darin, dass der Dienstverpflichtete auch in diesen Fällen nicht den Erfolg als solchen schuldet, sondern nur das *Bemühen*, den Erfolg herbeizuführen. Diese möglicherweise als sehr kleinlich erscheinende Differenzierung hat in der Praxis erhebliche Auswirkungen für die Frage, wer das Risiko trägt, dass der mit dem Vertrag bezweckte Erfolg eintritt. Liegt ein Werkvertrag vor, trägt der Unternehmer das Risiko. Führt er den Erfolg nicht herbei, hat er keinen Anspruch auf eine Vergütung. Anders ist es beim Dienstvertrag: Hier muss der Dienstberechtigte (zum Beispiel der Arbeitgeber) den zur Leistung der Dienste Verpflichteten (zum Beispiel einen Arbeitnehmer) auch dann bezahlen, wenn der mit der Dienstleistung angestrebte Erfolg *nicht* erreicht wird.

---

**Beispiel** S ist Inhaber eines Sanitärfachbetriebes. Er erhält vom Hauseigentümer H den Auftrag zum Einbau eines neuen Badezimmers. S betraut seinen Gesellen G mit den Arbeiten. Hier liegen zwei unterschiedliche Verträge vor: Der Vertrag zwischen S und H ist ein Werkvertrag, da S einen Erfolg, nämlich den Einbau des Badezimmers schuldet. Gelingt ihm dies nicht, hat S keinen Anspruch auf eine Vergütung gegen H. Der Vertrag zwischen S und dem Gesellen G ist hingegen ein Dienstvertrag in Form eines Arbeitsvertrages. S muss G auch bezahlen, wenn dieser den Einbau des Badezimmers nicht „hinbekommt".

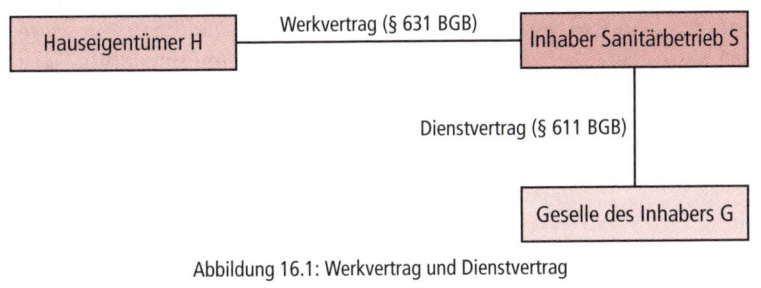

Abbildung 16.1: Werkvertrag und Dienstvertrag

---

Die Palette möglicher Werkverträge ist sehr groß, doch muss es hier bei einer kleinen Auswahl sein Bewenden haben.

---

**Beispiele**

**Werkverträge** sind:

- Bauverträge, gleichgültig, ob Neubau oder Renovierung,
- Reparaturverträge,
- Architektenverträge, gleichgültig, ob Planung oder bloße Bauüberwachung,
- Erstellung des Jahresabschlusses durch einen Steuerberater, sofern ein Einzelauftrag vorliegt. Bei dauernder Beauftragung durch ein Unternehmen handelt es sich um einen Dienstvertrag.
- Erstellung eines Gutachtens, etwa zur Bewertung eines Unternehmens oder zum Ankauf eines Pferdes,
- Frachtverträge, Speditionsverträge,
- Herstellung von Individualsoftware und Homepages für das Internet.

**Dienstverträge** sind:

- Arbeitsverträge,
- Arztverträge, gleichgültig, ob bloße Untersuchung oder Operation, bei Schönheitsoperationen kann auch ein Werkvertrag vorliegen,
- Beauftragung eines Rechtsanwalts mit der Führung eines Prozesses.

## 16.2.2 Abgrenzung zum Kaufvertrag

Die Abgrenzung zwischen Werkvertrag und Kaufvertrag scheint nach § 433 BGB bzw. § 631 BGB ganz einfach zu sein. Nach § 433 BGB ist der Verkäufer zur Übergabe der Kaufsache und zur Verschaffung des Eigentums an der Sache verpflichtet, während der Werkunternehmer nach § 631 BGB die Herstellung des versprochenen Werkes schuldet. Einmal scheint es darum zu gehen, eine schon vorhandene Sache zu liefern, das andere Mal um die Herstellung einer Sache oder eines sonstigen Werkes.

Dies ist im Ansatz richtig, doch enthält § 651 S. 1 BGB einen weitreichenden Verweis aus dem Werkvertragsrecht in das Kaufrecht. Nach dieser Vorschrift finden §§ 433 ff. BGB auch dann Anwendung, wenn der Vertrag die Lieferung herzustellender oder zu erzeugender beweglicher Sachen zum Gegenstand hat. Für diese Verträge gilt also das Kaufrecht (§§ 433 ff. BGB). Wenn der Vertrag die Herstellung so genannter unvertretbarer Sachen betrifft, gilt ebenfalls das Kaufrecht; ergänzend sind allerdings einige Vorschriften des Werkvertragsrechts anzuwenden (vgl. § 651 S. 3 BGB). Unvertretbare Sachen sind solche, die für einen bestimmten Besteller hergestellt und anderweitig nicht absetzbar sind.

**Beispiele**

- Fahrradhersteller F beauftragt den P mit der Herstellung spezieller Kettenschaltungen, die nur für die Fahrräder des F verwendbar sind. Auf diesen Vertrag ist nach § 651 S. 1 BGB das Kaufrecht (§§ 433 ff. BGB) anwendbar. Weil es sich bei den Schaltungen um anderweitig nicht absetzbare Produkte handelt, sind sie unvertretbare Sachen. Deshalb gelten neben den §§ 433 ff. BGB ergänzend die in § 651 S. 3 BGB genannten werkvertraglichen Vorschriften.
- Gleiches gilt für die Herstellung von Versandhauskatalogen, Prospekten, Werbefilmen und sonstigen Werbeträgern, die auf ein bestimmtes Unternehmen zugeschnitten und deswegen unvertretbare Sachen sind.
- Ausschließlich Kaufrecht ist anzuwenden, wenn die herzustellenden Sachen auch anderweitig absetzbar sind, etwa Werkzeuge für einen Baumarkt, die auch über andere Baumärkte vertrieben werden können.

> **Merksatz** Für die Herstellung beweglicher Sachen gilt gemäß § 651 S. 1 BGB nicht das Werkvertragsrecht, sondern das Kaufrecht. Sofern es sich um unvertretbare Sachen handelt, sind neben den §§ 433 ff. BGB zusätzlich die in § 651 S. 3 BGB genannten Vorschriften aus dem Werkvertragsrecht anwendbar.
>
> Die sehr weit gehende Verweisung auf das Kaufrecht gilt nicht für
>
> - die Herstellung unbeweglicher Sachen (Gebäude),
> - Reparaturverträge, auch wenn sie sich auf bewegliche Sachen beziehen (Computer, Autos, Waschmaschinen),
> - geistige Werke (Gutachten, Anfertigung eines Jahresabschlusses),
> - Architektenleistungen (Planung und Bauaufsicht).
>
> Für alle genannten Fälle gelten also (ausschließlich) die §§ 631 ff. BGB.

## 16.2.3 Abgrenzung zum Auftrag

In der Praxis ist häufig die Rede davon, dass man „einen Auftrag erhalten" oder „einen Auftrag vergeben" habe. Diese Bezeichnung ist fast immer falsch, weil der Auftrag nach § 662 BGB zu einer unentgeltlichen Tätigkeit verpflichtet. Hinter einem „Auftrag" verbirgt sich deshalb in aller Regel ein Werkvertrag („Auftrag", ein Haus zu streichen), ein Kaufvertrag („Auftrag" zur Lieferung einer Ware) oder ein Dienstvertrag („Auftrag", einen Prozess zu führen). Für die Wirksamkeit des jeweiligen Vertrages ist es ohne Bedeutung, wenn die Parteien eine falsche Bezeichnung verwenden. Eine falsche Bezeichnung schadet nicht (*„falsa demonstratio non nocet"*). Man kann sich das so merken: Wenn man einem Pferd ein Schild umhängt, auf dem steht: „Ich bin ein Esel", dann ist das Pferd immer noch ein Pferd. Entsprechend kommt es für die Qualifizierung eines Vertrages *nicht* darauf an, wie die Parteien den Vertrag nennen, sondern darauf, was sie *inhaltlich vereinbart* haben.

> **Beispiel** A schließt mit der B-Bank einen als „Dienstleistungsvertrag" bezeichneten Vertrag, durch den A verpflichtet wird, das EDV-System der B-Bank zu warten, wobei eine Verfügbarkeit von mindestens 99,5 % pro Monat vereinbart wird. Trotz der Bezeichnung, die einen Dienstvertrag vermuten lässt, liegt ein Werkvertrag vor, da A einen bestimmten Erfolg schuldet (Verfügbarkeit der Anlage von 99,5 % pro Monat). Es reicht nicht aus, wenn A sich nur bemüht, dieses Ergebnis zu erreichen, er muss den vereinbarten Erfolg vielmehr herbeiführen.

## 16.3 Einzelheiten zum Werkvertrag

Die Parteien beim Werkvertrag heißen in §§ 631 ff. BGB Unternehmer und Besteller, doch wird auch häufig von „Auftragnehmer" und „Auftraggeber" gesprochen.

### 16.3.1 Die VOB

Diese Bezeichnungen verwendet auch die im Jahre 2002 stark geänderte VOB, die nunmehr „Vergabe- und Vertragsordnung für Bauleistungen" (VOB) heißt. Die VOB ist zwischen der öffentlichen Hand und Vertretern der Bauindustrie ausgehandelt worden. Sie ist in die Teile A, B und C gegliedert. Teil A (= VOB/A), der der DIN 1960 entspricht, enthält die „Allgemeinen Bestimmungen über die Vergabe von Bauleistungen". Er betrifft damit den Zeitraum **bis zum Abschluss** des Bauvertrages und bestimmt, *wie* die Arbeiten vergeben werden. Die Vorschriften der VOB/A geben Richtlinien und Empfehlungen für die Bauvergabe und die Bauvertragsgestaltung. Wichtig sind etwa die Vergabegrundsätze (§§ 2 ff. VOB/A) und die Regelungen über die Leistungsbeschreibung und das Leistungsverzeichnis (§ 9 VOB/A). Während die öffentliche Hand die VOB/A in aller Regel aufgrund haushaltsrechtlicher Vorgaben zu berücksichtigen hat, spielen diese Regelungen beim Abschluss privater Bauverträge keine große Rolle.

Teil B (DIN 1961) behandelt die „Allgemeinen Vertragsbedingungen für die Ausführung von Bauleistungen". Diese Vorschriften werden oft als das „**Kernstück der VOB**" bezeichnet. Neben der Regelung zur Vergütung in § 2 VOB/B sind Regelungen zu folgenden Punkten enthalten: Zur Bauausführung (§§ 3 bis 6 VOB/B), zur Gefahrtragung (§ 7 VOB/B), zur Kündigung des Bauvertrages (§§ 8, 9 VOB/B), zur Vertragsstrafe (§ 11 VOB/B), zur Abnahme (§ 12 VOB/B), zur Gewährleistung einschließlich der Verjährung (§ 13 VOB/B) und zur Abrechnung und Zahlung (§§ 14 bis 16 VOB/B). Der Teil VOB/C enthält „Allgemeine Technische Vorschriften für Bauleistungen".

Bei der VOB handelt es sich – trotz des äußeren Erscheinungsbildes und ihrer Veröffentlichung im Bundesanzeiger[1] – weder um ein Gesetz noch um eine andere Rechtsnorm (etwa eine Rechtsverordnung). Die Regelungen der VOB/B stellen vielmehr Allgemeine Geschäftsbedingungen dar und unterfallen den §§ 305 ff. BGB[2].

Daraus folgt: Da die VOB kein Gesetz ist, gilt sie nicht automatisch. Vielmehr muss ihre Geltung von den Parteien vereinbart werden, was insbesondere gegenüber Verbrauchern wegen der Nichtbeachtung der Anforderungen des § 305 Abs. 2 Nr. 2 BGB oft nicht gelingt[3]. Häufig wird dem Verbraucher die Möglichkeit der zumutbaren Kenntnisnahme nicht eröffnet[4]. Wenn die VOB wirksam vereinbart ist, geht sie in ihrem Anwendungsbereich den §§ 631 ff. BGB vor. Dies ist bei größeren Bauvorhaben in der Regel der Fall, zumal die öffentliche Hand Ausschreibungen auf der Grundlage der VOB durchzuführen hat.

---

1   Bundesanzeiger Nr. 202 a vom 19.10.2002.
2   BGH NJW 1990, S. 715, 716; BGH NJW 1983, S. 816, 817, jeweils zur Frage der Einbeziehung der VOB/B in den Vertrag.
3   Zu Einzelheiten vgl. Mehrings, Monatsschrift für Deutsches Recht (MDR) 1998, S. 78 ff.
4   Vgl. das Beispiel auf S. 81.

## 16.3.2 Pflichten der Parteien

### Pflichten aus § 631 BGB

Die Hauptpflichten der Parteien ergeben sich beim Werkvertrag aus § 631 BGB. Danach ist der Unternehmer zur Herstellung des versprochenen Werkes und der Besteller zur Entrichtung der vereinbarten Vergütung verpflichtet.

### Abnahme und Fälligkeit der Vergütung

Nach § 640 Abs. 1 BGB ist der Besteller zusätzlich verpflichtet, das vertragsgemäß hergestellte Werk abzunehmen. Auch hierbei handelt es sich um eine Hauptpflicht des Bestellers.

> **Merksatz**
>
> Eine Abnahme liegt – in der Sprache der Juristen – vor, wenn „der Besteller das Werk als im Wesentlichen vertragsgerechte Leistung körperlich entgegennimmt". Die Abnahme kann förmlich durch die Unterzeichnung eines Abnahmeprotokolls oder konkludent (stillschweigend) erfolgen. In beiden Fällen muss gegenüber dem Unternehmer zum Ausdruck kommen, dass der Besteller die Werkleistung als im Wesentlichen vertragsgemäß anerkennt.

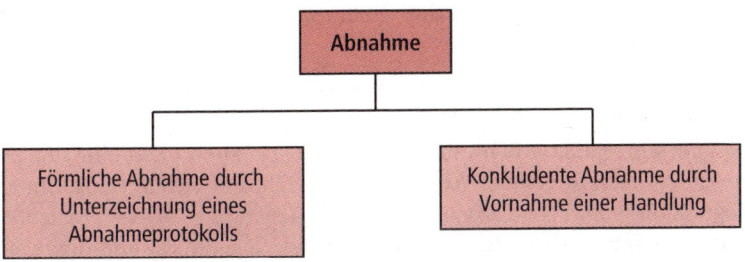

Abbildung 16.2: Abnahme

> **Beispiele**
>
> - Architekt A nimmt als Vertreter des Bauherrn einen Neubau ab. Im „Abnahmeprotokoll" heißt es: „Die Abnahme erfolgt. Folgende Mängel sind binnen zwei Wochen zu beseitigen: Außenanstrich Kellereingang, Befestigung Markise, Steckdose Waschmaschine". Hier liegt eine förmliche Abnahme unter Vorbehalt bestimmter kleinerer Mängel vor.
> - Das Auto des B ist in der Werkstatt des U repariert worden. B bezahlt die Rechnung und fährt mit dem Fahrzeug davon. Die Bezahlung der Rechnung vor Entgegennahme des Fahrzeugs ist noch keine Abnahme, weil B das Fahrzeug noch gar nicht körperlich entgegengenommen hatte und auch nicht testen konnte. Wenn B aber wegfährt und nicht zurückkommt, kann U davon ausgehen, dass B mit seiner Leistung einverstanden ist. Damit liegt eine konkludente Abnahme vor.

An die Abnahme der Werkleistung werden wichtige Rechtsfolgen geknüpft:

- Nach § 641 BGB ist die Vergütung bei der Abnahme des Werkes zu entrichten. Insbesondere bei Kfz-Reparaturen ist es allerdings üblich, bereits vor der Abnahme zu zahlen. Dies gilt auch bei Textilreinigungen, da hier sogar eine Vorkasse verlangt wird. Dies ist grundsätzlich zulässig, da § 641 BGB dispositiv ist.

- Nach § 634 a Abs. 2 BGB beginnen mit der Abnahme wichtige Verjährungsfristen zu laufen.

- Nach § 640 Abs. 2 BGB verliert der Besteller hinsichtlich der ihm bei der Abnahme bereits bekannten Mängel des Werkes die ihm zustehenden Rechte, wenn er sich die Rechte bei der Abnahme nicht vorbehält (vgl. dazu das obige Beispiel mit dem Abnahmeprotokoll).

- Nach § 644 Abs. 1 S. 1 BGB trägt der Unternehmer bis zur Abnahme des Werkes die Gefahr, dass das Werk zerstört oder beschädigt wird, mit der Abnahme geht diese Gefahr auf den Besteller über.

Nicht zuletzt die Rechtsfolge der Fälligkeit des Werklohns (§ 641 BGB) bewirkt in der Praxis, dass Besteller mit zum Teil fadenscheinigen Begründungen die Abnahme verweigern. Insbesondere bei Bauverträgen ist die Kreativität von zahlungsschwachen oder zahlungsunwilligen Bestellern sehr hoch, sodass dem vorleistungspflichtigen Bauunternehmer über lange Zeit „lebensnotwendige" Liquidität vorenthalten wird. Der Gesetzgeber hat auf dieses Phänomen der „faulen Zahler" reagiert:

- Nach § 640 Abs. 1 S. 2 BGB kann die Abnahme wegen unwesentlicher Mängel nicht verweigert werden.

- Nach § 641 a Abs. 1 BGB steht die von einem Gutachter ausgestellte Fertigstellungsbescheinigung einer Abnahme gleich.

- Daneben gewährt § 632 a BGB dem Unternehmer – auch ohne eine entsprechende Vereinbarung – schon vor der Abnahme ein Recht auf Abschlagszahlungen für in sich abgeschlossene, vertragsgemäß erbrachte Leistungen. Diese im Jahre 2000 in das BGB eingefügte Regelung erweist sich in der Praxis allerdings als wenig tauglich, sodass im Vertrag ausdrücklich vereinbart werden sollte, wann und in welcher Höhe Abschläge zu zahlen sind[5]. Wenn die VOB Vertragsgrundlage ist, kann eine Abschlagszahlung nach § 16 Nr. 1 VOB/B verlangt werden.

### 16.3.3 Besonderheiten der Vergütung

Der Abschluss eines Werkvertrages setzt – wie auch bei anderen Verträgen – eine Einigung der Parteien voraus, die in aller Regel durch die Annahme eines Angebots erzielt wird. Insoweit enthält § 632 BGB zwei spezielle Regelungen, die den Besonderheiten des Werkvertrages Rechnung tragen.

---

5   vgl. Karsten/Bauer/Klose, Forderungsabsicherung und -durchsetzung in der Bauwirtschaft, Baden-Baden 2006, Rn. 286.

## Fiktive Vergütung

Nach § 632 Abs. 1 BGB *gilt* eine Vergütung als vereinbart, wenn die Herstellung des Werkes den Umständen nach nur gegen eine Vergütung zu erwarten ist. Diese Fiktion („gilt als vereinbart ...") greift (nur) dann ein, wenn die Parteien keine ausdrückliche oder konkludente Vereinbarung zur Vergütung getroffen haben, was im wirtschaftlichen Bereich eher selten der Fall ist, allerdings unter Freunden oder Bekannten schon eher vorkommen kann. Oft bedeuten solche Arbeiten das Ende einer Freundschaft!

---

**Beispiele**

- B bringt sein Auto in die Werkstatt des U mit der Bitte, es „TÜV-fertig" zu machen. Auch wenn kein Wort zur Vergütung gefallen ist, haben B und U zumindest konkludent vereinbart, dass B die Leistungen des U bezahlen muss.

- Die Eheleute E bitten den befreundeten Gartenbauarchitekten G, eine Planung für ihren neu anzulegenden Garten zu erstellen. G fertigt Zeichnungen an, die ausgiebig diskutiert und danach mehrfach den Wünschen der Eheleute angepasst werden. G beaufsichtigt „auf Wunsch" der Eheleute E auch die Durchführung der Arbeiten durch einen Gärtnereibetrieb. Als G den Eheleuten E nach Abschluss der Arbeiten eine Rechnung schickt, verweigern diese die Bezahlung mit der Begründung, hier habe ein unentgeltlicher Freundschaftsdienst vorgelegen. Man kenne sich schließlich seit dem Studium. Eine solche Einstellung mag weit verbreitet sein, ist aber falsch: Wenn jemand einen anderen in dessen beruflicher Tätigkeit in einem solchen Umfang in Anspruch nimmt, gilt eine Vergütung gemäß § 632 Abs. 1 BGB als stillschweigend vereinbart.

---

In der Praxis treten häufig Probleme auf, wenn von einer Seite *vor* Vertragsabschluss Arbeiten in Form von Entwürfen, Mustern oder Modellen erbracht werden. Wenn der angestrebte Vertragsabschluss unterbleibt, sind diese Arbeiten grundsätzlich *nicht* zu vergüten. Anders ist es, wenn diese Leistungen bereits gegen Entgelt in Auftrag gegeben wurden. Eine Vergütungspflicht besteht auch dann, wenn sich die Parteien ausnahmsweise darauf geeinigt haben, dass der Unternehmer *verpflichtet* ist, die Leistungen zu erbringen *und* bereits für diese Vorarbeiten eine Vergütung nach § 632 Abs. 1 BGB zu erwarten war[6]. Keine Vergütung ist zu zahlen, wenn der Unternehmer die Vorarbeiten im eigenen Interesse erbringt, um den „Auftrag" zu erhalten[7]. Ein Vergütungsanspruch für Arbeiten vor Vertragsabschluss kann hingegen ausnahmsweise bestehen, wenn der Unternehmer bereits vorwiegend im Interesse des Bestellers tätig wird, zum Beispiel weil die Arbeiten einen im Verhältnis zum späteren Werkvertrag unverhältnismäßigen Aufwand erfordern. Dies kann bei aufwändigen Vorarbeiten für die Entwicklung einer Computersoftware der Fall sein[8].

Die Vergütungspflicht eines **Kostenanschlages** (oft Kostenvoranschlag genannt) regelt § 632 Abs. 3 BGB zu Ungunsten des Unternehmers: Im Zweifel ist er nicht zu vergüten, obwohl ein erheblicher Aufwand entstehen kann.

---

6 Vgl. Palandt/Sprau, Bürgerliches Gesetzbuch, § 632 Rn. 10.
7 OLG Hamm, NJW-RR 1996, S. 83, 84.
8 OLG Nürnberg, NJW 1993, S. 760, 761.

## Übliche Vergütung

Da es bei einem Werkvertrag häufig nicht möglich ist, die Höhe der Vergütung im Voraus zu bestimmen, enthält § 632 Abs. 2 BGB eine weitere Fiktion. Bei fehlender Vereinbarung zur Höhe der Vergütung ist bei Bestehen einer Taxe die taxmäßige Vergütung, anderenfalls die übliche Vergütung als vereinbart anzusehen. Unter einer Taxe versteht man einen behördlich festgesetzten Preis, etwa für die Benutzung von Taxen, aber auch Gebührenordnungen für Ärzte, Architekten, Rechtsanwälte und Steuerberater. Diese Ordnungen enthalten allerdings nicht immer starre Gebühren, sondern lassen den Rechnungsstellern einen Spielraum, den sie im Rahmen des Üblichen nutzen dürfen. In der Praxis sorgen Handwerkerrechnungen häufiger für Ärger. Dieser beschränkt sich nicht auf die vielfach – bis hin zur Sittenwidrigkeit (§ 138 BGB) – überteuerten Schlüsseldienste, sondern tritt auch bei „ganz normalen" Handwerkern auf, die ihre Rechnungen für Reparaturen mit großer Kreativität gestalten. Anfahrts- und Abfahrtspauschalen, Rüstkosten für die Beladung des Fahrzeugs und „Montagefahrzeugbereitstellungspauschalen" (!) bilden fast schon alltägliche Beispiele. Zu diesen Kosten kommen die reinen Arbeitskosten – bei Reparaturen üblicherweise im Stundenlohn – hinzu. Sollte der Bogen durch den Handwerker überspannt werden, empfiehlt sich die Einholung einer Stellungnahme durch die Handwerkskammer oder die Verbraucherberatung.

## 16.4  Mängelansprüche des Bestellers

Die Rechte des Bestellers wegen Mängeln des Werkes bestimmen sich nach § 634 BGB. Diese Vorschrift weist starke Parallelen zu dem im Kapitel „Kaufrecht" bereits behandelten § 437 BGB auf[9]. Da die Definitionen für „Sach- und Rechtsmangel" in § 633 BGB nahezu identisch mit den Definitionen in § 434 BGB sind, gilt dies auch für die Frage, wann ein Werk mangelhaft ist. Deshalb kann weitgehend auf die obigen Ausführungen verwiesen werden[10].

### 16.4.1  Nacherfüllung

§§ 634 Nr. 1, 635 BGB gewähren dem Besteller, wenn das Werk mangelhaft ist, gegen den Unternehmer ein Recht auf Nacherfüllung durch Beseitigung des Mangels oder Neuherstellung des Werkes. Das Wahlrecht steht dabei dem Unternehmer zu. Hierin liegt ein Unterschied zum Kaufrecht, da nach § 439 Abs. 1 BGB der Käufer zwischen Nachbesserung und Neulieferung wählen kann.

> **Beispiel**  U hat auf der Produktionshalle des B ein Flachdach errichtet, durch das an mehreren Stellen Wasser in das Gebäude eindringt. B fordert U auf, das gesamte Dach zu entfernen und ein neues Dach aufzubringen, U ist lediglich bereit, eine Reparatur vorzunehmen. Nach § 635 Abs. 1 BGB kann U entscheiden, wie er den Mangel beseitigt.

---

9   S. 219 ff.
10   Vgl. S. 223 ff.

## 16.4.2 Selbstbeseitigungsrecht und Aufwendungsersatz

Nach §§ 634 Nr. 2, 637 BGB hat der Besteller das Recht, einen Mangel des Werkes selbst zu beseitigen und Ersatz der dafür erforderlichen Aufwendungen vom Unternehmer zu verlangen, wenn der Besteller dem Unternehmer zuvor eine angemessene, erfolglos abgelaufene Frist zur Nacherfüllung bestimmt hat (§ 637 Abs. 1 BGB). Der Anspruch besteht nicht, wenn der Unternehmer die Nacherfüllung zu Recht verweigert, zum Beispiel weil gar kein relevanter Mangel vorliegt oder weil die Verjährungsfrist abgelaufen ist (§ 634 a BGB). Die Fristsetzung ist nach § 637 Abs. 2 BGB neben den in § 323 Abs. 2 BGB genannten Fällen entbehrlich, wenn die Nacherfüllung fehlgeschlagen oder dem Besteller unzumutbar ist.

---

**Beispiel** Im Auftrag des Grundstückseigentümers Eilers (E) hat Unternehmer Unger (U) bei der Errichtung eines Einfamilienhauses in einer sehr feuchten Gegend mit hohem Grundwasserspiegel die Maurer- und Betonarbeiten ausgeführt. Vor Abschluss des Bauvertrages hatte U auf Nachfrage des E erklärt, die Wanne (der Keller) des Hauses werde „absolut dicht werden. Er kenne sich mit Feuchtigkeit bestens aus". Etwa drei Jahre nach dem Einzug des E traten jedoch im Keller des Hauses infolge eines Fehlers, der dem U bei der Gründung des Bauwerkes unterlaufen war, kleine Risse auf, durch die bei starken Regenfällen Wasser eindrang. Dies teilte E dem U schriftlich mit. Nachdem dieser nicht reagierte, rief E nach drei Wochen bei U an und bat darum, „dass die Sache in Ordnung gebracht werde, da die Feuchtigkeit zugenommen habe und es schlecht zu riechen beginne". U erwiderte, man „werde sich selbstverständlich um die Sache kümmern", tatsächlich passierte aber drei weitere Wochen nichts. Weil sich die Risse inzwischen vergrößert hatten und E des Wartens überdrüssig war, beauftragte er – ohne sich zuvor nochmals mit U in Verbindung zu setzen – einen anderen Maurer mit der Mängelbeseitigung, die – was angemessen und erforderlich war – 14.800,-- € kostete. Kann E diesen Betrag von U verlangen?

*Lösungsskizze*

Anspruchsgrundlage ist §§ 634 Nr. 2, 637 Abs. 1 BGB

- **P1:** Ein Werkvertrag liegt vor.
- **P2:** Ein Mangel des Werkes liegt vor (§ 633 Abs. 2 S. 1 BGB: Fehlen der vereinbarten Beschaffenheit).
- **P3:** Bestimmung einer angemessenen Frist zur Mängelbeseitigung: Lag vor Ausführung der Arbeiten nicht vor; weder in der schriftlichen Mitteilung noch in dem später erfolgten Anruf hat E eine Frist gesetzt. War die Fristsetzung ausnahmsweise entbehrlich? §§ 637 Abs. 2 S. 1, 323 Abs. 2 BGB? (Hinweis: § 323 Abs. 2 BGB betrifft den Rücktritt, während es hier um den Vorschuss der Mängelbeseitigungskosten geht; die Vorschrift findet wegen der Verweisung in § 637 Abs. 2 BGB aber entsprechende Anwendung). § 323 Abs. 2 Nr. 1 und Nr. 2 BGB liegen nicht vor; allenfalls Nr. 3: Besondere Umstände, die unter Abwägung der beiderseitigen Interessen die Fristsetzung entbehrlich machen. Da es sich insoweit um einen Ausnahmefall

---

handelt, sind hohe Anforderungen zu stellen, etwa eine über das Normale hinausgehende besondere Dringlichkeit (Wasserrohrbruch!); liegt hier nicht vor, also war die Fristsetzung nicht nach § 637 Abs. 2 S. 1, 323 Abs. 2 BGB entbehrlich. Kein Fall des § 637 Abs. 2 S. 2 BGB, weil die Nacherfüllung nicht fehlgeschlagen ist und für E auch nicht unzumutbar ist. Damit kein Anspruch aus §§ 634 Nr. 2, 637 Abs. 1 BGB.

Ein möglicher Schadensersatzanspruch[11] nach §§ 634 Nr. 4, 636, 280 Abs. 1, Abs. 3, 281 BGB scheitert ebenfalls an der fehlenden Fristsetzung zur Mängelbeseitigung.

Andere denkbare Anspruchsgrundlagen, insbesondere §§ 812 ff. BGB, werden durch die Sondervorschriften der §§ 633 ff. BGB ausgeschlossen[12].

**Ergebnis:** B hat keinen Anspruch gegen U auf die Zahlung der 14.800,-- €.

Liegen die Voraussetzungen der Selbstvornahme gemäß § 637 Abs. 1 BGB vor, gewährt § 637 Abs. 3 BGB dem Besteller gegen den Unternehmer einen Anspruch auf Vorschuss in Höhe der (voraussichtlich) erforderlichen Aufwendungen, die bei der Beauftragung eines anderen Unternehmers für die Mängelbeseitigung entstehen. Die genaue Abrechnung erfolgt nach Durchführung der Arbeiten.

### 16.4.3 Rücktritt vom Vertrag oder Minderung der Vergütung

Unter ganz ähnlichen Voraussetzungen wie im Kaufrecht[13] steht dem Besteller nach § 634 Nr. 3 BGB in Verbindung mit den dort genannten weiteren Vorschriften das Recht auf Rücktritt vom Werkvertrag oder auf Minderung der Vergütung zu. Wie im Kaufrecht ist es auch hier, vorbehaltlich einer Reihe von Ausnahmen, grundsätzlich erforderlich, dass eine vom Besteller gesetzte angemessene Frist zur Mängelbeseitigung erfolglos abgelaufen ist.

### 16.4.4 Schadensersatz und Ersatz von Aufwendungen

Die Ansprüche auf Schadensersatz und auf den Ersatz vergeblicher Aufwendungen gemäß § 634 Nr. 4 BGB sind ebenfalls ähnlich ausgestaltet wie die entsprechenden kaufrechtlichen Ansprüche (§§ 437 Nr. 3, 280 ff. BGB)[14]. Auch das Werkvertragsrecht greift für den Schadensersatzanspruch auf die allgemeinen Vorschriften, also die §§ 280 ff. BGB zurück.

---

11  Palandt/Sprau, Bürgerliches Gesetzbuch, § 637 Rn. 5.
12  Vgl. Palandt/Sprau, Bürgerliches Gesetzbuch, § 637 Rn. 5.
13  Vgl. S. 248 ff.
14  Vgl. S. 252 ff.

# 16.5 Verjährungsfristen der Mängelansprüche im Werkvertragsrecht

Die dem Besteller eines Werkvertrages nach § 634 BGB im Falle von Mängeln des Werkes zustehenden Ansprüche – Nacherfüllung, Ersatz der Mängelbeseitigungskosten, Rücktritt vom Vertrag, Minderung der Vergütung, Schadensersatz und Ersatz vergeblicher Aufwendungen – verjähren gemäß § 634 a BGB wie folgt:

**Tabelle 16.1**

| Gegenstand des Werkes | Verjährungsfrist |
| --- | --- |
| Das Werk besteht in der Herstellung (Maschine, Katalog), Wartung (Maschine, Software) oder Veränderung einer Sache (Reparatur) oder in der Erbringung von Planungs- oder Überwachungsleistungen für ein solches Werk | § 634 a Abs. 1 Nr. 1 BGB: Zwei Jahre |
| Bauwerk (Gebäude, Brücke) oder Planungs- und Überwachungsleistungen für ein Bauwerk | § 634 a Abs. 1 Nr. 2 BGB: Fünf Jahre |
| Andere Werke | § 634 a Abs. 1 Nr. 3 i.V.m. § 195 BGB: Drei Jahre |

Die Verjährungsfrist beginnt nach § 634 a Abs. 2 BGB mit der Abnahme zu laufen[15], soweit nicht die regelmäßige Verjährungsfrist gilt (§§ 634 a Abs. 1 Nr. 3, 195, 199 BGB).

Für Bauwerke tritt in Bezug auf die Länge der Frist eine für die Praxis relevante Änderung ein, wenn der **Teil B der VOB** (Vergabe- und Vertragsordnung für Bauleistungen) Vertragsbestandteil ist[16]. Abweichend von der fünfjährigen Gewährleistungsfrist des § 634 a Abs. 1 Nr. 2 BGB beträgt die Gewährleistungsfrist für Bauwerke nach § 13 Nr. 4 Abs. 1 VOB/B nur **vier Jahre**. Allerdings ist in jedem Fall zunächst zu prüfen, ob die VOB/B Vertragsbestandteil geworden ist[17]. Ist diese Frage zu bejahen, ist zu klären, ob die Geltung der VOB/B „als Ganzes" vereinbart wurde oder ob nur Teile der VOB/B gelten sollen. Ist die VOB/B vollständig vereinbart, ist die Verkürzung der Verjährungsfrist gemäß § 309 Nr. 8 b) ff) BGB wirksam. Wenn nur Teile vereinbart sind, ist die Verkürzung der Verjährungsfrist auf vier Jahre hingegen unwirksam (§ 307 BGB, sofern der andere Teil Unternehmer ist, sonst § 309 Nr. 8 b) ff) BGB)[18]. Es gilt dann gemäß § 306 Abs. 2 BGB die Fünf-Jahres-Frist des § 634 a Abs. 1 Nr. 2 BGB.

---

15  Zur Abnahme vgl. S. 303.
16  Zur VOB vgl. S. 302.
17  Vgl. S. 81.
18  BGH NJW 1986, S. 315, 316.

> **Beispiel** B und U haben einen Werkvertrag über die Errichtung eines Bürogebäudes geschlossen. Im Vertrag heißt es: „Die Rechtsbeziehungen der Parteien richten sich in erster Linie nach diesem Vertrag, dann nach der Leistungsbeschreibung und schließlich nach der VOB/B". Sollte im Vertrag oder in der Leistungsbeschreibung eine Regelung enthalten sein, die von einer Vorschrift der VOB/B abweicht, hätte dies zur Folge, dass die VOB/B wegen des Vorrangs des Vertrages und der Leistungsbeschreibung nicht „als Ganzes" vereinbart worden wäre. Dann wäre die Verkürzung der Verjährungsfrist auf vier Jahre nach § 307 bzw. § 309 Nr. 8 b) ff) BGB unwirksam.

## 16.6   Sicherung der Werklohnforderung

Da der Anspruch des Unternehmers auf Zahlung der Vergütung nach § 641 Abs. 1 S. 1 BGB erst „bei der Abnahme des Werkes zu entrichten" ist, ist der Unternehmer zur *Vorleistung* verpflichtet. Es besteht deshalb die Gefahr, dass der Unternehmer seine Leistungen vollständig erbracht hat, seinen Vergütungsanspruch aber infolge Zahlungsunfähigkeit des Bestellers nicht oder nur teilweise durchsetzen kann.

> **Beispiel** U hat eine Produktionshalle für die G-GmbH errichtet. Unmittelbar nach der Fertigstellung stellt ein anderer Gläubiger der G-GmbH einen Antrag auf Eröffnung des Insolvenzverfahrens über das Vermögen der G-GmbH. Das zuständige Amtsgericht lehnt den Antrag „mangels Masse" ab. Dies bedeutet, dass das vorhandene Vermögen der G-GmbH die Kosten des Insolvenzverfahrens (Gerichtskosten, Kosten des Insolvenzverwalters) nicht deckt. Wenn die Forderung des U nicht abgesichert ist, fällt er damit komplett aus.

Das BGB enthält einige Möglichkeiten, um den Vergütungsanspruch zu sichern.

### 16.6.1 Unternehmerpfandrecht

Nach § 647 BGB steht dem Unternehmer für seine Forderungen aus dem Werkvertrag ein Pfandrecht an den **beweglichen** Sachen zu, die in seinen Besitz gelangt sind. Das Pfandrecht berechtigt ihn zur Verwertung des Gegenstandes.

> **Beispiel** B hat bei U ein Fahrzeug zur Reparatur gegeben. U führt die erforderlichen Arbeiten fachgerecht aus, doch weigert sich B, die angemessene Rechnung zu bezahlen. U kann die Herausgabe des Autos verweigern und dieses versteigern lassen. U erhält aus dem Versteigerungserlös oder einer anderen Verwertung die Bezahlung seiner Forderung (§§ 1257, 1220, 1221 BGB). Den nach Abzug der Versteigerungskosten verbleibenden Restbetrag bekommt B.

## 16.6.2 Bauhandwerkerhypothek

Der Unternehmer eines Bauwerkes hat nach § 648 BGB das Recht, für schon erbrachte Leistungen die Eintragung einer Sicherungshypothek an dem Baugrundstück des Bestellers zu verlangen. Die Eintragung in das Grundbuch erfolgt dabei auf der Grundlage einer einstweiligen Verfügung. Von dieser Möglichkeit sollte der Unternehmer Gebrauch machen, wenn Abschlagszahlungen oder die Schlusszahlung ausbleiben. Er sichert damit die Möglichkeit, durch Verwertung des Grundstücks im Wege der Zwangsvollstreckung seine Vergütung zu erhalten.

## 16.6.3 Bauhandwerkersicherung

Eine weitere Absicherung sieht § 648 a BGB in Form der Bauhandwerkersicherung vor. Danach kann der Unternehmer den Besteller vor Beginn der Arbeiten zur Stellung einer Sicherheit nach § 232 BGB (Hinterlegung des Geldes oder Stellung einer Bürgschaft) oder nach § 648 a Abs. 2 BGB (Garantie oder sonstiges Zahlungsversprechen eines Kreditinstituts) auffordern, allerdings auf Kosten des Unternehmers (§ 648 a Abs. 3 BGB). Kommt der Besteller der Aufforderung nicht nach, kann der Unternehmer nach Ablauf der Frist die Erbringung seiner Leistung verweigern (§ 648 a Abs. 1 BGB) und den Vertrag kündigen (§§ 648 a Abs. 5, 643 BGB). Damit ergibt sich für den in der Einleitung unter Nr. 6 enthaltenen Beispielsfall, dass der U Recht hat[19].

## 16.6.4 Bürgschaft

Eine einfache, aber sehr wirksame Möglichkeit zur Sicherung einer Forderung aus einem Werkvertrag besteht darin, dass ein Dritter eine Vertragserfüllungsbürgschaft übernimmt[20].

> **Beispiel** U hat mit der X-GmbH einen Bauvertrag geschlossen. Der Alleingesellschafter der X-GmbH übernimmt zur Sicherung der Werklohnforderung eine selbstschuldnerische Bürgschaft.

Weitere Einzelheiten zur Absicherung des Unternehmers sind nicht darzustellen, doch sollte bekannt sein, dass ein Unternehmer durchaus Möglichkeiten hat, die aus seiner Vorleistungspflicht resultierenden erheblichen finanziellen Risiken zu reduzieren[21].

# 16.7 Der Kostenanschlag

Wenn dem Werkvertrag ein Kostenanschlag (oft Kostenvoranschlag genannt) zugrunde liegt, ohne dass der Unternehmer die Gewähr für dessen Richtigkeit übernommen hat, muss der Unternehmer den Besteller nach § 650 Abs. 2 BGB informieren, wenn sich während der Herstellung des Werkes zeigt, dass es nicht ohne eine wesentliche finanzielle Überschreitung ausführbar ist. Als wesentlich wird eine Überschreitung ab

---

19  Vgl. S. 26.
20  Zu weiteren Einzelheiten vgl. S. 467 ff., insb. S. 475.
21  Umfassend Karsten/Bauer/Klose, Forderungsabsicherung und -durchsetzung in der Bauwirtschaft, Baden-Baden 2006.

15 % oder ab 20 % angesehen[22]. Unterlässt der Unternehmer die Anzeige, liegt hierin eine Pflichtverletzung gemäß § 280 Abs. 1 BGB mit der Folge, dass der Besteller nur dem Kostenanschlag gemäß zur Zahlung verpflichtet ist.

In der Praxis kommt es bei der Errichtung von Gebäuden neben einer sehr engen Kalkulation häufig auch deshalb zu Kostensteigerungen, weil während der Bauphase Änderungen vorgenommen werden. Statt des im Kostenanschlag kalkulierten Fliesenpreises von 20,-- €/qm werden auf Wunsch des Auftraggebers Fliesen für 40,-- €/qm ausgewählt, statt Laminat wird doch Echtholzparkett gewünscht usw. Natürlich sind diese Änderungen nicht vom Kostenanschlag gedeckt.

## 16.8   Kündigungsrecht des Bestellers

Nach § 649 S. 1 BGB hat der Besteller bis zur Vollendung des Werkes das Recht, den Werkvertrag jederzeit und ohne Angabe von Gründen zu kündigen, es sei denn, dieses Recht ist im Vertrag ausgeschlossen. Der Besteller sollte aber sehr genau überlegen, ob er eine Kündigung erklärt. Der Unternehmer ist nämlich nach § 649 S. 2 BGB berechtigt, trotz der Kündigung die vereinbarte Vergütung zu verlangen. Das bedeutet, dass der Besteller zwar jederzeit kündigen kann, den Werklohn aber dennoch bezahlen muss! Der Unternehmer muss sich nur das anrechnen (abziehen) lassen, was er infolge der Aufhebung des Vertrages an Aufwendungen erspart oder durch anderweitige Verwendung seiner Arbeitskraft erwirbt oder zu erwerben böswillig unterlässt.

> **Beispiel**   B ist mit den Leistungen des Unternehmers U nicht einverstanden und kündigt deshalb den geschlossenen Werkvertrag über die Einrichtung eines Internet-Shops. Die Kündigung ist nach § 649 S. 1 BGB wirksam, doch kann U nach § 649 S. 2 BGB den vereinbarten Werklohn verlangen. Abzuziehen ist nur, was U an Aufwendungen durch die Kündigung erspart, etwa für „freie" Mitarbeiter oder für Hardware, und was er anderweitig einnimmt oder böswillig nicht einnimmt. B müsste insoweit beweisen, dass U wegen der Kündigung anderweitig Einnahmen erzielt hat oder dies absichtlich verhindert hat. Dieser Beweis ist nur sehr schwer zu führen, da B keinen Einblick in die Verhältnisse des U hat.

Der Streit in der Praxis geht häufig um einen anderen Punkt: Nach der Rechtsprechung gilt § 649 S. 2 BGB nicht, wenn die Kündigung des Vertrages aus einem wichtigen, vom Unternehmer zu vertretenen Grund erfolgt, sodass dem Besteller bei Abwägung aller Umstände die Fortsetzung des Vertragsverhältnisses nicht zuzumuten ist. Dies kann der Fall sein, wenn der Besteller das Vertauen in die Leistungsfähigkeit (schwerwiegende Mängel) oder Zuverlässigkeit (erhebliche Terminüberschreitungen) des Unternehmers verloren hat und die Vertragsgrundlage dadurch so erschüttert ist, dass vom Besteller ein weiteres Festhalten am Vertrag nicht zu verlangen ist[23]. Die Beweislast obliegt dem Besteller. Da die Kündigung den Vertrag für die Zukunft aufhebt, behält der Unternehmer den Anspruch auf Bezahlung der schon erbrachten Leistungen[24], sofern diese mangelfrei sind.

---

22   Palandt/Sprau, Bürgerliches Gesetzbuch, § 650 Rn. 2.
23   BGH NJW 1993, S. 1972, 1973.
24   BGH NJW-RR 1990, S. 1109, 1110.

# Dienstvertrag

**ÜBERBLICK**

**17**

## Lernziele dieses Kapitels

*Was kommt in diesem Kapitel auf Sie zu? In knapper Form werden Sie einige Grundlagen des Dienstvertragsrechts kennen lernen. Die Kürze der Ausführungen wird deshalb gewählt, weil der zahlenmäßig größte Teil der Dienstverträge die Arbeitsverhältnisse betrifft, auf die in diesem Buch aber nur am Rande eingegangen werden soll.*

## 17.1 Grundlagen

Der in §§ 611 ff. BGB geregelte Dienstvertrag umfasst zwei Typen von Dienstverträgen: Den einen Bereich bilden die Dienstverträge, die unselbstständige, abhängige Dienstleistungen zum Gegenstand haben: Das sind die **Arbeitsverträge**. Die grundlegenden Vorschriften, insbesondere zum Arbeitsvertragsrecht, sind in den §§ 611 bis 630 BGB enthalten, daneben finden sich arbeitsrechtliche Regelungen in der Gewerbeordnung, im HGB und in zahlreichen Sondergesetzen wie etwa dem Kündigungsschutzgesetz, dem Teilzeit- und Befristungsgesetz, dem Arbeitsschutzgesetz, dem Arbeitszeitgesetz, dem Sozialgesetzbuch IX (Behinderte betreffend), dem Tarifvertragsgesetz und dem Betriebsverfassungsgesetz. Das Arbeitsrecht hat sich zu einem eigenen Rechtsgebiet entwickelt, auf das hier nur am Rande eingegangen werden kann.

Die zweite große Gruppe der Dienstverträge betrifft unter anderem die Verträge der **selbstständig Tätigen**, die ihre Dienstleistung in wirtschaftlicher und sozialer Unabhängigkeit leisten (Ärzte, Rechtsanwälte, Steuerberater und Wirtschaftsprüfer[1]). Zu dieser Gruppe der Dienstverträge gehören auch bestimmte Formen von Krankenhausverträgen[2] und die Anstellungsverträge mit den Organen juristischer Personen, insbesondere dem Vorstand einer Aktiengesellschaft und dem Geschäftsführer einer GmbH[3].

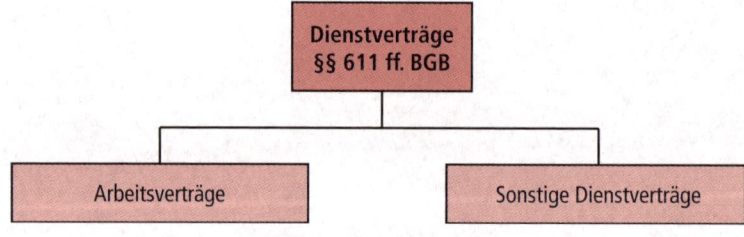

Abbildung 17.1: Dienstverträge

---

1   Vorliegen kann hier auch ein Werkvertrag, vgl. S. 299.
2   Vgl. Palandt/Putzo, Bürgerliches Gesetzbuch, Einführung vor § 611 Rn. 19.
3   Palandt/Putzo, Bürgerliches Gesetzbuch, Einführung vor § 611 Rn. 23.

**Beispiele**

- Ein angestellter Architekt ist Arbeitnehmer, ein „freier" Architekt wird regelmäßig auf der Grundlage eines Werkvertrages tätig[4], nur ausnahmsweise liegt ein Dienstvertrag vor[5]. Dies ist der Fall, wenn der Architekt lediglich zur Mängelbeseitigung tätig wird und nicht den *Erfolg* der Mängelbeseitigung, sondern nur die Beratung und ggf. Einleitung der erforderlichen Beseitigungsmaßnahmen schuldet. Der Schwerpunkt liegt dann in einer den Vermögensinteressen des Vertragspartners dienenden Betreuungstätigkeit, weshalb der Objektbetreuung Dienstvertragscharakter beizumessen ist[6].

- Ein im Krankenhaus angestellter Arzt ist Arbeitnehmer, der Behandlungsvertrag zwischen dem Krankenhaus und dem Patienten ist ein sonstiger Dienstvertrag.

## 17.2 Abschluss des Dienstvertrages

In Bezug auf den Abschluss des Dienstvertrages kann auf die Ausführungen zum Abschluss von Werkverträgen verwiesen werden, insbesondere hinsichtlich des „Ob" und der Höhe der Vergütung, da § 612 BGB weit gehend § 632 BGB entspricht[7].

## 17.3 Vertragspflichten

Gemäß § 611 Abs. 1 BGB wird derjenige, der Dienste zusagt (der Dienstverpflichtete), zur Leistung der versprochenen Dienste, der andere (der Dienstberechtigte) zur Gewährung (Bezahlung) der vereinbarten Vergütung verpflichtet. Nach Abs. 2 können Gegenstand des Dienstvertrages Dienste aller Art sein.

Bitte erinnern Sie sich noch einmal an den **Werkvertrag**: Gegenstand des Werkvertrages kann nach § 631 Abs. 2 BGB jeder durch Arbeit oder *Dienstleistung* herbeizuführende Erfolg sein. Auch der Werkvertrag kann also eine Dienstleistung enthalten, doch wird hier als Ergebnis die Herbeiführung des Erfolges geschuldet, während beim Dienstvertrag nur die *Dienstleistung als solche* geschuldet wird, auch wenn sie auf einen *Erfolg* ausgerichtet ist. Der Dienstvertrag ist also tätigkeitsbezogen, der Werkvertrag ist erfolgsbezogen.

Liegt ein Werkvertrag vor, trägt deshalb der Unternehmer das Risiko. Führt er den Erfolg nicht herbei, hat er keinen Anspruch auf Vergütung. Anders ist es beim Dienstvertrag: Hier muss der Dienstberechtigte den zur Leistung der Dienste Verpflichteten auch dann bezahlen, wenn der mit der Dienstleistung angestrebte Erfolg nicht erreicht wird[8].

---

4  Palandt/Putzo, Bürgerliches Gesetzbuch, Einführung vor § 611 Rn. 17.
5  Palandt/Putzo, Bürgerliches Gesetzbuch, Einführung vor § 611 Rn. 23.
6  OLG Hamm, NJW-RR 1995, S. 400, 401.
7  Vgl. S. 304 ff.
8  Vgl. das Beispiel auf S. 299.

## 17.4 Ansprüche wegen mangelhafter Dienstleistungen

Im Gegensatz zum Kaufrecht (§§ 434 ff. BGB), zum Mietrecht (§§ 536 ff. BGB) und zum Werkvertragsrecht (§§ 633 ff. BGB) enthalten die §§ 611 ff. BGB keine Regelungen zu mangelhaften Dienstleistungen, sodass unmittelbar auf die §§ 280 ff. BGB zurückzugreifen ist. Die Voraussetzungen für einen Schadensersatzanspruch des Dienstberechtigten (Mandant, Patient) gegen den Dienstverpflichteten (Rechtsanwalt, Steuerberater, Arzt) nach § 280 Abs. 1 BGB sind:

- **P1: Schuldverhältnis:** Hier der Dienstvertrag,
- **P2: objektive Pflichtverletzung:** Mangelhafte Dienstleistung,
- **P3: Vertretenmüssen,** was nach § 280 Abs. 1 S. 2 BGB vermutet wird (Ausnahme § 619 a BGB),
- **N1: keine Widerlegung des vermuteten Vertretenmüssens,**
- **P4: Schaden** infolge der Pflichtverletzung.

---

**Beispiele**

- Patient P wird vom Arzt A operiert. A beachtet alle medizinischen Regeln und Standards, doch treten infolge einer Infektion schwere gesundheitliche Schäden bei P auf. Hier besteht kein Anspruch des P gegen A, weil A keine Pflichtverletzung begangen hat. Im Gegenteil: A steht trotz der Gesundheitsschäden ein Vergütungsanspruch gegen P zu, da er nach § 611 BGB nur eine an den ärztlichen Standards ausgerichtete Leistung, nicht aber den Erfolg in Form der Heilung des Patienten schuldet.

- Wie zuvor, doch unterläuft A ein Behandlungsfehler. Dieser Fehler stellt eine objektive Pflichtverletzung dar. Nach § 280 Abs. 1 S. 2 BGB wird vermutet, dass A ein Verschulden trifft, da die Ausnahme des § 619 a BGB nur in Arbeitsverhältnissen, nicht aber bei sonstigen Dienstverträgen gilt. A ist P gegenüber schadensersatzpflichtig.

- Steuerberater S versäumt eine Frist für die Einlegung eines Rechtsmittels gegen einen Steuerbescheid. Falls das Rechtsmittel zu einer Verringerung der Steuerlast geführt hätte, ist S seinem Mandanten nach § 280 Abs. 1 S. 1 BGB zum Schadensersatz verpflichtet.

---

Die Haftung von Arbeitnehmern wird in Zusammenhang mit dem Verrichtungsgehilfen behandelt[9]. Bereits hier ist aber darauf hinzuweisen, dass die Vermutung des § 280 Abs. 1 S. 2 BGB nicht gilt, wenn ein Arbeitsverhältnis vorliegt (§ 619 a BGB). Bei einem auf § 280 Abs. 1 BGB gestützten Anspruch gegen einen Arbeitnehmer muss der Arbeitgeber also ein Vertretenmüssen des Arbeitnehmers beweisen.

---

9  S. 380 ff.

# 17.5 Beendigung

Nach § 620 Abs. 1 BGB endet das Dienstverhältnis mit dem Ablauf der Zeit, für die es eingegangen ist, anderenfalls durch ordentliche oder außerordentliche Kündigung oder durch den Abschluss eines Aufhebungsvertrages.

■ Eine ordentliche Kündigung setzt regelmäßig das Einhalten einer Kündigungsfrist voraus, bedarf aber grundsätzlich keines Grundes, es sei denn, es besteht ein Kündigungsschutz.

■ Die außerordentliche ("fristlose") Kündigung verlangt einen Grund, doch bedarf es keiner Einhaltung einer Frist.

### Merksatz

■ ordentliche Kündigung: mit Frist – ohne Grund (vorbehaltlich Kündigungsschutz),

■ außerordentliche Kündigung: mit Grund – ohne Frist.

Für „freie" Dienstverträge gelten im Fall der **ordentlichen Kündigung** die Kündigungsfristen des § 621 BGB. Bei der Kündigung eines Arbeitsvertrages sind die Fristen des § 622 BGB einzuhalten, deren Länge von der Beschäftigungsdauer abhängt. Hier besteht außerdem zugunsten der Arbeitnehmer ein allgemeiner **Kündigungsschutz** nach dem Kündigungsschutzgesetz (KSchG), sofern dieses auf das Arbeitsverhältnis anwendbar ist (§ 23 KSchG). Ein besonderer Kündigungsschutz in Form des grundsätzlichen Ausschlusses der ordentlichen Kündigung besteht für Schwangere und Mütter nach dem Mutterschutzgesetz (MSchG), für Schwerbehinderte nach dem 9. Buch des Sozialgesetzbuches (SGB IX) und für Betriebsräte nach § 15 KSchG.

Die Voraussetzungen der **außerordentlichen Kündigung** ergeben sich aus § 626 Abs. 1 BGB: Es müssen Tatsachen vorliegen, auf Grund derer dem Kündigenden unter Berücksichtigung aller Umstände des Einzelfalls und unter Abwägung der Interessen beider Vertragsteile die Fortsetzung des Dienstverhältnisses bis zum Ende der Kündigungsfrist oder bis zur vereinbarten Beendigung des Dienstverhältnisses nicht zugemutet werden kann. Eine mangelhafte Dienstleistung bildet nur dann einen Grund für eine fristlose Kündigung, wenn so erhebliche Mängel vorliegen, dass jede weitere Fortsetzung des Dienstverhältnisses für den Kündigenden unzumutbar ist. „Kleine" Fehlleistungen berechtigen schon deshalb nicht zur Kündigung, weil beim Dienstvertrag – im Gegensatz zum Werkvertrag – kein Erfolg, sondern „nur" eine Tätigkeit geschuldet ist. Die außerordentliche Kündigung eines Betriebsratsmitgliedes setzt zudem die Zustimmung der anderen Betriebsratsmitglieder voraus (§ 103 Betriebsverfassungsgesetz – BetrVG). § 626 Abs. 2 BGB enthält überdies eine wichtige **Ausschlussfrist**: Die außerordentliche Kündigung kann nur innerhalb einer Frist von zwei Wochen erfolgen, die mit der Kenntnis der Kündigungsgründe zu laufen beginnt.

**Beispiel** Unternehmer U hat seine gesamte Lohnbuchhaltung im Wege des Outsourcings auf die Dauer von fünf Jahren an O übertragen. Bei der Dezember-abrechnung unterlaufen O gravierende Fehler, die zu einer Verzögerung bei der Auszahlung des ohnehin schon gekürzten Weihnachtsgeldes und damit zu erheblicher Unruhe unter der Belegschaft führen. Wenn U diesen Vorfall zum Anlass für eine fristlose Kündigung des O nehmen will, muss er die zweiwöchige Ausschlussfrist des § 626 Abs. 2 BGB beachten. Lässt er die Frist verstreichen, kann die Kündigung auf diesen Vorfall nicht mehr gestützt werden.

# Mietvertrag

**18**

**ÜBERBLICK**

# Lernziele dieses Kapitels

*Was kommt in diesem Kapitel auf Sie zu? Mietverträge werfen im privaten und im geschäftlichen Bereich viele Fragen auf. Eine kleine Auswahl: Muss ein Mietvertrag eigentlich schriftlich abgeschlossen werden und wann bin ich als Mieter zur Renovierung verpflichtet? Kann der Vermieter einfach die Miete erhöhen oder mich „auf die Straße setzen"? Kann ich als Mieter vor Ablauf der Kündigungsfrist ausziehen, wenn ich dem Vermieter drei Nachmieter „präsentiere"? Warum werden Geschäftsräume oft für einen festen Mietraum gemietet und was ist eine Option? Antworten auf diese und weitere Fragen erhalten Sie auf den nächsten Seiten.*

## 18.1 Grundlagen

Das Mietrecht ist in §§ 535 bis 580 a BGB geregelt. Zur besseren Orientierung ist es sinnvoll, sich einen Überblick zum Aufbau der mietrechtlichen Vorschriften zu verschaffen. Diese bestehen aus drei Untertiteln; der Untertitel 2 weist außerdem sechs Kapitel auf, die wiederum ihrerseits zum Teil Unterkapitel haben.

> Untertitel 1: Allgemeine Vorschriften (§§ 535 – 548 BGB)
> Untertitel 2: Mietverhältnisse über Wohnraum (§§ 549 – 577 a BGB)
>        Kapitel 1: Allgemeine Vorschriften (§§ 549 – 555 BGB)
>        Kapitel 2: Die Miete (§§ 556 – 561 BGB)
>        Kapitel 3: Pfandrecht des Vermieters (§§ 562 – 562 d BGB)
>        Kapitel 4: Wechsel der Vertragsparteien (§§ 563 – 567 b BGB)
>        Kapitel 5: Beendigung des Mietverhältnisses (§§ 568 – 576 b BGB)
>        Kapitel 6: Besonderheiten bei der Bildung von Wohnungseigentum
>            an vermieteten Wohnungen (§§ 577 – 577 a BGB)
> Untertitel 3: Mietverhältnisse über andere Sachen (§§ 578 – 580 a BGB)

Diese Übersicht hilft, um die für den konkreten Fall relevanten Vorschriften besser zu finden.

> **Problem 1:** Zulässigkeit einer Mieterhöhung bei Wohnraum
>     Ansatz: Im Untertitel 2, Kapitel 2 (also in den §§ 556 ff. BGB)
>     Lösung: §§ 557 ff. BGB regeln die Frage der Mieterhöhung.
>
> **Problem 2:** Kündigung von Wohnraum
>     Ansatz: Untertitel 2, Kapitel 5 (§§ 568 ff. BGB)
>     Lösung: Allgemeine Vorschriften zur Kündigung in §§ 568 ff. BGB, in den folgenden drei Unterkapiteln wird zwischen verschiedenen Arten von Mietverträgen differenziert.

---

**Problem 3:** Kündigungsfrist bei Geschäftsräumen
    Ansatz: Untertitel 3 (Mietverhältnisse über andere Sachen)
    Lösung: § 580 a Abs. 2 BGB.

**Problem 4:** Ansprüche des Mieters bei Mängeln der Mietsache
    Ansatz: Keine Regelungen im Untertitel 2 und 3, also Untertitel 1
    Lösung: §§ 536 – 536 d BGB.

---

## 18.2 Abgrenzung zu anderen Verträgen[1]

### 18.2.1 Leihvertrag

Durch einen Leihvertrag wird der Verleiher einer Sache gemäß § 598 BGB verpflichtet, dem Entleiher den Gebrauch der Sache **unentgeltlich** zu gestatten. Der Verleiher erhält also keine Gegenleistung, er hat aber – wie der Vermieter – am Ende der Leihzeit einen Anspruch auf die Rückgabe der Sache. Während der Vertragslaufzeit hat der Entleiher das Recht, die Sache zu nutzen. Die Leihe ist damit, wenn man so will, die „unentgeltliche Schwester" des Mietvertrages.

### 18.2.2 Pachtvertrag

Der Pachtvertrag ist in den §§ 581 bis 584 b BGB geregelt, es folgt der Landpachtvertrag (§§ 585 bis 597 BGB). Der wichtigste Unterschied zwischen einem Mietvertrag und einem Pachtvertrag besteht darin, dass der Verpächter dem Pächter neben der Gebrauchsüberlassung des Gegenstandes nach § 581 Abs. 1 BGB zusätzlich „den Genuss der Früchte" zu gewähren hat. Früchte einer Sache sind nach § 99 Abs. 1 BGB die Erzeugnisse der Sache (Tier- und Bodenprodukte), Früchte eines Rechts sind nach § 99 Abs. 2 BGB die Erträge (Dividende einer Aktie, Gewinn eines GmbH-Anteils).

Ein Pachtvertrag über eine Sache liegt vor, wenn die Sache so beschaffen ist, dass aus ihrer Nutzung unmittelbar Erträge erzielt werden können.

---

**Beispiel** P schließt mit V einen Vertrag über eine Gastwirtschaft. Mobiliar, Gläser, Besteck und sogar eine Espresso-Maschine sind vorhanden. Hier liegt ein Pachtvertrag vor, weil P wegen der vollständigen Einrichtung unmittelbar Früchte aus der Nutzung der Gastwirtschaft ziehen kann. Anders wäre es, wenn „nackte", also nicht eingerichtete Räume den Vertragsgegenstand gebildet hätten. Dann wäre ein Mietvertrag gegeben.

---

Da auf den Pachtvertrag nach § 581 Abs. 2 BGB – abgesehen von einigen Sondervorschriften, insbesondere zum Inventar – ganz überwiegend die Vorschriften des Mietrechts Anwendung finden, gelten viele der folgenden Ausführungen auch für Pachtverträge.

---

1   Zur Abgrenzung zum Leasingvertrag vgl. S. 345.

## 18.3 Abschluss des Mietvertrages

### 18.3.1 Formfreiheit für Mietverträge

Wie andere Verträge kommt auch der Mietvertrag durch die Annahme eines Angebotes zustande. Entgegen einer weit verbreiteten Auffassung muss ein Mietvertrag *nicht* schriftlich geschlossen werden, sondern ist nach dem BGB grundsätzlich auch mündlich (formfrei) wirksam. Allerdings können die Parteien die Schriftform vereinbaren („gewillkürte Schriftform", § 125 S. 2 BGB) und die Wirksamkeit des Vertrages dadurch von der Unterzeichnung abhängig machen[2].

> **Beispiel**   V und M einigen sich, dass M eine Wohnung des V ab dem 01.05.2006 für 400,-- € zzgl. Nebenkosten mietet. Diese Einigung ist wirksam, auch wenn kein schriftlicher Vertrag geschlossen wurde. Anders wäre es, wenn (mindestens) einer der Beteiligten zum Ausdruck gebracht hätte, dass der Vertrag erst nach der Unterzeichnung wirksam werden soll.

### 18.3.2 Vereinbarte Schriftform

Bei Mietverträgen ist es relativ häufig, dass die Parteien vereinbaren, den Vertrag schriftlich abzuschließen. Dies gilt gerade auch bei der Wohnungsmiete. Man spricht von einer vereinbarten Schriftform, die auch *gewillkürte* Schriftform genannt wird. In einem solchen Fall ist gemäß § 154 Abs. 2 BGB „im Zweifel" davon auszugehen, dass der Vertrag erst nach der Unterschrift von Mieter und Vermieter wirksam werden soll[3]. Das Unterzeichnen des Vertrages hat in diesem Fall *konstitutive*, also rechtsbegründende Wirkung. Sind die Parteien sich hingegen bereits vorher einig und sollen die Unterschriften nur „gelegentlich nachgeholt werden", ist der Vertrag sofort wirksam. Die Unterschriften haben dann nur *deklaratorische*, also rechtsbezeugende Wirkung. Ob das eine oder andere gewollt ist, muss unter Berücksichtigung des § 154 Abs. 2 BGB im Wege der Auslegung ermittelt werden.

### 18.3.3 Gesetzliche Formvorschrift

Nach § 550 BGB besteht eine gesetzliche Formvorschrift für Mietverträge, die für längere Zeit als ein Jahr geschlossen werden. Diese Mietverträge *„auf bestimmte Zeit"* weisen von vornherein eine feste Laufzeit auf, was bei der Geschäftsraummiete oft der Fall ist. Dagegen werden Mietverträge über Wohnungen in der Regel auf *„unbestimmte Zeit"* geschlossen, also ohne Vereinbarung eines von Anfang an feststehenden Endtermins.

---

2   Zu den Formvorschriften vgl. S. 137 ff.
3   § 154 Abs. 2 BGB regelt unmittelbar nur die Rechtsfolgen einer noch nicht erfolgten (notariellen) Beurkundung. Die Vorschrift findet aber auf andere Formvorschriften eine analoge (entsprechende) Anwendung.

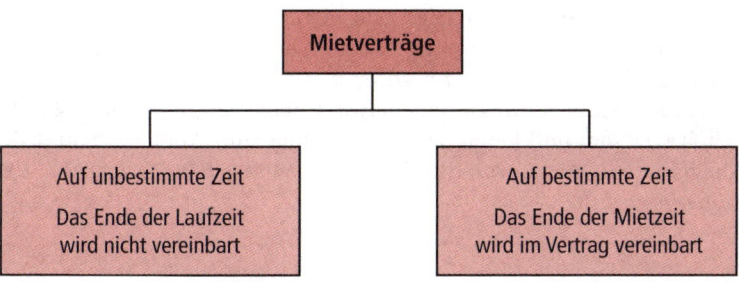

Abbildung 18.1: Laufzeit von Mietverträgen

---

**Beispiele**

■ Mietvertrag über ein Ladenlokal vom 01.01.2003 – 31.12.2007: Mietvertrag *auf bestimmte Zeit.*

■ Mietvertrag über eine Wohnung; Mietbeginn: 01.12.2005, Ende der Mietzeit nicht vereinbart: Mietvertrag *auf unbestimmte Zeit.*

---

Der Hauptgrund dafür, dass Geschäftsraummietverträge oft auf bestimmte Zeit geschlossen werden, liegt darin, dass es bei diesen Verträgen – im Gegensatz zur Wohnungsmiete – keinen Kündigungsschutz gibt, sodass beide Seiten das Mietverhältnis zum Quartalsende mit einer Frist von etwas weniger als sechs Monaten (§ 580 a Abs. 2 BGB) ohne Angabe von Gründen kündigen können. Insbesondere die Mieter waren in früheren Jahren an einer längeren Planungssicherheit interessiert, zumal die lange Bindung auch vor Mieterhöhungen während der Laufzeit schützte. Wegen der angespannten wirtschaftlichen Lage und zum Teil erheblicher Überkapazitäten, insbesondere in den neuen Bundesländern, werden entsprechende Verträge heute allerdings auf Veranlassung der Mieter vielfach nur noch für zwei, drei oder fünf Jahre abgeschlossen, während früher Zehn-Jahres-Verträge weit verbreitet waren. Die Verträge auf bestimmte Zeit enden durch Zeitablauf, sofern nicht eine Partei durch Inanspruchnahme einer – vereinbarten – Option eine Verlängerung herbeiführt[4].

Verträge auf unbestimmte Zeit bilden bei Wohnungsmietverträgen den Regelfall, zumal Zeitmietverträge (befristete Verträge) über Wohnungen nur unter engen Voraussetzungen zulässig sind (§ 575 BGB). Die Verträge auf unbestimmte Zeit enden in der Regel durch die Kündigung einer der Parteien (Mieter, Vermieter).

Zurück zur Formvorschrift des § 550 BGB: Da sie im Untertitel 2 „Mietverhältnisse über Wohnraum" steht, gilt die Vorschrift unmittelbar nur für Mietverträge

■ über Wohnraum,

■ die auf bestimmte Zeit, und zwar länger als ein Jahr, geschlossen werden sollen.

Wird bei einem solchen Vertrag die gesetzliche Schriftform (§ 126 BGB) nicht eingehalten, müsste der Vertrag nach § 125 S. 1 BGB eigentlich nichtig sein, weil er einer „durch Gesetz vorgeschriebenen Form ermangelt". Diese allgemeine Regel zu den Rechtsfolgen eines Formmangels wird aber bei Mietverträgen nach dem Prinzip, dass

---

4    Zur Option vgl. S. 56 und 338.

die allgemeine Regel durch die spezielle Regel verdrängt wird, durch § 550 S. 2 BGB modifiziert. Danach ist der auf bestimmte Zeit gewollte Vertrag nicht wegen Formmangels nichtig, sondern gilt *für unbestimmte Zeit*; außerdem ist eine Kündigung im ersten Jahr ausgeschlossen. Da Zeitmietverträge über Wohnraum nach § 575 BGB nur eingeschränkt wirksam und (auch deswegen) selten sind, kommt § 550 BGB in erster Linie deshalb Bedeutung zu, weil die Vorschrift gemäß § 578 Abs. 2, Abs. 1 BGB *auch für Geschäftsräume* gilt.

---

**Beispiel**  Kaufmann M mietet von V in einer Einkaufspassage ein Ladenlokal für zehn Jahre. Da einige Kleinigkeiten noch nicht geklärt sind, unterbleibt zunächst eine Unterzeichnung des Mietvertrages. Der Vertrag gilt damit nach §§ 578 Abs. 2, Abs. 1, 550 BGB nicht für zehn Jahre, sondern für unbestimmte Zeit. V und M sind unter Einhaltung der Kündigungsfrist des § 580 a Abs. 2 BGB und unter Beachtung des § 550 S. 2 BGB zur Kündigung berechtigt. Diese Möglichkeit wird M nutzen, wenn sich die Lage als nicht geeignet herausstellt. V könnte kündigen, falls er eine Chance für die Durchsetzung einer höheren Miete sieht oder einen anderen Branchenmix herbeiführen möchte.

---

## 18.4  Pflichten der Parteien

### 18.4.1  Hauptpflichten

Gemäß § 535 Abs. 1 BGB ist der Vermieter verpflichtet, dem Mieter den Gebrauch der Mietsache während der Mietzeit zu gewähren. Der Vermieter hat die Sache außerdem in einem zum vertragsgemäßen Gebrauch geeigneten Zustand zu überlassen und – was wichtig ist – während der Mietzeit zu erhalten. Auch wenn die Vermieter das häufig anders sehen, ist es also auch bei der Wohnungsmiete die Pflicht des Vermieters, die Wohnung in Ordnung zu halten, es sei denn, die Parteien hätten wirksam (!) etwas anderes vereinbart[5].

Nach § 535 Abs. 2 BGB ist der Mieter verpflichtet, die vereinbarte Miete zu entrichten. Diese setzt sich in der Regel aus der Kaltmiete und aus den Betriebskosten nach § 556 BGB ("Nebenkosten") zusammen, die vom Vermieter auf den Mieter umgelegt werden können. Wenn nichts anderes vereinbart ist, ist eine **Monatsmiete** bis zum dritten Werktag des Monats zu zahlen (§ 556 b Abs. 1 BGB).

Da § 556 b BGB gemäß § 579 Abs. 2 BGB für Geschäftsräume entsprechend gilt, muss der Mieter, wenn eine **Jahresmiete** vereinbart ist, die Miete für das gesamte Jahr am Jahresanfang, also Anfang Januar, im Voraus zahlen. Hier sollte der Mieter aus Liquiditätsgründen auf eine abweichende Vereinbarung drängen, etwa in Form einer quartalsweisen Zahlung der Miete.

Die Miete ist rechtzeitig gezahlt, wenn der Mieter die *Leistungshandlung* am dritten Werktag des Monats (bzw. Jahres) vornimmt, zum Beispiel durch die Erteilung des Überweisungsauftrages. Die Miete muss also noch nicht auf dem Vermieterkonto gutgeschrieben sein, es sei denn, die Parteien hätten dies vereinbart[6].

---

5  Vgl. zu den „Schönheitsreparaturen" S. 325 f.
6  Vgl. zu dieser Thematik S. 170.

> **Beispiel** „Für die Rechtzeitigkeit der Zahlung ist nicht die Absendung des Geldes, sondern die Ankunft, bei Überweisung nicht der Überweisungsauftrag, sondern die Gutschrift auf dem Konto des Vermieters maßgeblich".

## 18.4.2 Erhaltung der Mietsache, insbesondere Schönheitsreparaturen

Nach § 535 Abs. 1 S. 2 BGB hat der Vermieter die Mietsache während der Mietzeit in einem vertragsgemäßen Zustand zu erhalten. Diese Regelung ist dispositiv, kann also durch eine Vereinbarung der Parteien geändert werden. Im Bereich der Geschäftsraummiete gehen diese Änderungen zum Teil sehr weit[7], bei der Wohnungsmiete beschränken sie sich in der Regel auf die so genannten „Schönheitsreparaturen". Dies sind Maßnahmen zur Beseitigung von Mängeln, die durch einen vertragsgemäßen Gebrauch entstanden sind. Dazu gehören das Streichen oder Tapezieren von Wänden, Decken, Böden, Heizkörpern einschließlich der Rohre und von Fenstern und Außentüren von innen. Davon zu unterscheiden sind Instandsetzungsreparaturen, die auf die Beseitigung der durch Abnutzung, Alterung und Witterungseinflüsse beruhenden Mängel abzielen[8].

> **Beispiel** V und M haben einen Mietvertrag geschlossen, ohne eine Regelung zu „Schönheitsreparaturen" zu treffen. Nach sechs Jahren fordert M den V auf, die Wohnung neu zu tapezieren, den Teppich in den Kinderzimmern zu erneuern und das Parkett im Wohnzimmer abschleifen und neu versiegeln zu lassen. Wenn eine Renovierungsbedürftigkeit vorliegt und diese auf einer normalen Abnutzung der Mietsache beruht, ist V nach § 535 Abs. 1 S. 2 BGB zur Renovierung verpflichtet, weil er die Mietsache in einem zum vertragsgemäßen Gebrauch geeigneten Zustand zu erhalten hat. Dazu zählt auch die Durchführung von „Schönheitsreparaturen".

Etwas anderes gilt, wenn die Parteien eine

■ abweichende Vereinbarung getroffen haben (was oft geschieht) und

■ diese Vereinbarung auch wirksam ist (was längst nicht immer der Fall ist).

In Mietverträgen über Wohnraum wird häufig eine Verpflichtung des Mieters zur Vornahme der „Schönheitsreparaturen" begründet. Diese werden „auf den Mieter überwälzt". Da es sich bei § 535 Abs. 1 S. 2 BGB um eine dispositive (also nicht zwingende) Vorschrift handelt, ist eine solche Übertragung auf den Mieter grundsätzlich möglich, und zwar durch eine individuelle Vereinbarung oder in „Mustermietverträgen", also in Allgemeinen Geschäftsbedingungen. Bei der Verwendung von AGB durch den Vermieter sind entsprechende Klauseln aber auf ihre inhaltliche Wirksam-

---

7  Zur Kombination von Schönheitsreparatur und Endrenovierung im Gewerbemietrecht BGH NJW 2005, S. 2206 ff.
8  Vgl. Palandt/Weidenkaff, Bürgerliches Gesetzbuch, § 535 Rn. 41.

keit nach §§ 307 ff. BGB zu prüfen. Da die §§ 308 und 309 BGB zu diesem Komplex keine Regelungen enthalten, ist die Prüfung nach § 307 BGB durchzuführen.

> **Merksatz**   Eine Inhaltskontrolle des Mietvertrages zugunsten des Mieters findet nur statt, wenn der Vermieter der Verwender des Mietvertrages ist. Besorgt der Mieter den Vertrag, ist er der Verwender.

Nach der Rechtsprechung des Bundesgerichtshofs (BGH) ist eine „Renovierungsklausel" nach § 307 Abs. 1 S. 1, Abs. 2 Nr. 1 BGB unwirksam, wenn sie dem Wohnungsmieter ein *Übermaß an Renovierungsverpflichtungen* auferlegt, indem sie ihn mit Renovierungspflichten belastet, die über den tatsächlichen Renovierungsbedarf hinausgehen. Dies ist nach einer Entscheidung des Bundesgerichtshofes aus dem Jahre 2004 für eine Klausel der Fall, nach der der Mieter Küche, Bad und Toilette unabhängig vom Abnutzungsgrad mindestens alle zwei Jahre, alle anderen Räume nach fünf Jahren, fachgerecht renovieren muss. Da diese Klausel **starre Fristen** für die Renovierung vorsieht („alle zwei Jahre", „alle fünf Jahre"), bestehe – so der BGH – die Gefahr, dass der Mieter zur Renovierung verpflichtet sei, ohne dass eine entsprechende Abnutzung vorliege[9]. Von diesem Urteil dürften viele Mietverträge betroffen sein, da entsprechende Klauseln weit verbreitet sind bzw. waren[10]. Dass es bei Juristen auf einzelne Wörter ankommen kann, wird durch ein anderes BGH-Urteil belegt: Eine Klausel, nach der die Schönheitsreparaturen „*in der Regel* in Küchen, Bädern und Toiletten spätesten nach drei Jahren, in Wohnräumen, Schlafräumen, Dielen ... spätestens nach fünf Jahren und in sonstigen Räumlichkeiten ... spätestens nach sieben Jahren" durchzuführen sind, ist vom BGH als wirksam bewertet worden. Durch den Vorbehalt „*in der Regel*" bestehe – so der BGH – genügend Raum für eine Beurteilung des Einzelfalls, um so eine Anpassung der tatsächlichen Renovierungsintervalle an das objektiv Erforderliche zu ermöglichen[11]. Gleiches gilt, wenn die Renovierung „*im Allgemeinen*" zu bestimmten Fristen durchzuführen ist[12], wie es in dem vom Bundesminister der Justiz herausgegebenen Mustermietvertrag heißt.

Unwirksam ist auch die folgende – in der Einleitung unter Nr. 7 abgedruckte[13] – Klausel, weil sie starre Fristen enthält:

> „*Der Mieter ist verpflichtet, auf seine Kosten die Schönheitsreparaturen fachgerecht auszuführen. Die Zeitfolge beträgt bei Küche, Bad und Toilette zwei Jahre, bei allen anderen Räumen fünf Jahre*".

Wirksam wäre die Klausel mit dem Zusatz:

> „*Der Mieter ist **im Allgemeinen** verpflichtet, auf seine Kosten die Schönheitsreparaturen fachgerecht auszuführen. Die Zeitfolge beträgt bei Küche, Bad und Toilette zwei Jahre, bei allen anderen Räumen fünf Jahre*".

---

9   BGH NJW 2004, S. 2586, 2587.
10  Die hier beanstandete Klausel befand sich in einem Formularmietvertrag, der vom Landesverband der Hessischen Haus-, Wohnungs- und Grundeigentümer herausgegeben war.
11  BGH NJW 2005, S. 3416.
12  BGH NJW 2004, S. 2087.
13  Vgl. S. 26.

oder

> *„Der Mieter ist **in der Regel** verpflichtet, auf seine Kosten die Schönheits-reparaturen fachgerecht auszuführen. Die Zeitfolge beträgt bei Küche, Bad und Toilette zwei Jahre, bei allen anderen Räumen fünf Jahre".*

Wenn eine Renovierungsklausel unwirksam ist, bleibt der Mietvertrag nach § 306 Abs. 1 BGB wirksam. Die Klausel hingegen ist insgesamt, also vollständig nichtig, sie wird nicht auf das gerade noch zulässige Maß reduziert („Verbot der geltungserhalten-den Reduktion")[14]. Die für den Mieter höchst erfreuliche Folge ist, dass er überhaupt nicht zur Renovierung verpflichtet ist. An die Stelle der unwirksamen Klausel tritt nämlich gemäß § 306 Abs. 2 BGB die gesetzliche Regelung, hier also § 535 Abs. 1 S. 2 BGB und damit die Renovierungspflicht des Vermieters. Dies haben Vermieter in jüngs-ter Zeit als Begründung für eine Mieterhöhung genutzt. Die Argumentation ist nach-vollziehbar: Wenn die Miete bisher so kalkuliert war, dass der Mieter die Schönheits-reparaturen vornahm und diese Kosten nunmehr vom Vermieter zu tragen sind, vermag dieser Umstand eine Mieterhöhung bis hin zur ortsüblichen Miete zu rechtfertigen.

### 18.4.3 Erhöhung der Miete

Gemäß § 557 Abs. 1 BGB können die Parteien während des Mietverhältnisses eine Erhöhung der Miete vereinbaren. Dies ist selbstverständlich und müsste eigentlich nicht besonders erwähnt werden. Die Parteien können sich deshalb ohne jedes Proce-dere, also ohne eine Einhaltung von Fristen, Terminen und Formalien, auf eine Ände-rung der Miete einigen.

> **Beispiel**  Mieter Mikus erzählt seinen Vermietern stolz, er sei, was ja längst über-fällig gewesen sei, endlich befördert worden. Daraufhin erklärt die Vermieterin höflich, aber bestimmt: „Mensch Mikus, das trifft sich gut, wir möchten nämlich die Miete ab dem nächsten Ersten um 30,-- € erhöhen." Wenn Mikus, sei es auch nur zähneknirschend, einverstanden ist, wird die Erhöhung wirksam.

Schwierig wird es, wenn der Mieter der vom Vermieter gewünschten Mieterhöhung nicht zustimmt. Der Vermieter von Wohnraum muss dann ein recht kompliziertes und fehleranfälliges Verfahren einhalten (§§ 558 bis 558 e BGB), an dem auch Fachleute leicht scheitern können. Ist der Mieter nicht zu „überzeugen", bleibt dem Vermieter nur die Möglichkeit, eine Klage vor dem nach § 23 Nr. 2 a) GVG (Gerichtsverfassungs-gesetz) für die Wohnungsmiete zuständigen Amtsgericht zu erheben. Der Vermieter muss beantragen, den Mieter zu verurteilen, der begehrten höheren Miete zuzustim-men. Hier lässt das Gericht oft durch einen Sachverständigen prüfen, ob die geforderte Miete angemessen ist. Unter Umständen kann auch ein Mietspiegel eine ausreichende Grundlage bilden. Entspricht das Gericht dem Antrag des Klägers (Vermieters), gilt die Zustimmungserklärung des Beklagten (Mieters) als abgegeben, sobald er gegen das Urteil kein Rechtsmittel mehr einlegen kann (§ 794 ZPO).

---

14  Vgl. S. 88.

Um den geschilderten Problemen einer Mieterhöhung zu entgehen, können die Parteien bei Wohnräumen eine Staffelmiete (§ 557 a BGB) oder eine Indexmiete (§ 557 b BGB)[15] vereinbaren. Bei Geschäftsräumen wird häufig von einer Wertsicherungsklausel nach § 2 PaPkG (Preisangaben- und Preisklauselgesetz) Gebrauch gemacht.

### 18.4.4 Nebenkosten

Es ist üblich geworden, vertraglich zu vereinbaren, dass der Mieter neben der so genannten Kaltmiete einen Großteil der Nebenkosten („Betriebskosten") zu tragen hat. Für den Fall der Wohnraummiete gibt es hierzu spezielle Regelungen (§§ 556, 556 a BGB), etwa dazu, welche Kosten „auf den Mieter umgelegt" werden dürfen und zu welchem Zeitpunkt spätestens die Abrechnung zu erfolgen hat (§ 556 Abs. 3 BGB). Umgelegt werden können unter anderem die Grundsteuer, die Kosten der Wasserversorgung und Entwässerung, der Heizungsanlage und der Aufzüge, der Straßenreinigung, der Gartenpflege, der Beleuchtung, der Schornsteinreinigung, der Versicherungen, des Hauswartes und weitere Betriebskosten[16]. Diese so genannte „zweite Miete" stellt für den Mieter eine erhebliche zusätzliche Belastung dar. Liegt keine oder keine wirksame Vereinbarung vor, hat der Vermieter die oben genannten Kosten zu tragen.

### 18.4.5 Mietsicherheit (Kaution)

§ 551 BGB enthält für die Wohnungsmiete eine Regelung zur Kaution. Sie darf höchstens drei Monatsmieten ohne die Nebenkostenpauschale betragen, wobei der Mieter berechtigt ist, die Sicherheit in drei Monatsraten zu erbringen, die erste Rate zu Beginn des Mietverhältnisses. Der Vermieter hat die Kaution getrennt von seinem sonstigen Vermögen verzinslich anzulegen; die Zinsen stehen dem Mieter zu und erhöhen die Kaution.

### 18.4.6 Wechsel der Vertragsparteien

§§ 563 ff. BGB enthalten zahlreiche Regelungen zum Wechsel von Mieter oder Vermieter. So tritt ein Ehegatte oder Lebenspartner[17], der mit dem Mieter einen gemeinsamen Haushalt führt, bei Tod des Mieters in das Mietverhältnis ein (§ 563 Abs. 1 BGB). Wenn vermieteter Wohnraum vom Vermieter an einen Dritten veräußert wird, tritt der Erwerber in den Mietvertrag ein und wird damit aus Sicht des Mieters sein neuer Vermieter (§ 566 Abs. 1 BGB: „Kauf bricht nicht Miete").

---

15 Vgl. S. 338.
16 Vgl. Palandt/Weidenkaff, Bürgerliches Gesetzbuch, § 556 Rn. 4.
17 Voraussetzung ist eine eingetragene Lebenspartnerschaft nach dem § 1 LPartG (Lebenspartnerschaftsgesetz); der sonstige Lebensgefährte fällt unter § 563 Abs. 2 S. 4 BGB, vgl. Palandt/Weidenkaff, Bürgerliches Gesetzbuch, § 563 Rn. 10, 15.

# 18.5 Haftung für Mängel

Die Ansprüche des Mieters bei Mängeln der Mietsache regeln die §§ 536 ff. BGB, die sich erheblich von den entsprechenden Regelungen des Kaufrechts und des Werkvertragsrechts unterscheiden. Zwar wird auch im Mietrecht zwischen Sach- und Rechtsmängeln differenziert, doch fehlt eine umfassende Definition des Mangels. Daneben gibt es zahlreiche weitere Unterschiede.

## 18.5.1 Befreiung von der Mietzahlung, Minderung der Miete

Wenn die Mietsache zur Zeit der Überlassung an den Mieter einen Mangel hat, der ihre Tauglichkeit zum vertragsgemäßen Gebrauch aufhebt, oder wenn während der Mietzeit ein solcher Mangel entsteht, ist der Mieter gemäß § 536 Abs. 1 BGB für die Zeit, in der die Tauglichkeit aufgehoben ist, von der Entrichtung der Miete befreit. Sollte die Tauglichkeit nur gemindert sein, kann der Mieter eine angemessene Herabsetzung der Miete verlangen, es sei denn, die Tauglichkeit ist nur unerheblich gemindert. Auf ein Vertretenmüssen des Vermieters kommt es nicht an, eine Fristsetzung zur Abhilfe ist nicht erforderlich. Der Mieter ist vielmehr ohne weiteres zur Minderung der Miete berechtigt. Demgegenüber setzt eine Minderung des Kaufpreises nach § 437 Nr. 2 BGB den fruchtlosen Ablauf einer dem Verkäufer gesetzten Frist zur Nacherfüllung voraus[18].

> **Beispiele**
>
> - M hat von V eine Vier-Zimmer-Wohnung gemietet. Nach einer Mietdauer von zwei Jahren sind infolge aufsteigenden Grundwassers zwei Wände im Kinderzimmer so feucht, dass dieses Zimmer unbewohnbar ist. Damit hat die Mietsache einen Mangel. Allerdings ist deren Tauglichkeit nicht völlig aufgehoben, sondern nur gemindert, weil die anderen Räume der Wohnung noch benutzbar sind. M ist nach § 536 Abs. 1 S. 2 BGB gleichwohl berechtigt, die Miete ohne vorherige Fristsetzung anteilig zu mindern. Dafür kommt es nicht darauf an, ob V ein Verschulden an der Feuchtigkeit trifft. In der gerichtlichen Praxis wird in vergleichbaren Fällen übrigens gerne darum gestritten, wer die Feuchtigkeit zu vertreten hat. Der Mieter behauptet, die Mietsache sei mangelhaft (so wie es hier ist), der Vermieter behauptet, der Mieter lüfte und heize nicht richtig (was durchaus auch vorkommt). Bisweilen sind beide Umstände ursächlich.
>
> - M hat neue Geschäftsräume von V gemietet, in denen es aufgrund eines Baumangels zu erheblichen gesundheitsgefährdenden Ausdünstungen kommt, die bei Mitarbeitern und Kunden Kopfschmerzen und Unwohlsein auslösen. Da die Tauglichkeit der Räume zum vertragsgemäßen Gebrauch aufgehoben ist, ist M von der Zahlung des Mietzinses vollständig befreit (§ 536 Abs. 1 S. 1 BGB).

---

18  Vgl. S. 252.

### 18.5.2  Schadensersatz

Nach § 536 a Abs. 1 BGB kann der Mieter neben den Rechten aus § 536 BGB vom Vermieter Schadensersatz verlangen, wenn ein Mangel der Mietsache

- bei Vertragsabschluss vorhanden war,
- später wegen eines Umstandes entsteht, den der Vermieter zu vertreten hat oder
- der Vermieter mit der Beseitigung des Mangels in Verzug gerät.

Mit besonderen Risiken für den Vermieter ist die erste Variante verbunden. Hier besteht eine Schadensersatzpflicht **ohne Verschulden** des Vermieters. Man spricht von einer *verschuldensunabhängigen* Garantiehaftung. Der Schadensersatzanspruch umfasst dabei alle Schäden, die sich aus dem Mangel der Mietsache ergeben, einschließlich der so genannten Mangelfolgeschäden.

> **Beispiel**  V hat M in einem von U errichteten Gebäude Geschäftsräume für den Betrieb eines Spielwarenshops vermietet. Vier Monate nach der Eröffnung brennt das Gebäude aufgrund eines Kurzschlusses, der auf einem geringfügigen Montagefehler eines Auszubildenden des U beruht, vollständig nieder. M entgeht das unmittelbar bevorstehende Weihnachtsgeschäft, in dem er in der Vergangenheit ca. 50 % seines Jahresumsatzes erzielt hat. Da die Mietsache schon zu Beginn des Mietvertrages einen Mangel aufwies (Montagefehler), hat M gegen V einen Anspruch auf Schadensersatz (Gewinneinbußen), auch wenn V keinerlei Verschulden trifft.

> **Praxistipp**  Ein Vermieter sollte die Garantiehaftung des § 536 a Abs. 1 S. 1, 1. Fall BGB im Mietvertrag ausschließen, was auch in AGB (Formularmietvertrag) ohne Verstoß gegen die §§ 307 ff. BGB zulässig ist[19], und zwar auch für Wohnräume[20].

Die zweite oben angeführte Fallgruppe betrifft Mängel, die der Vermieter zu vertreten hat, zum Beispiel, weil er erforderliche Instandsetzungs- oder Wartungsarbeiten nicht hat ausführen lassen. In der dritten Gruppe befindet sich der Vermieter mit der Beseitigung eines Mangels in Verzug, was ebenfalls ein – allerdings nach § 286 Abs. 4 BGB vermutetes[21] – Vertretenmüssen voraussetzt. In diesen beiden Fallgruppen der verschuldensabhängigen Haftung kann der Vermieter seine Haftung bei Räumen, die nicht zu Wohnzwecken dienen, in AGB nur in geringem Umfang, nämlich für bestimmte Schäden, die infolge leichter Fahrlässigkeit verursacht werden, beschränken[22]. Bei Wohnungsmietverträgen besteht keine Möglichkeit, eine zum Nachteil des Mieters abweichende Vereinbarung zu treffen (§ 536 Abs. 4 BGB).

---

19  BGH NJW 2002, S. 3232.
20  BGH NJW-RR 1991, S. 74, 75.
21  Vgl. S. 209.
22  Vgl. § 308 Nr. 7 a) und b) BGB.

# 18.6 Beendigung des Mietverhältnisses

Mietverhältnisse können auf drei Arten beendet werden:

- durch Kündigung,
- durch Zeitablauf,
- durch Aufhebungsvertrag.

## 18.6.1 Kündigung

Zur Wiederholung[23] und Vertiefung: Die Kündigung ist wie der Rücktritt, der Widerruf und die Anfechtung ein Gestaltungsrecht. In allen diesen Fällen kann eine Partei einseitig, also ohne und auch gegen den Willen der anderen Partei, auf einen Vertrag einwirken, ihn gestalten. Die Rechtsfolge der Kündigung ist, dass der Vertrag für die Zukunft aufgehoben wird. Die bis dahin erbrachten Leistungen sind nicht zurückzugewähren. Dadurch unterscheidet sich die Kündigung von den anderen Gestaltungsrechten: Im Falle des Rücktritts und des Widerrufs wandelt sich der Vertrag in ein Rückgewährschuldverhältnis, was zur Folge hat, dass jede Partei die von ihr erbrachte Leistung nach § 346 BGB zurückerhält. Ähnliches gilt auch nach einer Anfechtung des Vertrages: Da der Vertrag nach § 142 Abs. 1 BGB als von Anfang an nichtig gilt, sind die von den Parteien erbrachten Leistungen nach § 812 Abs. 1 S. 1 BGB an die jeweils andere Partei herauszugeben.

> **Beispiele**
>
> - M hat von V ein Auto auf unbestimmte Zeit gemietet. Nach einer Kündigung wird der Mietvertrag mit Wirkung für die Zukunft aufgehoben. Eine Rückabwicklung, etwa eine Rückzahlung der gezahlten Miete, erfolgt nicht.
> - K hat bei einem Autokauf gemäß § 437 Nr. 2 BGB den Rücktritt vom Vertrag erklärt. Gemäß § 346 BGB erhält K den ggf. um die Nutzungsentschädigung reduzierten Kaufpreis zurück, V bekommt das Fahrzeug zurück[24].
> - K hat einen Autokaufvertrag wegen arglistiger Täuschung (Verschweigen erheblicher Mängel durch den Verkäufer) nach § 123 Abs. 1 BGB angefochten. K hat nach § 812 Abs. 1 S. 1 BGB Anspruch auf die Rückzahlung des Kaufpreises, V erhält nach § 812 Abs. 1 S. 1 BGB das Fahrzeug zurück[25].

Zu unterscheiden ist – wie bei Dienstverträgen – zwischen der ordentlichen und der außerordentlichen Kündigung.

---

23 Vgl. bereits S. 129 ff.
24 Zu Einzelheiten vgl. S. 129 und 247.
25 Zu Einzelheiten vgl. S. 396 ff.

## Ordentliche Kündigung

Zum Schutze des Mieters einer *Wohnung* ist die Möglichkeit des Vermieters zur ordentlichen Kündigung eines Mietverhältnisses ganz erheblich eingeschränkt. Nach § 573 Abs. 1 BGB kann der Vermieter das Mietverhältnis über Wohnraum nur kündigen, wenn er ein **berechtigtes Interesse** an dessen Beendigung hat. Dabei wird eine Kündigung zum Zwecke der Mieterhöhung ausdrücklich ausgeschlossen. Was als berechtigtes Interesse anzuerkennen ist, wird in § 573 Abs. 2 BGB durch die Nennung von drei Beispielen näher präzisiert. Da vor der Aufzählung das Wort „insbesondere" steht, können auch andere Gründe eine Kündigung rechtfertigen. In der Praxis geht es häufig um die Frage des so genannten „**Eigenbedarfs**". Ein Eigenbedarf liegt nach § 573 Abs. 2 Nr. 2 BGB vor, wenn der Vermieter die Räume für sich, seine Familienangehörigen oder Angehörige seines Haushalts *benötigt*. Zu dieser Problematik gibt es eine Vielzahl von Entscheidungen der Instanzgerichte (besonders der Amts- und Landgerichte), wobei deren Rechtsprechung sehr stark durch Urteile des Bundesverfassungsgerichts bestimmt wird[26]. Ein anerkennenswerter Grund kann etwa sein, dass sich die Familie des Vermieters vergrößert hat und er deswegen mehr Wohnraum benötigt. Die Aufnahme des Studiums durch ein Kind kann ausreichen, um einen Eigenbedarf für ein vermietetes Appartement, das den Eltern des Studierenden gehört, zu begründen[27].

Eine ordentliche Kündigung ist auch gerechtfertigt, wenn der Mieter seine Vertragspflichten schuldhaft nicht unerheblich verletzt (§ 573 Abs. 2 Nr. 1 BGB); hier kommt oft auch eine fristlose Kündigung in Betracht (§ 543 BGB). Der vorsichtige Vermieter wird die Kündigung aus beiden Gründen aussprechen.

---

**Beispiel**  Mieter M hat mehrfach nächtliche Ruhestörungen verursacht, sodass sich die anderen Mieter massiv beschweren und mit einer Minderung der Miete drohen. V kündigt nach zwei Abmahnungen das Mietverhältnis fristlos (§ 543 BGB). Um das Risiko auszuschließen, dass die fristlose Kündigung im Fall einer Kündigungsschutzklage des Mieters von den Gerichten für unwirksam erklärt wird, sollte V hier zusätzlich („hilfsweise") nach § 573 Abs. 2 Nr. 1 BGB auch fristgerecht kündigen.

---

Schließlich ist die Kündigung eines Wohnungsmietvertrages auch dann wirksam, wenn der Vermieter durch die Fortsetzung des Mietverhältnisses an einer angemessenen wirtschaftlichen Verwertung des Grundstücks gehindert wird (§ 573 Abs. 2 Nr. 3 BGB). Die Vorschrift nennt Beispiele, in denen das *nicht* der Fall ist. So reicht die Absicht, durch eine Neuvermietung eine höhere Miete zu erzielen, nicht aus.

---

26  Vgl. BVerfG NJW 1993, S. 1637 ff.; BVerfG NJW 1994, S. 308 ff.; BVerfG NJW 1994, S. 435 f.
27  Zu Einzelheiten vgl. Palandt/Weidenkaff, Bürgerliches Gesetzbuch § 573 Rn. 23 ff.

Einschränkungen in Bezug auf den Kündigungsschutz und die Kündigungsfristen gelten für Wohnraum, der Teil der vom Vermieter selbst genutzten Wohnung ist und der vom Vermieter überwiegend mit Einrichtungsgegenständen ausgestattet ist, es sei denn, der Wohnraum ist dem Mieter zum dauernden Gebrauch mit seiner Familie überlassen worden (§ 549 Abs. 2 Nr. 2 BGB). Ein Beispiel bildet das „**möblierte Zimmer** für den abstinenten Wochenendfahrer". Dieser genießt keinen Kündigungsschutz gemäß § 573 BGB, außerdem ist die Kündigung spätestens am 15. eines Monats zum Ablauf dieses Monats zulässig (§ 573 c Abs. 3 BGB), sodass die Kündigungsfrist „für den möblierten Herrn" nur etwa 14 Tage beträgt.

Für **Wohnraum in Studentenheimen** besteht ebenfalls kein Kündigungsschutz (§§ 549 Abs. 3, 573 BGB). Für die Einordnung als Studentenheim ist die Widmung des Trägers maßgeblich. Der Betrieb muss zu einem fremdnützigen Zweck erfolgen, also nicht auf eine Gewinnerzielung ausgerichtet sein[28]. Unter den Begriff fallen deshalb solche Heime, die vom Studentenwerk oder einer anderen sozialen Einrichtung getragen werden. Ein Appartementhaus eines privaten Vermieters, in dem nur oder überwiegend Studenten wohnen, ist hingegen kein Studentenheim im Sinne des § 549 Abs. 3 BGB, sodass das Wohnungsmietrecht einschließlich des Kündigungsschutzes nach § 573 BGB uneingeschränkt gilt.

**Form der Kündigung** Nach § 568 Abs. 1 BGB bedarf die Kündigung des Mietverhältnisses der schriftlichen Form, und zwar auch dann, wenn der Mietvertrag mündlich geschlossen wurde.

> **Merksatz** Auch ein mündlich geschlossener Mietvertrag muss schriftlich gekündigt werden (§ 568 Abs. 1 BGB).

Diese Formvorschrift gilt für beide Kündigungsarten (ordentliche, außerordentliche Kündigung).

> **Beispiel** M teilt seinem Vermieter im Treppenhaus beiläufig mit, er werde in zwei Monaten ausziehen. Diese Kündigung ist unwirksam, weil sie nur mündlich erklärt wurde (§§ 568 Abs. 1, 125 S. 1 BGB). Außerdem ist die Kündigungsfrist nicht eingehalten (§ 573 c Abs. 1 BGB). Diese Mängel haben keine Auswirkungen, wenn V sich mit der Beendigung des Mietverhältnisses zu dem von M genannten Termin einverstanden erklärt („Vermieter: Ist gut! Dann gebe ich schon mal eine Anzeige auf!"). In diesem Fall haben die Parteien einvernehmlich einen Aufhebungsvertrag geschlossen, der keiner Form und Frist bedarf.

---

28 Palandt/Weidenkaff, Bürgerliches Gesetzbuch, § 549 Rn. 20.

**Inhaltliche Anforderungen an die Kündigung**   Kündigt der Vermieter, so soll (nicht „*muss*") er den Mieter nach § 568 Abs. 2 BGB darauf hinweisen, dass und wie dieser der Kündigung widersprechen kann. Auf jeden Fall sind aber, was oft nicht ausreichend berücksichtigt wird, gemäß § 573 Abs. 3 BGB die Gründe für ein berechtigtes Interesse des Vermieters an der Beendigung des Mietverhältnisses im Kündigungsschreiben so ausführlich anzugeben, dass der Mieter prüfen kann, ob die Kündigung berechtigt ist. Nicht genannte Gründe werden im Falle einer gerichtlichen Überprüfung nur berücksichtigt, wenn sie nachträglich entstanden sind. An dieser Hürde scheitern viele durch Vermieter erklärte Kündigungen.

> **Beispiel**   V kündigt den mit M geschlossenen Mietvertrag fristgerecht zum 31.08. „wegen Eigenbedarfs für unsere Tochter Betti", ohne näher zu begründen, worauf der Eigenbedarf beruht (Alter der Tochter, Familienstand, bisherige Wohnung usw.). Diese Kündigung ist unwirksam, weil konkrete Angaben zum Eigenbedarf fehlen, sodass M nicht prüfen kann, ob die Gründe ausreichend sind. Eine Kündigungsschutzklage des M, für die bei Wohnraum in erster Instanz die Amtsgerichte zuständig sind (§ 23 Nr. 2 a) GVG), hätte deshalb Erfolg.

**Fortsetzungsverlangen des Mieters**   Liegt ein Grund für eine ordentliche Kündigung vor und wird diese formgerecht erklärt, kann der Mieter nach § 574 Abs. 1 BGB der Kündigung widersprechen und die Fortsetzung des Mietverhältnisses verlangen, wenn die Beendigung des Mietverhältnisses für den Mieter auch unter Würdigung der berechtigten Interessen des Vermieters eine nicht zu rechtfertigende Härte bedeuten würde. Nach § 574 a BGB ist das Mietverhältnis grundsätzlich auf bestimmte Zeit zu verlängern[29], wobei das BGB keine Höchstgrenze vorsieht.

> **Beispiel**   Eheleute E erwarten ihr drittes Kind. Die nach der Kündigung eintretende Beendigung des Mietverhältnisses fällt genau in den Geburtszeitraum (§ 574 Abs. 1 BGB). Außerdem ist eine vergleichbare Wohnung kurzfristig nicht zu bekommen (§ 574 Abs. 2 BGB). Hier können die Eheleute eine Fortsetzung des Mietverhältnisses für einen begrenzten Zeitraum verlangen, wenn ihre Gründe nach Abwägung mit den von V für die Kündigung geltend gemachten Gründen schwerer wiegen.

**Räumungsschutz**   Wenn der Mieter zur Herausgabe der Wohnung verurteilt worden ist und eine Zwangsräumung bevorsteht, kann ihm vom Gericht nach § 721 Abs. 1 ZPO *Räumungsschutz* für einen Zeitraum von *bis zu einem Jahr* gewährt werden (§ 721 Abs. 5 ZPO). Von dieser Möglichkeit wird in der Praxis durchaus Gebrauch gemacht.

---

29  Palandt/Weidenkaff, Bürgerliches Gesetzbuch, § 574 a Rn. 2.

**Hinweis** **Prüfungsschema**

Im Falle der ordentlichen Kündigung eines Mietverhältnisses über Wohnraum durch den Vermieter ist wie folgt zu prüfen:

- Ist die Kündigung *schriftlich* erfolgt?
  - Falls nein: Die Kündigung ist unwirksam (§§ 568 Abs. 1, 125 S. 1 BGB).
  - Falls ja:
- Ergibt sich aus den im Kündigungsschreiben angegebenen Gründen, dass der Vermieter ein *berechtigtes Interesse* an der Beendigung des Mietverhältnisses im Sinne des § 573 BGB hat?
  - Falls nein: Die Kündigung ist unwirksam.
  - Falls ja:
- Ist einem *Widerspruch* des Mieters mit einem Antrag auf Verlängerung des Mietverhältnisses nach § 574 BGB vom Gericht entsprochen worden?
  - Falls ja: Das Mietverhältnis wird für bestimmte Zeit fortgesetzt.
  - Falls nein: Der Mieter ist zur Räumung der Wohnung verpflichtet.
- Falls der Mieter die Wohnung nicht freiwillig räumt: Hat das Gericht dem Mieter *Räumungsschutz* nach § 721 Abs. 1 ZPO gewährt?
  - Falls ja: Die Räumung hat, längstens für ein Jahr, zu unterbleiben (§ 721 Abs. 5 ZPO).
  - Falls nein: Die Räumung kann erfolgen.

Für die zwangsweise Räumung ist der Gerichtsvollzieher zuständig, der sich notfalls der Unterstützung der Polizei bedient. Die Kosten für die Räumung, insbesondere für ein Umzugsunternehmen, muss der Vermieter vorstrecken. Wenn der Mieter diese nicht ersetzen kann, bleibt der Vermieter „auf den Kosten sitzen".

**Praxistipp** Ein Vermieter, der an einer schnellen und reibungslosen Beendigung des Mietverhältnisses interessiert ist, ist oft gut beraten, wenn er sich mit dem Mieter einigt. Die Einigungsbereitschaft des Mieters lässt sich durch finanzielle Anreize wecken und steigern (Beteiligung an den Umzugskosten, Erlass der letzten Monatsmiete, der offenen Nebenkosten usw.). Diese Investition kann angesichts der Schwierigkeiten, die im Falle einer ordentlichen Kündigung auftreten können (berechtigtes Interesse des Vermieters, Fortsetzungsverlangen des Mieters, gerichtlicher Räumungsschutz, Kostenvorschuss für die Räumung) sinnvoll sein.

**Kündigungsfrist**   Die Fristen für eine ordentliche Kündigung von Wohnraum sind in § 573 c BGB enthalten. Nach Abs. 1 S. 1 ist die Kündigung spätestens am dritten Werktag eines Kalendermonats zum Ablauf des übernächsten Monats zulässig. Die Frist beträgt damit knapp drei Monate. Diese Frist gilt für Vermieter und Mieter.

> **Beispiel**   M möchte einen mit V über Wohnraum geschlossenen Mietvertrag zum Ende des Monats August kündigen. Wann muss M spätestens kündigen? Die Kündigung muss V gemäß § 573 c Abs. 1 BGB spätestens am dritten Werktag des Monats Juni zugehen[30], damit sie zu Ende August, also zum Ablauf des übernächsten Monats, wirksam wird.

Nach § 573 c Abs. 1 S. 2 BGB verlängert sich die vom *Vermieter* einzuhaltende Frist nach einer Mietdauer von fünf und acht Jahren um jeweils drei Monate, sodass sie dann fast sechs bzw. fast neun Monate beträgt. Weitere Verlängerungen können die Parteien vereinbaren, aber nicht zum Nachteil des Mieters.

> **Beispiel**   V und M vereinbaren im Mietvertrag, dass die Kündigungsfrist für beide Parteien einheitlich sechs Monate betragen soll. Hier ist zum Nachteil des M die für ihn geltende Drei-Monats-Frist verlängert worden. Außerdem wird die Frist von neun Monaten, die V nach einer Mietdauer von acht Jahren gemäß § 573 c Abs. 1 S. 2 BGB einzuhalten hätte, unzulässig verkürzt. Dieser Teil der Vereinbarung ist gemäß § 573 c Abs. 4 BGB unwirksam. Wirksam dürfte die Vereinbarung insoweit sein, dass die von V einzuhaltende Kündigungsfrist von Anfang an sechs Monate beträgt, da dadurch eine Besserstellung des M gegenüber § 573 c Abs. 1 S. 1 BGB begründet wird.

Die Kündigungsfrist für **Geschäftsräume** beträgt nach § 580 a Abs. 2 BGB fast sechs Monate, außerdem kann nur zum Kalendervierteljahr (Quartal) gekündigt werden.

> **Beispiel**   M hat von V auf unbestimmte Zeit Räume für den Betrieb eine Gaststätte gemietet. V möchte wissen, wann er das Mietverhältnis kündigen muss, damit M zur Räumung der Gaststätte zum 31.08. verpflichtet ist. Die Kündigung ist bei Geschäftsräumen gemäß § 580 a Abs. 2 BGB spätestens am dritten Werktag eines Kalendervierteljahres zum Ablauf des nächsten Kalendervierteljahres zulässig. Daraus folgt, dass V zum 31.08. gar nicht kündigen kann, sondern nur jeweils zum Ende des Quartals, also zum 31.03., 30.06., 31.09. und 31.12. Wenn V die Räume zum 31.08. benötigt, muss er die Kündigung zum 30.06. erklären. Die Kündigung muss M spätestens am dritten Werktag im Januar zugehen, damit die (fast) sechsmonatige Kündigungsfrist eingehalten und die Kündigung damit zum 30.06. wirksam wird.

---

30   Zum Zugang einer Willenserklärung vgl. S. 51.

Eine kurze Frist von etwa zwei Wochen gilt für „möblierte Zimmer" (§§ 573 c Abs. 3, 549 Abs. 2 Nr. 2 BGB)[31].

## 18.6.2 Außerordentliche Kündigung

Eine außerordentliche Kündigung, oft auch **fristlose Kündigung** genannt, setzt einen wichtigen Grund voraus, verzichtet aber auf die Einhaltung einer Frist. Auch die außerordentliche Kündigung muss gemäß § 568 Abs. 1 BGB unter möglichst genauer Angabe des Kündigungsgrundes schriftlich erfolgen.

### Wichtiger Grund

Ein wichtiger Grund liegt nach § 543 Abs. 1 S. 2 BGB vor, wenn dem Kündigenden unter Berücksichtigung aller Umstände des Einzelfalls die Fortsetzung des Mietverhältnisses bis zum Ablauf der Kündigungsfrist nach Abwägung der beiderseitigen Interessen nicht zugemutet werden kann. Das Gesetz präzisiert im folgenden Absatz durch das Nennen von Beispielen die zu stellenden Anforderungen:

- Nach § 543 Abs. 2 Nr. 3 a) BGB liegt ein wichtiger Grund vor, wenn der Mieter für zwei aufeinander folgende Termine mit der Entrichtung der Miete oder eines nicht unerheblichen Teils der Miete in Verzug ist.

- Buchstabe b) erfasst einen Mietrückstand, der über mehr als zwei Zahlungstermine entstanden ist.

> **Beispiel** Unternehmensgründer M, eine „Ich-AG", hat von V Büroräume für 4.200,-- € / Monat für fünf Jahre gemietet. Da sich die Geschäfte des M nicht wie erhofft entwickeln, kommt es immer wieder zu Verzögerungen bei der Zahlung der Miete. Häufig zahlt M erst nach Mahnung durch V und überdies oft nur Teilbeträge in Höhe von 60-70 %. Nach etwa zwei Jahren Mietzeit beläuft sich der Mietrückstand aus vielen kleinen Beträgen auf fast 7.000,-- € mit zunehmender Tendenz. Kann V das Mietverhältnis schon jetzt fristlos kündigen?
>
> § 543 BGB steht in den allgemeinen Vorschriften über Mietverhältnisse und gilt damit auch für Geschäftsräume. Einer der in Nr. 3 genannten Fälle liegt jedoch nicht vor, da der Mietrückstand nicht aus zwei aufeinander folgenden Terminen herrührt (Buchstabe a) und der Höhe nach noch keine zwei Monatsmieten beträgt (Buchstabe b). Bei diesen Varianten handelt es sich aber nur um Beispiele („insbesondere"), sodass eine Kündigung nach § 543 Abs. 1 BGB auch aus anderen Gründen wirksam sein kann. Aufgrund des Verhaltens des M (Zahlung erst nach Aufforderung, oft nur Teilbeträge) und wegen der Zunahme der Mietrückstände kann V das Mietverhältnis bereits jetzt fristlos kündigen. V muss nicht warten, bis die Grenze von zwei Monatsmieten überschritten ist.

### Unwirksamwerden der Kündigung

Ergänzende Regelungen für die Wohnraummiete enthält § 569 BGB. Nach Abs. 3 Nr. 2 S. 1 wird eine wegen Mietrückstands ausgesprochene fristlose Kündigung unwirksam,

---

31  Vgl. S. 333.

wenn der Vermieter spätestens zwei Monate nach Einreichung der Räumungsklage die rückständige Miete erhält oder sich eine öffentliche Stelle, zum Beispiel das Sozialamt, zur Zahlung der Mietrückstände bereit erklärt[32].

> **Beispiel** Familie F, die drei Kinder im Alter bis zu sechs Jahren hat, ist durch Arbeitslosigkeit und Krankheit vollkommen überschuldet und dadurch erheblich in Mietrückstand geraten. Vermieter V kündigt das Mietverhältnis nach § 543 Abs. 2 Nr. 3 b) BGB fristlos und erhebt Räumungsklage vor dem zuständigen Amtsgericht. Da Familie F aufgrund der Schulden keine andere Wohnung findet und das Sozialamt keinen geeigneten Wohnraum zur Verfügung stellen kann, erklärt sich das Sozialamt bereit, die rückständige Miete an V zu zahlen. Damit wird die Kündigung gemäß § 569 Abs. 3 Nr. 2 S. 1 BGB unwirksam.

## 18.7 Mietverhältnisse auf bestimmte Zeit

Zeitmietverträge über Wohnungen sind selten, zumal sie nur unter engen Voraussetzungen zulässig sind (§ 575 BGB). Geschäftsräume werden hingegen – unter anderem wegen des fehlenden Kündigungsschutzes – häufig auf bestimmte Zeit, zum Beispiel für drei, fünf oder auch zehn Jahre gemietet. Zum Teil sind die Fristen noch länger, zum Beispiel 25 Jahre bei der Miete – oder auch Pacht – eines Hotels. Bei einem Mietvertrag auf bestimmte Zeit ist eine *ordentliche Kündigung* während der Laufzeit des Vertrages ausgeschlossen. Das Recht zur *außerordentlichen Kündigung* (§ 543 BGB), etwa wegen Mietrückstandes, bleibt aber bestehen.

Mietverträge auf bestimmte Zeit enden mit Ablauf der vereinbarten Laufzeit. Die Parteien haben aber die Möglichkeit, in den Mietvertrag eine **Option** auf Verlängerung aufzunehmen. Das Optionsrecht kann dabei für beide Parteien oder – wie im folgenden Beispiel nur für eine Partei bestehen.

> **Beispiel** Aus einem Mietvertrag über eine Lagerhalle: „Das Mietverhältnis endet am 31.12.2008, es sei denn, der Mieter erklärt spätestens sechs Monate vor diesem Termin in schriftlicher Form, das Mietverhältnis fortsetzen zu wollen. In diesem Fall tritt eine Verlängerung um drei Jahre ein. Nach Maßgabe des Satzes 1 sind insgesamt drei Verlängerungen möglich".

Eine weitere Besonderheit bei Zeitmietverträgen besteht darin, dass Mieterhöhungen ebenfalls ausgeschlossen sind. Deshalb enthalten diese Verträge häufig eine an den vom Statistischen Bundesamt ermittelten Preisindex für die Lebenshaltung aller privaten Haushalte in Deutschland angelehnte **Wertsicherungsklausel**. Die Vereinbarung geht dahin, dass bei einer Steigerung der Lebenshaltungskosten um einen Betrag x die Miete ebenfalls um den Betrag x oder um einen Betrag y steigt.

---

32  Zu Einschränkungen im Wiederholungsfall vgl. § 569 Abs. 3 Nr. 2 S. 2 BGB.

# 18.8 Nachmieter, Untervermietung

Insbesondere bei Verträgen, die auf bestimmte Zeit geschlossen sind, kann während der Vertragslaufzeit beim Mieter der Wunsch entstehen, vorzeitig „aus dem Vertrag herauszukommen" oder, sofern dies nicht möglich ist, die gesamte Mietsache oder einen Teil davon einem Dritten als „Untermieter" zu überlassen. Aber auch bei Verträgen auf unbestimmte Zeit suchen Mieter bisweilen nach entsprechenden Möglichkeiten, um die Kündigungsfristen nicht einhalten zu müssen.

## 18.8.1 Die „Drei-Nachmieter-Legende"

Immer wieder ist in diesem Zusammenhang zu hören, man müsse die vereinbarte Mietzeit bzw. die Kündigungsfristen nicht einhalten, wenn man dem Vermieter „drei Nachmieter präsentiere". Diese Auffassung findet im BGB keine Stütze, für sie ist die Bezeichnung „Drei-Nachmieter-Legende" angemessen. Richtig ist nämlich, dass bei einem Vertrag auf unbestimmte Zeit der Mieter in gleicher Weise wie der Vermieter die Kündigungsfrist einhalten muss; liegt ein Vertrag auf bestimmte Zeit vor, können weder Mieter noch Vermieter während der Laufzeit ordentlich kündigen[33]. Wie bei anderen Verträgen gilt auch im Mietrecht der schöne Satz „Verträge sind zu halten" („pacta sunt servanda"), und zwar für beide Parteien.

Etwas anderes gilt nur dann, wenn der Vermieter dadurch, dass er einen Nachmieter nicht akzeptiert, gegen Treu und Glauben (§ 242 BGB) verstößt[34]. Dies kommt wegen der nur dreimonatigen Kündigungsfrist bei Wohnungsmietverträgen (§ 573 c Abs. 1 BGB) eher selten in Betracht, da dem Mieter in der Regel die Einhaltung der dreimonatigen Kündigungsfrist zumutbar ist. Wegen des Ausschlusses der ordentlichen Kündigung kann sich bei langfristigen Zeitmietverträgen eine andere Bewertung ergeben.

---

**Beispiel** Uni-Assistent M hat in Tübingen eine Wohnung gemietet und dabei auf Drängen des Vermieters eine fünfjährige Mietzeit akzeptiert, die der Länge seiner Assistentenzeit entspricht. Nach § 4 des Mietvertrages soll nach den fünf Jahren die heute 13-jährige Tochter Christina die Wohnung beziehen (zum Befristungsgrund vgl. § 575 Abs. 1 S. 1 Nr. 1 BGB). Kurz nach dem Einzug erhält M ganz überraschend ein dreijähriges Doktorandenstipendium an einer anerkannten amerikanischen Privatuni. M „präsentiert" dem V zwei ordentliche, strebsame, nette und zahlungskräftige, nichtrauchende und nichttrinkende Assistenten, die beide bereit sind, ohne jede Änderung in den zwischen V und M geschlossenen Mietvertrag einzutreten. V lehnt dies mit der Begründung ab, „die jungen Leute müssten lernen, dass man Verträge einhalten müsse. Wo käme man denn sonst hin." Die Weigerung des V verstößt in diesem konkreten Fall gegen Treu und Glauben (§ 242 BGB), sodass M einen Anspruch auf den Eintritt eines der beiden potentiellen Nachmieter in den Mietvertrag hat.

---

33  Vgl. zu Einzelheiten Palandt/Weidenkaff, Bürgerliches Gesetzbuch, § 537 Rn. 8 ff.
34  BGH NJW 2003, S. 1246, 1247.

## 18.8.2 Untervermietung

Nach § 540 Abs. 1 BGB ist der Mieter ohne Erlaubnis des Vermieters nicht berechtigt, den Gebrauch der Mietsache einem Dritten zu überlassen, insbesondere sie weiter zu vermieten. Da diese Vorschrift im Untertitel 1 (Allgemeine Vorschriften) steht, gilt sie für die Geschäftsraummiete und die Wohnungsmiete, wo sie durch § 553 BGB ergänzt wird.

Falls der Vermieter die Erlaubnis zur Untervermietung verweigert, ohne dass in der Person des Dritten (Untermieter) Gründe vorliegen, „kann der Mieter das Mietverhältnis außerordentlich mit der gesetzlichen Frist kündigen" (§ 540 Abs. 1 S. 2 BGB). Die Kündigungsfrist richtet sich für Wohnräume nach § 573 d Abs. 2 BGB (knapp drei Monate), für Geschäftsräume nach § 580 a Abs. 4, Abs. 2 BGB (knapp sechs Monate). Da diese Fristen den bei einer ordentlichen Kündigung maßgeblichen Fristen (§ 573 c Abs. 1 BGB bzw. § 580 a Abs. 2 BGB) entsprechen, ist auf den ersten Blick nicht erkennbar, worin die Bedeutung des § 540 Abs. 1 BGB liegt. Denn der Mieter könnte den Vertrag ja auch „ohne den Umweg" über § 540 Abs. 1 BGB mit den gleichen Fristen kündigen. Dies gilt aber nur für Verträge *auf unbestimmte Zeit*! Die Bedeutung des § 540 Abs. 1 BGB liegt also darin, dass ein Kündigungsrecht auch für die eigentlich nicht kündbaren Mietverträge *auf bestimmte Zeit* begründet wird.

---

**Beispiel**   M hat von V ein Geschäftslokal für zehn Jahre gemietet, ist jedoch nach zwei Jahren aus gesundheitlichen Gründen gezwungen, den Geschäftsbetrieb einzustellen. Die mit Nachdruck vorgetragene Bitte des M zur Aufhebung des Mietvertrages lehnt V ab. M möchte die Räume deshalb an U untervermieten, doch verweigert V die Erlaubnis dazu. Wie ist die Rechtslage?

M hat nach § 540 Abs. 1 BGB zwar keinen Anspruch auf die Erlaubnis des V zur Untervermietung, doch kann M den Mietvertrag mit der gesetzlichen Frist von knapp einem halben Jahr (§ 580 a Abs. 4, Abs. 2 BGB) kündigen, sofern nicht in der Person des U ein wichtiger gegen die Untervermietung sprechender Grund vorliegt. Deshalb dürfte es auch im Interesse des V liegen, die Untervermietung zu akzeptieren.

---

Kommt es zu einer Untervermietung, besteht ein (Haupt-) Mietvertrag zwischen V und M und ein weiterer (Unter-) Mietvertrag zwischen M und U. M muss deshalb die Miete weiter an V zahlen, während U als (Unter-) Mieter an M als Vermieter zu zahlen hat.

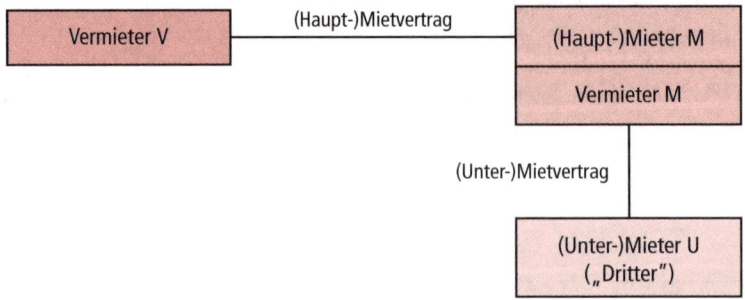

Abbildung 18.2: Untervermietung

Für **Wohnraummietverträge** gilt neben § 540 BGB **zusätzlich** die spezielle Vorschrift des **§ 553 BGB**. Danach hat der Mieter (sogar) einen Anspruch auf die Erlaubnis, *einen Teil* des Wohnraums an einen Dritten zu überlassen, wenn nach Abschluss des Mietvertrages ein berechtigtes Interesse an der Überlassung entstanden ist. Kein Anspruch besteht, wenn in der Person des Dritten ein (dagegen sprechender) wichtiger Grund vorliegt, die Wohnung übermäßig belegt wird oder die Überlassung dem Vermieter aus anderen Gründen nicht zumutbar ist. Nach § 553 Abs. 2 BGB kann der Vermieter die Erlaubnis ggf. von einer angemessenen Erhöhung der Miete abhängig machen.

Nach der Rechtsprechung des Bundesgerichtshofes ist der Lebensgefährte (Freund, Freundin) des Mieters „Dritter" im Sinne dieser Vorschrift. Seine Aufnahme in die Wohnung fällt also unter § 553 BGB und ist von der Zustimmung des Vermieters abhängig[35]. Diese Zustimmung kann der Vermieter aber nur dann verweigern, wenn die Aufnahme des Dritten ihm nicht zugemutet werden kann. Kein „Dritter" sind der Ehepartner und der Lebenspartner nach Lebenspartnerschaftsgesetz. Diese Personen kann der Mieter ohne Erlaubnis des Vermieters in die Wohnung aufnehmen.

§ 540 Abs. 1 BGB und § 553 Abs. 1 BGB unterscheiden sich wie folgt:

- § 553 BGB gilt nur für Wohnraum, § 540 BGB gilt für Wohn- und für Geschäftsräume.

- § 553 Abs. 1 BGB begründet einen Anspruch des Mieters von Wohnraum auf Überlassung eines Teils der Mietsache an einen Dritten, während § 540 Abs. 1 BGB lediglich bestimmt, dass der Mieter das Mietverhältnis im Falle einer zu Unrecht verweigerten Zustimmung mit den gesetzlichen Fristen kündigen kann. Einen Anspruch auf Zustimmung hat der Mieter hier hingegen nicht.

### 18.8.3 Sonderfall: Der Unternehmenskauf

Ein zwischen dem Verkäufer eines Unternehmens und dem Eigentümer der Geschäftsräume geschlossener Mietvertrag geht – anders als bestehende Arbeitsverträge (vgl. § 613 a BGB) – nicht automatisch auf den Käufer des Unternehmens über. Bei den für Geschäftsräume üblichen längerfristigen Zeitmietverträgen ist der Verkäufer des Unternehmens (Mieter der Geschäftsräume) auch nicht berechtigt, vorzeitig zu kündigen, weil die ordentliche Kündigung bei Mietverträgen auf bestimmte Zeit ausgeschlossen ist und die Übertragung des Unternehmens keinen Grund für eine fristlose Kündigung durch den Mieter bildet.

Für die Abwicklung des Problems gibt es aber verschiedene andere Gestaltungsmöglichkeiten:

### 1. Möglichkeit:

Wie bei jedem anderen Mietvertrag können die Parteien auch bei einem Zeitmietvertrag jederzeit und ohne die Einhaltung von Fristen einvernehmlich einen **Aufhebungsvertrag** schließen. Der Vermieter kann (und wird) seine Bereitschaft häufig von einer Abstandszahlung durch den Mieter und davon abhängig machen, ob er eine

---

35  BGH NJW 2004, S. 56, 57 f.

Chance für eine angemessene Neuvermietung sieht. Die Vereinbarung könnte wie folgt lauten:

> *„§ 1: Das zum 01.10.2004 geschlossene Mietverhältnis wird mit Wirkung zum 01.04.2007 aufgelöst.*
>
> *§ 2: Die Auflösung wird frühestens wirksam, wenn der Mieter an den Vermieter als Ausgleich einen Betrag von 50.000,-- € gezahlt hat.“*

### 2. Möglichkeit

Der Vermieter, der Verkäufer des Unternehmens und der Käufer können vereinbaren, dass der bisherige Mieter (Verkäufer) aus dem Mietverhältnis ausscheidet und der Erwerber in den (weiter) laufenden Mietvertrag eintritt. Etwa so:

> *„Mit Wirkung zum 01.04.2007 tritt Frau Elsa Neu an Stelle von Herrn Franz Alt in das am 01.10.2004 mit der V-GmbH begründete Mietverhältnis über das Objekt Elbestr. 49, Hamburg, ein. Herr Alt scheidet zu diesem Zeitpunkt aus. Seine Haftung für die an diesem Tag bestehenden Mietrückstände und Nebenkosten bleibt unberührt.“*

### 3. Möglichkeit

Kommt es zu keiner Einigung mit dem Vermieter, hat der Mieter keinen Anspruch auf eine Zustimmung zur Untervermietung, da § 553 Abs. 1 BGB für Geschäftsräume nicht gilt. Der Mieter kann jedoch das Mietverhältnis unter Einhaltung der gesetzlichen Frist kündigen, es sei denn, der neue Inhaber (Käufer des Unternehmens) ist aus Sicht des Vermieters als Untermieter nicht akzeptabel (§ 540 Abs. 1 BGB i.V.m. § 580 a Abs. 4, Abs. 2 BGB).

## 18.9   Rechtslage nach Beendigung des Mietverhältnisses

Nach Beendigung des Mietverhältnisses ist der Mieter nach § 546 BGB zur Herausgabe der Mietsache an den Vermieter verpflichtet. Er muss die Mietsache räumen und alle Schlüssel zurückgeben. Dieser Herausgabeanspruch ergibt sich auch aus § 985 BGB[36]. Unter Umständen muss der Vermieter es nach Treu und Glauben (§ 242 BGB) dulden, dass der Mieter für einen begrenzten Zeitraum ein Hinweisschild mit seiner neuen Adresse anbringt.

> **Beispiel**   Steuerberater S ist umgezogen. Er hat das Recht, an dem bisher gemieteten Gebäude ein Schild mit dem Hinweis auf seine neue Adresse anzubringen. Wie groß dieses Schild sein darf und wie lange es hängen darf, ist nach Treu und Glauben zu entscheiden (§ 242 BGB).

Nach § 548 BGB verjähren Ansprüche des Vermieters gegen den Mieter wegen Veränderungen oder Verschlechterungen der Mietsache in einer kurzen Frist von nur sechs Monaten, beginnend mit der Rückgabe der Mietsache.

---

36   Vgl. S. 415 ff.

# Weitere Vertragstypen

**19**

ÜBERBLICK

## Lernziele dieses Kapitels

*Was kommt in diesem Kapitel auf Sie zu? Neben den bereits behandelten Verträgen (Kauf-, Werk, Dienst- und Mietvertrag) gibt es im BGB weitere Verträge wie Darlehen und Leihe. Daneben existieren in der wirtschaftlichen Praxis im BGB nicht geregelte, nach dem Prinzip der Vertragsfreiheit aber gleichwohl zulässige Verträge. Neben dem Darlehensvertrag sollen der Leasing-, Franchise-, Factoring- und der Lizenzvertrag kurz dargestellt werden.*

## 19.1   Darlehensvertrag

### 19.1.1   Grundlagen

Das BGB unterscheidet zwischen Sachdarlehensverträgen (§§ 607 ff. BGB) und den auf Geld gerichteten Darlehensverträgen (§§ 488 ff. BGB). Beim Sachdarlehensvertrag erhält der Darlehensnehmer eine Sache. Nach Ablauf der vereinbarten Zeit bzw. nach Kündigung muss er – im Gegensatz zur Miete oder Leihe – nicht genau die erhaltene Sache zurückgeben, sondern Sachen gleicher Art, Güte und Menge und – sofern vereinbart – außerdem ein Darlehensentgelt zahlen.

> **Beispiel**   Unternehmer U 1 benötigt dringend Rohstoffe, die wegen eines Streiks derzeit auf dem Markt nicht zu bekommen sind. Unternehmer U 2 hilft kurzfristig aus. U 1 kann diese Rohstoffe verbrauchen, er muss nur entsprechende Rohstoffe an U 2 rückerstatten.

Wesentlich bedeutender sind Darlehensverträge über Geld. Nach § 488 Abs. 1 BGB ist der Darlehensgeber verpflichtet, dem Darlehensnehmer einen Geldbetrag in der vereinbarten Höhe zur Verfügung zu stellen. Der Darlehensnehmer schuldet die Zahlung der Zinsen und die Rückzahlung.

Der genaue Inhalt der Darlehensverträge wird in der Praxis in aller Regel durch die AGB des Darlehensgebers (Bank, Sparkasse) bestimmt, wobei immer zu prüfen ist, ob deren Geltung nach § 305 Abs. 2 BGB wirksam vereinbart ist und ob die Bedingungen einer Wirksamkeitskontrolle nach den §§ 307 ff. BGB standhalten. Insbesondere bei längerfristigen Darlehen werden neben der Darlehensgewährung in der Regel Sicherheiten verlangt, etwa die Bestellung einer Grundschuld oder – eher selten – einer Hypothek[1].

### 19.1.2   Verbraucherdarlehensverträge

Besondere Regelungen gelten für Darlehen, die von Verbrauchern aufgenommen werden (§§ 491 ff. BGB): Der Vertrag bedarf der Schriftform und muss eine Vielzahl von Einzelpunkten enthalten (vgl. § 492 BGB). Werden diese – zwingenden (§ 506 BGB) – Anforderungen nicht erfüllt, ergeben sich die Rechtsfolgen aus § 494 BGB. Fehlen zum Beispiel bestimmte Angaben zum Zinssatz, schuldet der Verbraucher nach § 494

---

1    Vgl. S. 497 ff.

Abs. 2 BGB nicht den vereinbarten, sondern nur den gesetzlichen Zinssatz in Höhe von 4 % (§ 246 BGB). Weitere, recht komplizierte und verschachtelte Sonderregelungen finden sich zum Zahlungsaufschub (§§ 499 ff. BGB) und zu Ratenlieferungsverträgen (§ 505 BGB).

## 19.2 Leasingvertrag

Ein Leasingvertrag liegt vor, wenn der Leasinggeber dem Leasingnehmer eine Sache oder Sachgesamtheit gegen Zahlung von Leasingraten zum Gebrauch überlässt. Die Besonderheit des Leasingvertrages gegenüber einem Mietvertrag besteht darin, dass der Leasingnehmer die Gefahr und Haftung für Instandhaltung, Mängel, Untergang und Beschädigung der Sache trägt. Im Gegenzug tritt der Leasinggeber seine Ansprüche wegen Mängeln der Leasingsache gemäß §§ 434 ff. BGB, die ihm aus dem Kaufvertrag gegen den Lieferanten zustehen, an den Leasingnehmer ab.

> **Beispiel** Leasingobjekt ist ein Reisebus, Leasinggeberin ist die L-GmbH, die den Bus beim Hersteller H gekauft hat, Leasingnehmer ist Busunternehmer B. Nach dem Leasingvertrag trägt B – wie ein Eigentümer – das Risiko, dass der Bus beschädigt wird. Außerdem ist er zur Instandhaltung verpflichtet. Ansprüche des B gegen die L-GmbH wegen Mängeln des Leasingobjektes werden ausgeschlossen. Dafür tritt die L-GmbH ihre Ansprüche aus § 437 BGB gegen den Hersteller an B ab. Tritt ein Mangel auf, kann B sich direkt an H wenden und die kaufrechtlichen Ansprüche nach § 437 BGB geltend machen[2]. Diese Vertragsgestaltung hält bei einem Leasingvertrag einer AGB-Kontrolle stand.

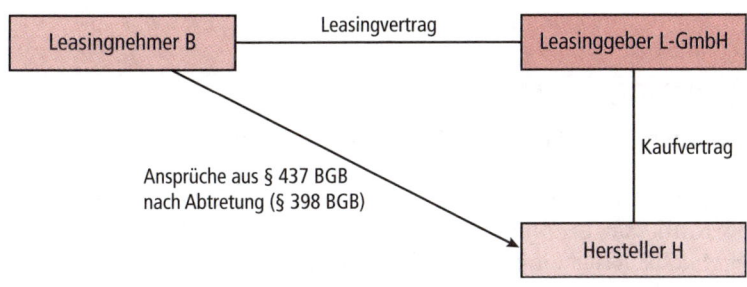

Abbildung 19.1: Leasingvertrag

Durch diese Regelungen unterscheidet sich der Leasingvertrag vom Mietvertrag, bei dem die Risiken der Beschädigung und des Untergangs der Sache vom Vermieter zu tragen sind, der lediglich in bestimmtem Umfang die Schönheitsreparaturen[3] und – bei der Geschäftsraummiete – bestimmte Instandsetzungsarbeiten auf den Mieter übertragen kann.

---

2  Vgl. S. 219 ff.
3  Vgl. S. 325 ff.

Leasingverträge werden in der Regel auf *bestimmte Zeit* geschlossen, die sich aus steuerlichen Gründen an der voraussichtlichen Nutzungsdauer des Objekts orientiert[4]. Sie können, müssen aber keine *Kaufoption* zugunsten des Leasingnehmers enthalten[5]. Welche Art von Leasing vorliegt und wie das Rechtsverhältnis ausgestaltet ist, richtet sich – mangels gesetzlicher Regelungen – allein nach dem Leasingvertrag. Hierbei handelt es sich um Formularverträge, die in aller Regel vom Leasinggeber erstellt werden, und deshalb zugunsten des Leasingnehmers der Inhaltskontrolle nach den §§ 307 bis 309 BGB bzw. bei Verwendung gegenüber einem Unternehmer nach § 307 BGB unterliegen.

Bei den Leasingverträgen wird unterschieden zwischen dem

- Finanzierungsleasing (lange, feste Laufzeit, oft mit Kaufoption, Beispiele: DV-Anlage, Pkw),
- Operatingleasing (kurze Laufzeit oder Kündigungsmöglichkeit, Beispiel: Maschine, die voraussichtlich nur vorübergehend benötigt wird),
- Immobilienleasing (besondere Form des Finanzierungsleasings mit langer Vertragsdauer bis zu 30 Jahren, Beispiel: Bürogebäude),
- Herstellerleasing (der Hersteller ist zugleich der Leasinggeber, Beispiel: Hochwertige Industriegüter),
- Sale-and-lease-back (Leasingnehmer veräußert das Gut an den Leasinggeber, um es von diesem zu leasen: Beispiel: Fuhrpark) und
- Personalleasing (Überlassung von Personal).

Die Auswahl zwischen den verschiedenen Gestaltungsmöglichkeiten wird in erster Linie durch betriebswirtschaftliche und steuerliche Aspekte bestimmt. Was aus steuerlicher Sicht zu beachten ist, ergibt sich unter anderem aus Leasingerlassen des Bundesfinanzministeriums[6].

## 19.3 Factoringvertrag

Beim Factoring wird zwischen dem echten und dem unechten Factoring unterschieden.

Beim *echten Factoring* kauft ein Factoringunternehmen (Factor) eine einzige, bestimmte oder alle Forderungen eines Unternehmens gegen dessen Schuldner (Rechtskauf: § 453 BGB). Zur Erfüllung des Kaufvertrages werden diese Forderungen nach § 398 BGB vom bisherigen Inhaber (Verkäufer) an den Factor (Käufer) abgetreten. Die Forderungen „gehören" damit dem Factor, er ist deren Inhaber. Es findet also ein Gläubigerwechsel statt. Der Factor ist als Inhaber der Forderung berechtigt, diese im eigenen Namen einzufordern. Er kann den Schuldner mahnen, einen gerichtlichen Mahnbescheid beantragen und eine Zahlungsklage erheben. Das Risiko, ob sich die Forderungen als werthaltig erweisen und durchsetzbar sind, trägt der Factor. Deswegen werden die Forderungen vor dem Kauf bewertet und nach jeweiligem Risiko zum

---

4 Vgl, Zantow, Finanzierung. Die Grundlage modernen Finanzierungsmanagement, Pearson, München 2004, S. 232 ff.
5 Zur Option vgl. S. 56.
6 Bundesminister der Finanzen, BMF-Schreiben vom 22. Dezember 1975, IV B/2 – S 2170 – 161/75; Bundesminister der Finanzen, BMF-Schreiben vom 19. April 1971, IV B/2 – S 2170 – 31/71.

Teil deutliche Abschläge auf den Kaufpreis vorgenommen. Weitere Abschläge fallen an, wenn die Forderungen noch nicht fällig sind und deshalb abgezinst (diskontiert) werden. Der Kaufpreis liegt also mehr oder weniger deutlich unter dem Nominalwert der Forderung.

Die Vorteile des Factoring für das verkaufende Unternehmen liegen darin, dass ihm sofort Liquidität zufließt und das Risiko eines Forderungsausfalls nicht mehr besteht. Wenn alle Forderungen abgetreten werden, kann überdies auf eine eigene Mahn- und Vollstreckungsabteilung verzichtet werden. Dafür sind aber die genannten Abschläge hinzunehmen. Das Factoringunternehmen kalkuliert damit, die mit Abschlägen gekaufte Forderung möglichst in voller Höhe durchsetzen zu können.

Beim *unechten Factoring* behält das übertragende Unternehmen das Risiko der Durchsetzbarkeit der Forderung. Scheitert die Durchsetzung, ist der bereits gezahlte Kaufpreis gegen Rückabtretung der Forderung zurückzuzahlen. Die (zunächst nur vorläufige) Gutschrift wird rechtlich als Kreditgeschäft bewertet. Die Abtretung der Forderung erfolgt zur Sicherung des Kredits und zugleich erfüllungshalber[7].

> **Beispiel** Die A-GmbH tritt alle Forderungen gegen Kunden, deren Name / Firma mit den Buchstaben A bis L beginnt, gegen sofortige Zahlung in Höhe von 90 % des Nominalbetrages der Forderungen an die F-AG ab. Für den Fall, dass eine Realisierung der Forderungen durch die F-AG scheitert, wird eine Rückabtretung der Forderungen gegen Rückzahlung des Kaufpreises vereinbart.

## 19.4 Franchisevertrag

Durch den Franchisevertrag räumt ein Unternehmer (Franchisegeber) einen anderen Unternehmer (Franchisenehmer) das Recht ein, gegen Zahlung einer laufenden Franchisegebühr bestimmte Waren oder Dienstleistungen unter Nutzung der Marke, der Geschäftsform, der Vertriebsmethoden und des Know-how des Franchisegebers zu vertreiben. Beide Vertragspartner sind selbstständige Unternehmer, die im eigenen Namen und auf eigene Rechnung handeln. Die Bindung der Franchisenehmer an die Vorgaben des Franchisegebers kann gleichwohl sehr erheblich sein. Diese reichen von der Qualität der Ware und ihrer Zubereitung bis hin zur Gestaltung der Geschäftsräume und zur Kleidung des Personals. Die Abgrenzung zu anderen Absatzmittlern, wie etwa den im Automobilbereich bekannten Vertragshändlern, kann im Einzelfall schwierig sein. Ein bekanntes Beispiel für einen Franchisevertrag bilden die McDonalds-Restaurants. Der Bundesgerichtshof hatte darüber zu befinden, ob McDonalds zur Kündigung des Vertrages berechtigt war, weil der Franchisenehmer Speisen mit einer anderen als der vorgegebenen Grilltemperatur zubereitet hatte. Die von McDonalds ausgesprochene Kündigung scheiterte daran, dass sie erst mehrere Monate nach dem gerügten Verstoß erklärt worden war[8].

---

7  Palandt/Heinrichs, Bürgerliches Gesetzbuch, § 398 Rn. 37.
8  BGH NJW 1985, S. 1894, 1895.

## 19.5 Lizenzvertrag

### 19.5.1 Begriff

Nach einer engen Definition wird durch den im BGB nicht geregelten Lizenzvertrag ein gewerbliches Schutzrecht (Patent, Gebrauchsmuster) einem anderen zur Nutzung überlassen. Zum Teil wird der Begriff aber auch weiter verstanden und umfasst als Vertragsgegenstand auch Urheberrechte und weitere, rechtlich nicht geschützte unkörperliche Gegenstände wie etwa Informationen, Geschäftsideen oder ein sonstiges Know-how.

> **Beispiele**
>
> - E hat ein neues Produktionsverfahren zur Erzeugung von Energie entwickelt und sich patentrechtlich schützen lassen, sodass E ein *ausschließliches Nutzungsrecht* hat. E räumt dem Energieversorger A das Recht ein, das Verfahren für zehn Jahre anzuwenden.
>
> - E hat ein Konzept für eine „ultimative Unterhaltungsshow mit hammerharten Supereffekten" entwickelt. Dieses Konzept überlässt er gegen eine hohe Vergütung exklusiv dem „Quotensender" Nat pro 2.

### 19.5.2 Rechtsnatur

Hinter dem schillernden Ausdruck „Lizenzvertrag" kann sich im Einzelfall ein ganz gewöhnlicher BGB-Vertrag verbergen, etwa ein Kaufvertrag über ein Recht. Dies gilt zum Beispiel, wenn ein Recht auf Dauer und exklusiv übertragen wird. Ein Indiz für das Vorliegen eines Kaufvertrages in Form eines Rechtskaufs kann sein, dass der Lizenznehmer (besser: Der Käufer) das Recht auch an Dritte weiter übertragen darf. Von einem Lizenzvertrag wird dagegen eher gesprochen, wenn die Übertragung nur auf Zeit erfolgt. Je nach Ausgestaltung im Einzelfall kann dieser Vertrag ein Pachtvertrag oder ein gemischter Vertrag sein, der Elemente verschiedener Vertragstypen enthält.

Die vorgenannten Verträge erfordern in besonderer Weise eine fachkundige Beratung, weil nicht auf einen im BGB ausdifferenziert geregelten Vertrag zurückgegriffen werden kann. Hier sollte man sich an einen spezialisierten Wirtschaftsanwalt wenden, um einen sachgerechten Vertrag zu schließen.

# TEIL IV

## Gesetzliche Schuldverhältnisse

# Überblick zu den gesetzlichen Schuldverhältnissen

## Lernziele dieses Kapitels

*Was kommt in diesem Kapitel auf Sie zu? Neben den bereits behandelten vertraglichen und vorvertraglichen Schuldverhältnissen gibt es gesetzliche Schuldverhältnisse. Bedeutsam sind vor allen Dingen die Vorschriften des Deliktsrechts in Gestalt der §§ 823 ff. BGB, die mehrere Anspruchsgrundlagen für einen Schadensersatzanspruch enthalten. Eine zweite große Fallgruppe betrifft Ansprüche aus ungerechtfertigter Bereicherung (§§ 812 ff. BGB). Bevor in den nachfolgenden Kapiteln Einzelheiten vermittelt werden, lernen Sie vorab die Grundlagen dieser beiden wichtigen Rechtsgebiete kennen.*

Wenn ein Schuldverhältnis vorliegt, ist der Gläubiger berechtigt, von dem Schuldner eine Leistung zu fordern. Die Leistung kann auch in einem Unterlassen bestehen (§ 241 Abs. 1 BGB). Anders formuliert:

> **Merksatz**
> Ein Schuldverhältnis liegt vor, wenn eine Person – der Schuldner – einer anderen Person – dem Gläubiger – etwas schuldet. Je nach der Herkunft der Schuld lassen sich vertragliche (rechtsgeschäftliche), vorvertragliche und gesetzliche Schuldverhältnisse unterscheiden.

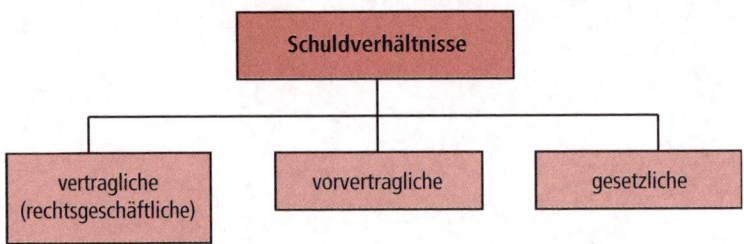

Abbildung 20.1: Schuldverhältnisse

*Zur Wiederholung und Vertiefung:*

Die **vertraglichen** Schuldverhältnisse beruhen darauf, dass die Parteien einen Vertrag geschlossen haben (§ 311 Abs. 1 BGB). Dies können gegenseitige Verträge (besser „gegenseitig verpflichtende Verträge") wie Kaufvertrag (§ 433 BGB), Mietvertrag (§ 535 BGB), Dienstvertrag (§ 611 BGB) und Werkvertrag (§ 631 BGB) oder die im vorhergehenden Kapitel behandelten, im BGB nicht geregelten Verträge sein. Bei anderen Verträgen verpflichtet sich nur eine Partei zu einer Hauptleistung, wie beim Schenkungsvertrag (§ 516 BGB), beim Leihvertrag (§ 598 BGB) und beim Auftrag (§ 662 BGB).

Ein **vorvertragliches Schuldverhältnis** kommt unter den in § 311 Abs. 2 BGB aufgeführten Voraussetzungen zustande, etwa durch die Aufnahme von Vertragsverhandlungen[1].

Ein **gesetzliches Schuldverhältnis** kommt dadurch zustande, dass die im Gesetz genannten Tatbestandsvoraussetzungen erfüllt sind. Es entsteht ohne und auch gegen den Willen der Parteien allein deshalb, weil „das Gesetz es will". Bei den gesetzlichen Schuldverhältnissen sind folgende Arten zu unterscheiden:

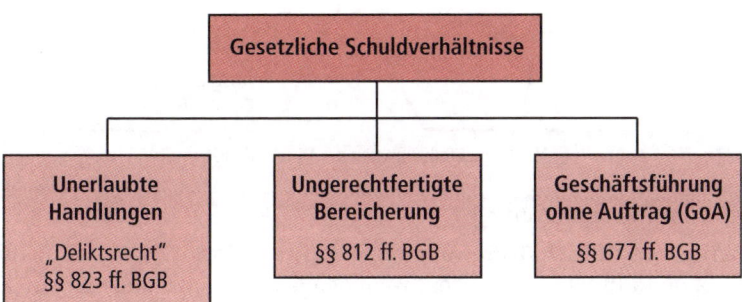

Abbildung 20.2: Gesetzliche Schuldverhältnisse

Diese drei gesetzlichen Schuldverhältnisse erfüllen unterschiedliche Funktionen:

■ Recht der unerlaubten Handlungen (Deliktsrecht)

Die **§§ 823 ff. BGB**, die eine große praktische Bedeutung haben, bestimmen, wann jemand gegen einem anderen, der ihn geschädigt hat, einen Anspruch auf Schadensersatz hat. In den §§ 823 bis 853 BGB finden sich zahlreiche **Anspruchsgrundlagen**, die als *Rechtsfolge* jeweils die Verpflichtung des Schädigers zur Leistung von *Schadensersatz* aussprechen. Zu nennen sind insbesondere § 823 Abs. 1 BGB, § 823 Abs. 2 BGB i.V.m. einem Schutzgesetz[2], § 826 BGB (vorsätzliche sittenwidrige Schädigung) und § 831 BGB (Haftung für den Verrichtungsgehilfen). Auszugleichen ist in allen Fällen der entstandene Schaden.

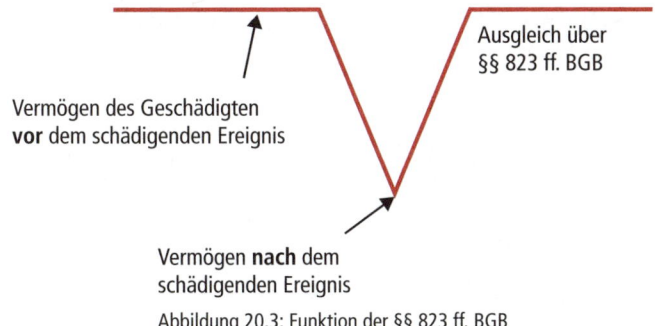

Abbildung 20.3: Funktion der §§ 823 ff. BGB

---

1 Vgl. zu Einzelheiten S. 160 f. und 200 f.
2 Zum Beispiel aus dem Strafgesetzbuch: Körperverletzung, Diebstahl, Unterschlagung, Betrug.

■ Recht der ungerechtfertigten Bereicherung

Die **§§ 812 ff. BGB**, die eine geringere praktische Bedeutung haben, sollen nicht eine Vermögens*einbuße* (Schaden) ausgleichen, sondern einen Vermögens*zuwachs*, für den es keinen rechtlichen Grund gibt.

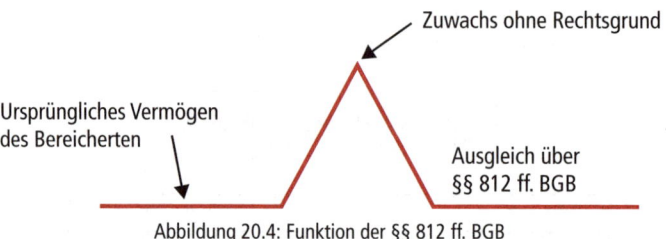

Abbildung 20.4: Funktion der §§ 812 ff. BGB

■ Geschäftsführung ohne Auftrag

Die Vorschriften zur **Geschäftsführung ohne Auftrag** (GoA – §§ 677 ff. BGB) regeln, welche Rechte und Pflichten bestehen, wenn jemand für einen anderen ein „Geschäft führt" (eine Tätigkeit ausübt), ohne beauftragt worden zu sein. Der Hauptanwendungsfall der §§ 677 ff. BGB bestand bis vor wenigen Jahre darin, dass mit ihrer Hilfe im Falle von Abmahnungen bei Verstößen gegen das Wettbewerbsrecht ein **Aufwendungsersatzanspruch** gewährt wurde. Nachdem dieser Anspruch seit 2004 in § 12 Abs. 1 S. 2 UWG gesetzlich geregelt ist, kommt den §§ 677 ff. BGB in der Praxis keine große Bedeutung mehr zu. Auf eine nähere Darstellung dieser Vorschriften wird deshalb verzichtet.

# Recht der unerlaubten Handlungen

**21**

**ÜBERBLICK**

## Lernziele dieses Kapitels

*Was kommt in diesem Kapitel auf Sie zu? Wie schnell kann das passieren: Nur ganz kurz nicht richtig aufgepasst, und schon hat man einen anderen verletzt oder eine fremde Sache beschädigt. Oder man wird als Geschädigter in einem Unfall verwickelt. Von wem und unter welchen Voraussetzungen kann ich Schadensersatz verlangen? Habe ich auch einen Anspruch gegen den Chef, wenn sein Mitarbeiter mir einen Schaden zufügt? Diese und weitere Fragen werden im folgenden Kapitel behandelt.*

## 21.1 Grundlagen

Nach dem in den §§ 823 bis 853 BGB enthaltenen Recht der unerlaubten Handlungen, auch **Deliktsrecht** genannt, bestimmt sich, unter welchen Voraussetzungen eine geschädigte Person vom Schädiger Schadensersatz verlangen kann. Die Vorschriften regeln dabei – mit Ausnahme der §§ 842 ff. BGB – nur, *ob* ein Anspruch besteht, nicht aber, *wie* er zu erfüllen ist und *in welcher Höhe* der Anspruch besteht. Art, Inhalt und Umfang des Anspruchs regeln vielmehr die §§ 842 ff. BGB und die §§ 249 ff. BGB.

> **Beispiel**  Auf einer Landstraße kommt es zu einem Unfall, weil der Autofahrer A 1 beim Überholen „seine doppelte Rückschaupflicht" (vor dem Setzen des „Blinkers" und noch einmal vor dem Fahrbahnwechsel) nicht beachtet und deshalb den von hinten ankommenden A 2 übersieht. A 2 wird bei dem Zusammenstoß der Fahrzeuge erheblich verletzt, sein Fahrzeug wird stark beschädigt. Die Frage, *ob* A 1 dem A 2 Schadensersatz zu leisten hat, regeln die §§ 823 ff. BGB (und daneben § 7 Abs. 1 StVG – Straßenverkehrsgesetz). *Wie* der Schadensersatz zu leisten ist und *in welcher Höhe* er besteht, ergibt sich für bestimmte Schäden aus den §§ 842 ff. BGB, im Übrigen aus den §§ 249 ff. BGB.

> **Merksatz**  Die §§ 823 ff. BGB regeln das „Ob" des Schadensersatzanspruchs, die §§ 842 ff. BGB und die §§ 249 ff. BGB regeln das „Wie" und die Höhe des Anspruchs.

Neben den §§ 823 ff. BGB gibt es eine Reihe weiterer Anspruchsgrundlagen, die einen Schadensersatzanspruch begründen, also das „Ob" betreffen.

- § 179 Abs. 1 BGB: Vertreter ohne Vertretungsmacht[1],
- § 280 Abs. 1 BGB: Pflichtverletzung aus dem Schuldverhältnis[2],
- §§ 280 Abs. 1, Abs. 2, 286 BGB: Ersatz des Verzugsschadens[3],

---

1  Vgl. S. 120 f.
2  Vgl. S. 192 ff.
3  Vgl. S. 211 f.

- §§ 280 Abs. 1, Abs. 3, 281 Abs. 1 BGB: Schadensersatz bei Nichtleistung oder Schlechtleistung[4],

- § 1 ProdHaftG[5].

Auch für diese Anspruchsgrundlagen gelten für das „Wie" und die Höhe des Schadensersatzanspruchs die §§ 249 ff. BGB.

## 21.2 Haftung aus § 823 Abs. 1 BGB

Die Prüfung des § 823 Abs. 1 BGB leidet oft darunter, dass ein falscher, zu eng am Wortlaut der Vorschrift angelehnter Aufbau gewählt wird. Eine sinnvolle Prüfung ist aber nur möglich, wenn man sich *nicht* am Aufbau der Vorschrift orientiert (obwohl dies in Klausuren immer wieder, allerdings ohne Erfolg versucht wird!).

§ 823 Abs. 1 BGB beginnt wie folgt: „Wer vorsätzlich oder fahrlässig das Leben, den Körper ... verletzt". Wenn nun die Prüfung damit beginnt, dass jemand „vorsätzlich oder fahrlässig gehandelt" haben muss, ist gar nicht klar, worauf sich der Vorsatz oder die Fahrlässigkeit beziehen soll. Deshalb ist es erforderlich, zu Beginn klarzustellen, *welche* konkrete Handlung untersucht werden soll.

Man sollte sich verdeutlichen, um was es geht: Es geht um einen Anspruch auf Schadensersatz, weil eine Person einer anderen Person einen Schaden zugefügt hat. Deswegen ist es sinnvoll, mit der *Handlung* zu beginnen, durch die es zu einer *Verletzung* der in der Vorschrift geschützten Rechtsgüter oder Rechte gekommen ist, die wiederum die Ursache für den *Schaden* bilden muss.

> **Merksatz** Der grobe Aufbau einer Prüfung des § 823 Abs. 1 BGB lautet deshalb wie folgt:
>
> 1. **Handlung**: A fährt mit dem Auto die F an.
> 2. Durch die Handlung tritt eine **Rechtsgutverletzung** ein: F erleidet infolge der Handlung des A eine Körperverletzung.
> 3. Durch die Rechtsgutverletzung kommt es zu einem **Schaden**: F muss ins Krankenhaus und erleidet einen Verdienstausfall in Höhe von 5.000,-- €, also
>
> Handlung ⇒ Verletzung ⇒ Schaden.

Zu diesem noch unvollständigen „Prüfungsgerüst" muss hinzukommen, dass die Verletzung des Rechtsgutes oder Rechtes **widerrechtlich** ist und dass den Schädiger ein **Verschulden** trifft. Schließlich muss in zweifacher Weise eine Ursächlichkeit (Kausalität) vorliegen. Diese weiteren Merkmale sind wie folgt in den Aufbau zu integrieren:

---

4 Vgl. S. 258 f.
5 Vgl. S. 276 f.

> **Merksatz**
>
> - **P1:** Handlung,
> - **P2:** *Durch* die Handlung *kausale* Verletzung eines durch § 823 Abs. 1 BGB geschützten Rechtsgutes oder Rechtes,
> - **P3:** Widerrechtlichkeit der Verletzung,
> - **P4:** Vorsatz oder Fahrlässigkeit (Verschulden),
> - **P5:** *Durch* die Rechtsverletzung *kausale Verursachung eines* Schadens.

Es besteht auch die Möglichkeit eines „gestreckten" Aufbaus, in dem die beiden Voraussetzungen der Kausalität jeweils einen selbstständigen Prüfungspunkt bilden. Dann ergibt sich folgender Aufbau:

> **Merksatz**
>
> - **P1:** Handlung,
> - **P2:** Verletzung eines durch § 823 Abs. 1 BGB geschützten Rechtsgutes oder Rechtes,
> - **P3:** Kausalität zwischen der Handlung und der Verletzung, d.h., die Verletzung muss adäquat kausal auf der Handlung beruhen,
> - **P4:** Widerrechtlichkeit der Verletzung,
> - **P5:** Vorsatz oder Fahrlässigkeit (Verschulden),
> - **P6:** Eintritt eines Schadens,
> - **P7:** Adäquate Kausalität zwischen der Verletzung und dem eingetretenen Schaden.

Ob der kürzere (fünf Prüfungspunkte) oder der längere Aufbau (sieben Prüfungspunkte) gewählt wird, ist ohne Belang. Wichtig ist nur, dass alle Tatbestandsvoraussetzungen einschließlich der zweifachen Kausalität in dieser Reihenfolge geprüft werden. Die Darstellung auf den nächsten Seiten geht vom Sieben-Punkte-Aufbau aus.

### 21.2.1 Verletzungshandlung

> **Merksatz**    Die für § 823 Abs. 1 BGB erforderliche Verletzungshandlung kann in einem aktiven Verhalten (die Juristen sprechen von einem „positiven Tun") oder in einem pflichtwidrigen Unterlassen bestehen.

## Abgrenzung zwischen positivem Tun und Unterlassen

Die Abgrenzung zwischen einem positiven Tun und einem Unterlassen kann im Einzelfall schwierig sein, hat aber durchaus praktische Bedeutung, weil ein Unterlassen nur dann den Tatbestand des § 823 Abs. 1 BGB erfüllt, wenn es *pflichtwidrig* ist, das heißt, wenn jemand verpflichtet war, tätig zu werden, dies aber nicht getan hat. Für die Abgrenzung kommt es darauf an, ob der Schwerpunkt der Vorwerfbarkeit in einem Tun oder in einem Unterlassen liegt.

### Beispiele

- P produziert eine Maschine, durch deren Gebrauch zahlreiche Konsumenten zu Schaden kommen. Ursächlich ist, dass die Maschine einige scharfe Kanten enthält, was bei der Endkontrolle nicht aufgefallen war. P könnte vorzuwerfen sein, eine sorgfältige Endkontrolle *unterlassen* zu haben. Ihn könnte aber auch der Vorwurf treffen, eine gefährliche Maschine in den Verkehr gebracht zu haben (positives Tun). Hier ist ein positives Tun anzunehmen, nämlich das In-Verkehr-Bringen einer gefährlichen Maschine. Dieser Aspekt überwiegt.

- G betreibt eine Gaststätte. Auf dem Weg zu den Toiletten befindet sich eine Stufe, die infolge der gedämpften Beleuchtung leicht übersehen werden kann. Gast A kommt deshalb zu Fall und verletzt sich erheblich. G ist nicht vorzuwerfen, dass er eine Gaststätte betreibt, sondern dass er es *unterlassen* hat, den Weg zur Toilette ausreichend zu beleuchten oder in anderer Weise auf die Stufe aufmerksam zu machen.

## Pflichtwidrigkeit des Unterlassens

Ein Unterlassen erfüllt nur dann den Tatbestand des § 823 Abs. 1 BGB, wenn eine **Pflicht zum Tätigwerden**, also zum Handeln besteht. Die Pflicht kann sich aus dem Gesetz, einer konkreten Lebensbeziehung (insbesondere innerhalb der Familie) oder aus einem vorangegangenen Tun ergeben.

### Beispiele

- F stürzt an einem Montag um 8.05 Uhr auf dem Gehweg, weil der Eigentümer des Hauses, vor dem sich der Gehweg befindet, diesen nicht von Eis und Schnee geräumt hat, obwohl nach der Satzung der Gemeinde die Reinigung an Werktagen bis 7.30 Uhr morgens zu erfolgen hat. Hier liegt ein pflichtwidriges Unterlassen vor. Die Pflicht zum Tätigwerden folgt aus der gemeindlichen Satzung.

- F 1 sieht auf dem Gehweg eine Bananenschale liegen, hebt diese aber nicht auf. F 2 rutscht auf der Schale aus und bricht sich ein Bein. Hier hat F 1 es zwar unterlassen, die Schale aufzuheben. Dieses Unterlassen war jedoch nicht pflichtwidrig, weil es keine Vorschrift gibt, die den „normalen" Fußgänger verpflichtet, Gefahren auf dem Gehweg zu beseitigen.

Ganz allgemein gilt der Grundsatz, dass jeder, der eine **Gefahrenquelle** schafft, verpflichtet ist, alle zumutbaren Maßnahmen zu ergreifen, damit sich mögliche Gefahren nicht realisieren. Gefahrenquellen können bestehen bei Gebäuden (Dachpfannen bei Sturm), Bäumen (abknickende Äste, Glätte infolge von Laub), Badeanstalten (fehlende Hinweise auf die Wassertiefe), Baustellen (unzureichende Sicherung), Maschinen (fehlende Schutzgitter, scharfe Kanten), Schrottplätzen (als Anziehungspunkt für Kinder), Fußballstadien (Überfüllung, unzureichende Fluchtwege), Schleppliften (stark vereiste Spur) usw. In allen Fällen ist derjenige, der die Gefahrenquelle geschaffen hat oder unterhält, verpflichtet, alles für die Gefahrenabwehr Zumutbare zu tun. Kommt er dieser Pflicht nicht nach, liegt ein pflichtwidriges Unterlassen vor, das zum Schadensersatz verpflichten kann.

> **Beispiel**  W betreibt an der Nordseeküste einen Wasserskilift. Urlauberin U kommt auf der Anlage zu Fall und schlägt mit dem Rücken auf einen 30 cm unterhalb der Wasseroberfläche befindlichen Eisenträger auf, der von einer früheren Anlage stammt. U erleidet eine Querschnittslähmung. Hier hätte W als Betreiber der Anlage für die vollständige Entfernung des Eisenträgers sorgen müssen. Er hat gegen die ihm obliegende Verkehrssicherungspflicht verstoßen.

## 21.2.2  Rechtsgutverletzung bzw. Rechtsverletzung

> **Merksatz**  Aus der Verletzungshandlung muss eine Verletzung eines der in § 823 Abs. 1 BGB geschützten Rechtsgüter (Leben, Körper, Gesundheit, Freiheit) oder Rechte (Eigentum, „sonstige Rechte") resultieren.

### Leben, Körper und Gesundheit

Verletzung des **Lebens** bedeutet, dass jemand durch die Verletzungshandlung zu Tode kommt. Anspruchsberechtigt sind die Hinterbliebenen. Nach §§ 823 Abs. 1, 844 Abs. 1 BGB sind vom Schädiger die Beerdigungskosten zu ersetzen, nach §§ 823 Abs. 1, 844 Abs. 2 BGB können Ansprüche von unterhaltsberechtigten Personen bestehen, insbesondere von Ehegatten und Kindern des Verstorbenen.

Die Rechtsgüter **Körper** und **Gesundheit** müssen nicht konkret voneinander abgegrenzt werden, da die Rechtsfolgen im Falle einer Verletzung identisch sind. Oft sagt man, dass die Körperverletzung äußere Eingriffe erfasst, während die Gesundheitsbeeinträchtigung sich auf innere Vorgänge bezieht. Ein Armbruch wäre danach als Körperverletzung zu bewerten; ein Nervenzusammenbruch oder die Ansteckung mit einer gefährlichen Krankheit, etwa dem HI-Virus, stellen – auch wenn die Aids-Krankheit noch nicht zum Ausbruch gekommen ist –, Formen der Verletzung der Gesundheit dar[6].

### Freiheit

Eine Verletzung der Freiheit ist gegeben, wenn die körperliche Bewegungsfreiheit entzogen wird, etwa durch Einschließen in einem Raum. Nicht geschützt wird hingegen

---

6    BGH NJW 1991, S. 1948, 1949.

die allgemeine Handlungsfreiheit[7], die zum Beispiel durch einen Stau auf der Autobahn beeinträchtigt wird, weil für eine bestimmte Zeit ein Weiterfahren nicht möglich ist.

## Eigentum

Die Verletzung des Eigentumsrechts umfasst die Zerstörung, Beschädigung, Verunstaltung oder Entziehung einer Sache. Dabei muss es nicht notwendig zu einer Substanzverletzung kommen.

> **Beispiele**
> - D stiehlt E ein kaputtes Fahrrad, bringt es in Ordnung und benutzt es selbst. Obwohl das Fahrrad an Wert gewonnen hat, also keinesfalls beschädigt oder gar zerstört wurde, liegt eine Verletzung des Eigentumsrechts des E vor, weil ihm die Nutzungsmöglichkeit entzogen wurde.
> - Mieter M verkauft ein gemietetes Fahrrad und übereignet es wirksam an den gutgläubigen G (§§ 929, 932 BGB), sodass der bisherige Eigentümer sein Eigentum verliert[8].

## Vermögen

> **Merksatz**
> Das *Vermögen als solches* wird durch § 823 Abs. 1 BGB nicht geschützt. Resultiert allerdings aus der Verletzung eines in § 823 Abs. 1 BGB aufgeführten Rechtsgutes oder Rechtes ein Vermögensschaden, besteht ein Schadensersatzanspruch.

> **Beispiele**
> - Anlageberater A verkauft der Rentnerin R, die eine sichere Geldanlage sucht, hochspekulative Anleihen, was zu einem Totalverlust führt. R hat gegen A keinen Anspruch aus § 823 Abs. 1 BGB, weil kein dort aufgeführtes Rechtsgut oder Recht verletzt worden ist. In Betracht kommen aber neben einem vertraglichen Anspruch wegen Falschberatung (§ 280 Abs. 1 BGB) Ansprüche aus dem Deliktsrecht, nämlich aus § 823 Abs. 2 BGB in Verbindung mit einem Schutzgesetz und aus § 826 BGB[9].
> - F wird bei einem Autounfall verletzt, muss ins Krankenhaus und erleidet einen Verdienstausfall. Der Verdienstausfall ist ein Vermögensschaden. Da der Schaden aber eine *Folge der Körperverletzung* ist, hat A Anspruch auf Schadensersatz aus § 823 Abs. 1 BGB.

---

7   Palandt/Sprau, Bürgerliches Gesetzbuch, § 823 Rn. 6.
8   Zum gutgläubigen Erwerb vgl. S. 428 ff.
9   Zu Einzelheiten vgl. die folgenden Ausführungen.

- F gerät auf der A 1 in einen 50 km langen Stau, der durch einen Unfall verursacht worden ist. Infolge des Staus verpasst F einen wichtigen Geschäftstermin und erleidet einen Schaden von 50.000,-- €. F hat *keinen* Anspruch aus § 823 Abs. 1 BGB auf Schadensersatz gegen den Unfallverursacher, weil keines der dort genannten Rechtsgüter oder Rechte verletzt ist. Obwohl F sich nicht wie beabsichtigt auf der Autobahn fortbewegen konnte, ist insbesondere das Rechtsgut Freiheit nicht betroffen. Dafür reicht es nämlich nicht aus, dass die allgemeine Handlungsfreiheit des F beeinträchtigt wurde. Vielmehr muss die körperliche Bewegungsfreiheit entzogen werden, was bei einem Verkehrsstau nicht der Fall ist.

## Sonstige Rechte

Neben den vier ausdrücklich genannten Rechtsgütern (Leben, Körper, Gesundheit, Freiheit) und dem Eigentumsrecht schützt § 823 Abs. 1 BGB die „sonstigen Rechte", allerdings ohne näher zu bestimmen, welche Rechte unter diesen Begriff fallen.

**Grundlagen** Es besteht Einigkeit, dass der Begriff der „sonstigen Rechte" eingeschränkt zu interpretieren ist. Es muss sich um Rechte handeln, die ähnlich „stark" sind wie das Eigentumsrecht an Sachen und die wesensmäßig den Rechtsgütern Leben, Körper, Gesundheit und Freiheit entsprechen.

| **Merksatz** | Sonstige Rechte im Sinne des § 823 Abs. 1 BGB sind Rechte, die denselben rechtlichen Charakter wie das Eigentum haben und die wie Leben, Körper, Gesundheit und Freiheit von jedermann zu beachten sind. Man spricht insoweit von **ausschließlichen** (auch absoluten) **Rechten**. Anerkannt als sonstiges Recht sind der Besitz, das Namensrecht, die Immaterialgüterrechte (Patentrecht, Markenrecht) und das Urheberrecht. |
| --- | --- |

**Beispiele**

- Durch den Mietvertrag erhält der Mieter das Recht zur Nutzung der Mietsache und wird deren unmittelbarer Besitzer. Wenn der Vermieter dem Mieter diesen **Besitz** entzieht (Einbau neuer Schlösser) oder im Besitz stört (Abstellen des Stroms oder der Heizung), ist ein „sonstiges Recht" im Sinne des § 823 Abs. 1 BGB verletzt.

- Das Recht am eigenen Namen (§ 12 BGB) ist ebenfalls ein sonstiges Recht. Das **Namensrecht** hat in Zusammenhang mit domain names im Internet in den letzten Jahren große Bedeutung erlangt. Führt jemand unter Verstoß gegen § 12 BGB einen domain name, kann der berechtigte Namensträger Unterlassung und eventuell auch Schadensersatz verlangen[10].

---

10  Vgl. BGH NJW 2002, S. 2031, 2034 („Shell.de"), dort allerdings auf markenrechtliche Vorschriften gestützt.

**Recht am Unternehmen**  Als sonstiges Recht hat die Rechtsprechung außerdem das „Recht am eingerichteten und ausgeübten Gewerbebetrieb" entwickelt, das heute oft kürzer und prägnanter als „Recht am Unternehmen" (RaU) bezeichnet wird. Durch dieses Recht wird der Schutz des Unternehmers (natürliche Person, Personengesellschaft oder juristische Person) gegen Beeinträchtigungen seiner rechtmäßig ausgeübten unternehmerischen Betätigung gesichert. Hierbei handelt es sich um einen so genannten „Auffangtatbestand", durch den eine im Gesetz, insbesondere im gewerblichen Rechtsschutz bestehende Lücke geschlossen werden soll. Das Recht am Unternehmen ist also subsidiär (nachrangig). Es kommt nicht zur Anwendung, wenn es für den Sachverhalt eine gesetzliche Vorschrift gibt.

Bei der Prüfung des „Rechts am Unternehmen" sind folgende Punkte zu beachten:

- Da das Recht am Unternehmen eine Lücke im Rechtssystem schließen soll, darf keine andere Anspruchsgrundlage für einen Schadensersatzanspruch gegeben sein, etwa eine Verletzung des Eigentums.
- Es muss ein auf Dauer und Gewinnerzielung angelegtes Unternehmen bestehen.
- Es muss ein direkter „**betriebsbezogener Eingriff**" vorliegen.

Mit der Voraussetzung des *betriebsbezogenen Eingriffs* wird der Anwendungsbereich des Rechts am Unternehmen erheblich eingeschränkt. Für einen Schadensersatzanspruch reicht nämlich nicht jede Beeinträchtigung des unternehmerischen Handelns aus, vielmehr muss ein Eingriff vorliegen, der sich spezifisch und gezielt gegen den Organismus oder gegen die unternehmerische Entscheidungsfreiheit richtet. Eine nur mittelbare Beeinträchtigung genügt nicht. Einfacher ausgedrückt:

| Merksatz | Ein Eingriff in das Recht am Unternehmen setzt eine direkte und gewollte Beeinträchtigung der unternehmerischen Betätigung voraus. Eine zufällige, nicht beabsichtigte Beeinträchtigung reicht nicht aus. |
|---|---|

Bekannt und beliebt zur Verdeutlichung dieses nicht ganz einfachen Sachverhalts sind die „Bagger-Fälle".

**Beispiel**  Baggerführer Willibald (W) zerstört bei Ausschachtungsarbeiten für eine neue Straße fahrlässig ein Stromkabel. Infolge des Stromausfalls kommt es in der zwei Kilometer entfernten Lebensmittelfabrik des F für mehrere Stunden zu einem Produktionsstillstand, außerdem verderben infolge fehlender Kühlung wertvolle, dem F gehörende Rohstoffe. Welche Ansprüche stehen F gegen W zu?

- Bezüglich der verdorbenen Rohstoffe liegt eine Verletzung des **Eigentums** des F vor, sodass ein Rückgriff auf das Recht am Unternehmen als sonstiges Recht nicht zulässig ist. Hier haftet W aus § 823 Abs. 1 BGB auf Schadensersatz.

- Hinsichtlich des Produktionsausfalls ist das Eigentum nicht beeinträchtigt, weil ja nicht etwas schon Vorhandenes zerstört worden ist. Vielmehr liegt ein **allgemeiner Vermögensschaden** vor, der von den in § 823 Abs. 1 BGB ausdrücklich erwähnten Rechtsgütern und Rechten aber nicht erfasst wird. Deshalb ist zu überlegen, ob als **Auffangtatbestand** das Recht am Unternehmen zu einem Anspruch führt. Neben den hier erfüllten Voraussetzungen – Vorliegen einer Lücke im Gesetz, Bestehen eines Unternehmens – muss ein **betriebsbezogener Eingriff** vorliegen, also eine direkt gegen das Unternehmen gerichtete Handlung. Das ist hier nicht der Fall: B hat das Kabel nicht mit der Absicht zerstört, bei F die Produktion zum Erliegen zu bringen. Deshalb ist bezüglich des Produktionsausfalls kein Anspruch aus § 823 Abs. 1 BGB gegeben. Da andere Anspruchsgrundlagen nicht in Betracht kommen, muss F diesen Teil seines Schadens selbst tragen, sofern er keine Betriebsunterbrechungsversicherung hat.

Dieses Ergebnis mag auf den ersten Blick ungerecht erscheinen, doch ist eine Begrenzung der Haftung aus dem Recht am Unternehmen nicht nur zwingend geboten, sondern auch sachgerecht, weil anderenfalls schon im Fall leichtester Fahrlässigkeit ein Weg zu unüberschaubaren Schadensersatzansprüchen eröffnet wäre (vgl. den Baggerfall!).

Trotz der gerade aufgezeigten hohen Anforderungen gibt es in der Praxis durchaus Fälle, in denen sich aus dem RaU Ansprüche ableiten lassen.

- So kann ein rechtswidriger **Streik** die daran teilnehmenden Arbeitnehmer und die Gewerkschaft, sofern sie zu dem Streik aufgerufen hat, zum Schadensersatz verpflichten.
- Auch wenn der Streik rechtmäßig ist, dürfen Lieferanten, Kunden und arbeitswillige Arbeitnehmer nicht mit Gewalt am Zutritt zum Unternehmen gehindert werden.

Schwierige Abgrenzungsfragen ergeben sich zwischen dem Eingriff in das Recht am Unternehmen und dem Recht der **freien Meinungsäußerung**, zum Beispiel wenn ein **Boykott-Aufruf** bezüglich bestimmter Unternehmen oder Waren erfolgt.

**Beispiel** Im Jahre 1995 setzte Greenpeace den Shell-Konzern massiv unter Druck, weil der Konzern die ausgediente Ölplattform „Brent Spar" in der Nordsee versenken wollte. Nach einem Aufruf von Politikern aller Parteien, zu denen auch die damalige Umweltministerin Angela Merkel gehörte, wurden auch in Deutschland Shell-Tankstellen boykottiert. Shell musste einlenken, die Plattform wurde an Land geschleppt und hier entsorgt.

In dem Boykottaufruf von Frau Merkel und anderen lag ohne Frage ein betriebsbezogener Eingriff, da eine Schädigung der Shell-AG geradezu beabsichtigt war, um deren Entscheidungsträger zu einem Umdenken zu veranlassen. Daraus allein folgt aber noch keine Schadensersatzpflicht. Vielmehr muss zusätzlich festgestellt werden, dass der Eingriff **widerrechtlich** ist. Dies hat durch eine umfassende Güter- und Interessenabwägung unter Einbeziehung der Grundrechte der Beteiligten zu geschehen. Die Abwägung kann dazu führen, dass ein Eingriff in das Recht am Unternehmen nicht als rechtswidrig qualifiziert wird. Dies gilt etwa für einen rechtmäßigen Streik und wohl auch im obigen „Shell-Fall", wobei es hier für die Beurteilung auf Art, Ausmaß und Länge der Aktionen ankommt. Zumindest ein zeitlich begrenzter Aufruf zum Boykott dürfte angesichts der geplanten „Entsorgungs-Praxis" der Shell-AG nicht rechtswidrig gewesen sein. Anders wäre es, wenn Autofahrer mit Gewalt daran gehindert worden wären, Produkte der Shell-AG zu tanken.

**Allgemeines Persönlichkeitsrecht** Ebenfalls als „sonstiges Recht" ist das Allgemeine Persönlichkeitsrecht anerkannt, abgeleitet aus Art. 1, 2 GG (Grundgesetz). Es beinhaltet das Recht des Einzelnen auf Achtung seiner individuellen Persönlichkeit durch den Staat, aber auch im privaten Rechtsverkehr. Geschützt werden die **Individualsphäre** (besonders das Selbstbestimmungsrecht), die **Privatsphäre** (Leben im häuslichen Kreis und in der Familie) und die **Intimsphäre** (vertrauliche Briefe, Tagebuchaufzeichnungen, Gesundheitszustand). Die Verletzungshandlung liegt darin, dass in eine dieser Sphären eingegriffen wird. Dies kann insbesondere bei Personen, die in der Öffentlichkeit stehen, tatbestandlich sehr schnell der Fall sein, zum Beispiel durch eine Berichterstattung in Presse, Funk oder Fernsehen, oft ausgelöst im Kampf um Marktanteile und Quoten!

In gleicher Weise wie beim Recht am Unternehmen ist auch beim Allgemeinen Persönlichkeitsrecht bezüglich der Widerrechtlichkeit eine Abwägung, insbesondere zwischen den verschiedenen Grundrechten der Beteiligten, vorzunehmen. Auf der einen Seite steht die Pressefreiheit (Art. 5 Abs. 3 GG – Grundgesetz) oder die Meinungsfreiheit (Art. 5 Abs. 1 GG) des „Täters", auf der anderen Seite der Schutz des „Opfers", insbesondere seine Menschenwürde (Art. 1 Abs. 2 GG) und sein Recht auf die freie Entfaltung der Persönlichkeit (Art. 2 Abs. 1 GG).

Für die Beurteilung ist zunächst zu prüfen, in welche der oben genannten Sphären eingegriffen wird:

- Absoluten Schutz genießt die Intimsphäre. Über sie darf keine öffentliche Darstellung erfolgen[11].

- Ein Eingriff in die Privatsphäre kann gerechtfertigt sein, wenn die wahrheitsgemäße Aufklärung über Vorgänge aus dem privaten Lebensbereich einer Person aus besonderen Gründen für die Allgemeinheit von Bedeutung ist.

- Einen reduzierten Schutz genießt die Individualsphäre, insbesondere die Betätigung einer Person im öffentlichen, politischen oder wirtschaftlichen Leben. So müssen sich Politiker scharfe, abwertende Kritiken bis hin zur Polemik gefallen lassen. Dies gilt auch für Künstler (und für Personen, die sich dafür halten) und für Prinzessinnen und andere „Königskinder". Nach der Rechtsprechung des Bundesverfassungsgerichts ist es zulässig, von Personen, die in der Öffentlichkeit stehen („Personen der Zeitgeschichte") ohne deren Einwilligung Fotos zu machen und zu verbreiten. Allerdings dürfen diese Fotos nicht heimlich gemacht worden sein (etwa vom Hubschrauber aus) oder die Personen in sehr privaten oder gar intimen Situationen zeigen[12]. Eine weitere, nicht nur seitens der Presse kritisierte Einschränkung hat der Europäische Gerichtshof für Menschenrechte vorgenommen[13]. Danach dürfen Fotoaufnahmen einer Person der Zeitgeschichte (hier Caroline von Hannover) aus deren Alltagsleben *nicht* veröffentlicht werden. Die entgegenstehende

---

11  BGH NJW 1988, S. 1984, 1985.
12  BVerfG NJW 2000, S. 1021, 1025 f.; vgl. auch BGH NJW 2004, S. 766, 767.
13  EGMR NJW 2004, S. 2647, 2649 ff.

Rechtsprechung des Bundesverfassungsgerichts stelle einen Verstoß gegen Art. 8 Europäische Menschenrechtskonvention (EMRK) dar[14].

Im Übrigen ist für die Bewertung auch das eigene Verhalten des Betroffenen von Bedeutung. Wer sich bewusst in die Öffentlichkeit drängt, muss hinnehmen, dass über ihn berichtet wird, und zwar auch in negativer Weise (Big Brother, DSDS und ähnliche Formate usw.). Hier wie anderswo gilt der Satz: „Wie man in den Wald hineinruft, so schallt es heraus".

Die Liste der Entscheidungen, in denen die Rechtsprechung eine Verletzung des Allgemeinen Persönlichkeitsrechts angenommen hat, ist lang[15].

---

**Beispiele**

- Heimliches Mitschneiden eines Telefongesprächs,
- ungenehmigte Veröffentlichung eines Bildes bei einer Person, die keine Person der Zeitgeschichte war,
- unbefugtes Öffnen von Post,
- ständige Überwachung eines Arbeitnehmers mittels versteckter Kamera, wenn nicht überwiegende Interessen des Arbeitgebers dies rechtfertigen,
- Bezeichnung eines Rollstuhlfahrers als Krüppel in einer satirischen Zeitschrift.

---

## 21.2.3 Haftungsbegründende Kausalität

Neben der Verletzungshandlung **(Voraussetzung P1)** und der Rechtsgut- bzw. der Rechtsverletzung **(P2)** setzt der Schadensersatzanspruch nach § 823 Abs. 1 BGB voraus, dass zwischen der Handlung und der Verletzung eine ursächliche (kausale) Beziehung besteht **(P3)**. Die Verletzung muss durch die Handlung entstanden sein (*haftungsbegründende Kausalität*). Verlangt wird dabei eine **adäquate Kausalität**. Nach einer in der Rechtsprechung verwendeten Formel liegt eine adäquate Kausalität vor, wenn eine Tatsache im allgemeinen und nicht nur unter besonders eigenartigen, ganz unwahrscheinlichen und nach regelmäßigen Verlauf der Dinge außer Betracht zu lassenden Umständen zur Herbeiführung eines Erfolges geeignet ist[16]. Die Adäquanz kann fehlen, wenn der Geschädigte selbst in völlig ungewöhnlicher oder unsachgemäßer Weise in den schadensträchtigen Geschehensablauf eingreift und eine weitere Ursache setzt, die den Schaden endgültig herbeiführt[17]. Diese Definitionen kann man sich auch bei viel gutem Willen kaum merken. Einfacher ist die folgende Formulierung:

---

**Merksatz** Eine adäquate Kausalität ist nicht gegeben, wenn der Ursachenzusammenhang zwischen der Verletzungshandlung und der Verletzung völlig *außergewöhnlich* und *unwahrscheinlich* ist.

---

14  Zur Entwicklung Soehring/Seelmann-Eggebert, NJW 2005, S. 571, 576.
15  Vgl. die zahlreichen Nachweise bei Palandt/Sprau, Bürgerliches Gesetzbuch, § 823 Rn. 110 ff.
16  BGH NJW 2005, S. 1420, 1421.
17  BGH NJW 1993, S. 1587, 1589.

**Beispiele**

- Ein Mann wird bei einem Verkehrsunfall verletzt. Der Unfall wird von seiner schwangeren Ehefrau beobachtet, die einen Nervenzusammenbruch erleidet. Dadurch kommt das Kind später mit Schäden zur Welt. Diese Entwicklung liegt *noch nicht* außerhalb jeder Wahrscheinlichkeit, die Schäden des Kindes beruhen damit (noch) adäquat kausal auf dem Unfall.

- F erleidet bei einem Fußballspiel der 2. Kreisklasse einen Beinbruch. Im Krankenhaus zieht er sich eine Infektion zu. Diese Entwicklung ist auch im 21. Jahrhundert in deutschen Krankenhäusern nicht ganz und gar unwahrscheinlich und deshalb adäquat kausal. Die Kausalität wird nicht dadurch ausgeschlossen, dass eine weitere Ursache (zum Beispiel die Benutzung eines nicht sterilen OP-Bestecks) hinzukommt.

| Merksatz | Liegen eine Verletzungshandlung (P1), eine Rechtsgut- oder Rechtsverletzung (P2) und eine adäquate Kausalität zwischen der Handlung und der Verletzung vor (P3), ist der *objektive Tatbestand* des § 823 Abs. 1 BGB erfüllt. |
|---|---|

## 21.2.4  Widerrechtlichkeit (Rechtswidrigkeit)

Weitere Voraussetzung **(P4)** für einen Schadensersatzanspruch nach § 823 Abs. 1 BGB ist, dass die Verletzung des Rechtsgutes bzw. Rechtes widerrechtlich ist. Die Prüfung dieser Voraussetzung ist im Ausgangspunkt sehr einfach, weil grundsätzlich jede Verletzung eines fremden Rechtsgutes oder Rechtes gegen die Rechtsordnung verstößt. Aus der Verletzung folgt (automatisch) die Widerrechtlichkeit. Kurz und bündig formuliert man: „Die Widerrechtlichkeit wird indiziert". Dies gilt allerdings – wie schon ausgeführt wurde – nicht, wenn ein Eingriff in das Allgemeine Persönlichkeitsrecht oder in das Recht am Unternehmen in Betracht kommt. In diesen Fällen wird die Rechtswidrigkeit nicht indiziert, sie ist vielmehr – siehe oben[18] – nach einer umfassenden Güter- und Interessenabwägung positiv festzustellen.

In den anderen Fällen wird die Rechtswidrigkeit nur dann nicht indiziert, wenn im konkreten Fall ein **Rechtfertigungsgrund** vorliegt. Dies kann zum Beispiel eine **Einwilligung** des Verletzten sein oder ein Handeln in **Notwehr**.

| Merksatz | Jede Verletzung eines fremden Rechtsgutes oder Rechtes ist widerrechtlich, es sei den, es liegt ein Rechtfertigungsrund vor (Einwilligung, Notwehr). „Die Tatbestandsmäßigkeit indiziert die Widerrechtlichkeit"! Dies gilt nicht, wenn ein Eingriff in das Recht am Unternehmen oder in das Allgemeine Persönlichkeitsrecht vorliegt. In diesen Fällen muss die Rechtswidrigkeit im Wege einer Güter- und Interessenabwägung festgestellt werden. |
|---|---|

---

18  Vgl. S. 364 f.

**Beispiele**

- A muss sich einer komplizierten Operation unterziehen. Nach umfänglicher Aufklärung durch den Arzt erklärt sich A mit dem Eingriff einverstanden und erteilt damit seine Einwilligung zu einer tatbestandlichen Körperverletzung des Arztes in Form des Öffnens der Bauchdecke.

- Bei einem Fußballspiel wird ein Spieler im „Kampf um den Ball" verletzt. Hier ist von einer konkludenten Einwilligung des Verletzten auszugehen, die allerdings nicht bei vorsätzlichen Fouls gilt. Ein schuldhafter Verstoß gegen die Regel XII des Deutschen Fußballbunds und damit eine zum Schadensersatz und Schmerzensgeld verpflichtende Körperverletzung ist zum Beispiel anzunehmen, wenn ein Abwehrspieler von schräg hinten in die Beine eines den Ball führenden, auf das Tor zustürmenden Gegners grätscht, ohne eine realistische Chance zu haben, den Ball spielen zu können („Notbremse")[19].

## 21.2.5 Verschulden

Ein Anspruch auf Schadensersatz setzt im Regelfall ein Verschulden des Verletzers voraus. Nur in Fällen der **Gefährdungshaftung** wird auf diese Voraussetzung verzichtet: Es liegt damit eine „Haftung ohne Verschulden" vor.

**Beispiele für eine Gefährdungshaftung**

- § 833 S. 1 BGB: Haftung des Tierhalters,
- § 7 Abs. 1 StVG (Straßenverkehrsgesetz): Haftung des Kfz-Halters,
- § 1 Abs. 1 ProdHaftG[20].

§ 823 Abs. 1 BGB gehört nicht in diese Gruppe, sondern verlangt – wie der ganz überwiegende Teil der Vorschriften, die zum Schadensersatz verpflichten -, dass der Schädiger schuldhaft gehandelt hat, wobei als Verschuldensformen Vorsatz und Fahrlässigkeit in Betracht kommen. Dies entspricht dem Prüfungspunkt **P5**.

**Vorsatz**

Der im BGB nicht definierte Begriff „Vorsatz" wird umschrieben als das „Wissen und Wollen des rechtswidrigen Erfolges"[21].

**Merksatz**

Vorsatz liegt vor, wenn der Täter absichtlich handelt (direkter Vorsatz). Vorsätzlich handelt aber auch, wer den Verletzungserfolg nicht will, ihn aber zumindest billigend in Kauf nimmt (bedingter Vorsatz, Eventualvorsatz). Hier handelt der Täter nach dem Motto: „Es wird schon nichts passieren, aber wenn es passiert, dann passiert es eben".

---

19  OLG Hamm, Versicherungsrecht (VersR) 1999, S. 1115.
20  Vgl. S. 276 f.
21  Palandt/Heinrichs, Bürgerliches Gesetzbuch, § 276 Rn. 10.

**Beispiele**

- F führt einen „Privatkrieg" gegen Autofahrer, die auf Radwegen parken. Deswegen fügt er mit einem kleinen Nagel allen Fahrzeugen, die seiner Meinung nach verbotswidrig parken, Lackschäden zu. Hier liegt ein vorsätzliches Handeln vor, weil F mit der Absicht der Schädigung handelt.

- F fährt mit seinem Fahrrad wider besseres Wissen auf der „falschen Seite" (also entgegen der erlaubten Fahrtrichtung) und stößt deshalb mit einem anderen Fahrradfahrer zusammen, der erheblich verletzt wird. Hier ist F vorsätzlich auf der „falschen Seite" gefahren, den Unfall und die Verletzung des anderen Radfahrers hat er aber nicht absichtlich herbeigeführt. Möglicherweise handelte er aber, was aufzuklären ist, mit bedingtem Vorsatz.

## Fahrlässigkeit

Bei der Fahrlässigkeit sind nach dem BGB die leichte (einfache) und die grobe Fahrlässigkeit zu unterscheiden. Zum Teil wird innerhalb der leichten Fahrlässigkeit nochmals zwischen der leichtesten und der normalen Fahrlässigkeit differenziert[22].

- Die **einfache (leichte) Fahrlässigkeit** ist in § 276 Abs. 2 BGB definiert. Danach handelt fahrlässig, wer die im Verkehr erforderliche Sorgfalt außer Acht lässt. Damit ist gemeint, wer nicht so aufpasst, wie es in der konkreten Situation erforderlich ist. Mit „Verkehr" ist nicht etwa nur der „Autoverkehr", sondern der gesamte Rechts- und Geschäftsverkehr gemeint[23].

- Der Begriff der **„groben Fahrlässigkeit"** ist im BGB nicht definiert. Die grobe Fahrlässigkeit ist also eine gesteigerte Form der einfachen Fahrlässigkeit. Nach einer Definition des BGH handelt **grob fahrlässig**, wer die im Verkehr erforderliche Sorgfalt in ungewöhnlich hohem Maße verletzt, einfachste, ganz naheliegende Überlegungen nicht anstellt und dasjenige unbeachtet lässt, was im gegebenen Fall jedem hätte einleuchten müssen[24]. Da sich die Definition nur schwer einprägen lässt, kann man sich wie folgt behelfen:

**Merksatz**
„Grob fahrlässig handelt, wer die im Verkehr erforderliche Sorgfalt *in besonders schwerer Weise* außer Acht lässt". Diese Definition entspricht § 276 Abs. 2 BGB mit dem Einschub „in besonders schwerer Weise".

---

22 Bundesarbeitsgericht (BAG) NJW 1995, S. 210, 211.
23 Vgl. das Beispiel auf S. 194.
24 BGH NJW 2005, S. 981, 982; BGH NJW 2005, S. 1365, 1366.

Diese Form der Fahrlässigkeit hat beim gutgläubigen Eigentumserwerb (§ 932 Abs. 2 BGB)[25] und im Versicherungsrecht große Bedeutung, da eine Schadensversicherung gemäß § 61 VVG (Versicherungsvertragsgesetz) nicht zahlen muss, wenn der Versicherte den Schaden an seinem Eigentum vorsätzlich oder grob fahrlässig herbeigeführt hat.

Nach der Rechtsprechung liegt grobe Fahrlässigkeit zum Beispiel vor, wenn sich ein Autofahrer durch Rauchen, heruntergefallene Gegenstände, die Suche nach ihnen oder das Greifen nach Gegenständen auf dem Beifahrersitz in einer Weise von dem Verkehrsgeschehen ablenken lässt, dass er die Übersicht darüber verliert und es – sei es auch nur reflexartig – dann zu Fehlreaktionen oder dazu kommt, dass er die Herrschaft über das Fahrzeug verliert. Das ist etwa der Fall, wenn ein Autofahrer sich nach der heruntergefallenen Zigarette bückt, dabei das Steuer „verreißt", den Blick von der Fahrbahn abwendet und gegen die Leitplanke gerät. Gleiches gilt, wenn ein durch die Suche nach einer brennenden Zigarette abgelenkter Autofahrer zu spät erkennt, dass er abbremsen musste und dann durch zu starkes Bremsen ins Schleudern gerät. Gerade an Raucher werden wegen der erhöhten Risiken des Rauchens während der Fahrt gesteigerte Anforderungen in Bezug auf die Sicherheit der Fahrzeugführung gestellt, sodass ihnen Vorkehrungen abverlangt werden, dass brennende Zigaretten oder Teile von Glut oder Asche nicht herunterfallen und Situationen schaffen können, auf die nicht mehr kontrolliert, sondern nur noch reflexartig reagiert werden kann. Noch ein Grund mehr, um mit dem Rauchen aufzuhören!

Diese strengen Grundsätze der Rechtsprechung gelten in ähnlicher Weise für andere Handlungen, durch die sich der Autofahrer ohne zwingende und ohne sein Hinzutun aufgetretene Notwendigkeit von dem Verkehrsgeschehen in einer Weise ablenken lässt, die ihm nicht mehr erlaubt, den Anforderungen gerecht zu werden, so z.B. durch herunterfallende Musikkassetten, Gegenstände auf dem Beifahrersitz, einem schreienden Baby auf dem Rücksitz[26] oder durch eine Handy-Nutzung ohne Freisprecheinrichtung[27].

> **Beispiel**  Autofahrer F wechselt während bei einer Geschwindigkeit von 70 km/h eine Musikkassette und gerät dadurch auf die Gegenfahrbahn. Hier liegt eine grobe Fahrlässigkeit bezüglich der Herbeiführung des Unfalls vor, die dazu führt, dass die Kaskoversicherung den Schaden am Fahrzeug des F nach § 61 VVG *nicht* ausgleichen muss[28]. Im Falle einer nur fahrlässigen Verursachung hätte F einen Anspruch auf Schadensersatz.

---

25  Vgl. S. 430.
26  OLG Frankfurt, NJW-RR 1995, S. 1368, 1369 mit weiteren Nachweisen.
27  OLG Köln, NJW-RR 2001, S. 22; LG Frankfurt, NJW-RR 2001, S. 1679, 1680.
28  OLG Nürnberg, NJW-RR 1992, S. 360.

## 21.2.6 Schaden

Weitere Voraussetzung **(P6)** für einen Anspruch aus § 823 Abs. 1 BGB ist, dass durch die Verletzung des Rechtsgutes oder Rechtes ein Schaden entstanden ist. Ob ein Schaden vorliegt, wird durch einen Vorher-Nachher-Vergleich ermittelt.

> **Merksatz**
>
> | Wert des Vermögens vor der unerlaubten Handlung: | 10.000,-- € |
> |---|---|
> | :/. Wert des Vermögens nach der unerlaubten Handlung: | 8.000,-- € |
> | Schaden | 2.000,-- € |

Die Tatbestandsmerkmale „Verletzung eines Rechtsgutes oder Rechtes" **(P2)** und „Schaden" **(P6)** werden oft nicht ausreichend unterschieden oder sogar gleichgesetzt. Sie bedeuten aber etwas anderes und sind deshalb auseinander zu halten.

> **Beispiel** Das vor der Uni abgestellte Fahrzeug von Prof. Y wird beschädigt, weil Prof. X beim Einparken dagegen fährt. Hier ist das *Recht „Eigentum"* des Y an seinem Fahrzeug verletzt worden, der *Schaden* besteht darin, dass der Wert des beschädigten Fahrzeugs geringer ist als der Wert des unbeschädigten Fahrzeugs.

## 21.2.7 Haftungsausfüllende Kausalität

Zwischen der Rechtsgut- bzw. Rechtsverletzung und dem Schaden muss eine adäquate Kausalität bestehen **(P7)**, das heißt, es darf nicht ganz und gar unwahrscheinlich sein, dass aus der Rechtsgutverletzung der geltend gemachte Schaden entstanden ist (haftungsausfüllende Kausalität)[29].

> **Beispiel** Arzt A wird bei einem Verkehrsunfall verletzt, sodass er drei Wochen stationär behandelt wird. Dadurch erleidet er einen Verdienstausfall in Höhe von 7.000,-- €. Der Ursachenzusammenhang ist adäquat kausal, weil es nach der Lebenserfahrung nicht unwahrscheinlich ist, dass es infolge einer Körperverletzung zu einem Krankenhausaufenthalt und dadurch zu einem Verdienstausfall kommt.

Die Kausalität ist also zweimal zu prüfen (P3 und P7).

---

[29] Zwischen beiden Arten der Kausalität (haftungsbegründende und haftungsausfüllende) kann es zu Überschneidungen und schwierigen Abgrenzungsfragen kommen, vgl. Palandt/Heinrichs, Bürgerliches Gesetzbuch, Vorbemerkung von § 249 Rn. 56.

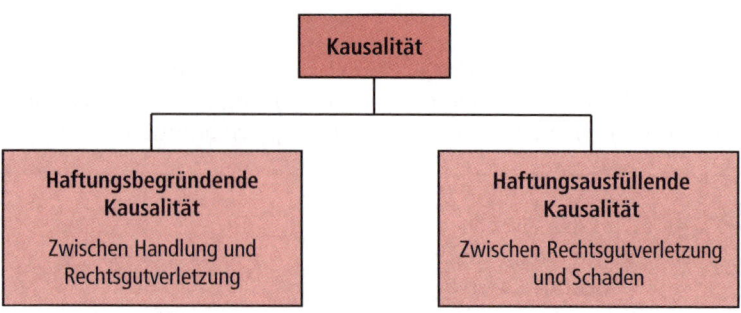

Abbildung 21.1: Kausalität

### 21.2.8 Rechtsfolge

Wenn die Voraussetzungen P1 bis P7 vorliegen, hat der Geschädigte gegen den Schädiger einen Anspruch auf Schadensersatz. Damit ist über das „Ob" des Anspruchs entschieden, aber noch nicht über das „Wie" und die **Höhe**. Diese Frage richtet sich – wie zu Beginn dieses Teils ausgeführt – nach §§ 842 ff. BGB und §§ 249 ff. BGB[30].

### 21.2.9 Abschließender Hinweis

Eine erfolgreiche Prüfung des § 823 Abs. 1 BGB setzt ein besonders diszipliniertes Vorgehen voraus. Zum einen muss eine vom Wortlaut der Vorschrift abweichende Prüfungsreihenfolge gewählt werden, beginnend mit der (unerlaubten) Handlung. Außerdem muss deutlich zwischen den verschiedenen Tatbestandsvoraussetzungen unterschieden werden. Sehr häufig werden die Voraussetzungen „Verletzung eines Rechtsgutes oder Rechtes" und „Schaden" verwechselt. Eine gute Übung besteht darin, nur mit Hilfe des Gesetzes die Tatbestandsmerkmale (Voraussetzungen) herauszuarbeiten.

## 21.3 § 823 Abs. 2 BGB in Verbindung mit einem Schutzgesetz

Die Verpflichtung zum Schadensersatz trifft nach § 823 Abs. 2 BGB auch denjenigen, der gegen ein den Schutz eines anderen bezweckendes Gesetz verstößt. Der Handelnde muss also gegen ein **Schutzgesetz** verstoßen und dadurch einem anderen einen Schaden zufügen.

Nicht immer wird beachtet, dass es sich bei den beiden Absätzen des § 823 BGB jeweils um **eigenständige Anspruchsgrundlagen** handelt. Daraus folgt, dass sich derselbe Anspruch aus § 823 Abs. 1 BGB *und* aus § 823 Abs. 2 BGB i.V.m. der Verletzung eines Schutzgesetzes ergeben kann. *Ein* Anspruch kann also auf mehreren Anspruchsgrundlagen beruhen.

---

30 Einzelheiten im folgenden Kapitel, S. 385 ff.

> **Merksatz** Ein Schutzgesetz ist eine Norm, die dem Einzelnen einen Schutz vor der Verletzung seiner Rechtsgüter, Rechte und anderen rechtlich geschützten Interessen gewähren soll. Dazu gehören viele Vorschriften des Strafgesetzbuches (StGB), zum Beispiel die Delikte Körperverletzung (§§ 223 ff. StGB), Diebstahl (§ 242 StGB), Unterschlagung (§ 246 StGB) und Betrug (§ 263 StGB). Eine gemeindliche Streusatzung ist ebenfalls ein Schutzgesetz im Sinne des § 823 Abs. 2 BGB.

> **Beispiel** Auf einer Landstraße kommt es zu einem Unfall, weil der Autofahrer A 1 beim Überholen „seiner doppelten Rückschaupflicht" (vor dem Setzen des „Blinkers" und noch einmal vor dem Fahrbahnwechsel) nicht nachgekommen ist und deshalb den von hinten ankommenden A 2 übersieht. A 2 wird durch den Unfall verletzt, sein Fahrzeug stark beschädigt.
>
> Der Anspruch des A 2 auf Schadensersatz gegen A 1 ergibt sich aus § 823 Abs. 1 BGB und (zugleich) aus § 823 Abs. 2 BGB i.V.m. § 223 StGB (fahrlässige Körperverletzung). Natürlich bekommt A 2 den Schaden aber nur einmal ersetzt.

Für eine Prüfung folgt daraus, dass anzugeben ist, welcher Absatz des § 823 BGB geprüft wird.

> **Beispiel**
> **Falsch:** „A 2 könnte gegen A 1 einen Anspruch auf Schadensersatz aus § 823 BGB haben".
> **Richtig:** „A 2 könnte gegen A 1 einen Anspruch auf Schadensersatz aus § 823 Abs. 1 BGB haben".

§ 823 Abs. 2 BGB hat insbesondere dann eine Bedeutung, wenn jemand geschädigt wird, aber kein in § 823 Abs. 1 BGB geschütztes Rechtsgut oder Recht verletzt worden ist, zum Beispiel bei reinen Vermögensschäden.

> **Beispiel** Anlageberater A verkauft der Rentnerin R, die eine sichere Geldanlage sucht, unter Vorspiegelung falscher Tatsachen hochspekulative Anleihen, was zu einem Totalverlust führt. R hat gegen A keinen Anspruch aus § 823 Abs. 1 BGB, weil kein dort aufgeführtes Rechtsgut oder Recht verletzt worden ist. Ein Anspruch kann sich aber aus § 823 Abs. 2 BGB i.V.m. einem Schutzgesetz, hier § 263 StGB (Betrug) ergeben (und daneben aus § 280 Abs. 1 BGB).

Einen weiteren Fall bildet die so genannte **Insolvenzverschleppung**. Nach § 64 Abs. 1 GmbHG sind die Geschäftsführer einer GmbH verpflichtet, ohne schuldhaftes Zögern, spätestens aber drei Wochen nach Eintritt der Zahlungsunfähigkeit oder Überschuldung der GmbH die Eröffnung des Insolvenzverfahrens zu beantragen. Bei § 64 Abs. 1 GmbHG handelt es sich um ein Schutzgesetz im Sinne des § 823 Abs. 2 BGB[31]. Deshalb haften die Geschäftsführer einer GmbH den Gläubigern der GmbH – abweichend von § 13 Abs. 2 GmbHG[32] – persönlich, wenn sie der Insolvenzantragspflicht nicht unverzüglich nachgekommen sind. Die Beurteilung, ob ein Insolvenzgrund vorliegt, ist in der Praxis mit erheblichen Schwierigkeiten verbunden.

Wenn der Geschäftsführer den Insolvenzantrag zu spät stellt, erhalten die „Altgläubiger" den so genannten Quotenschaden ersetzt, „Neugläubiger" haben Anspruch auf das negative Interesse. Sie sind so zu stellen, als wenn der Vertrag nicht geschlossen worden wäre[33]. Bei marktgängigen Waren umfasst der Anspruch auch den entgangenen Gewinn aus einem anderweitig nicht abgeschlossenen Geschäft.

---

**Beispiel**    Die G-GmbH war am 30.03. zahlungsunfähig, der Insolvenzantrag wurde vom Alleingeschäftsführer A aber erst am 01.09. gestellt. Diejenigen Gläubiger, die am 30.03. bereits Forderungen gegen die GmbH hatten („Altgläubiger"), bekommen von A den Schaden ersetzt, der ihnen durch die verspätete Antragstellung entstanden ist. Wenn sie bei einer am 30.03. eingeleiteten Insolvenz 20 % ihrer Forderung bekommen hätten und bei der am 30.09. eingeleiteten Insolvenz nur noch 3 % erhalten, haben sie Anspruch auf die Differenz von 17 % gegen den Geschäftsführer A persönlich.

„Neugläubiger" sind die Gläubiger, die nach Ablauf der Antragspflicht (spätestens drei Wochen nach dem 30.03., vgl. § 64 Abs. 1 GmbHG) Verträge mit der GmbH geschlossen haben. Sie werden so gestellt, als hätten sie die Verträge nicht geschlossen (Ersatz des *negativen Interesses*). Man muss sich also den Vertrag „wegdenken". Deshalb gibt es aus dem (weggedachten) Vertrag keinen Anspruch auf entgangenen Gewinn. Wenn der Neugläubiger N der GmbH eine Ware geliefert hat, muss er so gestellt werden, als sei der Vertrag nicht geschlossen worden. Also hat er einen Anspruch gegen den Geschäftsführer auf die Rückgabe der Ware oder auf Schadensersatz in Höhe des Wertes der Ware. Zusätzlich hat er Anspruch auf den entgangenen Gewinn aus einem nicht getätigten anderen Geschäft, da davon ausgegangen wird, dass N die Ware ohne den Vertrag mit der GmbH mit Gewinn an einen anderen Kunden verkauft hätte.

---

## 21.4   Vorsätzliche sittenwidrige Schädigung

Nach § 826 BGB, einer weiteren Anspruchsgrundlage, ist schadensersatzpflichtig, wer in einer gegen die guten Sitten verstoßenden Weise einem anderen vorsätzlich sittenwidrig einen Schaden zufügt. Die Vorschrift stellt „auf dem Papier" hohe Anforderungen auf, die in der Praxis indes stark herabgesetzt werden:

- **P1:** Der Täter muss *vorsätzlich* handeln,
- **P2:** die Handlung des Täters muss außerdem *sittenwidrig* sein.

---

31   BGH NJW 1994, S. 2220, 2224.
32   Vgl. S. 97 f., 112.
33   BGH NJW 1994, S. 2220, 2225 f.

Daraus, dass beide Tatbestandsvoraussetzungen erfüllt sein müssen, folgt, dass Vorsatz und Sittenwidrigkeit getrennt zu prüfen sind.

- Vorsätzlich handelt, wer einen anderen mit *Absicht* schädigt. Vorsätzlich handelt aber auch, wer den Verletzungserfolg nicht will, ihn aber zumindest billigend in Kauf nimmt (bedingter Vorsatz, Eventualvorsatz).

- Nicht jede vorsätzliche Schädigung ist (automatisch) zugleich auch sittenwidrig. Ein Rechtsgeschäft ist sittenwidrig, „wenn es gegen das Anstandsgefühl aller billig und gerecht Denkenden verstößt"[34]. Diese Definition ist wenig greifbar, sondern erfordert ein erhebliches Maß an Wertungen im Einzelfall.

Die Rechtsprechung zu § 826 BGB ist sehr umfangreich und durch die Bildung zahlreicher Fallgruppen stark differenziert. Sittenwidrig ist in der Regel

- die Zahlung von Schmiergeldern,

- die bewusste Unwahrheit in Prozessen und die Verwendung gefälschter Beweismittel,

- die bewusst unrichtige Auskunft über die Kreditwürdigkeit,

- unwahre Angaben über Mieterträge beim Hausverkauf oder andere Formen der arglistigen Täuschung beim Vertragsabschluss[35].

Eine in der Praxis wichtige Fallgruppe für die Anwendung des § 826 BGB gibt es im Gesellschaftsrecht. Abweichend von dem Grundsatz, dass den Gläubigern juristischer Personen nur das Gesellschaftsvermögen haftet (vgl. § 13 Abs. 2 GmbHG, § 1 Abs. 1 S. 2 AktG)[36], kommt in Ausnahmefällen eine persönliche Haftung eines GmbH-Geschäftsführers in Betracht. Ein unmittelbarer Anspruch gegen die Geschäftsführer kann sich – neben den Fällen der Insolvenzverschleppung – aus **§ 826 BGB** ergeben. Voraussetzung ist, dass ein Geschäftsführer einen vorleistungspflichtigen Gläubiger der GmbH bei Abschluss eines Vertrages vorsätzlich über die Leistungsfähigkeit der GmbH täuscht.

> **Beispiel** Geschäftsführer G kauft für die G-GmbH Ware bei L ein. G weiß schon bei Vertragsabschluss, dass die G-GmbH die Forderung des vorleistungspflichtigen Lieferanten bei Fälligkeit nicht begleichen kann, belässt den Lieferanten aber in dem Glauben, die Bezahlung werde ordnungsgemäß erfolgen.

Für einen Anspruch aus § 826 BGB reicht es aus, wenn der Geschäftsführer das Risiko eines Forderungsausfalls des Lieferanten billigend in Kauf nimmt. Nach der Rechtsprechung des Bundesgerichtshofs kann bereits ein besonders leichtfertiges – und damit sittenwidriges – Verhalten des Geschäftsführers den Schluss rechtfertigen, dass der Schaden mit bedingtem Vorsatz und nicht lediglich grob fahrlässig herbeigeführt worden ist[37]. Dies führt zu einem Anspruch aus § 826 BGB gegen den Geschäftsführer persönlich. Eine weitere Anspruchsgrundlage bildet in diesem Fall häufig § 823 Abs. 2 BGB i.V.m. § 263 StGB (so genannter Eingehungsbetrug).

---

34  BGH NJW 2004, S. 2668, 2670.
35  Vgl., auch zu weiteren Fallgruppen, Palandt/Sprau, Bürgerliches Gesetzbuch, § 826 Rn. 20 ff.
36  Vgl. S. 97 f., 112.
37  BGH NJW 1994, S. 197, 198.

> **Merksatz**
>
> Für die Verbindlichkeiten einer GmbH haftet den Gläubigern der GmbH nach § 13 Abs. 2 GmbHG nur das Gesellschaftsvermögen. Abweichend davon kommt eine persönliche Haftung der GmbH-Geschäftsführer in folgenden Fällen in Betracht: Insolvenzverschleppung (§ 823 Abs. 2 BGB i.V.m. § 64 Abs. 1 GmbHG), vorsätzliche sittenwidrige Schädigung eines vorleistungspflichtigen Gläubigers (§ 826 BGB) und Eingehungsbetrug (§ 823 Abs. 2 BGB i.V.m. § 263 StGB).

## 21.5 Haftung für den Verrichtungsgehilfen

Nach § 831 Abs. 1 S. 1 BGB – einer neben § 823 Abs.1, § 823 Abs. 2 und § 826 BGB weiterer wichtigen Anspruchsgrundlage – haftet ein Geschäftsherr für den Schaden, den sein Verrichtungsgehilfe einem anderen in Ausführung der Verrichtung widerrechtlich zufügt. Die Voraussetzungen für eine Haftung nach § 831 Abs. 1 BGB sind:

- **P1:** Jemand muss Verrichtungsgehilfe sein,
- **P2:** Der Verrichtungsgehilfe muss einem Dritten durch die Verletzung eines in § 823 Abs. 1 BGB geschützten Rechtsgutes oder Rechtes adäquat kausal und widerrechtlich einen Schaden zugefügt haben,
- **P3:** Die Schädigung muss in Ausführung der Verrichtung geschehen sein,
- **P4:** Der Geschäftsherr muss bezüglich der Auswahl oder Überwachung des Verrichtungsgehilfen schuldhaft gehandelt habe, was vermutet wird,
- **N1:** Keine Widerlegung dieser Vermutung durch den Geschäftsherrn.

**Rechtsfolge:** Der Geschädigte hat gegen den Geschäftsherrn einen Anspruch auf Schadensersatz. Art und Umfang des Schadensersatzes bestimmen sich nach §§ 842 ff. BGB und §§ 249 ff. BGB.

### 21.5.1 Verrichtungsgehilfe

Verrichtungsgehilfe im Sinn des § 831 Abs. 1 BGB ist derjenige,

- dem von einem anderen (Geschäftsherrn) eine Tätigkeit übertragen wird und
- der allgemein oder im konkreten Fall im Einflussbereich und in einer gewissen Abhängigkeit zum Geschäftsherrn steht.

Für das damit eröffnete **Weisungsrecht** des Geschäftsherrn ist es ausreichend, dass dieser die Tätigkeit des Handelnden jederzeit beschränken, untersagen oder nach Zeit und Umfang bestimmen kann. Der Beauftragte muss bei der Ausführung der Verrichtung vom Willen des Bestellers abhängig sein[38]. In Kurzform lautet die Definition:

> **Merksatz**
>
> Verrichtungsgehilfe ist, wer in weisungsabhängiger Form von einem anderen (Geschäftsherrn) in dessen Interesse zu einer Verrichtung bestellt ist.

---

38  Palandt/Sprau, Bürgerliches Gesetzbuch, § 831 Rn. 6.

Daraus ergibt sich Folgendes:

- **Arbeitnehmer** sind Verrichtungsgehilfen, da sie im Interesse des Arbeitgebers (Geschäftsherrn) eine Tätigkeit ausüben und der Arbeitgeber aufgrund des Arbeitsvertrages weisungsbefugt ist.

- **Subunternehmer** sind in der Regel keine Verrichtungsgehilfen, da sie zwar im Interesse des Generalunternehmers tätig werden, die Tätigkeit aber nicht nach dessen Weisungen, sondern in eigener Verantwortung erbringen[39].

- **Der Vorstand der Aktiengesellschaft** (AG) ist mangels Weisungsabhängigkeit kein Verrichtungsgehilfe; es kommt aber eine Haftung der AG nach § 31 BGB in Betracht.

> **Beispiel** Ein Anleger erwarb Aktien der E-AG, nachdem die E-AG mehrere Ad-hoc-Mitteilungen über Gewinn- und Umsatzzahlen im Internet veröffentlicht hatte. Die Mitteilungen beruhten auf bewusst fingierten Umsätzen des damaligen Vorstandes der E-AG. Die Kurse gaben anschließend nach, sodass der Anleger erhebliche Verluste erlitt. Die E-AG haftet gemäß §§ 826, 31 BGB auf Schadensersatz. Der Anspruch ergibt sich auch aus § 823 Abs. 2 BGB i.V.m. der Verletzung eines Schutzgesetzes (§ 400 Aktiengesetz – AktG), 31 BGB[35]. Außerdem haftet der Vorstand persönlich.

## 21.5.2 Widerrechtliche Schädigung eines Dritten

Weitere Voraussetzung für einen Anspruch aus § 831 Abs. 1 BGB ist, dass der Verrichtungsgehilfe den **objektiven Tatbestand des § 823 Abs. 1 BGB** erfüllt. Er muss also durch eine Handlung eines der in § 823 Abs. 1 BGB geschützten Rechtsgüter oder Rechte verletzt haben. An dieser Stelle müssen also die ersten drei Voraussetzungen des § 823 Abs. 1 BGB (Handlung, Verletzung eines Rechtsgutes oder Rechtes, haftungsbegründende Kausalität) geprüft werden. Insoweit kann auf die obigen Voraussetzungen verwiesen werden[41]. Die Zufügung eines Schadens, der nicht auf einer Verletzung eines in § 823 Abs. 1 BGB geschützten Rechtes oder Rechtsgutes besteht, insbesondere eines reinen Vermögensschadens, begründet keine Haftung nach § 831 Abs. 1 BGB!

Außerdem muss die Verletzung widerrechtlich sein und adäquat kausal zu einem Schaden führen. Auch insoweit gelten die Ausführungen zu § 823 Abs. 1 BGB.

## 21.5.3 In Ausführung der Verrichtung

Die Haftung des Geschäftsherrn nach § 831 Abs. 1 BGB wird dadurch eingeschränkt, dass die Schädigung des Dritten *in Ausübung der Verrichtung* erfolgen muss und nicht lediglich *„bei Gelegenheit"* geschieht. Es muss ein unmittelbarer innerer Zusammenhang zwischen der vom Geschäftsherrn aufgetragenen Verrichtung und der schädigenden Handlung bestehen[42].

---

39  BGH NJW 1994, S. 2756, 2757.
40  BGH NJW 2005, S. 2450, 2451.
41  Vgl S. 357 ff.
42  BGH NJW-RR 1989, S. 723, 725.

> **Merksatz**    „In Ausführung der Verrichtung" setzt einen zeitlichen und sachlichen Zusammenhang zwischen der aufgetragenen Verrichtung und der schädigenden Handlung voraus, was bei einer vorsätzlich begangenen Straftat jedenfalls in der Regel *nicht* der Fall ist.

> **Beispiel**    Geselle G wird vom Malermeister M auf einer Baustelle eingesetzt. G „lässt" eine dem Installateur I gehörende Bohrmaschine „mitgehen". Dieser Diebstahl erfolgte nicht in „Ausführung der Verrichtung", sondern „bei Gelegenheit". M haftet nicht nach § 831 Abs. 1 BGB. Wenn M allerdings bekannt war, dass G sich schon häufiger mit Maschinen „eingedeckt" hat, kommt eine Haftung des M aus § 823 Abs. 1 BGB in Betracht.

## 21.5.4 Verschulden des Geschäftsherrn

> **Merksatz**    Weil sich der Anspruch aus § 831 Abs. 1 BGB gegen den Geschäftsherrn und nicht gegen den Verrichtungsgehilfen richtet, setzt er *kein* Verschulden des Verrichtungsgehilfen voraus. Schuldhaft handeln muss der Geschäftsherr.

Da der Geschäftsherr die schädigende Handlung nicht selbst vornimmt, kann sein Verschulden nur darin bestehen, dass er einen ungeeigneten Verrichtungsgehilfen beauftragt hat. Dem Geschäftsherrn wird vorgeworfen, dass er „den falschen Mann bzw. die falsche Frau" zur Verrichtung bestellt hat. Sein Verschulden kann in einer schlechten Auswahl oder einer nicht ausreichenden Überwachung des Verrichtungsgehilfen bestehen.

**Auswahl:** Der Geschäftsherr darf eine Tätigkeit nur einem Gehilfen übertragen, der etwaige gesetzliche Voraussetzungen erfüllt (Fahrerlaubnis, Prüfungen) und von dem eine gefahrlose Durchführung erwartet werden kann. Er muss sich deshalb von dessen Fähigkeit, Eignung und Zuverlässigkeit überzeugen. Besonders scharfe Maßstäbe sind anzulegen, wenn die übertragene Tätigkeit mit Gefahren für die öffentliche Sicherheit oder gravierenden Risiken für Leben, Eigentum und Gesundheit Dritter verbunden ist[43].

**Überwachung:** Obwohl es im Wortlaut des § 831 Abs. 1 S. 2 BGB nicht zum Ausdruck kommt, kann sich das Verschulden des Geschäftsherrn auch daraus ergeben, dass er den Verrichtungsgehilfen zwar (irgendwann einmal) sorgfältig ausgewählt hat, aber nicht fortgesetzt geprüft hat, ob der Gehilfe immer noch zu den übertragenen Verrichtungen befähigt ist. Auch bei Arbeitnehmern, die schon länger beschäftigt sind, hat der Geschäftsherr sich also laufend von der ordnungsgemäßen Dienstausübung durch den Gehilfen zu überzeugen. Art und Ausmaß der Überwachung richten sich – wie könnte es anders sein – nach den Umständen des Einzelfalls. Zu berücksichtigen sind

---

43   BGH NJW 2003, S. 288, 289 f.

insbesondere die Gefährlichkeit der übertragenen Aufgabe, die Persönlichkeit des Gehilfen, sein Alter, seine Vorbildung und Erfahrung und seine bisherige Bewährung im Verhältnis zu der ihm übertragenen Aufgabe. Dabei können für den Gehilfen nicht vorhersehbare und unauffällige Kontrollen erforderlich sein[44].

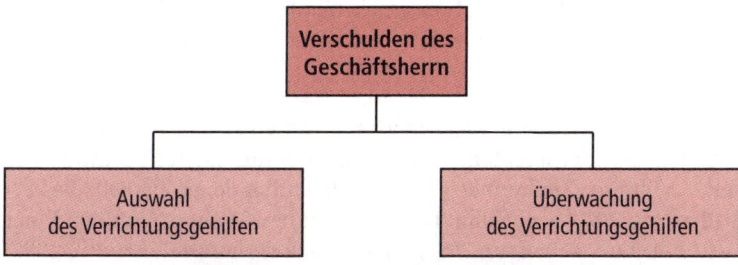

Abbildung 21.2: Verschulden des Geschäftsherrn

**Beweislastumkehr**: Da der Geschädigte in einem Prozess kaum darlegen und beweisen kann, dass der Geschäftsherr seiner Verpflichtung zur sorgfältigen Auswahl und laufenden Überwachung des Verrichtungsgehilfen *nicht* nachgekommen ist, erfolgt zugunsten des Geschädigten eine Beweislastumkehr. Ein **Verschulden** des Geschäftsherrn wird also – wie bei § 280 Abs. 1 BGB[45] und § 286 Abs. 4 BGB[46] – **vermutet**. Es obliegt deshalb dem Geschäftsherrn, sich zu entlasten (exkulpieren), indem er den so genannten Entlastungsbeweis (Exkulpationsbeweis) führt. Dafür muss er darlegen und beweisen, dass er den Verrichtungsgehilfen sorgfältig ausgewählt *und* laufend überwacht hat.

> **Merksatz** § 831 Abs. 1 BGB setzt ein Verschulden des Geschäftsherrn in Bezug auf die Auswahl *oder* Überwachung des Verrichtungsgehilfen voraus. Dieses Verschulden wird vermutet. Deshalb muss der Geschäftsherr sich exkulpieren, indem er beweist, dass ihn bezüglich der Auswahl *und* laufenden Überwachung des Verrichtungsgehilfen kein Verschulden trifft. Gelingt dieser Beweis nicht, bleibt es beim vermuteten Verschulden.

> **Beispiel** F ist bei den Stadtwerken S seit 25 Jahren als Busfahrer im öffentlichen Personennahverkehr tätig. Falls F einen Unfall verursacht, reicht es für die Widerlegung des nach § 831 Abs. 1 BGB vermuteten Verschuldens der Stadtwerke *nicht* aus, wenn sie beweisen, dass sie F vor 25 Jahren sorgfältig ausgewählt haben. Erforderlich ist auch der Beweis, dass sie die Fahrweise des F regelmäßig überwacht haben, was bei einem Fahrer im Linienverkehr durch verdecktes Mitfahren relativ einfach möglich ist.

---

44  BGH NJW 2003, S. 288, 290.
45  Vgl. S. 193 f.
46  Vgl. S. 209.

## 21.5.5 Verhältnis zu § 823 Abs. 1 BGB

Fraglich ist, ob dem Geschädigten neben dem Anspruch gegen den Geschäftsherrn aus § 831 Abs. 1 BGB auch ein Anspruch gegen den Verrichtungsgehilfen zusteht. Das ist grundsätzlich möglich! Die Haftung des Geschäftsherrn nach § 831 Abs. 1 BGB besteht also neben der Haftung des Verrichtungsgehilfen aus § 823 Abs. 1 BGB, § 823 Abs. 2 BGB i.V.m. einem Schutzgesetz oder einer anderen Anspruchsgrundlage.

---

**Beispiel**  Geselle V wird vom Malermeister G auf einer Baustelle des E eingesetzt. V zerstört infolge einer leichten Unachtsamkeit – ihm gleitet ein Eimer Farbe aus der Hand – mehrere Quadratmeter des bereits vorhandenen Parketts des E, sodass ein Schaden von 600,-- € entsteht. G kann nicht beweisen, dass er den V sorgfältig überwacht hat. Von wem kann E Schadensersatz verlangen?

*Lösungsskizze*

**1. Anspruch E gegen G auf Schadensersatz aus § 831 Abs. 1 BGB**

- **P1:** V war Verrichtungsgehilfe, da er weisungsabhängig für G tätig war.
- **P2:** V hat E geschädigt, da durch eine Handlung des V (Fallenlassen des Farbeimers) adäquat kausal das Eigentumsrecht des E am Parkettboden verletzt wurde und E dadurch adäquat kausal ein Schaden (600,-- €) entstanden ist. Die Widerrechtlichkeit der Eigentumsverletzung wird indiziert, ein Rechtfertigungsgrund liegt nicht vor.
- **P3:** Die Schädigung erfolgte in Ausführung der Verrichtung, weil ein zeitlicher und fachlicher Zusammenhang mit der dem V übertragenen Tätigkeit bestand.
- **P4:** Das Verschulden des G bezüglich der Auswahl oder der Überwachung des V wird vermutet.
- **N1:** Eine Widerlegung des vermuteten Verschuldens (Entlastung, Exkulpation) ist nicht erfolgt.

**Rechtsfolge:** E hat gegen G einen Schadensersatzanspruch in Höhe von 600,-- €.

**2. Anspruch E gegen V auf Schadensersatz aus § 823 Abs. 1 BGB**

**Zur Wiederholung: Die Prüfungspunkte des § 823 Abs. 1 BGB sind[47]:**

- **P1:** Handlung des V: Fallenlassen des Farbeimers.
- **P2:** Verletzung eines durch § 823 Abs. 1 BGB geschützten Rechtsgutes oder Rechtes, hier Eigentum des E am Parkett.
- **P3:** Adäquate Kausalität zwischen der Handlung des V und der Eigentumsverletzung.
- **P4:** Widerrechtlichkeit der Verletzung.
- **P5:** Vorsatz oder Fahrlässigkeit (Verschulden).
- **P6:** Eintritt eines Schadens infolge der Rechtsverletzung.
- **P7:** Adäquate Kausalität zwischen der Verletzung und dem eingetretenen Schaden.

---

47  Vgl. S. 358 ff.

> Diese Punkte müssen nicht noch einmal vollständig geprüft werden, weil *sechs* Voraussetzungen identisch mit den schon zu § 831 Abs. 1 BGB geprüften Voraussetzungen sind. Dies gilt für P1, P2, P3, P4, P6 und P7. Zu prüfen ist deshalb allein, ob V ein Verschulden trifft, weil er vorsätzlich oder fahrlässig gehandelt hat. Nach dem Sachverhalt hat er die Beschädigung des Parketts infolge einer leichten Unachtsamkeit und damit fahrlässig herbeigeführt. V ist E damit ebenfalls zum Schadensersatz verpflichtet.

Da V *und* G dem E gegenüber haften, ist zu klären, in welchem Verhältnis die Ansprüche zueinander stehen. Gemäß § 840 Abs. 1 BGB sind V und G Gesamtschuldner[48], da beide E aus einer unerlaubten Handlung (§ 831 Abs. 1 BGB bzw. § 823 Abs. 1 BGB) zum Schadensersatz verpflichtet sind. E kann deshalb im *Außenverhältnis* vollen Schadensersatz von V und von G verlangen oder seinen Anspruch aufteilen (§ 421 S. 1 BGB). Für das *Innenverhältnis* zwischen G und V gilt – abweichend von § 426 Abs. 1 BGB – als spezielle Vorschrift § 840 Abs. 2 BGB. Weil G nur aus § 831 BGB haftet, müsste V nach § 840 Abs. 2 BGB als „der andere" im Innenverhältnis den Schaden eigentlich allein tragen.

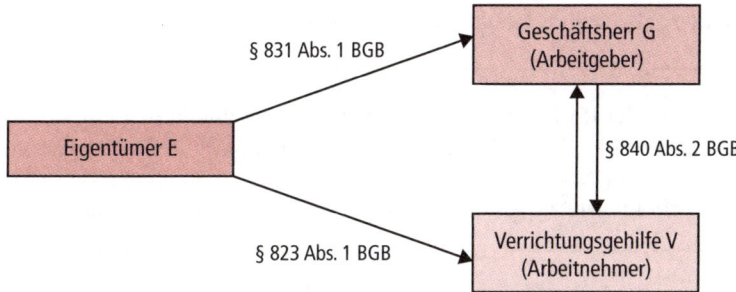

Abbildung 21.3: Gesamtschuldnerische Haftung

Nach der Rechtsprechung des Bundesarbeitsgerichts (BAG) gilt diese Regelung aber nicht in Arbeitsverhältnissen. Hier hat das BAG vielmehr zum Schutz des Arbeitnehmers **Grundsätze über die Beschränkung der Arbeitnehmerhaftung** entwickelt, die auf alle Arbeiten angewendet werden, die durch den Betrieb veranlasst sind und auf Grund eines Arbeitsverhältnisses geleistet werden. Die Anwendung der Grundsätze ist nicht mehr – wie früher – davon abhängig, dass die den Schaden verursachenden Arbeiten besonders gefährlich („gefahrgeneigt") sind[49].

Die Frage, ob und in welchem Umfang der Arbeitnehmer für einen von ihm angerichteten Schaden im *Innenverhältnis* haftet, richtet sich zunächst nach dem Grad seines Verschuldens. Das BAG unterscheidet dabei zwischen leichtester, normaler und grober Fahrlässigkeit. Im Falle grober Fahrlässigkeit – und natürlich auch bei Vorsatz – hat der Arbeitnehmer in aller Regel den gesamten Schaden zu tragen, bei leichtester Fahrlässigkeit haftet er dagegen nicht, während der Schaden bei normaler Fahrlässigkeit (§ 276 Abs. 2 BGB) in aller Regel zwischen Arbeitgeber und Arbeitnehmer

---

48  Zur Gesamtschuld vgl. S. 174 ff.
49  BAG NJW 1995, S. 210, 211.

quotal zu teilen ist. Ob und ggf. in welchem Umfang der Arbeitnehmer an den Schadensfolgen zu beteiligen ist, richtet sich – so das BAG – im Rahmen einer Abwägung der Gesamtumstände, insbesondere von Schadensanlass und Schadensfolgen, nach Billigkeits- und Zumutbarkeitsgesichtspunkten. Zu den Umständen, denen je nach Lage des Einzelfalles ein unterschiedliches Gewicht beizumessen ist und die im Hinblick auf die Vielfalt möglicher Schadensursachen auch nicht abschließend bezeichnet werden können, gehören der Grad des dem Arbeitnehmer zur Last fallenden Verschuldens, die Gefahrgeneigtheit der Arbeit, die Höhe des Schadens, ein vom Arbeitgeber einkalkuliertes oder durch Versicherung deckbares Risiko, die Stellung des Arbeitnehmers im Betrieb und die Höhe des Arbeitsentgelts, in dem möglicherweise eine Risikoprämie enthalten ist. Auch können unter Umständen die persönlichen Verhältnisse des Arbeitnehmers, wie die Dauer seiner Betriebszugehörigkeit, sein Lebensalter, seine Familienverhältnisse und sein bisheriges Verhalten, zu berücksichtigen sein[50].

> **Fortsetzung des obigen Beispiels**  Aufgrund dieser Kriterien haftet V im Innenverhältnis, also im Verhältnis zu G, gar nicht, da er nur leicht fahrlässig gehandelt hat. Seine Haftung im Außenverhältnis gegenüber Eigentümer E nach § 823 Abs. 1 BGB bleibt allerdings in vollen Umfang bestehen. Nimmt der E den V in Anspruch, kann V von G verlangen, dass dieser ihn von der Haftung freistellt, also Schadensersatz an E leistet („Freistellungsanspruch").

Neben dieser von der Rechtsprechung geschaffenen Privilegierung des Arbeitnehmers besteht eine gesetzliche Sonderregel: Nach § 619 a BGB gilt die Beweislastumkehr des § 280 Abs. 1 S. 2 BGB nicht für Schäden, die der Arbeitnehmer dem Arbeitgeber infolge einer Pflichtverletzung aus dem Arbeitsverhältnis zugefügt hat.

> **Beispiel**  Arbeitnehmer V verursacht einen Verkehrsunfall mit einem Betriebsfahrzeug. Ein möglicher Schadensersatzanspruch des Arbeitgebers G steht zum einen unter dem Vorbehalt der Rechtsprechung des Bundesarbeitsgerichts zur Beschränkung der Arbeitnehmerhaftung. Außerdem gilt gemäß § 619 a BGB die Beweislastumkehr des § 280 Abs. 1 S. 2 BGB nicht.

### 21.5.6 Exkurs: Erfüllungsgehilfe

Gern verwechselt werden der in § 831 BGB geregelte Verrichtungsgehilfe und der in § 278 BGB geregelte Erfüllungsgehilfe. Deshalb sollen an dieser Stelle die Gemeinsamkeiten und die Unterschiede der beiden Vorschriften herausgearbeitet werden.

**Begriff**

Erfüllungsgehilfe ist nach § 278 BGB, wer mit dem Willen des Schuldners für diesen bei der **Erfüllung einer Verbindlichkeit** tätig wird[51]. Diese Qualifizierung gilt aber nur

---

50  BAG NJW 1995, S. 210, 213; BAG NJW 2005, S. 2469, 2470.
51  Vgl. S. 195 f.

gegenüber dem jeweiligen Vertragspartner des Schuldners, also dem Gläubiger, nicht aber gegenüber Dritten.

---

**Beispiele**

- Wenn ein Unternehmer („Chef") mit einem Besteller B einen Werkvertrag schließt und den Gesellen G mit der Durchführung der Arbeiten betraut, ist G im Verhältnis zum Besteller gemäß § 278 BGB **Erfüllungsgehilfe** des Unternehmers, weil sich der Unternehmer (Schuldner des Werkvertrages) zur Erfüllung der gegenüber B bestehenden Verbindlichkeit aus dem Werkvertrag des G bedient. **Gleichzeitig** ist G auch **Verrichtungsgehilfe** des Unternehmers im Sinne des § 831 Abs. 1 BGB, weil er weisungsabhängig zu einer Verrichtung bestellt worden ist[52]. *Dieselbe* Person kann also gegenüber dem Gläubiger ihres „Chefs" gleichzeitig Verrichtungs- und Erfüllungsgehilfe sein.

- Im Verhältnis zu anderen Personen (Passanten, Nachbarn) ist der Geselle hingegen *kein* Erfüllungsgehilfe, weil der Unternehmer *diesen Personen gegenüber* keine Verbindlichkeit zu erfüllen hat. Also wird der Geselle insoweit *nicht* zur Erfüllung einer Verbindlichkeit seines „Chefs" tätig. Der Geselle ist gegenüber Passanten und Nachbarn also „nur" Verrichtungsgehilfe des Unternehmers (§ 831 Abs. 1 BGB).

  Haben Sie das verstanden? Sonst bitte noch einmal lesen!

- Wenn ein Generalunternehmer bei einem Hausbau eigene Arbeitnehmer einsetzt, sind diese im Verhältnis zu seinem Auftraggeber Erfüllungsgehilfen, da sie diesem gegenüber zur Erfüllung des Bauvertrages tätig werden (vgl. § 278 BGB). Wenn der Generalunternehmer einen Subunternehmer beauftragt (zum Beispiel einen Fliesenleger), so ist dieser ebenfalls Erfüllungsgehilfe des Generalunternehmers, weil auch er zur Erfüllung des Bauvertrages eingesetzt wird (ebenfalls § 278 BGB). Die Arbeitnehmer des Generalunternehmers sind aufgrund des Arbeitsvertrages weisungsabhängig für ihn tätig und deshalb (auch) dessen Verrichtungsgehilfen (§ 831 Abs. 1 BGB). Der Subunternehmer ist hingegen im Normalfall nicht weisungsabhängig und damit kein Verrichtungsgehilfe, sondern nur Erfüllungsgehilfe.

  Eine Verständnisfrage: Nehmen Sie an, bei den Bauarbeiten wird ein unbeteiligter Passant verletzt. Was sind die Arbeitnehmer und der Subunternehmer im Verhältnis zum Passanten? Erfüllungsgehilfen? Verrichtungsgehilfen? Beides? Teils – teils? Die Antwort finden Sie am Ende dieses Kapitels! Bitte erst nachdenken und dann nachsehen[53]!

---

| **Merksatz** | Ein Arbeitnehmer ist im Verhältnis zum Vertragspartner des Geschäftsherrn (des Schuldners) Erfüllungsgehilfe und zugleich Verrichtungsgehilfe. Ein Subunternehmer ist nur Erfüllungsgehilfe. |
|---|---|

---

52  Zum Verrichtungsgehilfen vgl. S. 376 f.
53  S. 384.

## Abgrenzung des Erfüllungsgehilfen zum Verrichtungsgehilfen

Die wichtigsten Abgrenzungskriterien zwischen einem Erfüllungs- und einem Verrichtungsgehilfen enthält die folgende Tabelle:

| | Erfüllungsgehilfe (§ 278 BGB) | Verrichtungsgehilfe (§ 831 Abs. 1 BGB) |
|---|---|---|
| **Tabelle 21.1** | | |
| **Anspruchs-grundlage** | Nein, nur unselbstständige Zurechnungsnorm | Ja |
| **Tätigkeit** | Vom Geschäftsherrn zu einer Verrichtung bestellt | Vom Schuldner zur Erfüllung einer Verbindlichkeit eingesetzt |
| **Vertrag**[47] | Vertrag erforderlich | Vertrag nicht erforderlich, kann aber vorliegen |
| **Weisungs-abhängigkeit** | Möglich, aber nicht erforderlich | Erforderlich |
| **Funktion** | Haftung für (fremdes) Verschulden des Erfüllungsgehilfen wie für eigenes Verschulden des Schuldners | Haftung für vermutetes eigenes Verschulden des Geschäftsherrn hinsichtlich Auswahl oder Überwachung des Verrichtungsgehilfen |
| **Geschützter Personenkreis** | Nur der Vertragspartner des Schuldners | Der Vertragspartner des Schuldners und jeder andere Geschädigte |
| **Verschulden** | Erforderlich, damit eine Zurechnung auf den Schuldner erfolgen kann | Nicht erforderlich, da Haftung des Geschäftsherrn für (vermutetes) eigenes Verschulden |
| **Entlastungs-beweis (Exkulpation)** | Nicht möglich, da Haftung für fremdes Verschulden | Möglich |
| **Beispiele** | – Arbeitnehmer des Schuldners<br>– Subunternehmer | – Arbeitnehmer des Geschäftsherrn |

## Antwort zur Verständnisfrage[55]:

■ Die Arbeitnehmer und der Subunternehmer sind im Verhältnis zum Passanten keine Erfüllungsgehilfen des Generalunternehmers, weil sie *dem Passanten gegenüber* nicht zur Erfüllung einer Verbindlichkeit tätig werden. Im Verhältnis zum Besteller (Vertragspartner des Generalunternehmers) sind sie Erfüllungsgehilfen.

■ Die Arbeitnehmer sind aufgrund der Weisungsabhängigkeit Verrichtungsgehilfen des Generalunternehmers gegenüber jedermann (Passant, aber auch Vertragspartner des Generalunternehmers). Der („selbstständige") Subunternehmer ist mangels Weisungsabhängigkeit kein Verrichtungsgehilfe.

---

54  Ausreichend ist jedes Schuldverhältnis, doch geht es in aller Regel um vertragliche Schuldverhältnisse.

55  S. 383.

# Allgemeines Schadensrecht

**22**

**ÜBERBLICK**

## Lernziele dieses Kapitels

*Was kommt in diesem Kapitel auf Sie zu? Nehmen Sie an, Sie sind in Ihrem Urlaub auf Norderney als Fußgänger ohne Verschulden in einen Verkehrsunfall mit einem Pkw verwickelt. Sie erleiden eine Körperverletzung, außerdem wird ihr neuer MP3-Player zerstört. Nach den bisherigen Ausführungen sollten Sie bereits wissen, dass und warum der Fahrer des Pkw Ihnen Schadensersatz zu leisten hat. Aber wie viel und in welcher Form?*

## 22.1 Grundlagen

Wenn eine Prüfung ergeben hat, dass eine Person einer anderen Person aus § 823 Abs. 1 BGB, § 823 Abs. 2 BGB i.V.m. einem Verstoß gegen ein Schutzgesetz, § 826 BGB, § 831 BGB oder aus einer anderen Anspruchsgrundlage (etwa § 179 Abs. 1 BGB, § 280 Abs. 1 S. 1 BGB, § 536 a Abs. 1 BGB, § 1 Abs. 1 ProdHaftG) zum Schadensersatz verpflichtet ist, ist damit nur eine *Grundentscheidung* getroffen. Denn es steht nur fest, *dass* ein Anspruch auf Schadensersatz besteht, aber noch nicht, *wie* und in *welcher Höhe* Schadensersatz zu leisten ist.

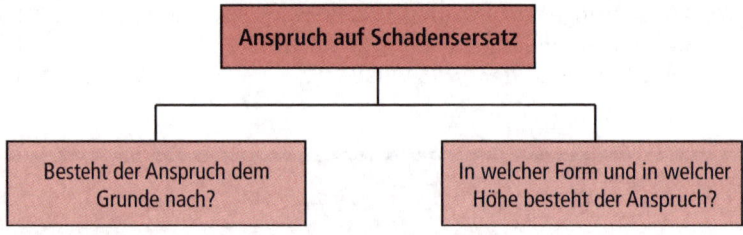

Abbildung 22.1: Schadensersatz

Sollte es zu einem Prozess kommen, kann das Gericht zunächst ein „Grundurteil" (§ 304 Abs. 1 ZPO) etwa mit folgendem Tenor (Urteilsspruch) erlassen:

---

**Landgericht Aurich**                                    **12 O 234/05**

**Im Namen des Volkes!**

**Grundurteil**

Der Beklagte ist der Klägerin dem Grunde nach zum Ersatz aller Schäden verpflichtet, die der Klägerin aus dem Unfall auf Norderney vom 12.7.2006 entstanden sind.

(Es folgen der Tatbestand und die Entscheidungsgründe des Urteils).

---

Wenn gegen dieses Urteil innerhalb *eines* Monats nach der Zustellung beim zuständigen Oberlandesgericht Oldenburg *keine* Berufung eingelegt wird (§§ 519 Abs. 1, 517 ZPO), klärt das erstinstanzliche Gericht (also das LG Aurich) das „Wie" und die Höhe des Anspruchs. Wenn der Unfallverursacher hingegen Berufung einlegt, entscheidet das OLG Oldenburg darüber, ob das Grundurteil zu Recht ergangen ist. Gegen das Urteil des OLG kann vom Unterlegenen unter bestimmten Voraussetzungen Revision beim Bundesgerichtshof eingelegt werden (§§ 542 ff. ZPO). Bestätigt das zuletzt angerufene Gericht (OLG oder BGH) das Grundurteil des LG Aurich, wird der Prozess zum Schadensumfang vor dem Landgericht fortgesetzt. Entscheidet die letzte Instanz, dass die Klage nicht begründet ist, muss sich das Landgericht nicht mit der Höhe des Schadensersatzes befassen. Der Vorteil eines Grundurteils besteht also darin, dass zunächst *rechtskräftig* entschieden wird, ob grundsätzlich ein Anspruch besteht oder nicht besteht. Nur wenn die Klage „dem Grunde nach" Erfolg hat, beschäftigt sich das Gericht mit der Höhe des Schadens.

## 22.2  Sondervorschriften (§§ 842 ff. BGB)

Art, Inhalt und Umfang des Schadensersatzes bestimmen sich nach §§ 842 ff. BGB und §§ 249 ff. BGB. Die §§ 842 ff. BGB kommen nur zur Anwendung, wenn der Schadensersatzanspruch auf einer deliktischen Anspruchsgrundlage (§§ 823 ff. BGB) beruht.

> **Merksatz**
>
> §§ 842 ff. BGB setzen voraus, dass dem Grunde nach ein Anspruch aus einer unerlaubten Handlung vorliegt, zum Beispiel aus § 823 Abs. 1 BGB. Die §§ 842 ff. BGB sind *keine* Anspruchsgrundlagen, sondern regeln (nur), wie und in welcher Höhe Schadensersatz zu leisten ist.

Nach § 842 BGB umfasst der Schadensersatz im Falle einer Körper- oder Gesundheitsverletzung auch die Nachteile „für den Erwerb oder das Fortkommen des Verletzten". Diese Vorschrift hat aber keine eigenständige Bedeutung, sondern stellt nur klar, dass die dort genannten Schäden Vermögensschäden im Sinne der §§ 249 ff. BGB sind[1]. Gemäß § 843 Abs. 1 BGB ist bei einer Verletzung von Körper und Gesundheit als Ausgleich für dauerhafte Nachteile in Form einer Aufhebung oder Minderung der Erwerbsfähigkeit oder einer Vermehrung der Bedürfnisse des Verletzten eine Geldrente oder – aber nur bei Vorliegen eines wichtigen Grundes – eine Kapitalabfindung zu zahlen. Der Anspruch wird nicht dadurch ausgeschlossen, dass ein Dritter dem Geschädigten unterhaltspflichtig ist (§ 843 Abs. 4 BGB).

---

1  Palandt/Sprau, Bürgerliches Gesetzbuch, § 842 Rn. 1.

> **Beispiel**  Der geschiedene 25-jährige Schlosser S wird als Fahrradfahrer bei einem Zusammenstoß mit einem anderen Fahrradfahrer, der leicht fahrlässig handelt, so schwer verletzt, dass S in seinem bisherigen Beruf nicht mehr arbeiten kann. S kann nur noch sitzende Tätigkeiten im Umfang von vier Stunden/Tag ausüben. Außerdem benötigt er eine Haushaltshilfe im Umfang von 15 Stunden/Woche. S hat gemäß §§ 823 Abs. 1, 843 Abs. 1 BGB Anspruch auf eine Rente, die die Mindereinnahmen aus seiner beruflichen Tätigkeit und die Kosten der Haushaltshilfe umfasst. Sollte die geschiedene Ehefrau dem S unterhaltspflichtig sein, berührt dies seinen Anspruch nicht. Damit kommen auf den Schadensverursacher, der lediglich leicht fahrlässig gehandelt hat, lebenslang ganz erhebliche, mit zunehmenden Alter des Verletzten häufig sogar noch steigende Belastungen zu.

> **Praxistipp**  Es ist ganz wichtig, eine private Haftpflichtversicherung mit einer ausreichenden Deckungssumme zu haben.

Im Falle der Tötung hat der Ersatzpflichtige nach § 844 Abs. 1 BGB die Beerdigungskosten zu tragen. Nach Absatz 2 muss er den Personen, denen der Getötete unterhaltspflichtig war, Schadensersatz in dem Umfang leisten, wie ihn der Getötete während der mutmaßlichen Dauer seines Lebens hätte leisten müssen. Auch hier können ganz erhebliche Belastungen auf den Schädiger zukommen, die ohne eine Haftpflichtversicherung in vielen Fällen nicht zu tragen sind. Die folgende Vorschrift (§ 845 BGB) hat heute keine praktische Bedeutung mehr[2].

## 22.3  Allgemeine Regelungen (§§ 249 ff. BGB)

Das Wichtigste vorab:

> **Merksatz**  Die §§ 249 ff. BGB sind *keine* Anspruchsgrundlagen. Deshalb kann sich ein Anspruch niemals aus § 249 Abs. 1 BGB oder einer der folgenden Vorschriften ergeben. Die §§ 249 ff. BGB regeln nur Art, Inhalt und Umfang eines Schadensersatzanspruchs. Sie kommen erst zur Anwendung, wenn aufgrund einer Anspruchsgrundlage dem Grunde nach ein Anspruch auf Schadensersatz gegeben und nur noch über das Ausmaß zu befinden ist.

---

2   Vgl. Palandt/Sprau, Bürgerliches Gesetzbuch, § 845 Rn. 1.

## 22.3.1 Die Basisvorschrift: § 249 BGB

Nach § 249 Abs. 1 BGB hat der Schädiger den Zustand herzustellen, der ohne das schädigende Ereignis bestehen würde. Im Fall der Beschädigung einer Sache ist also eine Reparatur geschuldet, bei einer Körperverletzung die medizinische Heilbehandlung, im Falle der Behauptung unrichtiger Tatsachen der Widerruf. Praktische Bedeutung kommt nur der dritten Variante zu (Widerruf). In den anderen Fällen (Körperverletzung, Sachbeschädigung) macht der Geschädigte (Gläubiger) in aller Regel von dem ihm durch § 249 Abs. 2 BGB eingeräumten *Wahlrecht* Gebrauch und verlangt statt der Herstellung den für die Herstellung *erforderlichen* Geldbetrag.

> **Beispiel**  Der Pkw der Studentin S ist Anfang 2006 bei einem Unfall durch das Fahrzeug von Prof. X stark beschädigt worden. Hier könnte S nach § 249 Abs. 1 BGB verlangen, dass Prof. X das Fahrzeug repariert. S kann aber auch nach § 249 Abs. 2 BGB von Prof. X (und von dessen Haftpflichtversicherung, § 3 Nr. 1 PflVG – Pflichtversicherungsgesetz) den für die Reparatur erforderlichen Geldbetrag, also die Reparaturkosten, verlangen. Nichts gegen das handwerkliche Geschick von Professoren, aber sinnvollerweise geht S diesen Weg.

Die Möglichkeit, die Reparaturkosten zu verlangen, ist auch deshalb sehr beliebt, weil der Geschädigte das Geld unabhängig davon erhält, ob er die Reparatur tatsächlich ausführen lässt. Nach § 249 Abs. 2 S. 1 BGB ist nämlich der für die Reparatur *erforderliche* Geldbetrag (**„fiktive Betrag"**) zu ersetzen. Deshalb kann und wird in vielen Fällen auf „Gutachterbasis" abgerechnet, durchaus auch unter Vorlage von deutlich überhöhten „Kostenvoranschlägen" von Kfz-Werkstätten. Der Gesetzgeber hat – wohl auch deshalb – inzwischen in § 249 Abs. 2 S. 2 BGB geregelt, dass die Umsatzsteuer nur noch zu erstatten ist, wenn und soweit sie tatsächlich angefallen ist.

> **Fortsetzung des Beispiels**  Nach dem Gutachten des Sachverständigen G, das von der Versicherung des Professors akzeptiert wird, belaufen sich die Reparaturkosten auf 6.500,-- € zzgl. Umsatzsteuer. Die geschädigte Studentin S hat damit einen Anspruch auf den Nettobetrag (6.500,-- €), auch wenn sie die Reparatur gar nicht, nur zum Teil oder nur provisorisch durchführen lässt. Die Umsatzsteuer bekommt S aber nur, soweit diese angefallen ist. Lässt S das Fahrzeug für 4.000,-- € notdürftig reparieren, erhält sie dennoch den nach dem Gutachten *erforderlichen* Geldbetrag, also den vollen Nettobetrag in Höhe von 6.500,-- €. Außerdem hat sie Anspruch auf die tatsächliche angefallene Umsatzsteuer, im Jahre 2006 also auf 16 % von 4.000,-- €, mithin 640,-- €.

Ein Anspruch auf den vollen Ersatz der fiktiven Reparaturkosten besteht nicht, wenn diese den Wert des Fahrzeugs übersteigen und somit ein **wirtschaftlicher Totalschaden** vorliegt. Bei einer „Abrechnung auf Gutachterbasis" wird deshalb in einem solchen Fall nur der Zeitwert des Fahrzeugs ersetzt. Dies kann für den Geschädigten sehr nachteilig sein, wenn er für diesen Betrag kein gleichwertiges Fahrzeug erwerben kann. Wird die Reparatur ordnungsgemäß durchgeführt, gewährt die Rechtsprechung beim wirtschaftlichen Totalschaden einen Anspruch von bis zu 30 % über dem Zeitwert des Fahrzeugs[3].

> **Beispiel**  Der Verkehrswert des Fahrzeugs beträgt 5.000,-- €. Die erforderlichen Reparaturkosten laut Gutachten belaufen sich auf 6.000,-- €. Damit liegt ein wirtschaftlicher Totalschaden vor. Erfolgt keine Reparatur, erhält der Geschädigte nur 5.000,-- €, also den Verkehrswert des Fahrzeugs. Wird die Reparatur ordnungsgemäß durchgeführt, hat er Anspruch auf 6.000,-- €, da der Betrag weniger als 30 % über dem Verkehrswert liegt.

Neben den reinen Reparaturkosten kann der Geschädigte für die Zeit, die die Reparatur beansprucht und in der er sein Fahrzeug nicht nutzen kann, die Kosten für die Anmietung eines **Ersatzfahrzeugs** verlangen. Verzichtet er auf ein Ersatzfahrzeug, kann er einen **Nutzungsausfall** geltend machen. Bezahlt wird in beiden Fällen der für eine Reparatur erforderliche angemessene Zeitraum[4].

Vorsicht ist geboten bei der Anmietung eines Fahrzeugs zu einem „**Unfallersatztarif**". Diese von Autovermietern angebotenen speziellen Tarife liegen zum Teil erheblich über den „Normaltarifen für Selbstzahler", mit Erhöhungen zwischen 100 % bis manchmal sogar 465 %[5]. Hier läuft der Geschädigte Gefahr, dass die Kfz-Versicherung seines Unfallgegners und möglicherweise auch das angerufene Gericht zu der Auffassung gelangen, die überhöhten Mietkosten seien nicht *erforderlich* im Sinne des § 249 Abs. 2 BGB und deshalb auch nicht zu ersetzen. Der Geschädigte muss nämlich seinen Schaden möglichst gering halten (so genannte *Schadensminderungspflicht*).

Von mehreren Möglichkeiten hat er im Rahmen des Zumutbaren den wirtschaftlichsten Weg der Schadensbeseitigung zu wählen. Wenn der Geschädigte ein Kraftfahrzeug zu einem überteuerten „Unfallersatztarif" anmietet, geht die Rechtsprechung im Allgemeinen aber nicht von einem Verstoß gegen die Schadensminderungspflicht aus, solange die Überteuerung für den Geschädigten nicht ohne weiteres erkennbar war[6]. Der Geschädigte kann aber unter Umständen gehalten sein, ein oder zwei Konkurrenzangebote einzuholen[7].

> **Praxistipp**  Sofern es die Umstände zulassen, sollten vor der Anmietung eines Ersatzfahrzeugs zur eigenen Sicherheit zwei bis drei Angebote eingeholt und dokumentiert werden.

Bei *gebrauchten* Sachen hat der Geschädigte einen „**Abzug neu für alt**" hinzunehmen, wenn er statt der gebrauchten Sache die Mittel für die Anschaffung einer ganz neuen Sache erhält, etwa bei stark gebrauchter Kleidung und bei Schuhen. Ob und welcher Abzug erfolgt, ist im Einzelfall zu entscheiden und kann insbesondere bei geringen Abzügen vom Gericht geschätzt werden (§ 287 Abs. 1 ZPO).

---

3   BGH NJW 2005, S. 1108, 1110.
4   Palandt/Heinrichs, Bürgerliches Gesetzbuch, Vorbemerkung vor § 249 Rn. 20.
5   Palandt/Heinrichs, Bürgerliches Gesetzbuch, § 249 Rn. 31.
6   BGH NJW 2005, S. 51, 53.
7   BGH NJW 2005, S. 1933, 1935.

## 22.3.2 Erweiterungen durch §§ 250, 251 BGB

Die §§ 250, 251 BGB betreffen bestimmte Sonderfälle, in denen der Gläubiger nach Fristsetzung bzw. ohne Fristsetzung eine Entschädigung in Geld verlangen kann, auch wenn die Voraussetzungen des § 249 Abs. 2 BGB nicht gegeben sind. Wichtigster Fall ist in der Praxis der Anspruch auf den **merkantilen Minderwert** bei einem beschädigten Kfz. Ersetzt wird nach § 251 Abs. 1 BGB der Betrag, um den der Wert des Fahrzeugs auch nach einer sachgemäßen Reparatur gemindert ist, weil es nunmehr ein Unfallfahrzeug ist, für das bei einem gedachten oder tatsächlichen Verkauf ein geringerer Kaufpreis erzielt wird. Dieser Anspruch besteht auch, wenn keine Reparatur durchgeführt wird.

## 22.3.3 Entgangener Gewinn (§ 252 BGB)

§ 252 S. 1 BGB stellt klar, dass der zu ersetzende Schaden auch den durch das Schadensereignis entgangenen Gewinn umfasst. Satz 2 enthält zugunsten des Geschädigten eine Beweiserleichterung: Er muss nicht bis ins Letzte hinein den vollen Beweis führen, welchen Gewinn er *nicht* erzielt hat. Vielmehr gilt der Gewinn als entgangen, der nach dem „gewöhnlichen Lauf der Dinge oder nach den besonderen Umständen, insbesondere nach den getroffenen Anstalten und Vorkehrungen, mit Wahrscheinlichkeit erwartet werden konnte."

> **Beispiel** Aufgrund eines Verkehrsunfalls muss ein Taxi für vier Tage in die Reparaturwerkstatt. Hier kann der Taxifahrer nicht nachweisen, wie viele Kunden er in dieser Zeit gehabt und welchen Gewinn er exakt erzielt hätte. Also wird nach § 252 S. 2 BGB ein durchschnittlicher Betrag angesetzt. Die Richter können einen Sachverständigen beauftragen, oder – insbesondere bei kleinen Schäden – auch „über den Daumen" eine Schätzung vornehmen (§ 287 Abs. 1 ZPO).

## 22.3.4 Immaterieller Schaden (§ 253 BGB)

Das BGB unterscheidet zwischen materiellen und immateriellen Schäden.

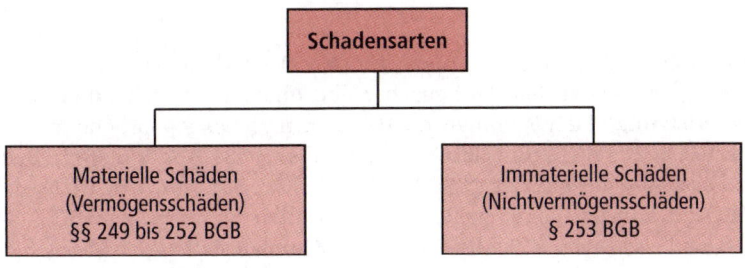

Abbildung 22.2: Schadensarten

Materielle Schäden – auch **Vermögensschäden** genannt – sind solche, die sich in Euro und Cent konkret bestimmen lassen, notfalls im Wege der Schätzung. Typische Beispiele sind Reparaturkosten, Heilungskosten (Krankenhauskosten, Zuzahlung für Medikamente, Fahrten mit dem Taxi zum Arzt), Verdienstausfall und entgangener Gewinn. Selbst wenn hier zum Teil eine Schätzung erfolgen sollte (§ 287 Abs. 1 ZPO), kommt im Ergebnis ein bestimmter Betrag heraus. Immaterielle Schäden – **Nichtvermögensschäden** – lassen sich hingegen nicht konkret in Geld bestimmen und mit Geld auch nicht angemessen ausgleichen.

---

**Beispiel**

- A wird bei einem Unfall erheblich verletzt, unter anderem muss ein Arm amputiert werden. Die Behandlungskosten und der Verdienstausfall sind materielle Schäden, die sich berechnen lassen. Die Schmerzen, die A zu erleiden hat, und die entgangene Lebensfreude (A ist Hobby-Basketballspieler) sind immaterielle Schäden, die nicht konkret berechnet werden können.

- Infolge einer Schlägerei hat A immer wieder, besonders bei Wetterumschwüngen, starke Kopfschmerzen bis hin zu stundenlangen Migräneanfällen. Wenn A seinem Beruf wegen der Schmerzen nicht mehr (voll) ausüben kann, liegt ein materieller Schaden vor. Die Kopfschmerzen als solche stellen hingegen einen immateriellen Schaden dar.

---

Gemäß § 253 Abs. 1 BGB kann für immaterielle Schäden (Nichtvermögensschäden) Schadensersatz nur dann verlangt werden, wenn diese Rechtsfolge im Gesetz – das heißt in einem bestimmten Paragraphen – ausdrücklich bestimmt ist. Wenn es keine gesetzliche Regelung gibt, bekommt der Verletzte zwar seinen materiellen Schaden ersetzt (nach §§ 249 bis 252 BGB), nicht aber einen daneben oder ausschließlich bestehenden immateriellen Schaden.

Die für die Praxis wichtigste Regelung zu Nichtvermögensschäden enthält § 253 Abs. 2 BGB. Im Falle der Verletzung des Körpers, der Gesundheit, der Freiheit und der sexuellen Selbstbestimmung kann vom Schädiger auch für den immateriellen Schaden eine billige – gemeint ist eine *angemessene* – Entschädigung in Geld gefordert werden. Der bei einem Unfall Verletzte erhält also neben dem Ersatz seiner materiellen Schäden auch eine Entschädigung für die erlittenen Schmerzen („Schmerzensgeld"). Ein solcher Anspruch kann auch bestehen, wenn es bei der Durchführung von Verträgen zu Verletzungen kommt.

---

**Beispiel** Aufgrund unsorgfältig ausgeführter Dacharbeiten lösen sich einige Pfannen und verletzen den Auftraggeber und einen vorbeigehenden Passanten (Körperverletzung). Hier kommen für den Auftraggeber Ansprüche aus Vertrag (§§ 280 Abs. 1, 278 BGB) und Gesetz (§§ 823 Abs. 1, 831 Abs. 1 BGB) in Betracht, für den Passanten nur aus Gesetz (§ 823 Abs. 1 BGB, 831 Abs. 1 BGB). Nach allen Anspruchsgrundlagen kann Ersatz der materiellen Schäden gemäß §§ 249 bis 252 BGB und – wegen § 253 Abs. 2 BGB – der immateriellen Schäden („Schmerzensgeld") verlangt werden, weil eine Körperverletzung vorliegt.

---

Ein großes Problem besteht in der Bemessung einer angemessenen Entschädigung. Die Schmerzensgeldbeträge, die in Deutschland zugesprochen werden, sind eher gering, insbesondere wenn man einen Vergleich mit den USA zieht, wobei dort aber die materiellen Schäden zum Teil eingeschlossen sind. Die deutschen Gerichte orientieren sich an Schmerzensgeldtabellen, also daran, welchen Betrag andere Gerichte in vergleichbaren Fällen zugesprochen haben[8].

Eine weitere Regelung zum Ersatz des immateriellen Schadens enthält § 651 f Abs. 2 BGB, der dem Urlauber bei einer vereitelten oder erheblich beeinträchtigten **Reise** einen Anspruch auf eine angemessene Entschädigung in Geld gibt.

Eine dritte, im BGB nicht enthaltene, aber **gewohnheitsrechtlich** anerkannte Fallgruppe bildet ein Eingriff in das **Allgemeine Persönlichkeitsrecht**[9]. Hier wird eine Entschädigung zugesprochen, obwohl § 253 Abs. 1 BGB dem eigentlich entgegensteht. In diesem Fall setzt sich das „Richterrecht" (insbesondere vom Bundesverfassungsgericht und vom Bundesgerichtshof entwickelt) über das positive, also schriftlich fixierte Recht hinweg. Nach dieser Rechtsprechung handelt es sich bei der Entschädigung im Falle einer Verletzung des Allgemeinen Persönlichkeitsrechts nicht um einen Schmerzensgeldanspruch nach § 847 BGB alte Fassung, jetzt § 253 Abs. 2 BGB, sondern um einen Rechtsbehelf, der auf Art. 1 GG (Menschenwürde) und Art. 2 Abs. 1 GG (Handlungsfreiheit) zurückgeht[10].

Eine Geldentschädigung setzt dabei voraus, dass eine *schwerwiegende* Verletzung des Persönlichkeitsrechts vorliegt *und* die Beeinträchtigung nach Art der Verletzung nicht in anderer Weise (Unterlassung, Gegendarstellung, Widerruf) befriedigend ausgeglichen werden kann[11]. Sehr häufig sind es Prominente aus Film, Funk, Medien und aus Fürstenhäusern, die – unterstützt von spezialisierten Rechtsanwälten – Verfahren gegen die „Regenbogenpresse" („Yellow press") anstrengen und auch gewinnen. Die ausgeurteilten Beträge haben in den letzten Jahren zugenommen, weil die Gerichte immer stärker berücksichtigen, welche Auflagensteigerung eine Zeitschrift durch den Eingriff in das Persönlichkeitsrecht erzielt hat und so eine Art „Gewinnabschöpfung" vornehmen[12]. Viel für die Rechtsentwicklung in diesem Punkt hat **Prinzessin Caroline** von Hannover (vormals Monaco) getan, die zahlreiche Klagen erhoben hat, wobei sie häufig „standesgemäß" von einem Hamburger Rechtsanwalt namens **Prinz** vertreten wurde.

### 22.3.5 Mitverschulden (§ 254 BGB)

Insbesondere bei Verkehrsunfällen bekommen die Beteiligten ihre Schäden häufig nicht vollständig ersetzt, weil sie an der Verursachung des Unfalls ein Mitverschulden trifft. Die gesetzliche Regelung für die Begrenzung der Ansprüche enthält § 254 Abs. 1 BGB[13]. Die kompliziert zu lesende Vorschrift sagt Folgendes: Wenn der Geschädigte eine Mitschuld an der Verursachung des Schadens trägt, wird sein Anspruch gegen den Schädiger im Umfang seiner Mitverursachung anteilig gekürzt.

8 Vgl. Hacks/Ring/Böhm, Schmerzensgeldbeträge, 23. Aufl., Bonn 2005; Slizyk, Beck'sche Schmerzensgeldtabelle, 4. Aufl., München 2006; Jaeger/Luckey, Schmerzensgeld, 2. Aufl., Münster, 2004.
9 Zu den Voraussetzungen des Anspruchs vgl. S. 365 f.
10 BGH NJW 1995, S. 861, 865.
11 Vgl. BGH NJW 2005, S. 58, 59.
12 Vgl. BGH NJW 1995, S. 861, 865.
13 Vgl. auch § 846 BGB.

**Beispiel** A fährt mit seinem Pkw auf einer vorfahrtsberechtigten Straße. Versehentlich hat er den rechten Blinker gesetzt. B will auf diese Straße einbiegen und geht aufgrund des gesetzten Blinkers davon aus, dass A abbiegen werde. B fährt los, es kommt zu einem Zusammenstoß der Fahrzeuge. Der Schaden des A beträgt 6.000,-- €, der des B 9.000,-- €.

Hier haben beide Parteien wechselseitig Ansprüche gegeneinander. A schuldet B aus § 823 Abs. 1 BGB Schadensersatz, B ist A ebenfalls aus § 823 Abs. 1 BGB schadensersatzpflichtig, weil beide durch ihre Handlung das Eigentum des jeweils anderen widerrechtlich und schuldhaft (fahrlässig) verletzt haben. A hätte den Blinker abstellen müssen, B durfte nicht „blind" darauf vertrauen, dass A abbiegen wird. B hat außerdem seine Wartepflicht verletzt. Die wechselseitigen Ansprüche ergeben sich gegen die Halter der Fahrzeuge auch aus § 7 Abs. 1 StVG (Straßenverkehrsgesetz), und zwar unabhängig davon, ob die Beteiligten ein Verschulden trifft (Fall der Gefährdungshaftung).

Um die Schäden auszugleichen, ist zunächst die Mitverschuldensquote zu bilden. In vergleichbaren Fällen hat die Rechtsprechung dem „blinkenden A" 1/3 und dem B 2/3 Mitverschulden angelastet. Jetzt wird jeder Schaden einzeln betrachtet, es werden also nicht beide Schäden „in einen Topf geworfen" und dann quotenmäßig bedient.

Deshalb bekommt A seinen Schaden von B nur zu 2/3 ersetzt, erhält also von 6.000,-- € nur 4.000,-- €. B muss 2/3 seines Schadens selbst tragen, bekommt also von 9.000,-- € nur 3.000,-- € von A ersetzt. Diese Quote wird auch zugrunde gelegt, wenn es um den Ersatz des immateriellen Schadens, also um Schmerzensgeld geht.

# Ungerechtfertigte Bereicherung

**23**

**ÜBERBLICK**

## Lernziele dieses Kapitels

*Was kommt in diesem Kapitel auf Sie zu? Es geht um den Ausgleich von Vermögensverschiebungen, für die es keinen Rechtsgrund, insbesondere keinen Vertrag gibt. Ein klassischer Fall liegt vor, wenn ein Kaufvertrag angefochten wird, sich die Ware aber noch beim Käufer und der Kaufpreis beim Verkäufer befindet. Hier sorgen die §§ 812 ff. BGB für Ausgleich.*

## 23.1 Grundlagen

Die Regelungen des Rechts der ungerechtfertigten Bereicherung (§§ 812 ff. BGB) dienen dem Ausgleich eines Vermögenszuwachses (eines Mehr im Vermögen), der sich zu Unrecht ("ohne rechtfertigenden Grund") im Vermögen einer Person befindet. Im Gegensatz dazu betrifft das zuvor behandelte Deliktsrecht (§§ 823 ff. BGB) den Ersatz von Schäden und damit den Ausgleich eines Vermögensnachteils (eines Minus im Vermögen).

Der Anwendungsbereich der §§ 812 ff. BGB ist sehr breit, es gibt zahlreiche Fallgruppen. Wichtig ist die grundlegende Unterscheidung zwischen den Fällen der "Leistungskondiktion" und den "Kondiktionen in sonstiger Weise". "Kondiktion" bedeutet dabei so viel wie Rückgabeverlangen.

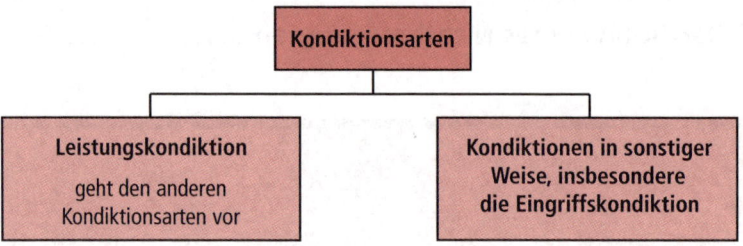

Abbildung 23.1: Kondiktionsarten

Eine **Leistungskondiktion** liegt vor, wenn eine Bereicherung dadurch eingetreten ist, dass (irgend-)jemand eine *Leistung* an den Bereicherten erbracht hat. Die wichtigste Kondiktionsart der anderen Gruppe ("in sonstiger Weise") bildet die **Eingriffskondiktion**.

---

**Beispiele**

- Hauseigentümer E und Handwerker H schließen einen Vertrag über Arbeiten am Haus des E; beide sind sich einig, "dass sie das Finanzamt da ganz raushalten wollen". Dieser Vertrag ist auf eine Steuerhinterziehung gerichtet und deshalb nach § 134 Abs. 1 BGB nichtig[1]. Wenn H gleichwohl **Leistungen** erbringt, erfolgen diese ohne wirksamen Vertrag und damit "ohne rechtlichen Grund" **(Fall der Leistungskondiktion)**.
- X wohnt im Studentenheim mit einer Gemeinschaftsküche. Wenn kein anderer Bewohner in der Nähe ist, bedient er sich gerne aus einem fremden Kühlschrank. Hier liegt ein *Eingriff* des X in das Eigentum eines anderen vor **(Fall der Eingriffskondiktion)**.

---

1  Zu Einzelheiten vgl. S. 64.

## 23.2 Voraussetzungen

Die Voraussetzungen und die Rechtsfolge eines Anspruchs aus ungerechtfertigter Bereicherung sind nach § 812 Abs. 1 S. 1 BGB:

- **P1:** Jemand muss **etwas erlangt** haben,
- **P2:** durch **Leistung** eines anderen (1. Fall) oder in sonstiger Weise auf dessen Kosten (2. Fall),
- **P3: ohne rechtlichen Grund** (ohne Rechtsgrund).

**Rechtsfolge:** Herausgabe des Erlangten gemäß § 812 Abs. 1 S. 1 BGB.

### 23.2.1 Etwas erlangt

Derjenige, gegen den der Anspruch geltend gemacht wird, muss „etwas erlangt" haben. „Etwas" ist jeder Vermögensvorteil, den jemand erhält. Um festzustellen, ob ein Vermögenszuwachs erfolgt ist, ist das Vermögen vor und nach der maßgeblichen Handlung zu vergleichen. Hat ein Zuwachs stattgefunden, ist das Merkmal „etwas erlangt" erfüllt. Neben einer Erhöhung der Aktiva kommt auch eine Verringerung der Passiva in Betracht.

| Merksatz | „Etwas erlangt" ist jeder Vermögensvorteil wie der Erwerb von Eigentum, Besitz, einer Forderung, von Dienst- und Werkleistungen, aber auch die Verringerung von Schulden. |
|---|---|

### 23.2.2 Durch Leistung oder in sonstiger Weise auf Kosten eines anderen

Das Erlangte muss auf der Leistung der Person beruhen, die die Herausgabe begehrt, oder in sonstiger Weise auf Kosten dieser Person erlangt sein. Nicht ausreichend ist es, wenn ein Dritter die Leistung erbracht hat. Die Herausgabe kann immer nur *der Leistende* verlangen.

#### Leistung

| Merksatz | Leistung ist eine gewollte und zweckgerichtete Vermehrung fremden Vermögens. Man nennt diese Fallgruppe die „Leistungskondiktion". |
|---|---|

> **Beispiele**
>
> ■ V und K schließen einen Kaufvertrag über einen Radlader. Anschließend liefert V das Gerät aus und übereignet es gemäß § 929 S. 1 BGB an K. Damit hat V freiwillig („gewollt") das Eigentum an der Kaufsache auf den K übertragen, um dadurch („zweckgerichtet") seine durch den Kaufvertrag gemäß § 433 Abs. 1 S. 1 BGB begründete Verpflichtung zu erfüllen. K hat durch die Leistung des V etwas erlangt (Eigentum und Besitz am Radlader).
>
> ■ Käufer K erteilt seiner Bank einen Überweisungsauftrag, um einen Kaufpreis an Verkäufer V zu bezahlen. Hier erlangt V die Gutschrift auf seinem Konto durch eine Leistung des K, da dieser – und nicht die eingeschaltete Bank – der Leistende ist. Denn die Bank tätigt die Überweisung aus Mitteln des K, falls dessen Konto eine ausreichende Deckung aufweist. Anderenfalls stellt die Bank dem K einen entsprechenden Betrag ins Soll.

### In sonstiger Weise auf Kosten eines anderen

Unter dieses Merkmal fallen zahlreiche, recht unterschiedliche Fälle, in denen jemand „etwas erlangt", *ohne* dass eine *Leistung* vorliegt („Kondiktionen in sonstiger Weise"). Den wichtigsten Fall bildet die „Eingriffskondiktion".

> **Beispiele**
>
> ■ Wenn jemand einen Eimer Farbe, den er gestohlen hat, verbraucht, dann hat er wirtschaftlich etwas erlangt, nämlich die ersparten Aufwendungen für den Kauf der Farbe. Dieser Vermögenszuwachs ist aber nicht durch die Leistung des Eigentümers, sondern „in sonstiger Weise auf dessen Kosten" erfolgt, nämlich durch einen Eingriff in das Eigentumsrecht.
>
> ■ Jemand vertreibt ohne Erlaubnis des Urhebers Computersoftware über das Internet. Hier liegt ein Eingriff in das Urheberrecht vor, der – neben möglichen Schadensersatzansprüchen (§ 97 UrhG – Urheberrechtsgesetz) und strafrechtlichen Folgen (§§ 106 ff. UrhG) Ansprüche aus ungerechtfertigter Bereicherung auslöst.

Für das Verhältnis der „Leistungskondiktion" zu den anderen Kondiktionsarten ist zu beachten, dass immer dann, wenn die Vermögensverschiebung durch eine Leistung *einer* (im Sinne von irgendeiner) Person erfolgt ist, die Fallgruppe „in sonstiger Weise auf Kosten eines anderen" *nicht* mehr zu prüfen ist.

> **Merksatz**    Die Leistungskondiktion verdrängt die anderen Kondiktionsarten.

> **Beispiel** M hat vom Eigentümer E eine Sache gemietet. M übereignet diese Sache an den gutgläubigen G, der nach §§ 929, 932 BGB das Eigentum erwirbt. Hier kann E die Sache nicht nach § 812 Abs. 1 S. 1 BGB von G herausverlangen, weil E keine Leistung erbracht hat. Aus der Sicht des G, auf die es ankommt, hat vielmehr M geleistet. Da eine Leistung des M vorliegt, ist die Variante „in sonstiger Weise auf Kosten" wegen des Vorrangs der Leistunsgkondiktion „gesperrt", also nicht zu prüfen. G muss die Sache deshalb nicht an E herausgeben. Er kann sie vielmehr behalten, weil er gutgläubig deren Eigentümer geworden ist[2].

## 23.2.3 Ohne rechtlichen Grund

> **Merksatz** Das Merkmal ohne rechtlichen Grund ist erfüllt, wenn für eine Vermögensverschiebung kein Rechtsgrund vorhanden ist.

Wenn sich nach Durchführung eines Vertrages herausstellt, dass der Vertrag nichtig ist – zum Beispiel wegen Formmangels (§ 125 Abs. 1 BGB)[3], wegen Verstoßes gegen ein gesetzliches Verbot (§ 134 BGB)[4], wegen Sittenwidrigkeit (§ 138 BGB)[5] oder infolge einer Anfechtung (§ 142 Abs. 1 BGB)[6] –, dann sind die von den Parteien erbrachten Leistungen „ohne Rechtsgrund" erfolgt. Sie müssen deshalb nach § 812 Abs. 1 S. 1 BGB herausgegeben werden. Der nichtige Kaufvertrag bildet keinen Rechtsgrund für das Behaltendürfen der Leistungen.

> **Beispiel** V und K haben einen Kaufvertrag über ein gebrauchtes Kfz geschlossen. Nach drei Jahren erfährt K, dass V ihm arglistig einen Unfall verschwiegen hat. K entscheidet sich, keine Ansprüche aus § 437 BGB wegen eines Sachmangels geltend zu machen, sondern den Kaufvertrag nach § 123 Abs. 1 BGB anzufechten. Nach Erklärung der Anfechtung gilt der Vertrag als von Anfang an nichtig (§ 142 Abs. 1 BGB). Damit ist K noch nicht geholfen, weil V immer noch den Kaufpreis hat.
>
> *Lösungsskizze*
>
> 1. **Anspruch des K auf die Rückzahlung des Kaufpreises von V gemäß § 812 Abs. 1 S. 1 BGB**
>
> ■ **P1:** V hat etwas erlangt (den Kaufpreis),
>
> ■ **P2:** durch Leistung des K (freiwillige und zweckgerichtete Vermehrung fremden Vermögens durch die Zahlung des Kaufpreises zur Erfüllung des Kaufvertrages),

---

2  Zum gutgläubigen Erwerb vgl. S. 428 ff.
3  Vgl. S. 141.
4  Vgl. S. 64 f.
5  Vgl. S. 65 ff.
6  Vgl. S. 134.

- **P3:** ohne rechtlichen Grund (Kaufvertrag gilt nach § 142 Abs. 1 BGB als von Anfang an nichtig).

**Rechtsfolge:** K steht ein Anspruch auf Rückzahlung des Kaufpreises gegen V zu.

**2. Anspruch des V auf die Rückübereignung des Fahrzeugs und Besitzübertragung von K gemäß § 812 Abs. 1 S. 1 BGB**

- **P1:** K hat etwas erlangt (Eigentum und Besitz am Kfz),
- **P2:** durch Leistung des V (freiwillige und zweckgerichtete Vermehrung fremden Vermögens durch die Übertragung des Eigentums und die Besitzverschaffung am Kfz zur Erfüllung des Kaufvertrages),
- **P3:** ohne rechtlichen Grund (Kaufvertrag gilt nach § 142 Abs. 1 BGB als von Anfang an nichtig).

**Rechtsfolge:** V steht ein Anspruch auf Rückübereignung des Fahrzeugs und Besitzübertragung gegen K zu.

### Umfang des Herausgabeanspruchs

Nach § 812 Abs. 1 S. 1 BGB muss das Erlangte herausgegeben werden. Dies kann zum Beispiel das Eigentum an und/oder der Besitz der Sache sein oder ein gezahlter Kaufpreis.

Ergänzend gilt § 818 BGB, der eine ähnliche Funktion wie die §§ 249 ff. BGB erfüllt, da er Einzelheiten zum Umfang der Herausgabepflicht regelt. Nach § 818 Abs. 1 BGB erstreckt sich die Verpflichtung zur Herausgabe auf die gezogenen **Nutzungen** sowie auf dasjenige, was der Empfänger aufgrund eines erlangten Rechts oder als Ersatz für die Zerstörung, Beschädigung oder Entziehung des erlangten Gegenstandes erwirbt. Wenn die Herausgabe wegen der Beschaffenheit des Erlangten nicht möglich ist oder der Empfänger aus einem anderen Grund zur Herausgabe außerstande ist, hat er nach § 818 Abs. 2 BGB **Wertersatz** zu leisten.

> **Fortsetzung des obigen Beispiels**    Wenn V mit dem Kaufpreis, über den er drei Jahre verfügen konnte, Schulden getilgt und dadurch Zinsen erspart hat, umfasst der Herausgabeanspruch des K diese Vorteile (§ 818 Abs. 1 BGB). Wenn K aus der Nutzung des mangelhaften Pkw Vorteile gezogen haben sollte, sind diese eigentlich nach § 818 Abs. 2 BGB in Verbindung mit Absatz 1 an V herauszugeben. Allerdings besteht, was im Detail sehr kompliziert ist[7], im Fall der arglistigen Täuschung des Autokäufers häufig ein Schadensersatzanspruch aus § 823 Abs. 2 i.V.m. § 263 Strafgesetzbuch (StGB, Betrug) und § 826 BGB, der einen Bereicherungsanspruch des Verkäufers wegen der Nutzungen ausschließt.

Ein Wertersatzanspruch nach § 818 Abs. 2 BGB kommt in Betracht, wenn Arbeitsleistungen erbracht worden sind, da diese ja nicht zurückgegeben werden können.

---

7    BGH NJW 1962, S. 1909, 1910.

**Beispiel** Wenn ein Handwerker nach Feierabend oder am Wochenende „schwarz" auf dem Bau arbeitet, ist der Vertrag nach § 134 BGB nichtig. Die Nichtigkeit ergibt sich einmal daraus, dass der Vertrag auf eine **Steuerhinterziehung** gerichtet ist. Sofern ein nach der Handwerksordnung zulassungspflichtiges Handwerk ausgeübt wird, folgt die Nichtigkeit bei fehlender Meisterprüfung außerdem daraus, dass der Handwerker gegen das „**Schwarzarbeitsgesetz**" verstößt[8]. Infolge der Nichtigkeit des Vertrages steht dem Handwerker kein vertraglicher Vergütungsanspruch aus § 631 BGB zu. Der Bundesgerichtshof (BGH) lässt aber entgegen § 817 BGB aus Gründen der Gerechtigkeit seit einigen Jahren einen Anspruch des „Schwarzarbeiters" aus ungerechtfertigter Bereicherung zu (§ 812 Abs. 1 S. 1 BGB), der allerdings geringer ist als ein wirksamer vertraglicher Anspruch für einen Unternehmer wäre[9]. Da eine Herausgabe der Arbeitsleistungen nicht möglich ist, ist die Höhe des Anspruchs nach § 818 Abs. 2 BGB zu bestimmen.

## 23.3  Verfügung eines Nichtberechtigten

Die Verfügung eines Nichtberechtigten wird in § 816 Abs. 1 BGB geregelt. Diese spezielle Anspruchsgrundlage geht § 812 BGB vor. Falls also ein Anspruch aus § 816 Abs. 1 BGB in Betracht kommt, ist diese Vorschrift **vor § 812 BGB** zu prüfen. Die Voraussetzungen und die Rechtsfolge des § 816 Abs. 1 S. 1 BGB sind:

- **P1:** Ein Nichtberechtigter muss eine **Verfügung** getroffen haben,
- **P2:** die Verfügung muss **dem Berechtigten gegenüber wirksam** sein,
- **P3:** der Nichtberechtigte muss durch die Verfügung **etwas erlangt** haben.

**Rechtsfolge:** Der Nichtberechtigte ist dem Berechtigten gegenüber zur Herausgabe des Erlangten verpflichtet.

Einzelheiten zu § 816 Abs. 1 BGB werden zum besseren Verständnis in Zusammenhang mit dem gutgläubigen Erwerb dargestellt[10].

**§ 816 Abs. 2** BGB betrifft den Fall, dass eine Leistung, die an einen *Nichtberechtigten* erbracht wird, dem Berechtigten gegenüber wirksam ist. Die Vorschrift ist im Zusammenhang mit der Forderungsabtretung bereits angesprochen worden[11].

---

8   Gesetz zur Bekämpfung der Schwarzarbeit und der illegalen Beschäftigung, BGBl. I 2004, 1842 ff.
9   BGH NJW 1990, S. 2542, 2543.
10  Vgl. S. 439 f.
11  Vgl. S. 174.

# TEIL V

## Sachenrecht

# Grundlagen des Sachenrechts

**24**

**ÜBERBLICK**

## Lernziele dieses Kapitels

*Was kommt in diesem Kapitel auf Sie zu? Sie werden einen großen Sprung machen! Und zwar in das dritte Buch (große Kapitel) des BGB, das Sachenrecht. Nach dem Allgemeinen Teil (Erstes Buch) mit seinen allgemeinen, für das gesamte BGB geltenden Regelungen zum Beispiel zum Vertragsabschluss (§§ 145 ff. BGB) und zur Vertretung (§§ 164 ff. BGB) und dem Zweiten Buch, dem „Recht der Schuldverhältnisse", folgt jetzt also der dritte große Teil des BGB.*

## 24.1   Einführung

Das dritte Buch des BGB befasst sich, wie der Name schon sagt, mit „Sachen". Dabei geht es insbesondere darum, wer welche Rechte an einer Sache hat und wie diese Rechte erworben werden. Man spricht im Sachenrecht von dinglichen (auch „absoluten Rechten"), weil diese Rechte gegenüber jedermann bestehen. Das umfassendste dingliche Recht ist das **Eigentumsrecht**. Daneben gibt es eine Reihe von „beschränkten dinglichen Rechten", zum Beispiel Pfandrechte an beweglichen Sachen oder an Grundstücken (Hypothek und Grundschuld).

Die Abgrenzung zwischen dem Buch „Sachenrecht" (§§ 854 bis 1296 BGB) und dem Buch „Recht der Schulverhältnisse" (§§ 241 bis 853 BGB) lässt sich vereinfacht wie folgt beschreiben:

> **Merksatz**   Das Schuldrecht gibt eine Antwort darauf, ob eine Person (Schuldner) einer anderen Person (Gläubiger) etwas *schuldet* (Kaufpreis, Schadensersatz). Es regelt damit die Beziehungen zwischen (mindestens) zwei Personen. Ansprüche bestehen nur zwischen diesen Personen. Man spricht von relativen oder auch schuldrechtlichen Ansprüchen. Das Sachenrecht regelt hingegen die Beziehung zwischen *einer* Person und einer Sache, zum Beispiel, wer der Eigentümer der Sache ist. Die aus dem Eigentum fließenden Rechte bestehen gegenüber *jedermann*; sie werden absolute oder auch dingliche Rechte genannt.

In der Praxis werden die beiden zentralen Begriffe des Sachenrechts „Eigentum" und „Besitz" häufig falsch verwendet. Wenn vom Haus*besitzer* die Rede ist, ist fast immer der Haus*eigentümer* gemeint. Eine Suche in Google zum Begriff „Haus- und Grundbesitzer" ergab ungefähr 449.000 Nachweise[1], obwohl es korrekt „Haus- und Grundeigentümer"[2] heißen müsste. Denn gemeint sind die Eigentümer der Häuser und nicht lediglich deren Besitzer. Folglich sind im „Haus- und Grund*besitzer*verein" die Eigentümer von Immobilien zusammengeschlossen und nicht deren Besitzer, also die Mieter. Diese können einem Mieterverein beitreten.

---

1   durchgeführt am 28.04.2006, 16.30 Uhr.
2   Die Suche nach „Haus- und Grund*eigentümer*" führte „nur" zu ungefähr 184.000 Nachweisen.

## 24.2 Eigentum

Der Begriff „Eigentum" drückt eine *rechtliche* Beziehung zwischen einer Person und einer Sache aus.

> **Merksatz**  Eigentümer ist derjenige, dem eine Sache *gehört*.

Der Eigentümer kann nach § 903 BGB, soweit nicht das Gesetz oder Rechte Dritter entgegenstehen, mit seiner Sache nach Belieben verfahren und andere von jeder Einwirkung ausschließen. Der Eigentümer eines Tieres hat bei der Ausübung seiner Befugnisse die besonderen Vorschriften zum Schutz der Tiere zu beachten. Ein wichtiges Recht des Eigentümers besteht darin, dass er seine Sache veräußern und belasten darf. Er darf die Sache grundsätzlich auch zerstören. Seine Rechte sind allerdings beschränkt, sofern das Gesetz oder Rechte Dritter entgegenstehen.

**Beispiele**

- Der Eigentümer eines Autos darf das Auto, wenn es ihm nicht mehr gefällt, zwar grundsätzlich zerstören, doch darf er es nicht auf dem Standstreifen der Autobahn anzünden oder eine andere Umweltgefährdung herbeiführen.
- Dem Eigentümer einer Musikanlage ist es nicht gestattet, diese Anlage so laut zu betreiben, dass die Nachbarn durch den Lärm gestört werden.

## 24.3 Besitz

### 24.3.1 Grundlagen

„Besitz" drückt eine *tatsächliche* Beziehung zwischen einer Person und einer Sache aus (vgl. § 854 Abs. 1 BGB zum Besitzerwerb).

> **Merksatz**  Besitzer ist derjenige, der die **tatsächliche Gewalt** über eine Sache ausübt (der die Sache hat!).

Für die Frage, ob jemand Besitzer ist, kommt es *nicht* darauf an, ob er auch ein *Recht* zum Besitz hat.

**Beispiele**

- Der Mieter einer Sache ist deren rechtmäßiger Besitzer, der Vermieter ist der Eigentümer der Sache.
- Der Dieb einer Sache ist deren unrechtmäßiger Besitzer; Eigentümer der Sache ist derjenige, dem die Sache gehört.

### 24.3.2 Besitzarten

**Unmittelbarer Besitz**

Wenn das BGB vom „Besitz" spricht, ist der *unmittelbare* Besitz gemeint. Hier geht es also ausschließlich um die *tatsächliche* Beziehung der Person zur Sache. Der unmittelbare Besitz wird nach **§ 854 Abs. 1 BGB** durch die Erlangung der tatsächlichen Gewalt erworben.

**Mittelbarer Besitz**

Außerdem kennt das BGB den *mittelbaren* Besitz, der in **§ 868 BGB** definiert ist. Die schwierig zu lesende Vorschrift ist leichter verständlich, wenn man sie auf das Wesentliche reduziert und einen kleinen Einschub vornimmt. Dann lautet § 868 BGB wie folgt:

> *„Besitzt jemand eine Sache als ... Mieter ..., so ist auch der andere (am Mietvertrag Beteiligte) Besitzer (mittelbarer Besitzer) der Sache."*

Abbildung 24.1: Besitzmittlungsverhältnis

Durch den Mietvertrag wird ein **Besitzmittlungsverhältnis** begründet, das auch **„Besitzkonstitut"** genannt wird.

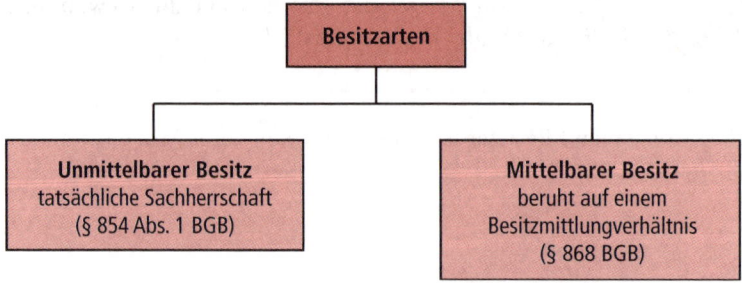

Abbildung 24.2: Besitzarten

Neben den in § 868 BGB ausdrücklich genannten Fällen (Nießbraucher, Pfandgläubiger, Pächter, Mieter und Verwahrer) bildet auch der Leihvertrag (§ 598 BGB) ein Rechtsverhältnis, „vermöge dessen" (gemeint ist: „durch das") der eine Teil (Entleiher) dem anderen Teil (Verleiher) „auf Zeit zum Besitz berechtigt oder verpflichtet ist". Der mittelbare Besitzer hat in allen Fällen *keine tatsächliche* Herrschaft über die Sache; er leitet seine besitzrechtliche Stellung allein aus einem mit dem unmittelbaren Besitzer geschlossenen Vertrag ab. Das klingt schwieriger als es ist!

---

**Beispiel**  Der Mieter einer Wohnung ist deren unmittelbarer Besitzer, weil er die *tatsächliche* Gewalt über die Wohnung ausübt (vgl. § 854 Abs. 1 BGB). Er weiß aber, dass die Wohnung einem anderen (dem Vermieter) gehört, und dass er sie nur aufgrund des Mietvertrages besitzt. Der Mieter besitzt die Wohnung, wenn man so will, „stellvertretend" für den Eigentümer. Weil er eine „fremde" (ihm nicht gehörende) Wohnung besitzt, wird der Mieter ganz korrekt als „unmittelbarer Fremdbesitzer" bezeichnet.

Der Vermieter ist *kein* Besitzer nach § 854 Abs. 1 BGB, weil er bezüglich der vermieteten Wohnung *keine* tatsächliche Sachherrschaft ausübt. Da der Mieter die Wohnung aber aufgrund des Mietvertrages auf Zeit „stellvertretend" für den Vermieter besitzt (diesem den Besitz mittelt), ist der Vermieter gemäß § 868 BGB „mittelbarer Besitzer" der Wohnung.

---

**Merksatz**  *Unmittelbarer* Besitzer ist, wer die Sachherrschaft tatsächlich ausübt. Besitzt er die Sache als Mieter, Entleiher oder aufgrund eines ähnlichen Vertrages für einen anderen, so ist der andere (Vermieter, Verleiher usw.) *mittelbarer* Besitzer.

---

Besondere Bedeutung kommt dem „mittelbaren Besitz" bei der Sicherungsübereignung zu. In diesem Zusammenhang wird deshalb auf dieses nicht ganz einfache Thema nochmals eingegangen[3].

### Besitzdiener

Nachdem Sie den *mittelbaren Besitz* hoffentlich verarbeitet haben, kommt jetzt noch eine Besonderheit: Abweichend von § 854 Abs. 1 BGB ist nach § 855 BGB jemand, obwohl die tatsächliche Sachherrschaft über eine Sache ausübt, ausnahmsweise nicht deren unmittelbarer Besitzer. Diese Personen werden als „Besitzdiener" bezeichnet. § 855 BGB gilt insbesondere für Arbeitnehmer, die in Bezug auf die Nutzung von Sachen den Weisungen ihres Arbeitgebers unterliegen. Der jeweilige Arbeitnehmer ist lediglich Besitzdiener der Sache, der **Arbeitgeber** deren unmittelbarer Besitzer, obwohl er *keine* tatsächliche Gewalt über die Sache ausübt.

---

3   Vgl. S. 492 ff.

**Beispiele**

- G ist als Geselle für den Bauunternehmer B auf der Baustelle am Rathaus eingesetzt. Gemäß § 854 Abs. 1 BGB müsste G eigentlich der unmittelbare Besitzer der Bohrmaschine und der anderen Werkzeuge sein, mit denen er seine Arbeit verrichtet. Nach § 855 BGB ist jedoch der Bauunternehmer unmittelbarer Besitzer der Gerätschaften, weil er G Weisungen bezüglich deren Nutzung erteilen kann. § 855 BGB verdrängt also § 854 Abs. 1 BGB. G ist Besitzdiener.

- A ist als angestellter Auslieferungsfahrer für seinen Chef C tätig. Da C die Routen und den Einsatz des A bestimmt, ist A bezüglich des Firmen-Lkw nur Besitzdiener. Besitzer ist nach § 855 BGB C, auch wenn sich der Lkw hunderte von Kilometern vom Firmengelände entfernt befindet.

- Bankprokurist A hat als Firmenwagen einen Audi A3, den er auch privat nutzen darf, etwa für Fahrten zu Basketballspielen. Da A im Hinblick auf die Nutzung des Fahrzeugs keinen Anweisungen der Bank unterliegt, ist er kein Besitzdiener (§ 855 BGB), sondern unmittelbarer Besitzer des Fahrzeugs (§ 854 Abs. 1 BGB). Die Bank ist mittelbare Besitzerin (§ 868 BGB), weil A das Fahrzeug aufgrund des Überlassungsvertrages *für die Bank* besitzt.

| **Merksatz** | - **Regel:** (Unmittelbarer) Besitzer einer Sache ist derjenige, der die *tatsächliche Sachherrschaft* über die Sache ausübt (§ 854 Abs. 1 BGB). |

- **Ausnahme:** Arbeitnehmer, die den Weisungen des Arbeitgebers in Bezug auf die Nutzung der Sache unterliegen, sind *Besitzdiener*. Unmittelbarer Besitzer ist der Arbeitgeber, auch wenn er keine tatsächliche Sachherrschaft hat (§ 855 BGB).

- **Besonderheit:** Wenn jemand eine Sache aufgrund eines Miet-, Leih- oder ähnlichen Vertrages für einen anderen besitzt, ist er unmittelbarer Besitzer (§ 854 Abs. 1 BGB), während der andere *mittelbarer Besitzer* der Sache ist (§ 868 BGB). Zwischen den Parteien besteht ein Besitzmittlungsverhältnis (auch „Besitzkonstitut" genannt).

## 24.4  Weitere Begriffe aus dem Sachenrecht

### 24.4.1  Verfügung

Nach einer schwer verständlichen Definition ist eine *Verfügung* ein Rechtsgeschäft, das unmittelbar darauf gerichtet ist, auf ein bestehendes Recht einzuwirken, es zu verändern, zu übertragen oder aufzuheben[4]. Es dürfte sinnvoll sein, sich statt dieser Definition einige Beispiele zu merken, in denen eine Verfügung vorliegt.

---

4   Palandt/Heinrichs, Bürgerliches Gesetzbuch, Überblick vor § 104 Rn. 16.

> **Merksatz** Der wichtigste Fall einer **Verfügung** ist die (sachenrechtliche) Übertragung des Eigentums vom bisherigen Eigentümer auf den neuen Eigentümer (Erwerber). Eine weitere Verfügung ist die Belastung einer Sache, zum Beispiel mit einem Pfandrecht oder einer Hypothek. Die Abtretung einer Forderung, durch die deren Inhaber wechselt, ist ebenfalls eine Verfügung. Die beispielhaft aufgezählten Rechtsgeschäfte heißen deshalb *Verfügungsgeschäfte*.

## 24.4.2 Veräußerung

Mit „Veräußerung" ist die Übertragung des Eigentums nach §§ 929 ff. BGB (für bewegliche Sachen) bzw. §§ 873, 925 BGB (für unbewegliche Sachen) gemeint. „Veräußerer" ist derjenige, der das Eigentum überträgt. Wenn in einem juristischen Text von „Veräußerung" die Rede ist, sind – in der Regel – der (schuldrechtliche) Kaufvertrag (§ 433 BGB) und die (sachenrechtliche) Übertragung des Eigentums (§§ 929 ff. BGB) gemeint.

> **Beispiel** Der Satz „X *veräußert* für 500 € einen Computer an G" bedeutet, dass X und G einen Kaufvertrag geschlossen *und* die Übereignung des Computers vorgenommen haben. „X *verkauft* für 500 € einen Computer an G" bedeutet, dass (bisher nur) ein Kaufvertrag geschlossen wurde, aber noch keine Übereignung erfolgt ist. Zu Einzelheiten vgl. die folgenden Ausführungen zum Trennungsprinzip (Abstraktionsprinzip).

## 24.4.3 Dingliche Rechte

Dingliche Rechte sind Rechte, die gegenüber jedermann bestehen („inter omnes"). Sie werden deshalb auch absolute Rechte genannt. Das wichtigste dingliche Recht ist das Eigentum. Dem Eigentümer stehen gegen jeden anderen aufgrund des Eigentums Ansprüche zu. So kann der Eigentümer gemäß § 985 BGB von *jedem* Besitzer die Herausgabe seiner Sache verlangen, es sei denn, der Besitzer hat gegenüber dem Eigentümer ein Besitzrecht (§ 986 BGB)[5].

Neben dem Eigentum als Vollrecht an einer Sache gibt es beschränkte dingliche Rechte, die ebenfalls gegenüber jedermann bestehen, sich aber nur auf einen bestimmten Ausschnitt des „Vollrechts" Eigentum beziehen. Gemeint ist damit Folgendes:

> **Beispiel** E ist Eigentümer eines Grundstücks, an dem zugunsten der B-Bank eine Hypothek und zugunsten des Eigentümers des benachbarten Grundstücks ein Überwegungsrecht in Form einer Grunddienstbarkeit besteht. Hier ist E Inhaber des „Vollrechts" Eigentum, während für die anderen Genannten (nur) beschränkte dingliche Rechte (Hypothek bzw. Grunddienstbarkeit) bestehen.

---

5    Zu Einzelheiten vgl. S. 415 ff.

Von den dinglichen (absoluten) Rechten zu unterscheiden sind die relativen Rechte. Diese bestehen nur zwischen einzelnen Personen, zum Beispiel zwischen den Parteien eines Vertrages („inter partes"), sie werden auch obligatorische Rechte genannt. So besteht der Anspruch des Vermieters auf Zahlung des Mietzinses nur gegenüber dem Mieter, der Anspruch des Käufers auf Lieferung nur gegenüber dem Verkäufer.

## 24.5  Das Trennungsprinzip (Abstraktionsprinzip)

Das – nicht nur bei Studierenden „beliebte" – „Trennungsprinzip" (oft gleichgesetzt mit Abstraktionsprinzip) ist für das weitere Verständnis von sehr großer Bedeutung. Es ist nur ein schwacher Trost, dass diese Besonderheit des deutschen Rechts wohl keine Aussicht hat, sich im Prozess der europäischen Rechtsvereinheitlichung zu behaupten[6]. Zur Zeit – und auch die nächsten Jahre – müssen wir weiter mit dem Trennungsprinzip leben.

Es soll am Kauf einer beweglichen Sache dargestellt werden. Die Grundsätze gelten aber in gleicher Weise für die Abwicklung anderer Verträge, die auf den Eigentumserwerb an beweglichen Sachen gerichtet sind, zum Beispiel für eine Schenkung und für bestimmte Arten von Werkverträgen. Das Trennungsprinzip gilt auch für den Erwerb unbeweglicher Sachen (Grundstücke) und für den Erwerb von Rechten, zum Beispiel von Forderungen.

Wenn man vom Wortlaut des § 433 Abs. 1 S. 1 BGB ausgeht, verliert das Trennungsprinzip sofort einen Teil seines Schreckens.

> *„Durch den Kaufvertrag wird der Verkäufer einer Sache* **verpflichtet**, *dem Käufer die Sache zu übergeben und das Eigentum an der Sache zu verschaffen."*

Bei sorgfältiger Lektüre ergibt sich aus dieser Formulierung, dass durch den Abschluss eines Kaufvertrages (nur schuldrechtliche) **Verpflichtungen** begründet werden, die anschließend erfüllt werden müssen. Der Verkäufer einer Sache ist nach § 433 Abs. 1 S. 1 BGB *verpflichtet*, dem Käufer die Sache zu übergeben und ihm das Eigentum an der Sache zu verschaffen. Der Käufer ist nach § 433 Abs. 2 BGB *verpflichtet*, dem Verkäufer den vereinbarten Kaufpreis zu zahlen und die gekaufte Sache abzunehmen. Man bezeichnet den Kaufvertrag deshalb als **schuldrechtliches Verpflichtungsgeschäft**.

Da durch den Kaufvertrag nur *Verpflichtungen* begründet werden, geht durch den *Abschluss dieses Vertrages* weder das Eigentum an der Kaufsache noch – im Falle einer Barzahlung – das Eigentum an den Zahlungsmitteln auf den anderen Vertragspartner über. Vielmehr müssen die durch den Kaufvertrag begründeten **Verpflichtungen** des Verkäufers und des Käufers noch erfüllt werden. Das kann gleichzeitig mit dem Abschluss des Kaufvertrages, aber auch später geschehen.

---

6   Palandt/Heinrichs, Bürgerliches Gesetzbuch, Überblick vor § 104 Rn. 22.

**Beispiele**

- K kauft sich im Verbrauchermarkt des V als Belohnung für eine gute Klausur in Wirtschaftsrecht eine Flasche Rotwein. Hier erfolgt die Übereignung im unmittelbaren zeitlichen Zusammenhang mit dem Abschluss des Kaufvertrages und der Zahlung des Kaufpreises.

- Verkäufer V und Käufer K schließen am 23.04. einen Kaufvertrag über einen neuen Lkw, den L noch vom Hersteller H beziehen muss. Wem gehört der Lkw? Hier dürfte klar sein, dass der Lkw K (noch) nicht gehört, obwohl der Kaufvertrag bereits wirksam abgeschlossen ist. V ist deshalb nach § 433 Abs. 1 S. 1 BGB nach wie vor verpflichtet, K das Fahrzeug zu übergeben und das Eigentum daran zu verschaffen.

- V und K schließen am 09.06. einen Kaufvertrag über eine gebrauchten Lkw „unter Eigentumsvorbehalt". Das Fahrzeug wird K sofort ausgehändigt, die Zahlung des Kaufpreises soll am 09.09. erfolgen. K ist noch kein Eigentümer des Lkw, weil der vereinbarte Eigentumsvorbehalt bewirkt, dass das Eigentum erst dann auf ihn übergeht, wenn er den Kaufpreis vollständig bezahlt hat. Geschieht dies zum Beispiel am 23.09., geht in diesem Moment das Eigentum von V auf K über. Vorher ist K noch nicht Eigentümer, aber bereits unmittelbarer Besitzer. K steht außerdem ein so genanntes *Anwartschaftsrecht* am Lkw zu. Weitere Einzelheiten folgen beim Eigentumsvorbehalt![7]

Die Erfüllung der durch den Kaufvertrag begründeten Verpflichtungen des Verkäufers (Übereignung der Kaufsache) und des Käufers (Zahlung des Kaufpreises) erfolgt durch die Vornahme von zwei Verfügungsgeschäften (auch „Erfüllungsgeschäfte" genannt). Das **„erste Verfügungsgeschäft"** betrifft die Übereignung der Kaufsache. Die Voraussetzungen dafür ergeben sich für bewegliche Sachen aus § 929 S. 1 BGB.

- **P1:** Der Eigentümer (hier: der Verkäufer) muss die (gekaufte) Sache dem Erwerber (hier: dem Käufer) übergeben (ihm also den unmittelbaren Besitz verschaffen, § 854 Abs. 1 BGB).

- **P2:** Der Eigentümer (Verkäufer) und Erwerber (Käufer) müssen sich darüber einig sein, dass das Eigentum vom Eigentümer auf den Erwerber übergehen soll. Dafür bedarf es eines sachenrechtlichen Vertrages mit dem Inhalt: *„Wir sind uns einig, dass die Sache jetzt dem Erwerber gehört"*.

- **P3:** Aus § 929 BGB nicht unmittelbar abzulesen ist die dritte Voraussetzung: Der Eigentümer (Verkäufer) muss zur Übereignung berechtigt sein. Das ist er – von Ausnahmen abgesehen – immer dann, weil ihm die Sache gehört.

Für die Prüfung wird die Reihenfolge üblicherweise wie folgt geändert:

**Merksatz**   § 929 S. 1 BGB verlangt: Einigung + Übergabe + Berechtigung.

---

7   S. 487 ff.

Für die vollständige Abwicklung des Kaufvertrages ist es außerdem erforderlich, dass der Käufer seiner durch den Kaufvertrag begründeten Verpflichtung zur Zahlung des Kaufpreises nachkommt. Falls ein Barkauf vorliegt, muss er das Eigentum an den Zahlungsmitteln auf den Verkäufer übertragen, was ebenfalls nach § 929 S. 1 BGB geschieht, also durch Einigung, Übergabe und Berechtigung. Dieser Vorgang wird oft als **„zweites Verfügungsgeschäft"** bezeichnet.

> **Merksatz** Die Abwicklung eines Kaufvertrages besteht aus drei Rechtsgeschäften:
>
> 1. Abschluss des Kaufvertrages (schuldrechtliches Verpflichtungsgeschäft)
> 2. Übereignung der Kaufsache (erstes sachenrechtliches Verfügungsgeschäft)
> 3. Zahlung des Kaufpreises (zweites sachenrechtliches Verfügungsgeschäft)

Das **Trennungsprinzip** besagt nun, dass die Wirksamkeit dieser drei Rechtsgeschäfte getrennt (isoliert) betrachtet wird. Mehr noch: Die drei Rechtsgeschäfte sind in ihrer **rechtlichen Wirksamkeit unabhängig** voneinander. Das bedeutet, dass zum Beispiel der Kaufvertrag *unwirksam* sein kann, während die beiden Erfüllungsgeschäfte *wirksam* sind. Ebenso kann im Falle eines wirksamen Kaufvertrages die Übereignung der Kaufsache unwirksam sein, zum Beispiel, weil die Sache dem Veräußerer nicht gehört.

Einige mögliche Fallgestaltungen zeigt die folgende Tabelle, ohne die genauen Hintergründe an dieser Stelle zu erläutern:

**Tabelle 24.1**

| | Kaufvertrag (Verpflichtungsgeschäft) | Übereignung der Kaufsache (erstes Verfügungsgeschäft) | Zahlung des Kaufpreises (zweites Verfügungsgeschäft) |
|---|---|---|---|
| Die Kaufsache war gestohlen, was der Käufer nicht wusste | wirksam | unwirksam | wirksam |
| Der Käufer ist minderjährig; keine Zustimmung der Eltern, kein Fall des § 110 BGB[8] | unwirksam | wirksam | unwirksam |
| Der Kaufvertrag wird angefochten[9] | unwirksam | wirksam | wirksam |

8 Vgl. S. 100 ff.
9 Vgl. S. 134 und das Beispiel auf S. 399 f.

Wenn der Kaufvertrag infolge Minderjährigkeit (§§ 107 ff. BGB) oder Anfechtung nichtig ist (§ 142 Abs. 1 BGB), erfolgt die Rückabwicklung der *wirksamen* Verfügungsgeschäfte gemäß § 812 Abs. 1 S. 1 BGB im Wege der Leistungskondiktion[10].

## 24.6 Anspruchsgrundlagen im Sachenrecht

Das Buch Sachenrecht enthält, beginnend mit den besitzrechtlichen Regelungen wegen Besitzentziehung (§ 861 BGB) und Besitzstörung (§ 862 BGB) eine Vielzahl von **Anspruchsgrundlagen**. In der Ausbildung dominieren zwei Vorschriften: Insbesondere § 985 BGB, und abgeschwächt § 1004 BGB.

### 24.6.1 Herausgabeanspruch gemäß §§ 985, 986 BGB

§ 985 BGB stellt die wohl wichtigste Anspruchsgrundlage des Sachenrechts dar. Die ausgesprochen kurze und zudem gut verständliche Vorschrift enthält lediglich zwei Tatbestandsmerkmale:

- **P1:** Jemand muss Eigentümer einer Sache sein,
- **P2:** ein anderer muss Besitzer dieser Sache sein.

**Rechtsfolge:** Der Eigentümer kann vom Besitzer die Herausgabe der Sache verlangen.

Das klingt so einfach, dass es eigentlich nicht wahr sein kann. Und in der Tat: Die Anwendung des § 985 BGB *allein* führt zu fatalen Ergebnissen:

> **Beispiel** M hat eine Wohnung von V gemietet. Eines Abends erklärt V dem verdutzten M, er verlange gemäß § 985 BGB die sofortige Herausgabe der Wohnung, weil seine erkrankte Mutter dort schon am Wochenende einziehen werde. Was würden Sie M raten? Nun, Sie würden hoffentlich sagen, dass M nicht so ohne weiteres ausziehen muss, weil zwischen ihm und V ein wirksamer Mietvertrag vorlag und eine Rückgabepflicht des Mieters gemäß **§ 546 Abs. 1 BGB** erst nach Beendigung des Mietverhältnisses bestand. Eine solche Beendigung setze bei einem Mietverhältnis auf unbestimmte Zeit eine Kündigung, bei einem befristeten Mietverhältnis den Ablauf der Mietzeit oder aber einen Aufhebungsvertrag voraus. Da keiner dieser Gründe vorliege, müsse M dem Herausgabeanspruch aus § 546 Abs. 1 BGB jedenfalls zurzeit nicht nachkommen. Das ist alles ganz genau richtig!

Aber wie verhält sich diese Lösung zu § 985 BGB? Die Antwort ergibt sich nicht aus dieser Vorschrift, sondern aus **§ 986 BGB**. Nach dessen Absatz 1 Satz 1 kann der Besitzer die Herausgabe der Sache verweigern, wenn er *dem Eigentümer gegenüber zum Besitze berechtigt* ist. Dieses Besitzrecht leitet sich oft aus einem Miet- oder Leasingvertrag ab, kann sich aber auch aus einem Kaufvertrag ergeben, wenn die Ware schon geliefert wurde, das Eigentum aber noch nicht übergegangen ist.

---

10  Vgl. S. 397 ff.

**Beispiele**

- Leasinggeber (Eigentümer) und Leasingnehmer (Besitzer) haben einen Leasingvertrag für 60 Monate geschlossen. Während der Laufzeit hat B aus dem Leasingvertrag „ein Recht zum Besitz" der Leasingsache.

- V hat an K eine Ware unter Eigentumsvorbehalt verkauft und bereits geliefert. K steht aus dem Kaufvertrag ein Besitzrecht zu.

Komplizierter ist in die § 986 BGB enthaltene zweite Möglichkeit für die Begründung eines Besitzrechtes. Hier leitet der Besitzer das Recht nicht unmittelbar vom Eigentümer, sondern von einem anderen Besitzer ab.

**Beispiel** Mieter M hat einen Pkw mit dem Recht zur Weitervermietung vom Eigentümer E gemietet. M hat einen „Untermietvertrag" mit U geschlossen. Der (unmittelbare) Besitzer U ist nicht zur Herausgabe der Mietsache an den Eigentümer E verpflichtet, weil M gegenüber E ein Besitzrecht zusteht.

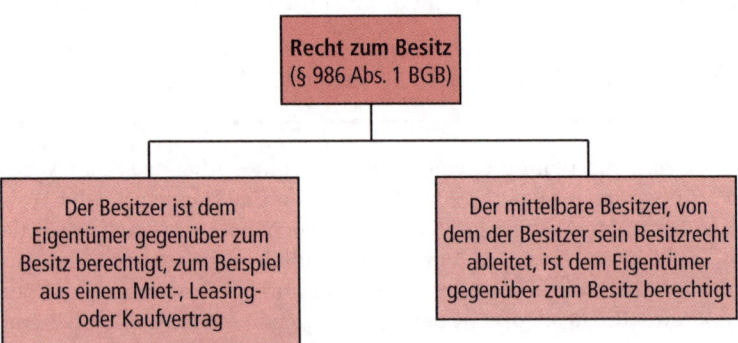

Abbildung 24.3: Recht zum Besitz

**§ 986 BGB** enthält ein **negatives Tatbestandsmerkmal**, also ein Merkmal, das nicht vorliegen darf, weil es dem Herausgabeanspruch aus § 985 BGB entgegensteht. Deshalb sollte § 985 BGB immer in Verbindung mit § 986 BGB gelesen werden.

**Merksatz**

Der Herausgabeanspruch nach §§ 985, 986 BGB setzt voraus:

- **P1:** Jemand muss Eigentümer einer Sache sein,
- **P2:** ein anderer muss (unmittelbarer) Besitzer dieser Sache sein,

- **N1:** dem Besitzer darf gegenüber dem Eigentümer kein Recht zum Besitz zustehen.

**Rechtsfolge:** Der Eigentümer kann vom Besitzer die Herausgabe der Sache verlangen.

Einzelheiten zur Prüfung der §§ 985, 986 BGB werden im Kapitel „Beispiele von Fallbearbeitungen" ausführlich behandelt[11].

## 24.6.2 Beseitigungs- und Unterlassungsanspruch gemäß § 1004 BGB

Eine Beeinträchtigung des Eigentums kann durch Zerstörung oder durch den Entzug der Sache erfolgen. Im Falle der Zerstörung kommen Schadensersatzansprüche aus einem Vertrag und nach §§ 823 ff. BGB in Betracht. Der Entzug der Sache kann neben Schadensersatzansprüchen den gerade behandelten Herausgabeanspruch auslösen. Eine Erweiterung dieser Ansprüche erfolgt durch § 1004 Abs. 1 BGB für die Fälle, in denen das Eigentum *in anderer Weise* als durch Entziehung oder Vorenthaltung des Besitzes beeinträchtigt wird. Nach § 1004 Abs. 1 S. 1 BGB kann der Eigentümer von dem Störer die Beseitigung der Beeinträchtigung verlangen.

> **Beispiel** A hat sein Fahrzeug vor der Einfahrt des E geparkt, sodass E das Grundstück mit seinem Kfz nicht verlassen kann.

§ 1004 Abs. 1 S. 2 BGB gewährt dem Eigentümer einen Unterlassungsanspruch, wenn „weitere Beeinträchtigungen zu besorgen sind". Dieser Anspruch ist auf die Abwehr künftiger Beeinträchtigungen gerichtet. Er setzt voraus, dass eine **Wiederholungsgefahr** vorliegt[12]. Nach der Rechtsprechung begründet eine vorangegangene rechtswidrige Beeinträchtigung eine tatsächliche Vermutung für die Wiederholungsgefahr[13]. An eine Widerlegung dieser Vermutung werden hohe Anforderungen gestellt[14]. Das bloße Versprechen, das beanstandete Verhalten nicht zu wiederholen, reicht in der Regel nicht aus. Vielmehr ist die Abgabe eines Strafversprechens für den Fall des erneuten Verstoßes erforderlich[15].

> **Beispiel** Über das Grundstück der I-KG verlaufen private Bahngleise. Diese werden von einem Nachbarbetrieb (N) ohne Zustimmung der I-KG mehrfach täglich zu Rangierfahrten genutzt, wodurch die Nutzung des Grundstücks der I-KG erheblich eingeschränkt wird. Hier wird der I-KG das Eigentum am Betriebsgrundstück nicht entzogen. Es liegt auch keine Verletzung des Eigentums vor, aber eine sonstige Beeinträchtigung. Diese begründet nach § 1004 Abs. 1 S. 1 BGB einen Unterlassungsanspruch, es sei denn, die I-KG ist aufgrund eines Vertrages oder eines Wegerechtes zur Duldung der Rangierfahrten verpflichtet (§ 1004 Abs. 2 BGB). Besteht keine Duldungspflicht, kann die I-KG dem N das Befahren der Gleise durch eine Unterlassungsklage für die Zukunft untersagen lassen. Die Klage kann gemäß § 890 ZPO mit der Androhung eines Ordnungsgeldes von *bis zu* 250.000,-- € bzw. einer Ordnungshaft von *bis zu* sechs Monaten für jeden Fall der Zuwiderhandlung verbunden werden.

---

11  S. 575 ff.
12  Palandt/Bassenge, Bürgerliches Gesetzbuch, § 1004 Rn. 32.
13  BGH NJW 1986, S. 2503, 2505.
14  BGH NJW 1999, S. 356, 359.
15  OLG Karlsruhe, NJW-RR 1990, S. 244, 245.

Die für die Ausräumung der durch das bisherige Verhalten des N begründeten Wiederholungsgefahr erforderliche Unterlassungserklärung könnte wie folgt lauten:

> *„1. Wir verpflichten uns, es ab sofort zu unterlassen, das Grundstück der I-KG in der Schmidt-Straße 126-140, 20034 Hamburg, zu Rangierzwecken zu benutzen.*
>
> *2. Für jeden Fall der Zuwiderhandlung verpflichten wir uns an die I-KG einen Betrag von 10.000,-- € zu zahlen."*

Getreu nach dem Motto, dass man nicht warten soll, bis das Kind in den Brunnen gefallen ist, kann eine vorbeugende Unterlassungsklage erhoben werden, wenn noch keine rechtswidrige Verletzung vorliegt, diese aber ernsthaft droht. Diese Möglichkeit geht über den Wortlaut des § 1004 Abs. 1 S. 2 BGB hinaus, der von „weiteren Beeinträchtigungen spricht". An die Stelle der Wiederholungsgefahr erfordert eine vorbeugende Unterlassungsklage eine **Erstbegehungsgefahr**. Diese ist in einem Prozess vom Kläger anhand der konkreten Umstände des Einzelfalls darzulegen und ggf. zu beweisen[16].

---

16  BGH NJW 1986, S. 2503, 2505; OLG Hamm, NJW-RR 1995, S. 1399, 1401.

# Der rechtsgeschäftliche Eigentumserwerb an beweglichen Sachen

**25**

**ÜBERBLICK**

## Lernziele dieses Kapitels

*Was kommt in diesem Kapitel auf Sie zu? Sie lernen die verschiedenen Möglichkeiten kennen, wie das Eigentum an beweglichen Sachen von einer Person auf eine andere Person übertragen werden kann. Dabei werden Sie die im Kapitel zuvor erworbenen Kenntnisse gut gebrauchen können.*

## 25.1 Grundlagen

Der Erwerb des Eigentums an Sachen kann sich in unterschiedlicher Weise vollziehen. In der ersten Stufe ist zwischen dem rechtsgeschäftlichen und dem gesetzlichen Eigentumserwerb zu unterscheiden, wobei beim rechtsgeschäftlichen Erwerb nochmals zu differenzieren ist.

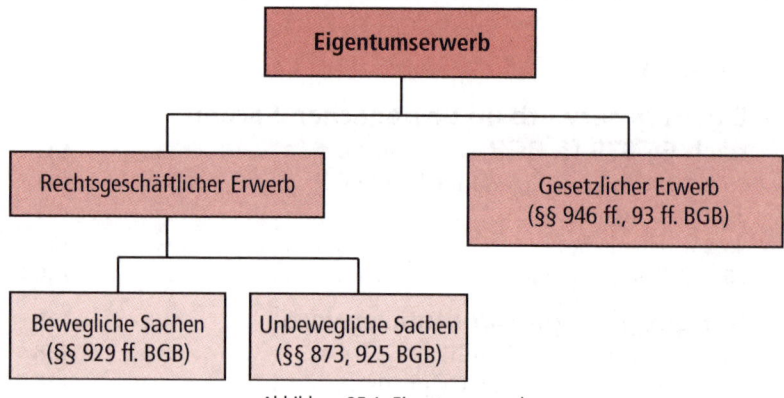

Abbildung 25.1: Eigentumserwerb

| Merksatz | Der **rechtsgeschäftliche** Eigentumserwerb beruht auf der **Einigung** der Parteien über den Eigentumsübergang. Das Eigentum geht hier über, weil der (bisherige) Eigentümer und der Erwerber dies *wollen* und sich deshalb entsprechend *einigen*. Diese Einigung ist ein sachenrechtlicher *Vertrag*, der nach dem Trennungsprinzip von dem – in der Regel – zugrunde liegenden Kaufvertrag zu unterscheiden ist. |
| --- | --- |

Die weiteren Anforderungen für die Übertragung des Eigentums richten sich danach, ob es sich um eine bewegliche Sache oder um eine unbewegliche Sache handelt. Für unbewegliche Sachen gelten die §§ 873 Abs. 1, 925 Abs. 1 BGB, für bewegliche Sachen gelten die §§ 929 ff. BGB.

Beim **gesetzlichen Eigentumserwerb** gemäß §§ 946 bis 950 BGB vollzieht sich der Wechsel des Eigentums allein dadurch, dass bestimmte im **Gesetz** genannte Tatbestandsmerkmale vorliegen. Dagegen kommt es nicht darauf an, ob die Parteien den

Eigentumswechsel wollen oder ob sie überhaupt wissen, dass das Eigentum übergeht. Dieser erfolgt vielmehr „von selbst", also ohne und auch gegen den Willen einer oder beider Parteien. Das Eigentum geht hier über, „weil das Gesetz es will!".

## 25.2 Eigentumserwerb an beweglichen Sachen nach §§ 929 ff. BGB

### 25.2.1 Voraussetzungen im Überblick

Der Grundtatbestand für den Erwerb des Eigentums an beweglichen Sachen ist § 929 S. 1 BGB. Aus dieser Vorschrift lassen sich die beiden ersten Voraussetzungen unmittelbar ablesen: Der *Eigentümer* (gemeint ist der Noch-Eigentümer) muss die Sache dem *Erwerber* **übergeben** und beide müssen sich darüber **einig sein, dass das Eigentum übergehen soll**.

Bei der Prüfung ist es üblich, abweichend vom Wortlaut des § 929 S. 1 BGB mit der Einigung zu beginnen und danach die Übergabe zu prüfen, also „**Einigung und Übergabe**".

Die dritte Voraussetzung des § 929 S. 1 BGB ergibt sich nicht unmittelbar aus dem Wortlaut der Vorschrift, doch kann aus der Bezeichnung „der Eigentümer" und aus § 932 Abs. 1 BGB abgeleitet werden, dass die Sache demjenigen, der die Übereignung vornimmt, **gehören** muss. Etwas allgemeiner wird diese Voraussetzung als **Berechtigung zur Übereignung** beschrieben. § 929 S. 1 BGB geht in Übereinstimmung mit § 903 BGB stillschweigend davon aus, dass der *Eigentümer* berechtigt ist, über „seine" Sache zu verfügen, also das Eigentum auf einen anderen zu übertragen.

Vorliegen müssen also

- **P1:** Einigung,
- **P2:** Übergabe und
- **P3:** Berechtigung

### 25.2.2 Einigung

Der Eigentümer und der Erwerber müssen sich einigen, dass das Eigentum an der Sache vom Eigentümer auf den Erwerber übergehen soll. Bei dieser Einigung handelt es sich um einen sachenrechtlichen Vertrag, der – wie andere Verträge – grundsätzlich auch durch Angebot und Annahme gemäß §§ 145 ff. BGB zustande kommt. Beim Erwerb beweglicher Sachen wird dieser Vertrag sehr häufig durch konkludentes Handeln geschlossen, also durch ein Verhalten der Beteiligten, aus dem auf einen entsprechenden Rechtsfolgewillen geschlossen werden kann. Dabei kann häufig gar nicht oder nur sehr schwer festgestellt werden, wer das Angebot und wer die Annahme zur Übertragung des Eigentums erklärt hat. Dies ist aber auch nicht erforderlich, wenn feststeht, *dass* die Parteien sich entsprechend *geeinigt* haben.

**Beispiele**

■ K hat bei V für 890,-- € einen Fernsehsessel gekauft, den V zunächst bei seinem Lieferanten bestellen muss. Nachdem V dem K das Eintreffen der Ware mitgeteilt hat, fährt K zu V, zahlt den Kaufpreis, erhält den Sessel ausgehändigt und verstaut ihn in seinem Auto. Hier haben V und K nicht ausdrücklich vereinbart, dass das Eigentum übergehen soll. Möglicherweise kennen sie § 929 S. 1 BGB gar nicht. Dennoch ist für beide klar, dass der Sessel jetzt K *gehören* soll. Also liegt eine konkludente Einigung zum Übergang des Eigentums vor.

■ K interessiert sich auf einem Flohmarkt am Stand des V für das „künstlerisch wertvolle" Gemälde „Rudi, der röhrende Hirsch, im spätabendlichen Sonnenlicht". Nachdem K das Bild bereits zur Begutachtung in der Hand hält, einigen sich die Parteien auf den Kaufpreis von 20,-- €. K zahlt und geht! Hier steht im Ergebnis fest, dass die Parteien einen Kaufvertrag geschlossen haben und sich *außerdem* darüber einig geworden sind, dass das Eigentum an dem Gemälde von V auf K übergehen soll. Das reicht für die nach § 929 S. 1 BGB erforderliche Einigung aus, auch wenn nicht klar ist, wer das Angebot zur Übereignung gemacht und wer die entsprechende Annahme erklärt hat.

---

| **Merksatz** | Die auf den Erwerb des Eigentums gerichtete Einigung nach § 929 S. 1 BGB muss den Inhalt haben: |
|---|---|

*„Wir sind uns einig, dass das Eigentum an der Sache vom Eigentümer auf den Erwerber übergeht, also dass die Sache jetzt dem Erwerber gehört".*

---

Es ist wichtig, die Einigung nach § 929 S. 1 BGB von der Einigung zu unterscheiden, die zum Abschluss des Kaufvertrages führt. Durch den Kaufvertrag (das schuldrechtliche Verpflichtungsgeschäft) wird – wie oben schon dargelegt[1] – (nur) die *Verpflichtung* zur Übereignung begründet, während die sachenrechtliche Einigung der Erfüllung des Kaufvertrages dient.

**Beispiel**

Die Einigung zum Abschluss des Kaufvertrages heißt:

*„Wir sind uns einig, dass K den Fernsehsessel für 890,-- € von V kauft."*

Die Einigung nach § 929 BGB heißt:

*„Wir sind uns einig, dass das Eigentum an dem Fernsehsessel von V auf K übergeht".*

Im Falle der Barzahlung kommt – ebenfalls nach § 929 BGB – hinzu:

*„Wir sind uns einig, dass das Eigentum an den Zahlungsmitteln von K auf V übergeht".*

---

1 Vgl. S. 412 ff.

### 25.2.3 Übergabe

#### Normalfall des § 929 S. 1 BGB

Neben der **Einigung (P1)** setzt die Übereignung einer beweglichen Sache nach § 929 S. 1 BGB voraus, dass der Eigentümer die Sache dem Erwerber **übergibt (P2)**.

> **Merksatz** Die Übergabe erfordert, dass der Erwerber den *unmittelbaren Besitz* an der Sache erlangt. Dies geschieht gemäß § 854 Abs. 1 BGB dadurch, dass der Erwerber die tatsächliche Gewalt über die Sache erwirbt. Hierbei handelt es sich *nicht* um einen Vertrag, sondern um einen *Realakt*, also eine tatsächliche Handlung.

> **Beispiel** Im vorhergehenden Beispiel ist K mit dem Einladen des Fernsehsessels in sein Auto unmittelbarer Besitzer des Sessels geworden, weil er die tatsächliche Gewalt über die Sache erworben hat (§ 854 Abs. 1BGB).

#### Sonderfall des § 929 S. 2 BGB

Im Fall des § 929 S. 2 BGB befindet sich die Sache, die übereignet werden soll, bereits beim Erwerber, zum Beispiel, weil er sie vom Eigentümer gemietet oder geleast hat. Hier müssen nach § 929 S. 1 BGB die Voraussetzungen **Einigung (P1)** und **Berechtigung zur Übereignung (P3)** vorliegen. **Nicht erforderlich** ist aber die **Übergabe (P2)**, weil der Erwerber bereits unmittelbarer Besitzer der Sache ist.

> **Beispiel** Kaufmann K aus Leipzig hat von der Leasing-GmbH (L-GmbH) aus Frankfurt eine Computeranlage mit einer Kaufoption geleast. Rechtzeitig vor Ablauf des Leasingvertrages nimmt K die im Leasingvertrag enthaltene Option wahr, sodass ein Kaufvertrag zwischen ihm und L-GmbH zustande kommt. Hier wäre es wenig sinnvoll, wenn die Anlage nach Beendigung des Leasingvertrages von Leipzig an die L-GmbH in Frankfurt geliefert würde, um sie anschließend zum Zwecke der Erfüllung des Kaufvertrages (Übereignung) wieder von Frankfurt nach Leipzig zu bringen.

#### Übergabesurrogate (Ersatz der Übergabe)

Neben dem Sonderfall des § 929 S. 2 BGB, in dem eine Übergabe (P2) nicht erforderlich ist, kennt das BGB zwei Fälle, in denen die Übergabe durch eine Vereinbarung der Parteien *ersetzt* werden kann. Die beiden anderen Voraussetzungen (Einigung (P1) und Berechtigung zur Übereignung (P3)) müssen vorliegen. An die Stelle der Übergabe tritt jedoch eine Vereinbarung in Form eines Vertrages. Der Vertrag bildet einen Ersatz für die Übergabe, „Übergabesurrogat" genannt.

**Vereinbarung eines Besitzmittlungsverhältnisses**   Nach § 930 BGB kann an Stelle der Übergabe ein Besitzmittlungsverhältnis (auch „Besitzkonstitut" genannt) vereinbart werden. Dies geschieht durch den Abschluss eines **Vertrages** mit dem Inhalt, dass der Erwerber (lediglich) den mittelbaren Besitz an der Sache erlangt, während der Veräußerer unmittelbarer Besitzer bleibt. Beispiele finden sich in § 868 BGB. Praktisch wichtig sind Miet- und Leihverträge. Hier verkauft der bisherige Eigentümer seine Sache und überträgt das Eigentum auf den Erwerber. An Stelle der Übergabe wird ein Mietvertrag/Leihvertrag über die Sache geschlossen. Vermieter/Verleiher ist der neue Eigentümer (Erwerber), Mieter/Entleiher ist der bisherige Eigentümer. Die Sache ist und bleibt damit beim bisherigen Eigentümer, er ist nach wie vor der unmittelbare Besitzer, der Erwerber wird mittelbarer Besitzer (§ 868 BGB).

> **Beispiel**   Unternehmer U benötigt liquide Mittel. Deshalb verkauft und übereignet er einen Bagger an die Baumaschinen-Vermietungs-GmbH (B-GmbH). An Stelle der Übergabe nach §§ 929 S. 1, 854 Abs. 1 BGB schließen die B-GmbH und U einen Mietvertrag über den Bagger. Vermieterin ist die neue Eigentümerin (B-GmbH), Mieter ist U. Er kann den Bagger wie bisher nutzen, muss allerdings eine Miete zahlen.

Abbildung 25.2: Besitzmittlungsverhältnis

Möglich ist auch der Abschluss eines Leasingvertrages. Diese Konstellation wird als „Sale-and-lease-back-Verfahren" bezeichnet. Hier kauft der künftige Leasing-Nehmer das Objekt vom Hersteller/Händler, verkauft und übereignet es anschließend an die Leasing-Gesellschaft und least es dann zurück. Diese Gestaltung wird aus betriebswirtschaftlichen und steuerlichen Gründen gewählt.

Für das Verständnis dürfte es hilfreich sein, sich zu verdeutlichen, dass hier „zwei Fliegen mit einer Klappe geschlagen" werden: Wenn es § 930 BGB nicht gäbe, müsste der Eigentümer (zum Beispiel ein Verkäufer) zur Herbeiführung des Eigentumswechsels den unmittelbaren Besitz gemäß §§ 929 S. 1, 854 Abs. 1 BGB auf den Erwerber (den Käufer) übertragen. Anschließend könnte der Erwerber als (neuer) Eigentümer mit dem „alten" Eigentümer einen Mietvertrag schließen. Für die Durchführung des Mietvertrages müsste der (neue) Eigentümer als Vermieter den unmittelbaren Besitz an der Mietsache auf den „alten" Eigentümer (Mieter) rückübertragen. Dank §§ 930, 868 BGB bedarf es dieser unwirtschaftlichen zweifachen Übertragung des unmittelbaren Besitzes nicht.

> **Beispiel** V verkauft einen Bagger an K, den V aber noch für vier Wochen benötigt. K möchte aber sofort das Eigentum erwerben.
>
> *Umständliche Lösung*
>
> **1. Schritt:** Wenn die Beteiligten hier nach §§ 929 S. 1, 854 Abs. 1 BGB vorgehen, müsste V den unmittelbaren Besitz an dem Bagger auf K übertragen. Hinzukommen müssen die Einigung und die Berechtigung des V zur Übereignung. Dann wäre K der neue Eigentümer.
>
> **2. Schritt:** Zur Erfüllung des Mietvertrages müsste K den unmittelbaren Besitz anschließend wieder auf V übertragen.
>
> *Zweckmäßige Lösung*
>
> Diese zwei Schritte lassen sich in *einem* Schritt zusammenfassen, indem gemäß §§ 930, 868 BGB an Stelle der Übergabe sofort ein Mietvertrag abgeschlossen wird, durch den K mittelbarer Besitzer wird, während V den unmittelbaren Besitz behält.

Diese Konstruktion spielt in der Praxis eine besonders wichtige Rolle bei der Sicherheitsübereignung. Dort werden wir nochmals auf §§ 930, 868 BGB zurückkommen[2].

**Abtretung des Herausgabeanspruchs** Ein weiteres Übergabesurrogat (Übergabeersatz) eröffnen die §§ 931, 398 BGB. Wenn sich die Sache im unmittelbaren Besitz eines Dritten befindet, kann die Übergabe (also die Übertragung des unmittelbaren Besitzes vom Eigentümer auf den Erwerber) dadurch ersetzt werden, dass der (bisherige) Eigentümer dem Erwerber den Herausgabeanspruch abtritt, der ihm gegen den Dritten zusteht.

> **Beispiel** Der verkaufte Pkw befindet sich bei einem Mieter. Der Veräußerer tritt seinen mit Beendigung des Mietverhältnisses gegen den Mieter fällig werdenden Anspruch auf Rückgabe des Pkw (§ 546 BGB) an den Erwerber ab (§ 398 BGB).

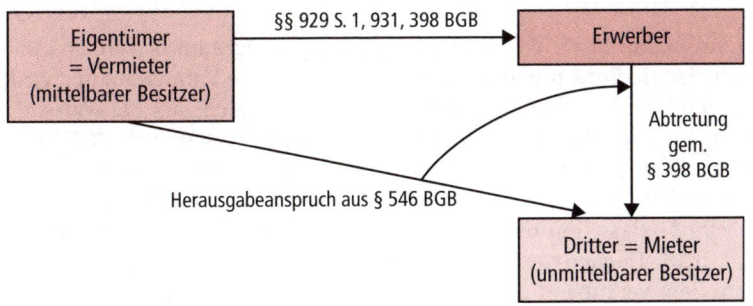

Abbildung 25.3: Abtretung des Herausgabeanspruchs

---

2 S. 492 ff.

Für die nach § 929 S. 1 BGB erforderliche Übergabe bestehen also folgende Möglichkeiten:

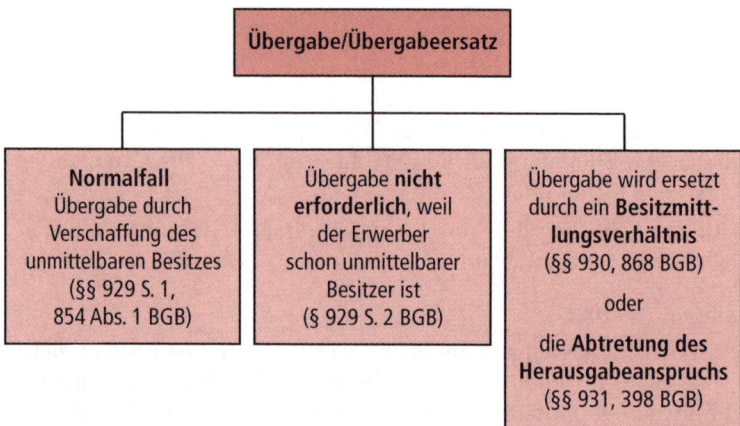

Abbildung 25.4: Übergabe / Übergabeersatz

**Merksatz**

In den Fällen, in denen eine Übergabe nach § 929 S. 2 BGB nicht erforderlich ist, also nach §§ 930, 868 BGB durch ein Besitzkonstitut oder nach §§ 931, 398 BGB durch die Abtretung eines Herausgabeanspruchs ersetzt wird, müssen die anderen Voraussetzungen des § 929 S. 1 BGB, nämlich die **Einigung** und die **Berechtigung zur Übereignung** vorliegen. Die Übereignung vollzieht sich dann wie folgt:

1. § 929 S.1, S. 2 BGB: Einigung + Berechtigung.

2. §§ 929 S. 1, 930, 868 BGB: Einigung + Besitzkonstitut + Berechtigung.

3. §§ 929 S. 1, 931, 868 BGB: Einigung + Abtretung des Herausgabeanspruchs + Berechtigung.

## 25.2.4 Berechtigung

Die dritte und damit letzte Voraussetzung für einen Eigentumserwerb an einer beweglichen Sache ist die Berechtigung zur Übereignung. Diese Voraussetzung wird in § 929 S. 1 BGB nicht ausdrücklich genannt, doch lässt sie sich aus der Verwendung der Bezeichnungen „Eigentümer" und „Veräußerer" in den §§ 929 ff. BGB ableiten. Als „Eigentümer" (vgl. §§ 929, 930, 931, 935 BGB) wird derjenige bezeichnet, dem die Sache (tatsächlich) gehört. „Veräußerer" (vgl. §§ 932, 933, 934 BGB) ist derjenige, der lediglich *vorgibt*, dass ihm die Sache gehört. Aufschlussreich ist insbesondere § 932 Abs. 1 S. 1 BGB: Danach „ ... wird der Erwerber auch dann Eigentümer, wenn die Sache nicht dem Veräußerer gehört, es sei denn ...". Daraus, dass dieser Fall eine Ausnahme regelt, ergibt sich, dass im Normalfall der *Eigentümer* handeln muss.

## Berechtigung des Eigentümers

Wenn es um den Erwerb des Eigentums vom Eigentümer geht, treten in der Regel keine Probleme mit dem Merkmal „Berechtigung" auf, weil der Eigentümer nach § 903 BGB grundsätzlich zur Eigentumsübertragung berechtigt ist. Dieses Recht ergibt sich aus seiner Stellung als Eigentümer.

Nur in Ausnahmefällen ist der Eigentümer nicht zur Übereignung (oder zu einer sonstigen Verfügung) berechtigt, zum Beispiel im Insolvenzverfahren. Nach **§ 22 Abs. 1 InsO (Insolvenzordnung)** kann das Insolvenzgericht (Amtsgericht) nach Eingang eines Insolvenzantrages schon vor der Eröffnung des Insolvenzverfahrens einen vorläufigen Insolvenzverwalter bestellen und dem Schuldner ein **allgemeines Verfügungsverbot** auferlegen. Geschieht dies, geht die Verwaltungs- und Verfügungsbefugnis über das Vermögen des Schuldners (Eigentümers) auf den (vorläufigen) Insolvenzverwalter über. Das bedeutet, dass die Sachen zwar noch dem Schuldner gehören, er aber keine Verfügungen mehr treffen darf. Damit ist er auch nicht mehr zur Übereignung berechtigt. Diese Beschränkung gilt nach **§ 80 Abs. 1 InsO** spätestens mit der **Eröffnung des Insolvenzverfahrens**.

> **Beispiel**  Über das Vermögen des S ist am 01.06. das Insolvenzverfahren eröffnet worden. Am 03.06. übereignet S einen ihm gehörenden Radlader an G. Diese Übereignung ist nach § 81 Abs. 1 S. 1 InsO unwirksam, weil S zwar noch Eigentümer des Radladers ist, er aber gemäß § 80 Abs. 1 InsO nicht mehr zur Übereignung berechtigt war.

Im Ergebnis nicht zur Verfügung befugt ist auch derjenige Eigentümer, der eine Sache bereits unter Eigentumsvorbehalt (§§ 929 S. 1, 158 Abs. 1 BGB) an einen Käufer übereignet hat[3]. Nach § 161 Abs. 1 BGB – einer komplizierten Vorschrift – wird nämlich eine weitere Übereignung unwirksam, wenn der erste Käufer den Kaufpreis vollständig zahlt. So soll gewährleistet werden, dass der erste Käufer auch wirklich Eigentümer wird, wenn er seine Zahlungspflicht erfüllt hat.

> **Schwieriges Beispiel**  V hat einen Lkw unter Eigentumsvorbehalt an K 1 veräußert. Als K 1 das Fahrzeug vor der vollständigen Zahlung des Kaufpreises zur Inspektion zu V bringt, nimmt dieser eine weitere Veräußerung an K 2 vor, der gemäß § 929 S. 1 das Eigentum erwirbt. Da V noch Eigentümer des Lkw war, ist die zweite Übereignung zunächst wirksam. Sie wird aber unwirksam, sobald K 1 den Kaufpreis vollständig bezahlt hat und damit die Bedingung für den Erwerb des Eigentums durch K 1 eingetreten ist. In diesem Augenblick verliert K 2 sein Eigentum, Eigentümer wird K 1.

---

3   Zu Einzelheiten vgl. S. 487 ff.

**Verfügung mit Zustimmung des Eigentümers**

Eine Eigentumsübertragung oder sonstige Verfügung durch einen Nichtberechtigten ist nach § 185 Abs. 1 BGB wirksam, wenn sie mit Einwilligung des (berechtigten) Eigentümers erfolgt.

> **Beispiel** M hat eine Sache vom Eigentümer V gemietet. Ein Freund des M hat Interesse am Erwerb dieser Sache. V stimmt zu, dass M die Mietsache verkauft und an F übereignet. M einigt sich deshalb mit F über den Übergang des Eigentums und überträgt den unmittelbaren Besitz auf F (Übergabe). Die fehlende Berechtigung des M zur Übereignung steht dem Eigentumserwerb durch F nicht entgegen, weil die Übertragung des Eigentums (die Verfügung) mit der Einwilligung des Berechtigten (Eigentümer V) erfolgt (§ 185 Abs. 1 BGB).

Diese Erwerbsform spielt beim verlängerten Eigentumsvorbehalt eine große Rolle und wird dort genauer behandelt[4].

# 25.3 Der gutgläubige Eigentumserwerb

## 25.3.1 Der Interessenkonflikt

Die „Väter des BGB" mussten entscheiden, ob es möglich sein soll, das Eigentum an einer Sache von jemandem zu erwerben, dem die Sache nicht gehört und der auch aus keinem anderen Grund zur Veräußerung berechtigt ist. Dabei geht es um die Lösung des Interessenkonflikts zwischen dem Eigentümer und demjenigen, der den Nichtberechtigten für den Eigentümer hält.

> **Beispiel** K kauft von V für 850,-- € auf einer Messe „als Vorführgerät" einen fast neuen Laptop. Aufgrund des Auftretens des V und der sonstigen Umstände (Messestand, angemessener Preis, Handbücher) geht K davon aus, dass V der Eigentümer des Gerätes ist. In Wirklichkeit gehört der Laptop aber der Leasing-GmbH. Diese beruft sich K gegenüber auf „ihr Eigentum" und verlangt das Gerät heraus. K weigert sich, jedenfalls soll die Leasing-GmbH ihm – dem K – den an V gezahlten Kaufpreis erstatten. Der Geschäftsführer der Leasing-GmbH meint, das sei ja wohl noch schöner, dass die GmbH für die Rückgabe ihres eigenen Laptops etwas zahlen solle. Hat er Recht? Was meinen Sie?

Neben den Interessen der im Einzelfall beteiligten Personen musste der Gesetzgeber zur Problematik eines gutgläubigen Erwerbs auch die Interessen des Rechtsverkehrs berücksichtigen. Bezogen auf den Kaufvertrag war zu fragen, ob der Käufer sich darauf verlassen können muss, dass der Verkäufer einer Sache deren Eigentümer ist. Oder muss der Käufer in jedem Fall eine entsprechende Prüfung vornehmen, weil er ande-

---

4 S. 491 f.

renfalls Gefahr läuft, nicht Eigentümer zu werden? Kann ein Käufer eine solche Prüfung mit zumutbaren Kosten überhaupt durchführen? Welche zusätzlichen Transaktionskosten würden gesamtwirtschaftlich dadurch entstehen?

Das BGB hat eine differenzierte Lösung gewählt. Zum Schutz des Rechtsverkehrs und des einzelnen Erwerbers besteht gemäß §§ 932 ff. BGB die Möglichkeit des gutgläubigen Erwerbs, also des Erwerbs des Eigentums vom Nichtberechtigten (Nichteigentümer). Die Grenze wird gemäß § 935 Abs. 1 BGB aber dort gezogen, wo die Sache dem Eigentümer gestohlen worden, verloren gegangen oder ihm sonst abhanden gekommen ist. Als „Ausnahme zur Ausnahme" greift, insbesondere für Geld, § 935 Abs. 2 BGB ein. Auch an gestohlenem Geld ist ein gutgläubiger Erwerb möglich.

## 25.3.2 Begriff des „guten Glaubens"

Die Grundregel für alle Fälle des gutgläubigen Erwerbs an beweglichen Sachen bildet § 932 Abs. 1 BGB. Danach wird der Erwerber auch dann Eigentümer,

- wenn die Sache dem Veräußerer nicht *gehört*,
- es sei denn, dass der Erwerber im Zeitpunkt des Eigentumserwerbs *nicht im guten Glauben* ist.

Aus dieser Formulierung sind zwei Dinge abzuleiten:

1. Aus dem Wort *„gehört"* in § 932 Abs. 2 BGB folgt, dass der Erwerber glauben muss, dass der Veräußerer der Eigentümer der Sache ist. Das BGB schützt also (nur) den **guten Glauben** des Erwerbers **an das Eigentum** des Veräußerers.

> **Beispiel** V veräußert einen Bagger an K, der aber nicht dem V, sondern der Leasing-GmbH gehört. K kann nur dann nach §§ 929, 932 BGB Eigentümer werden, wenn er glaubt, dass V der *Eigentümer* ist. Nicht ausreichend wäre es, wenn K lediglich glauben würde, dass die Leasing-GmbH mit der Veräußerung einverstanden ist. Dieser Glaube kann aber nach § 366 HGB geschützt sein (dazu später mehr)[5].

2. Das BGB geht davon aus, dass der Erwerber gutgläubig ist, also an das Eigentum des Veräußerers glaubt. Anknüpfungspunkt für den guten Glauben ist § 1006 Abs. 1 S. 1 BGB: Danach wird zugunsten des (unmittelbaren) Besitzers einer beweglichen Sache vermutet, dass er der Eigentümer der Sache ist. Auf diese Vermutung kann sich der Erwerber berufen, es sei denn, er ist nicht im guten Glauben („bösgläubig").

Nach § 932 Abs. 2 BGB ist der Erwerber nicht im guten Glauben, wenn

- ihm bekannt ist, dass der Veräußerer nicht der Eigentümer ist, oder wenn
- ihm dieser Umstand infolge **grober** Fahrlässigkeit nicht bekannt ist.

„Bekannt sein" bedeutet, dass der Erwerber weiß, dass der Veräußerer nicht der Eigentümer ist. Die Juristen sprechen von einer „positiven Kenntnis".

---

5   S. 436.

> **Beispiel**   K kauft einen Computer von V, obwohl K weiß, dass V das Gerät von X gemietet hat. Hier weiß K, dass V nicht der Eigentümer ist. Er ist deshalb bösgläubig, ein gutgläubiger Erwerb ist nicht möglich.

Ein gutgläubiger Erwerb scheidet auch dann aus, wenn der Erwerber infolge **grober Fahrlässigkeit** nicht erkennt, dass der Veräußerer nicht der Eigentümer ist. In diesem Fall hat der Erwerber zwar keine positive Kenntnis (er weiß es also nicht sicher), doch müsste er die Kenntnis eigentlich haben. Wichtig ist, dass nur das Vorliegen **grober** Fahrlässigkeit dem gutgläubigen Erwerb entgegensteht. Wenn der Erwerber aufgrund normaler (leichter) Fahrlässigkeit nicht bemerkt, dass der Veräußerer nicht der Eigentümer ist, oder wenn er insoweit gar nicht fahrlässig handelt, behandelt des BGB den Erwerber als gutgläubig, sodass er das Eigentum vom Nichtberechtigten erwerben kann.

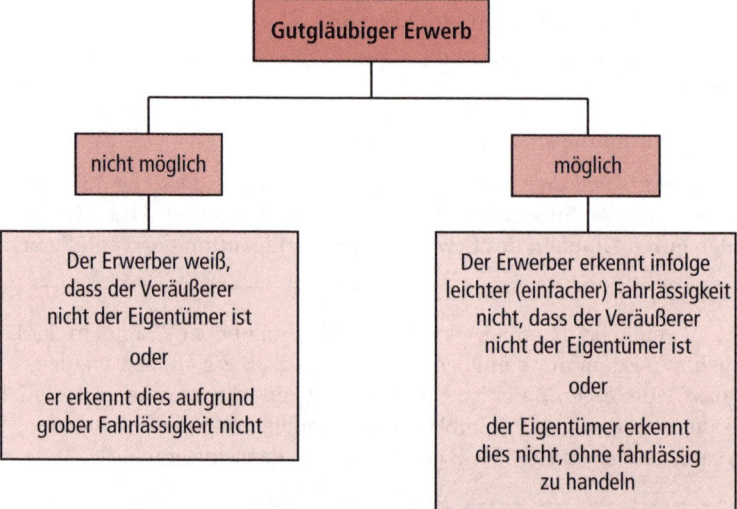

Abbildung 25.5: Gutgläubiger Erwerb

Da die Grenze zwischen der groben und der einfachen (leichten) Fahrlässigkeit verläuft, kommt es entscheidend darauf an, ob der Erwerber nur (leicht) fahrlässig *oder* grob fahrlässig nicht erkannt hat, dass der Veräußerer *nicht* der Eigentümer ist.

Zur Wiederholung[6]:

- Die **einfache (leichte) Fahrlässigkeit** ist in § 276 Abs. 2 BGB definiert. Danach handelt fahrlässig, wer die im Verkehr erforderliche Sorgfalt außer Acht lässt. Damit ist gemeint, wer nicht so aufpasst, wie es in der konkreten Situation erforderlich ist. Mit „Verkehr" ist nicht etwa nur der „Autoverkehr", sondern der gesamte Rechts- und Geschäftsverkehr gemeint.

- Der Begriff der „**groben Fahrlässigkeit**" ist im BGB *nicht* definiert. Ausgehend von der gesetzlichen Definition in § 276 Abs. 2 BGB handelt **grob fahrlässig**, wer die im

---

6   Vgl. bereits S. 369.

Verkehr erforderliche Sorgfalt in ungewöhnlich hohem Maße verletzt, einfachste, ganz naheliegende Überlegungen nicht anstellt und dasjenige unbeachtet lässt, was im gegebenen Fall jedem hätte einleuchten müssen[7]. Die grobe Fahrlässigkeit ist also eine gesteigerte Form der normalen Fahrlässigkeit. Da sich die Definition nur schwer einprägen lässt, kann man sich wie folgt behelfen:

> **Merksatz** „Grob fahrlässig handelt, wer die im Verkehr erforderliche Sorgfalt *in besonders schwerer Weise* außer Acht lässt". Diese Definition entspricht § 276 Abs. 2 BGB mit dem Einschub *„in besonders schwerer Weise"*.

Die möglichen Verschuldensformen noch einmal im Überblick:

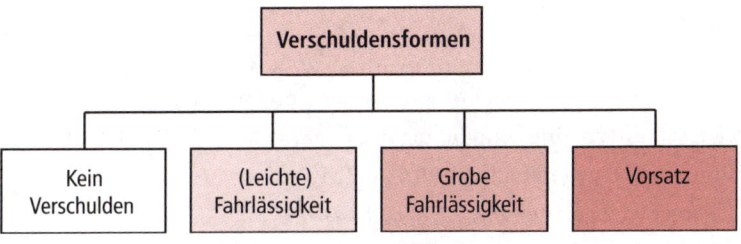

Abbildung 25.6: Verschuldensformen

## 25.3.3 Fälle des gutgläubigen Erwerbs

Das BGB unterscheidet zwischen drei Fällen des gutgläubigen Erwerbs.

- § 932 BGB greift ein, wenn die Eigentumsübertragung durch Einigung und Übergabe gemäß § 929 BGB erfolgt.
- § 933 BGB ist anzuwenden, wenn statt der Übergabe ein Besitzkonstitut (§§ 930, 868 BGB) vereinbart wird.
- § 934 BGB gilt, wenn die Übergabe durch die Abtretung eines Herausgabeanspruchs (§§ 931, 398 BGB) ersetzt wird.

In allen Fällen muss der Erwerber gutgläubig sein, was jeweils gemäß § 932 BGB zu beurteilen ist. **§ 932 BGB** ist also unabhängig davon zu prüfen, ob der unmittelbare Besitz übertragen oder die Übergabe durch Besitzkonstitut oder Abtretung des Herausgabeanspruchs ersetzt wird.

### Gutgläubiger Erwerb nach §§ 929, 932 BGB

Der Grundfall des gutgläubigen Erwerbs liegt vor, wenn die Übereignung gemäß § 929 BGB durch Einigung und Übergabe, also Verschaffung des unmittelbaren Besitzes, erfolgen soll. Das „einzige Problem" besteht in diesen Fällen darin, dass derjenige, der sich als Eigentümer ausgibt, in Wirklichkeit nicht der Eigentümer ist.

---

7    BGH NJW 2005, S. 981, 982; BGH NJW 2005, S. 1365, 1366.

> **Beispiel** M mietet eine Sache von E. M verkauft die Sache an G, einigt sich mit G, dass diesem die Sache gehören soll, und übergibt die Sache an G. Hier liegen *Einigung* und *Übergabe* vor, doch hat nicht der berechtigte Eigentümer E, sondern der nicht zur Eigentumsübertragung berechtigte Mieter M gehandelt. Da der E mit der Verfügung des M nicht einverstanden war, ist kein Fall des § 185 Abs. 1 BGB gegeben. Deshalb kommt nur ein gutgläubiger Erwerb in Betracht. Dafür muss der Erwerber G geglaubt haben, dass M der Eigentümer der Sache ist.

Zu beachten ist, dass auch in den Fällen des gutgläubigen Erwerbs § 929 S. 1 BGB die „*Basisvorschrift*" ist, aus der die beiden ersten Voraussetzungen (Einigung und Übergabe) zu entnehmen sind.

> **Merksatz** Beim rechtsgeschäftlichen Eigentumserwerb beweglicher Sachen ist die Prüfung immer mit § 929 S. 1 BGB zu beginnen, und zwar auch dann, wenn es um einen gutgläubigen Erwerb geht.

Die Voraussetzungen eines gutgläubigen Erwerbs nach §§ 929, 932 BGB sind:

- **P1:** Einigung (abgeleitet aus § 929 S. 1 BGB)
- **P2:** Übergabe (abgeleitet aus § 929 S. 1 BGB)
- **P3:** Statt der Berechtigung zur Übereignung guter Glaube des Erwerbers an das Eigentum des Veräußernden (zu prüfen nach § 932 BGB).

Da beim gutgläubigen Erwerb nicht der wahre Eigentümer, sondern jemand, den der Erwerber für den Eigentümer hält, handelt, muss in den Text des § 929 S. 1 BGB – aus der Sicht des Erwerbers – das Wort „vermeintlich" hineingelesen werden.

> **Merksatz** **§ 929 S. 1 BGB** lautet in Fällen des gutgläubigen Erwerbs deshalb wie folgt:
>
> „Zur Übertragung des Eigentums an einer beweglichen Sache ist erforderlich, dass der **vermeintliche** Eigentümer die Sache dem Erwerber übergibt und beide (also der **vermeintliche** Eigentümer und der Erwerber) darüber einig sind, dass das Eigentum (auf den Erwerber) übergehen soll".

An die Stelle der dritten Voraussetzung des § 929 BGB (Berechtigung zur Eigentumsübertragung) tritt § 932 BGB, in dem der (vermeintliche) Eigentümer als „Veräußerer" bezeichnet wird.

In der Praxis tritt die Problematik des gutgläubigen Erwerbs immer wieder einmal beim Kauf von Kraftfahrzeugen auf, wobei für die Beurteilung zwischen Neufahrzeugen und gebrauchten Fahrzeugen zu unterscheiden ist. Beim Erwerb eines **Neufahrzeugs** und Vorführwagens vom Kfz-Händler steht einer Gutgläubigkeit des Erwerbs *nicht* entgegen, dass der Händler den Kfz-Brief nicht vorlegen kann, etwa weil der Brief noch angefertigt werden muss. Dies gilt jedenfalls dann, wenn es sich um einen autorisierten und nicht als unzuverlässig bekannten Kraftfahrzeughändler handelt. Etwas anderes gilt, wenn dem Erwerber erkennbare Umstände vorliegen, die gegen das Eigentum (bzw. die Verfügungsbefugnis) des Händlers sprechen[8].

Beim Kauf eines **Gebrauchtfahrzeugs** nimmt die Rechtsprechung hingegen Bösgläubigkeit an, wenn der Erwerber sich nicht aufgrund der Eintragung im **Kfz-Brief** davon überzeugt, dass der Veräußerer verfügungsbefugt ist. Es reicht dafür nicht aus, dass der Veräußerer im Besitz des Briefes ist. Der Käufer muss sich den Brief vielmehr vorlegen lassen, um so die Berechtigung des Veräußerers prüfen zu können[9], es sei denn, besondere Umstände ließen eine andere Beurteilung zu[10]. Die Anforderungen an die Prüfungspflicht des Erwerbers dürfen aber nicht überspannt werden. Im Falle einer geschickten Fälschung des Kfz-Briefs auf einem Originalblankett aus einer Reihe gestohlener Kfz-Briefblankette und der Vorlage weiterer Papiere liegt jedenfalls dann keine Bösgläubigkeit vor, wenn selbst die Kfz-Zulassungsstelle keinen Verdacht schöpft[11].

In diesem Zusammenhang ist darauf hinzuweisen, dass die Übereignung des **Kfz-Briefes** keine Voraussetzung für die Übereignung des Kraftfahrzeugs ist. Vielmehr ist es so, dass das Eigentum am Kfz-Brief gemäß § 952 BGB analog dem Eigentum am Kfz folgt[12]. Das bedeutet, dass der Brief immer demjenigen gehört, dem das Kfz gehört. Das Eigentum am Kfz-Brief folgt also dem Eigentum am Kfz, nicht umgekehrt!

Zusammenfassend gelten für einen gutgläubigen Erwerb nach §§ 929, 932 BGB folgende Voraussetzungen:

- **P1:** Der vermeintliche Eigentümer (Veräußerer) und der Erwerber müssen sich einigen, dass das Eigentum auf den Erwerber übergehen soll,

- **P2:** der vermeintliche Eigentümer (Veräußerer) muss den Besitz auf den Erwerber übertragen (§ 854 Abs. 1 BGB) und

- **P3:** der Erwerber muss glauben und glauben dürfen (§ 932 Abs. 2 BGB), dass der Veräußerer der Eigentümer der Sache ist.

Nur wenn diese drei Voraussetzungen gegeben sind, kommt der Erwerb des Eigentums vom Nichtberechtigten in Betracht, zugleich verliert der bisherige Eigentümer sein Eigentum.

## Gutgläubiger Erwerb nach anderen Vorschriften

Weitere Fälle des gutgläubigen Erwerbs enthalten die § 933 BGB und § 934 BGB. Diese beiden Vorschriften kommen ergänzend zu §§ 929, 932 BGB zur Anwendung, wenn die Übergabe gemäß § 930 BGB bzw. § 931 BGB ersetzt wird. Diese Sonderfälle sollen aber im Folgenden unbeachtet bleiben.

---

8   BGH NJW 2005, S. 1365, 1366.
9   BGH NJW 1996, S. 2226, 2227.
10  Vgl. Palandt/Bassenge, Bürgerliches Gesetzbuch, § 932 Rn. 13.
11  LG Mönchengladbach, NJW 2005, S. 3578.
12  Palandt/Bassenge, Bürgerliches Gesetzbuch, § 952 Rn. 7.

### 25.3.4 Ausschluss nach § 935 Abs. 1 BGB

**Grundlagen**

Das BGB enthält zugunsten des wahren Eigentümers in § 935 Abs. 1 BGB eine Grenze. Auch wenn der Erwerber gutgläubig ist, erwirbt er das Eigentum *nicht*, sofern die Sache dem Eigentümer gestohlen worden, verloren gegangen oder sonst (also in anderer Weise) **abhanden gekommen** ist. Als „Ausnahme zur Ausnahme" lässt § 935 Abs. 2 BGB bei Geld (Scheinen und Münzen), bei Inhaberpapieren (insbesondere bei Inhaberaktien) und bei Sachen, die in einer öffentlichen Versteigerung veräußert werden, einen gutgläubigen Erwerb selbst dann zu, wenn die Sachen abhanden gekommen sind.

| **Merksatz** | **Gedankengang** |
|---|---|

> *Regel:* Nach §§ 929, 932 BGB ist ein Eigentumserwerb von einem Nichtberechtigten möglich, wenn der Erwerber gutgläubig ist.
>
> *Ausnahme:* Dies gilt aber nicht, wenn die Sache dem Eigentümer gestohlen worden, verloren gegangen oder sonst abhanden gekommen war (§ 935 Abs. 1 S. 1 BGB). Dann wird der Erwerber trotz guten Glaubens an das Eigentum des Veräußerers kein Eigentümer.
>
> *Ausnahme zur Ausnahme:* § 935 Abs. 1 BGB gilt nicht, wenn die Voraussetzungen des § 935 Abs. 2 BGB vorliegen.

**Abhanden gekommen**

Aus der Formulierung „*sonst* abhanden gekommen" in § 935 Abs. 1 BGB lässt sich ableiten, dass der Begriff „abhanden gekommen" der Oberbegriff ist, während „gestohlen" und „verloren gegangen" Unterbegriffe bilden.

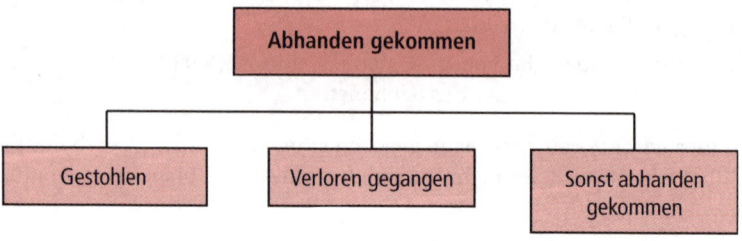

Abbildung 25.7: Abhanden gekommen

Die Definition „abhanden gekommen" kann aus der Art und Weise, wie der Eigentümer beim Diebstahl und beim Verlust der Sache seinen unmittelbaren Besitz verliert, abgeleitet werden. In den in der Vorschrift genannten Beispielsfällen verliert der Eigentümer seinen **unmittelbaren** Besitz **unfreiwillig**, also ohne oder gegen seinen Willen.

> **Merksatz**
>
> Eine Sache ist abhanden gekommen, wenn der Eigentümer den **un**mittelbaren Besitz an der Sache **un**freiwillig verloren hat.

Daraus folgt im Umkehrschluss, dass ein Abhandenkommen *nicht* vorliegt, wenn der Eigentümer den unmittelbaren Besitz an der Sache *freiwillig* auf einen anderen übertragen hat. Das BGB verfährt nach dem Motto: Wer seine Sache freiwillig einem anderen gibt, der soll auch das Risiko tragen, dass dieser die Sache an einen Dritten veräußert. Denn diese Gefahr hat der Eigentümer selbst geschaffen, sodass der gutgläubige Erwerber hier zu Lasten des Eigentümers geschützt wird. Anders ist es, wenn dem Eigentümer die Sache gestohlen wurde, wenn er sie verloren hat oder wenn sie ihm sonst abhanden gekommen ist. Hier wird der (wahre) Eigentümer zu Lasten des gutgläubigen Erwerbers geschützt, der trotz guten Glaubens kein Eigentum erwirbt.

> **Beispiele**
>
> - Wenn der Eigentümer eine Sache an einen anderen vermietet oder verleiht und dem anderen damit *freiwillig* den *unmittelbaren Besitz* einräumt, ist die Sache *nicht* abhanden gekommen. § 935 Abs. 1 BGB steht damit einem gutgläubigen Erwerb des Eigentums durch einen Dritten nicht entgegen. Der Erwerber wird Eigentümer, wenn die Voraussetzungen der §§ 929, 932 BGB erfüllt sind. Der „alte Eigentümer" hat keine Rechte mehr an der Sache, er kann diese insbesondere auch nicht vom Erwerber herausverlangen. Ihm können aber Ansprüche gegen den Veräußerer auf Schadensersatz und Bereicherungsansprüche gemäß § 816 Abs. 1 S. 1 BGB auf Herausgabe des Erlangten (in der Regel des Kaufpreises) zustehen.
>
> - Anders ist die Rechtslage, wenn dem Eigentümer die Sache gestohlen wurde. Auch wenn der Erwerber den Dieb gutgläubig für den Eigentümer hält und auch die weiteren Voraussetzungen (Einigung und Übergabe) vorliegen, wird der „Erwerber" wegen § 935 Abs. 1 BGB nicht Eigentümer, sondern nur Besitzer. Dem „(Noch-Immer-)Eigentümer" steht gegen den „Erwerber" (Besitzer) ein Herausgabeanspruch nach §§ 985, 986 BGB zu, der „verhinderte Erwerber" hat Ansprüche gegen denjenigen, der ihm die Sache verkauft hat.

Ob G im Beispielsfall Nr. 8 in der Einleitung[13] Eigentümer der Leasingsache geworden ist, hängt davon ab, ob er aufgrund der Umstände ohne grob fahrlässig zu handeln davon ausgehen durfte, dass die Sache dem Leasingnehmer gehört. Dafür spricht, dass der Kaufpreis angemessen war. Für eine Entscheidung müssten aber mehr Einzelheiten bekannt sein. Fest steht indes, dass der gutgläubige Erwerb nicht an § 935 Abs. 1 BGB scheitert, weil die Leasingsache dem Eigentümer nicht abhanden gekommen ist.

---

13  S. 26.

### 25.3.5 Erweiterung durch § 366 HGB

§ 932 BGB wird für den geschäftlichen Verkehr durch § 366 HGB erweitert. Sofern ein im Handelsregister eingetragener Kaufmann im Betriebe seines Handelsgewerbes eine ihm nicht gehörige (gemeint: gehörende) bewegliche Sache veräußert, gelten nach § 366 Abs. 1 HGB die Vorschriften des BGB über den gutgläubigen Erwerb – das sind die §§ 932 ff. BGB – auch dann, wenn der gute Glaube des Erwerbers (lediglich) dahin geht, dass der Veräußerer berechtigt ist, über die Sache **zu verfügen**. Damit ist gemeint, dass ein gutgläubiger Erwerb auch dann in Betracht kommt, wenn der Erwerber zwar weiß, dass der Veräußerer nicht der Eigentümer des Sache ist, aber glaubt, der Eigentümer habe gemäß § 185 Abs. 1 BGB eingewilligt, dass der Veräußerer das Eigentum überträgt.

> **Merksatz** Der Erwerber muss nach § 366 Abs. 1 HGB glauben, dass der Eigentümer mit der Verfügung (Eigentumsübertragung) durch den Veräußerer einverstanden ist; er muss nicht glauben, dass der Veräußerer der Eigentümer ist (so aber bei § 932 BGB).

> **Beispiel** Ein Produzent liefert an einen Zwischenhändler Ware unter Eigentumsvorbehalt, räumt dem Zwischenhändler aber das Recht ein, die „Ware im Wege des ordnungsgemäßen Geschäftsgangs weiterzuveräußern" (Einwilligung im Sinne des § 185 Abs. 1 BGB). Auch wenn der Zwischenhändler den Kaufpreis noch nicht vollständig gezahlt hat und deshalb noch nicht Eigentümer der Ware ist, darf er sie aufgrund der Einwilligung des Noch-Eigentümers (Produzenten) bereits weiterveräußern, also an seine Kunden übereignen. Diese Fallgestaltung wird als „verlängerter Eigentumsvorbehalt" bezeichnet. Weitere Einzelheiten dazu im Kapitel Kreditsicherung[14].

§ 366 Abs. 1 HGB schützt den *guten Glauben* des Erwerbers *an die Verfügungsbefugnis des Veräußerers*, also daran, dass der Eigentümer einem Nichtberechtigten (Nicht-Eigentümer) eine solche Befugnis zur Veräußerung erteilt hat. Damit kann auch ein Käufer, der weiß, dass der Verkäufer noch nicht der Eigentümer ist, aber gutgläubig davon ausgeht (Maßstab: § 932 Abs. 2 BGB), dass ein verlängerter Eigentumsvorbehalt mit der Befugnis zur Weiterveräußerung vereinbart worden ist, gemäß §§ 929, 932 BGB i.V.m. § 366 HGB das Eigentum erwerben.

---

14  S. 491 f.

## 25.3.6 Zusammenfassung

Somit ergibt sich zum rechtsgeschäftlichen Eigentumserwerb an beweglichen Sachen folgende Übersicht:

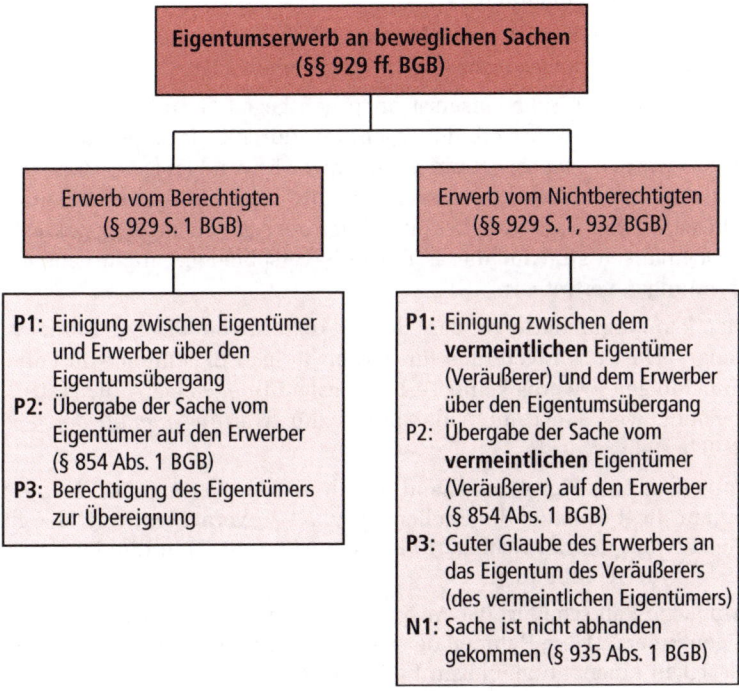

Abbildung 25.8: Eigentumserwerb an beweglichen Sachen

## 25.3.7 Ansprüche des bisherigen Eigentümers

### Ansprüche gegen den Erwerber

Folge des gutgläubigen Erwerbs ist, dass der Eigentümer sein Eigentum an den gutgläubigen Dritten verliert. Gegen diesen Dritten (den neuen Eigentümer) stehen dem bisherigen Eigentümer keine Ansprüche zu.

**Beispiel** Veräußerer V veräußert ein dem Eigentümer E gehörendes Handy an G, der gutgläubig das Eigentum erwirbt.

E steht gegen G kein Anspruch zu:

- E hat gegen G keinen Herausgabeanspruch gemäß §§ 985, 986 BGB, weil E infolge des Eigentumserwerbs durch G nicht mehr Eigentümer des Handys ist.

- E hat auch keinen Schadensersatzanspruch gegen G aus § 823 Abs. 1 BGB. Zwar ist E durch den Erwerb des Eigentums durch G das Eigentum am Handy entzogen worden, doch liegt ein gutgläubiger Erwerb gemäß §§ 929, 932 BGB vor. Dieses von der Rechtsordnung gewollte Ergebnis darf nicht durch eine Pflicht zum Schadensersatz beeinträchtigt oder gar rückgängig gemacht werden. Dogmatisch sind für dieses Ergebnis verschiedene, nicht ganz einfache Begründungen vertretbar:

  1. Man kann argumentieren, dass der mit dem Erwerb des Eigentums verbundene Verlust des Eigentums für den bisherigen Eigentümer im Falle eines gutgläubigen Erwerbs keine Verletzungshandlung gemäß § 823 Abs. 1 BGB darstellt, weil sonst ein Widerspruch zum *Wertungsmodell der §§ 932 ff. BGB* bestehen würde.

  2. Falls man eine Verletzungshandlung durch den Verlust des Eigentums annimmt, liegt es nahe, die Rechtswidrigkeit zu verneinen, weil der gutgläubige Erwerb mit der Rechtsordnung (§§ 932 ff. BGB) in Einklang steht, also nicht widerrechtlich ist.

  3. Auf jeden Fall scheitert der Anspruch am fehlenden Verschulden des neuen Eigentümers. Da im Rahmen der §§ 932 ff. BGB nur Vorsatz und grobe Fahrlässigkeit einem gutgläubigen Eigentumserwerb entgegenstehen, muss dieser Verschuldensmaßstab auch im Rahmen des § 823 Abs. 1 BGB gelten.

- Schließlich besteht auch kein Anspruch des bisherigen Eigentümers E gegen den neuen Eigentümer G aus § 812 Abs. 1 S. 1 BGB. Zwar hat G das Eigentum und den Besitz an dem Handy erlangt, doch geschah dies nicht durch eine Leistung des E, sondern durch eine Leistung des (unberechtigten) V. Maßgeblich für die Beurteilung, wer die Leistung erbracht hat, ist nämlich die Sicht des Empfängers, hier also des G. Aus dessen Sicht ist nicht der (ihm gar nicht bekannte) bisherige Eigentümer E, sondern der Veräußerer V der Leistende. Wegen des so genannten „Vorrangs der Leistungskondiktion"[15] scheidet ein Anspruch des E aus der Alternative „oder in sonstiger Weise auf dessen Kosten" ebenfalls aus. Da eine Leistung des V vorliegt, ist also nicht mehr zu prüfen, ob der G den Vermögensvorteil „in sonstiger Weise auf Kosten" des E erhalten hat.

---

15  Vgl. S. 398.

## Ansprüche gegen den Veräußerer

Dem bisherigen Eigentümer stehen aber Ansprüche gegen den unberechtigten Veräußerer zu. In Betracht kommen vertragliche und gesetzliche Ansprüche.

Wenn zwischen dem Veräußerer M und dem bisherigen Eigentümer E ein Mietvertrag bestand, ist Mieter M gemäß § 546 BGB verpflichtet, die Sache am Ende der Mietzeit an E zurückzugeben. Hat M die Sache an einen anderen übereignet und verweigert dieser die Herausgabe, liegt ein Fall der Unmöglichkeit vor, der gemäß §§ 280 Abs. 1, Abs. 3, 283 BGB zu einem Schadensersatzanspruch führt. Gleiches gilt bei sonstigen Verträgen, die die Nutzung einer Sache auf Zeit betreffen (Leihvertrag, Leasingvertrag) und beim Verwahrungsvertrag.

> **Beispiel** Mieter M veräußert ein dem Vermieter V gehörendes Fahrrad für 500,-- €
> an den gutgläubigen G. G weigert sich, das Fahrrad, dessen Wert 700 ,-- € beträgt,
> an V herauszugeben.

Im diesem Fall kommen ein Schadensersatz- und ein Bereicherungsanspruch des Vermieters (bisherigen Eigentümers) gegen den Veräußerer M in Betracht. Der Schadensersatzanspruch kann sich aus §§ 280 Abs. 1, Abs. 3, 283 BGB (vertraglicher Anspruch) und als gesetzlicher Anspruch aus § 823 Abs. 1 BGB, aus § 823 Abs. 2 BGB i.V.m. § 246 StGB (Unterschlagung) und ggf. aus § 826 BGB ergeben. Der Umfang des Anspruchs beträgt nach § 251 BGB 700,-- €. Wenn M nicht schuldhaft gehandelt hat (etwa weil er irrtümlich und ohne Verschulden von einem Einverständnis des V mit der Veräußerung ausging), scheiden vertragliche und gesetzliche *Schadensersatzansprüche* aus. Es verbleibt aber ein Anspruch aus § 816 Abs. 1 S. 1 BGB, da dieser kein Verschulden voraussetzt, hier in Höhe des erzielten Kaufpreises (500,-- €). Besteht zwischen einem unberechtigten Veräußerer und einem Eigentümer kein Vertrag, kommen nur die gesetzlichen Ansprüche aus §§ 823 ff. BGB und aus § 816 Abs. 1 S. 1 BGB in Betracht.

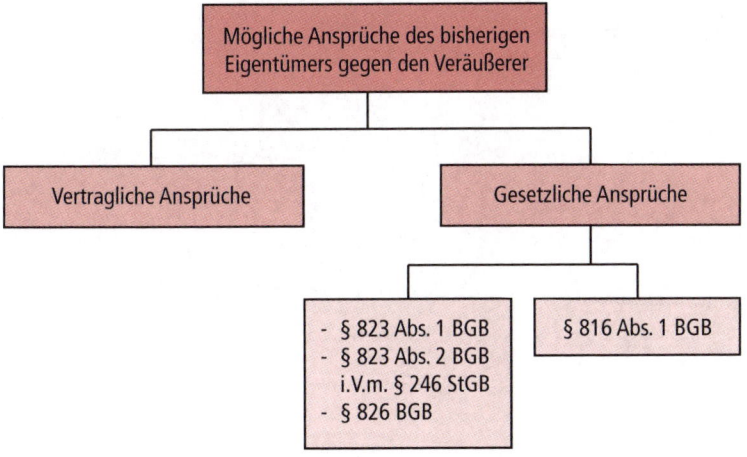

Abbildung 25.9: Mögliche Anspruchsgrundlagen

> **Merksatz** Die Voraussetzungen des § 816 Abs. 1 S. 1 BGB sind:
>
> ■ **P1:** Ein Nichtberechtigter muss eine **Verfügung** getroffen haben,
> ■ **P2:** die Verfügung muss **dem Berechtigten gegenüber wirksam** sein,
> ■ **P3:** der Nichtberechtigte muss durch die Verfügung **etwas erlangt** haben.
>
> **Rechtsfolge:** Der Nichtberechtigte ist dem Berechtigten zur Herausgabe des Erlangten verpflichtet.

**Zu P1:** Nach einer – schwer verständlichen – Definition ist eine *Verfügung* ein Rechtsgeschäft, das unmittelbar darauf gerichtet ist, auf ein bestehendes Recht einzuwirken, es zu verändern, zu übertragen oder aufzuheben[16]. Der wichtigste Fall einer Verfügung ist die Übertragung des Eigentums an einer Sache, die hier vorliegt.

**Zu P2:** Berechtigter ist der bisherige Eigentümer V. Ihm gegenüber ist die Verfügung wirksam, weil G das Eigentum gemäß §§ 929, 932 BGB auch im Verhältnis zu V gutgläubig erworben hat.

**Zu P3:** Mit der Herausgabe des durch die Verfügung Erlangten ist dasjenige gemeint, das der Nichtberechtigte als wirtschaftliche Gegenleistung für die Verfügung erhält. Das ist hier der Kaufpreis in Höhe von 500,-- €.

**Rechtsfolge:** Diesen Betrag muss M als Nichtberechtigter nach § 816 Abs. 1 S. 1 BGB an den Berechtigten V herausgeben.

**Ergebnis:** Falls M schuldhaft gehandelt hat, wird V einen Anspruch auf Schadensersatz aus § 823 Abs. 1 BGB oder aus § 823 Abs. 2 BGB i.V.m. § 246 StGB in Höhe von 700,-- € erheben, anderenfalls einen Anspruch aus § 816 Abs. 1 S. 1 BGB in Höhe von 500,-- €.

---

16 Palandt/Heinrichs, Bürgerliches Gesetzbuch, Überblick vor § 104 Rn. 16.

# Der gesetzliche Eigentumserwerb

**26**

ÜBERBLICK

## Lernziele dieses Kapitels

*Was kommt in diesem Kapitel auf Sie zu? Sie lernen nach dem gerade behandelten rechtsgeschäftlichen Eigentumserwerb den gesetzlichen Eigentumserwerb kennen. Es gibt zahlreiche Fälle, in denen das Eigentum wechselt, ohne dass die Parteien dies wollen. Die Kenntnis dieser Vorschriften ist für die Praxis von erheblicher Bedeutung.*

## 26.1 Grundlagen

In Fällen des gesetzlichen Eigentumserwerbs geht das Eigentum nicht über, weil die Parteien es wollen (und sich entsprechend einigen), sondern „weil das Gesetz es will". Soll heißen: Weil bestimmte im Gesetz genannte Voraussetzungen vorliegen, an die das BGB die Rechtsfolge des Eigentumsübergangs knüpft. Folgende Fälle sind zu unterscheiden:

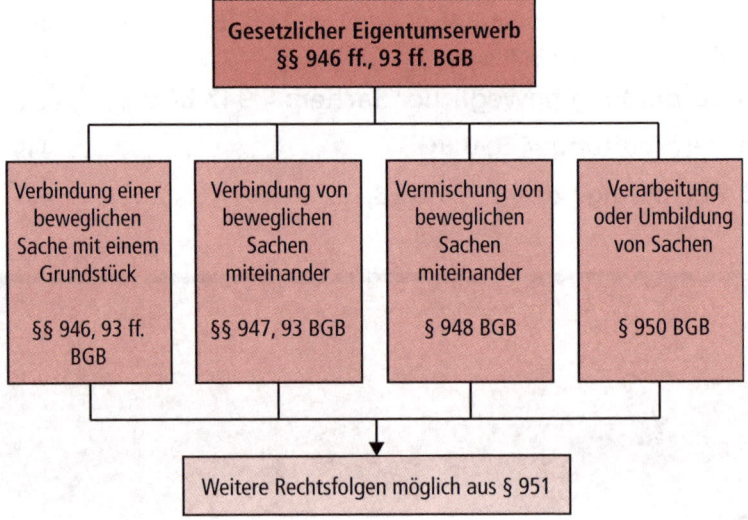

Abbildung 26.1: Gesetzlicher Eigentumserwerb

## 26.2 Verbindung mit einem Grundstück: § 946 BGB

§ 946 BGB regelt die Verbindung einer beweglichen Sache mit einem Grundstück. Sofern die Sache durch die Verbindung zum wesentlichen Bestandteil des Grundstücks wird, erstreckt sich das Eigentum an dem Grundstück auf diese Sache. Dies bedeutet, dass dem Eigentümer des Grundstücks nach der Verbindung auch die (bisher) bewegliche Sache gehört. Das Eigentum an dieser Sache geht durch die Verbindung mit dem Grundstück vom bisherigen Eigentümer auf den Eigentümer des Grundstücks über, und zwar selbst dann, wenn die Parteien dies gar nicht wissen oder nicht wollen.

> **Merksatz** § 946 BGB ist zwingendes Recht und kann deshalb durch eine Vereinbarung der Parteien nicht außer Kraft gesetzt werden. Ein vereinbarter **Eigentumsvorbehalt erlischt**.

Der Gesetzgeber will mit den §§ 946 ff. BGB verhindern, dass wirtschaftliche Werte, die geschaffen worden sind, wieder zerstört werden. Dabei wird in Kauf genommen, dass der bisherige Eigentümer der beweglichen Sache sein Eigentum sogar dann verliert, wenn ein Eigentumsvorbehalt vereinbart ist.

> **Merksatz** Voraussetzungen für den Eigentumserwerb nach § 946 BGB sind:
>
> - **P1:** Verbindung einer beweglichen Sache mit einem Grundstück.
> - **P2:** Die Sache wird durch die Verbindung zu einem *wesentlichen Bestandteil* des Grundstücks.

Wann eine Sache ein wesentlicher Bestandteil einer anderen Sache ist, wird in § 946 BGB nicht erläutert. Der Begriff wird aber in § 93 BGB allgemein und in § 94 BGB in Bezug auf Grundstücke näher definiert. Eine Einschränkung zu §§ 93, 94 BGB enthält § 95 BGB für die so genannten „Scheinbestandteile".

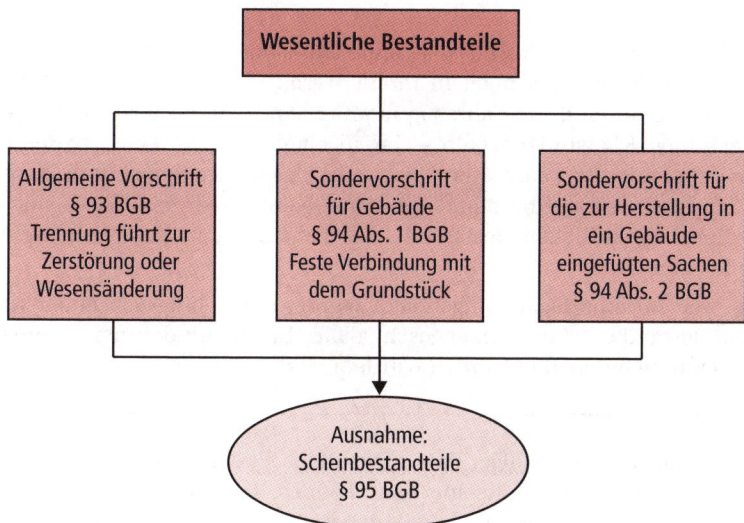

Abbildung 26.2: Wesentliche Bestandteile

## 26.2.1 Wesentlicher Bestandteil: § 93 BGB

Nach § 93 BGB sind *wesentliche* Bestandteile einer Sache solche Bestandteile, die nicht voneinander getrennt werden können, ohne dass der eine oder der andere in seinem Wesen verändert oder zerstört wird. Daraus folgt im Umkehrschluss, dass eine Sache *kein* wesentlicher Bestandteil einer anderen Sache ist, wenn man die (Gesamt)Sache auseinander bauen kann und die einzelnen Bestandteile danach noch zu gebrauchen sind. Dies gilt auch dann, wenn diese Sachen erst nach einer Verbindung mit anderen Sachen wieder benutzbar werden[1].

So können serienmäßig hergestellte Teile einer Einbauküche nach allgemeiner Erfahrung abgebaut und abtransportiert werden, ohne dass sie mehr als unwesentlich beschädigt werden. Sie können danach in einer anderen Küche in gleicher Funktion wieder eingebaut werden. Dies geschieht sehr häufig in denjenigen Gebieten Deutschlands, in denen Küchen üblicherweise nicht zusammen mit Wohngebäuden überlassen werden. Die durch den Umzug eintretenden Wertverluste und Mehrkosten werden hingenommen, weil der restliche Gebrauchswert als weitaus größer angesehen wird. Auch der zurückgelassene Küchenraum wird durch die Entfernung der Möbel nicht wesentlich beschädigt und kann seinen vollen wirtschaftlichen Wert durch eine Verbindung mit neuen Einrichtungsgegenständen wiedererlangen[2]. Derartige Einbauküchen sind also keine wesentlichen Bestandteile des Gebäudes nach § 93 BGB.

Nach dieser Vorschrift kommt es *nicht* darauf an, wie *wichtig* ein Bestandteil für eine (Gesamt)Sache ist. Ein der Funktion nach ganz wichtiger Bestandteil einer beweglichen Sache ist deshalb im Sinne des § 93 BGB *nicht* notwendig zugleich auch ein wesentlicher Bestandteil dieser Sache. Das führt zu sonderbar anmutenden Ergebnissen:

> **Beispiele**
>
> - Die Räder eines Pkw lassen sich ohne Probleme abmontieren. Sie werden dadurch weder zerstört noch in ihrem Wesen verändert. Die Räder können vielmehr an ein anderes Fahrzeug montiert und wie bisher genutzt werden. Räder eines Kfz sind deshalb – juristisch gesehen – *keine* wesentlichen Bestandteile des Kfz, auch wenn sie natürlich sehr wichtig sind. Gleiches gilt für den Motor eines Kraftfahrzeugs. Auch beim Motor handelt es sich nicht um einen wesentlichen Bestandteil des Fahrzeugs, in dem sich der Motor gerade befindet.
>
> - Lack, der auf eine Sache aufgebracht wurde, bildet hingegen einen wesentlichen Bestandteil. Auch ein angeschweißtes Blech fällt darunter, wenn es bei der Trennung beschädigt werden würde.

§ 93 BGB enthält die **Rechtsfolge**, dass wesentliche Bestandteile einer (Gesamt)Sache „nicht Gegenstand besonderer Rechte sein" können. Dies bedeutet Folgendes: Wenn eine Gesamtsache aus drei wesentlichen Bestandteilen besteht, ist es nicht möglich, dass der eine Bestandteil A gehört, während die anderen Bestandteile B gehören. Entweder gehört die (Gesamt)Sache A oder B allein oder A und B sind deren Miteigentümer.

---

1    BGH NJW-RR 1990, S. 586, 587.
2    BGH NJW-RR 1990, S. 586, 587.

## 26.2.2 Sondervorschrift für Gebäude: § 94 BGB

Eine Sondervorschrift für Gebäude enthält § 94 BGB. Nach Abs. 1 dieser Vorschrift gehören zu den wesentlichen Bestandteilen eines Grundstücks die mit dem Grund und Boden fest verbundenen Sachen, insbesondere **Gebäude**. Gebäude im Sinne dieser Vorschrift sind neben Häusern auch andere Baulichkeiten wie Brücken, Windkraftanlagen und Tiefgaragen[3]. Voraussetzung ist eine *feste* Verbindung von Gebäude und Grundstück.

Ob das der Fall ist, ist nach der Verkehrsanschauung zu entscheiden. Eine feste Verbindung liegt vor, wenn die Trennung zur Beschädigung oder Wesensänderung der mit dem Grundstück verbundenen Sache führt. Ausreichend ist aber auch, dass die Trennung einen unverhältnismäßigen Aufwand erfordert[4]. Unter § 94 Abs. 1 BGB können deshalb auch Einfriedungsmauern und Zäune fallen. Sind diese mit dem Grundstück fest verbunden, werden sie dessen wesentlicher Bestandteil. Sollte ein Mieter einen Zaun gesetzt haben, kann es sich aber um einen unter § 95 BGB fallenden Scheinbestandteil handeln[5].

Für die Praxis besonders relevant ist, dass die **zur Herstellung eines Gebäudes eingefügten** Sachen nach **§ 94 Abs. 2 BGB** wesentliche Bestandteile des Gebäudes sind. Ist das Gebäude wesentlicher Bestandteil des Grundstücks, folgt daraus, dass die wesentlichen Bestandteile des Gebäudes mittelbar wesentliche Bestandteile des Grundstücks sind. Konsequenz: Dem Eigentümer des Grundstücks gehören nach §§ 946, 94 Abs. 1 das Gebäude und nach §§ 946, 94 Abs. 1 und Abs. 2 BGB die zur Herstellung des Gebäudes eingefügten Sachen.

> **Merksatz** „Zur Herstellung eingefügt" sind alle Teile, ohne die das Gebäude nach der Verkehrsanschauung nicht fertig gestellt ist. Auf den Zeitpunkt der Einfügung kommt es nicht an, sodass auch die Sachen, die zur Renovierung oder anlässlich eines Umbaus eingefügt werden, „zur Herstellung eingefügt" sind[6].

Für die Frage, ob ein Gebäude nach der Verkehrsanschauung noch nicht fertig gestellt ist, ist maßgeblich auf das *Fertigsein des Bauwerks*, also des Gebäudes abzustellen. Gegenstände, die lediglich der Ausstattung oder Einrichtung des Bauwerks dienen, sind nur dann „eingefügt", wenn nach der Verkehrsanschauung erst deren Einbringung dem Gebäude eine besondere Eigenart, ein bestimmtes Gepräge gibt oder wenn sie dem Baukörper besonders angepasst sind und deswegen mit ihm eine Einheit bilden. Ob die Verhältnisse so liegen, ist nach den Anschauungen des Verkehrs über Wesen, Zweck und Beschaffenheit des Gebäudes zu beurteilen und deshalb im Wesentlichen eine Frage, die nur nach Lage des Einzelfalles entschieden werden kann. Maßgeblich sind Art, Zweck und Zuschnitt des jeweiligen Gebäudes[7].

Die Beurteilung nach Maßgabe der vorgenannten Kriterien kann im Einzelfall schwierig sein: Die in einem Vorlesungssaal angebrachte Wandtafel dürfte bei einem

---

3  Palandt/Heinrichs, Bürgerliches Gesetzbuch, § 94 Rn. 1 mit Nachweisen aus der Rechtsprechung.
4  Palandt/Heinrichs, Bürgerliches Gesetzbuch, § 94 Rn. 2.
5  Vgl. BGH NJW 1984, S. 2277, 2278.
6  Palandt/Heinrichs, Bürgerliches Gesetzbuch, § 94 Rn. 6.
7  BGH NJW-RR 1990, S. 586, 587.

als Vorlesungsgebäude konzipierten Gebäude „zur Herstellung eingefügt" sein. Anders dürfte zu entscheiden sein, wenn in einem Bürogebäude (nur) *ein* Schulungsraum mit einer Wandtafel ausgestattet wird.

Einigkeit besteht, dass das Merkmal „zur Herstellung eingefügt" im Sinne des § 94 Abs. 2 BGB zwar eine Verbindung zwischen der Sache und dem Gebäude erfordert, diese aber nicht fest sein muss[8]. Entscheidend ist nämlich nicht die Art der Verbindung (fest oder lose), sondern der Zweck der Einfügung in das Gebäude. Fenster werden deshalb mit ihrem Einbau wesentliche Bestandteile des Gebäudes, auch wenn sie sich ohne weiteres wieder entfernen lassen, weil keine *feste* Verbindung vorliegt. Bei einem Heizkessel genügt es, dass er auf den Platz im Rohbau verbracht worden ist, der nach den baulichen und betrieblichen Anforderungen für ihn bestimmt ist, auf ein vorbereitetes Fundament gesetzt und die zu seiner Einbringung erforderliche Wandöffnung wieder zubetoniert wird[9]. Demgegenüber reicht es nicht aus, wenn die Sachen nur lose in ein Gebäude hineingestellt werden, wie es etwa bei Möbeln der Fall ist. Diese können Zubehör nach § 97 BGB darstellen.

Die gerichtliche Praxis hat sich immer wieder mit dem Problem zu befassen, ob Einbauküchen zur Herstellung eines Gebäudes eingefügt sind[10]. Die Frage wird in Rechtsprechung und Literatur – teilweise landschaftlich bedingt – unterschiedlich beantwortet. Der Bundesgerichtshof hat gebilligt, dass nach der in Norddeutschland geltenden Verkehrsanschauung unter anderem der in der Küche aufgestellte Herd wesentlicher Bestandteil eines Wohnhauses nach § 94 Abs. 2 BGB ist[11]. Bei Einbauküchen, die ein Mieter eingebracht hat, ist § 95 BGB zu beachten[12].

---

**Beispiel**    Fensterhersteller F liefert für einen Neubau des K 300 Fenster „unter Eigentumsvorbehalt". 100 Fenster sind bereits in das Gebäude eingebaut, lassen sich aber aufgrund der gewählten Montageart mühelos und ohne Beschädigungen wieder ausbauen. 200 Fenster stehen schon in der Nähe der Fensteröffnungen, sind aber noch nicht montiert. Eine Bezahlung ist noch nicht erfolgt. Wem gehören die Fenster?

*Lösungsskizze*

**1. Bereits eingebaute Fenster**

Die bereits eingebauten Fenster sind *kein* wesentlicher Bestandteil des Hauses nach § 93 BGB geworden, weil sie sich ohne Zerstörung oder Wesensänderung wieder ausbauen lassen. Sie sind es aber nach § 94 Abs. 2 BGB, weil sie „zur Herstellung des Gebäudes eingefügt" sind. Ein Haus ohne Fenster ist nämlich nach der Verkehrsanschauung nicht fertig gestellt. Für § 94 Abs. 2 BGB kommt es nicht darauf an, ob ein Ausbau möglich ist. Da die eingebauten Fenster nach § 94 Abs. 2 BGB wesentliche Bestandteile des Gebäudes sind, können sie gemäß § 93 BGB nicht Gegenstand besonderer Rechte sein[13]. Es ist deshalb ausgeschlossen,

---

8    BGH NJW-RR 1990, S. 586, 587.
9    BGH NJW 1979, 712.
10   Vgl. die zahlreichen Nachweise bei Palandt/Heinrichs, Bürgerliches Gesetzbuch, § 93 Rn. 5.
11   BGH NJW-RR 1990, S. 586, 587.
12   Vgl. S. 447 f.
13   Die Rechtsfolge ergibt sich aus § 93 BGB, da § 94 BGB nur den Begriff „wesentlicher Bestandteil" definiert, aber keine Rechtsfolge enthält.

dass die Fenster einer Person gehören und das Haus einer anderen Person gehört. Die Fenster gehören deshalb dem Eigentümer des Gebäudes, in das sie eingefügt worden sind.

Das Gebäude gehört nach §§ 946, 94 Abs.1 BGB demjenigen, der Eigentümer des Grundstücks ist, auf dem es steht. Also gehören die Fenster ebenfalls dem Eigentümer des Grundstücks.

Da die §§ 946, 93, 94 BGB zwingendes Recht sind, ist der Eigentumsvorbehalt des F bezüglich der schon eingebauten Fenster erloschen. Er hat keine Rechte mehr an diesen Fenstern, insbesondere ist er nicht mehr deren Eigentümer.

**2. Noch nicht eingebaute Fenster**

Wegen des vereinbarten Eigentumsvorbehalts (§§ 929 S. 1, 158 Abs. 1 BGB) gehören die noch nicht eingebauten Fenster hingegen bis zur Einfügung F.

Zur Lösung des Falls Nr. 10 aus der Einleitung[14] ist auszuführen, dass K gemäß §§ 946, 94 Abs. 1, Abs. 2 BGB durch den Einbau das Eigentum an den Fenstern erworben hat, sodass F kein Anspruch auf die Herausgabe der Fenster gemäß §§ 985, 986 BGB zusteht. K muss auch aus keinem anderen Rechtsgrund den Ausbau und die Abholung dulden. Wenn K nicht zahlt, hat F nur die Möglichkeit, seinen Zahlungsanspruch aus dem Liefervertrag (Kaufvertrag oder Werkvertrag) mit gerichtlicher Hilfe durchzusetzen.

## 26.2.3 Scheinbestandteile: § 95 BGB

Nach § 95 Abs. 1 S. 1 BGB gehören Sachen, die nur zu einem vorübergehenden Zweck mit dem Grundstück verbunden sind, nicht zu dessen wesentlichen Bestandteilen. Nach S. 2 gilt dies auch für Gebäude, die in Ausübung eines Rechtes an einem fremden Grundstück von dem Berechtigten mit dem Grundstück verbunden werden. Hierunter fallen Gartenhäuser oder Jagdhütten, die auf einem für einen begrenzten Zeitraum gepachteten Grundstück errichtet werden.

Mehr Probleme in der Praxis bereitet § 95 Abs. 2 BGB, wonach Sachen, die zu einem vorübergehenden Zweck in ein Gebäude eingefügt werden, nicht zu den Bestandteilen des Gebäudes gehören. Hier muss festgestellt werden, ob die Verbindung oder Einfügung tatsächlich nur zu einem vorübergehenden Zweck erfolgt ist. Davon ist auszugehen, wenn der spätere Wegfall der Verbindung von vornherein beabsichtigt war oder nach der Natur des Zwecks sicher ist. Betroffen sind insbesondere Einrichtungsgegenstände, die ein Mieter in die von ihm gemietete Wohnung einbringt, etwa **Einbauküchen**. Hier wird häufig § 95 Abs. 2 BGB zur Anwendung kommen, weil der Mieter von Anfang an die Absicht hat, die Küche beim Auszug „mitzunehmen". Als **Ausnahme** zu § 93 BGB *und* § 94 BGB ordnet § 95 BGB an, dass die zu einem vorübergehenden Zweck eingefügten Sachen *keine* wesentlichen Bestandteile einer anderen Sache werden.

---

14  S. 27.

**Beispiele**

■ M hat ein Grundstück mit Haus gemietet. Er errichtet auf dem Grundstück eine Fertiggarage einschließlich eines Fundaments, wobei er von Anfang an vorhat, die Garage bei einem eventuellen Auszug mitzunehmen. Nach § 94 Abs. 1 BGB ist die Garage aufgrund der festen Verbindung wesentlicher Bestandteil des Grundstücks. Da M sie aber nicht auf Dauer, sondern nur für die Zeit des Mietvertrages dort belassen will, greift die Ausnahme des § 95 Abs. 1 S. 1 BGB ein. Die Garage gehört also M.

■ M verklebt in seiner Mietwohnung sehr aufwändig einen teuren Teppichboden, den er aber im Falle des Auszugs gleichwohl „mitnehmen" will. Der Teppich ist kein wesentlicher Bestandteil des Gebäudes geworden (§ 95 Abs. 2 BGB), anders wäre es, wenn der Vermieter ihn hätte verkleben lassen (§ 93 BGB oder evtl. § 94 Abs. 2 BGB).

**Praxistipp** Beabsichtigt ein Mieter, Gegenstände zu einem vorübergehenden Zweck einzufügen, sollte er diese Absicht vor der Einfügung dem Vermieter vorab in schriftlicher Form anzeigen. In jedem Fall muss der Mieter die Erlaubnis des Vermieters einholen, wenn er Änderungen an der Mietsache vornehmen will.

## 26.3 Verbindung beweglicher Sachen: § 947 BGB

§ 947 BGB regelt die Rechtsfolgen, wenn zwei oder mehrere *bewegliche Sachen* so miteinander verbunden werden, dass sie wesentliche Bestandteile einer einheitlichen Sache werden. Maßgebliche Vorschrift für die Beurteilung ist § 93 BGB. Mithin kommt es darauf an, ob eine Trennung der verbundenen Sachen dazu führt, dass die *eine* oder die *andere* Sache zerstört oder in ihrem Wesen verändert wird. Ist das nicht der Fall, dann ist die Voraussetzung „wesentlicher Bestandteil" nicht erfüllt. Auch hier darf man nicht den – leider nahe liegenden – Fehler machen, auf die Bedeutung der einen Sache für die Gesamtsache abzustellen.

**Beispiel** Das Auto des B erhält anlässlich einer Inspektion in der Werkstatt des U vier neue Räder. Nach § 93 BGB sind die Räder keine wesentlichen Bestandteile des Fahrzeugs, da eine Trennung der Räder vom Auto ohne Probleme möglich ist. Der Umstand, dass das Auto ohne Räder nicht fahrbereit ist, spielt im Rahmen des § 93 BGB keine Rolle. Deshalb ist zum Beispiel auch der Motor – juristisch – kein wesentlicher Bestandteil eines Pkw. Das kann man einem Nichtjuristen allerdings kaum vermitteln, oder?

Falls bewegliche Sachen durch Verbindung zu wesentlichen Bestandteilen einer einheitlichen Sache werden, erlangen die bisherigen Eigentümer nach § 947 Abs. 1 BGB das Miteigentum an der Sache. Diese gehört ihnen gemeinsam entsprechend dem Wert der einzelnen Sachen. Anders ist es nach § 947 Abs. 2 BGB, wenn *eine* Sache als **Hauptsache** anzusehen ist; dann erwirbt deren Eigentümer das Alleineigentum an der Sache.

> **Beispiel** L liefert eine Lasur an den Fensterhersteller F, mit der F ihm gehörende Fenster behandelt. Hier sind die Fenster als die Hauptsache anzusehen, sodass F Alleineigentümer der Fenster ist und bleibt.

Die Regelung des § 947 BGB gilt nach § 948 BGB entsprechend, wenn bewegliche Sachen vermischt oder vermengt werden, etwa bei Benzin oder Heizöl.

## 26.4 Verarbeitung: § 950 BGB

§ 950 BGB regelt die eigentumsrechtlichen Folgen in den Fällen, in denen durch Verarbeitung oder Umbildung eines oder mehrerer Stoffe eine neue bewegliche Sache hergestellt wird.

> **Merksatz** Die Voraussetzungen und die Rechtsfolge des § 950 BGB sind:
>
> - **P1:** Verarbeitung oder Umbildung eines oder mehrerer Stoffe,
> - **P2:** dadurch Herstellung einer neuen Sache,
> - **N1:** der Wert der Verarbeitung oder Umbildung darf nicht erheblich geringer als der Wert der eingesetzten Stoffe (Materialien) sein.
>
> **Rechtsfolge:** Der Hersteller wird Eigentümer der neuen Sache.

**Zu P1:** Die Anforderungen an eine Verarbeitung oder Umbildung sind gering. Nach § 950 Abs. 1 S. 2 BGB reicht bereits das Schreiben, Zeichnen, Malen, Drucken und Gravieren oder eine ähnliche Bearbeitung einer Oberfläche aus. Es genügt das Zusammenfügen von Bauteilen, aber auch das Zerlegen einer Sache in ihre Einzelbestandteile.

**Zu P2:** Ob eine Sache neu ist, ist wirtschaftlich unter Berücksichtigung der Verkehrsauffassung zu entscheiden. Eine *neue* Sache liegt einmal dann vor, wenn eine im Verhältnis zu den Stoffen *andere* Sache entsteht, aber auch bei Erreichung einer höheren Verarbeitungsstufe. Demgegenüber genügen bloße Wertsteigerungen (ein und dieselbe Sache ist mehr wert als vorher) ebenso wenig wie bloße Instandsetzungen oder Reparaturen. Anzeichen für eine neue Sache kann ein neuer Name sein.

> **Beispiele**
>
> - Werden aus Holz, Beschlägen und sonstigen Zutaten Fenster hergestellt, stellen diese im Verhältnis zu den Stoffen *neue* Sachen dar. Werden Fenster, die ein anderer gebaut hat, nur lackiert, entstehen *keine* neuen Sachen: Vorher waren es schon Fenster, nachher sind es immer noch Fenster. Es erhöht sich nur der Wert der Fenster, was für § 950 BGB aber nicht ausreicht.
> - Wird an Halbfabrikaten die Endmontage vorgenommen, stellen die fertigen Produkte nach der Verkehrsauffassung im Verhältnis zu den Halbfabrikaten neue Sachen dar.
> - Durch den Einbau eines Motors in ein Auto oder durch die Reparatur eines Autos entsteht keine neue Sache, weil es sich bei dem Auto nach wie vor (nur) um ein Auto handelt.
> - Dagegen liegt eine neue Sache vor, wenn sie eine eigenständige, gegenüber den einzelnen verarbeiteten Sachen weitergehende Funktion erfüllt. Dies ist bei einem Komplettmotor im Verhältnis zu einem schlichten Motorblock der Fall[15].

**Zu N1:** Sind die beiden positiven Tatbestandsmerkmale erfüllt, tritt die Rechtsfolge des § 950 BGB gleichwohl nicht ein, wenn der Wert der Verarbeitung wesentlich geringer als der Wert „des Stoffes", womit der Wert aller verarbeiteten Materialien gemeint ist. Dies wird angenommen, wenn sich der Stoffwert zum Verarbeitungswert wie etwa 100 zu 60 verhält[16]. Das bedeutet, dass die Summe des Wertes aller eingesetzten Stoffe zwar größer sein darf als der durch die Verarbeitung entstehende „Mehrwert", dass aber nach unten eine Grenze gezogen wird. Ein gesetzlicher Eigentumserwerb zugunsten des Herstellers soll nicht eintreten, wenn seine Tätigkeit nur zu einer geringen Wertschöpfung beigetragen hat.

> **Beispiel** Bei der maschinellen Herstellung von Holzfenstern beträgt der Stoffwert pro Fenster 400,-- € (Holz 300,-- €, Beschläge 70,-- €, sonstige Zutaten 30,-- €), das fertige Fenster hat einen Wert von 600,-- €. Dann errechnet sich der Wert der Verarbeitung wie folgt: 600,-- € abzgl. 400,-- € = 200,-- €. Der Verarbeitungswert beträgt damit 50 % vom Wert aller eingesetzten Stoffe. Damit ist er nach der Rechtsprechung erheblich geringer als der Stoffwert. Der Fensterhersteller erlangt nach § 950 BGB kein Eigentum an den Fenstern.
>
> Anders ist es, wenn der Wert eines Fensters 700,-- € betragen würde. Der Wert der Verarbeitung (300,-- €) wäre zwar geringer als die Summe der Stoffwerte (400,-- €), aber nicht erheblich geringer, da sich hier ein Verhältnis von 75 : 100 ergäbe.

**Rechtsfolge:** Eigentümer der neuen Sache wird nach § 950 Abs. 1 BGB deren *Hersteller*. Das ist derjenige, in dessen Namen und (wirtschaftlichem) Interesse die Verarbeitung vom Standpunkt eines mit den Verhältnissen vertrauten objektiven Beobachters erfolgt[17].

---

15  BGH NJW 1995, S. 2633.
16  BGH NJW 1995, S. 2633.
17  BGH NJW 1991, S. 1480, 1481.

Dies sind bei einer industriellen oder handwerklichen Produktion nicht die Arbeitnehmer, sondern die Arbeitgeber als Inhaber der Unternehmen. Darüber hinaus ist eine fremdwirkende Verarbeitung möglich, wenn nicht der Verarbeitende, sondern sein Auftraggeber im Wesentlichen das Produktions- und Absatzrisiko trägt[18]. Dies kann bei einer „Lohn- oder Auftragsfertigung" der Fall sein.

> **Beispiel** Die Elektro-GmbH lässt ihre Waren von selbstständigen Unternehmen nach genauen Anweisungen hinsichtlich Aufmachung, Qualität, Produktionsverfahren und Stückzahl zu einem festgelegten Stückpreis fertigen. Das Material wird von der Elektro-GmbH beschafft und bereitgestellt. Diese kauft die gesamte Produktion und vermarktet sie. Hier ist die Elektro-GmbH Hersteller im Sinne des § 950 BGB, da sie die ökonomische Lenkung der Produktion hat und das Absatzrisiko trägt.

Liegen die Voraussetzungen des § 950 Abs. 1 BGB vor, erlöschen mit dem Eigentumserwerb an der neuen Sache nach § 950 Abs. 2 BGB alle an den Stoffen bestehenden Rechte. Dies gilt auch, wenn eine Lieferung unter Eigentumsvorbehalt vorliegt.

> **Beispiel** V hat im obigen Beispiel die Fensterbeschläge unter Eigentumsvorbehalt an den Fensterhersteller geliefert. Wenn die Voraussetzungen des § 950 Abs. 1 BGB vorliegen, erlischt das Eigentum des V an den Beschlägen.

Der gesetzliche Eigentumserwerb tritt sogar dann ein, wenn der verarbeitete Stoff dem bisherigen Eigentümer *gestohlen* wurde oder *sonst abhanden gekommen* ist. § 935 Abs. 1 BGB gilt im Rahmen der §§ 946 ff. BGB nämlich nicht. Es kommt auch nicht darauf an, ob der Hersteller gutgläubig oder bösgläubig im Sinne des § 932 BGB Abs. 2 BGB ist. Diese beiden Vorschriften gelten nur beim rechtsgeschäftlichen Eigentumserwerb gemäß §§ 929 ff. BGB.

> **Beispiel** Das von F verarbeitete Holz ist aus dem Lager des Eigentümers E gestohlen worden. Wenn dieses Holz vom Dieb gemäß §§ 929 ff. BGB an den F veräußert wird, wird F selbst dann, wenn er gutgläubig ist, kein Eigentümer, weil das Holz dem E abhanden gekommen ist (§ 935 Abs. 1 BGB). Benutzt F das Holz jedoch zur Produktion von Fenstern, erlangt er unter den Voraussetzungen des § 950 BGB hingegen sogar dann das Eigentum, wenn er bösgläubig ist, also weiß, dass das Holz gestohlen wurde.

> **Merksatz** „§ 950 BGB schlägt den Eigentumsvorbehalt und § 935 BGB"!

---

18  Palandt/Bassenge, Bürgerliches Gesetzbuch, § 950 Rn. 6.

Einzugehen ist aber noch auf das Verhältnis des § 950 BGB zu den anderen Formen des gesetzlichen Eigentumserwerbs.

> **Merksatz** § 950 BGB geht in seinem Anwendungsbereich als spezielle Vorschrift den §§ 947, 948 BGB vor, tritt aber hinter § 946 BGB zurück.

Diese Rangfolge ist bei einer Prüfung zu beachten:

- Liegt eine Verbindung einer beweglichen Sache mit einem Grundstück vor, ist § 946 BGB in Verbindung mit §§ 93 bis 95 BGB zu prüfen.
- Sollte eine Verarbeitung beweglicher Sachen in Betracht kommen, ist die Prüfung mit § 950 Abs. 1 BGB zu beginnen.
- Liegen die Voraussetzungen dieser Vorschrift nicht vor, sind nachrangig die §§ 947, 948 BGB in Verbindung mit §§ 93 und 95 BGB zu untersuchen.
- In den sonstigen Fällen ist mit § 947 BGB oder § 948 BGB zu beginnen.

## 26.5 Rechtsfolge des § 951 BGB

Nach § 951 Abs. 1 BGB kann derjenige, der nach §§ 946 ff. BGB einen Rechtsverlust erleidet, insbesondere sein Eigentum verliert, von demjenigen, zu dessen Gunsten die Rechtsänderung eintritt, nach den Vorschriften über die ungerechtfertigte Bereicherung Wertersatz in Form von Geld verlangen. Der bisherige Eigentümer kann also möglicherweise einen Anspruch nach §§ 812 ff. BGB gegen den neuen Eigentümer, zum Beispiel den Hersteller geltend machen. Diese Möglichkeit hat aber keine große praktische Bedeutung. Ist der verarbeitete Stoff – wie in den meisten Fällen – aufgrund eines Kaufvertrages an den Hersteller geliefert worden, besteht nämlich ein vertraglicher Erfüllungsanspruch aus § 433 Abs. 2 BGB, sodass es keines Zurückgreifens auf §§ 812 ff. BGB bedarf.

> **Beispiel** In dem mehrfach bemühten Fensterfall haben die Lieferanten des Holzes, der Beschläge und der sonstigen Zutaten einen Anspruch auf Zahlung des Kaufpreises aus § 433 Abs. 2 BGB.

§ 951 Abs. 1 BGB kommt nur dann Bedeutung zu, wenn der Hersteller die Stoffe im Wege einer Eingriffskondiktion erlangt hat, insbesondere durch einen Diebstahl. In einem solchen Fall kommt zusätzlich gemäß § 951 Abs. 2 BGB ein Schadensersatzanspruch aus § 823 Abs. 1 BGB, aus § 823 Abs. 2 BGB i.V.m. Diebstahl (§ 242 StGB) und aus § 826 BGB in Betracht, der neben einem Geldersatz auch – sofern dies möglich sein sollte – sogar die Trennung der Gegenstände umfasst. Auf diese schwierige Problematik ist hier aber nicht näher einzugehen.

# Recht der unbeweglichen Sachen

**27**

ÜBERBLICK

## Lernziele dieses Kapitels

*Was kommt in diesem Kapitel auf Sie zu? In gleicher Weise wie für bewegliche Sachen enthält das BGB Regelungen zum rechtsgeschäftlichen Eigentumserwerb an unbeweglichen Sachen, also an Grundstücken. Der wesentliche Unterschied zwischen beiden Regelungen besteht darin, dass bei Grundstücken an die Stelle der Übergabe die Eintragung des neuen Eigentümers in das Grundbuch tritt.*

## 27.1 Grundlagen

Unbewegliche Sachen sind bebaute und unbebaute Grundstücke. Die für das gesamte Grundstücksrecht wichtigste Vorschrift ist **§ 873 BGB**. Sie entspricht in ihrer Bedeutung der für bewegliche Sachen geltenden „Basisvorschrift" des § 929 BGB.

> **Merksatz**
>
> § 873 BGB ist die wichtigste Vorschrift im Grundstücksrecht. Sie geht in ihrem Anwendungsbereich sogar weiter als § 929 BGB, der lediglich die *Übereignung* beweglicher Sachen regelt. Demgegenüber erfasst § 873 BGB im Zusammenwirken mit anderen Vorschriften neben der Übereignung unbeweglicher Sachen (Grundstücke) auch die Belastung eines Grundstücks mit einem Recht (Hypothek, Grundschuld, Grunddienstbarkeit) und die Übertragung oder Belastung eines solchen Rechts (Übertragung einer Grundschuld von einer Bank auf eine andere Bank). Es gilt der Satz: „Bei Rechten an Grundstücken ist § 873 BGB (fast) immer dabei!"

Inhaltlich weisen § 929 S. 1 BGB und § 873 Abs. 1 BGB große Parallelen auf. So ist die erste Voraussetzung für die Übertragung des Eigentums in beiden Fällen die **Einigung** der Parteien über den Eigentumsübergang. Auch die dritte Voraussetzung – die **Berechtigung** zur Übereignung – ist identisch. Der wesentliche Unterschied besteht darin, dass bei Grundstücken an Stelle der Übergabe der Sache (§§ 929, 854 Abs. 1 BGB) oder eines Übergabesurrogats (§§ 930, 868; §§ 931, 398 BGB) die **Eintragung** des neuen Eigentümers in das **Grundbuch** erforderlich ist. Erst mit der so genannten *Umschreibung* geht das Eigentum auf den Erwerber über. Das Grundbuch befindet sich im Grundbuchamt, das eine Abteilung eines Amtsgerichts bildet.

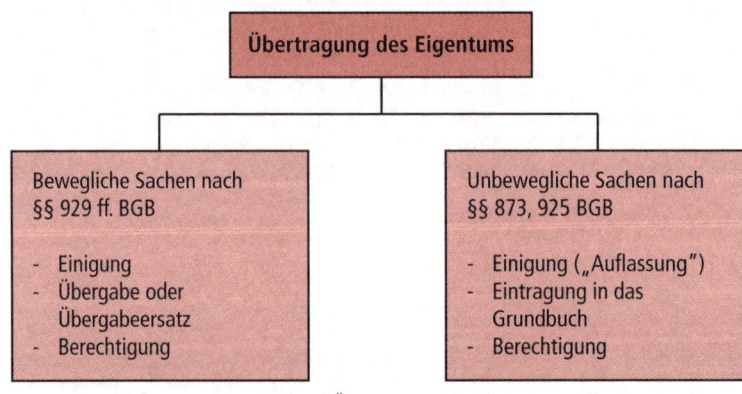

Abbildung 27.1: Übertragung des Eigentums

# 27.2 Auflassung

Neben der Voraussetzung der Umschreibung im Grundbuch sieht das BGB beim Grundstückserwerb besondere Anforderungen für das Merkmal „Einigung" vor. § 873 Abs. 1 BGB wird durch § 925 BGB ergänzt.

> **Merksatz**
>
> Nach § 925 Abs. 1 BGB muss die zur Übereignung eines Grundstücks erforderliche Einigung bei gleichzeitiger Anwesenheit beider Teile (Eigentümer und Erwerber) vor einer zuständigen Stelle erklärt werden. Diese Einigung wird, wie aus § 925 BGB zu entnehmen ist, **Auflassung** genannt. Zuständige Stelle ist nach § 925 Abs. 1 S. 2 BGB ein Notar. Es ist zulässig, dass Eigentümer und Erwerber sich bei Abgabe der Auflassungserklärung vertreten lassen.

Nach dem Trennungsprinzip ist die Auflassung von dem ihr – in der Regel – zugrunde liegenden notariellen Kaufvertrag über das Grundstück zu unterscheiden[1].

> **Merksatz**
>
> Der notarielle Kaufvertrag bildet das (schuldrechtliche) Verpflichtungsgeschäft, die Auflassung ist *ein* Teil des (sachenrechtlichen) Verfügungsgeschäfts (Erfüllungsgeschäfts).

Nach § 925 a BGB soll der notarielle Kaufvertrag im Zeitpunkt der (sachenrechtlichen) Auflassung vorliegen. Da der Grundstückskaufvertrag gemäß § 311 b Abs. 1 BGB ebenfalls von einem Notar beurkundet werden muss, wird häufig in ein und derselben Urkunde neben dem (schuldrechtlichen) Kaufvertrag auch schon die (sachenrechtliche) Auflassung, also die Einigung über den Eigentumsübergang erklärt.

Werden Kaufvertrag und Auflassung zusammen beurkundet, heißt es in der notariellen Urkunde etwa wie folgt:

*„Die Erschienenen baten um die Beurkundung eines Grundstückskaufvertrages nebst Auflassung.*

*§ 1*
*Die Erschienene zu 1), nachstehend „Verkäufer" genannt, **verkauft** an die Erschienen zu 2) und 3), nachstehend „Käufer" genannt, zu je ½ das im Grundbuch von Mainz, Band 311, 13501 verzeichnete Grundstück ... mit allem, was als Bestandteil und Zubehör gilt.*

*§§ 2 – 6*
*Hier folgen die sonstigen Regelungen des Kaufvertrages (Kaufpreis, Zahlung, Belastungen des Grundstücks).*

*§ 7*
*Die Vertragsschließenden erklärten sodann die **Auflassung** wie folgt: Wir sind uns darüber einig, dass das Eigentum an dem in § 1 dieses Vertrages bezeichneten Grundbesitz vom Verkäufer auf die Käufer zu je ½ übergeht".*

---

1   Vgl. S. 412 ff.

*§§ 8 – 12*
*Hier folgen die sonstigen Regelungen zur Durchführung und Abwicklung des Eigentumserwerbs.*

In der vorstehend auszugsweise wiedergegebenen Urkunde sind der (komplette) Kaufvertrag und ein Teil des ersten Verfügungsgeschäfts enthalten, nämlich die Einigung zum Übergang des Eigentums am Grundstück (Auflassung). Weil für den Eigentumserwerb nach §§ 873 Abs. 1, 925 Abs. 1 BGB neben der Auflassung die Eintragung des neuen Eigentümers im Grundbuch (Umschreibung) und die Berechtigung des Verkäufers zur Eigentumsübertragung erforderlich sind, geht das Eigentum aber erst später auf den Erwerber über.

Für die Eintragung des Erwerbers in das Grundbuch müssen vorliegen:

- Die so genannte **Unbedenklichkeitsbescheinigung** des Finanzamtes über die Zahlung der Grunderwerbsteuer[2],
- die Bescheinigung der Kommune (Gemeinde oder Stadt), in der das Grundstück liegt, darüber, dass für diesen Grundstückskauf kein **Vorkaufsrecht** (§§ 24, 25 BauGB – Baugesetzbuch) besteht bzw. dass das Vorkaufsrecht durch die Kommune nicht ausgeübt werden soll,
- die formwirksame, also notariell beurkundete **Auflassung**.

Da der Verkäufer sein Einverständnis zur Eintragung des Erwerbers in das Grundbuch überdies von der Zahlung des Kaufpreises abhängig machen kann, vergehen zwischen dem Abschluss des Kaufvertrages und der Umschreibung häufig mehrere Monate.

## 27.3 Auflassungsvormerkung

Für die Zeit zwischen dem Abschluss des notariellen Kaufvertrages und der Umschreibung im Grundbuch besteht die Möglichkeit, eine Vormerkung (§§ 873 Abs. 1, 883 Abs. 1 BGB) in das Grundbuch eintragen zu lassen. Die „Auflassungvormerkung" sichert den Erwerb des Eigentums während der „Wartezeit", ist allerdings mit zusätzlichen Kosten für die Eintragung und die spätere Löschung verbunden. Dennoch ist die Eintragung der Auflassungsvormerkung in vielen Fällen anzuraten, da mit ihrer Hilfe der spätere Erwerb bzw. der lastenfreie Erwerb des Eigentums sichergestellt wird. Die rechtliche Konstruktion ist dabei ein wenig schwierig, sollte aber mit Hilfe des folgenden Beispiels verständlich werden.

**Beispiel** V hat am 03.03. ein Grundstück an K verkauft und aufgelassen. Zugunsten des K besteht seit dem 06.03. im Grundbuch eine Auflassungsvormerkung. Vor der Eintragung des K als Eigentümer in das Grundbuch lässt die B-Bank, eine Gläubigerin des Verkäufers V, am 27.05. eine Zwangshypothek in das Grundbuch eintragen. Am 16.08 erfolgt die Umschreibung auf K, also seine Eintragung als Eigentümer im Grundbuch.

---

2    Im Jahre 2006: 3,5 % des Kaufpreises.

Mit der Eintragung hat K das Eigentum an dem Grundstück erworben, doch ist dieses mit der Hypothek zugunsten der B-Bank belastet. Das jetzt dem K gehörende Grundstück haftet damit für die Forderung, die der B-Bank gegen V zusteht. Da aber zuvor zugunsten des K eine Auflassungsvormerkung eingetragen wurde, steht K gegen die B-Bank gemäß § 888 Abs. 1 BGB i.V.m. § 883 Abs. 1 BGB ein Anspruch auf Zustimmung zur Löschung der Zwangshypothek zu. Nach der Löschung haftet das Grundstück nicht mehr für die Forderung der B-Bank gegen V.

Ähnliches gilt bei einem „Doppelverkauf": Wenn V das Grundstück zweimal verkauft hätte und der zweite Käufer K 2 vor K 1 als Eigentümer eingetragen worden wäre, stünde K 1 gegen den K 2 aufgrund der Auflassungsvormerkung ein Anspruch auf Löschung der Eintragung des K 2 als Eigentümer zu. Anschließend könnte K 1 als Eigentümer eingetragen werden.

**Praxistipp**
In vielen Fällen ist die Eintragung einer **Auflassungsvormerkung** (§§ 873 Abs. 1, 883 Abs. 1 BGB) sinnvoll, um den Erwerb bzw. lastenfreien Erwerb des Eigentums sicherzustellen.

## 27.4 Gutgläubiger Erwerb

Auch bei Grundstücken kommt ein gutgläubiger Erwerb in Betracht, wenn der Veräußerer zu Unrecht im Grundbuch steht (vgl. § 892 BGB). Dies kann zum Beispiel der Fall sein, wenn jemand, der aufgrund eines Erbfalls im Grundbuch eingetragen ist, das Grundstück veräußert und sich dann aufgrund eines später gefundenen Testaments herausstellt, dass der Veräußerer von der Erbschaft ausgeschlossen war und deshalb zu Unrecht im Grundbuch stand.

**Merksatz**
Der Eigentumserwerb an Grundstücken setzt nach §§ 873 Abs. 1, 925 Abs. 1 BGB voraus:

- **P1:** Einigung zwischen Eigentümer und Erwerber, dass das Eigentum auf den Erwerber übergehen soll. Diese Einigung, die Auflassung genannt wird, muss bei gleichzeitiger Anwesenheit beider Teile vor einem Notar erklärt werden (§ 925 Abs. 1 BGB).
- **P2:** Eintragung des Erwerbers in das Grundbuch. Dafür müssen die Unbedenklichkeitsbescheinigung des Finanzamtes über die Zahlung der Grunderwerbssteuer, der Verzicht der Gemeinde auf die Ausübung des Vorkaufsrechts und die notariell beurkundete Auflassung vorliegen.
- **P3:** Berechtigung des Veräußerers zur Eigentumsübertragung.

## 27.5  Das Grundbuch

An verschiedenen Stellen war bereits vom Grundbuch die Rede, ohne dass nähere Erläuterungen gegeben wurden. Einzelheiten zur Ausgestaltung und zu den Voraussetzungen einer Eintragung in das Grundbuch regeln die Grundbuchordnung (GBO) und die Grundbuchverfügung.

Das Grundbuch ist ein öffentliches Register, das bei den **Amtsgerichten** geführt wird[3]. Es enthält alle wesentlichen Tatsachen für Grundstücke. Dabei wird für jedes einzelne Grundstück ein eigenes Grundbuchblatt angelegt. Dieses beginnt mit dem Bestandsverzeichnis, in dem die Bezeichnung des Grundstücks nach der Gemarkung (Vermessungsbezirk), Flur, Flurstück, Wirtschaftsart, Lage und Größe vermerkt sind.

> **Beispiel**  Gemarkung Nordheide, Flur 22, Flurstück 1871, Gebäude- und Freifläche, 851 qm.

Es folgen drei Abteilungen: Die erste Abteilung enthält den oder die Eigentümer und die Grundlage der Eintragung.

> **Beispiel**  Ansgar Schwertmann, geb. am 26.05.1968, und Dr. Uta Schwertmann, geb. am 27.12.1970, zu je ½, eingetragen aufgrund der Auflassung vom 05.12.2005.

Aus der zweiten Abteilung sind alle Belastungen des Grundstücks mit Ausnahme der Grundpfandrechte zu ersehen, zum Beispiel Vorkaufsrechte (§§ 1094 ff. BGB) und Grunddienstbarkeiten (§§ 1018 ff. BGB).

> **Beispiel für eine Grunddienstbarkeit**
> „Überwegungsrecht zugunsten des jeweiligen Eigentümers des Grundstücks Flur 22, Flurstück 2612/13, auf einem drei Meter breiten Streifen an der östlichen Grundstücksgrenze".

Außerdem gehören Vormerkungen, Widersprüche und Verfügungsbeschränkungen in die zweite Abteilung. Beispiele bilden die oben behandelte Auflassungsvormerkung und der Insolvenzvermerk, der anzeigt, dass über das Vermögen des Grundstückseigentümers ein Insolvenzverfahren eröffnet worden ist. In die dritte Abteilung werden die Grundpfandrechte eingetragen, mit denen das Grundstück belastet ist, also die Hypotheken, Grundschulden und die Rentenschulden.

---

3  Ebenfalls bei den Amtsgerichten werden das Handelsregister, das Vereinsregister, das Genossenschaftsregister und das Güterrechtsregister geführt.

Einsicht in das Grundbuch kann jeder nehmen, der ein berechtigtes Interesse darlegt (§ 12 GBO). Dies kann zum Beispiel ein Gläubiger des Eigentümers sein, der sich über bereits bestehende Belastungen des Grundstücks informieren möchte, um abschätzen zu können, ob eine Zwangsvollstreckung in das Grundstück sinnvoll ist. Aus dem gleichen Grund hat ein Kaufinteressent ein Einsichtsrecht. Um als Käufer später keine unliebsamen Überraschungen zu erleben, ist es vor dem Kauf eines Grundstücks dringend anzuraten, dass der beurkundende Notar zeitnah das Grundbuch einsieht. Man sollte sich nicht auf die bloße Aussage des Verkäufers, es seinen keine Belastungen eingetragen, verlassen.

## 27.6 Erbbaurecht

Wie zuvor dargestellt, gehört ein auf dem Grundstück stehendes Gebäude gemäß §§ 946, 94 Abs. 1 BGB dem Eigentümer des Grundstücks. Gleiches gilt für die zur Herstellung des Gebäudes eingefügten Sachen (§§ 946, 94 Abs. 1, Abs. 2 BGB), sofern diese nicht nur zu einem vorübergehenden Zweck eingefügt sind (§ 95 BGB)[4]. Dieses „automatische Zusammenwachsen" von Grundstück und Gebäude wird durch die Begründung eines Erbbaurechtes verhindert.

Nach § 1 ErbbauVO (Verordnung über das Erbbaurecht) kann ein Grundstück in der Weise belastet werden, dass demjenigen, zu dessen Gunsten die Belastung erfolgt, das veräußerliche und belastbare Recht zusteht, auf oder unter der Oberfläche des Grundstücks ein Bauwerk zu haben. Das Erbbaurecht wird gemäß §§ 873 BGB, 1 ff. ErbbauVO bestellt. Nach § 14 ErbbauVO wird bei der Eintragung in das Grundbuch ein spezielles Grundbuchblatt (Erbbaugrundbuch) angelegt.

Dies bedeutet Folgendes: Durch die Bestellung eines Erbbaurechts wird das Gebäude abweichend von §§ 946, 94 Abs. 1 BGB *kein* wesentlicher Bestandteil des Grundstücks, vielmehr gilt das Gebäude nach § 12 Abs. 1 S. 1 ErbbauVO als wesentlicher Bestandteil des Erbbaurechts.

Erbbaurechte werden auf Zeit bestellt, häufig für 66 oder 99 Jahre, was zwei bzw. drei Generationen entsprechen soll. Nach Ablauf dieser Zeit erlischt das Erbbaurecht mit der Folge, dass die Bestandteile des Erbbaurrechts, insbesondere die Gebäude, nunmehr doch wesentlicher Bestandteil des Grundstücks werden (§ 12 Abs. 3 ErbbauVO). Es kommt zu einem gesetzlichen Eigentumserwerb des Grundstückseigentümers (§§ 946, 94 Abs. 1 BGB), der dem bisherigen Erbbauberechtigten eine Entschädigung zu zahlen hat (§ 27 Abs. 1 ErbbauVO). Abweichend davon können die Parteien vereinbaren, dass der Erbbauberechtigte das Grundstück am Ende der vereinbarten Zeit kauft.

Bildlich kann man sich das so vorstellen, dass zunächst eine (Erbbaurechts-)Folie zwischen Grundstück und Gebäude liegt. Diese Folie verhindert, dass das Grundstück und das Gebäude „zusammenwachsen". Nach der vereinbarten Zeit ist die Folie verrottet, sodass das Gebäude gemäß §§ 946, 94 Abs. 1 BGB zum wesentlichen Bestandteil des Grundstücks wird.

---

4    Vgl. S. 442 ff.

> **Beispiel** Gemeinde G verhandelt mit Unternehmer U über die Ansiedlung eines Produktionsbetriebes mit 300 neuen Arbeitsplätzen. Neben Vergünstigungen bei der Gewerbesteuer bietet die Gemeinde U ein voll erschlossenes Grundstück zu einem besonders günstigen Kaufpreis an. U lehnt dieses Angebot unter Hinweis auf „traumhafte Bedingungen" in der Nachbargemeinde ab. Daraufhin stellt die Gemeinde G dem U das von ihm gewünschte Grundstück „im Wege der Erbpacht" für einen symbolischen Preis von 1 €/Monat zur Verfügung. U erhält damit das Recht, das Grundstück zu bebauen. Entgegen §§ 946, 94 Abs. 1 BGB kommt es wegen der Bestellung des Erbbaurechts zu keiner Verbindung von Grundstück und Gebäude. Das Grundstück gehört vielmehr nach wie vor der Gemeinde, das Gebäude gehört dem Erbbauberechtigten (§ 12 Abs. 1 S. 1 ErbbauVO), hier also U. Dieser kann das Erbbaurecht einschließlich des Gebäudes veräußern und belasten, zum Beispiel mit einer Grundschuld.

Die Praxis ist häufig damit befasst, dass der Grundstückseigentümer einige Zeit nach der Bestellung des Erbbaurechts eine Erhöhung des zu zahlenden Erbbauzinses begehrt. Ist eine Erhöhung vertraglich vorgesehen, ergeben sich Einzelheiten aus § 9 a ErbbauVO. Sieht der Vertrag, was selbst bei Bestellungen für einen Zeitraum von 99 Jahren durchaus vorkommt, keine Erhöhung vor und ergibt sich eine solche auch nicht aus einer ergänzenden Vertragsauslegung, besteht nur dann ein Anspruch auf einen höheren Zins, wenn seit der Bestellung eine wesentliche Änderung der Geschäftsgrundlage eingetreten ist. Dies wird nach der Rechtsprechung aber erst bei einem Kaufkraftschwund von 60 % angenommen[5].

## 27.7 Wohnungseigentumsrecht

Viele Nachfrager nach Wohnungseigentum sind nicht in der Lage, ein freistehendes Einfamilienhaus mit schönem Garten zu erwerben: Sei es, dass die finanziellen Möglichkeiten nicht ausreichen, sei es, dass das Angebot auf dem Wohnungsmarkt für derartige Objekte nicht groß genug ist, was insbesondere in großen Städten und Ballungsgebieten der Fall ist. Der Wunsch, dennoch in der eigenen Wohnung zu leben, lässt sich in diesen Fällen bisweilen durch die Begründung von Wohnungseigentum, einfacher ausgedrückt, durch den Kauf einer Eigentumswohnung realisieren. Nach § 1 Abs. 1 WEG (Wohnungseigentumsgesetz) kann Wohnungseigentum an (einzelnen) Wohnungen begründet werden[6]. An diesen Wohnungen besteht dann **Sondereigentum** der jeweiligen Eigentümer.

Daneben gibt es das **Gemeinschaftseigentum**, das im Miteigentum aller Wohnungseigentümer steht. In das Gemeinschaftseigentum fällt das Grundstück, auf dem sich das Gebäude befindet. Das Grundstück gehört allen Eigentümern der Wohnungen gemeinsam, was nicht ausschließt, dass die Nutzung bestimmter Teile einzelnen Eigentümern zugewiesen wird (zum Beispiel an einem Stellplatz). Außerdem stehen die Gebäudeteile, die für den Bestand und die Sicherheit des Gebäudes erforderlich

---

5 BGH NJW 1986, S. 2698, 2699.
6 Bei nicht zu Wohnzwecken dienenden Räumen entsteht Teileigentum.

sind, sowie die Einrichtungen, die dem gemeinschaftlichen Gebrauch der Wohnungs-eigentümer dienen, im Gemeinschaftseigentum. Hierzu zählen das Fundament des Gebäudes, die Außenwände, das Dach, der Schornstein und tragende Innenwände usw.

---

**Beispiel aus einem notariellen Kaufvertrag über den Erwerb einer Eigentums-wohnung:**

*„Der Veräußerer verkauft an den Erwerber den folgenden Miteigentumsanteil: 89,666/1.000 Miteigentumsanteil am Grundstück Kurze Str. 7 in 48149 Münster, verbunden mit dem Sondereigentum an der im Aufteilungsplan mit der Nr. 12 bezeichneten Wohnung, belegen im 1. Obergeschoss sowie dem Sondernutzungs-recht an dem Stellplatz Nr. 7".*

---

Die krumme Zahl des Miteigentumsanteils ergibt sich aus der Relation der Gesamt-quadratmeterzahl des Gebäudes zur Quadratmeterzahl der einzelnen Wohnungen. Das Miteigentum (§ 1008 BGB) wird also von den einzelnen Wohnungseigentümern antei-lig erworben. Dies bedeutet aber nicht, dass dem einzelnen Eigentümer ein konkreter Teil des Grundstücks gehört. Vielmehr gehört jedem Eigentümer das gesamte Grund-stück, wobei seine Rechtsposition aber dadurch beschränkt wird, dass den anderen Eigentümern ebenfalls das gesamte Grundstück gehört. Dieser Anteil umfasst neben dem Grundstück als dessen wesentliche Bestandteile (§§ 946, 94 Abs. 1, Abs. 2 BGB) auch alle Teile des Hauses, die nicht im Sondereigentum stehen, also das Fundament, die Außenwände, das Dach, tragende Innenwände usw. Das Dach des Hauses gehört also nicht dem Eigentümer der Dachgeschosswohnung, sondern den Eigentümern der einzelnen Wohnungen als Miteigentümer gemeinsam. Die im obigen Kaufvertrag genannte Zahl (89,666/1.000) drückt also nicht das Eigentum an einem bestimmten Teil aus, sondern einen wertmäßigen Anteil. Folge des Miteigentums ist, dass der Miteigentümer das Grundstück weder vollständig noch einen konkreten Teil davon veräußern oder belasten kann. Er ist nur zu Verfügungen im Umfang seines Miteigen-tumsanteils berechtigt.

Neben dem Miteigentumsanteil am Grundstück nebst Teilen des Gebäudes ist im obigen Kaufvertrag das **Sondereigentum** an der im Aufteilungsplan mit Nr. 12 bezeichneten Wohnung verkauft worden. An dieser Wohnung erwirbt der Käufer nach der Auflassung und Umschreibung im Wohnungsgrundbuch das Alleineigentum, allerdings mit gewissen Bindungen: Nach § 6 Abs. 1 WEG kann das Sondereigentum ohne den zugehörigen Miteigentumsanteil nicht veräußert oder belastet werden. Nach § 12 Abs. 1 WEG kann als Inhalt des Sondereigentums vereinbart werden, dass ein Wohnungseigentümer zur Veräußerung seiner Wohnung der Zustimmung der anderen Wohnungseigentümer oder eines Dritten bedarf. Diese Zustimmung kann nur aus wichtigem Grund versagt werden (§ 12 Abs. 2 WEG). Durch den obigen Kaufvertrag ist dem Käufer außerdem das Recht zugewiesen worden, den – im Gemeinschaftseigen-tum stehenden – Stellplatz Nr. 7 zu nutzen.

Die Verwaltung des gemeinschaftlichen Eigentums obliegt den Wohnungseigen-tümern (§§ 21 bis 25 WEG) und einem von diesen zu bestimmenden Verwalter (§§ 26 bis 28 WEG). Zum Verwalter kann ein Dritter oder einer der Wohnungseigentümer bestellt werden. In der Praxis kommt es zwischen Wohnungseigentümern häufig zu Meinungsverschiedenheiten bezüglich der Nutzung und Erhaltung des gemeinschaftlichen Eigentums. Soll das Dach komplett erneuert werden oder reicht eine Reparatur aus? Ist ein Eigentümer berechtigt, eine Satellitenschüssel an der Balkonbrüstung anzubringen[7]? Leicht skurrile Züge nimmt der Streit an, wenn es darum geht, ob eine Madonna im Treppenhaus stehen[8] oder ob „eine Riege putzmunterer Gartenzwerge" den Vorgarten „verschönern" darf. Wenn die Fronten ausreichend verhärtet sind, werden diese und ähnliche „schwerwiegende" Konflikte durchaus vor den in erster Instanz zuständigen Amtsgerichten, in der Beschwerdeinstanz vor den Landgerichten mit großer Intensität ausgetragen. Das Hanseatische Oberlandesgericht entschied als weitere Beschwerdeinstanz, dass die Aufstellung von zwei Gartenzwergen durch einen Wohnungseigentümer im gemeinschaftlichen Garten einer Wohnanlage eine übermäßige Nutzung des gemeinschaftlichen Eigentums bzw. eine schwerwiegende Beeinträchtigung der Rechte anderer Wohnungseigentümer darstelle[9]. Solche Prozesse sind sehr medienwirksam, stellen aber zum Glück die absolute Ausnahme in der gerichtlichen Praxis dar.

---

7   Dazu BGH NJW 2004, S. 937 ff.
8   Dazu AG Münster, NJW 2004, S. 1334.
9   Hanseatisches Oberlandesgericht, NJW 1988, S. 2052.

# TEIL VI

## Kreditsicherungsrecht

# Kreditsicherungsrecht

**28**

**ÜBERBLICK**

## Lernziele dieses Kapitels

*Was kommt in diesem Kapitel auf Sie zu? Nicht zuletzt die große Zahl der Insolvenzen belegt, wie wichtig es ist, Kredite richtig abzusichern. Dabei geht es nicht nur um Darlehen oder andere Kredite im engeren Sinne. Eine Absicherung sollte vielmehr auch für sonstige Forderungen erfolgen, in denen eine Partei zu einer Vorleistung verpflichtet ist. Das BGB stellt eine Reihe unterschiedlicher Kreditsicherungsformen zur Verfügung. Da die Bedürfnisse der Praxis damit nicht voll befriedigt werden, sind – beruhend auf dem Prinzip der Vertragsfreiheit – weitere Formen hinzugekommen. Die wichtigsten Formen lernen Sie im folgenden Kapitel kennen.*

## 28.1 Grundlagen

Bei den Kreditsicherungsformen wird zwischen Personalsicherheiten und Sachsicherheiten (Realsicherheiten) unterschieden. Von den **Personalsicherheiten** ist die Bürgschaft gesetzlich geregelt (§§ 765 ff. BGB, §§ 349, 350 HGB). In der Praxis finden sich weitere Formen, insbesondere der Schuldbeitritt, die Patronatserklärung und der Garantievertrag, die aufgrund der Vertragsfreiheit zulässig sind.

Bei den **Sachsicherheiten** (Realsicherheiten) sind die **Pfandrechte** an Grundstücken (genannt die „Grundpfandrechte", §§ 1113 ff. BGB), an beweglichen Sachen (§§ 1204 ff. BGB) und an Rechten (§§ 1273 ff. BGB) gesetzlich geregelt. Mit § 449 BGB enthält das BGB außerdem eine Vorschrift zum Eigentumsvorbehalt, die aber erst eingreift, wenn die Parteien diese Sicherheit bereits vereinbart haben. Die Konstruktion des **Eigentumsvorbehalts** als solche ist im BGB hingegen nicht enthalten, sondern wird aus allgemeinen Vorschriften abgeleitet.

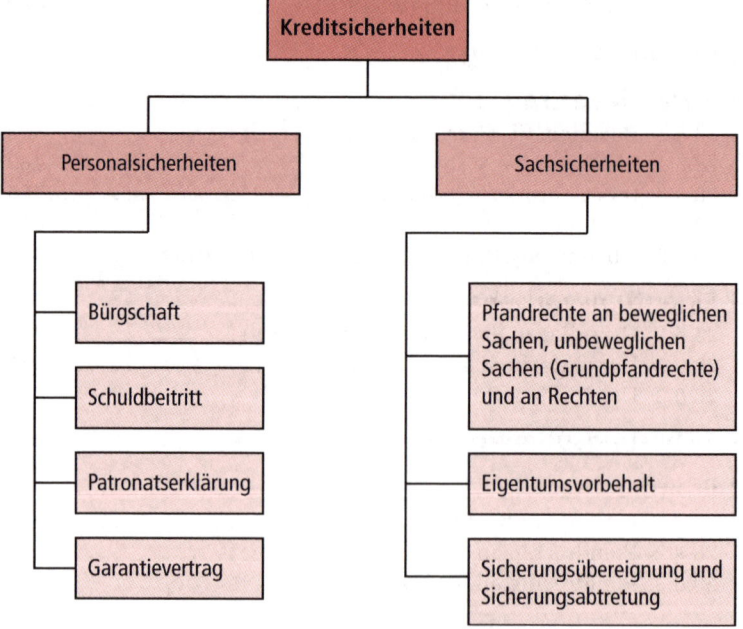

Abbildung 28.1: Kreditsicherheiten

Ebenfalls aus allgemeinen Vorschriften abgeleitet sind die **Sicherungsübereignung** und die **Sicherungsabtretung**, die in der Praxis große Bedeutung erlangt und die vergleichbaren gesetzlichen Sicherungsrechte (Pfandrechte an beweglichen Sachen und an Rechten) weitgehend verdrängt haben. Außerdem hat die **Grundschuld** der vom Gesetzgeber favorisierten Hypothek den Rang abgelaufen.

## 28.2 Bürgschaft

### 28.2.1 Grundlagen

Nach § 765 Abs. 1 BGB verpflichtet sich der Bürge gegenüber dem Gläubiger eines Dritten für die Erfüllung einer Verbindlichkeit des Dritten einzustehen. An diesem Rechtsverhältnis sind also drei Personen beteiligt: Der Gläubiger, der Dritte und der Bürge. Ausgangspunkt ist, dass der Gläubiger eine Forderung gegen den Dritten hat, der in einigen Vorschriften des Bürgschaftsrechts auch als „Hauptschuldner" bezeichnet wird. Durch den Bürgschaftsvertrag erklärt sich der Bürge bereit, für die Erfüllung der Forderung des Gläubigers gegen den Dritten (Hauptschuldner) einzustehen. Der Gläubiger behält den Dritten als (Haupt-)Schuldner und bekommt zusätzlich aus dem Bürgschaftsvertrag den Bürgen als *weiteren* Schuldner. Der Bürge wird dabei nicht unmittelbar Schuldner der gesicherten Forderung, sondern soll nur hilfsweise („als Ersatz") für deren Erfüllung aufkommen. Die Rechtsbeziehungen stellen sich wie folgt dar:

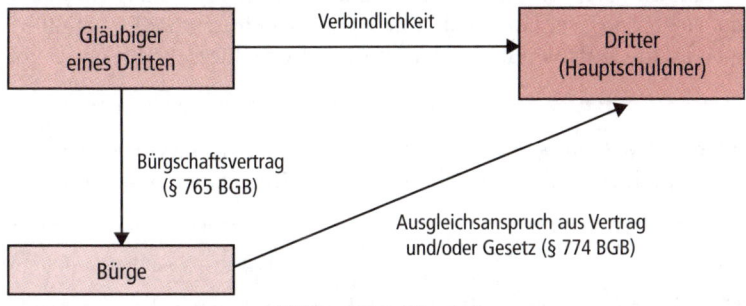

Abbildung 28.2: Bürgschaft

Der „Gläubiger eines Dritten" kann zum Beispiel eine Bank sein, die Forderungen gegen eine GmbH (den „Dritten") hat. Als Bürgen kommen die Gesellschafter der GmbH in Betracht.

## 28.2.2  Abschluss des Bürgschaftsvertrages

**Mechanismus des Vertragsabschlusses**

Der Bürgschaftsvertrag kommt durch eine Einigung zwischen dem „Gläubiger eines Dritten" und dem Bürgen zustande. An dieser Einigung ist der Dritte (Hauptschuldner) nicht beteiligt. Er wird auch keine Partei des Bürgschaftsvertrages. Die Übernahme der Bürgschaft erfolgt allerdings in der Regel auf Veranlassung des Hauptschuldners.

Warum übernimmt nun jemand eine Bürgschaft? Nun, aus der Sicht des Bürgen gibt es unterschiedliche Motive für die Übernahme des mit einer Bürgschaft verbundenen Risikos. Auf der einen Seite stehen Bürgschaften, die aus Freundschaft, Gefälligkeit, persönlichen oder familiären Motiven übernommen werden. Hier erhält der Bürge häufig keine unmittelbare Gegenleistung, außerdem schätzt er sein Risiko oft nicht richtig ein. Insbesondere nach der Scheidung einer Ehe kann es zu einem „bösen Erwachen" nach dem Motto: „Die Ehe geht, die Bürgschaft bleibt" kommen.

> **Beispiel**  Ehemann M möchte seine Kreditlinie bei der G-Bank erweitern. Die G-Bank verlangt vorab weitere Sicherheiten. M „überzeugt" seine Ehefrau F, dass die Übernahme einer Bürgschaft für sie „praktisch mit Null Risiko" verbunden sei. Die Bank gebrauche die Bürgschaft nur „für ihre Bücher". F unterschreibt daraufhin ein Bürgschaftsformular der G-Bank. Auch wenn M die Übernahme der Bürgschaft veranlasst hat, kommt der Bürgschaftsvertrag zwischen G-Bank und F zustande. Nach der zwei Jahre später erfolgten Scheidung der Ehe stellt M seine Zahlungen an die G-Bank ein, die daraufhin aus der Bürgschaft gegen F vorgeht.

In der zweiten großen Gruppe von Bürgschaften verfolgt der Bürge eigene wirtschaftliche Ziele, zum Beispiel, weil er für die Übernahme der Bürgschaft eine Vergütung erhält.

> **Beispiele**
> - Die G-GmbH möchte Ware mit einem Zahlungsziel von sechs Monaten kaufen. Der Lieferant verlangt neben dem Eigentumsvorbehalt eine weitere Sicherheit. Auf Veranlassung der G-GmbH übernimmt deren „Hausbank" gegen Zahlung einer Provision eine Bürgschaft.
> - Die Bürgschaft könnte auch von einem Gesellschafter der G-GmbH übernommen werden. Auch wenn er dafür keine Vergütung erhalten sollte, verfolgt der Gesellschafter jedenfalls mittelbar wirtschaftliche Zwecke, weil er am Erfolg der GmbH beteiligt ist.

In der Praxis wird der Bürgschaftsvertrag in aller Regel als Formularvertrag geschlossen, wobei das Formular (Bürgschaftsurkunde) in vielen Fällen von einer Bank gestellt wird.

> **Beispiele**
>
> ■ Ehefrau F ist bereit, für Forderungen der G-Bank gegen ihren Ehemann eine Bürgschaft zu übernehmen. Sie unterschreibt ein ihr auf Veranlassung ihres Mannes von der G-Bank zugeleitetes Bürgschaftsformular und schickt dieses an die G-Bank zurück. Damit hat F der G-Bank ein Angebot zum Abschluss eines Bürgschaftsvertrages gemacht. Der zuständige Mitarbeiter der Bank setzt den Eingangsstempel auf das Formular und nimmt es zu den Kreditunterlagen des Ehemannes. Darin liegt eine konkludente Annahmeerklärung[1], die gemäß § 151 BGB[2] ohne Zugang bei F wirksam ist.
>
> ■ Die G-Bank übernimmt unter Nutzung eines ihrer Formulare eine Bürgschaft zugunsten des Lieferanten der G-GmbH.

## Schriftform der Bürgschaftserklärung

**Form nach § 766 BGB**  Nach § 766 S. 1 BGB muss die Erklärung des Bürgen **schriftlich** erteilt werden. Sie muss den Willen des Bürgen, für eine fremde Schuld einzustehen, die Bezeichnung des Gläubigers, des Hauptschuldners und der verbürgten Hauptschuld enthalten. Eine Urkunde mit diesem Inhalt muss vom Bürgen eigenhändig unterschrieben (§ 126 Abs. 1 BGB) und dem Gläubiger übergeben werden. Nicht ausreichend ist die Übernahme der Bürgschaft per Fax, selbst wenn dieses eigenhändig unterschrieben ist. Die Einhaltung der Schriftform verlangt vielmehr, dass dem Gläubiger das vom Bürgen unterzeichnete Originaldokument übergeben wird[3]. Nach § 766 S. 2 BGB ist die Übernahme einer Bürgschaft in elektronischer Form, also mittels digitaler Signatur (§ 126 a BGB)[4], ausgeschlossen.

Die Erklärung der anderen Seite (Gläubiger) ist an keine Form gebunden, kann also auch mündlich oder – wie im vorstehenden Beispielsfall – konkludent „durch Lochen und Abheften" des Bürgschaftsformulars geschehen.

Wird die Schriftform der Bürgschaftserklärung nicht gewahrt, ist der Bürgschaftsvertrag nach § 125 S. 1 BGB wegen Formmangels nichtig. Abweichend von § 125 S. 1 BGB wird der Vertrag aber nachträglich wirksam, wenn der Bürge – etwa in Unkenntnis der Unwirksamkeit – die Hauptverbindlichkeit erfüllt, also Zahlungen an den Gläubiger leistet. Nach § 766 S. 3 BGB wird der Formmangel aber nur in dem Umfang („*soweit*") geheilt, in dem der Bürge die Hauptverbindlichkeit erfüllt.

---

1 Zum konkludenten Verhalten vgl. S. 40 f.
2 Vgl. S. 53 f.
3 BGH NJW 1993, S. 1126, 1127.
4 Vgl. S. 139.

**Beispiel**  B hat sich mündlich für eine Forderung in Höhe von 100.000,-- €, die der G-Bank gegen H-Sch zusteht, verbürgt. Nach Aufforderung durch die G-Bank zahlt B einen Betrag von 20.000,-- €. Erst danach erhält er den Hinweis auf die Nichtigkeit des Bürgschaftsvertrages. Wie ist die Rechtslage?

*Lösungsskizze*

**1. Anspruch des B auf Rückzahlung der 20.000,-- € gegen die G-Bank aus § 812 Abs. 1 S. 1 BGB**

- **P1:** Etwas erlangt? Jeder Vermögensvorteil, G-Bank hat 20.000,-- € erlangt.

- **P2:** Durch Leistung des B? Gewollte und zweckgerichtete Vermehrung fremden Vermögens, B hat freiwillig zur Erfüllung des Bürgschaftsvertrages gezahlt.

- **P3:** Ohne Rechtsgrund? Der Bürgschaftsvertrag war wegen Formmangels nichtig (§§ 766 S. 1, 125 S. 1 BGB), der Formmangel ist aber gemäß § 766 S. 3 BGB in Höhe der Zahlung geheilt worden und bildet damit den Rechtsgrund für die Vermögensverschiebung.

**Ergebnis:** Kein Anspruch des B auf Rückzahlung aus § 812 Abs. 1 S. 1 BGB.

**2. Anspruch der G-Bank auf Zahlung von 80.000,-- € gegen B aus § 765 Abs. 1 BGB**

- **P1:** Wirksamer Bürgschaftsvertrag: Einigung liegt vor, ist aber nach §§ 766 S. 1, 125 S. 1 BGB wegen Formmangels nichtig. Eine Heilung tritt nur ein, *soweit* der Bürge die Hauptverbindlichkeit erfüllt, hier also in Höhe der geleisteten Zahlung von 20.000,-- €.

**Ergebnis:** Kein Anspruch der G-Bank auf Zahlung der 80.000,-- €.

**Ausnahme zur Schriftform gemäß § 350 HGB**  Eine Ausnahme zur Formvorschrift des § 766 S. 1 BGB enthält § 350 HGB. Danach bedarf die Erklärung des Bürgen keiner Form, wenn die Übernahme der Bürgschaft für den Bürgen ein Handelsgeschäft ist. In diesem Fall kann die Bürgschaftserklärung auch per Fax, E-Mail oder mündlich abgegeben werden. Handelsgeschäfte sind nach § 343 Abs. 1 HGB alle Geschäfte eines Kaufmanns, die zum Betriebe seines Handelsgewerbes gehören, wofür nach § 344 Abs. 1 HGB eine Vermutung spricht. Problematisch ist deshalb in der Regel die Vorfrage, ob derjenige, der die Bürgschaftszusage gegeben hat, Kaufmann nach §§ 1 ff. HGB ist. Wie an anderer Stelle schon ausgeführt, sind viele Einzelunternehmer keine Kaufleute, weil sie zwar ein Gewerbe, aber kein Handelsgewerbe betreiben[5]. Dies gilt auch für die GbR (Gesellschaft bürgerlichen Rechts). § 350 HGB gilt hingegen für alle Unternehmen in der Rechtsform der GmbH, AG, OHG und KG und der Genossenschaft. Wenn jemand, der kein Kaufmann im handelsrechtlichen Sinne ist, mit entsprechender Vertretungsbefugnis **als Vertreter eines Kaufmanns** eine Bürgschaft für diesen übernimmt, zum Beispiel für eine GmbH, ist die Einhaltung der Schriftform deshalb nicht erforderlich, weil es nicht darauf ankommt, ob der Vertreter, sondern ob der Vertretene (der Bürge) Kaufmann i.S.d. HGB ist.

Davon zu trennen ist der Fall, in dem der Handelnde die Bürgschaft persönlich übernimmt, etwa ein **Geschäftsführer** oder **Gesellschafter** einer **GmbH** für Verbind-

5   Vgl. S. 72 f.

lichkeiten der GmbH. Sowohl der Geschäftsführer als auch der Gesellschafter einer GmbH ist *kein* Kaufmann im Sinne des HGB, und zwar selbst dann nicht, wenn er Alleingesellschafter und Alleingeschäftsführer der GmbH ist. Die Bürgschaftsübernahme bedarf deshalb der Form des § 766 S. 1 BGB, die Ausnahmevorschrift des § 350 HGB greift nicht ein. Hierzu Fall Nr. 9 aus dem Einleitungskapitel[6].

---

**Beispiel** Die Rechtsanwälte R sind für die C-GmbH tätig. Da diese finanziell angeschlagen ist und mehrere Rechnungen der Anwälte offen stehen, weigern sich die Anwälte, neue Mandate für die C-GmbH zu übernehmen. Erst nachdem der Geschäftsführer G der C-GmbH am Telefon erklärt hat, er übernehme eine Bürgschaft, nehmen die Anwälte ihre Arbeit wieder auf. Als die C-GmbH kurz danach in die Insolvenz gerät, verlangen die Anwälte die Bezahlung der neuen Rechnungen aufgrund der Bürgschaft von G persönlich. Sie sind der Meinung, G habe als Kaufmann mündlich eine Bürgschaft übernommen. G bestreitet dies. Daraufhin erheben die Rechtsanwälte gegen G eine Zahlungsklage vor dem zuständigen Landgericht. Mit Erfolg?

Die von den Rechtsanwälten erhobene Zahlungsklage hatte keinen Erfolg, weil die Bürgschaftszusage wegen Formmangels unwirksam war (§§ 766 S. 1, 125 S. 1 BGB). Das Landgericht hat ausgeführt, die Nichteinhaltung der Schriftform werde *nicht* durch § 350 HGB geheilt. Zwar sei nach § 350 HGB eine Bürgschaft, die auf der Seite des Bürgen ein Handelsgeschäft darstelle, abweichend von § 766 S. 1 BGB auch in mündlicher Form wirksam. Voraussetzung sei indes, dass die Bürgschaftserklärung nach den §§ 343, 344 HGB ein Handelsgeschäft darstelle.

Nach § 343 Abs. 1 HGB seien Handelsgeschäfte alle Geschäfte eines Kaufmanns, die zum Betriebe seines Handelsgewerbes gehörten, wovon nach § 344 Abs. 1 HGB im Zweifel auszugehen sei. Voraussetzung sei aber, dass ein *Kaufmann* die Erklärung abgebe. Die Kaufmannseigenschaft beurteile sich dabei nach den §§ 1 – 6 HGB. Die Kläger hätten nicht vorgetragen, woraus sich eine Kaufmannseigenschaft des Beklagten ergeben könne. Insoweit sei es nicht ausreichend, dass er als Geschäftsführer der C-GmbH tätig sei. Es sei nämlich zwischen der Kaufmannseigenschaft der C-GmbH, die sich aus § 13 Abs. 3 GmbHG i.V.m. § 6 Abs. 1 HGB ergebe, und der Frage zu unterscheiden, ob der Beklagte als Alleingesellschafter und Alleingeschäftsführer der C-GmbH ebenfalls Kaufmann sei, was regelmäßig nicht der Fall sei. Die Kaufmannseigenschaft komme nämlich allein dem Rechtssubjekt zu, in dessen Namen das Unternehmen betrieben werde. Der Alleingesellschafter und -geschäftsführer einer GmbH sei mithin selbst kein Kaufmann (BGH NJW-RR 1987, 42). Dafür sei auch nicht ausreichend, dass der Beklagte im „Steuerstrafverfahren" angegeben habe, „Kaufmann" zu sein. Die im Wirtschaftsleben häufig verwendete Bezeichnung „Kaufmann" sei nämlich nicht deckungsgleich mit dem handelsrechtlichen Kaufmannsbegriff. Es verbleibe damit beim Regelfall, dass der Geschäftsführer und Gesellschafter einer GmbH kein Kaufmann im Sinne der §§ 1 – 6 HGB sei[7].

---

6 S. 27.
7 LG Oldenburg, NJW-RR 1986, S. 286, 287.

### 28.2.3 Akzessorietät der Bürgschaft

Die Bürgschaft ist **akzessorisch**. Das bedeutet, dass sich ihr Bestehen und ihr Umfang nach der Hauptverbindlichkeit richtet: Für die Verpflichtung des Bürgen ist der *jeweilige* Bestand der Hauptverbindlichkeit maßgebend. Dies gilt auch, wenn die Hauptverbindlichkeit durch Verschulden oder Verzug des Hauptschuldners geändert wird. Durch ein Rechtsgeschäft, das der Hauptschuldner nach Übernahme der Bürgschaft vornimmt, kann der Umfang der Bürgschaft hingegen *nicht zum Nachteil* des Bürgen geändert werden (§ 767 Abs. 1 BGB).

> **Beispiele**
> - B hat sich für eine Darlehensforderung der G-Bank gegen H-Sch verbürgt. Im Zeitpunkt der Übernahme der Bürgschaft betrug die Forderung 100.000,-- €. Anschließend vereinbaren Bank und H-Sch eine Erweiterung auf 200.000,-- €. Diese Erweiterung hat keine Auswirkungen auf den Umfang der Bürgschaft.
> - B hat sich für die *jeweilige* Kontokorrentforderung der G-Bank gegen den H-Sch verbürgt. Hier haftet B auch, wenn die Forderung nach der Übernahme der Bürgschaft steigt.

Wie das letzte Beispiel zeigt, ist es in vielen Fällen sinnvoll, den Umfang der Bürgschaftshaftung auf einen **Höchstbetrag** zu begrenzen.

> **Beispiel** Bürge B hat sich für eine Forderung, die dem Gläubiger gegen den H-Sch zusteht, bis zum Höchstbetrag von 200.000,-- € verbürgt. Solange die Forderung des G gegen H-Sch 200.000,-- € beträgt, beträgt die Bürgschaftsschuld ebenfalls 200.000,-- €. Erhöht sich die Forderung, führt dies zu keiner Erhöhung der Bürgschaft. Verringert sich die Forderung, geht die Bürgschaft entsprechend zurück. Steigt die Forderung wieder an, erhöht sich auch die Bürgschaftsschuld wieder, allerdings höchstens auf 200.000,-- €.

Eine Begrenzung auf einen Höchstbetrag hat in der Regel außerdem zur Folge, dass der Bürge – abweichend von § 767 Abs. 1 S. 2 BGB – auch dann nicht über den vereinbarten Betrag hinaus haftet, wenn sich die Hauptverbindlichkeit durch Verschulden oder Verzug des Hauptschuldners erhöht. Außerdem ist eine Regelung in AGB unwirksam, nach der sich die Bürgschaft auch dann auf die Zinsen, Provisionen und Kosten erstreckt, die in Zusammenhang mit der gesicherten Forderung entstehen, wenn dadurch der vereinbarte Höchstbetrag überschritten wird[8]. Eine solche Klausel entspricht zwar § 767 Abs. 2 BGB, widerspricht aber dem Sinn und Zweck einer Höchstbetragsbürgschaft.

---

8   BGH NJW 2002, S. 3167, 3169.

> **Merksatz** Besteht keine Hauptverbindlichkeit, besteht auch keine Bürgschaft. Ändert sich der Umfang der Hauptverbindlichkeit, ändert sich auch der Umfang der Bürgschaft, und zwar sowohl zum Guten (Verringerung) als auch zum Bösen (Erhöhung), im Falle einer Höchstbetragsbürgschaft allerdings auf den Höchstbetrag begrenzt.

> **Praxistipp** Vor der Übernahme einer Bürgschaft sollte man sich das damit verbundene Risiko einer Inanspruchnahme verdeutlichen, auch wenn die Bürgschaft „nur für die Bücher" erforderlich sein soll. Um eine Ausweitung der Haftung zu vermeiden, ist auf jeden Fall geboten, eine *Höchstbetragsbürgschaft* zu übernehmen.

## 28.2.4 Einrede der Vorausklage

### Regelung in §§ 771, 773 BGB

Der Bürge soll nach der Vorstellung des BGB-Gesetzgebers im Normalfall nur *hilfsweise* (nachrangig) haften. Deshalb steht ihm nach § 771 BGB die **Einrede der Vorausklage** zu. Wie bei anderen Einreden muss auch der Bürge die „Einrede erheben"; sie wird also nicht von Amts wegen beachtet[9].

In der Praxis ist die Einrede der Vorausklage allerdings oft ausgeschlossen. Dies ist schon dann der Fall, wenn der Bürge ein Formular unterzeichnet, durch das er eine **selbstschuldnerische Bürgschaft** übernimmt, da hierin nach § 773 Abs. 1 Nr. 1 BGB ein Verzicht auf die Einrede liegt. Dies gilt auch, wenn der Bürge gar nicht weiß, was es mit einer *selbstschuldnerischen Bürgschaft* auf sich hat. Dem Bürgen steht die Einrede der Vorausklage auch dann nicht zu, wenn über das Vermögen des Hauptschuldners (Dritten) das Insolvenzverfahren eröffnet ist (§ 773 Abs. 1 Nr. 3 BGB) oder wenn anzunehmen ist, dass eine Zwangsvollstreckung in das Vermögen des Hauptschuldners nicht zur Befriedigung des Gläubigers führen wird (§ 773 Abs. 1 Nr. 4 BGB). Dieser Fall ist zum Beispiel gegeben, wenn ein Gerichtsvollzieher in einer *„Unpfändbarkeitsbescheinigung"* bestätigt, dass beim Hauptschuldner keine *„pfändbare Habe"* vorhanden ist.

---

9 Weitere Einreden: Einrede der Verjährung gemäß § 214 BGB Abs. 1, S. 144 f.; Verweigerung der Nacherfüllung durch den Verkäufer gemäß § 439 Abs. 3 BGB, S. 247; Einrede des nichterfüllten Vertrages gemäß § 320 BGB, S. 555.

> **Beispiel** F und M haben 1993 geheiratet, im Jahre 2005 ist die Ehe geschieden worden. 1996 hat F für ein Darlehen, das M bei der G-Bank aufgenommen hat, eine Bürgschaft übernommen. Da M das Darlehen bei Fälligkeit nicht zurückzahlt, begehrt die G-Bank Zahlung von F. Diese wendet ein, M verfüge über ausreichende Mittel. Durch diesen Einwand hat F die „Einrede der Vorausklage" gemäß § 771 S. 1 BGB erhoben. Danach kann sie die Befriedigung des Gläubigers – der G-Bank – verweigern, solange dieser nicht ohne Erfolg eine Zwangsvollstreckung gegen den Hauptschuldner versucht hat. Sollte F aber, wovon im Regelfall auszugehen ist, eine selbstschuldnerische Bürgschaft übernommen haben, stünde ihr die Einrede gemäß § 773 Abs. 1 Nr. 1 BGB nicht zu. Gleiches gilt nach § 773 Abs. 1 Nr. 4 BGB, wenn anzunehmen ist, dass die Zwangsvollstreckung in das Vermögen des Hauptschuldners – hier des M – nicht zur Befriedigung der G-Bank führen wird. Davon ist auszugehen, wenn der Gerichtsvollzieher eine aktuelle Unpfändbarkeitsbescheinigung erstellt.

### Regelung in § 349 HGB

Nach **§ 349 HGB** ist die Einrede der Vorausklage auch dann ausgeschlossen, wenn die Übernahme der Bürgschaft auf Seiten des Bürgen ein Handelsgeschäft ist. Hier gelten die obigen Ausführungen zu § 350 HGB entsprechend[10]. Dies hat zur Folge, dass jede Bürgschaft, die eine Bank oder ein anderer Kaufmann im Sinne des HGB übernimmt, immer eine selbstschuldnerische Bürgschaft ist.

## 28.2.5 Besondere Bürgschaftsarten

In der Praxis findet sich eine Vielzahl unterschiedlicher Bürgschaftsarten[11], von denen im Folgenden nur einige behandelt werden können.

### Ausfallbürgschaft, Bürgschaft auf erstes Anfordern

Wenn man darauf abstellt, wie groß das Risiko einer Inanspruchnahme des Bürgen ist und welche Gegenrechte ihm zustehen, lassen sich neben der „normalen BGB-Bürgschaft", bei der die Einrede der Vorausklage besteht (§ 771 BGB), und der schon behandelten selbstschuldnerischen Bürgschaft (§ 773 BGB) die Ausfallbürgschaft und die Bürgschaft auf erstes Anfordern unterscheiden.

Durch eine **Ausfallbürgschaft** verpflichtet sich der Bürge, für den *endgültigen* Ausfall der Hauptforderung einzustehen, also für das, was der Gläubiger trotz Anwendung gehöriger Sorgfalt, insbesondere durch Erhebung seines Anspruchs gegen den Gläubiger, durch Zwangsvollstreckung und Verwertung anderer Sicherheiten vom Hauptschuldner nicht erlangen kann[12]. Dieser Vorbehalt gilt bei einer Ausfallbürgschaft von selbst, es ist also *nicht* erforderlich, dass der Ausfallbürge die Einrede der Vorausklage erhebt[13]. Eine Ausfallbürgschaft wird zum Beispiel von staatlichen Stellen zur Sicherung von Arbeitsplätzen gegeben.

---

10  Vgl S. 470 f.
11  Vgl. Palandt/Sprau, Bürgerliches Gesetzbuch, Einführung vor § 765 Rn. 6 ff., § 765 Rn. 23.
12  Palandt/Sprau, Bürgerliches Gesetzbuch, Einführung vor § 765 Rn. 11.
13  BGH NJW 1989, S. 1484, 1485.

> **Beispiel** Die regierende Partei übernimmt für einen angeschlagenen Baukonzern eine Ausfallbürgschaft, um einen vorübergehenden Liquiditätsengpass aufzufangen (und die Chancen einer Wiederwahl im gerade laufenden Wahlkampf zu verbessern!).

Bei der **Bürgschaft auf erstes Anfordern** muss der Bürge sofort nach einer formgebundenen Aufforderung des Gläubigers (Anforderungsschreiben mit festgelegtem Inhalt) zahlen, ohne die Berechtigung der Inanspruchnahme vorab prüfen zu dürfen. Dies ist – wenn man so will – aus der Sicht des Bürgen die „gefährlichste Bürgschaftsart". Sie privilegiert den Gläubiger in ungewöhnlich starker Weise, da der Bürge auf das Anforderungsschreiben des Gläubigers ohne „Wenn und Aber" sofort zahlen muss. Einwendungen kann der Bürge, sofern diese nicht offensichtlich sind, erst nach der Zahlung erheben. Zu Unrecht geleistete Zahlungen muss der Bürge in einem Rückforderungsprozess gemäß § 812 Abs. 1 S. 1 BGB geltend machen[14]. Der Bundesgerichtshof erkennt die Verpflichtung, aus einer Bürgschaft auf erstes Anfordern zu zahlen, nur an, wenn sich eine insoweit geschäftserfahrene Person (Kreditinstitut, Bank, Sparkasse, Versicherung) in dieser Art verbürgt hat. Wegen der Begründung der unbedingten vorläufigen Zahlungspflicht sei die Bürgschaft auf erstes Anfordern, so der BGH, ein äußerst risikoreiches Rechtsgeschäft, das zum Missbrauch verleite. Personen, auch Kaufleute im Sinne des HGB, die keine Bankgeschäfte betrieben, seien in aller Regel nicht in der Lage, die besonderen Risiken einer solchen Bürgschaft, die einer Garantieübernahme für fremde Schuld fast gleichstehe, zu erkennen und abzuschätzen. Das Eingehen der Verpflichtung, auf erste Anforderung sofort und ohne Rücksicht auf Einwendungen die Bürgschaftssumme zu zahlen, solle deshalb den Kreditinstituten vorbehalten bleiben. Übernimmt eine andere Person eine Bürgschaft auf erstes Anfordern auf einem vom Gläubiger als Verwender gestellten Formular, liegt darin ein Verstoß gegen § 307 BGB[15]. Dies führt allerdings nicht dazu, dass gar keine Bürgschaft vorliegt. Nach der Rechtsprechung ist eine Vereinbarung über eine Bürgschaft auf erstes Anfordern nämlich grundsätzlich so auszulegen, dass sie zugleich eine einfache Bürgschaft enthält[16].

### Gewährleistungsbürgschaft, Vertragserfüllungsbürgschaft

Stellt man auf die Funktion der Bürgschaft ab, sind neben der Bürgschaft, durch die eine auf Geld gerichtete Forderung aus einem Darlehens-, Werk- oder Kauf- oder sonstigen Vertrag gesichert werden soll, die Gewährleistungsbürgschaft und die Vertragserfüllungsbürgschaft zu nennen.

Eine **Gewährleistungsbürgschaft** wird übernommen, um einen sofortigen Anspruch auf Zahlung eines vertraglich vereinbarten Sicherungseinbehalts zu erhalten. Dies ist oft dringend erforderlich, um die Liquidität des Gläubigers zu stärken.

---

14  BGH NJW 2003, S. 2231, 2233.
15  BGH NJW-RR 1990, S. 1265, 1266.
16  BGH NJW 2003, S. 2231, 2234.

> **Beispiel**   Ein zwischen Unternehmer U und Besteller B geschlossener Werkvertrag zum Bau einer Produktionshalle enthält folgende Regelung:
>
> *„B ist berechtigt, 5 % der Auftragssumme bis zum Ablauf der Gewährleistungsfrist einzubehalten, es sei denn, zugunsten des B wird von einer Deutschen Bank oder Sparkasse eine Gewährleistungsbürgschaft in Höhe des Sicherungseinbehalts übernommen".*
>
> In der Praxis wird so verfahren, dass der Unternehmer seiner „Haus-Bank" die Anweisung erteilt, eine entsprechende Bürgschaft zu übernehmen und dem B zuzuleiten. Auch wenn dieses Vorgehen mit Kosten für U verbunden ist (Provision der Bank), rechnet sich die Übernahme: Denn U fließen sofort und nicht erst nach Ablauf der Gewährleistungsfrist in fünf Jahren (§ 634 a Abs. 1 Nr. 2 BGB) bzw. vier Jahren (§ 13 Nr. 4 VOB/B) liquide Mittel zu. Außerdem trägt er nicht länger das Insolvenzrisiko des Schuldners.

Die **Vertragserfüllungsbürgschaft** dient der Absicherung eines Vertragspartners, der eine Vorleistung zu erbringen hat.

> **Beispiel**   Käufer K muss 1/3 des Kaufpreises bereits bei Abschluss des Kaufvertrages zahlen. In Höhe dieser Anzahlung kann eine Bürgschaft gestellt werden, die die spätere Durchführung des Vertrages sichert. Sollte der Verkäufer nicht liefern und auch die Anzahlung nicht erstatten, kann der Käufer in Höhe der geleisteten Anzahlung auf die Bürgschaft zurückgreifen.

### 28.2.6 Ausgleichsanspruch des Bürgen

Wenn der Bürge nach einer Inanspruchnahme durch den Gläubiger Zahlung an diesen geleistet hat, steht ihm ein Ausgleichsanspruch gegen den Hauptschuldner zu. Dies kann ein vertraglicher Anspruch auf Aufwendungsersatz (§§ 675, 670 BGB) oder ein Anspruch aus einem gesetzlichen Forderungsübergang („cessio legis") gemäß § 774 BGB sein.

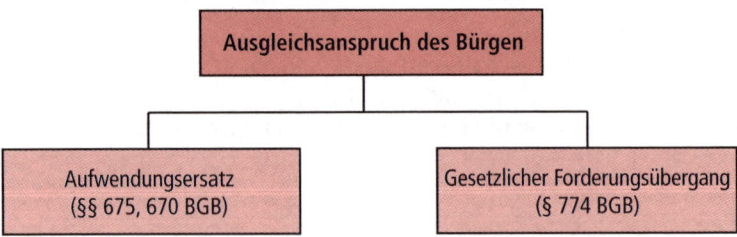

Abbildung 28.3: Ausgleichsanspruch des Bürgen

Ein Anspruch auf Aufwendungsersatz gemäß §§ 675, 670 BGB besteht, wenn die Übernahme der Bürgschaft auf einem Vertrag zwischen dem Bürgen und dem Hauptschuldner beruht; das ist bei Bürgschaften, die Banken oder Sparkassen auf Anweisung eines ihrer Kunden übernehmen, in aller Regel der Fall. Der Bürge kann den Ausgleichsanspruch zusätzlich nach § 774 Abs. 1 BGB geltend machen.

Liegt der Übernahme der Bürgschaft lediglich eine Gefälligkeit zugrunde, bildet § 774 Abs. 1 BGB die Anspruchsgrundlage für den Ausgleich. Voraussetzung ist, dass der Bürge auf die Bürgschaftsschuld zahlt. Dann geht in Höhe der geleisteten Zahlung die Forderung des Gläubigers gegen den Hauptschuldner zum Zwecke des Ausgleichs auf den Bürgen über.

> **Beispiel** B hat gegenüber der G-Bank eine Höchstbetragsbürgschaft im Umfang von 100.000,-- € für eine Verbindlichkeit des H-Sch übernommen. Die Forderung der G-Bank beträgt aktuell 75.000,-- €. Da H-Sch bei Fälligkeit nicht zahlt, nimmt die G-Bank B in Höhe von 30.000,-- € aus der Bürgschaft in Anspruch. Mit der Zahlung des B geht die Forderung der Bank in Höhe von 30.000,-- € von der G-Bank auf B über. B kann damit gemäß § 774 Abs. 1 BGB von H-Sch die Zahlung von 30.000,-- € verlangen. Der Restbetrag (45.000,-- €) steht der G-Bank weiter gegen H-Sch zu.

## 28.2.7 Bürgschaften durch Familienangehörige

In der Diskussion stehen seit Mitte der 90er-Jahre „Bürgschaften durch Familienangehörige". Im Oktober 1993 entschied das Bundesverfassungsgericht, die Zivilgerichte seien verpflichtet, bei der Auslegung und Anwendung des unbestimmten Rechtsbegriffes der Sittenwidrigkeit im Sinne des § 138 BGB die durch das Grundgesetz geschützte („grundrechtliche") Gewährleistung der Privatautonomie zu beachten. Bürgschaftsverträge, die auf strukturell ungleicher Verhandlungsstärke beruhten, seien sittenwidrig[17]. Der Entscheidung lag folgender Sachverhalt zugrunde:

> **Beispiel** I ist Immobilienkaufmann. Um seine Kreditlinie bei der Sparkasse erhöhen zu können, veranlasst er seine 21-jährige, vermögens- und arbeitslose Tochter T zur Übernahme einer selbstschuldnerischen Bürgschaft in Höhe von 100.000,-- DM (ca. 50.000,-- €). Anlässlich der Übernahme der Bürgschaft erklärt ein Vertreter der Sparkasse sinngemäß: „Hier bitte, unterschreiben Sie das mal, Sie gehen dabei keine große Verpflichtung ein". T hat auf absehbare Zeit keine Chance, die Bürgschaft zu bedienen.

Auf der Grundlage dieser Rechtsprechung des Bundesverfassungsgerichts haben die Zivilgerichte mehrfach Bürgschaftsverträge, die von finanziell überforderten Familienangehörigen des Hauptschuldners unter dem sanften familiären Druck übernommen worden waren, nach § 138 BGB wegen Sittenwidrigkeit für nichtig erklärt. Nach dieser

---

17  BVerfG NJW 1994, 36 ff.

Rechtsprechung ist die fehlende Leistungsfähigkeit des Bürgen für die Annahme der Sittenwidrigkeit allein nicht ausreichend. Es müssen vielmehr weitere, die Sittenwidrigkeit begründende Umstände hinzukommen. Solche Umstände können sich insbesondere daraus ergeben, dass der Gläubiger (zum Beispiel eine Bank) die geschäftliche Unerfahrenheit oder eine seelische Zwangslage des Bürgen ausnutzt oder diesen in anderer Weise in seiner Entscheidungsfreiheit unzulässig beeinträchtigt[18]. Im obigen Fall war die Übernahme der Bürgschaft wegen der krassen Überforderung der Tochter *und* des Zusammenwirkens von Vater und Bank sittenwidrig und damit nichtig[19].

Diese Grundsätze finden auch Anwendung, wenn keine Bürgschaft, sondern eine Mithaftung in Form eines Schuldbeitritts oder einer Mitunterzeichnung eines Darlehensvertrages erfolgt.

> **Beispiel** Ehemann M nahm ein Darlehen in Höhe von 47.000,-- DM auf, das in Höhe von ca. 9.200,-- DM zur Ablösung bereits bestehender Schulden der Eheleute verwendet wurde. Ehefrau F unterzeichnete den Darlehensvertrag ebenfalls[20].

Der Bundesgerichtshof nimmt eine krasse finanzielle Überforderung des mitverpflichteten Ehepartners oder nahen Angehörigen an, wenn der Betroffene voraussichtlich nicht einmal die laufenden Zinsen der Hauptschuld aufbringen kann. In den Fällen der krassen finanziellen Überforderung bestehe – so der BGH – eine tatsächliche (widerlegliche) Vermutung dafür, dass sich der Ehegatte oder nahe Angehörige bei der Übernahme der Mithaftung nicht von seinen Interessen und von einer rationalen Einschätzung des wirtschaftlichen Risikos hat leiten lassen und dass das Kreditinstitut die emotionale Beziehung zwischen dem Hauptschuldner und dem Mithaftenden in sittlich anstößiger Weise ausgenutzt hat. Mit dieser Begründung erklärte der BGH im vorstehenden Beispielsfall die von der Ehefrau durch die Unterzeichnung des Darlehensvertrages begründete Mithaftung bezüglich der neuen Schulden für sittenwidrig[21].

Einen Beschluss mit vermutlich sehr weit reichenden Auswirkungen verkündete das Bundesverfassungsgericht am 06.12.2005[22]. Zugrunde lag folgender Sachverhalt:

> **Beispiel** Die Beschwerdeführerin, Hausfrau und Mutter zweier Kinder, hatte eine Bürgschaft für ihren Ehemann in Höhe von 200.000 DM übernommen. Sie wurde 1992 rechtskräftig zur Zahlung von 70.000 DM verurteilt. Als die Bank bei der inzwischen geschiedenen Frau vollstrecken wollte, berief sich diese auf die zwischenzeitlich aufgrund der Bürgschaftsentscheidung des Bundesverfassungsgerichts eingetretene Änderung der Rechtsprechung. Danach wäre der Bürgschaftsvertrag nach § 138 Abs. 1 BGB nichtig gewesen. Ihre Klage wurde trotzdem in letzter Instanz vom Bundesgerichtshof abgewiesen[23].

---

18  BGH NJW 1994, S. 1278, 1279.
19  BGH NJW 1994, S. 1341, 1343 f.
20  Nachgebildet BGH NJW 2001, S. 815.
21  BGH NJW 2001, S. 815, 816.
22  Beschluss vom 06.12.2005, Aktenzeichen 1 BvR 1905/02, Pressemitteilung vom 23.12.2005.
23  BGH NJW 2002, S. 2940 ff.

Die hiergegen gerichtete Verfassungsbeschwerde hatte Erfolg. Der Erste Senat des Bundesverfassungsgerichts hob das Urteil des Bundesgerichtshofs auf und verwies die Sache zur erneuten Entscheidung an den BGH zurück. Das BVerfG führte aus, die Vollstreckung gegen einen rechtskräftig zur Zahlung verurteilten Schuldner sei verfassungswidrig, wenn das zugrunde liegende Urteil auf der Auslegung und Anwendung unbestimmter Rechtsbegriffe beruhe, die vom Bundesverfassungsgericht wie im Fall der Bürgschaftsentscheidung vom 19. Oktober 1993 für unvereinbar mit dem Grundgesetz erklärt worden sei.

# 28.3 Schuldbeitritt (kumulative Schuld(mit)übernahme)

## 28.3.1 Grundlagen

Der Schuldbeitritt ist im Gesetz nicht geregelt, aber aufgrund der Vertragsfreiheit zulässig. Von der in §§ 414, 415 BGB geregelten befreienden Schuldübernahme (auch „privative Schuldübernahme" genannt) unterscheidet sich der Schuldbeitritt dadurch, dass hier kein Wechsel des Schuldners erfolgt, sondern dass der Beitretende als *weiterer* Schuldner neben den vorhandenen Schuldner tritt. Der bisherige Schuldner und der Beitretende werden **Gesamtschuldner**. Dies hat für den Gläubiger den Vorteil, dass er gemäß § 421 BGB nach seiner Wahl die Leistung voll von dem einen oder dem anderen Schuldner oder auch anteilig von beiden Schuldnern verlangen kann. Er kann also die ganze Summe von *einem* der Schuldner fordern oder eine beliebige Aufteilung vornehmen[24].

> **Beispiele**
>
> ■ Die T-GmbH schuldet dem Lieferanten L 250.000,-- €. Um die T-GmbH vor der drohenden Insolvenz infolge Zahlungsunfähigkeit zu retten, übernimmt der Alleingesellschafter A persönlich die Verbindlichkeit. Gleichzeitig wird zwischen L und A vereinbart, dass die T-GmbH nicht mehr Schuldner ist. Hier liegt eine befreiende Schuldübernahme gemäß § 414 BGB vor, Schuldner ist nur noch A persönlich. L kann die Zahlung aus § 433 Abs. 2 BGB nur noch von A verlangen.
>
> ■ Wie zuvor mit dem Unterschied, dass A nicht an Stelle der T-GmbH Schuldner wird, sondern *neben* der T-GmbH, also zusätzlich. Hier liegt ein Schuldbeitritt vor; der bisherige Schuldner (T-GmbH) und der beitretende neue Schuldner (A) sind Gesamtschuldner. L kann gemäß § 433 Abs. 2 BGB in Verbindung mit § 421 Abs. 1 BGB Zahlung von der T-GmbH und / oder von A verlangen, insgesamt aber natürlich nur 250.000,-- €, also in Höhe der Forderung.

---

24  Zur Gesamtschuld vgl. S. 174 ff.

## 28.3.2 Unterschiede zur Bürgschaft

Der Schuldbeitritt weist aus der Sicht des Gläubigers eine große Parallele zur *selbstschuldnerischen* Bürgschaft auf, weil der Gläubiger in beiden Fällen einen unmittelbaren Anspruch gegen den neuen Schuldner – Bürge bzw. Schuldbeitretender – erhält. Rechtlich bestehen aber einige Unterschiede:

- Während der Bürge (auch bei einer selbstschuldnerischen Bürgschaft) für eine *fremde* Schuld haftet, haftet der Schuldbeitretende für eine *eigene* Schuld.
- Die Übernahme der Bürgschaft erfordert die Schriftform (Ausnahme § 350 HGB), der Schuldbeitritt ist hingegen formlos wirksam, kann also auch mündlich erfolgen.
- Schließlich ist der Ausgleich zwischen dem ursprünglichen Schuldner und dem neuen Schuldner unterschiedlich: Bei der Bürgschaft hat der Bürge einen vertraglichen Anspruch auf Aufwendungsersatz (§§ 675, 670 BGB) und/oder einen Ausgleichsanspruch aus § 774 BGB gegen den Schuldner in Höhe der von ihm an den Gläubiger geleisteten Zahlung. Der Bürge kann einen Ausgleich in Höhe von 100 % fordern. Beim Schuldbeitritt geht das Gesetz von einer anteiligen Verpflichtung der Schuldner aus (§ 426 Abs. 1 BGB).

---

**Beispiele**

- B hat sich für eine Schuld des S verbürgt. Wenn B vom Gläubiger in Höhe von 20.000,-- € in Anspruch genommen wird, kann er diesen Betrag in voller Höhe von S ersetzt verlangen (was natürlich nur etwas bringt, wenn S auch zahlen kann).
- B ist als zusätzlicher Schuldner einer Schuld beigetreten, die A in Höhe von 30.000,-- € gegenüber G hat. Wenn B nach Inanspruchnahme durch G die 30.000,-- € zahlt, steht ihm gegen A gemäß § 426 Abs. 1 und 2 BGB nur ein Anspruch auf Zahlung von 15.000,-- € zu, es sei denn, B und A hätten eine andere Vereinbarung getroffen.

---

## 28.3.3 Abgrenzung zur Bürgschaft

Eine Abgrenzung zwischen Bürgschaft und Schuldbeitritt auf der Grundlage der obigen Kriterien kann im Einzelfall schwierig sein, hat aber eine große praktische Bedeutung, wenn eine formunwirksame Verpflichtung vorliegt. Wie ausgeführt, bedarf die Übernahme einer Bürgschaft nach § 766 S. 1 BGB vorbehaltlich der Ausnahme des § 350 HGB der Schriftform. Der Schuldbeitritt unterliegt hingegen keiner Form, kann also auch mündlich erklärt werden. Deshalb liegt es nahe, dass der Gläubiger versuchen wird, eine gemäß §§ 766 S. 1, 125 BGB wegen Formmangels nichtige Bürgschaft in einen (wirksamen) Schuldbeitritt umzudeuten.

**Weiterführung eines Beispiels**

Die Rechtsanwälte R sind für die C-GmbH tätig. Da diese finanziell angeschlagen ist und mehrere Rechnungen der Anwälte offen stehen, weigern sich die Anwälte, neue Mandate für die GmbH zu übernehmen. Erst nachdem der Geschäftsführer G der GmbH am Telefon ausdrücklich erklärt, er werde persönlich für diese Gebührenansprüche einstehen, nehmen sie ihre Tätigkeit wieder auf. Als die GmbH kurz danach in die Insolvenz gerät, verlangen die Anwälte die Bezahlung der neuen Rechnungen von G persönlich aus einem Schuldbeitritt. Hat die Klage Erfolg?[25]

Für die Lösung kommt es darauf an, ob die Äußerung des Beklagten ein Angebot zum Abschluss eines Bürgschaftsvertrages oder ein Angebot zum Abschluss eines Schuldbeitritts enthält. Dafür ist entscheidend, ob eine selbstständige oder eine an die Hauptforderung „angelehnte" Schuld begründet werden soll. Bleiben Zweifel, ist vom Vorliegen einer Bürgschaftserklärung auszugehen[26]. Bei der Auslegung einer mehrdeutigen Erklärung kann das eigene wirtschaftliche oder rechtliche Interesse des sich verpflichtenden Vertragspartners daran, dass die Verbindlichkeit des Schuldners getilgt wird, ein wichtiger Anhaltspunkt für das Vorliegen eines Schuldbeitritts sein. Allerdings reicht die Annahme eines eigenen wirtschaftlichen Interesses des „Übernehmers" für die Bejahung einer Schuldmitübernahme nicht in jedem Fall aus[27]. Zu berücksichtigen ist, dass der Beklagte als Gesellschafter und Geschäftsführer der C-GmbH ein eigenes wirtschaftliches Interesse daran gehabt haben dürfte, dass die Rechtsanwälte trotz Nichtbezahlung der Rechnungen weiterhin für die C-GmbH tätig waren. Dieser Umstand allein reicht aber für die Annahme eines Schuldbeitritts nicht aus. Vielmehr sind weitere konkrete Umstände für den Schluss erforderlich, dass der beklagte Geschäftsführer die Absicht hatte, nicht lediglich als Bürge für eine fremde Schuld einstehen zu wollen, sondern eine eigene Schuld einzugehen[28]. Die Klage hatte deshalb keinen Erfolg.

| Merksatz | Die Abgrenzung zwischen Schuldbeitritt und Bürgschaft ist im Wege der Auslegung vorzunehmen. Entscheidend ist, ob eine selbstständige oder eine an die Hauptforderung „angelehnte" |

Schuld begründet werden soll. Bleiben Zweifel, ist vom Vorliegen einer Bürgschaftserklärung auszugehen. Anderenfalls würde die Formvorschrift des § 766 S. 1 BGB, die den Bürgen schützen soll, unterlaufen.

---

25  LG Oldenburg, NJW-RR 1986, S. 286, 287.
26  BGH NJW 1986, S. 580.
27  OLG Hamm, NJW 1993, S. 2625.
28  Vgl. BGH NJW-RR 1987, 42.

## 28.4 Patronatserklärung

In der im BGB nicht geregelten, aber aufgrund der Vertragsfreiheit zulässigen Patronatserklärung verspricht ein „Patron" gegenüber dem Gläubiger eines Dritten ein bestimmtes Verhalten, das die Aussicht auf eine Vertragserfüllung durch den Dritten verbessert und damit dessen Kreditwürdigkeit erhöht.

> **Beispiel** Die Nord-West-Tel GmbH ist eine hundertprozentige Tochtergesellschaft der Nord-West-Energie AG. Dies bedeutet, dass die AG alle Geschäftsanteile der GmbH hält. Die GmbH hat aufgrund von Anlaufverlusten einen sehr hohen Bedarf an Fremdmitteln, kann aber keine geeigneten Sicherheiten stellen. Um einen Großkredit abzusichern, könnte die AG eine Bürgschaft übernehmen. In Betracht kommt auch ein Schuldbeitritt. Außerdem besteht die Möglichkeit, dass die AG „als Mutter" eine Patronatserklärung mit dem Inhalt abgibt, sie werde die GmbH („Tochter") mit den für die Zinszahlung und Tilgung des Kredits erforderlichen Mitteln ausstatten. Welche dieser Möglichkeiten gewählt wird, ist nicht nach juristischen, sondern nach betriebswirtschaftlichen Kriterien zu entscheiden.

Die Praxis differenziert zwischen „weichen" und „harten" Patronatserklärungen. Den weichen Erklärungen kommt kein rechtsgeschäftlicher Charakter zu, es handelt sich um unverbindliche Erklärungen („good-will-Erklärung"), die keine Rechtsfolge nach sich ziehen. Sie sind deshalb nicht einklagbar. Diese Form wird dem Kreditgeber in der Regel nicht genügen.

Bei den „harten" Patronatserklärungen wird hingegen eine rechtliche Einstandspflicht des „Patrons" (zum Beispiel der Muttergesellschaft) begründet. Der Patron hat dafür Sorge zu tragen, dass die Tochtergesellschaft während der Laufzeit des Kredits in einer Weise geleitet und finanziell ausgestattet wird, dass sie ihren Verbindlichkeiten stets fristgerecht nachkommen kann. Dieses Ziel wird insbesondere durch eine entsprechende finanzielle Ausstattung der „Tochter" durch die „Mutter" erreicht („Ausstattungsverpflichtung"). Die harte Patronatserklärung ist eine garantieähnliche Verpflichtung[29]. Erfüllt der Schuldner die durch die Verpflichtung des Patrons gesicherte Verbindlichkeit nicht, kann der Gläubiger vom Patron ohne weiteres die sofortige Zahlung an sich verlangen. Dies gilt unabhängig davon, ob man die Hauptleistung des Patrons in der Ausstattungspflicht oder den eigentlichen Leistungsgegenstand in der Erfüllung der gesicherten Zahlungspflichten des Schuldners sieht[30]. Die Möglichkeit der sofortigen Inanspruchnahme auf Leistung von Geld folgt aus Inhalt und Zweck dieses bürgschafts- und garantieähnlichen Rechtsinstituts. Dies bedeutet für den Gläubiger, dass er im Falle der Insolvenz der Tochter unmittelbare Ansprüche gegen den Patron erheben kann. Dieser haftet nicht *nach*, sondern *neben* dem eigentlichen Schuldner[31]. Die „harte" Patronatserklärung erweist sich damit als gutes Kreditsicherungsmittel.

---

29  OLG Düsseldorf, NJW-RR 1989, S. 1116, 1117.
30  BGH NJW-RR 2003, S. 1042, 1043 f.
31  BGH NJW 1992, S. 2093, 2095.

# 28.5 Garantievertrag

Durch den im BGB – ebenfalls – nicht geregelten Garantievertrag verpflichtet sich der Garant, für den Eintritt eines bestimmten Erfolges einzustehen oder die Gefahr eines künftigen Schadens zu übernehmen. Der Garant muss den Erfolg aber nicht selbst herbeiführen oder die Gefahr konkret abwenden. Er haftet nachrangig wie folgt: Tritt der garantierte Erfolg nicht ein oder realisiert sich die Gefahr, ist der Garant zum Schadensersatz verpflichtet. Im Unterschied zur akzessorischen Bürgschaft wird dem Gläubiger zugesichert, dass er die Leistung auf jeden Fall erhält, und zwar selbst dann, wenn es eine andere Verbindlichkeit gar nicht gibt, wenn die Verbindlichkeit des Hauptschuldners nicht zur Entstehung gelangt oder später wegfällt. Diese Form des Garantievertrages, auch selbstständige Garantie genannt, ist von den schon behandelten Verkäufer- und Herstellergarantien (unselbstständigen Garantien) zu unterscheiden[32].

## 28.5.1 Beispiele für Garantien

- Garantie für eine bestimmte (günstige) Finanzierung[33],
- Garantie für Nichtüberschreitung der Gesamtkosten eines Bauvorhabens[34],
- Leistungs- oder Lieferungsgarantien, durch die der Garant – häufig eine Bank – dem Importeur die Erfüllung der Lieferverpflichtung des Exporteurs (Verkäufers) garantiert,
- Garantie eines Vermittlers für eine bestimmte Mindestausschüttung bei der Beteiligung an einer Anlagegesellschaft[35],
- Hermes-Garantie der Bundesrepublik Deutschland zur Förderung des Exportgeschäfts zur Abdeckung von wirtschaftlichen und politischen Risiken bei Auslandsgeschäften. Die Abwicklung erfolgt durch die Euler Hermes-Kreditversicherungs AG[36].

## 28.5.2 Mietgarantie

Insbesondere in Zusammenhang mit der Errichtung und dem Verkauf größerer Immobilienobjekte werden in der Praxis Mietgarantien gegeben. Hier gewährt der Bauträger (Verkäufer) dem Erwerber für einen bestimmten Zeitraum eine Absicherung gegen wirtschaftliche Risiken aus der geplanten Vermietung des Objekts. Die Mietgarantie soll für den Erwerber (häufig ein Kapitalanleger) die Wirtschaftlichkeit und Rentabilität des Objekts für einen bestimmten Zeitraum kalkulierbar machen und eine kostendeckende Vermietung gewährleisten. Die Garantie stellt aus der Sicht des Bauträgers ein Verkaufsargument dar. Sofern der Erwerber zum Beispiel in der Form einer Publikums-KG oder GbR tätig ist, kann er in seinem Vertrieb gegenüber potentiellen Gesellschaftern ebenfalls mit verkaufsfördernder Wirkung auf die Mietgarantie verweisen, die über das Ergebnis der Gesellschaft den Kapitalanlegern zu Gute kommt.

---

32  Dazu vgl. S. 266 ff.
33  BGH Betriebsberater (BB) 1984, S. 564.
34  OLG Düsseldorf, NJW-RR 1997, S. 1410.
35  BGH NJW 1996, S. 2569 ff.
36  *www.eulerhermes.de* (Stand: 25.05.2006).

**Beispiel** In einem Prospekt aus dem Jahre 1989 zur Beteiligung an einem geschlossenen Immobilienfond in der Rechtsform einer „Publikums-KG" heißt es:

*„Einnahmen: Das Hotel ist für 20 Jahre fest verpachtet, für die restlichen Flächen (Läden, Büros, Tiefgarage) hat der Verkäufer bis zum 31.12.2004 eine Mietgarantie in Höhe von 1,5 Mio. DM übernommen".*

Die entsprechende Klausel im notariellen Kaufvertrag lautet:

*„§ 10 Vermietung, Mietausfallgarantie*

*Der Verkäufer ist – unbeschadet des Rechts des Käufers, sich selbst entsprechend zu bemühen – verpflichtet, für die im Kaufgegenstand befindlichen Ladenflächen und Büroflächen Mieter zu suchen, wobei der monatliche Mietzins für die Ladenflächen DM 35,-- pro qm und für die Büroflächen DM 25,-- pro qm jeweils zuzüglich ges. MwSt zu betragen hat. Die Mieter müssen hinsichtlich ihrer Bonität und der Art ihrer Tätigkeit für den Vermieter akzeptabel sein.*

*Kommt es zu einer derartigen Vermietung nicht, so gewährt der Verkäufer dem Käufer zur Absicherung der von dem Käufer kalkulierten Vermietung der im Kaufgegenstand befindlichen Ladenflächen von insgesamt 400 qm zum Preis von DM 35,-- pro qm und Monat sowie Büroflächen von insgesamt 810 qm zum Preis von DM 25,-- pro qm und Monat sowie 90 Tiefgaragenplätzen zu einem Preis von DM 150,-- pro Monat und Platz bis zum 31.12.2004 einen Ausgleich zur Jahresmiete von DM 573.000,-- für diese Flächen, maximal DM 1.500.000.-- (in Worten: Deutsche Mark eine Million fünfhunderttausend)".*

**Hinweis** Die obige Mietgarantie wurde sehr schnell in Anspruch genommen und war nach etwa drei Jahren aufgezehrt, weil sich die Vermietung der Laden- und Büroflächen wegen eines Überangebots vor Ort als sehr schwer herausstellte. Sofern überhaupt ein Mieter gefunden wurde, ließen sich die im Verkaufsprospekt enthaltenen und von der KG kalkulierten Mieten auch nicht annähernd erzielen. Nach Auslaufen der auf 1,5 Millionen DM begrenzten Mietgarantie bekommen die Kommanditisten der KG wegen der fehlenden Mieteinnahmen seit einigen Jahren eine um 20 % reduzierte Ausschüttung.

Im Falle einer Mietgarantie sind verschiedene Punkte zu beachten: Wichtig ist die Werthaltigkeit der Garantie, die entscheidend von der wirtschaftlichen Leistungsfähigkeit des Garanten abhängt. Die schönste Garantie nützt nichts, wenn der Garantiegeber insolvent wird. Außerdem decken Garantien häufig – so auch im obigen Beispiel – nur einen bestimmten Zeitraum ab und enthalten regelmäßig einen Höchstumfang, der unter Umständen geringer ist als die für die Garantielaufzeit kalkulierte Miete. Nach dem Wortlaut der obigen Garantie ist unklar, ob auch das Risiko abgedeckt wird, dass es zwar „zu einer derartigen Vermietung kommt", der Mieter aber keine Zahlungen leistet. Hier wäre eine Klarstellung aus Sicht des Käufers dringend notwendig gewesen.

### 28.5.3 (Erst-)Vermietungsgarantie

Von der Mietgarantie sind die (Erst-)Vermietungsgarantie und die Mietbürgschaft abzugrenzen.

---

**Beispiel für eine (Erst-)Vermietungsgarantie**
*„Hiermit übernehmen wir die Garantie, dass für die Ladenflächen, Büroflächen und die Tiefgarage des in § 3 näher bezeichneten Objekts eine Erstvermietung binnen drei Monaten nach Fertigstellung erfolgt.“*

---

Die (Erst-)Vermietungsgarantie in der obigen Form sichert ihrem Wortlaut nach nur ab, dass innerhalb von drei Monaten ein Mieter gefunden wird. Im Wege der Auslegung ist zu ermitteln, ob die Vermietung zur kalkulierten Miethöhe garantiert werden soll. Davon wird man bei der gebotenen wirtschaftlichen Betrachtung ausgehen können. Was aber ist, wenn der Mieter die vereinbarte Miete nicht zahlt? Dieses Risiko dürfte ebensowenig abgesichert sein wie das Risiko, dass der Mieter die Mietsache vertragswidrig räumt oder kündigt und kein neuer Mieter gefunden wird. Die (Erst-)Vermietungsgarantie bleibt damit deutlich hinter der Mietgarantie zurück.

### 28.5.4 Mietbürgschaft

Die dritte Variante neben der Mietgarantie und der (Erst-)Vermietungsgarantie stellt die Mietbürgschaft dar.

---

**Beispiel für eine Mietbürgschaft**
*„Hiermit übernehmen wir für die Forderungen aus der Vermietung der Ladenflächen, der Büroflächen und der Tiefgarage des in § 3 näher bezeichneten Objekts bis zum 31.12.2004 die selbstschuldnerische Bürgschaft bis maximal DM 1.500.000,-- (in Worten: Deutsche Mark eine Million fünfhunderttausend)“.*

---

Durch die vorstehende Mietbürgschaft wird nicht gesichert, *dass* ein Mieter gefunden und eine bestimmte Miete erzielt wird. Die Bürgschaft setzt erst ein, *wenn* eine Vermietung erfolgt ist, der Mieter aber keine Zahlungen leistet.

---

**Praxistipp**
Im behandelten Komplex ist viel Sorgfalt auf den Inhalt der vertraglichen Vereinbarung zu legen. Sinnvoll dürfte es sein, die Mietgarantie mit einer Bürgschaft zu kombinieren. Die Mietgarantie deckt ab, dass ein Mieter zu den kalkulierten Preisen gefunden wird; die Bürgschaft deckt ab, dass der Mieter die vereinbarte Miete auch tatsächlich zahlt.

---

## 28.5.5 Abgrenzung Bürgschaft zum Garantievertrag

| | Bürgschaft | Garantievertrag |
|---|---|---|
| | | **Tabelle 28.1** |
| **Grundlagen** | §§ 765 ff. BGB, §§ 349, 350 HGB | gesetzlich nicht geregelt, aufgrund der Vertragsfreiheit zulässig; §§ 765 ff. BGB, §§ 349, 350 HGB gelten nicht, auch nicht analog |
| **Inhalt** | Haftung für eine fremde Schuld; nach BGB nachrangige Haftung („Einrede der Vorausklage"), in der Praxis oft unmittelbare Haftung („selbstschuldnerische Bürgschaft") | Verpflichtung, für einen bestimmten Erfolg einzustehen oder die Gefahr eines künftigen Schadens zu übernehmen |
| **Beziehung zur gesicherten Forderung** | Akzessorisch = in Umfang und Bestand von der Hauptverbindlichkeit abhängig | Nicht akzessorisch, andere Verbindlichkeit nicht erforderlich |
| **Form** | Erklärung des Bürgen bedarf der Schriftform (§ 766 S. 1), Ausnahme: § 350 HGB | Keine Form erforderlich, in Praxis Schriftform üblich und zu Beweiszwecken sinnvoll |
| **Arten** | – Bürgschaft auf erstes Anfordern<br>– Selbstschuldnerische Bürgschaft<br>– „Normale" BGB-Bürgschaft<br>– Ausfallbürgschaft<br>– Höchstbetragsbürgschaft<br>– Gewährleistungsbürgschaft<br>– Vertragserfüllungsbürgschaft<br>– Bürgschaft durch Familienangehörige | – Mietgarantie<br>– Vermietungsgarantie<br>– Garantie von Baukosten<br>– Garantie einer bestimmten Finanzierung<br>– Exportgarantie zur Absicherung wirtschaftlicher und politischer Risiken („Hermes AG") |
| **Ausgleichsanspruch nach Inanspruchnahme** | Aus Vertrag (§§ 675, 670 BGB), und/oder aus § 774 BGB („cessio legis") | Nach Vereinbarung, oft kein Ausgleichsanspruch |
| **Wirtschaftliche Bedeutung** | Sehr hoch, häufigste Personalsicherheit | Bei Geschäften mit größerem Volumen oft anzutreffen |
| **Ökonomischer Hintergrund** | – Sicherung des Gläubigers<br>– aus Sicht des Bürgen: Bei Bankbürgschaften Provision, im Übrigen häufig geschäftliche oder persönliche Verbundenheit zwischen Bürgen und Hauptschuldner | – Sicherung des Gläubigers<br>– Schaffung eines Anreizes zum Geschäftsabschluss für den Garanten und für Vertrieb des Gläubigers<br>– Ggf. Provision für Garantiegeber für die Übernahme der Garantie |

## 28.6  Eigentumsvorbehalt

Nach den bisher behandelten Personalsicherheiten sind nunmehr die Sachsicherheiten (Realsicherheiten) darzustellen. Eingegangen wird auf den Eigentumsvorbehalt, auf die Sicherungsübereignung und auf die Pfandrechte.

### 28.6.1  Grundlagen des Eigentumsvorbehalts

Wenn ein Käufer nicht in der Lage ist, den Kaufpreis im Zeitpunkt der Lieferung (vollständig) zu bezahlen, bietet sich der Eigentumsvorbehalt zur Absicherung der Kaufpreisforderung an. Der Verkäufer macht dadurch die von ihm zu erbringende Leistung von der Leistung des Käufers abhängig. Die Verpflichtung des Verkäufers besteht nach § 433 Abs. 1 S. 1 BGB darin, dem Käufer die Sache zu übergeben und das Eigentum an der Sache zu verschaffen. Wenn nun der Käufer die ihm nach § 433 Abs. 2 BGB obliegende Pflicht zur Kaufpreiszahlung noch nicht oder noch nicht vollständig erfüllt hat, ist es sinnvoll, dass der Verkäufer seine Pflicht ebenfalls noch nicht vollständig erfüllt. Dies gilt insbesondere dann, wenn der Verkäufer die Zahlungsfähigkeit des Käufers nicht zuverlässig beurteilen kann. Das Ganze geschieht aus der Perspektive des Verkäufers frei nach dem Motto: „Wenn der Käufer noch nicht zahlt, dann übertrage ich ihm auch noch nicht das Eigentum".

Die Abwicklung des Kaufvertrages erfolgt dann in gestreckter Form:

1. Abschluss des Kaufvertrages.

2. Aushändigung oder Lieferung der Ware, also Verschaffung des unmittelbaren Besitzes für den Käufer (§ 854 Abs. 1 BGB).

3. Im Zeitpunkt der vollständigen Zahlung des Kaufpreises erfolgt der Übergang des Eigentums vom Verkäufer an den Käufer. Bis dahin behält sich der Verkäufer das Eigentum vor.

### 28.6.2  Der einfache Eigentumsvorbehalt

**Rechtliche Konstruktion**

Die rechtliche Konstruktion des Eigentumsvorbehalts richtet sich nach §§ 929, 158 Abs. 1 BGB, auch wenn der Begriff in diesen beiden Vorschriften nicht enthalten ist. Im Gegensatz dazu findet sich in der Überschrift und im Text des § 449 BGB mehrfach das Wort „Eigentumsvorbehalt". Gleichwohl ist der weit verbreitete Satz, der Eigentumsvorbehalt sei in § 449 BGB geregelt, zumindest missverständlich. Diese Vorschrift kommt nämlich erst zur Anwendung, *wenn* eine Partei sich das Eigentum vorbehalten hat. Sie regelt hingen nicht, *wie* ein solcher Vorbehalt sachenrechtlich konstruiert ist. Diese Funktion fällt vielmehr den §§ 929, 158 Abs. 1 BGB zu.

| Merksatz | Die Konstruktion des Eigentumsvorbehalts ergibt sich aus §§ 929, 158 Abs. 1 BGB. Einen Teil der Rechtsfolgen regelt § 449 BGB. |
| --- | --- |

Beim Eigentumsvorbehalt wird gegenüber dem durch Einigung, Übergabe und Berechtigung gemäß § 929 S. 1 BGB erfolgenden „normalen Eigentumserwerb" eine Modifizierung vorgenommen, und zwar beim Merkmal „Einigung zur Übereignung der Kaufsache". Diese Einigung wird im Grundsatz schon herbeigeführt, aber davon abhängig gemacht, dass der Erwerber den Kaufpreis vollständig zahlt.

---

**Beispiele für Formulierungen**

- „Die gelieferte Ware bleibt unser Eigentum, bis der Kaufpreis vollständig gezahlt ist."

- „Die Lieferung erfolgt unter Eigentumsvorbehalt."

Bei der zweiten Formulierung fehlt der Zusatz, wovon der Eigentumsvorbehalt abhängig sein soll. Diese Lücke wird durch die Auslegungsregel des § 449 Abs. 1 BGB geschlossen.

---

Da nicht sicher ist, ob die Zahlung tatsächlich erfolgt, steht der Eigentumserwerb unter der *aufschiebenden Bedingung* (vgl. § 158 Abs. 1 BGB) der vollständigen Kaufpreiszahlung. Erfolgt die Zahlung, geht das Eigentum automatisch über. Die beiden anderen Voraussetzungen des Eigentumserwerbs, also die Übergabe der Sache und die Berechtigung müssen zusätzlich erfüllt sein. In Bezug auf diese beiden Merkmale gibt es keine Abweichung zum „normalen Erwerb" nach § 929 S. 1 BGB.

§ 158 Abs. 1 BGB ist beim Eigentumsvorbehalt wie folgt zu lesen:

> „Wird die Übertragung des Eigentums von der Zahlung des Kaufpreises abhängig gemacht, geht das Eigentum über, sobald der Kaufpreis vollständig gezahlt ist."

Durch die Vereinbarung des Eigentumsvorbehalts heben die Parteien die nach dem Trennungsprinzip (Abstraktionsprinzip)[37] bestehende Trennung zwischen dem Kaufvertrag und den beiden Erfüllungsgeschäften (Übereignung der Kaufsache, Zahlung des Kaufpreises) zum Teil auf. In der Regel wird bereits im Kaufvertrag die oben beschriebene Verbindung zwischen der Kaufpreiszahlung und dem Übergang des Eigentums hergestellt, also zwischen dem ersten und dem zweiten Verfügungsgeschäft (Erfüllungsgeschäft).

Eine weitere Folge einer bedingten Übereignung gemäß §§ 929, 158 Abs. 1 BGB besteht darin, dass der Verkäufer bis zur Zahlung des Kaufpreises zwar noch nicht sein Eigentum, aber nach § 161 Abs. 1 BGB bereits seine Verfügungsbefugnis *insoweit* verliert, als eine von ihm getroffene anderweitige Verfügung gegenüber dem unter Eigentumsvorbehalt kaufenden Erwerber unwirksam werden kann.

---

37 Vgl. S. 412 ff.

**Beispiel**  V hat einen Lkw unter Eigentumsvorbehalt an K 1 veräußert. Als K 1 das Fahrzeug vor der vollständigen Zahlung des Kaufpreises zur Inspektion zu V bringt, nimmt dieser eine weitere Veräußerung an K 2 vor. Obwohl V aufgrund des Eigentumsvorbehalts noch Eigentümer der Sache war, konnte er im Ergebnis die zweite Übereignung wegen § 161 Abs. 1 BGB nicht vornehmen. Diese Übereignung ist zwar zunächst wirksam, sie wird aber unwirksam, sobald K 1 den Kaufpreis bezahlt. In diesem Augenblick verliert K 2 sein Eigentum, Eigentümer wird K 1, V wird nachträglich zum Nichtberechtigten.

Etwas anderes gilt, wenn K 2 gutgläubig war. zugunsten des K 2 ordnet § 161 Abs. 3 BGB nämlich an, dass die Vorschriften des gutgläubigen Erwerbs auf diesen Sachverhalt entsprechend anzuwenden sind. Dies bedeutet, dass K 2 nach § 161 Abs. 3 BGB i.V.m. §§ 929, 932 ff. BGB das Eigentum an der Sache erwerben und dauerhaft behalten kann.

**Merksatz**  Beim Eigentumsvorbehalt vollzieht sich die Übereignung nach §§ 929 S. 1, 158 Abs. 1 BGB wie folgt:

- **P1:** Einigung, dass das Eigentum übergeht, sobald der Kaufpreis vollständig gezahlt ist,
- **P2:** Übergabe der Kaufsache (§ 854 Abs. 1 BGB) und
- **P3:** Berechtigung zur Übereignung.

## Das Anwartschaftsrecht

Im Fall der Vereinbarung eines Eigentumsvorbehalts erhält der Käufer in der Regel bereits den unmittelbaren Besitz an der Sache. Außerdem erwirbt er ein so genanntes **Anwartschaftsrecht**. Hierbei handelt es sich um ein dingliches Recht, das nach Zahlung des Kaufpreises von selbst zum Eigentumsrecht wird („erstarkt").

**Merksatz**  Das Anwartschaftsrecht ist ein „wesensgleiches Minus" zum (Voll-)Eigentum. „Wesensgleich", weil es sich um ein dingliches Recht handelt, „Minus", weil es noch kein vollwertiges Eigentum ist. Auf das Anwartschaftsrecht finden die Vorschriften über das Eigentum entsprechend (analog) Anwendung: Das Anwartschaftsrecht kann deshalb nach §§ 929 ff. BGB analog von seinem Inhaber auf einen anderen übertragen werden. Wird einem Anwartschaftsberechtigten der unmittelbare Besitz an der Sache entzogen, steht ihm gegen den Besitzer ein Herausgabeanspruch gemäß § 985 BGB analog zu.

## Der Herausgabeanspruch

Ist ein Eigentumsvorbehalt vereinbart, kommt ein Herausgabeanspruch des Verkäufers gegen den Käufer nach § 985, 986 BGB in Betracht, wenn dieser den Kaufpreis nicht vertragsgemäß zahlt. Die Voraussetzungen sind:

- **P1:** Der Verkäufer muss Eigentümer der Sache sein: Das ist er, solange die Bedingung für den Eigentumserwerb, also die Zahlung des Kaufpreises, noch nicht eingetreten ist.

- **P2:** Der Käufer muss unmittelbarer Besitzer sein. Das ist er, wenn er die Sache bereits erhalten hat.

- **N1:** Der Besitzer (Käufer) darf gegenüber dem Eigentümer (Verkäufer) *nicht* zum Besitz berechtigt sein.

Die dritte Voraussetzung ist beim Verkauf unter Eigentumsvorbehalt *nicht* erfüllt, weil dem Käufer aufgrund des Kaufvertrages ein Besitzrecht gegen den Verkäufer zusteht. Der Umstand, dass der Käufer den Kaufpreis nicht ordnungsgemäß entrichtet, führt *nicht* dazu, dass der Kaufvertrag und mit ihm das Besitzrecht automatisch entfallen. Vielmehr ordnet **§ 449 Abs. 2 BGB** an, dass der Verkäufer die Sache aufgrund des Eigentumsvorbehalts nur herausverlangen kann, wenn er zuvor vom Vertrag *zurückgetreten* ist. Durch den Rücktritt vom Kaufvertrag wird das Besitzrecht „storniert".

Der Rücktritt vom Vertrag setzt voraus, dass der Rücktretende ein vertragliches oder gesetzliches Rücktrittsrecht hat. Im Falle des Eigentumsvorbehalts muss der Verkäufer dem Käufer gemäß § 323 Abs. 1 BGB eine angemessene Frist zur Zahlung setzen. Läuft diese Frist erfolglos ab, hat der Verkäufer das Recht, vom Vertrag zurückzutreten. In bestimmten Fällen ist die Fristsetzung nach § 323 Abs. 2 BGB entbehrlich[38].

Erklärt der Verkäufer nach Ablauf der Frist gemäß § 349 BGB den **Rücktritt**, wandelt sich der Kaufvertrag in ein Rückgewährschuldverhältnis um. Nach § 346 Abs. 1 BGB sind die erbrachten Leistungen zurückzugewähren. Die vom Verkäufer bereits erbrachte Leistung besteht in der Übertragung des Besitzes an der Kaufsache. Also muss der Käufer den Besitz auf den Verkäufer rückübertragen, was durch die Herausgabe der Kaufsache geschieht.

Durch die infolge des Rücktritts erfolgende Umwandlung des Kaufvertrages in ein Rückgewährschuldverhältnis erlischt das dem Käufer zustehende Besitzrecht, sodass er die Herausgabe nicht mehr unter Berufung auf § 986 BGB verweigern kann. Der Anspruch des Verkäufers auf die Herausgabe der Kaufache besteht damit nach §§ 985, 986 BGB und nach § 346 Abs. 1 BGB.

Der dem Käufer drohende Herausgabeanspruch übt „sanften Druck" auf ihn aus, seiner vertraglichen Zahlungspflicht pünktlich nachzukommen. Noch wichtiger dürfte sein, dass der Anspruch auch durchgesetzt werden kann, wenn über das Vermögen des Käufers das **Insolvenzverfahren** eröffnet worden ist. Da die Kaufsache aufgrund des Eigentumsvorbehalts bis zur vollständigen Zahlung des Kaufpreises dem Verkäufer gehört, fällt sie nicht in die Insolvenzmasse, sondern ist vom Insolvenzverwalter an den Verkäufer als (Noch-)Eigentümer nach **§ 47 InsO i.V.m. §§ 985, 986 BGB** herauszugeben, es sei denn der Verwalter zahlt den noch offenen Kaufpreis. Natürlich muss in den Fällen des Rücktritts ein schon teilweise gezahlter Kaufpreis ebenso verrechnet werden wie die Vorteile, die der Käufer durch die Nutzung der Kaufsache bereits gezogen hat.

---

38  Zu Einzelheiten vgl. S. 214 f.

### 28.6.3 Der verlängerte Eigentumsvorbehalt

In der Praxis weit verbreitet ist der verlängerte Eigentumsvorbehalt. Diese Konstruktion ist dann erforderlich, wenn eine Absatzkette vorliegt und der erste Käufer nicht in der Lage ist, den Kaufpreis vor der Weiterveräußerung an seine Kunden zu zahlen. In diesem Fall kann der Eigentümer dem ersten Käufer die Veräußerung an Dritte gestatten. Der erste Käufer trifft dann als Nichtberechtigter eine Verfügung (Übertragung des Eigentums), die nach § 185 Abs. 1 BGB wirksam ist, weil sie mit der Einwilligung des Berechtigten (Eigentümers) erfolgt. Da damit das Eigentum auf die Dritten übergeht, lässt sich der bisherige Eigentümer die Forderung, die dem ersten Käufer gegen den Dritten zusteht, zur Sicherheit abtreten (§ 398 BGB).

> **Beispiel** Hersteller H liefert Waren unter Eigentumsvorbehalt an Großhändler G. Dabei gestattet H dem G, die Waren „im Wege des ordnungsgemäßen Geschäftsgangs" weiterzuveräußern, also an Dritte zu übereignen. Damit werden die Dritten Eigentümer der Waren (§ 929 S. 1, 185 Abs. 1 BGB), zugleich verliert H sein Eigentum. Als „neue Sicherheit" lässt sich H von G dessen Kaufpreisforderungen gegen die Dritten abtreten. Wenn G den Kaufpreis nicht an H zahlt, kann H sich an die Dritten wenden und von diesen verlangen, dass sie an ihn zahlen.

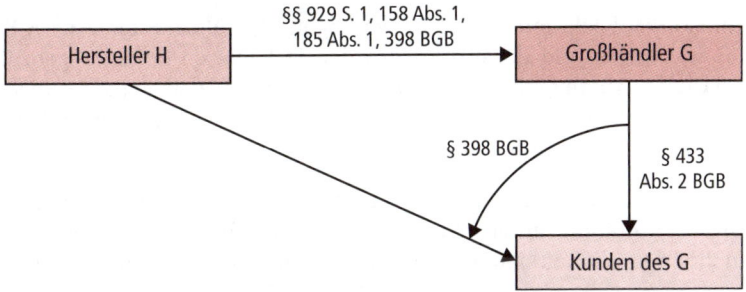

Abbildung 28.4: Verlängerter Eigentumsvorbehalt

Folgende Formulierungen finden in der Praxis Verwendung:

***Verlängerter Eigentumsvorbehalt mit Weiterveräußerungsklausel und vorweggenommener (antizipierter) Sicherungsabtretung*** *(hier zur Erläuterung mit Satzzählung versehen)*
„*(1) Die gelieferte Ware bleibt unser Eigentum, bis der Kaufpreis vollständig gezahlt ist. (2) Der Käufer ist jedoch befugt, unsere Vorbehaltsware im ordnungsgemäßen Geschäftsbetrieb weiterzuveräußern. (3) Sämtliche hieraus entstehenden Forderungen gegen Dritte tritt der Käufer hiermit im Voraus an uns ab*".

***Sinnvolle Ergänzung***
„*(4) Ungeachtet dieser Abtretung bleibt der Käufer weiterhin zur Einziehung der Forderungen berechtigt. (5) Auf Verlangen hat der Käufer uns die abgetretenen Forderungen nebst deren Schuldnern bekannt zu geben und uns alle für die Forderungseinziehung benötigten Unterlagen zur Verfügung zu stellen. (6) Auf besonderes Verlangen*

*hat der Käufer den betreffenden Drittschuldnern Mitteilung von der an uns erfolgten Abtretung zu machen".*

*Erläuterung der vorstehenden Klausel:*

Satz 1 enthält einen einfachen Eigentumsvorbehalt (§§ 929 S. 1, 158 Abs. 1 BGB).

Satz 2 ermächtigt den Großhändler, der zwar ein Anwartschaftsrecht hat, aber bis zur Zahlung des Kaufpreises an den Hersteller noch kein Eigentümer der Kaufsache ist, die Ware als Nichtberechtigter im *ordnungsgemäßen Geschäftsbetrieb* weiterzuveräußern, also das Eigentum zu übertragen (§ 185 Abs. 1 BGB). *Kein* ordnungsgemäßer Geschäftsbetrieb liegt zum Beispiel bei einem Verkauf unter Einkaufspreis und bei einer Sicherungsübereignung an eine Bank vor[39].

Satz 3 nimmt eine Abtretung der Forderungen, die G aus dem Verkauf gegen seine Kunden zustehen, an H vor (§ 398 BGB). Die Abtretung erfolgt dabei, wie auch aus den folgenden Regelungen zu ersehen ist, nur *zur Sicherheit*. H will auf diese Forderungen nur zugreifen, wenn G den Kaufpreis nicht an ihn zahlt.

Satz 4 gestattet G weiterhin die Einziehung der Forderungen bei seinen Kunden, obwohl die Forderungen wegen der Abtretung H zustehen. G tritt nach außen wie der Inhaber der Forderungen auf, die Abtretung an H wird gegenüber seinen Kunden (zunächst) nicht offengelegt ("stille Zession").

Satz 5 räumt H das Recht ein, von G zu verlangen, dass dieser ihm eine Aufstellung über alle Forderungen und die entsprechenden Dokumente (Rechnungen, Buchhaltungsunterlagen) zukommen lässt. Erst dadurch erfährt H, welche Forderungen an ihn abgetreten und wer seine Schuldner sind. Damit erhält er die Möglichkeit zur Durchsetzung der abgetretenen Forderungen.

Satz 6 räumt H das Recht ein, von G zu verlangen, dass dieser seine Kunden von der an H erfolgten Abtretung unterrichtet. Nach Zugang dieser Mitteilung können die Kunden nicht mehr mit befreiender Wirkung an G zahlen (vgl. § 407 Abs. 1 BGB).

Die beiden letzten Schritte wird H erst einleiten, wenn G seinen Zahlungspflichten nicht ordnungsgemäß nachkommt. Zugleich wird er die in Satz 4 begründete Einzugsermächtigung des G widerrufen.

## 28.7  Sicherungsübereignung

Die Sicherungsübereignung wird gewählt, wenn zur Absicherung einer Forderung, insbesondere eines Darlehens, eine bewegliche Sache dienen soll. Dies kann die Kaufsache sein, zu deren Bezahlung der zu sichernde Kredit aufgenommen wurde; es können aber auch andere Sachen sein, zum Beispiel ein komplettes Warenlager, Teile davon oder aber ein Pkw, ein Lkw, ein Baukran usw. Die Sicherungsübereignung ("SÜ") hat in der Praxis die rechtsgeschäftlichen Pfandrechte an beweglichen Sachen in weiten Bereichen verdrängt.

---

39 Palandt/Heinrichs, Bürgerliches Gesetzbuch, § 185 Rn. 9.

---

**Beispiel** Reiseunternehmer R benötigt zur Absicherung eines Darlehens Sicherheiten. Ist es möglich und sinnvoll, einen Reisebus an die G-Bank zu verpfänden? Die Verpfändung des Busses, einer beweglichen Sache, setzt nach § 1205 Abs. 1 S. 1 BGB voraus, dass der Eigentümer die Sache dem Gläubiger übergibt und beide darüber einig sind, dass dem Gläubiger das Pfandrecht zustehen soll. Diese Vorschrift erinnert stark an § 929 S. 1 BGB. Im Gegensatz zu den §§ 929 ff. BGB kann aber im Falle der Verpfändung die Übergabe der Sache *nicht* durch ein *Besitzmittlungsverhältnis* ersetzt werden. Die G-Bank muss deshalb unmittelbare Besitzerin des Reisebusses werden und bleiben! Nach § 1253 Abs. 1 BGB erlischt das Pfandrecht nämlich mit der Rückgabe der Pfandsache an den Eigentümer. Die in §§ 1205 Abs. 1 S. 2, 1205 Abs. 2 und 1206 BGB genannten Möglichkeiten einer Modifizierung der Übergabe entsprechen in aller Regel, und so auch hier, nicht den Interessen der Beteiligten. Eine Verpfändung ist hier also zwar möglich, doch nicht sinnvoll, weil der Reisebus als „totes Kapital" auf dem Parkplatz der G-Bank stehen müsste. Dies ist einer der Gründe, warum die Praxis die Sicherungsübereignung „erfunden" hat.

---

Die rechtliche Konstruktion der „SÜ" ist wie folgt: Der Sicherungsgeber (Kreditnehmer) übereignet gemäß §§ 929, 930, 868 BGB eine Sache (Reisebus, Lkw, Pkw, Baukran) oder eine Sachgesamtheit (Warenlager) an den Sicherungsnehmer (Kreditgeber). Die – neben der Einigung – für die Übereignung nach § 929 S. 1 BGB erforderliche Übergabe wird durch die Begründung eines Besitzmittlungsverhältnisses (Besitzkonstitut) ersetzt (vgl. §§ 930, 868 BGB), das in der Regel ein Leih-, Verwahrungs- oder ein Mietvertrag ist.

- Der Sicherungsnehmer (Kreditgeber) wird Eigentümer der Sache und deren mittelbarer Besitzer.

- Der unmittelbare Besitz verbleibt hingegen beim Sicherungsgeber (Kreditnehmer), der die Sache damit weiter nutzen kann, um aus den Erlösen den Kredit begleichen zu können.

- Außerdem wird vereinbart, dass der Sicherungsnehmer die zur Sicherheit an ihn übereignete(n) Sache(n) nur dann herausverlangen und verwerten darf, wenn es zu Problemen bei der Rückzahlung des Kredits kommt.

---

**Beispiel** U möchte bei der G-Bank eine Ausweitung seiner Kreditlinie um weitere 100.000,-- € erreichen. Die Bank verlangt weitere Sicherheiten. U übereignet der Bank deshalb „zur Sicherung der Forderung" einen Autokran. Im Sicherungsvertrag wird vereinbart, für welche Forderung die Sicherheit dienen soll. Außerdem wird vereinbart, dass U den Kran weiter unentgeltlich nutzen und die Bank den Kran nur dann von U herausverlangen und verwerten darf, wenn U seiner Verpflichtung zur Zahlung der Zinsen und der Tilgung des Darlehens nicht nachkommt.

---

Zum besseren Verständnis der vielen Begriffe die folgende Abbildung:

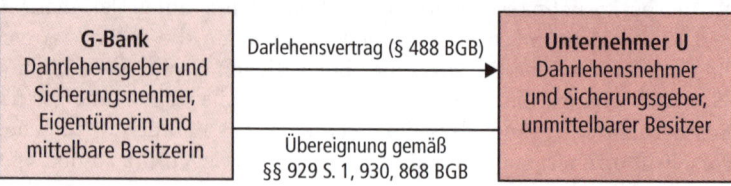

Abbildung 28.5: Sicherungsübereignung

Die Konstruktion mit dem Übergabeersatz in Form des Besitzmittlungsverhältnisses ist – wie oben beschrieben – beim Pfandrecht an beweglichen Sachen nicht möglich, da dort gemäß § 1205 Abs. 1 BGB der unmittelbare Besitz auf den Pfandgläubiger (Kreditgeber) übertragen werden *und* dort verbleiben muss. Zumindest muss dem Sicherungsnehmer gemäß § 1206 BGB der Mitbesitz eingeräumt werden. Beide Möglichkeiten sind in vielen Fällen nicht sinnvoll.

> **Merksatz** Die Sicherungsübereignung umfasst drei Bestandteile:
>
> 1. Übereignung der Sache vom Sicherungsgeber (Darlehensnehmer) an den Sicherungsnehmer (Darlehensgeber) nach §§ 929 S. 1, 930, 868 BGB.
>
> 2. Bestehen der gesicherten Forderung.
>
> 3. Verbindung von Übereignung und Forderung durch die Zweckerklärung (auch Sicherungsabrede oder Sicherungsvertrag genannt).

**Zu 1:** Die Übereignung der als Sicherheit dienenden Sache wird nach §§ 929 S. 1, 868 BGB durchgeführt. Die nach § 929 S. 1 BGB neben der Einigung und der Berechtigung erforderliche Übergabe wird durch die Vereinbarung eines Besitzmittlungsverhältnisses (Besitzkonstitut) ersetzt. Der Sicherungsgeber bleibt unmittelbarer Besitzer, der Sicherungsnehmer wird Eigentümer und mittelbarer Besitzer[40].

**Zu 2:** Das Bestehen einer Forderung ist *keine* Voraussetzung für die Wirksamkeit der Übereignung, weil diese, im Gegensatz zum Pfandrecht, nicht akzessorisch ist. Die Parteien nehmen die Übereignung aber nur deshalb vor, *weil* eine Forderung gesichert werden soll.

**Zu 3:** Die Verbindung von Übereignung und Forderung wird durch die Zweckerklärung (Sicherungsabrede, Sicherungsvertrag) hergestellt, die etwa wie folgt lautet:

> *„Die Übereignung dient zur Absicherung des Darlehens mit der Nummer ... ".*

---

40  Vgl. S. 424 f.

Zu beachten ist, dass der Sicherungsnehmer juristisch gesehen vollwertiger *Eigentümer* des Sicherungsgutes wird, sodass er mit der Sache nach Belieben verfahren kann (§ 903 BGB). In betriebswirtschaftlicher Sicht schießt der Erwerb des Eigentums über den beabsichtigten Zweck, nämlich die Sicherung einer Forderung, hinaus. Hier würde ein Pfandrecht ausreichen, da dieses das gewünschte Verwertungsrecht begründet. Diesem Umstand tragen die Parteien dadurch Rechnung, dass gleichzeitig mit der Übereignung (oft in derselben Urkunde) vereinbart wird, dass der Sicherungsnehmer nur dann zur Verwertung des Sicherungsgutes befugt ist, wenn der gesicherte Kredit nicht vertragsgemäß bedient wird. Der Sicherungsnehmer soll also nicht wie ein Eigentümer mit der Sache verfahren dürfen, sondern darf sie nur verwerten, wenn der Kredit „notleidend" wird, so wie es auch bei den Pfandrechten der Fall ist.

Die Sicherungsübereignung wird deshalb als **besitzloses Pfandrecht** bezeichnet. Das ist juristisch nicht korrekt, weil der Sicherungsnehmer das Eigentum am Sicherungsgut und nicht lediglich ein Pfandrecht erwirbt. Bei wirtschaftlicher Betrachtung und dem von den Parteien verfolgten Zweck ist die Aussage aber zutreffend.

## Warenlager als Sicherungsgut

Gegenstände der Sicherungsübereignung sind neben Kfz und Maschinen auch Warenlager. Hier müssen zusätzliche Vereinbarungen getroffen werden, damit genau feststeht, *welche* Waren zur Sicherheit übereignet sind (sachenrechtliches Bestimmtheitsprinzip). Nicht ausreichend ist die Vereinbarung, dass Waren im Wert von 200.000,-- € oder im Umfang von 50 % des Warenlagers übereignet werden. Denn hier steht nicht mit der für das Sachenrecht erforderlichen Bestimmtheit fest, *welche* Waren erfasst werden. Die Praxis behilft sich wie folgt:

> **Beispiele**
>
> - „Übereignet werden alle Gegenstände, die sich im Lager in der Emsstraße 3 befinden".
>
> - „Übereignet werden alle Gegenstände, die mit einem roten Punkt markiert sind".
>
> - „Übereignet werden alle Gegenstände, die in den Hochregallagern 14 bis 22 liegen".

Bei einem „lebenden Warenlager" muss dem Sicherungsgeber das Recht eingeräumt werden, Gegenstände für die Produktion oder den Verkauf zu entnehmen. Als Ausgleich dafür wird eine Nachschusspflicht vereinbart.

> **Beispiel** *„Der Sicherungsgeber ist berechtigt, im Wege des ordnungsgemäßen Geschäftsbetriebs zur Sicherheit übereignete Gegenstände zum Zwecke der Verarbeitung oder der Veräußerung zu entnehmen. Er hat aber durch Hinzufügung anderer Gegenstände dafür Sorge zu tragen, dass der Wert des Sicherungsgutes 110 % des Forderungswertes entspricht".*

Bei der Sicherungsübereignung eines Warenlagers besteht die Gefahr einer Übersicherung, die nach § 138 BGB zur Unwirksamkeit der Übereignung führt. Eine Übersicherung liegt vor, wenn der Gläubiger Sicherheiten erhält, die den Umfang des gesicherten Darlehens unangemessen übersteigen. Zu unterscheiden ist zwischen einer ursprünglichen und einer nachträglichen Übersicherung.

- Eine *ursprüngliche* Übersicherung liegt vor, wenn schon bei Vertragsabschluss gewiss ist, dass im noch ungewissen Verwertungsfall ein auffälliges Missverhältnis zwischen dem realisierbaren Wert der Sicherheit und der gesicherten Forderung besteht[41]. Dies wird angenommen, wenn der Sicherungswert die gesicherte Forderung um mehr als 30 % übersteigt. Eine solche Übersicherung führt nach § 138 Abs. 1 BG zur Nichtigkeit der Sicherungsübereignung[42].

- Eine *nachträgliche* Übersicherung kann dadurch eintreten, dass sich der Umfang der gesicherten Forderung reduziert, ohne dass eine Freigabe von Sicherheiten erfolgt. Diese Form der Übersicherung wird bereits angenommen, wenn der Sicherungswert die gesicherte Forderung einschließlich der Zinsen zuzüglich 10 % Verwertungs- und Rechtsverfolgungspauschale übersteigt. Dies führt aber nicht zur einer Unwirksamkeit der Übereignung, sondern begründet unter weiteren Voraussetzungen einem Anspruch des Sicherungsgebers auf teilweise Rückgewähr der Sicherheit[43].

## 28.8 Pfandrechte

Pfandrechte können an Rechten (insbesondere Forderungen), an beweglichen Sachen und an unbeweglichen Sachen bestehen. Sie können auf einer Vereinbarung der Parteien beruhen (rechtsgeschäftliche Pfandrechte) oder aufgrund einer gesetzlichen Regelung „von selbst" entstehen (gesetzliche Pfandrechte). Gesetzliche Pfandrechte sind das Vermieterpfandrecht (§§ 562 ff. BGB) und das Pfandrecht des Unternehmers beim Werkvertrag (§ 647 BGB[44]). Diese Pfandrechte entstehen ohne und sogar gegen den Willen der Parteien. Bei den rechtsgeschäftlichen Pfandrechten ist hingegen neben weiteren Voraussetzungen eine *Einigung* der Parteien erforderlich.

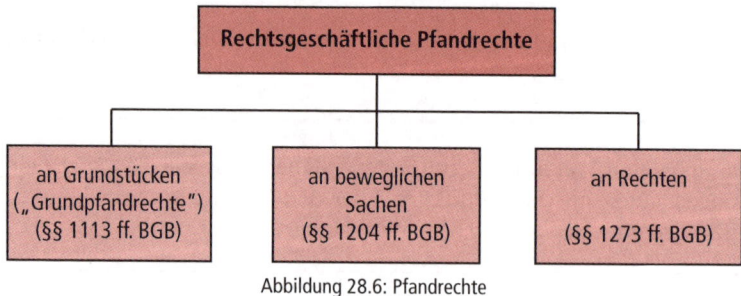

Abbildung 28.6: Pfandrechte

---

41  BGH NJW 1998, S. 2047.
42  Palandt/Bassenge, Bürgerliches Gesetzbuch, § 930 Rn. 24.
43  Palandt/Bassenge, Bürgerliches Gesetzbuch, § 930 Rn. 25.
44  Vgl. S. 310.

## 28.8.1 Grundpfandrechte

Zur Absicherung von (vornehmlich) langfristigen Verbindlichkeiten besteht die Möglichkeit, eine Hypothek (§§ 873 Abs. 1, 1113 Abs. 1 BGB) oder eine Grundschuld (§§ 873 Abs. 1, 1191 Abs. 1 BGB) an einem bebauten oder unbebauten Grundstück zu bestellen. In beiden Fällen wird dem Gläubiger das Recht eingeräumt, sich im Wege der Zwangsvollstreckung zu befriedigen (vgl. § 1147 BGB, der nach § 1192 Abs. 1 BGB auch für die Grundschuld gilt).

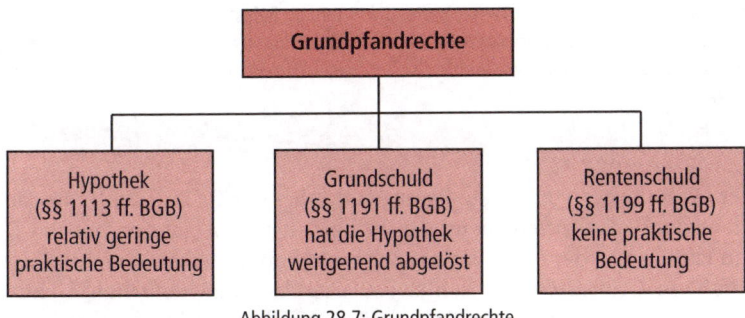

Abbildung 28.7: Grundpfandrechte

Im Folgenden wird die Rentenschuld aufgrund ihrer geringen praktischen Bedeutung nicht behandelt.

### Abgrenzung Hypothek zur Grundschuld

Hypothek und Grundschuld bereiten vielen Studierenden Probleme, weil es sich um abstrakte, wenig greifbare Rechtsinstitute handelt. Andererseits stellt insbesondere die Grundschuld ein wichtiges Kreditsicherungsmittel dar. In aller Regel muss der Erwerber von Wohnungseigentum – Barzahler ausgenommen – zur Sicherung der für die Finanzierung aufgenommenen Darlehen eine oder mehrere Grundschulden bestellen.

> **Beispiel** Eheleute M haben am Stadtrand von Hamburg ein Haus gekauft, das sie zu 75 % mit Darlehen fremdfinanziert haben. Zur Absicherung der Darlehen werden Grundschulden bestellt.

Hypothek und Grundschuld sind wie das Eigentum dingliche Rechte, wirken also gegenüber jedermann. Sie sind unlösbar mit dem Grundstück verbunden, sodass eine Veräußerung des Grundstücks die Rechte unberührt lässt. Es ist nicht erforderlich, dass der Schuldner eines gesicherten Darlehens zugleich der Eigentümer des Grundstücks ist.

> **Beispiel** G ist Alleingesellschafter der G-GmbH. Zur Absicherung eines für die G-GmbH aufgenommenen Darlehens bestellt er an seinem Privatgrundstück eine Grundschuld.

Der Unterschied zwischen Hypothek und Grundschuld lässt sich aus einem Vergleich der beiden gesetzlichen Definitionen erkennen.

Tabelle 28.2

| Hypothek (§ 1113 Abs. 1 BGB) | Grundschuld (§ 1191 Abs. 1 BGB) |
|---|---|
| Ein Grundstück kann in der Weise belastet werden, dass an denjenigen, zu dessen Gunsten die Belastung erfolgt, eine bestimmte Geldsumme zur Befriedigung **wegen einer ihm zustehenden Forderung** aus dem Grundstück zu zahlen ist (Hypothek). | Ein Grundstück kann in der Weise belastet werden, dass an denjenigen, zu dessen Gunsten die Belastung erfolgt, eine bestimmte Geldsumme aus dem Grundstück zu zahlen ist (Grundschuld). |

Die bei der Hypothek fettgedruckte Passage fehlt bei der Grundschuld. Im Übrigen ist der Wortlaut der Vorschriften identisch. In beiden Fällen geht es um die Belastung eines Grundstücks mit dem Inhalt, dass zugunsten einer Person eine bestimmte Geldsumme aus dem Grundstück zu zahlen ist. Dies bedeutet natürlich nicht, dass die Geldsumme tatsächlich aus dem Grundstück gezahlt wird – wie sollte das auch gehen? Vielmehr ist gemeint, dass der Gläubiger das Recht erhält, das Grundstück zu verwerten, sodass die Geldsumme aus der Verwertung des Grundstücks gezahlt wird. Die Verwertung kann nach Wahl des Berechtigten durch eine Zwangsversteigerung oder durch eine Zwangsverwaltung erfolgen. Die Einzelheiten sind im Zwangsversteigerungsgesetz (ZVG) geregelt. Zuständig ist das Amtsgericht.

**Beispiele**

- Zugunsten der G-Bank ist das Grundstück des E mit einer Hypothek belastet. Da E nicht in der Lage ist, ein von der G-Bank gewährtes Darlehen zurückzuzahlen, lässt die G-Bank das Grundstück zwangsversteigern. Aus dem erzielten Versteigerungserlös wird das Darlehen der G-Bank abgelöst. Verbleibende Überschüsse nach Abzug der Verfahrenskosten erhält E.

- Auf dem Grundstück des E steht ein langfristig an die D-AG verpachtetes Hotel. Eine Zwangsversteigerung des Hotels ist mangels Interessenten am Erwerb wirtschaftlich nicht sinnvoll. Deshalb lässt sich die durch eine Grundschuld gesicherte G-Bank im Wege der Zwangsverwaltung die von der D-AG geschuldeten Pachtzinsen so lange überweisen, bis das Darlehen getilgt ist.

Kommen wir noch einmal zurück zum oben abgedruckten nahezu identischen Wortlaut des § 1113 Abs. 1 BGB und des § 1191 Abs. 1 BGB: Bei der Grundschuld fehlt die Passage „wegen einer ihm zustehenden Forderung". Daraus folgt: Während die Hypothek akzessorisch ist und deshalb eine Forderung voraussetzt, muss bei der Grundschuld keine Forderung bestehen. Daraus folgt außerdem, dass der Gesetzgeber zur Absicherung von Forderungen die Hypothek vorgesehen hat, während die Grundschuld für andere Sicherungen dienen sollte.

> **Beispiel** Die Eltern E wollen die spätere Ausbildung ihrer drei Kinder sichern und belasten deshalb zugunsten der Kinder ihr Grundstück mit je einer Grundschuld in Höhe von jeweils 25.000,-- € für jedes der Kinder. Diese Grundschuld dient nicht zur Absicherung einer konkreten, vorher schon bestehenden Forderung, führt aber dazu, dass die Kinder einen Anspruch gegen den **jeweiligen Eigentümer** des Grundstücks auf Zahlung dieser Geldsumme aus dem Grundstück haben. Sollten die Eltern das Eigentum am Grundstück verlieren, bleiben die Grundschulden zu Lasten des neuen Eigentümers bestehen. Eine solche Grundschuld ohne gesicherte Forderung heißt „isolierte Grundschuld".

## Hypothek

Soll ein Darlehen durch eine Hypothek gesichert werden, sind für die Bestellung der Hypothek nach §§ 873 Abs. 1, 1113 Abs. 1, 1116 BGB erforderlich:

- **P1:** Einigung, dass die Hypothek bestellt werden soll,
- **P2:** Bestehen des gesicherten Darlehens (Forderung),
- **P3:** Eintragung der Hypothek in das Grundbuch,
- **P4:** Berechtigung zur Bestellung der Hypothek,
- **P5:** Erteilung oder Ausschluss der Erteilung des Hypothekenbriefes[45].

Die Hypothek ist wie die Bürgschaft ein akzessorisches Recht, was bedeutet, dass die Hypothek notwendig eine zu sichernde Forderung voraussetzt.

> **Merksatz**   Ohne Forderung keine Hypothek!

Besteht die Forderung nicht, besteht auch keine Hypothek. Geht die Forderung unter, geht auch die Hypothek unter. Werden Tilgungen auf die gesicherte Forderung geleistet, verringert sich die Hypothek entsprechend. Die Hypothek verschwindet dabei aber nicht einfach „im Nichts", sondern wandelt sich in eine dem Eigentümer zustehende Grundschuld um („Eigentümergrundschuld" genannt).

---

45  Die Erteilung des Hypothekenbriefes (§ 1116 Abs. 1 BGB) wird in der Regel gemäß § 1116 Abs. 2 BGB ausgeschlossen.

> **Beispiel** Gesicherte Forderung und Hypothek beliefen sich ursprünglich auf 100.000,-- €. Inzwischen hat der Eigentümer 30.000,-- € getilgt. Aufgrund der Verringerung der Forderung verringert sich die Hypothek ebenfalls auf 70.000,-- €. In Höhe von 30.000,-- € ist eine Eigentümergrundschuld entstanden, was allerdings aus dem Grundbuch mangels Eintragung noch nicht ersichtlich ist. Im Grundbuch steht, was unrichtig ist, immer noch die Hypothek über 100.000,-- €. Der Eigentümer kann gemäß § 894 BGB eine Berichtigung des Grundbuchs verlangen.

Wichtig ist, dass die Hypothek nicht wieder anwächst, wenn der Darlehensbetrag wieder steigt. Damit unterscheidet sich die Hypothek von der Bürgschaft, für deren Höhe nach § 767 Abs. 1 BGB der *jeweilige* Bestand der Hauptverbindlichkeit maßgebend ist[46].

> **Fortsetzung des Beispiels** Steigt der Darlehensbetrag um 10.000,-- € von 70.000,-- € auf 80.000,-- €, wächst die Hypothek *nicht* wieder an. Der Betrag zwischen 70.000,-- € und 80.000,-- € ist deshalb nicht gesichert. Für die Hypothek gilt der Satz „Einmal tot, immer tot!"

### Grundschuld

In der Praxis hat die Grundschuld die Hypothek weitgehend verdrängt, weil die Grundschuld flexibler ist als die Hypothek und deshalb den Interessen der Beteiligten besser gerecht wird. Ein wesentlicher Vorteil der Grundschuld gegenüber der Hypothek besteht darin, dass die Grundschuld Forderungen in wechselnder Höhe absichern und auch nacheinander zur Absicherung verschiedener Forderungen dienen kann, ohne dass erneut Kosten für die Bestellung der Grundschuld, insbesondere für die nach §§ 873 Abs. 1, 1191 Abs. 1 BGB erforderliche Eintragung in das Grundbuch anfallen, sofern der Gläubiger identisch ist.

Die Bestellung einer Grundschuld richtet sich nach §§ 873 Abs. 1, 1191 Abs. 1, 1192 Abs. 1, 1116 BGB. Sie setzt voraus:

■ **P1:** Einigung, dass die Grundschuld bestellt wird,

> **Merksatz**    Die Grundschuld setzt keine Forderung voraus.

■ **P2:** Eintragung der Grundschuld in das Grundbuch etwa wie folgt:

> *„Einhunderttausend Euro Grundschuld mit 15 vom Hundert Jahreszinsen für die G-Bank in Berlin. Brieflos eingetragen unter Bezugnahme auf die Bewilligung vom 17.11.2003."*

---

46   Vgl. S. 472 f.

- **P3:** Berechtigung zur Bestellung der Grundschuld
- **P4:** Erteilung eines Grundschuldbriefes oder Ausschluss der Erteilung[47].

Von Ausnahmen abgesehen („isolierte Grundschuld") besteht in der Praxis eine Forderung, die durch die Grundschuld gesichert wird. Man spricht dann von einer **Sicherungsgrundschuld**. Die nach dem BGB – im Gegensatz zur Hypothek – bei der Grundschuld nicht erforderliche Verbindung („Verzahnung") zwischen Grundschuld und Forderung erfolgt durch die Zweckerklärung (auch Sicherungsabrede und Sicherungsvereinbarung genannt) außerhalb des Grundbuchs. Sie wird also nicht in das Grundbuch eingetragen und bedarf keiner (notariellen) Form, wird in aller Regel aber schriftlich abgefasst.

---

**Beispiel für eine Zweckerklärung** *„Die zugunsten der G-Bank (Berlin) in das Grundbuch eingetragene Grundschuld am Grundstück Kaiserstraße 23, 10021 Berlin, dient zur Absicherung des Darlehens 178.983.869 gemäß Darlehensvertrag vom 13.11.2003 der G-Bank an Herrn Gunther Nolte und Frau Doris Nolte-Fennemann."*

---

Die Grundschuld bietet gegenüber der Hypothek folgende Vorteile:

- Da die Zweckerklärung nicht in das Grundbuch eingetragen wird, kann ohne großen Aufwand eine Änderung erfolgen, sodass die Grundschuld zur Sicherung einer anderen Forderung desselben Gläubigers dient.
- Da die Grundschuld nicht vom Bestehen einer Forderung abhängig ist, hat eine Rückzahlung des gemäß Zweckerklärung gesicherten Darlehens keinen Einfluss auf den Bestand und den Umfang der Grundschuld. Steigt der Darlehensbetrag wieder an, ist das Darlehen bis zur Höhe der eingetragene Grundschuld gesichert.
- Dies gilt auch im Fall steigender Zinsen, wenn die Grundschuld sofort – was üblich ist – für einen höheren Zinsbetrag bestellt wurde.

---

**Beispiel** Nach dem Darlehensvertrag zwischen der G-Bank und den Eheleuten N sind 5,5 % Zinsen zu zahlen. Die Grundschuldbestellung enthält hingegen 15 % Zinsen. Dann steht der G-Bank aufgrund des Darlehensvertrages und der Zweckerklärung nur ein Anspruch auf 5,5 % Zinsen zu. Sollte der Zins steigen, wäre der höhere Betrag bis 15 % Zinsen jedoch abgedeckt.

---

47 Die Erteilung des Grundschuldbriefes (§§ 1192 Abs. 1, 1116 Abs. 1 BGB) wird in der Regel ausgeschlossen (§§ 1192 Abs. 1, 1116 Abs. 2 BGB).

### 28.8.2 Pfandrechte an beweglichen Sachen

Pfandrechte an beweglichen Sachen können durch Gesetz oder durch Rechtsgeschäft begründet werden. Gesetzliche Pfandrechte gibt es beim Mietvertrag (Vermieterpfandrecht, §§ 562 ff. BGB) und beim Werkvertrag (Unternehmerpfandrecht, § 647 BGB[48]). Die Regelung der rechtsgeschäftlichen (vertraglichen) Pfandrechte enthalten die §§ 1205 ff. BGB. Für die Bestellung sind die Einigung, dass das Pfandrecht entstehen soll, die Übergabe der Sache an denjenigen, dem das Pfandrecht zustehen soll („Pfandnehmer") und die Berechtigung des „Pfandgebers" erforderlich. Außerdem muss die Forderung, die gesichert werden soll, bestehen.

Da die Pfandsache nach § 1205 Abs. 1 BGB in den unmittelbaren Besitz des Pfandnehmers gelangen muss und das Pfandrecht im Falle einer Rückgabe der Sache erlischt (§ 1253 Abs. 1 BGB), hat die Sicherungsübereignung – wie schon ausgeführt – in vielen Bereichen die Verpfändung ersetzt. Dem Pfandrecht an beweglichen Sachen kommt in der Praxis nur noch Bedeutung für Gegenstände zu, die der Pfandgeber entbehren und der Pfandnehmer mit zumutbarem Aufwand lagern kann.

**Tabelle 28.3**

| Gegenstand | Pfandrecht §§ 1204 ff. | Sicherungsübereignung §§ 929, 930, 868 BGB |
|---|---|---|
| Lkw, Pkw, Kran | | (+) |
| Warenlager | | (+) |
| Schmuck Sonstige Kostbarkeiten | (+) | |
| Wertpapiere, insbesondere Inhaberaktien und Inhaberschuldverschreibungen | (+) | |

### 28.8.3 Pfandrechte an Rechten

Die Pfandrechte an Rechten sind in den §§ 1273 ff. BGB geregelt. Nach § 1274 BGB richtet sich die Bestellung nach den für die Übertragung des Rechts geltenden Vorschriften. Für die Verpfändung einer Forderung gilt damit § 398 BGB, wobei nach § 1280 BGB hinzukommt, dass die Verpfändung dem Schuldner angezeigt werden muss. Diese Pflicht zur Offenlegung der Verpfändung hat in der Praxis dazu geführt, dass an Stelle der Forderungsverpfändung häufig eine Sicherungsabtretung vereinbart wird. Das ist etwa beim verlängerten Eigentumsvorbehalt der Fall[49].

---

48  Vgl. S. 310.
49  Vgl. S. 491 f.

# TEIL VII

## Grundlagen der Fallbearbeitung

# Anleitung zur Lösung von Rechtsfällen

**29**

ÜBERBLICK

## Lernziele dieses Kapitels

*Was kommt in diesem Kapitel auf Sie zu? „Ich habe alles gewusst, aber ich wusste nicht, wie ich es hinschreiben sollte" – diesen Satz hört man sehr häufig nach der Abgabe einer Klausur. Einige Studierende, die den Stoff beherrschen, schaffen es nicht, die in der Prüfung gestellten Aufgaben angemessen zu beantworten. Das folgende Kapitel soll helfen, eine gute Klausur zu schreiben.*

## 29.1 Anleitung zur Fallbearbeitung

Im Folgenden werden einige Tipps zur Anfertigung von juristischen Klausuren gegeben. Der erste und wichtigste Tipp lautet hier wie anderswo: „**Übung macht den Meister**". Wenn Sie in der Vorlesung oder in der Übung juristische Fälle besprechen, dann sollten Sie zu Hause versuchen, diese Fälle selbstständig zu lösen, und zwar zunächst ohne Ihre Mitschriften, dafür aber in ausformulierter Form und in einer begrenzten Zeit. Wenn Sie am häuslichen Arbeitsplatz den Ablenkungen des Alltags allzu sehr ausgesetzt sein sollten, suchen Sie sich einen ruhigen Platz in der Bibliothek oder in einem gerade nicht anderweitig genutzten Hörsaal oder Seminarraum.

Und noch ein Tipp: Eine juristische Aufgabe zu bearbeiten ist nicht so schwer, wie es auf den ersten Blick aussehen mag. Es gibt hierzu einige wichtige Regeln, die zu beachten sind. Diese Regeln mögen Ihnen zunächst fremd oder seltsam vorkommen, aber ihre Beherrschung und vor allen Dingen ihre Beachtung können (Klausur-)Wunder bewirken.

Worum geht es in Klausuren? Sehr häufig sollen Sie mit Hilfe des BGB oder anderer Gesetze klären, ob einer Partei (einem Beteiligten) gegen eine andere Partei (einen anderen Beteiligten) ein **Anspruch** zusteht. Wie man hier am besten vorgeht, erfahren Sie auf den nächsten Seiten.

### 29.1.1 Erste Schritte

Bei der Bearbeitung eines Falles empfiehlt es sich trotz, nein, besser wegen der begrenzten Klausurzeit nicht sofort „drauf loszuschreiben", sondern sich zunächst die Zeit für die folgenden Arbeitsschritte zu nehmen:

1. Sorgfältiges Lesen des Sachverhalts, auch mehrfach.

2. Bei komplexeren Sachverhalten Markieren und/oder Herausschreiben der **wichtigsten** Angaben, zum Beispiel von Daten.

3. Anfertigen einer kleinen Skizze (auf jeden Fall sinnvoll, wenn mehr als zwei Personen beteiligt sind).

4. Unter genauer Beachtung der Fallfrage ermitteln, was zu bearbeiten ist. Der Leser Ihrer Arbeit will nicht *alles* wissen, was Sie wissen! Er möchte „nur", dass Sie die gestellte Aufgabe beachten und bearbeiten.

Zeit, die Sie vor dem Schreiben Ihrer Lösung investieren, macht sich bezahlt. Wie oft kommt es vor, dass nach einer halben Stunde plötzlich großflächig der Tintenkiller angesetzt wird, weil der ohnehin gestresste Prüfling merkt, dass er eine Frage bearbeitet hat, die gar nicht gestellt ist. Das bedeutet „Stress hoch zwei". Im Übrigen: Streichen Sie im „Falle eines Falles" einfach durch, was nicht gelten soll und lassen Sie den Tintenkiller, wo er ist.

## 29.1.2 Zweiter Schritt: „Wer will was von wem woraus?"

In den folgenden Ausführungen wird zunächst davon ausgegangen, dass nach einem **Anspruch** einer Person gegen eine andere Person gefragt wird und deshalb der wohl berühmteste aller juristischen Sätze gilt: **„Wer will was von wem woraus?"** Dieser Satz zerfällt in zwei Bestandteile:

> **1. Teil des Satzes: „Wer will was von wem?"**

Hier geht es um die Interessen der Beteiligten, die häufig wirtschaftlicher Natur sind, weil eine Partei gegen eine andere Partei einen Anspruch geltend macht.

> **Beispiele**
> - V verlangt die Zahlung des Kaufpreises von K.
> - X begehrt Schadensersatz von Y.
> - V will die Herausgabe der Wohnung von M.

Erst nachdem Sie die Interessen der Beteiligten unter Beachtung des **Sachverhalts** und vor allen Dingen der in der Klausur gestellten **Fallfrage** ermittelt haben, wird es juristisch. Denn jetzt ist zu fragen, *woraus* sich der geltend gemachte Anspruch ergeben könnte, was also die mögliche – und damit zu prüfende – **Anspruchsgrundlage** ist. Es kommt auch in Betracht, dass mehrere **Anspruchsgrundlagen** zu prüfen sind.

> **2. Teil des Satzes: „Woraus?"**

Der Bestimmung der Anspruchsgrundlage kommt eine ganz zentrale Bedeutung zu. Nur wenn Sie die „richtige(n)" Anspruchsgrundlage(n) prüfen, ist gewährleistet, dass Sie die für den gestellten Sachverhalt relevanten Fragestellungen ansprechen. Ein Fehler, den Sie an dieser Stelle machen, „schleppt" sich durch die ganze Bearbeitung. Die gute Nachricht: Es gibt nur eine begrenzte Zahl von Anspruchsgrundlagen! Außerdem lässt sich ein sehr großer Teil aller Klausurfälle in den ersten Semestern mit vielleicht 20 Anspruchsgrundlagen lösen. Jetzt könnte man versuchen, sich diese Anspruchsgrundlagen zu merken. Das mag gelingen, aber was passiert, wenn die relevante Anspruchsgrundlage (AGL) nicht zu den „TOP 20 der AGL" gehört?

Vor der Darstellung der wichtigsten Anspruchsgrundlagen sollen deshalb einige Hinweise dazu gegeben werden, wie Sie feststellen können, ob eine Vorschrift eine Anspruchsgrundlage ist und wie Sie die „richtige AGL" finden.

## 29.2  Bestimmung der richtigen Anspruchsgrundlage

Was Ansprüche sind, beschreibt das BGB nur in Zusammenhang mit der Verjährung, doch gelten diese Ausführungen für das gesamte Privatrecht, also für das BGB, das HGB, das GmbHG usw. Nach § 194 Abs. 1 BGB ist der *Anspruch* das Recht, von einem anderen ein Tun (zum Beispiel die Zahlung des Kaufpreises, die Rückzahlung eines Darlehens, die Überlassung der Mietsache) oder ein Unterlassen zu verlangen. Einen Unterlassungsanspruch gewährt § 1004 BGB[1], außerhalb des BGB bestehen solche Ansprüche insbesondere im Wettbewerbsrecht (vgl. § 8 UWG – Gesetz gegen den unlauteren Wettbewerb). In der Ausbildung haben die Unterlassungsansprüche eine untergeordnete Bedeutung, auch in der Praxis sind sie im Verhältnis zur Gesamtzahl aller Ansprüche recht selten.

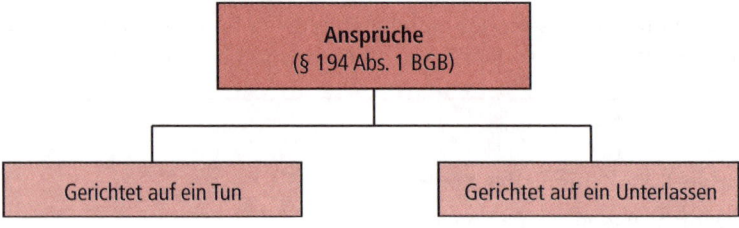

Abbildung 29.1: Ansprüche

In der Regel geht es darum, dass eine Partei etwas tun soll, weil die andere Partei der Meinung ist, einen entsprechenden Anspruch zu haben. Nicht nur Anfängern fällt es oft schwer, die richtige Anspruchsgrundlage zu finden, zumal es bereits Mühe macht zu erkennen, ob eine Vorschrift überhaupt eine Anspruchsgrundlage ist. Dies hat zur Folge, dass auch solche Paragraphen als Anspruchsgrundlagen angesehen (und geprüft) werden, die gar keine Anspruchsgrundlagen sind. Das kann nicht gut gehen!

Um mit diesem Problem besser fertig zu werden, sollten Sie bei der Suche nach der richtigen Anspruchsgrundlage drei Fragen unterscheiden:

1. Handelt es sich bei dem ins Auge gefassten Paragraphen *überhaupt* um eine Anspruchsgrundlage?
2. Ist der Paragraph die *richtige* Anspruchsgrundlage im konkreten Fall?
3. Wie treffe ich eine *Auswahl* zwischen mehreren in Betracht kommenden Anspruchsgrundlagen?

---

1   Vgl. S. 417 f.

## 29.2.1 Voraussetzung einer Anspruchsgrundlage

Leider spricht das BGB in der Regel nicht ausdrücklich die Rechtsfolge aus, dass jemand ein Recht hat oder etwas verlangen kann, sodass auf den ersten Blick nicht zu erkennen ist, ob eine Vorschrift eine Anspruchsgrundlage ist. Und das Wort „Anspruch" ist in den „Anspruchsgrundlagen" schon gar nicht enthalten!

So heißt es bei den wichtigsten Vertragstypen *nicht*, dass der eine Vertragspartner von dem anderen Vertragspartner etwas *verlangen* kann, zum Beispiel die Zahlung des Kaufpreises (vgl. § 433 Abs. 2 BGB), die Zahlung der Miete (§ 535 Abs. 2 BGB), die Erbringung einer Arbeitsleistung (§ 611 Abs. 1 BGB) oder die Herstellung eines Werkes (§ 631 Abs. 1 BGB). Die im BGB enthaltenen Formulierungen lauten vielmehr, dass die eine Vertragspartei *verpflichtet* ist, den Kaufpreis oder den Mietzins zu zahlen, Dienste zu leisten oder das Werk herzustellen.

Da das BGB diese Formulierungen enthält, muss vielfach auf der Grundlage eines **„Wenn-dann-Testes"** ein **Umkehrschluss** der folgenden Art gemacht werden:

> **Umkehrschluss:** Wenn X gegenüber Y zu etwas *verpflichtet* ist (Zahlung des Kaufpreises oder der Miete), folgt daraus im Umkehrschluss, dass Y einen *Anspruch* gegen X hat.

Bitte bearbeiten Sie jetzt – in Ihrem eigenen Interesse – sehr sorgfältig die folgende Übungsaufgabe:

Nehmen Sie bitte das BGB zur Hand und ziehen Sie einen Umkehrschluss in Bezug auf § 433 Abs. 2 BGB, § 823 Abs. 1 BGB, § 831 Abs. 1 BGB, § 276 Abs. 2 BGB, § 278 BGB und § 280 Abs. 1 BGB nach dem Muster: Aus der Verpflichtung des einen Beteiligten folgt ein Anspruch des anderen Beteiligten. Entscheiden Sie danach, ob es sich bei den genannten Vorschriften um Anspruchsgrundlagen handelt, was – so viel sei vorab verraten – nicht bei allen der Fall ist.

Bitte machen Sie die Übung, bevor Sie weiterlesen!

Folgendes sollte herausgekommen sein:

- **§ 433 Abs. 2 BGB:** Aus der *Verpflichtung des Käufers* zur Zahlung des Kaufpreises an den Verkäufer folgt ein *Anspruch des Verkäufers* gegen den Käufer auf die Zahlung des Kaufpreises; also ist § 433 Abs. 2 BGB eine Anspruchsgrundlage, oder kürzer: ⇒ AGL (+).

- **§ 823 Abs. 1 BGB:** Aus der *Verpflichtung* desjenigen, der vorsätzlich oder fahrlässig das Leben, den Körper, die Gesundheit, die Freiheit, das Eigentum oder ein sonstiges Recht eines anderen widerrechtlich verletzt, diesem anderen den dadurch entstehenden Schaden zu ersetzen, folgt, dass der andere einen *Anspruch auf Schadensersatz* hat; also ist § 823 Abs. 1 BGB eine Anspruchsgrundlage: ⇒ AGL (+).

- **§ 831 Abs. 1 BGB:** Aus der *Verpflichtung* des Geschäftsherrn zum Ersatz des Schadens, den der zur Verrichtung Bestellte einem anderen in Ausführung der Verrichtung widerrechtlich zufügt, folgt der *Anspruch* des Geschädigten *auf Schadensersatz*: ⇒ AGL (+).

- **§ 276 Abs. 2 BGB:** Die Vorschrift definiert den Begriff der Fahrlässigkeit, enthält aber keine Rechtsfolge dahingehend, dass der Handelnde zu etwas verpflichtet ist oder ein anderer etwas verlangen kann. Also handelt es sich *nicht* um eine Anspruchsgrundlage. Eine Prüfung darf deshalb nicht mit § 276 Abs. 2 BGB beginnen!

- **§ 278 BGB:** Die Vorschrift regelt, dass der Schuldner sich ein Verschulden seines Erfüllungsgehilfen wie eigenes Verschulden zurechnen lassen muss. Es geht also um die Zurechnung von Verschulden. Aus § 278 BGB ergibt sich aber *keine Pflicht* des Schuldners, dem Gläubiger Schadensersatz zu leisten. Deshalb steht dem Gläubiger aus dieser Vorschrift auch *kein Anspruch* zu. Also ist § 278 BGB *keine* Anspruchsgrundlage (obwohl in Klausuren immer wieder das Gegenteil behauptet wird). Bei dieser Vorschrift handelt es sich nur um eine unselbstständige Zurechnungsnorm bezüglich des Verschuldens. Eine Prüfung darf deshalb nicht mit § 278 BGB beginnen!

- **§ 280 Abs. 1 BGB:** Relativ leicht fällt die Beurteilung des § 280 Abs. 1 BGB. Zwar ist das Wort „Anspruch" im Text der Vorschrift nicht enthalten, doch folgt aus der Formulierung („ … so kann der Gläubiger Ersatz des … Schadens verlangen") recht deutlich, dass hier ein Anspruch begründet wird. Wie dargestellt, handelt es sich bei § 280 Abs. 1 BGB um eine ganz wichtige Anspruchsgrundlage[2]: ⇒ AGL (+).

Zusammenfassend lässt sich sagen, dass es für das Verhältnis zwischen einer *Verpflichtung* des einen Teils und einem *Anspruch* des anderen Teils darauf ankommt, aus welchem **Blickwinkel** die Rechtslage betrachtet wird. Aus der Sicht des Verpflichteten oder aus der Sicht desjenigen, der einen Anspruch durchsetzen möchte. Es besteht eine gewisse Parallele zum halb gefüllten Glas Wasser: Je nach Blickwinkel ist das Glas halb voll oder halb leer.

> **Merksatz** *Wenn* X gegenüber Y zu etwas verpflichtet ist, *dann* hat Y einen Anspruch gegen X.

## 29.2.2 Auswahl der richtigen Anspruchsgrundlage

Falls Sie im ersten Schritt zu dem Ergebnis gelangt sind, dass ein Paragraph eine Anspruchsgrundlage ist, schließt sich im zweiten Schritt die Frage an, ob der Paragraph **im konkreten Fall** die *richtige* Anspruchsgrundlage ist. Es versteht sich von selbst, dass nicht alle Vorschriften, die Anspruchsgrundlagen sind, in jedem Fall geprüft werden können oder gar müssen. Vielmehr ist eine zweifache Auswahl vorzunehmen:

Die erste Auswahl geht von der **Rechtsfolge** der Anspruchsgrundlage aus. Es ist zu fragen, ob die in Betracht kommende Anspruchsgrundlage in der Rechtsfolge das ausspricht, was der Anspruchsteller nach dem Satz „wer will was von wem?" will. Zu klären ist also, ob die Anspruchsgrundlage „passt". Anders ausgedrückt: Enthält die mögliche Anspruchsgrundlage die begehrte Rechtsfolge? Anderenfalls ist die gefundene Anspruchsgrundlage für den zu lösenden Fall nicht die richtige Anspruchsgrundlage und deshalb nicht zu prüfen.

---

2 Vgl. S. 192 ff.

Wenn jemand **Schadensersatz** begehrt, muss die Rechtsfolge der in Betracht gezogenen Anspruchsgrundlage entweder aussprechen, dass jemand Schadensersatz verlangen kann (vgl. § 280 Abs. 1 BGB) oder jedenfalls im Umkehrschluss ergeben, dass ein solcher Anspruch besteht (vgl. §§ 823 Abs. 1, 831 Abs. 1 BGB).

---

**Beispiele**

- „ ... ist dem anderen zum Ersatz des daraus entstehenden Schadens verpflichtet" (vgl. § 823 Abs. 1 BGB) oder „ ... ist zum Ersatz des Schadens verpflichtet" (§ 831 BGB). Der Umkehrschluss führt jeweils zu einem Anspruch auf Schadensersatz.

- Deutlicher formuliert es § 280 Abs. 1 S. 1 BGB: „ ... kann der Gläubiger Ersatz des hierdurch (gemeint: durch die Pflichtverletzung des Schuldners) entstehenden Schadens verlangen".

---

Weitere Beispiele aus anderen Bereichen:

---

**Beispiele**

- Wenn eine Käuferin die defekte Kaufsache zurückgeben und den **Kaufpreis zurückhaben** möchte, muss die Rechtsfolge der möglichen Anspruchsgrundlage die Rückabwicklung des Kaufvertrages aussprechen. Ein solcher Anspruch ergibt sich aus § 346 Abs. 1 BGB i.V.m. § 437 Nr. 2 BGB nach einem Rücktritt vom Vertrag, weil nach § 346 Abs. 1 BGB die empfangenen Leistungen zurückzugewähren sind.

- Wenn ein Besteller eines Werkvertrages den **Ersatz von Aufwendungen** begehrt, die ihm für eine auf eigene Kosten durchgeführte Reparatur eines mangelhaften Werkes entstanden sind, bildet § 634 Nr. 2 BGB i.V.m. § 637 Abs. 1 BGB eine mögliche Anspruchsgrundlage.

- Verlangt jemand die **Herausgabe einer Sache**, „passen" die Rechtsfolgen

  (1) „kann von dem Besitzer die Herausgabe der Sache verlangen" (§ 985 BGB),

  (2) „ist zur Herausgabe verpflichtet" (§ 812 Abs. 1 S. 1 BGB) und

  (3) „ist verpflichtet, die gemietete Sache nach Beendigung des Mietverhältnisses zurückzugeben" (§ 546 Abs. 1 BGB).

---

Anhand des letzten Beispiels lässt sich der dritte Schritt für die Auswahl der richtigen Anspruchsgrundlage erläutern. Wenn Sie mehrere von der Rechtsfolge her „passende" Anspruchsgrundlagen gefunden haben (zum Beispiel für einen Herausgabeanspruch), sind *nicht* alle Vorschriften zu prüfen. Vielmehr ist jetzt eine am konkreten Sachverhalt orientierte Auswahl vornehmen:

> **Fortsetzung des letzten Beispiels**
>
> - Wenn offensichtlich kein Mietvertrag vorliegt, kann sich der Herausgabe-anspruch nicht aus § 546 Abs. 1 BGB ergeben. Die Vorschrift sollte nicht ein-mal erwähnt werden.
>
> - Falls sowohl § 985 BGB als auch § 812 BGB in Betracht kommen, ist mit § 985 BGB zu beginnen. Bezüglich des § 812 BGB gilt umgangssprachlich nämlich der Satz „Wenn nix geht, geht vielleicht 812". Das bedeutet, dass § 812 BGB jedenfalls im Regelfall (Ausnahmen gibt es leider immer!) erst zu prüfen ist, wenn alle sonstigen Anspruchsgrundlagen nicht zum Erfolg geführt haben. Die Hauptbedeutung des § 812 Abs. 1 S. 1 BGB liegt darin, dass mit seiner Hilfe die Folgen nichtiger Verträge rückgängig gemacht werden, etwa nach Anfechtung eines Kaufvertrages (vgl. § 142 Abs. 1 BGB).

Ein weiteres Beispiel, nochmals zum Schadensersatz:

> **Beispiele**
>
> - Wenn offensichtlich kein Verzug vorliegt, sind die §§ 280 Abs. 1, Abs. 2, 286 BGB nicht anzusprechen. Dagegen kann § 280 Abs. 1 BGB allein oder in Ver-bindung mit anderen Vorschriften die Anspruchsgrundlage sein, zum Beispiel für Begleitschäden aus der Durchführung des Vertrages.
>
> - Wenn klar ist, dass kein Kaufvertrag vorliegt, ist § 437 Nr. 3 BGB fehl am Platze.
>
> - Falls eindeutig kein Verrichtungsgehilfe tätig war, ist § 831 Abs. 1 BGB nicht zu prüfen.

## 29.2.3  Andere Fallfragen

Probleme mit dem Auffinden und der Auswahl der richtigen Anspruchsgrundlage ergeben sich insbesondere dann, wenn die Fallfrage nicht direkt nach einem Anspruch fragt, sondern eine weniger deutliche Formulierung aufweist:

> **Beispiele für Fallfragen**
>
> - Kann V den Kaufpreis verlangen?
> - U begehrt die Zahlung des Werklohns. Zu Recht?
> - Ist S zum Schadensersatz gegenüber G verpflichtet?
> - Wie ist die Rechtslage?

Die ersten drei Fragestellungen enthalten jeweils nur „schlecht versteckt" die Frage nach einem Anspruch, nämlich ob V ein Anspruch auf Zahlung des Kaufpreises zusteht (aus § 433 Abs. 2 BGB), ob U einen Anspruch auf Zahlung der vereinbarten (Werk-)Vergütung hat (aus § 631 Abs. 1 BGB) und ob G gegen S ein Anspruch auf Schadensersatz zusteht (wofür verschiedene Anspruchsgrundlagen in Betracht kommen, z.B. § 280 Abs. 1 BGB, § 311 a Abs. 2 BGB, § 823 Abs. 1 BGB, § 831 BGB). Alle Fragestellungen weisen nur in der Formulierung, nicht aber in der Sache Unterschiede zur (direkten) Frage nach dem Bestehen eines Anspruchs auf, sodass sich keine Probleme ergeben dürften.

Ein wenig unangenehm ist hingegen die allgemein gestellte Frage nach der Rechtslage. Hier muss geklärt werden, was untersucht werden soll. In der Regel finden sich im Sachverhalt Angaben dazu, wer was von wem will, ob also ein *Anspruch* besteht. Möglicherweise geht es aber gar *nicht* um einen *Anspruch*, sondern um eine ganz andere Rechtsfrage.

---

**Beispiele**

- Ist G Eigentümer des Kfz geworden?
- Ist die Annahme rechtzeitig erfolgt?
- Ist die Kündigung des Mietvertrages wirksam?

---

Wie in diesen Fällen vorzugehen ist, wird an späterer Stelle dargestellt[3].

## 29.3 Wichtige Anspruchsgrundlagen

Im Folgenden sollen einige für die Praxis, aber auch für die Ausbildung wichtige Anspruchsgrundlagen kurz angeführt werden.

### 29.3.1 Vertragliche Anspruchsgrundlagen

Ein vertraglicher Anspruch setzt voraus, dass die Parteien einen wirksamen Vertrag geschlossen haben. Mit Abschluss des Vertrages werden Erfüllungsansprüche begründet, die als Primäransprüche bezeichnet werden. Kommt es anlässlich der Abwicklung des Vertrages zu Störungen (Leistungsstörungen), können Sekundäransprüche entstehen.

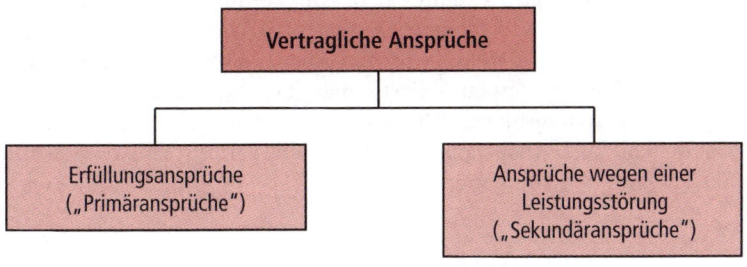

Abbildung 29.2: Vertragliche Ansprüche

---

3   Vgl. S. 525 ff.

### Ansprüche auf Erfüllung (Primäransprüche)

#### Aus einem Kaufvertrag

- **§ 433 Abs. 1 S. 1 BGB:** Anspruch des Käufers auf Übergabe der Kaufsache und auf Übereignung,
- **§ 433 Abs. 2 BGB:** Anspruch des Verkäufers auf Zahlung des Kaufpreises.

Bitte beachten Sie, dass beide Absätze der Vorschrift *jeweils* eine Anspruchsgrundlage enthalten! Einmal für den Käufer (Abs. 1), einmal für den Verkäufer (Abs. 2).

#### Aus einem Mietvertrag

- **§ 535 Abs. 1 BGB:** Anspruch des Mieters auf Gebrauch der gemieteten Sache im vertragsgemäßen Zustand,
- **§ 535 Abs. 2 BGB:** Anspruch des Vermieters auf Zahlung der vereinbarten Miete.

#### Aus einem Dienstvertrag

- **§ 611 Abs. 1 BGB:** Anspruch des Dienstberechtigten (zum Beispiel des Arbeitgebers) auf Leistung der Dienste (der Arbeitsleistungen),
- **§ 611 Abs. 1 BGB:** Anspruch des Dienstverpflichteten (zum Beispiel des Arbeitnehmers) auf Gewährung der vereinbarten Vergütung (Arbeitslohn). Falls keine Vereinbarung dazu vorliegt, *ob* eine Vergütung zu erfolgen hat, gilt ergänzend § 612 Abs. 1 BGB, falls keine Vereinbarung zur *Höhe* der Vergütung vorliegt, gilt ergänzend § 612 Abs. 2 BGB.

#### Aus einem Werkvertrag

- **§ 631 Abs. 1 BGB:** Anspruch des Bestellers auf Herstellung des versprochenen Werkes,
- **§ 631 Abs. 1 BGB:** Anspruch des Unternehmers auf „Entrichtung" (Zahlung) der vereinbarten Vergütung. Falls keine Vereinbarung dazu vorliegt, *ob* eine Vergütung zu erfolgen hat, gilt ergänzend § 632 Abs. 1 BGB, falls keine Vereinbarung zur *Höhe* der Vergütung vorliegt, gilt ergänzend § 632 Abs. 2 BGB.

#### Aus im BGB nicht geregelten Vertragstypen
Wegen des Prinzips der Vertragsfreiheit sind die Parteien berechtigt, Verträge mit anderen Inhalten abzuschließen, als die im BGB geregelten Vertragstypen aufweisen[4]. Für die damit eingegangenen Verpflichtungen enthält das BGB dann keine Anspruchsgrundlage. So sind zum Beispiel der Leasingvertrag, der Lizenzvertrag, der Factoringvertrag und der Franchisevertrag im BGB nicht geregelt. Bisweilen verbergen sich allerdings hinter den wohlklingenden Namen ganz „normale" BGB-Verträge. So kann der Leasingvertrag ein (normaler) Mietvertrag, aber auch ein verdeckter Ratenkauf sein. Der Factoringvertrag wird oft ein „normaler" Kauf von Forderungen sein, also unter §§ 453 Abs. 1, 433 1 BGB fallen. Um eine solche Feststellung treffen zu können, müsste man aber jeweils den kompletten Vertrag untersuchen. Da der Vertragstext in Klausuren aber nicht vollständig vorliegt, besteht nur die Möglichkeit, als Anspruchsgrundlage den Vertrag selbst ohne die Hinzufügung eines Paragraphen zu nennen.

---

4   Vgl. S. 345 ff.

> **Beispiel** Anspruch des Leasinggebers auf Zahlung der Leasingraten in Höhe von 21.550,-- € / Monat gegen den Leasingnehmer aus dem Leasingvertrag.

## Vertragliche Sekundäransprüche

Vertragliche Sekundäransprüche kommen in Betracht, wenn die – bisher genannten – Primärpflichten aus einem Vertrag gar nicht (Nichterfüllung), schlecht (Mängelhaftung, auch Gewährleistung genannt) oder zu spät (Verzug) erfüllt werden, wenn die Erfüllung nicht möglich ist (Unmöglichkeit) oder wenn bei der Durchführung des Vertrages Schäden an anderen Rechtsgütern des Vertragspartners verursacht werden.

**Schadensersatz wegen einer Pflichtverletzung** Anspruchsgrundlage ist regelmäßig § 280 Abs. 1 BGB, es sei denn, der Schaden beruht auf der Verzögerung der Leistung (Verzug), auf Schlechtleistung oder auf Unmöglichkeit. In einem dieser Fälle müssen *zusätzliche* Voraussetzungen erfüllt sein (vgl. § 280 Abs. 2, 3 BGB).

**Verspätete Leistung: Verzug** Wenn eine Leistung nicht rechtzeitig erbracht wird, können sich Ansprüche aus Verzug ergeben, wobei zwischen dem Gläubigerverzug und dem Schuldnerverzug unterschieden wird. Für die Praxis bedeutsamer sind die Regelungen zum Schuldnerverzug.

> **Beispiele zum Schuldnerverzug**
>
> ■ Der Verkäufer (Schuldner) liefert nicht innerhalb der vereinbarten Frist („Lieferantenverzug").
>
> ■ Der Käufer (Schuldner) zahlt auch nach Mahnung den fälligen Kaufpreis nicht („Zahlungsverzug).

Anspruchsgrundlagen im Verzugsfall:

■ §§ 280 Abs. 1, Abs. 2, 286 BGB: Ersatz des durch den Verzug entstandenen Schadens,

■ 288 Abs. 1, 286 BGB: Verzugszinsen.

> **Merksatz** Die Frage, *ob* Schuldnerverzug vorliegt, richtet sich nach § 286 BGB, aus dem sich aber *kein Anspruch* auf Schadensersatz ergibt, weil als Rechtsfolge nur ausgesprochen wird, *dass* der Schuldner in Verzug gerät. Deshalb ist die Prüfung mit § 280 Abs. 1 BGB zu beginnen! Diese Vorschrift bildet die Basis für den Anspruch. Gemäß § 280 Abs. 2 BGB ist zusätzlich § 286 BGB zu prüfen.

### Mängelhaftung beim Kaufvertrag

- **§§ 437 Nr. 1, 439 BGB:** Anspruch des Käufers auf Nacherfüllung in Form der Beseitigung des Mangels (Reparatur) oder Lieferung einer mangelfreien Sache (Umtausch),

- **§§ 346 Abs. 1, 437 Nr. 2 BGB:** Anspruch des Käufers auf Rückzahlung des Kaufpreises nach Rücktritt vom Kaufvertrag,

- **§§ 280 Abs. 1, Abs. 3, 281 Abs. 1, 437 Nr. 3 BGB:** Anspruch des Käufers auf Schadensersatz statt der mangelhaften Sache.

**Unmöglichkeit**  Wenn eine Leistung unmöglich ist, ist der Vertrag zwar wirksam (§ 311 a Abs. 1 BGB), doch entfällt nach § 275 Abs. 1 BGB der Erfüllungsanspruch des Gläubigers (der Schuldner kann ja nicht mehr erfüllen!). Es kann allerdings ein Schadensersatzanspruch nach §§ 280 Abs. 1, Abs. 3, § 283 BGB bestehen. Den Einfluss der Unmöglichkeit der einen Leistung auf die (noch mögliche) Gegenleistung regelt § 326 BGB.

## 29.3.2 Vertragsähnliche Anspruchsgrundlagen

Für bestimmte Handlungen, die vor Abschluss eines Vertrages begangen werden, kommen vertragsähnliche Ansprüche in Betracht.

- **§§ 280 Abs. 1, 311 Abs. 2, 241 Abs. 2 BGB:** Schuldhaftes Verhalten bei der Vertragsanbahnung als vorvertraglicher Anspruch,

- **§ 179 Abs. 1 BGB:** Anspruch auf Erfüllung oder Schadensersatz gegen den Vertreter ohne Vertretungsmacht,

- Außerdem kann ein Anspruch bestehen, wenn ein Vertrag gemäß §§ 119 Abs. 1, Abs. 2, 120 BGB angefochten wird, **§ 122 BGB**: Schadensersatz nach (wirksamer) Anfechtung.

## 29.3.3 Anspruchsgrundlagen aus dem Sachenrecht

### Herausgabeanspruch des Eigentümers aus §§ 985, 986 BGB

Die Regeln des Sachenrechts begründen dingliche Ansprüche. Im Unterschied zu schuldrechtlichen Ansprüchen, die nur zwischen bestimmten Personen bestehen („relative Ansprüche"), richten sich die sachenrechtlichen Ansprüche („absolute Ansprüche") gegen jedermann. Die wichtigste Anspruchsgrundlage des Sachenrechts ist § 985 BGB. Danach kann der **Eigentümer** vom **Besitzer** die **Herausgabe einer Sache** verlangen, es sei denn, dem Besitzer steht gegen den Eigentümer ein **Recht zum Besitz** zu (§ 986 BGB).

| **Merksatz** | § 985 BGB muss immer in Zusammenhang mit § 986 BGB geprüft werden, sonst drohen unsinnige Ergebnisse! |
|---|---|

> **Beispiel**  Wird nur § 985 BGB geprüft, kann der Vermieter (Eigentümer) vom Mieter (Besitzer) jederzeit die Herausgabe der Mietsache verlangen. Gegen einen solchen Anspruch wird sich der Mieter aber zur Wehr setzen, weil ihm gegen den Vermieter aus dem Mietvertrag ein Recht zum Besitz gemäß § 986 Abs. 1 S. 1 BGB zusteht. Erst mit der Beendigung des Mietvertrages durch wirksame Kündigung, Ablauf der Mietzeit oder Aufhebungsvertrag entfällt dieses Besitzrecht. Neben §§ 985, 986 BGB ergibt sich der Anspruch des Vermieters auf Herausgabe der Mietsache nach Beendigung des Mietverhältnisses auch aus § 546 Abs. 1 BGB, einer weiteren Anspruchsgrundlage.

## Beseitigungs- und Unterlassungsanspruch

Wird das Eigentum in anderer Weise als durch Entziehung oder Vorenthaltung beeinträchtigt, kann der Eigentümer gemäß **§ 1004 Abs. 1 S. 1 BGB** vom Störer die Beseitigung verlangen, es sei denn, der Eigentümer ist zur Duldung verpflichtet (§ 1004 Abs. 2 BGB). Sofern weitere, also künftige Beeinträchtigungen zu besorgen (zu befürchten) sind, kann der Eigentümer vorbeugend Unterlassung verlangen (§ 1004 Abs. 1 S. 2 BGB).

## 29.3.4 Gesetzliche Anspruchsgrundlagen aus dem Schuldrecht

Das Schuldrecht kennt neben den schon dargestellten vertraglichen Anspruchsgrundlagen zahlreiche gesetzliche Anspruchsgrundlagen. Die wichtigsten davon finden sich in den §§ 823 ff. BGB und den §§ 812 ff. BGB.

### Unerlaubte Handlungen (§§ 823 ff. BGB)

Die Vorschriften über die unerlaubten Handlungen (auch „Deliktsrecht" genannt) sollen eine aufgrund einer schädigenden Handlung eingetretene Vermögenseinbuße beim Geschädigten ausgleichen. Dessen Vermögen soll wieder auf den Stand gebracht werden, den es ohne das schädigende Ereignis gehabt hätte. Die wichtigsten Anspruchsgrundlagen sind:

- **§ 823 Abs. 1 BGB**: Haftung für die Verletzung eines in der Vorschrift geschützten Rechtsgutes oder Rechts,
- **§ 823 Abs. 2 BGB i.V.m. der Verletzung eines Schutzgesetzes**,
- **§ 826 BGB**: Vorsätzliche sittenwidrige Schädigung,
- **§ 831 BGB**: Haftung für den Verrichtungsgehilfen.

> **Merksatz**  Die **§§ 249 ff. BGB** enthalten *keine* Anspruchsgrundlage, sondern regeln „nur", in welcher Weise und in welcher Höhe Schadensersatz zu leisten ist. Sie begründen also keinen Anspruch **auf** Schadensersatz, sondern setzen voraus, dass eine Verpflichtung zum Schadensersatz aufgrund anderer Vorschriften besteht (vgl. neben der obigen Aufzählung § 280 Abs. 1 BGB; §§ 280 Abs. 1, Abs. 3, 281 Abs. 1, 437 Nr. 3 BGB; § 179 Abs. 1 BGB).

Außerdem ist in diesem Zusammenhang mit Nachdruck nochmals auf Folgendes hinzuweisen:

> **Merksatz** § **278 BGB** ist **keine** Anspruchsgrundlage. Zwar hat diese Vorschrift – jedenfalls auf den ersten Blick – eine gewisse Ähnlichkeit mit § 831 BGB, bei dem es sich um eine Anspruchsgrundlage handelt, beim „Wenn-dann-Test" ergibt sich jedoch, dass § 278 BGB kein Recht des Gläubigers (keinen Anspruch) begründet, sondern „nur" regelt, dass der Schuldner ein Verschulden seines Erfüllungsgehilfen in gleicher Weise zu vertreten hat wie eigenes Verschulden. Die Funktion des § 278 BGB besteht in der Zurechnung *fremden* Verschuldens, wenn der Schuldner nicht persönlich, sondern sein Erfüllungsgehilfe schuldhaft gehandelt hat. Demgegenüber knüpft § 831 BGB die Verpflichtung zum Schadensersatz an ein vermutetes *eigenes* Verschulden des Geschäftsherrn.

### Ungerechtfertigte Bereicherung (§§ 812 ff. BGB)

Die Vorschriften der ungerechtfertigten Bereicherung sollen Vermögensverschiebungen, für die es keinen Rechtsgrund, insbesondere keinen wirksamen Vertrag gibt, rückgängig machen. Im Gegensatz zum Schadensersatzrecht, das eine Vermögenseinbuße des Geschädigten ausgleichen soll, geht es hier um die Herausgabe eines Vermögenszuwachses, der sich zu Unrecht, nämlich ohne Rechtsgrund, im Vermögen einer Person befindet.

> **Beispiel** Wenn V dem K ein Auto übereignet hat (§§ 929 ff. BGB) und sich dann herausstellt, dass der zugrunde liegende Kaufvertrag nichtig ist (z.B. nach erfolgter Anfechtung, vgl. § 142 Abs. 1 BGB), dann hat K wegen des Trennungsprinzips immer noch einen zuvor V gehörenden Gegenstand in seinem Vermögen (Eigentum und Besitz am Auto), ohne dass es für diese Vermögensverschiebung einen Rechtsgrund gibt. Der Ausgleich wird mit Hilfe des § 812 Abs. 1 S. 1, 1. Fall BGB vollzogen. Dies gilt auch für den von K gezahlten Kaufpreis.

Die wichtigsten Anspruchsgrundlagen aus diesem Bereich sind:

- § **812 Abs. 1 S. 1, 1. Fall. BGB:** „Leistungskondiktion",
- § **812 Abs. 1 S. 1, 2. Fall BGB:** „Sonstige Kondiktionsarten"; diese sind subsidiär (nachrangig) gegenüber der Leistungskondiktion und deshalb nur zu prüfen, wenn der Vermögensgegenstand von niemandem geleistet worden ist,
- § **816 Abs. 1 S. 1 BGB:** Die Vorschrift greift insbesondere dann ein, wenn ein Nichtberechtigter das Eigentum des Berechtigten auf einen gutgläubigen Dritten übertragen hat (gutgläubiger Erwerb gemäß §§ 929, 932 ff. BGB, 366 HGB).

> **Merksatz**
>
> 1. § 816 BGB geht § 812 BGB vor und ist deshalb vorrangig zu prüfen.
> 2. Die Leistungskondiktion verdrängt die anderen Kondiktionsarten.

■ **§ 816 Abs. 2 BGB:** Die Vorschrift greift ein, wenn eine Leistung, die an einen Nichtberechtigten erfolgt, dem Berechtigten gegenüber wirksam ist. Dies kann zum Beispiel eine Zahlung sein, die nach der Abtretung einer Forderung (§ 398 BGB) vom Schuldner nicht an den berechtigten neuen Gläubiger, sondern an den bisherigen (alten) Gläubiger erfolgt, dem neuen Gläubiger gegenüber aber nach § 407 Abs. 1 BGB wirksam ist.

> **Merksatz**
>
> § 818 BGB ist keine Anspruchsgrundlage, sondern betrifft den Umfang eines aufgrund anderer Vorschriften gegebenen Herausgabeanspruchs. Er ähnelt damit den §§ 249 ff. BGB.

## 29.4 Der Anspruchsaufbau

In vielen Fällen ist in der Klausur, aber auch in einer juristischen Hausarbeit, ein *Rechtsgutachten* nach dem so genannten **Anspruchsaufbau** anzufertigen. Ein solches Gutachten besteht aus drei Teilen, nämlich der Einleitung (oft nur *ein* Satz, der beschreibt, was geprüft werden soll), der eigentlichen Prüfung (Kernstück des Gutachtens) und dem Ergebnis- oder Schlussteil (Antwort auf die in der Einleitung aufgeworfene Frage).

**Tabelle 29.1**

| Muster eines Gutachtens nach dem Anspruchsaufbau | |
|---|---|
| Einleitung | Was wird aufgrund welcher Anspruchsgrundlage geprüft? |
| Mittelteil | Prüfung der in Betracht kommenden Anspruchsgrundlage(n) |
| Schlussteil | Ergebnis der Prüfung – Antwort auf die in der Einleitung genannte Problemstellung |

### 29.4.1 Gutachtenstil

Vielen Studierenden bereitet es gerade zu Beginn des Studiums erhebliche Probleme, dass bei der Anfertigung der Lösung einer Fallaufgabe der so genannte Gutachtenstil anzuwenden ist. Dieser Stil ist dadurch gekennzeichnet, dass die Lösung nach einem bestimmten Muster nach und nach entwickelt wird. Kennzeichnend ist, dass die Ausführungen nicht mit dem Ergebnis, sondern mit einer Vermutung, einer Annahme (Hypothese) beginnen. Diese Hypothese wird sodann untersucht: Wenn sie sich am

Ende der Prüfung als richtig herausstellt, besteht der Anspruch. Erweist sich die Hypothese als falsch, ist kein Anspruch gegeben. Das Gegenstück zum Gutachtenstil ist der so genannte Urteilsstil, in dem die Gerichte ihre Entscheidungen abfassen. Das Urteil beginnt mit dem Ergebnis, das anschließend in den Entscheidungsgründen begründet wird.

---

**Beispiele**

■ **Gutachtenstil**

*V könnte einen Anspruch auf die Zahlung des Kaufpreises in Höhe von 45.900,-- € gegen K aus § 433 Abs. 2 BGB haben. Dann müsste ...* (hier folgt, was für diesen Anspruch erforderlich ist und die anschließende Untersuchung, ob die Voraussetzung(en) erfüllt sind)

■ **Urteilsstil**

*V steht gegen K ein Anspruch auf Zahlung von 45.900,-- € aus § 433 Abs. 2 BGB zu, weil zwischen den Parteien ein wirksamer Kaufvertrag geschlossen worden ist. Denn V hat das Angebot des K rechtzeitig angenommen ...* (es folgt die weitere Begründung)

---

Wie ein Gutachten abzufassen ist, wird in den folgenden Ausführungen beschrieben. Ausformulierte Beispiele mit Lösungen finden Sie dann im nächsten Kapitel.

## 29.4.2 Einleitung

Der erste Satz des Gutachtens (Einleitungssatz) soll dem Leser zeigen, was und welche Anspruchsgrundlage geprüft wird, von welcher Hypothese also ausgegangen wird. Hier gilt der berühmte Satz mit den vielen „W's" („Wer will was von wem woraus?"). Der Satz muss sich nicht wörtlich wiederfinden, er sollte aber „durchschimmern". Dafür bieten sich, je nach der konkreten Aufgabenstellung, verschiedene Formulierungen an:

---

**Beispiele für Einleitungssätze**

■ (Wer) V (will was) könnte ein **Anspruch** auf Zahlung von 6.000,-- € (von wem) gegen K (woraus?) aus § 433 Abs. 2 BGB zustehen.

■ Es ist zu untersuchen, ob (Wer) X (will was) einen **Anspruch** auf Schadensersatz in Höhe von 12.538,-- € (von wem) gegen Y (woraus?) aus § 823 Abs. 1 BGB hat.

■ Zu klären ist, ob (Wer) E (will was) einen **Anspruch** auf Herausgabe des Kaufpreises (von wem) von B (woraus?) aus § 816 Abs. 1 BGB hat.

---

### 29.4.3 „Mittelteil"

Im mittleren Teil des Gutachtens ist zu klären, *ob* alle Voraussetzungen der zu prüfenden Anspruchsgrundlage(n) vorliegen. Dieser Teil bildet das „Kernstück" des Gutachtens, da hier die Untersuchung der einschlägigen Rechtsfragen stattfindet. Er soll logisch aufgebaut sein und für den Leser in nachvollziehbarer Weise den Gang der Untersuchung erkennen lassen. Generell wird dieses Ziel am besten erreicht, wenn Sie bei allen Prüfungspunkten eine „Dreiteilung" nach dem **N-D-S-Schema**[5] vornehmen. Wer dieses Schema beherrscht und anwendet, wird Prüfungsarbeiten erfolgreich schreiben. Wer es missachtet, wird die eine oder andere Prüfungsarbeit wiederholen dürfen.

### N wie Nennen des Prüfungspunktes/der Tatbestandsvoraussetzung

In der ersten Ebene wird der Untersuchungsgegenstand genannt, sodass der Leser weiß, was untersucht werden soll.

**Beispiele**

- Das Fax könnte ein *Angebot* des X sein.
- B müsste *etwas erlangt haben.*
- E müsste (noch) *Eigentümer* des Pkw sein.
- V und K müssten sich über den Eigentumsübergang *geeinigt* haben.
- Die Annahmeerklärung müsste innerhalb der Annahmefrist *zugegangen* sein.

### D wie Definition (Beschreibung)

In der zweiten Ebene wird eine allgemeine (abstrakte) Beschreibung der zuvor genannten und jetzt zu prüfenden Voraussetzung gegeben. Hier wird in abstrakter Form, also noch ohne Bezug zum konkreten Fall, die Grundlage für die anschließend durchzuführende Subsumtion vorbereitet.

**Beispiele**

- Ein Angebot ist eine einseitige empfangsbedürftige Willenserklärung, durch die eine Partei der anderen Partei den Abschluss eines Vertrages verbindlich, also mit Rechtsbindungswillen, anbietet. Das Angebot muss die Parteien, die Leistung und die Gegenleistung umfassen, sodass ein bloßes „Ja" der anderen Seite zur Einigung über die wesentlichen Vertragsbestandteile führt.
- Eine Willenserklärung unter Abwesenden geht nach § 130 Abs. 1 S. 1 BGB zu, wenn sie in den Machtbereich des Empfängers gelangt und unter Zugrundelegung normaler Verhältnisse mit einer Kenntnisnahme zu rechnen ist. Außerdem darf kein vorheriger oder gleichzeitiger Widerruf vorliegen.

---

5   N-D-S steht für nennen, definieren, subsumieren.

## S wie Subsumtion

In der dritten Ebene wird untersucht, ob die

- in der ersten Ebene genannten und

- in der zweiten Ebene allgemein definierten Voraussetzungen im *konkreten* Fall vorliegen. Es geht also um die Anwendung der in der zweiten Ebene enthaltenen abstrakten (allgemein gültigen) Definition auf den zu bearbeitenden konkreten Sachverhalt. Dieser Vorgang heißt **Subsumtion**[6].

---

**Beispiel für das N-D-S-Schema**

**1. Nennen des Prüfungspunktes (was soll untersucht werden?)**  Das Fax der V-GmbH vom 11.2. könnte ein Angebot zum Abschluss eines Kaufvertrages mit K sein.

**2. Definieren (abstrakte Beschreibung und Erläuterung)**  Ein Angebot ist eine einseitige empfangsbedürftige Willenserklärung, durch die eine Partei der anderen Partei den Abschluss eines Vertrages verbindlich, also mit Rechtsbindungswillen, anbietet. Das Angebot muss die Parteien, die Leistung und die Gegenleistung umfassen, sodass ein bloßes „Ja" der anderen Seite zur Einigung über die wesentlichen Vertragsbestandteile führt. Ob das Fax ein verbindliches Angebot oder nur eine unverbindliche invitatio ad offerendum enthält, ist im Wege der Auslegung nach §§ 133, 157 BGB zu klären. Dabei kommt es darauf an, wie der Empfänger das Fax unter Berücksichtigung der Verkehrssitte und von Treu und Glauben verstehen musste.

**3. Subsumieren (prüfen)**  Dafür, dass das Fax bereits ein verbindliches Angebot sein sollte, spricht, dass es mit „Sonderangebot" überschrieben ist. Dagegen spricht aber, dass es sich nach der Aufmachung („Rundfax an alle Kunden und Geschäftsfreunde") um ein Massenfax handelt, aus dem nicht abzuleiten ist, dass die V-GmbH sich bereits gegenüber den zahlreichen Empfängern rechtlich binden will. Denn ... (es folgen weitere Argumente und anschließend die Entscheidung, etwa so:). Also stellt das Fax der V-GmbH vom 11.2 kein Angebot zum Abschluss eines Kaufvertrages mit K dar.

Bitte vergleichen Sie den letzten Satz im „Subsumtions-Teil" mit dem Satz im „Nennen-Teil"! Am Ende der Subsumtion steht die Antwort auf das untersuchte Problem. Genau so soll es sein!

---

Sie werden an dieser Stelle vielleicht denken, dass Sie bei Beachtung dieser Anweisung „nie und nimmer fertig werden". Möglicherweise meinen Sie auch, so viel Aufhebens sei ja wohl unangebracht und unnötige „Schreibarbeit". Mit diesen Einwänden haben Sie Recht, zugleich aber auch Unrecht. Denn auf die Frage, ob Sie wirklich eine so umfassende Prüfung anstellen müssen, ist mit einem – oder sogar *dem* – typischen Juristensatz zu antworten, der da heißt: „Es kommt darauf an!"

---

6   Vgl. bereits die Ausführungen in der Einleitung, S. 21 f.

Der Sachverhalt einer Aufgabenstellung wird in der Regel so aufbereitet, dass einige Voraussetzungen der möglichen Anspruchsgrundlage bejaht werden können, ohne dass es einer Prüfung bedarf oder ohne dass eine eingehende Prüfung erforderlich ist.

---

**Beispiele**

- Wenn es im Sachverhalt heißt: „V und K haben einen Kaufvertrag geschlossen", ist auf das Zustandekommen des Vertrages nicht einzugehen, also insbesondere nicht zu fragen, wer das Angebot und wer die Annahme erklärt hat. Denn wie sollte man eine solche Prüfung durchführen, wenn gar keine Einzelheiten bekannt sind? Daraus folgt, dass Sie dann, wenn es zum Beispiel um die Nacherfüllung wegen eines Mangels der Kaufsache geht, einfach schreiben können: *„Nach dem Sachverhalt liegt der nach § 437 Nr. 1 BGB erforderliche Kaufvertrag zwischen V und K vor"*. Anders verhält es sich, wenn Einzelheiten zu den Vertragsverhandlungen dargestellt werden, etwa in der Weise, dass ein von V unterbreitetes Angebot von K nicht rechtzeitig angenommen wird oder wenn es zu Änderungen des Angebots durch K gekommen ist (vgl. § 150 Abs. 1 und Abs. 2 BGB).

- Wenn der Sachverhalt keine Angaben dazu enthält, dass sich der Geschäftsherr nach § 831 Abs. 1 S. 2 BGB entlasten („exkulpieren") kann, reicht der Satz aus: „Im Sachverhalt finden sich keinen Angaben dazu, dass G sich gemäß § 831 Abs. 1 S. 2 BGB entlastet hat".

- Wenn die Parteien offensichtlich keinen Vertrag geschlossen haben, darf höchstens mit einem Satz ausgeführt werden, dass vertragliche Ansprüche nicht in Betracht kommen. „Da zwischen A und X kein Vertrag vorliegt, kommen vertragliche Ansprüche nicht in Betracht. Zu prüfen ist ...".

- Wenn keine Angaben vorhanden sind, aus denen ein gesetzlicher Eigentumserwerb nach §§ 946 ff. BGB resultieren könnte, ist diese Möglichkeit auch nicht zu erwähnen.

- Wenn nichts zum Alter der Beteiligten gesagt wird, ist auf die Frage der Geschäftsfähigkeit nicht einzugehen.

---

Natürlich ist es nicht einfach, zu entscheiden, ob zu einem Punkt überhaupt etwas und wenn ja, wie viel geschrieben werden sollte. Als allgemeine, freilich nicht immer einfach umzusetzende Regel gilt:

---

**Merksatz**   Unproblematisches ist kurz, problematische Fragen sind ausführlich zu bearbeiten!

---

Ein gewisses Indiz für die Abgrenzung „wichtig/unwichtig" wird oft darin liegen, ob der Sachverhalt zu bestimmten Voraussetzungen keine oder nur sehr kurze Angaben enthält, während zu anderen Voraussetzungen Einzelheiten geschildert werden. Stehen in einem Sachverhalt viele Daten, ist fast immer davon auszugehen, dass diese Daten auch von Bedeutung sind, etwa für den rechtzeitigen Zugang einer Annahmeerklärung oder einer Kündigung oder für eine mögliche Verjährung des Anspruchs.

Wenn Sie unsicher sind, schreiben Sie einfach einen kurzen Satz, in dem Sie die Voraussetzung nennen, kurz definieren und anschließend eine „Mini-Subsumtion" durchführen.

> **Beispiel** *K hat das bis zum 15.5. befristete Angebot des V durch das Schreiben vom 12.5. rechtzeitig angenommen, da V dieses Schreiben nach dem Sachverhalt bereits am 13.5. erhalten und gelesen hat.*

### 29.4.4 Schlussteil

Der Schlussteil enthält die Antwort auf die im Einleitungsteil aufgeworfene Frage und damit das abschließende Ergebnis der Untersuchung. Ergibt die Prüfung, dass im konkreten Fall alle erforderlichen (Tatbestands-)Voraussetzungen der maßgeblichen Anspruchsgrundlage vorliegen, ist der Anspruch begründet. Fehlt (mindestens) eine der Voraussetzungen, ist der Anspruch unbegründet.

## 29.5 Prüfungsreihenfolge

Es kann sein, dass für ein und denselben Anspruch mehrere Anspruchsgrundlagen in Betracht kommen, zum Beispiel § 280 Abs. 1 BGB und § 823 Abs. 1 BGB. Dann ist zu entscheiden, in welcher Reihenfolge Sie die Prüfung durchführen. Die „Lage spitzt sich zu", wenn derselbe Anspruch gegen verschiedene Personen gegeben sein könnte.

> **Beispiel** Arbeitnehmer A hat in Ausführung einer Verrichtung den Vertragspartner seines Chefs geschädigt. Hier kommen Ansprüche gegen A (§ 823 Abs. 1 BGB) und gegen den Chef als Geschäftsherr (§ 831 Abs. 1 BGB) und als Schuldner (§§ 280 Abs. 1, 278 BGB) in Betracht.

Hier gibt es keine zwingende Reihenfolge der Prüfung, doch lassen sich einige Grundsätze aufstellen.

### 29.5.1 Mehrere Anspruchsgrundlagen gegen eine Person

Wenn mehrere Anspruchsgrundlagen gegen *dieselbe* Person in Betracht kommen, gelten im Normalfall folgende Regeln:

1. Vertragliche (und vertragsähnliche) Anspruchsgrundlagen sind vor gesetzlichen Anspruchsgrundlagen zu prüfen.
2. Innerhalb der vertraglichen Anspruchsgrundlagen sind Erfüllungsansprüche (aus §§ 433, 535, 611, 631 BGB und aus nicht geregelten Vertragstypen wie Leasing-, Franchise-, Factoring-, Lizenzvertrag) vor Sekundäransprüchen (Verzug, Mängelhaftung, Unmöglichkeit, sonstige Pflichtverletzungen) zu untersuchen.

3. Bei den gesetzlichen Anspruchsgrundlagen gehen die sachenrechtlichen Anspruchsgrundlagen den schuldrechtlichen Ansprüchen vor. Also §§ 985, 986 BGB und § 1004 Abs. 1 BGB vor den §§ 823 ff. BGB und §§ 812 ff. BGB.

4. Im Schuldrecht gilt die Reihenfolge: §§ 823 ff. BGB vor §§ 812 ff. BGB.

5. § 816 BGB geht wiederum § 812 Abs. 1 BGB vor.

---

**Hinweis**

- Natürlich sind nur die Anspruchsgrundlagen, die möglicherweise einschlägig sind, zu prüfen. Liegt ein Kaufvertrag vor, scheiden damit §§ 535, 611 und 631 BGB von vornherein aus.

- Die Anspruchsgrundlagen sind möglichst genau zu bezeichnen, also zumindest mit der Angabe des Absatzes, also nicht § 816 BGB oder § 823 BGB, sondern zum Beispiel § 816 Abs. 1 S. 1 BGB oder § 823 Abs. 1 BGB.

- Ansprüche können auch nach der Aufgabenstellung in einem Rangverhältnis stehen, etwa durch die Formulierung: „A möchte in erster Linie die Sache wiederhaben, jedenfalls möchte sie den von X gezahlten Kaufpreis".

- Bisweilen gibt es auch einen logischen Vorrang, zum Beispiel zwischen einem Anspruch aus einer (Haupt-)Verbindlichkeit und der zur Sicherung dieser Verbindlichkeit übernommenen Bürgschaft. Da die Bürgschaft *akzessorisch* ist, setzt sie das Bestehen der Hauptverbindlichkeit voraus. Wenn also nach Ansprüchen gegen den (Haupt-)Schuldner *und* gegen den Bürgen gefragt ist, ist zunächst die Prüfung gegen den Hauptschuldner durchzuführen.

---

### 29.5.2 Ansprüche gegen mehrere Personen

Wenn Ansprüche gegen mehrere Personen zu prüfen sind, ist über die Reihenfolge nach Zweckmäßigkeitsgesichtspunkten zu entscheiden. Wenn zum Beispiel eine Haftung von Arbeitgeber (Geschäftsherr) nach § 831 Abs. 1 BGB und Arbeitnehmer (Verrichtungsgehilfe) nach § 823 Abs. 1 BGB in Betracht kommt, besteht eine Möglichkeit darin, mit der Prüfung gegen die Person zu beginnen, bei der am ehesten „etwas zu holen" ist (also im Regelfall Arbeitgeber vor Arbeitnehmer). Es ist aber auch möglich, die Prüfung gegen den Arbeitnehmer vorzuziehen, weil dieser gehandelt und damit den Schaden verursacht hat, und erst danach die Haftung des Arbeitgebers zu erörtern.

## 29.6 Andere Aufgabenstellungen

Die bisherigen Ausführungen haben sich nur mit dem „Anspruchsaufbau" befasst. Klausuraufgaben müssen aber nicht notwendig auf die Untersuchung von Ansprüchen gerichtet sein. Es gibt nämlich sehr unterschiedliche Fallfragen:

---

**Beispiele**

a) Welche Ansprüche stehen A zu? ⇒ begrenzte Prüfung auf Ansprüche des A.

b) Hat A einen Herausgabeanspruch? ⇒ nur diesen Anspruch prüfen.

c) Wie ist die Rechtslage? ⇒ unter Umständen eine sehr umfangreiche Prüfung aller Ansprüche der Beteiligten.

d) Ist G Eigentümer des Lkw geworden? ⇒ (nur) prüfen, ob ein Eigentumserwerb des G stattgefunden hat.

e) Welche Rechte hat X? ⇒ Darstellung der verschiedenen in Betracht kommenden Möglichkeiten, die X haben könnte.

f) Erstellen Sie einen Vermerk dazu, welche Rechte Y zustehen! ⇒ Wie e).

g) Ist die folgende Klausel in den AGB eines Möbellieferanten wirksam? ⇒ Prüfung dieser Frage.

---

Sie haben sicherlich erkannt, dass nicht auf alle vorgenannten Fragestellungen der berühmte Satz mit den vielen W's passt. Unmittelbar macht „Wer will was von wem woraus?" nur für die ersten beiden Fragestellungen Sinn, mittelbar dürfte er aber auch für andere Fragestellungen jedenfalls insoweit eine Bedeutung haben, als er eine Orientierung leistet und den Einstieg erleichtert. Was im konkreten Fall untersucht werden soll, kann aber nur jeweils aus dem Zusammenhang des Sachverhalts mit der Fragestellung ermittelt werden. Diese Arbeit muss zu Beginn geleistet werden.

Bezogen auf die obigen Fragestellungen ergibt sich:

zu a): Hier geht es um einen oder mehrere Ansprüche.

zu b): Hier geht es um einen bereits konkret bezeichneten Anspruch. Anspruchsgrundlage könnten §§ 985, 986 BGB, § 546 Abs. 1 BGB oder § 812 Abs. 1 S. 1 BGB sein.

zu c): Bei der Frage nach der Rechtslage kann sich aus dem Zusammenhang von Sachverhalt und Fallfrage ergeben, dass es auch hier darum geht, wer was von wem verlangen kann (will). Allerdings könnte auch zu klären sein, ob ein Vertrag wirksam ist, ob eine wirksame Vertretung stattgefunden hat, ob eine ausgesprochene Kündigung eines Miet- oder Arbeitsvertrages wirksam ist.

zu d): Hier ist eindeutig *nicht* nach einem Anspruch gefragt, sondern (nur) zu klären, ob G Eigentümer des Lkw nach §§ 929 ff. BGB geworden ist.

zu e): Hier könnte zu prüfen sein, welche Rechte X gegen einen anderen zustehen („Was will X von dem anderen?"), aber auch, ob X ein Anfechtungs-, Rücktritts-, Widerrufs- oder Kündigungsrecht hat.

zu f): Es gilt das zu e) Ausgeführte.

zu g): Es ist die Wirksamkeit der Klausel nach den §§ 307 ff. BGB zu prüfen. Da es insoweit um keinen Anspruch geht, wird keine Anspruchsgrundlage benötigt.

Weitere mögliche Aufgabenstellungen, bei denen der Anspruchsaufbau „versagt", sind zum Beispiel:

---

**Beispiele**

a) Beschreiben Sie, wie das BGB die Verjährung von Ansprüchen regelt.

b) Welche Möglichkeiten hat ein Gläubiger, um den bevorstehenden Eintritt der Verjährung zu verhindern?

c) Entwerfen Sie ein Mahnschreiben.

d) Wie regeln das BGB und das HGB das Problem des gutgläubigen Erwerbs des Eigentums an beweglichen Sachen?

---

Auf diese Fragestellungen ist der Anspruchsaufbau nicht anwendbar, weil nicht nach Ansprüchen gefragt ist.

Hier dürfte es in vielen Fällen sinnvoll sein, von den einschlägigen Vorschriften auszugehen, also bei Aufgabe a) von den §§ 194 ff. BGB und den speziellen Vorschriften im Gewährleistungsrecht (§§ 438, 634 a BGB). Diese Vorschriften sind aber *nicht* abzuschreiben, sondern inhaltlich zu erläutern, wobei die Bildung kleiner Beispiele die Darstellung unterstützen und erleichtern kann.

Bei Aufgabe b) ist konkret darzulegen, was der Gläubiger tun kann. Auch hier sollten Sie von den einschlägigen Vorschriften des BGB ausgehen.

Bei Aufgabe c) ist ein Mahnschreiben zu entwerfen, bei dessen Formulierung die Anforderungen zu beachten sind, die an das Vorliegen einer Mahnung gestellt werden.

Bei Aufgabe d) sind die §§ 932 ff. BGB und § 366 HGB zu erläutern.

Zur Darstellung: Wenn nicht nach einem Anspruch gefragt ist, muss natürlich auch keine Anspruchsgrundlage genannt werden. Dennoch ist in der Einleitung auszuführen, *was und welche Vorschrift geprüft* wird, damit der Leser sofort eine Orientierung erhält.

---

**Beispiele**  Die Fallfrage lautet: „Ist K Eigentümer der Ware?" Mögliche Einleitung: „K könnte nach § 929 S. 1 BGB Eigentümer der Ware geworden sein. Dies setzt voraus, dass V und K sich geeinigt haben, dass das Eigentum an der Ware von V auf K übergehen soll. Hier ..."

Die Fallfrage lautet: „Ist die Annahme rechtzeitig erfolgt?" Mögliche Einleitung: „Die Frage, ob die Annahme rechtzeitig erfolgt ist, richtet sich nach § 147 Abs. 1 BGB, § 147 Abs. 2 BGB oder nach § 148 BGB. Da hier eine Annahme unter Abwesenden vorliegt und V dem K keine Annahmefrist gesetzt hat, scheiden § 147 Abs. 1 BGB und § 148 BGB für die Beurteilung aus. Also ist nur § 147 Abs. 2 BGB zu prüfen. Danach ...".

---

Zum Schluss eine anspruchsvolle Aufgabenstellung:

| **Aufgabe** | Was sind die Unterschiede, was sind die Gemeinsamkeiten zwischen einem Verrichtungs- und einem Erfüllungsgehilfen[7]? |
|---|---|

Wenn es wie hier um die Unterschiede und Gemeinsamkeiten von zwei Regelungen geht, besteht eine Möglichkeit darin, zunächst die Vorschriften einzeln zu beschreiben und danach die Gemeinsamkeiten und die Unterschiede darzustellen. Geschickter dürfte es sein, Punkt für Punkt vorzugehen.

**Beispiele**

- Während § 831 BGB eine eigenständige Anspruchsgrundlage bildet, handelt es sich bei § 278 BGB nur um eine unselbstständige Zurechnungsnorm. Dies bedeutet, dass ...

- § 831 BGB regelt die Haftung für vermutetes eigenes Verschulden des Geschäftsherrn bei der Auswahl und Überwachung des Verrichtungsgehilfen, § 278 BGB rechnet dem Schuldner ein Verschulden seines Erfüllungsgehilfen wie eigenes Verschulden zu. Daraus folgt, dass ...

- § 831 BGB eröffnet die Möglichkeit der Exkulpation für den Geschäftsherrn, diese Möglichkeit besteht bei § 278 BGB für den Schuldner nicht. Der Unterschied besteht also darin, dass ...

- usw.

Nach so viel trockener Theorie folgen im nächsten Kapitel einige ausführliche Beispiele!

---

7  Vgl. die Tabelle auf S. 384.

# Beispiele von Fallbearbeitungen

**30**

ÜBERBLICK

## Lernziele dieses Kapitels

*Was kommt in diesem Kapitel auf Sie zu? Sie werden anhand ausgesuchter Beispiele das Anfertigen einer Klausur üben. Dazu ein ganz wichtiger Hinweis vorab: Die folgenden Lösungen sind zum Teil sehr lang und ausführlich. In einer Prüfung werden derartige Lösungen nicht erwartet. Sie sollten sich die Lösungen also nicht zum unmittelbaren Vorbild nehmen, aber dennoch als Hilfe zum Üben nutzen.*

# Fall 1: Vertrag oder nicht Vertrag, nur das ist hier die Frage

## Fall aus einer Anfängerübung

Frau Gerster (G) richtet an das Hotel Heidemann (H) per Fax eine Anfrage nach dem Preis für ein Einzelzimmer mit Halbpension für 14 Tage in der Zeit ab dem 1. Juli. H schickt daraufhin an G einen bereits ausgefüllten und unterschriebenen Entwurf eines schriftlichen „Beherbergungsvertrages", in dem es auszugsweise wie folgt heißt:

> „Ziff. 3: Der Vertrag kommt mit dem Zugang des vom Kunden unterschriebe-nen Beherbergungsvertrages zustande.
>
> Ziff. 4: Unser Angebot gilt 14 Tage".

18 Tage, nachdem G das Schreiben erhalten hat, geht der nunmehr auch von G unter-schriebene Beherbergungsvertrag wieder bei H ein, der daraufhin eine entsprechende Reservierung im Buchungscomputer vornimmt.

Nachdem G bis zum 2. Juli morgens nicht angereist ist, erfährt H auf telefonische Nachfrage von G, er könne anderweitig über das Zimmer verfügen, da sie „die Reise aus sehr persönlichen Gründen" nicht antreten werde.

H möchte wissen, ob zwischen ihm und G ein Vertrag zustande gekommen ist.

---

**Vervollständigen Sie bitte zunächst die Aufzählung:**

Anfrage Frau G mit Inhalt _____

H schickt G _____

18 Tage später _____

H nimmt _____

02.07. _____

Was ist zu prüfen?

H möchte wissen, ob _____

---

**Hinweis**

Bei der folgenden Lösung sind zu Übungszwecken jeweils die Buchstaben N, D und S vor die Absätze gesetzt worden. In eine Klausur gehört eine solche Aufzählung natürlich nicht hinein!

---

**N**ennen des Prüfungspunktes, etwa eines Tatbestandsmerkmals (zum Beispiel „Angebot" oder „rechtzeitige Annahme").

**D**efinieren/beschreiben des Prüfungspunktes: **Abstrakte Beschreibung**, noch ohne Bezug zum Sachverhalt.

**S**ubsumieren: Anwendung auf den konkreten Fall: Ist der Prüfungspunkt / das Tatbestandsmerkmal im **konkreten** Fall erfüllt?

## Lösungsvorschlag

**Einleitung:** Es ist zu prüfen, ob zwischen H und G ein Vertrag geschlossen worden ist[1].

**D**    Ein Vertrag kommt durch die **rechtzeitige Annahme** eines **Angebots** zustande[2]. Also müsste eine Partei ein **Angebot** zum Abschluss eines Vertrages abgegeben haben und die andere Partei müsste dieses Angebot rechtzeitig angenommen haben. Ein **Angebot** (Antrag) ist eine einseitige empfangsbedürftige Willenserklärung, durch die der Antragende einem anderen den Abschluss eines Vertrages verbindlich anbietet. Das Angebot setzt einen Rechtsbindungswillen voraus und muss die wesentlichen Bestandteile des Vertrages (Parteien, Leistung, Gegenleistung) umfassen, sodass der Vertrag durch ein schlichtes (einfaches) „Ja" oder „einverstanden" der anderen Seite zustande kommen kann.

**N**    Die per Fax unterbreitete Anfrage der G könnte ein Angebot sein.

**S**    Die per Fax unterbreitete Anfrage der G ist kein Angebot, weil sich aus der Anfrage ergibt, dass G sich nur nach dem Preis erkundigen, aber noch keinen Vertrag abschließen will. Sie handelt ohne Rechtsbindungswillen. Da der Preis für die von G gewünschten Leistungen nicht feststeht, fehlt außerdem ein wesentlicher Vertragsbestandteil, sodass auch deshalb kein Angebot vorliegt.

**N**    Durch das Zuschicken des Vertragsentwurfs könnte H ein Angebot abgegeben haben.

**S**[3]    Das Zusenden des bereits unterschriebenen Entwurfs ist – im Gegensatz zur bloßen Übersendung eines Prospekts – aus der Sicht der Erklärungsempfängerin, also der G, gemäß §§ 133, 157 BGB so zu verstehen, dass H einen verbindlichen Vertragsantrag machen will. Dies ergibt sich auch aus der Ziff. 3 des von H bereits unterzeichneten Vertragsentwurfs. Die Vertragsbestandteile sind ebenfalls klar, nämlich H und G als Parteien, die Leistung (14 Übernachtungen im Einzelzimmer mit Halbpension ab 1.7.) und die Gegenleistung (Preis). Das Verhalten des H ist so zu bewerten, dass der Abschluss des Vertrages nur noch von der Annahme durch G abhängen soll.

**N**    Da das Angebot unter Abwesenden abgegeben wurde, wird es erst mit dem **Zugang** bei G wirksam (§ 130 Abs. 1 S. 1 BGB)[4].

**D/S**[5]    Dass der Zugang hier erfolgt ist, ergibt sich daraus, dass G geantwortet hat. Damit ist ein wirksames Angebot des H gegeben.

**N**    Dieses Angebot des H müsste G **rechtzeitig angenommen** haben.

---

1    Da hier *nicht* nach einem Anspruch des H gegen G gefragt ist, fängt die Prüfung *nicht* mit einer *Anspruchsgrundlage* an.
2    Dies lässt sich aus dem ersten Teil des Satzes 1 des § 151 BGB ableiten, doch wird diese Vorschrift in der Regel nicht erwähnt.
3    Hier kann ohne erneute Definition sofort die zweite Möglichkeit eines Angebots geprüft werden.
4    Eine Definition des Zugangs ist hier nicht erforderlich, weil klar ist, dass G den Entwurf erhalten hat.
5    Auf die Definition des Zugangs ist erneut verzichtet worden, da feststeht, dass der Zugang erfolgt ist und es an dieser Stelle nicht darauf ankommt, wann der Zugang genau erfolgt ist.

**D**  Die Annahme ist eine Willenserklärung, durch die der Empfänger des Angebots sein uneingeschränktes Einverständnis mit dem Angebot erklärt.

**S**  Die für den Vertragsschluss erforderliche Annahmeerklärung der G liegt vor, da sie den Vertragsentwurf ohne Änderungen unterschrieben und an H zurückgeschickt hat.

**N**  Die Annahme könnte jedoch verspätet, das heißt nach **Ablauf der Annahmefrist** dem H zugegangen sein. Hier legt eine Annahme unter Abwesenden vor.

**D**  Die Frage der Rechtzeitigkeit der Annahme eines unter Abwesenden abgegebenen Angebots beurteilt sich nach § 147 Abs. 2 BGB. Diese Vorschrift findet aber keine Anwendung, wenn der Antragende für die Annahme des Angebots eine Frist im Sinne des § 148 BGB bestimmt hat.

**S**  Das ist hier der Fall, weil das Angebot des H nach Ziff. 4 des Vertragsentwurfs 14 Tage gelten sollte. Die Annahmefrist begann *spätestens* zu laufen, als G der Vertragsentwurf erhielt[6], sie endete am letzten Tag des gesetzten Zeitraumes. Zu klären ist, ob es für die Rechtzeitigkeit der Annahme ausreicht, wenn die Annahme bis zu diesem Tag abgegeben wird oder ob die Annahmeerklärung innerhalb des Annahmezeitraumes zugehen muss. Im Regelfall muss die Erklärung innerhalb der Annahmefrist beim Antragenden ankommen, also zugehen im Sinne des § 130 Abs. 1 S. 1 BGB. Das bloße Absenden reicht deshalb nicht aus. Da hier wegen fehlender anderer Angaben vom Regelfall auszugehen ist, ist die Annahmeerklärung der G außerhalb der Annahmefrist von 14 Tagen und damit nicht rechtzeitig zugegangen. Der Vertrag ist deshalb nicht zustande gekommen. Es liegt eine **verspätete Annahme** nach § 150 Abs. 1 BGB vor.

**N**  Die verspätete Annahme könnte ein Antrag der G sein.

**D**  Nach § 150 Abs. 1 BGB gilt eine verspätete Annahme als neuer Antrag.

**S**  Deshalb liegt nunmehr ein Angebot der G vor, durch das sie H den Abschluss des Vertrages zu den im Entwurf des „Beherbergungsvertrages" enthaltenen Bedingungen anbietet. Das Angebot ist H zugegangen und damit wirksam geworden (§ 130 Abs. 1 S. 1 BGB).

**N**  Dieses Angebot müsste H angenommen haben.

**S**[7]  H hat keine ausdrückliche Annahmeerklärung abgegeben.

**N**  Die Annahme könnte aber durch konkludentes (schlüssiges) Verhalten erfolgt sein.

**D**  Ein **konkludentes Verhalten** ist eine Willenserklärung, wenn der Erklärende eine Handlung vornimmt, die einen sicheren Schluss auf einen ganz bestimmten Rechtsfolgewillen zulässt.

---

6  Nach Palandt/Heinrichs, Bürgerliches Gesetzbuch, § 148 Rn. 5 beginnt die Frist in der Regel schon mit dem Datum des Antrages, nicht erst mit dem Zugang zu laufen.

7  Die Definition der Annahme muss nicht wiederholt werden.

**S**      Durch die Reservierung im Buchungscomputer bringt H klar und eindeutig zum Ausdruck, dass er den Vertrag mit G schließen will. Damit liegt eine Annahmeerklärung vor.

**N**      Die Annahmeerklärung müsste wirksam geworden sein.

**D**      Die unter Abwesenden erfolgte Annahme des H wird als empfangsbedürftige Willenserklärung nach § 130 Abs. 1 S. 1 BGB wirksam, wenn sie G zugeht.

**S**      Im Zeitpunkt der Reservierung war dies noch nicht der Fall, weil G keine Mitteilung erhalten hat.

**N**      Etwas anders könnte sich aber aus § 151 BGB ergeben.

**D**      Auch diese Vorschrift setzt für das Zustandekommen eines Vertrages eine Annahme voraus. Die Besonderheit besteht darin, dass die – erfolgte – Annahme dem Antragenden gegenüber nicht erklärt werden muss, wenn dieser auf den Zugang der Erklärung verzichtet hat *oder* wenn eine solche Erklärung nach der Verkehrssitte nicht zu erwarten ist.

**S**      Hier kommt ein Verzicht der G in Betracht. Da G den schon von H unterschriebenen Vertragsentwurf ebenfalls unterschrieben hat, liegen die Unterschriften beider Vertragspartner vor. Lediglich deshalb, weil G die Annahme etwas verspätet erklärt, ist ihre Erklärung nach § 150 Abs. 1 BGB rechtlich als neues Angebot zu bewerten, das – was G vermutlich gar nicht weiß – der Annahme durch H bedarf. Unter diesen Umständen kann davon ausgegangen werden, dass G konkludent auf eine Buchungsbestätigung durch H verzichtet[8].

         Da H das Angebot der G angenommen hat, sind alle Voraussetzungen für den Abschluss des Beherbergungsvertrags gegeben.

**Schluss:** Zwischen V und K ist ein Vertrag geschlossen worden.

---

**Abschließender Hinweis**      Weitere Punkte sind nicht zu prüfen, da nach der Aufgabenstellung nur gefragt ist, ob ein Vertrag geschlossen wurde. Diese enge Fragestellung war der Grund dafür, dass die Prüfung nicht mit einer Anspruchsgrundlage zu beginnen und auch der berühmte Satz „Wer will was von wem woraus?" nicht zugrunde zu legen war. Es ist auch nicht darauf einzugehen, ob und was sich daraus ergeben könnte, dass G die Reise „aus sehr persönlichen Gründen" nicht angetreten hat.

---

8    Es ist auch möglich zu argumentieren, eine Erklärung der Annahme gegenüber dem Antragenden sei nach der Verkehrssitte nicht zu erwarten, wenn ein Gast eine als verbindlich gewollte Buchung vorgenommen hat. So hat das OLG Düsseldorf einen vergleichbaren Fall entschieden, veröffentlicht in: Monatsschrift für Deutsches Recht (MDR) 1993, S. 26.

# Fall 2: Damenmäntel

## Originalfall aus einer Anfängerklausur, Bearbeitungszeit 30 Minuten

Vogel (V) hat dem Einzelhändler Kaiser (K) per Fax, das am 26.05. (einem Montag) nachmittags bei K eingegangen ist, ein verbindliches Angebot über den Kauf von 200 Damenmänteln gemacht. Im Fax des V heißt es:

*„Wegen der großen Nachfrage empfehlen wir eine baldige Bestellung."*

Mit einem am 27.05. zur Post gegebenen Schreiben gibt K die Bestellung auf. Dieses Schreiben wird am frühen Morgen des 28.05. in der Hauptpost in das Postfach des V gelegt und am selben Tag gegen 8.30 Uhr von einem Azubi des V abgeholt. V nimmt das Schreiben erst am Freitag zur Kenntnis, da er am Mittwoch und Donnerstag einen Messebesuch unternommen hatte. Da V aufgrund der Vielzahl von Bestellungen nicht alle Kunden bedienen kann, teilt er K mit, dass er „leider nicht beliefert werden könne, weil die Annahme nicht rechtzeitig erfolgt sei". K möchte wissen, ob das richtig ist.

Da im Sachverhalt mehrere Daten enthalten sind, ist es ratsam, trotz der knappen Zeit eine kleine Aufstellung zu machen.

| | |
|---|---|
| 26.05. (Montag) | Fax des V an K mit einem verbindlichen Angebot: Kauf von 200 Damenmänteln; baldige Bestellung; Eingang nachmittags |
| 27.05. (Dienstag) | Abgabe der Bestellung des K bei der Post |
| 28.05. (Mittwoch) | in das Postfach des V, Abholung 8.30 Uhr durch Azubi |
| 30.05. (Freitag) | V liest Schreiben, da er Mittwoch und Donnerstag auf einer Messe war |

Frage: Ist die Annahme rechtzeitig erfolgt?

### Allgemeine Vorüberlegungen zur Lösung

Wie bei jeder Klausuraufgabe ist zunächst zu ermitteln, welche Frage bearbeitet werden soll. Die Aufgabe ergibt sich hier – wie auch sonst sehr oft – aus dem letzten Satz der Aufgabenstellung. Danach möchte K wissen, ob seine Annahme rechtzeitig erfolgt ist. Wie im Fall 1 ist auch hier *nicht* danach gefragt, ob K ein *Anspruch* gegen V zusteht. Damit „funktioniert" der „berühmte" Satz „Wer will was von wem woraus?" auch hier nicht. Außerdem wird keine Anspruchsgrundlage benötigt. Dennoch muss die Prüfung mit einer Vorschrift aus dem BGB beginnen, die eine Aussage dazu trifft, bis zu welchem Zeitpunkt eine Annahme rechtzeitig erfolgen kann.

Gedankengang: Zu klären ist, ob die Annahme rechtzeitig erfolgt ist. Bitte beachten Sie, dass nur diese Frage zu beantworten ist. Es ist also *nicht* zu prüfen, ob V und K einen wirksamen Kaufvertrag geschlossen haben oder ob K einen Anspruch auf die Lieferung der Damenmäntel gegen V hat (dies wären allerdings die Rechtsfolgen einer rechtzeitigen Annahme!).

Deshalb sind Ausführungen dazu, wie ein Kaufvertrag zustande kommt, was ein Angebot ist, was eine Annahme ist, in diesem Fall überflüssig. Für überflüssige Ausführungen gibt es keine Punkte, auch wenn sie richtig sind. Im Gegenteil: Solche Ausführungen erregen eher Unmut beim Prüfer, da sie zeigen, dass der Prüfling nicht „zum springenden Punkt" kommt. Manche Prüfer stufen überflüssige Ausführungen ohne lange nachzudenken als falsch ein und nehmen Abzüge vor! Auch wegen der knappen Zeit, die in der Klausur zur Verfügung steht (hier nur 30 Minuten!!!), ist es unbedingt erforderlich, sich ausschließlich auf die gestellte Frage zu konzentrieren. Dabei ist, auch wenn es nicht um einen Anspruch geht, nach der **N-D-S-Methode** vorzugehen.

**Besondere Vorüberlegungen zur Lösung**

Zur Rechtzeitigkeit der Annahme finden sich Regelungen in § 147 Abs. 1 und Abs. 2 BGB und in § 148 BGB. Die erste Aufgabe besteht darin, die für unseren Fall richtige Vorschrift zu finden.

- § 147 Abs. 1 BGB betrifft die Annahme eines unter Anwesenden abgegebenen Angebots. *Hier* hat V das Angebot per Fax gemacht. Ein Fax ist keine dem Telefon gleichgestellte „sonstige technische Einrichtung" im Sinne des § 147 Abs. 1 S. 2 BGB, weil keine Kommunikation von „Person zu Person" stattfindet. Deshalb ist § 147 Abs. 1 BGB nicht maßgeblich. Es verbleiben § 147 Abs. 2 BGB und § 148 BGB.

- § 148 BGB wäre anzuwenden, wenn der V dem K eine Annahmefrist gesetzt hätte, zum Beispiel bis zum 31.05. oder innerhalb einer Woche. Hier wird nur eine „baldige Bestellung" empfohlen, aber keine bestimmte Frist gesetzt. Damit scheidet § 148 BGB ebenfalls aus.

- Es verbleibt § 147 Abs. 2 BGB: Für die Rechtzeitigkeit der Annahme nach dieser Vorschrift kommt es darauf an, bis zu welchem Zeitpunkt der Antragende den Eingang der Antwort (also der Annahmeerklärung) unter regelmäßigen Umständen erwarten darf.

Diese Frage lässt sich nur beantworten, wenn zunächst **abstrakt** definiert wird, wie lang die Frist ist: Dann ist zu untersuchen, ob die Annahme des K innerhalb dieser Frist erfolgt und wirksam geworden ist. Das Wirksamwerden richtet sich nach § 130 Abs. 1 BGB. Hier muss zunächst der Begriff des Zugangs erklärt (definiert) werden, anschließend ist zu subsumieren (Liegt *hier* ein Zugang innerhalb der Frist vor?).

# Ausführlicher Lösungsvorschlag[9]

**Einleitung:** Es ist zu untersuchen, ob die Annahme des K rechtzeitig erfolgt ist.

**D**[10]  Die Annahme ist rechtzeitig, wenn sie innerhalb der Annahmefrist erfolgt ist. Regelungen zur Annahmefrist finden sich in § 147 Abs. 1, Abs. 2 BGB und in § 148 BGB.

**S**  V hat sein Angebot per Telefax unterbreitet, sodass sich die Frist aus § 147 Abs. 1 BGB ergeben könnte. Ein Fax ist jedoch keine dem Telefon gleichgestellte „sonstige technische Einrichtung" im Sinne des § 147 Abs. 1 S. 2 BGB, weil keine Kommunikation von „Person zu Person" stattfindet. Damit scheidet § 147 Abs. 1 BGB, der nur für Angebote unter Anwesenden gilt, aus.

**N**  Die Annahmefrist richtet sich also entweder nach § 147 Abs. 2 BGB oder nach § 148 BGB.

**D**  § 148 BGB kommt zur Anwendung, wenn eine Annahmefrist gesetzt worden ist, zum Beispiel „bis zum 31.05." oder „innerhalb von einer Woche nach Zugang des Angebots".

**S**  Hier hat V nur eine „baldige Bestellung" empfohlen, aber keine bestimmte Frist gesetzt. Damit scheidet § 148 BGB aus.

**N**  Zu prüfen ist § 147 Abs. 2 BGB.

**D**  Nach dieser Vorschrift kann der einem Abwesenden gemachte Antrag nur bis zu dem Zeitpunkt angenommen werden, in welchem der Antragende den Eingang der Antwort unter regelmäßigen Umständen erwarten darf. Diese Frist setzt sich zusammen aus der Zeit für den Transport und für den Zugang des Antrages (Phase 1), einer Überlegungs- und Bearbeitungszeit des Empfängers (Phase 2) und der Zeit für den Transport und den Zugang der Annahmeerklärung (Phase 3). Es gilt die **„TÜR-Formel"** (**T**ransport + **Ü**berlegung + **R**ücktransport). Für die *Berechnung* der Frist gilt, dass das Beförderungsmittel für die Annahmeerklärung an Schnelligkeit dem für den Antrag verwandten Beförderungsmittel entsprechen muss. Verzögerungen in einer Phase können aber durch Beschleunigungen in einer anderen Phase ausgeglichen werden.

**S**  Es kommt also darauf an, bis zu welchem Zeitpunkt V mit dem Eingang einer Annahmeerklärung (Bestellung) des K rechnen musste. Da V das Angebot per Fax unterbreitet hat, beträgt die Transportzeit für das Angebot nur kurze Zeit. Hinzukommt allerdings die Zeit bis zur erwarteten Kenntnisnahme des Faxes durch K. Für diese Frist gibt es keine gesetzlichen oder sonstigen Vorgaben. Deshalb ist davon auszugehen, was im geschäftlichen Verkehr üblich ist. Danach ist damit zu rechnen, dass Faxe, die bei Unternehmern während der Geschäftszeit eingehen, innerhalb von wenigen Stunden gelesen werden. Anzusetzen sind etwa zwei bis drei Stunden[11]. Für die Berechnung der Annahme-

---

9  Eine so ausführliche Lösung wird in einer Klausur nicht erwartet!

10  Zu Übungszwecken wird auch bei dieser Lösung das N-D-S-Schema nochmals angezeigt.

11  Bitte beachten Sie, dass es eine eindeutig „richtige" Lösung nicht gibt. Weder ist eine mathematisch exakte Bestimmung möglich noch kann auf empirisch gesichertes Wissen zurückgegriffen werden. Also muss eine Annahme getroffen werden. Sicherlich könnte man auch von vier Stunden ausgehen, vielleicht auch von nur ein bis zwei Stunden. Alle diese Lösungen sind vertretbar.

frist folgt aus der Verwendung eines Faxes für das Angebot, dass für den Transport und die Kenntnisnahme der **Annahmeerklärung** ebenfalls nur zwei bis drei Stunden anzusetzen sind (gleich schnelles Transportmittel). Dies ergibt für den Transport von Angebot und Annahme zusammen ca. vier bis sechs Stunden, also gut einen halben Tag.

N     Die Länge der Annahmefrist wird deshalb in erster Linie durch die Länge der Überlegungs- und Bearbeitungszeit bestimmt.

D     Diese Frist kann nicht allgemein und für alle Geschäftsfälle einheitlich festgelegt werden, sondern richtet sich nach den Umständen des Einzelfalls. Es kommt zum Beispiel darauf an, ob der Empfänger Unternehmer ist und welchen Inhalt das Angebot hat. Wenn der Abschluss eines großen und riskanten Geschäfts angeboten wird, bei dem vielleicht Nachforschungen und Auskünfte oder eine Fremdfinanzierung erforderlich sind, ist die Frist länger als bei Angeboten, die auf den Abschluss von kleinen, überschaubaren Verträgen gerichtet sind. Von Bedeutung ist auch, ob eine verderbliche Ware angeboten wird (Fleisch, Obst) oder eine Ware, die keinem Verderb ausgesetzt ist.

S     Hier dürfte nach dem Inhalt des Angebots (Kauf von 200 Damenmänteln) und den Umständen (geschäftlicher Verkehr) eine Überlegungs- und Bearbeitungszeit von zwei bis drei Werktagen angemessen sein. Der Umstand, dass V eine baldige Bestellung empfohlen hat, zeigt zwar, dass es sinnvoll ist, schnell zu reagieren, führt aber nicht dazu, dass die Frist weniger als zwei bis drei Tage beträgt. Hinzuzurechnen sind die vier bis sechs Stunden für den Transport von Angebot und Annahme, sodass sich die Frist auf *mindestens* zweieinhalb Tage beläuft (vier bis sechs Stunden für Transport und Rücktransport + zwei Tage Überlegungszeit).

N     Die Annahmeerklärung des K ist deshalb auf jeden Fall rechtzeitig, wenn sie innerhalb von zweieinhalb Tagen, gerechnet ab Montagnachmittag, bei V eingegangen ist.

D     Mit dem Begriff „Eingang" in § 147 Abs. 2 BGB ist gemeint, dass die Annahmeerklärung **zugehen** muss. Eine Willenserklärung unter Abwesenden ist nach § 130 Abs. 1 S. 1 BGB zugegangen, wenn sie in den Machtbereich des Empfängers gelangt ist, der Empfänger unter normalen Verhältnissen die Möglichkeit hat, vom Inhalt der Erklärung Kenntnis zu nehmen *und* nach der Verkehrsanschauung mit einer Kenntnisnahme zu rechnen ist. Außerdem darf kein vorheriger oder gleichzeitiger Widerruf erfolgen (§ 130 Abs. 1 S. 2 BGB). Eine schriftliche Willenserklärung ist in den Machtbereich gelangt, sobald der Empfänger Zugriff auf sie hat.

S     Die Annahmeerklärung des K ist am frühen Morgen des 28.05. in der Hauptpost in das Postfach des V gelegt worden. Damit ist sie in den Machtbereich des V gelangt, sobald V nach Öffnung des Postgebäudes Zugriff nehmen konnte. Dies war spätestens der Fall, als der Azubi das Schreiben um 8.30 Uhr abgeholt hat.

**D**     Für den Zugang einer Willenserklärung muss hinzukommen, dass der Empfänger unter Zugrundelegung normaler Verhältnisse die Möglichkeit hat, vom Inhalt der Erklärung Kenntnis zu nehmen und dass nach der Verkehrsanschauung mit einer Kenntnisnahme zu rechnen ist. Diese Voraussetzung ist erfüllt, sobald aufgrund der konkreten Umstände des Falles damit zu rechnen ist, dass die Willenserklärung gelesen wird. Bei schriftlichen Erklärungen im geschäftlichen Verkehr ist dies noch am selben Arbeitstag der Fall, sofern die Erklärung während der üblichen Geschäftszeiten im Unternehmen ankommt.

**S**     Hier war damit zu rechnen, dass die eingehende Post noch am späten Vormittag dieses Tages (28.05.), jedenfalls im Laufe des frühen Nachmittags durch V oder einen Vertreter des V gelesen wurde. Die Abwesenheit des V steht dem nicht entgegen, da von normalen Verhältnissen auszugehen ist. Wenn V nicht zur Messe gefahren wäre, hätte er die Möglichkeit gehabt, schon am Mittwoch die Bestellung zu lesen. Die Bestellung ist damit nach § 130 Abs. 1 S. 1 BGB im Laufe des Mittwochs bei V, also etwa zwei Tage nach Zugang des Angebots (Montagnachmittag) und damit innerhalb der Annahmefrist zugegangen.

**N**     Dem V darf kein vorheriger oder gleichzeitiger Widerruf des K vorliegen.

**D**     Ein Widerruf ist eine Mitteilung, dass eine Willenserklärung, zum Beispiel ein Angebot oder eine Annahme, nicht mehr gelten soll.

**S**     K hat keinen Widerruf erklärt.

**Schluss:** Da die Annahmefrist *mindestens* zweieinhalb Tage betrug und die Annahme innerhalb von zwei Tagen zugegangen ist, ist sie rechtzeitig erfolgt.

> **Hinweis**    Daraus folgt, dass V und K einen Kaufvertrag geschlossen haben. K hat damit gegen V nach § 433 Abs. 1 S. 1 BGB einen Anspruch auf die Lieferung der 200 bestellten Mäntel. Da danach aber nicht gefragt war, sind insoweit keine Ausführungen zu machen!

## Vorschlag für eine Klausurlösung[12]

Es ist zu prüfen, ob die Annahme des K innerhalb der Annahmefrist und damit rechtzeitig erfolgt ist.

Da das Angebot des V per Fax und damit unter Abwesenden erfolgte, richtet sich diese Frage nach § 147 Abs. 2 BGB oder § 148 BGB. § 148 BGB setzt voraus, dass der Antragende dem anderen Teil eine Frist für die Annahme gesetzt hat. Das ist hier nicht der Fall, weil V zwar eine „baldige Bestellung" empfohlen, aber keine Annahmefrist genannt hat.

---

12   Diese Lösung verzichtet auf die Darstellung des N-D-S-Schemas, das ihr aber zugrunde liegt.

Nach § 147 Abs. 2 BGB kommt es darauf an, bis zu welchem Zeitpunkt der Antragende (V) unter regelmäßigen Umständen mit einer Annahmeerklärung des K rechnen musste. Die Annahmefrist setzt sich zusammen aus der Zeit für die Übermittlung des Angebots und der Kenntnisnahme durch den Empfänger, der Überlegungs- und Bearbeitungszeit des Empfängers und der Zeit für die Übermittlung der Annahmeerklärung. Wenn der Antragende ein schnelles Transportmedium für das Angebot benutzt, darf er erwarten, dass der Empfänger ebenfalls ein schnelles Transportmedium für die Annahme einsetzt. Da V ein Fax verwendet, beträgt die Übermittlungszeit für das Angebot nur kurze Zeit. Außerdem darf V erwarten, dass K das während der Geschäftszeit eingehende Angebot in zwei bis drei Stunden zur Kenntnis nimmt und sodann für die Antwort ein ähnlich schnelles Transportmedium benutzt. Das ergibt für den Transport von Angebot und Annahme ca. vier bis sechs Stunden, also etwa einen halben Tag.

Damit verkürzt sich die Annahmefrist im Wesentlichen auf den Zeitraum, den K benötigt, um zu überlegen und die Bestellung anzufertigen. Da es sich hier um ein normales Geschäft im geschäftlichen Verkehr handelt, ist davon auszugehen, dass die Frist mindestens zwei bis drei Werktage beträgt. Auch wenn V eine baldige Bestellung empfohlen hat, kann er nicht erwarten, dass K seine Bestellung in noch kürzerer Zeit aufgibt. Die Frist beträgt damit insgesamt mindestens zweieinhalb Tage.

Für die Rechtzeitigkeit der Annahmeerklärung kommt es nach § 147 Abs. 2 BGB darauf an, wann diese Erklärung bei V eingegangen ist. Mit Eingang ist dabei der Zugang nach § 130 Abs. 1 S. 1 BGB gemeint. Eine Willenserklärung ist zugegangen, wenn sie so in den Machtbereich des Empfängers gelangt, dass unter normalen Verhältnissen mit der Kenntnisnahme zu rechnen ist. Außerdem darf kein vorheriger oder gleichzeitiger Widerruf zugehen.

In den Machtbereich des V ist die Bestellung *spätestens* gelangt, als der Azubi nach dem Postgang den Betrieb erreichte[13]. Weil es sich bei V um einen Unternehmer handelt, war damit zu rechnen, dass die Bestellung noch am Vormittag oder jedenfalls im Laufe des Tages von V oder einem Vertreter des V gelesen würde. Der Umstand, dass V sich für einige Tage auf einer Messe befand, hat keine Bedeutung, weil auf normale Verhältnisse in einem kaufmännisch eingerichteten Betrieb abzustellen ist. Da K seine Annahmeerklärung auch nicht widerrufen hat, ist sie am 28.05. und damit innerhalb der (mindestens) zweieinhalb Tage langen Annahmefrist zugegangen.

Die Bestellung ist V damit nach § 130 Abs. 1 S. 1 BGB im Laufe des Mittwochs, also etwa zwei Tage nach Eingang des Angebots (Montagnachmittag) zugegangen. Sie ist somit rechtzeitig erfolgt.

---

13 In diesem Punkt unterscheidet sich die Lösung von der ausführlichen Lösung, allerdings ohne dass sich der Unterschied auf das Ergebnis auswirkt.

# Fall 3: Computerbildschirme

## Fall aus einer Anfängerübung

**Ausgangsfall:**

Vogel (V), ein Großhändler für EDV-Bedarf, verschickt „Sonderangebote" an Kunden. Am 9.3. erhält der Einzelhändler König ein Schreiben mit der Überschrift: „An alle meine Kunden. Einmaliges Sonderangebot aus einer Geschäftsübernahme. Computer-bildschirme, Hersteller MacCom, 17 Zoll, TCO 03, Modell 27/5, Sonderpreis 220,-- €! Bestellen Sie sofort, die Nachfrage ist riesig". K antwortet einen Tag später per Fax, in dem es heißt: „Eilt! Bitte um sofortige Lieferung von 30 Bildschirmen". V lässt die Bildschirme sofort verpacken und zum Transport geben. Ist damit bereits ein Kaufver-trag zustande gekommen?

**1. Abwandlung:**

K erhält auf seine Bestellung laut Ausgangsfall eine „Auftragsbestätigung" des V, in der es heißt: „Wir bestätigen infolge Lieferengpässen verbindlich die Bestellung von 15 Bildschirmen". Bei der Anlieferung von 15 Bildschirmen verweigert K die Abnahme, während V auf der Abnahme besteht. Wer hat Recht? Auf das HGB ist nicht einzugehen.

**2. Abwandlung:**

V unterbreitet K auf dessen Anfrage vom 8.3. am 9.3. per E-Mail ein verbindliches Angebot über die Lieferung von 30 Bildschirmen, Hersteller MacCom, 17 Zoll, TCO 03, Typ 27/5 zum „Aktionspreis von 220,-- €". K nimmt dieses Angebot am 16.3. per Brief, der am 17.3. bei V eintrifft, an. Ist die Annahme rechtzeitig erfolgt?

**3. Abwandlung:**

K bestellt am 10.3. wie folgt: „Bitte um sofortige schnelle Lieferung von 30 Bildschir-men, letzter Termin 24.3." Als V die Ware am 24.3. gegen 15.30 Uhr anliefern will, verweigert K die Abnahme mit der Begründung, er habe seit der Bestellung nichts mehr von V gehört. V meint, „es sei alles im grünen Bereich". Hat V Recht?

**4. Abwandlung:**

V unterbreitet K telefonisch ein Angebot über 30 näher bezeichnete Computer zu einem Angebotspreis. K erwidert: „Ich prüfe das und sage übermorgen Bescheid". V entgegnet: „Geht in Ordnung". Als K zwei Tage später die Bestellung aufgibt, erklärt V, er könne zu diesem Preis nicht mehr liefern, da sein Vorrat erschöpft sei. K besteht auf der Lieferung zum „Angebotspreis". V verweist auf § 147 Abs. 1 Satz 2 BGB. Wie ist die Rechtslage?

**5. Abwandlung:**

Wie im **Ausgangsfall** mit der Änderung, dass V die Bestellung des K zunächst unbear-beitet zur Seite legt und dann vergisst. Kann K mit der Begründung, Schweigen unter Kaufleuten sei als Zustimmung zu werten, die Lieferung verlangen? Gehen Sie davon aus, dass V unter seiner Firma in das Handelsregister eingetragen ist.

> **Hinweis** Der Grundfall mit seinen fünf Abwandlungen soll dazu dienen, verschiedene Aspekte des Abschlusses von Verträgen zu üben.
>
> Die Lösung ist nicht in allen Punkten vollständig ausformuliert, sondern soll unter Verzicht auf sprachliche Feinheiten die Abfolge und das Vorgehen verdeutlichen. Zu Übungszwecken dürfte es sinnvoll sein, wenn Sie den Text in einen Fließtext mit ganzen Sätzen und Übergängen umwandeln.
>
> **Ausgangsfall:**
> Vogel (V), ein Großhändler für EDV-Bedarf, verschickt „Sonderangebote" an Kunden. Am 9.3. erhält der Einzelhändler König ein Schreiben mit der Überschrift: „An alle meine Kunden. Einmaliges Sonderangebot aus einer Geschäftsübernahme. Computerbildschirme, Hersteller MacCom, 17 Zoll, TCO 03, Modell 27/5, Sonderpreis 220,-- €! Bestellen Sie sofort, die Nachfrage ist riesig". K antwortet einen Tag später per Fax, in dem es heißt: „Eilt! Bitte um sofortige Lieferung von 30 Bildschirmen". V lässt die Bildschirme sofort verpacken und zum Transport geben. Ist damit bereits ein Kaufvertrag zustande gekommen?

Da im Text mehrere Daten vorkommen, ist es auch hier sinnvoll, sich vorab eine zeitliche Darstellung etwa wie folgt anzufertigen:

> 9.3.    Einzelhändler K erhält Schreiben „An alle meine Kunden – einmaliges Sonderangebot über Computerbildschirme ... Modell 27/5, 220,-- €", riesige Nachfrage, sofort bestellen
>
> 10.3.   Fax des K: „Eilt! Bitte um sofortige Lieferung von 30 Bildschirmen"
>
> 11.3    V lässt verpacken und zum Transport geben

**Einleitung:** Liegt bereits ein Kaufvertrag vor?

**D**    Voraussetzung für den Abschluss eines Kaufvertrages: Angebot und rechtzeitige Annahme

**N**    Angebot durch „Sonderangebot" des V

**D**    Angebot muss umfassen: Rechtsbindungswillen; Parteien, Leistung, Gegenleistung

**S**    Zu klären ist, ob V bereits ein verbindliches Angebot abgeben wollte oder die Kunden veranlassen wollte, Angebote abzugeben. Die Frage ist im Wege der Auslegung gemäß §§ 133, 157 BGB zu entscheiden. Wie durfte K als vernünftiger Empfänger das Verhalten des V verstehen (Auslegung vom Empfängerhorizont). Da V die „Sonderangebote" an „alle meine Kunden" geschickt hat, musste K davon ausgehen, dass V nach einer eventuellen Bestellung noch prüfen wollte, ob sein Warenvorrat ausreicht (Liefermöglichkeit) oder ob andere Hindernisse der Lieferung entgegenstehen. Deshalb liegt im Fax noch kein Angebot, sondern nur eine invitatio ad offerendum (Aufforderung zur Abgabe eines Angebots).

**N**  Angebot durch Fax des K

**(D)**  wie oben! Definition nicht wiederholen, sondern sofort subsumieren!

**S**  Rechtsbindungswille: K will verbindlich bestellen, zwar „Bitte" um Lieferung, aber aus Sicht des V eine Bestellung; Auslegung §§ 133, 157 BGB

Parteien: V = Verkäufer, K = Käufer

Leistung: im Fax nur „30 Bildschirme", ohne Angabe des Typs, aber unmittelbarer zeitlicher Zusammenhang mit dem „Sonderangebot" des V, aus dem im Wege der Auslegung nach §§ 133, 157 BGB die restlichen Angaben zu entnehmen sind.

Gegenleistung = Preis: ebenfalls aus dem „Sonderangebot" zu entnehmen.

Damit liegt ein Angebot des K vor.

**N**  Wirksamwerden des Angebots

**D**  Nach § 130 Abs. 1 S. 1 BGB mit dem Zugang, da Angebot unter Abwesenden[14].

**S**  Hier Angebot unter Abwesenden; jedoch ist der Zugang eindeutig erfolgt, da V die Bestellung verarbeitet hat.

> **Hinweis**
>
> Es hätte auch der Satz gereicht: „Dieses Angebot ist V nach dem Sachverhalt zugegangen (§ 130 Abs. 1 S. 1 BGB), da V die Bestellung bearbeitet hat".

Damit liegt ein wirksames Angebot des K vor.

**N**  Rechtzeitige Annahme dieses Angebots durch V

**D**  Einfaches „Ja" innerhalb der Annahmefrist; ausdrücklich oder konkludent, wenn Annahmewille aus dem Verhalten eindeutig zum Ausdruck kommt.

**S**  Ausdrückliche Annahmeerklärung nicht gegeben; in der Bearbeitung der Bestellung und in der Aufgabe der Ware zum Transport liegt aber eine konkludente Annahme, weil der Annahmewille aus dem Verhalten eindeutig zum Ausdruck kommt. Da die Bestellung „sofort" bearbeitet wurde, lag die Annahme unproblematisch auch innerhalb der Annahmefrist des § 147 Abs. 2 BGB.

**N**  Zugang der Annahmeerklärung bei K

Annahme des V war unter Abwesenden, wird erst wirksam mit Zugang (§ 130 Abs. 1 S. 1 BGB).

**S**  Zugang noch nicht erfolgt, da Ware noch nicht bei K angekommen ist.

**N**  Zugang nach § 151 BGB entbehrlich

---

14  Der Begriff „Zugang" muss hier nicht definiert werden, da die Subsumtion ganz einfach ist.

**D** § 151 BGB verzichtet nicht auf die Annahme, sondern nur auf den Zugang der Annahmeerklärung; § 151 BGB ist also eine Ausnahme zu § 130 Abs. 1 S. 1 BGB. Verzicht auf die Erklärung der Annahme gegenüber dem Antragenden, falls die Erklärung

– nach Verkehrssitte nicht zu erwarten ist oder

– der Antragende auf den Zugang der Erklärung verzichtet hat.

**S** *Lösungsvorschlag:* Hier Verzicht des V, da er mit „Eilt! Sofortige Lieferung" bestellt hat; daraus ist im Wege der Auslegung (§§ 133, 157 BGB) zu entnehmen, dass V keinen Wert auf eine vorherige Bestätigung (Annahmeerklärung) legte, also darauf verzichtete. Die konkludente Annahme des V ist deshalb nach § 151 BGB sofort wirksam geworden.

**Schluss**: Damit liegen Angebot und Annahme vor, sodass der Kaufvertrag bereits zustande gekommen ist.

---

**1. Abwandlung**:
K erhält auf seine Bestellung laut Ausgangsfall eine „Auftragsbestätigung" des V, in der es heißt: „Wir bestätigen infolge Lieferengpässen verbindlich die Bestellung von 15 Bildschirmen". Bei der Anlieferung von 15 Bildschirmen verweigert K die Abnahme, während V auf der Abnahme besteht. Wer hat Recht? Auf das HGB ist nicht einzugehen.

---

**Einleitung:** V besteht gemäß § 433 Abs. 2 BGB zu Recht auf der Abnahme der 15 Bildschirme, wenn ein entsprechender Kaufvertrag zustande gekommen ist.

**N + D + S**
Angebot des K liegt vor: Bestellung laut Ausgangsfall: 30 Stück

---

| **Hinweis** | Es ist ohne Prüfung festzustellen, dass ein Angebot des K vorliegt, weil der Sachverhalt dies eindeutig vorgibt. |
| --- | --- |

---

**N** Rechtzeitige Annahme des V durch die „Auftragsbestätigung"

**D** Einfaches „Ja" innerhalb der Frist

**S** Zwar grundsätzliches Einverständnis in der Auftragsbestätigung, aber Einschränkung des Angebots, da statt 30 nur Lieferung von 15 Bildschirmen bestätigt, damit ist das Angebot *nicht* angenommen; nach § 150 Abs. 2 BGB liegt eine geänderte Annahme vor, die als Ablehnung verbunden mit einem neuen Angebot gilt.

**N** Annahme dieses neuen Angebots durch K

**(D)** Nicht wiederholen, sondern sofort subsumieren

**S** Annahme nicht erfolgt, da K die Annahme der 15 Bildschirme verweigert; darin liegt Ablehnung des Angebots

**Schluss:** Hier ist kein Kaufvertrag über 15 Bildschirme zustande gekommen, V steht deshalb gegen K kein Anspruch aus § 433 Abs. 2 BGB auf Abnahme (und Bezahlung) zu, K hat also Recht.

> **Hinweis** V und K haben sich kaufmännisch unvernünftig verhalten. V hätte sich erkundigen können, ob 15 Bildschirme ausreichen, K hätte mitteilen können, dass er an 15 Bildschirmen kein Interesse hat. So sind unnötige Transportkosten entstanden, außerdem dürfte die Geschäftsbeziehung einen Dämpfer erhalten haben.

**2. Abwandlung:**
V unterbreitet K auf dessen Anfrage vom 8.3. am 9.3. per E-Mail ein verbindliches Angebot über die Lieferung von 30 Bildschirmen, Hersteller MacCom, 17 Zoll, TCO 03, Typ 27/5 zum „Aktionspreis von 220,-- €". K nimmt dieses Angebot am 16.3. per Brief, der am 17.3. bei V eintrifft, an. Ist die Annahme rechtzeitig erfolgt?

**Einleitung:** Es ist zu prüfen, ob die Annahme rechtzeitig erfolgt ist.

**D** Rechtzeitig, falls innerhalb der Annahmefrist: Problem, ob Antrag unter Abwesenden oder Anwesenden? Ganz überwiegende und zutreffende Meinung: E-Mail fällt nicht unter § 147 Abs. 1 S. 2 BGB, da es an einer persönlichen Kommunikation fehlt. Da keine Annahmefrist (§ 148 BGB) gesetzt wurde, gilt damit § 147 Abs. 2 BGB.

Annahmefrist = **T**ransport des Angebots + **Ü**berlegungs- u. Bearbeitungszeit + **R**ücktransport der Annahmeerklärung („TÜR-Formel"). Falls ein schnelles Transportmittel für das Angebot genutzt wird, wird für die Berechnung der Annahmefrist ebenfalls von der Nutzung eines schnellen Transportmittels für die Übermittlung der Annahmeerklärung ausgegangen; bei Nutzung eines langsamen Transportmittels für die Annahmeerklärung kann aber eine Verrechnung mit Überlegungs- und Bearbeitungszeit erfolgen.

**S** Angebot am 9.3. per E-Mail, Transport des Angebots: wenige Sekunden; mit Kenntnisnahme zu rechnen bei Unternehmern, die E-Mail geschäftlich nutzen, während der Geschäftszeit in zwei bis drei Stunden, spätestens innerhalb eines halben Tages, damit Zugang (§ 130 Abs. 1 S. 1 BGB) und zugleich Beginn der Überlegungs- und Bearbeitungszeit.

Dauer der Überlegungs- und Bearbeitungszeit hängt vom Umfang des Geschäftes ab,

– hier 6.600,-- €

– K hatte nach Angebot gefragt

– „Aktionspreis"

wohl nur zwei bis drei Tage, auf jeden Fall weniger als sieben Tage, die nach dem Sachverhalt angefallen sind.

Rücktransport: für Berechnung der Annahmefrist schnelles Mittel anzusetzen (= E-Mail, Fax, Telefon): wenige Sekunden, Kenntnisnahme bei K innerhalb zwei bis drei Stunden, spätestens innerhalb eines halben Tages

⇒ Berechnung nach der „TÜR-Formel": **T** (zwei bis drei Stunden) + **Ü** (zwei bis drei Tage) + **R** (zwei bis drei Stunden) = drei bis vier Tage

**Schluss:** Die Annahmeerklärung ging erst nach acht Tagen zu, also außerhalb der Annahmefrist und ist damit nicht rechtzeitig erfolgt.

---

**3. Abwandlung**:
K bestellt am 10.3. wie folgt: „Bitte um sofortige schnelle Lieferung von 30 Bildschirmen, letzter Termin 24.3.". Als V die Ware am 24.3 gegen 15.30 Uhr anliefern will, verweigert K die Abnahme mit der Begründung, er habe seit der Bestellung nichts mehr von V gehört. V meint, „es sei alles im grünen Bereich". Hat V Recht?

---

**Einleitung:** V hat Recht, wenn die Annahme *rechtzeitig* erfolgt ist.

**D** Hier Angebot unter Abwesenden, also § 147 Abs. 2 BGB oder, falls Annahmefrist durch K gesetzt wurde, § 148 BGB.

**S** K: „Sofortige Lieferung, spätestens bis 24.3.". *Problem*: Liegt in dieser Erklärung des K eine *Annahmefrist* oder die Bestimmung einer *Lieferfrist*? Dies ist durch Auslegung (§§ 133, 157 BGB) zu ermitteln.

**D** Wie durfte und musste V als vernünftiger Empfänger die Erklärung des K verstehen? (Auslegung vom Empfängerhorizont).

*Lösungsvorschlag*: Wohl lediglich ein Liefertermin, nicht die Bestimmung einer Annahmefrist im Sinne des § 148 BGB, weil K um „sofortige schnelle Lieferung" gebeten hatte und den 24.3. als letzten Termin im Sinne eines Liefertermins genannt hatte *(Eine andere Lösung ist vertretbar, muss aber ebenfalls begründet werden!)*.

*Nach dieser Lösung*: Annahmefrist nach § 147 Abs. 2 BGB zu bestimmen, hier abgelaufen (vgl. Lösung zur 2. Abwandlung).

Entbehrlichkeit der Erklärung der Annahme nach § 151 BGB? Kein Hinweis darauf, dass die Erklärung der Annahme nach der Verkehrssitte nicht üblich ist oder dass K darauf verzichtet hat. Im Übrigen müsste während der Annahmefrist eine jedenfalls konkludente Annahme erfolgt sein, was aus dem Sachverhalt aber nicht hervorgeht.

Die in der Lieferung liegende verspätete Annahme gilt nach § 150 Abs. 1 BGB als neuer Antrag, den K aber nicht angenommen hat.

**Schluss:** V hat nicht Recht, weil keine rechtzeitige Annahme erfolgt ist.

---

**4. Abwandlung:**
V unterbreitet K telefonisch ein Angebot über 30 näher bezeichnete Computer zu einem Angebotspreis. K erwidert: „Ich prüfe das und sage übermorgen Bescheid". V entgegnet: „Geht in Ordnung". Als K zwei Tage später die Bestellung aufgibt, erklärt V, er könne zu diesem Preis nicht mehr liefern, da sein Vorrat erschöpft sei. K besteht auf der Lieferung zum „Angebotspreis". V verweist auf § 147 Abs. 1 Satz 2 BGB. Wie ist die Rechtslage?

---

**Vorüberlegung:**
Da nach der „Rechtslage" gefragt ist, muss vorab ermittelt werden, was zu untersuchen ist. Der Streit der Parteien geht darum, ob K die Lieferung zum „Angebotspreis" verlangen kann, ob er also einen entsprechenden *Anspruch* hat. Deshalb ist diese Prüfung mit einer Anspruchsgrundlage zu beginnen. Innerhalb der Prüfung ist auf den Einwand des V einzugehen. Also: Wer will was von wem woraus?

**Einleitung:** K könnte einen Anspruch auf die Lieferung von 30 Computern zum Angebotspreis gegen V aus § 433 Abs. 1 S. 1 BGB haben.

N      Dann müsste zwischen K und V ein Kaufvertrag mit diesem Inhalt bestehen.

D      Ein Kaufvertrag kommt durch die rechtzeitige Annahme eines Angebots zustande.

S      V hat laut Sachverhalt telefonisch ein Angebot abgegeben[15].

N      Fraglich ist, ob eine rechtzeitige Annahme durch K erfolgt ist. Die Annahmefrist könnte sich nach § 147 Abs. 1 BGB richten.

D      Nach § 147 Abs. 1 S. 2 BGB gelten Angebote am Telefon als Angebote unter Anwesenden.

S      Da es sich um ein telefonisches Angebot handelt, war nach § 147 Abs. 1 S. 1 BGB eine sofortige Annahme erforderlich, die hier nicht vorliegt.

N      Möglich ist aber, dass V eine Annahmefrist nach § 148 BGB gesetzt hat.

---

15  Die Voraussetzungen eines Angebots sind hier nicht näher zu prüfen, da nach dem Sachverhalt ein Angebot vorliegt.

S  Ausdrücklich hat V keine Annahmefrist gesetzt, aber auf die Erklärung des K „Ich prüfe das und sage übermorgen Bescheid" mit „Geht in Ordnung" geantwortet. Es ist im Wege der Auslegung (§§ 133, 157 BGB) zu ermitteln, ob K als vernünftiger Empfänger der Erklärung diese Äußerung als Fristsetzung verstehen durfte.

*Lösungsvorschlag*: Ja, sodass V bis zum Ende der Frist an sein Angebot gebunden war. Die Annahme des K innerhalb dieser Frist war rechtzeitig.

**Schluss:** Es ist ein Kaufvertrag zustande gekommen, sodass K von V nach § 433 Abs. 1 S. 1 BGB die Lieferung von 30 Computern zum Angebotspreis verlangen kann.

---

**5. Abwandlung:**

Wie im **Ausgangsfall** mit der Änderung, dass V die Bestellung des K zunächst unbearbeitet zur Seite legt und dann vergisst. Kann K mit der Begründung, Schweigen unter Kaufleuten sei als Zustimmung zu werten, die Lieferung verlangen? Gehen Sie davon aus, dass V unter seiner Firma in das Handelsregister eingetragen ist.

*Skizze*

- Invitatio ad offerendum des V („An alle meine Kunden. Einmaliges Sonderangebot ... ")
- Bestellung des K („Eilt! Bitte um sofortige Lieferung ...) = Angebot
- Schweigen des V → Schweigen als Annahme?

---

**Einleitung:** K kann die Lieferung von V gemäß § 433 Abs. 1 S. 1 BGB verlangen, wenn zwischen ihm und V durch Angebot und Annahme ein Kaufvertrag zustande gekommen ist.

S  Ein Angebot des K liegt nach dem Sachverhalt mit der Bestellung des K vor.

N  Dieses Angebot müsste V rechtzeitig angenommen haben.

S  Es liegt weder eine ausdrückliche noch eine konkludente Annahme des V vor.

N  Das Schweigen des V könnte nach § 362 HGB als Annahme des Antrags zu werten sein.

D  Erste Voraussetzung: V muss Kaufmann sein; das richtet sich nach §§ 1 ff. HGB; nach § 1 Abs. 1 HGB ist derjenige Kaufmann, der ein Handelsgewerbe betreibt. Nach § 1 Abs. 2 HGB ist jeder Gewerbebetrieb ein Handelsgewerbe, es sei denn, dass das Unternehmen nach Art und Umfang einen in kaufmännischer Weise eingerichteten Geschäftsbetrieb nicht erfordert.

S  V betreibt als Großhändler einen Gewerbebetrieb und ist unter seiner Firma im Handelsregister eingetragen. Er ist deshalb nach § 1 Abs. 1 HGB[16] Kaufmann im Sinne des HGB.

---

16  Oder nach § 2 HGB.

**N** Zweite Voraussetzung § 362 HGB: Der Gewerbebetrieb des V muss die Besorgung von Geschäften *für andere* mit sich bringen.

**D** Das ist der Fall, wenn V Geschäfte ausführt, die eigentlich der andere selbst ausführen müsste[17]. Nicht unter § 362 HGB fallen demgegenüber die Geschäfte eines Warenkaufmanns, da dieser keine Geschäfte für andere tätigt, sondern nur *eigene* Geschäfte ausführt: Er kauft und verkauft Ware im eigenen Namen und für eigene Rechnung.

**S** V ist Warenkaufmann, deshalb liegt die zweite Voraussetzung des § 362 HGB nicht vor.

**Ergebnis:** Das Schweigen des V gilt nicht nach § 362 HGB als Annahme; also ist bisher kein Kaufvertrag geschlossen.

**N** Schweigen des V als Zustimmung nach den Grundsätzen des kaufmännischen Bestätigungsschreibens.

**D** Ein kaufmännisches Bestätigungsschreiben setzt voraus, dass das Ergebnis mündlicher Verhandlungen von einem der Beteiligten schriftlich zusammengefasst wird.

**S** Die Bestellung des K erfüllt bereits diese Voraussetzung nicht.

**Schluss:** K kann die Lieferung nicht verlangen, weil das Schweigen (Nichtreagieren) des V auf das Angebot des K weder nach § 362 HGB noch nach den Grundsätzen des kaufmännischen Bestätigungsschreibens eine Annahme darstellt. Damit ist mangels Annahme kein Kaufvertrag geschlossen worden.

---

17  Vgl. zu Einzelheiten S. 49.

## Fall 4: Der rote Golf

### Originalfall aus einer Anfängerklausur, Bearbeitungszeit 40 Minuten

Kaiser (K) aus Köln will sich einen gebrauchten roten VW-Golf GLS kaufen. Da K weiß, dass man von VW-Werksangehörigen in Wolfsburg zu guten Preisen so genannte „Jahreswagen" erwerben kann, bittet er seinen Bekannten Bertram (B), der in der Nähe von Wolfsburg wohnt, sich umzusehen und „bei einer guten Gelegenheit nicht zu zögern, sondern die Sache sofort für ihn perfekt zu machen. Allerdings dürfe ein Preis von so um 10.000,-- € eigentlich nicht überschritten werden". Auf eine Zeitungsanzeige hin setzt sich B mit der VW-Angestellten Vogel (V) in Verbindung, die ein Fahrzeug des gesuchten Typs für 11.200,-- € anbietet. Bei den Verhandlungen erklärt B, er kaufe für seinen „armen" Freund K, der höchstens um 10.000,-- € zahlen wolle. Schließlich einigen sich V und B auf einen objektiv sehr günstigen Preis von 10.150,-- €.

1. K weigert sich dennoch, zu zahlen, weil er meint, er habe B „gar nicht richtig beauftragt, jedenfalls habe dieser einen zu hohen Preis vereinbart". Muss K an V 10.150,-- € zahlen?

2. Nehmen Sie an, V und B hätten bei einem im Übrigen völlig gleichen Sachverhalt einen Kaufpreis von 10.950,-- € vereinbart. Nachdem K den Kaufvertrag „wegen des zu hohen Preises nicht akzeptiert", verlangt V Zug um Zug gegen die Lieferung des Fahrzeugs die Zahlung von B. Zu Recht?

### 1. Frage

**Vorüberlegung zur ersten Frage**

■ Kein Problem bildet die Frage, ob eine Einigung über den Abschluss eines Kaufvertrages erzielt worden ist, da sich die Einigung aus dem Sachverhalt ergibt („ ... einigen sich V und B ..."). Da außerdem keine Angaben dazu enthalten sind, wer das zum Vertrag führende (letzte) Angebot abgegeben und wer die Annahme erklärt hat, kann eine genaue Untersuchung dieser Fragen nicht erfolgen. Deshalb sind Ausführungen zur Einigung weder erforderlich noch sinnvoll.

■ Den „springenden Punkt" bildet vielmehr die Frage, ob B den K wirksam vertreten hat, ob also die zum Kaufvertrag führende Willenserklärung des B für und gegen K wirkt. Das ist nach § 164 Abs. 1 BGB zu beurteilen. Dieses Problem ist in den Mittelpunkt der Ausführungen zu stellen.

**Regel**    Unproblematisches ist kurz, problematische Fragen sind ausführlich zu behandeln!

---

> | **Hinweis** | Wenn nach einem Anspruch gefragt ist, muss im ersten Satz der Lösung eine Anspruchsgrundlage enthalten sein und der Satz „Wer will was von wem woraus?" durchschimmern! |
>
> - § 164 BGB ist **keine Anspruchsgrundlage**. Aus dieser Vorschrift kann sich deshalb auch keine Zahlungspflicht des K ergeben. Die Prüfung ist deshalb *nicht* mit § 164 Abs. 1 BGB zu beginnen.
> - Wie so oft bildet § 433 Abs. 2 BGB die mögliche Anspruchsgrundlage, da dort die zu untersuchende Rechtsfolge (Pflicht zur Zahlung des Kaufpreises) enthalten ist.
> - Der Lösung liegt die D-N-S-Methode zugrunde, doch wird hier auf die jeweilige Angabe verzichtet. Sie können aber gerne versuchen, die Buchstaben zuzuordnen!
>
> Nachfolgend eine Lösung, die in einer Klausur mit „sehr gut" bewertet worden wäre!

## Lösung der ersten Frage

K muss den Kaufpreis von 10.150,-- € nach § 433 Abs. 2 BGB an V zahlen, wenn zwischen ihm und V ein entsprechender Kaufvertrag zustande gekommen ist.

Eine Einigung über den Abschluss des Kaufvertrages über den roten Golf zu diesem Preis ist (nach dem Sachverhalt) zwischen V und B, aber nicht zwischen V und K erzielt worden. B könnte K aber mit der Folge wirksam vertreten haben, dass eine von B abgegebene Willenserklärung gemäß § 164 Abs. 1 S. 1 BGB unmittelbar für und gegen K wirkt.

Dafür muss B

a) eine eigene Willenserklärung abgegeben haben,

b) im Namen des K und

c) innerhalb der ihm zustehenden Vertretungsmacht gehandelt haben.

**Zu a):** Eine eigene Willenserklärung liegt vor, wenn der Erklärende die Erklärung selbst erzeugt und nicht lediglich, wie ein Bote, eine fremde Erklärung überbringt. Hier hat B zunächst mit V verhandelt und sodann eine eigene Willenserklärung abgegeben, die zur Einigung hinsichtlich des Kaufvertrages führte.

**Zu b):** B muss im Namen des Vertretenen, also des K gehandelt haben. Nach dem **Offenkundigkeitsprinzip** muss deutlich werden, dass der Handelnde den Vertrag nicht für sich selbst, sondern für einen anderen abschließen will. B hat nicht ausdrücklich im Namen des K gehandelt, aber erklärt, dass er für einen „armen Freund" kaufe. Dies reicht aus, weil V erkennen konnte, dass nicht der handelnde B, sondern dessen Freund ihr Vertragspartner werden sollte. Dafür muss sie die Person oder deren Namen nicht unbedingt kennen.

**Zu c):** B hat innerhalb der Vertretungsmacht gehandelt, wenn

- K ihm eine Vollmacht für den Kauf erteilt hatte und wenn
- der abgeschlossene Kaufvertrag vom Umfang der Vollmacht gedeckt war.

Eine ausdrückliche Erteilung einer Vollmacht gemäß § 167 Abs. 1 BGB liegt nicht vor. Die Erklärung des K, B möge „sich umsehen und bei einer guten Gelegenheit nicht zögern, sondern die Sache sofort für ihn perfekt machen", ist aber im Wege der Auslegung gemäß §§ 133, 157 BGB aus der Sicht des B als Erklärungsempfänger nach Treu und Glauben und unter Berücksichtigung der Verkehrssitte als Erteilung einer *Innenvollmacht* zu werten. Denn B konnte die Aussage so verstehen, dass er ein Fahrzeug für K kaufen sollte. Dass K seine Aussage möglicherweise anders gemeint haben könnte, steht dem nicht entgegen, weil es auf das Verständnis des B als Erklärungsempfänger ankommt. Also handelte B mit Vertretungsmacht.

B müsste den *Umfang* der Vertretungsmacht eingehalten haben. K hat den Umfang der Vollmacht nicht exakt vorgegeben, sondern auf einen Preis von „so um 10.000,-- €, der eigentlich nicht überschritten werden dürfe", festgelegt. Der von B vereinbarte Preis von 10.150,-- € übersteigt zwar den von K genannten Betrag, doch ist die Abweichung mit 1,5 % relativ gering und bewegt sich noch in dem von K nur in etwa vorgegebenen Rahmen, zumal der Preis objektiv sehr günstig ist. Anders wäre es gewesen, wenn K 10.000,-- € definitiv als Höchstgrenze vorgegeben hätte.

Damit liegen alle Voraussetzungen des § 164 Abs. 1 BGB vor, sodass die von B abgegebene Willenserklärung unmittelbar für und gegen den K wirkt. K ist damit wirksam von B vertreten worden, also besteht der Kaufvertrag zwischen K und V. K muss deshalb den Kaufpreis in Höhe von 10.150,-- € gemäß § 433 Abs. 2 BGB an V zahlen.

## 2. Frage

**Vorüberlegung zur zweiten Frage**

Da hier nach einem Anspruch der V gegen B gefragt ist, zwischen diesen beiden Personen aber kein Kaufvertrag vorliegt, weil B nicht im eigenen Namen, sondern im Namen seines „armen" Freundes gehandelt hat, kann § 433 Abs. 2 BGB nicht die Anspruchsgrundlage sein. Es kommt aber in Betracht, dass B seine Vertretungsmacht überschritten hat und deshalb nach § 179 Abs. 1 BGB haftet.

| **Merksatz** | Im Gegensatz zu § 164 Abs. 1 BGB, der (nur) die Voraussetzungen und die Rechtsfolge der Vertretung regelt, handelt es sich bei **§ 179 Abs. 1 BGB** um eine **Anspruchsgrundlage**. |
|---|---|

## Lösung der zweiten Frage

V könnte einen Anspruch auf Zahlung von 10.950,-- € gegen B aus § 179 Abs. 1 BGB haben. Dann müsste

a) B als Vertreter einen Vertrag geschlossen haben,

b) ohne (Nachweis seiner) Vertretungsmacht und

c) der (angeblich) Vertretene K müsste die Genehmigung des Vertrages verweigert haben.

**Zu a):** B hat als Vertreter einen Vertrag geschlossen, wenn er eine eigene Willenserklärung im Namen des Vertretenen abgegeben hat. Diese Voraussetzung ist erfüllt, wie die Prüfung zur 1. Frage ergeben hat.

**Zu b):** B hatte zwar gemäß § 167 Abs. 1 BGB eine Vollmacht (Vertretungsmacht), für K einen roten Golf zu kaufen, doch war die Vollmacht auf einen „Preis von so um 10.000,-- €" beschränkt. Es ist im Wege der Auslegung nach §§ 133, 157 BGB zu klären, ob der hier getätigte Kauf für 10.950,-- € vom Umfang der Vollmacht gedeckt ist. Maßgeblich ist dabei der Empfängerhorizont des Bevollmächtigten. B konnte nach Treu und Glauben und unter Berücksichtigung der Verkehrssitte nicht davon ausgehen, dass die von K erteilte Vollmacht einen Preis von fast 11.000,-- €, und damit eine Abweichung von der – wenn auch nicht ganz verbindlichen – Vorgabe um fast 10 % umfassen sollte.

**Zu c):** Da K den Kaufvertrag „wegen des hohen Preises nicht akzeptiert", hat er damit die Genehmigung des Vertrages verweigert (§§ 177 Abs. 1, 182 Abs. 1 BGB).

Zwischenergebnis: Damit liegen alle Voraussetzungen des § 179 Abs. 1 BGB vor, sodass V nach ihrer Wahl die Erfüllung des Vertrages oder Schadensersatz von B als Vertreter ohne Vertretungsmacht verlangen könnte. Da sie sich hier für die Erfüllung entschieden hat, stünde ihr ein Anspruch gegen B in Höhe des mit B vereinbarten Kaufpreises von 10.950,-- € Zug um Zug gegen die Lieferung des Fahrzeugs zu[18].

Diesem Anspruch könnte aber § 179 Abs. 3 BGB entgegenstehen. Danach haftet der Vertreter ohne Vertretungsmacht weder auf Erfüllung noch auf Schadensersatz, wenn der andere Teil, hier V, den Mangel der Vertretungsmacht kannte oder kennen musste. Kennen bedeutet Wissen, Kennenmüssen bedeutet Nichtwissen aufgrund von Fahrlässigkeit. Nach § 276 Abs. 2 BGB handelt fahrlässig, wer die im Verkehr erforderliche Sorgfalt außer Acht lässt. Hier hat B bei den Verhandlungen darauf hingewiesen, er kaufe für einen „armen" Freund, der „nur so um 10.000,-- €" zahlen wolle. Daraus musste V ableiten, dass ein Vertrag über 10.950,-- € von der Vollmacht nicht gedeckt war. Wenn V sich dennoch auf den Vertragsabschluss einlässt, muss sie das Risiko tragen, dass der „Vertretene" die Genehmigung des Vertrages verweigert. In diesem Fall kann der Vertreter nicht zur Haftung herangezogen werden.

Damit steht V gegen B kein Anspruch nach § 179 Abs. 1 BGB zu.

- Ein Anspruch gegen K besteht ebenfalls nicht, weil B den K wegen Überschreitung der Vollmacht nicht wirksam vertreten hat und K die Genehmigung des Vertrages verweigert hat.

- Die Lösung ist der Verkäuferin V gegenüber recht hart. Andererseits hätte sie stutzig werden können, als die Preisvorgabe so deutlich überschritten wurde. Das BGB kennt im Übrigen keinen guten Glauben an das Bestehen einer Vollmacht[19]. Wer ein Geschäft mit einem „Vertreter" abschließt, trägt deshalb das Risiko, dass dieser keine Vertretungsmacht hat und damit kein Anspruch gegen den (angeblich) Vertretenen begründet wird. Es bleibt dann nur § 179 Abs. 1 BGB gegen den „Vertreter ohne Vertretungsmacht", freilich unter dem Vorbehalt der Absätze 2 und 3.

---

18  Bei der Wahl von Schadensersatz könnte V den entgangenen Gewinn (§ 252 BGB) aus dem gescheiterten Vertrag von B verlangen.
19  Ausnahme §§ 170 ff. BGB und die Anscheins- und Duldungsvollmacht, vgl. S. 114 f.

## Fall 5: Verdorbenes Fleisch

### Fall aus der Vorlesung „Handels- und Gesellschaftsrecht"

Die K-GmbH produziert in großem Umfang Fertiggerichte „für den gehobenen Bedarf". Aufgrund einer Bestellung vom 13. Mai hat sie vom Fleischlieferanten Willi Vey (V), der sein Unternehmen unter der Firma „Heinz Marich Frischfleisch e.K." betreibt, große Mengen tiefgefrorenes Fleisch zum Preis von 40.000,-- € bezogen. Zwei Mitarbeiter der Einkaufsabteilung der K-GmbH haben beim Ausladen der Ware „einen Blick darauf geworfen" und eine Geruchsprobe gemacht, wobei sich keine Anhaltspunkte für Mängel ergaben. Das Fleisch wurde direkt aus dem gekühlten Transporter in ausreichend gekühlte Räume der K-GmbH gebracht.

Als das Fleisch Anfang Juni für die unmittelbar bevorstehende Verarbeitung aufgetaut wird, stellt sich schon aufgrund des Geruchs heraus, dass es verdorben ist. Nach dem Gutachten eines Sachverständigen lag dieser Mangel schon im Zeitpunkt der Lieferung vor, wobei sich nicht aufklären lässt, ob V, der lediglich als Zwischenhändler fungierte, dies gewusst hat oder hätte wissen müssen.

Die K-GmbH weigert sich unter Hinweis auf die Mängel den Kaufpreis zu zahlen. V meint, die K-GmbH müsse zahlen, weil sie „eine Kontrollpflicht verletzt habe".

**Vorüberlegung**

Eine Schwierigkeit dieses Falles besteht darin, den richtigen Einstieg zu finden und danach die Lösung folgerichtig und logisch zu erarbeiten. Nach dem „Wer will was von wem woraus-Satz?" ist gefragt, ob die K-GmbH den Kaufpreis zahlen muss. Dabei ist unproblematisch, dass die Beteiligten einen Kaufvertrag geschlossen haben, auch wenn der Begriff im Sachverhalt nicht enthalten ist. Daraus, dass die K-GmbH eine Bestellung getätigt und V geliefert hat, ist nämlich abzuleiten, dass ein Kaufvertrag vorliegt. Die K-GmbH weigert sich aber den Kaufpreis zu zahlen. Diese Weigerung hat ihren Grund darin, dass der V verdorbenes Fleisch geliefert hat. Auch dieser Umstand ergibt sich unmittelbar aus dem Sachverhalt, ist also nicht näher zu untersuchen.

Es dürfte auch klar sein, dass die K-GmbH als Käuferin die Ware wegen des Mangels zur Zeit noch nicht bezahlen muss, sondern zuvor eine mangelfreie Lieferung verlangen kann (§§ 437 Nr. 1, 439 BGB). Dieses Recht hat die K-GmbH nach Auffassung des V aber infolge der „Verletzung einer Kontrollpflicht" verloren. In diesem Einwand des V liegt ein versteckter Hinweis auf das zentrale Problem der Klausur: Es geht darum, ob die von der K-GmbH vorgenommene Untersuchung möglicherweise nicht den kaufmännischen Anforderungen entsprochen und deshalb zu einem Rechtsverlust geführt hat.

| **Tipp** | Bitte lesen Sie vor dem weiteren Durcharbeiten § 320 BGB und § 377 HGB und überlegen Sie, wie diese beiden Vorschriften in die Lösung zu integrieren sind. |
|---|---|

## Lösungsvorschlag

V könnte ein Anspruch auf Bezahlung des Kaufpreises gegen die K-GmbH aus § 433 Abs. 2 BGB zustehen.

### Entstehen des Anspruchs[20]

Nach dem Sachverhalt ist davon auszugehen, dass zwischen den Parteien ein wirksamer Kaufvertrag geschlossen worden ist, da die K-GmbH die Waren von V zum Preis von 40.000,-- € bezogen hat. Damit ist der Anspruch auf Zahlung des Kaufpreises entstanden.

### Einrede des nichterfüllten Vertrages

Dem Zahlungsanspruch könnte aber entgegenstehen, dass das Fleisch schon im Zeitpunkt der Lieferung mangelhaft war (§ 434 Abs. 1 S. 2 Nr. 2 BGB). Durch die Lieferung des mangelhaften Fleisches hat V die ihm nach § 433 Abs. 1 S. 2 BGB obliegende Verpflichtung zur Lieferung einer mangelfreien Ware nicht erfüllt. Deshalb steht der K-GmbH nach §§ 437 Nr. 1, 439 BGB ein Recht auf Nacherfüllung zu. Solange die Nacherfüllung nicht erfolgt ist, kann die K-GmbH nach § 320 Abs. 1 S. 1 BGB die Einrede des nicht erfüllten Vertrages erheben und damit die Zahlung des Kaufpreises verweigern.

### Verlust der Einrede

Diese Einrede könnte aber nach § 377 Abs. 2 HGB ausgeschlossen sein, wenn die K-GmbH ihrer Rügeobliegenheit nach § 377 Abs. 1 HGB nicht ordnungsgemäß nachgekommen ist.

### Kauf für beide Teile ein Handelsgeschäft

Dann müsste der Kauf für beide Teile ein Handelsgeschäft gewesen sein. Nach § 343 Abs. 1 HGB sind Handelsgeschäfte alle Geschäfte eines Kaufmanns, die zum Betriebe seines Handelsgewerbes gehören. Aus der Firmierung des V mit dem Zusatz „e.K." (für eingetragener Kaufmann) ergibt sich, dass V Kaufmann nach § 1 Abs. 1 HGB oder § 2 HGB ist. Die Kaufmannseigenschaft der K-GmbH ergibt sich aus § 6 Abs. 1 HGB i.V.m. § 13 Abs. 3 GmbHG, da jede GmbH als Handelsgesellschaft im Sinne des HGB gilt. Der Kaufvertrag über das Fleisch gehörte für beide Parteien zum jeweiligen Handelsgewerbe. Also war der Kauf für beide Teile ein Handelsgeschäft.

### Ablieferung der Ware

Die Ablieferung der Ware ist mit der Übergabe (Besitzverschaffung gemäß § 854 Abs. 1 BGB) an die K-GmbH erfolgt.

### Unterlassen der unverzüglichen Untersuchung und Rüge

Nach § 377 Abs. 1 HGB hat der Käufer die Ware nach der Ablieferung durch den Verkäufer, soweit dies nach ordnungsgemäßen Geschäftsgang tunlich ist, zu untersuchen und einen dabei entdeckten Mangel dem Verkäufer unverzüglich, also ohne schuldhaftes Zögern (§ 121 BGB) anzuzeigen.

---

20  Hier wird eine Darstellung mit Zwischenüberschriften und einer sehr feinen Gliederung gewählt, was in einer Klausur nicht unbedingt erforderlich ist, aber die Darstellung übersichtlicher macht.

Hier haben zwei Mitarbeiter der K-GmbH bei der Anlieferung „einen Blick auf die Ware geworfen" und eine Geruchsprobe gemacht, ohne dabei einen Mangel festzustellen. Diese Art und der Umfang der Untersuchung könnte den Anforderungen aber nicht genügt haben. Die Untersuchung ist nämlich soweit durchzuführen, wie es im ordnungsgemäßen Geschäftsgang tunlich ist. Tunlich bedeutet dabei nicht üblich, sondern zumutbar. Die K-GmbH hat eine größere Menge tiefgefrorenes Fleisch für einen Kaufpreis von 40.000,-- € bezogen. Es war deshalb zumutbar, im Wege einer Stichprobe einige Stücke aufzutauen und zu untersuchen[21]. Durch das bloße Ansehen der Ware und eine Geruchsprobe waren mögliche Mängel, die bei Lebensmitteln immer wieder auftreten können, nicht zu entdecken. Die nach Entdeckung der Mängel erhobene Rüge ist nicht mehr unverzüglich, weil seit der Lieferung schon etwa drei Wochen vergangen sind. Eine solche Zeitspanne ist insbesondere bei verderblichen Lebensmitteln zu lang.

Da die K-GmbH der Rügeobliegenheit nach § 377 Abs. 1 HGB nicht nachgekommen ist, gilt die Ware nach § 377 Abs. 2 HGB als genehmigt. Dies bedeutet, dass die K-GmbH so behandelt wird, als sei sie mit der mangelhaften Ware einverstanden. Diese gilt als mangelfrei, sodass der K-GmbH die Einrede des nicht erfüllten Vertrages nach § 320 BGB nicht zusteht.

**Ausnahmen**

Eine Ausnahme nach § 377 Abs. 3 HGB liegt nicht vor, weil der Mangel hier durch eine ordnungsgemäße Untersuchung zu erkennen gewesen wäre. Da nicht feststeht, ob Vey den Mangel arglistig verschwiegen hat, ist er nicht gemäß § 377 Abs. 5 HGB gehindert, sich auf § 377 HGB zu berufen.

**Ergebnis**

Vey hat einen Anspruch auf Zahlung des Kaufpreises in Höhe von 40.000,-- € gegen die K-GmbH aus § 433 Abs. 2 BGB, obwohl das Fleisch schon bei der Lieferung mangelhaft war.

---

21  Vgl. OLG Oldenburg, NJW 1998, S. 398.

# Fall 6: Außer Spesen noch was gewesen

## Fall aus der Vorlesung „Vertragliche Schuldverhältnisse"

V und K haben einen Kaufvertrag über eine Maschine geschlossen. V ist nach dem Vertrag zur Lieferung und Montage verpflichtet. Nach Ausführung der Montage beschädigt der von V mit dieser Arbeit betraute Angestellte A beim Rückwärtsfahren infolge einer leichten Unachtsamkeit einen auf dem Firmengelände geparkten Pkw des K. Die Reparaturkosten für den Pkw betragen nach einem Sachverständigengutachten 6.000,-- €.

1. Welche Ansprüche stehen K gegen V und A nach dem BGB zu?

2. Ändert sich etwas, wenn V nachweist, dass er den A vor elf Jahren besonders sorgfältig ausgewählt hat?

3. Wie ist das Verhältnis zwischen V und A?

---

**Vorüberlegung**

Dieser vom Sachverhalt her einfache Fall hat es in sich. Er enthält schon zu Beginn einige Probleme bezüglich der Auswahl der möglichen Anspruchsgrundlagen und der Prüfungsreihenfolge:

- Es kommen nämlich vertragliche und gesetzliche Ansprüche in Betracht.

- Außerdem sind Ansprüche gegen V und gegen A zu prüfen.

Wie und womit ist die Prüfung also zu beginnen? Allgemein gilt die Regel, dass vertragliche vor gesetzlichen Ansprüchen zu prüfen sind. Vertragliche Ansprüche können hier nur zwischen V und K bestehen, da (nur) zwischen diesen Personen ein (Kauf-)Vertrag vorliegt. Dann ist es sinnvoll, nach den vertraglichen Ansprüchen gegen V auch die gesetzlichen Ansprüche gegen V zu prüfen und anschließend die Ansprüche des K gegen A zu untersuchen.

---

## 1. Frage:

## Welche Ansprüche stehen K gegen V und A nach dem BGB zu?

### 1. Teil: Ansprüche gegen V

#### 1. Anspruch aus § 280 Abs. 1 BGB

K könnte einen Anspruch auf Ersatz der Reparaturkosten an dem beschädigten Fahrzeug in Höhe von 6.000,-- € gegen V aus § 280 Abs. 1 BGB haben[22].

#### 1.1 Schuldverhältnis

Dann müsste zwischen V und K ein Schuldverhältnis bestehen. Dies kann ein vertragliches, ein vorvertragliches oder ein gesetzliches Schuldverhältnis sein. Hier liegt ein vertragliches Schuldverhältnis vor, weil zwischen V und K ein Kaufvertrag besteht.

---

22  Auch hier wird nochmals eine Darstellung mit Zwischenüberschriften und einer sehr feinen Gliederung gewählt.

## 1.2 Objektive Pflichtverletzung des V

V müsste eine Pflicht aus dem Schuldverhältnis verletzt haben. Pflichten können sich aus § 241 Abs. 1 und Abs. 2 BGB ergeben. Nach § 241 Abs. 2 BGB kann das Schuldverhältnis nach seinem Inhalt jeden Teil (jede Partei) zur Rücksicht auf die Rechte, Rechtsgüter und Interessen des anderen Teils verpflichten. Hier war der Schuldner V verpflichtet, Rücksicht auf das Eigentumsrecht des K an dessen Pkw zu nehmen. Dieses Recht des K ist durch die Beschädigung des Fahrzeugs beeinträchtigt worden.

Der Schuldner V hat aber nicht selbst gehandelt, vielmehr hat dessen Angestellter A die Verletzungshandlung begangen. Für dieses Verhalten könnte V nach § 278 BGB einstehen müssen. Dann müsste A *Erfüllungsgehilfe* des V gewesen sein. Das ist der Fall, weil A auf Veranlassung des V und in dessen Interesse zur Erfüllung des Kaufvertrages tätig wurde. § 278 BGB regelt unmittelbar aber nur eine Zurechnung des (subjektiven) *Verschuldens* des Erfüllungsgehilfen auf den Schuldner, nicht aber eine Zurechnung der (objektiven) *Pflichtverletzung*. Nach dem Rechtsgedanken des § 278 BGB kommt die Vorschrift aber entsprechend für die Zurechnung der Pflichtverletzung zur Anwendung. Die von A begangene Verletzungshandlung mit der Folge der Beschädigung des Eigentums des K wird deshalb wie eine Pflichtverletzung des Schuldners V bewertet.

## 1.3 Vertretenmüssen

Der Anspruch auf Schadensersatz setzt voraus, dass der Schuldner die Pflichtverletzung zu vertreten hat. Aus der Formulierung des § 280 Abs. 1 S. 2 BGB ergibt sich, dass bei Vorliegen einer (objektiven) Pflichtverletzung ein (subjektives) Vertretenmüssen, insbesondere ein Verschulden des Schuldners vermutet wird. Diese Vermutung muss vom Schuldner widerlegt werden. Enthält der Sachverhalt – wie hier – keine Angaben zur Widerlegung der Vermutung, bleibt diese bestehen.

Hier hat aber nicht V, sondern sein Erfüllungsgehilfe A gehandelt. Nach § 278 BGB wird dem Schuldner ein (tatsächlich vorhandenes) Verschulden seines Erfüllungsgehilfen wie ein eigenes Verschulden zugerechnet. Diese Regel gilt entsprechend für das vermutete Verschulden. Das bedeutet, dass die Vermutung des § 280 Abs. 1 S. 2 BGB auch dann eingreift, wenn nicht der Schuldner, sondern dessen Erfüllungsgehilfe gehandelt hat. Dann wird ein Verschulden des Erfüllungsgehilfen vermutet, für das der Schuldner nach § 278 BGB einzustehen hat. V hat laut Sachverhalt nichts vorgetragen, was die Vermutung entfallen lassen könnte. Im Gegenteil: A hat leicht unachtsam gehandelt.

## 1.4 Schaden infolge der Pflichtverletzung

Durch die Pflichtverletzung muss es zu einem Schaden gekommen sein. Der Schaden besteht hier darin, dass das Fahrzeug vorher nicht beschädigt war und nach dem Unfall für 6.000,-- € repariert werden muss. Dieser Schaden beruht adäquat kausal auf der Pflichtverletzung des V, weil es nach der Lebenserfahrung nicht unwahrscheinlich ist, dass die Reparatur eines durch einen Transporter beschädigten Pkw 6.000,-- € kostet.

K hat deshalb aus § 280 Abs. 1 BGB gegen V einen Anspruch auf Schadensersatz in Höhe der Reparaturkosten von 6.000,-- € (§ 249 Abs. 2 BGB).

## 2. Anspruch aus § 831 Abs. 1 BGB

Dieser Anspruch könnte sich auch aus § 831 Abs. 1 BGB ergeben.

## 2.1 Verrichtungsgehilfe

Dann müsste A Verrichtungsgehilfe des V gewesen sein. Verrichtungsgehilfe ist, wer von einem anderen (dem Geschäftsherrn) in weisungsabhängiger Form zu einer Verrichtung bestellt ist und in gewisser Abhängigkeit zum Geschäftsherrn steht. A war nach den Weisungen seines Arbeitgebers V damit betraut, die Maschine zu liefern und zu montieren und ist als Arbeitnehmer auch sozial abhängig. A war deshalb nicht nur Erfüllungsgehilfe des V (§ 278 BGB), sondern zugleich auch dessen **Verrichtungsgehilfe** (§ 831 BGB).

### 2.2 Widerrechtliche Schädigung eines Dritten

A müsste K widerrechtlich einen Schaden zugefügt haben. Diese Voraussetzung verlangt, dass der Verrichtungsgehilfe den **objektiven Tatbestand des § 823 Abs. 1 BGB** verwirklicht. A muss also

- durch eine Handlung
- eines der durch § 823 Abs. 1 BGB geschützten Rechte oder Rechtsgüter des K adäquat kausal verletzt haben.

Hier ist durch die Handlung des A (Wegfahren mit dem Kleintransporter) das Eigentumsrecht des K am Pkw beschädigt worden. Eine adäquate Kausalität (schadensbegründende Kausalität) ist gegeben, weil der Geschehensablauf (Anfahren des Pkw mit der Folge der Beschädigung) nach der Lebenserfahrung nicht unwahrscheinlich war. Der Schaden besteht in Höhe der Reparaturkosten von 6.000,-- €; die schadensausfüllende Kausalität zwischen Eigentumsverletzung und dem Schaden ist ebenfalls gegeben[23].

Die Widerrechtlichkeit (Rechtswidrigkeit) der Verletzung wird infolge des vorliegenden Tatbestandes indiziert.

### 2.3 In Ausführung der Verrichtung

Die Schädigung des K müsste in Ausführung der Verrichtung und nicht lediglich bei Gelegenheit erfolgt sein. Dafür muss ein zeitlicher und sachlicher Zusammenhang zwischen der Verrichtung und dem Schaden bestehen. Hier erfolgte die Schädigung nach Beendigung der Montagearbeiten. Gleichwohl besteht der erforderliche Zusammenhang, weil An- und Abreise für die Verrichtung erforderlich waren.

### 2.4 Verschulden des Geschäftsherrn

Es muss ein Verschulden des Geschäftsherrn V vorliegen. Dagegen kommt es nicht darauf an, ob der Verrichtungsgehilfe schuldhaft gehandelt hat. Im Rahmen des § 831 BGB wird ein Verschulden des Geschäftsherrn vermutet. Wie bei § 280 Abs. 1 S. 2 BGB hat sich der Geschäftsherr zu entlasten. Dafür muss er darlegen und beweisen, dass er bei der **Auswahl** und – was oft übersehen wird – bei der laufenden **Überwachung** des Verrichtungsgehilfen die im Verkehr erforderliche Sorgfalt beachtet hat. Da V nach dem Sachverhalt zur Frage 1) hierzu nichts vorgetragen hat, bleibt es beim vermuteten Verschulden.

Damit liegen alle Voraussetzungen des § 831 BGB vor, sodass K auch aus dieser Anspruchsgrundlage ein Schadensersatzanspruch in Höhe von 6.000,-- € gegen V zusteht. Die beiden Anspruchsgrundlagen bestehen nebeneinander.

## 2. Teil: Ansprüche gegen A

### 1. Anspruch aus § 280 Abs. 1 BGB

Gegen A kommt ein Anspruch aus § 280 Abs. 1 BGB nicht in Betracht, weil zwischen K und A kein Schuldverhältnis besteht. Andere vertragliche Ansprüche liegen ebenfalls nicht vor.

---

23 Eine ausführliche Prüfung des § 823 Abs. 1 BGB finden Sie im nächsten Fall.

### 2. Anspruch aus § 823 Abs. 1 BGB

K könnte gegen A aber einen Schadensersatzanspruch aus § 823 Abs. 1 BGB haben. Wie im Rahmen des § 831 BGB geprüft, sind die Voraussetzungen

- Handlung des A,

- Rechtsverletzung des K,

- schadensbegründende Kausalität zwischen der Handlung und der Rechtsverletzung,

- Widerrechtlichkeit,

- Schaden und

- schadensausfüllende Kausalität zwischen der Rechtsverletzung und dem Schaden

gegeben und deshalb nicht noch einmal zu untersuchen.

Zu prüfen ist deshalb nur noch, ob A schuldhaft gehandelt hat. Im Rahmen des § 823 Abs. 1 BGB wird das Verschulden nicht vermutet, muss also positiv festgestellt werden. Eine vorsätzliche, das heißt absichtliche Beschädigung des Pkw durch A liegt nicht vor. A könnte aber fahrlässig gehandelt haben. Nach § 276 Abs. 2 BGB handelt fahrlässig, wer die im Verkehr erforderliche Sorgfalt außer Acht lässt. Hier ist A eine leichte Unachtsamkeit unterlaufen. Dies reicht für die Annahme einer Fahrlässigkeit aus, weil A nicht so aufgepasst hat, wie es in der konkreten Situation erforderlich war. Damit steht K ein Anspruch auf Schadensersatz in Höhe von 6.000,-- € aus §§ 823 Abs. 1, 249 Abs. 2 BGB gegen A zu.

## 2. Frage:

## Ändert sich etwas, wenn V nachweist, dass er den A vor elf Jahren besonders sorgfältig ausgewählt hat?

### 1. Ansprüche gegen A

Wenn V nachweist, A vor 11 Jahren sorgfältig ausgewählt zu haben, wäre A nach wie vor aus § 823 Abs. 1 BGB zum Schadensersatz verpflichtet. Für die Haftung des A ergibt sich also keine Änderung.

### 2. Ansprüche gegen V

Eine Änderung könnte sich aber bezüglich der Haftung des V ergeben. Wie ausgeführt, haftet V nach § 280 Abs. 1 BGB und nach § 831 Abs. 1 BGB.

### 2.1 Haftung nach §§ 280 Abs. 1, 278 BGB

Für die Haftung nach § 280 Abs. 1 BGB i.V.m. § 278 BGB ist es ohne Belang, dass V den A sorgfältig ausgesucht hat. Denn diese Haftung knüpft an das weiterhin vorliegende Verschulden des A an, das dem V wie ein eigenes Verschulden zugerechnet wird. Eine Entlastung (Exkulpation) ist nicht möglich.

### 2.2 Haftung nach § 831 Abs. 1 BGB

Eine Änderung ist aber bei der auf § 831 Abs. 1 BGB gestützten Haftung möglich. Hier haftet der Geschäftsherr V für ein *vermutetes* eigenes Verschulden bei der Auswahl und Überwachung seines Verrichtungsgehilfen. Diese Vermutung ist gemäß § 831 Abs. 1 S. 2 BGB widerlegt, wenn der Geschäftsherr bei der Auswahl der bestellten Person (des Verrichtungsgehilfen) die im Verkehr erforderliche Sorgfalt beachtet hat. Da in der Vorschrift nur von der „Auswahl der bestellten Person" die Rede ist, wird oft übersehen, dass es für die Exkulpation nicht ausreicht, wenn der Geschäftsherr den

Verrichtungsgehilfen im Zeitpunkt der Einstellung sorgfältig ausgesucht hat. Er muss vielmehr auch darlegen und ggf. beweisen, dass er den Verrichtungsgehilfen *während* des Beschäftigungsverhältnisses sorgfältig überwacht hat. Da V hierzu nichts vorgetragen hat, hat er sich *nicht* exkulpiert. Das vermutete Verschulden bleibt deshalb bestehen. V haftet damit auch aus § 831 BGB, sodass insgesamt keine Änderung eintritt.

## 3. Frage:
## Wie ist das Verhältnis zwischen A und V?

Nach § 840 Abs. 1 BGB sind V und A Gesamtschuldner, da beide K aus einer unerlaubten Handlung (§ 831 Abs. 1 BGB bzw. § 823 Abs. 1 BGB) zum Schadensersatz verpflichtet sind. Der Geschädigte kann sich also aussuchen, von wem er den Schaden ersetzt haben möchte (§ 426 Abs. 1 BGB). Diese Regelung betrifft das *Außenverhältnis*.

Das *Innenverhältnis* der Gesamtschuldner regelt § 840 Abs. 2 BGB, der als spezielle Vorschrift § 426 BGB vorgeht. Danach muss A als „der andere" im Verhältnis zu V den Schaden allein tragen, weil V nur aus § 831 BGB haftet. Nach der Rechtsprechung des Bundesarbeitsgerichts (BAG) gilt diese Regelung aber nicht in Arbeitsverhältnissen. Hier hat das BAG vielmehr zum Schutz des Arbeitnehmers **Grundsätze über die Beschränkung der Arbeitnehmerhaftung** entwickelt, die auf alle Arbeiten angewendet werden, die durch den Betrieb veranlasst sind und aufgrund eines Arbeitsverhältnisses geleistet werden[24]. Die Frage, ob und in welchem Umfang der Arbeitnehmer für einen von ihm angerichteten Schaden im *Innenverhältnis* haftet, richtet sich – neben anderen Kriterien – insbesondere nach dem Grad seines Verschuldens. Das BAG unterscheidet dabei zwischen leichtester, normaler und grober Fahrlässigkeit. Im Falle grober Fahrlässigkeit – und natürlich auch bei Vorsatz – hat der Arbeitnehmer in aller Regel den gesamten Schaden zu tragen, bei leichtester Fahrlässigkeit haftet er dagegen nicht, während der Schaden bei normaler Fahrlässigkeit (§ 276 Abs. 2 BGB) in aller Regel zwischen Arbeitgeber und Arbeitnehmer quotal zu verteilen ist[25]. Da A nur ganz leicht unachtsam handelte, liegt ein Fall der leichtesten Fahrlässigkeit vor, sodass seine Haftung im Verhältnis zu V, also im Innenverhältnis der Gesamtschuldner, ausgeschlossen ist. Davon unberührt bleibt die Haftung des A im Außenverhältnis, also gegenüber K. Falls A von K in Anspruch genommen wird, könnte er aber von V verlangen, dass dieser für ihn von der Haftung freigestellt.

Dies wird hier aber nicht erforderlich sein, da ein Verkehrsunfall vorliegt. K kann deshalb die Zahlung der Reparaturkosten nach § 3 Nr. 1 PflVG (Pflichtversicherungsgesetz) direkt von der Versicherung verlangen, bei der das Fahrzeug des V haftpflichtversichert ist. K wird diese Möglichkeit nutzen, um das Geld schnell zu bekommen. Wegen der bestehenden Haftpflichtversicherung wird der Schaden von der Versicherung ausgeglichen, sodass auf V und A keine unmittelbaren Ansprüche zukommen. Der Versicherung steht angesichts des geringen Verschuldens des A kein Regressanspruch gegen den Versicherungsnehmer (Versicherten) oder den Schädiger A zu. Allerdings kann es zu einer Erhöhung der Versicherungsprämie kommen, weil der Schadensfreiheitsrabatt sich reduziert.

---

24  BAG NJW 1995, S. 210, 211.
25  BAG NJW 1995, S. 210, 213; BAG NJW 2005, S. 2469, 2470.

## Fall 7: Fahrt zur Schwarzwaldklinik

### Originalfall aus einer Klausur, Bearbeitungszeit 45 Minuten

Fahrer F ist seit 20 Jahren unfallfrei als Busfahrer bei der Busreisen-GmbH (B-GmbH) angestellt. Auf einer Fahrt mit einem Kegelverein zur Schwarzwaldklinik macht F auf der Autobahnraststätte Münsterland eine Pause. Nachdem die Gruppe sich gestärkt hat, übersieht F infolge einer Unachtsamkeit beim Ausparken aus der Parkbox das von hinten mit hoher Geschwindigkeit (ca. 80 km/h) heranfahrende vorfahrtsberechtigte Fahrzeug des Handelsvertreters H, der trotz einer sofortigen Vollbremsung eine Kollision der Fahrzeuge nicht verhindern kann.

Nach dem Kostenvoranschlag des Sachverständigen S betragen die Reparaturkosten für das Fahrzeug des H 10.000,-- € netto. Außerdem wird H durch den Unfall erheblich verletzt, sodass er einen wichtigen Geschäftstermin verpasst, der ihm aufgrund der bereits geführten intensiven und nahezu abgeschlossenen Vertragsverhandlungen mit ziemlich großer Sicherheit eine Provision von 21.000,-- € eingebracht hätte, die er wegen Verärgerung des Geschäftspartners über den geplatzten Termin endgültig nicht mehr erzielen kann.

1.  Prüfen Sie zunächst, ob H grundsätzlich (dem Grunde nach) von **F** Schadensersatz verlangen kann, ohne schon auf die konkreten Schäden einzugehen.

2.  Prüfen Sie dann, ob H grundsätzlich von der **B-GmbH** Schadensersatz verlangen kann.

3.  Gehen Sie dann unabhängig von Ihrem zu 1. erzielten Ergebnis davon aus, dass F dem H – dem Grunde nach – zum Schadensersatz verpflichtet ist und klären Sie dann, welche Schäden H von F ersetzt verlangen kann und in welcher Höhe in Bezug auf

    a) die Reparaturkosten, wenn H das Fahrzeug tatsächlich reparieren lässt,

    b) die entgangene Provision.

**Hinweis: Es sind nur Vorschriften aus dem BGB zu prüfen![26]**

### Ausführliche Lösung

> **Hinweis**
>
> In dieser Lösung sind einige Probleme enthalten, die bereits im vorhergehenden Fall von Bedeutung waren. Dies mag dazu verleiten, ganz schnell zu beginnen. Aber Vorsicht: Bitte sehen Sie sich zunächst ganz genau die Fragestellungen an. Sie laufen sonst Gefahr, Fragen zu beantworten, die gar nicht gestellt sind. Dann wird die zur Verfügung stehende Zeit von 45 Minuten auf keinen Fall reichen!

---

26  Wegen dieses Hinweises sind § 7 StVG (Straßenverkehrsgesetz) und § 18 StVG nicht zu prüfen.

# 1. Aufgabe

H könnte dem Grunde nach ein Schadensersatzanspruch gegen F aus § 823 Abs. 1 BGB zustehen.

a) Dann müsste eine Handlung des F vorliegen. Eine Handlung kann ein positives Tun oder ein pflichtwidriges Unterlassen sein. Hier ist F aus der Parkbox gefahren. Darin liegt ein positives Tun.

b) Durch die Handlung muss es zu einer Verletzung eines in § 823 Abs. 1 BGB geschützten Rechtsgutes oder Rechtes des H gekommen sein. Hier sind das Rechtsgut Körper und das Eigentumsrecht des H verletzt worden.

c) Die Verletzungen des H müssen adäquat kausal auf der Handlung des F – dem Ausparken – beruhen. Das ist der Fall, weil es nach der Lebenserfahrung nicht unwahrscheinlich ist, dass es beim Ausparken eines Omnibusses auf einer Autobahnraststätte zu einem Verkehrsunfall mit den hier eingetretenen Folgen (Körperverletzung, Beschädigung des Eigentums) kommt.

d) Die Verletzungen müssten widerrechtlich sein. Jede Verletzung eines fremden Rechtsgutes oder Rechtes ist widerrechtlich, es sei denn, es läge ein Rechtfertigungsgrund vor (insbesondere Einwilligung, Notwehr), was hier nicht der Fall ist.

e) F müsste die Verletzungen vorsätzlich oder fahrlässig herbeigeführt haben. Vorsätzlich handelt, wer ein bestimmtes Ergebnis herbeiführen will oder die Herbeiführung zumindest billigend in Kauf nimmt. F ist zwar vorsätzlich aus der Parklücke gefahren, er hatte aber nicht die Absicht, den H zu verletzen und hat die Verletzungen auch nicht billigend in Kauf genommen. F handelte deshalb nicht vorsätzlich. Es könnte aber ein fahrlässiges Verhalten des F vorliegen. Nach § 276 Abs. 2 BGB handelt fahrlässig, wer die im Verkehr erforderliche Sorgfalt nicht beachtet. Diese Voraussetzung ist erfüllt, weil F den H infolge einer Unachtsamkeit nicht gesehen hat.

f) Schließlich muss aus den Verletzungen adäquat kausal ein Schaden entstanden sein. Ein Schaden ist eine unfreiwillige Vermögenseinbuße, die sich aus einem Vergleich der Vermögenslage vor und nach der Verletzungshandlung ergeben muss. Vor der Handlung war das Fahrzeug des F in Ordnung, jetzt muss es für 10.000,-- € netto repariert werden. Damit ist der Wert seines Vermögens zumindest um diesen Betrag gemindert. Also liegt ein Schaden vor.

g) Dieser Schaden beruht adäquat kausal auf der Beschädigung des Autos, da es nicht unwahrscheinlich ist, dass die Reparatur eines durch einen Bus beschädigten Fahrzeugs so teuer ist. Ein weiterer Schaden ist H infolge des durch die Körperverletzung geplatzten Kundentermins entstanden.

Da alle Voraussetzungen des § 823 Abs. 1 BGB vorliegen, hat H gegen F dem Grunde nach einen Schadensersatzanspruch.

## 2. Aufgabe

H könnte dem Grunde nach ein Schadensersatzanspruch gegen die B-GmbH aus § 831 Abs. 1 BGB zustehen[27].

a) Dann muss F Verrichtungsgehilfe der B-GmbH sein. Verrichtungsgehilfe ist derjenige, dem von einem anderen (dem „Geschäftsherrn") in dessen Interesse eine Tätigkeit übertragen worden ist und der von den Weisungen des Geschäftsherrn abhängig ist. F ist als angestellter Busfahrer den Weisungen der Geschäftsführer der B-GmbH unterworfen. Er war hier zu einer Verrichtung, dem Transport der Fahrgäste zur Schwarzwaldklinik, bestellt worden.

b) F muss einen anderen widerrechtlich geschädigt haben. Dies setzt neben dem objektiven Tatbestand des § 823 Abs. 1 BGB die Widerrechtlichkeit und den Schaden voraus. Wie in der 1. Aufgabe geprüft, hat F durch eine Handlung eine Körper- und Eigentumsverletzung des H adäquat kausal herbeigeführt und H dadurch widerrechtlich und adäquat kausal einen Schaden zugefügt.

c) Die Schädigung muss in Ausführung der Verrichtung geschehen sein. Das ist der Fall, wenn ein zeitlicher und sachlicher Zusammenhang zwischen der Schädigung und der übertragenen Verrichtung besteht, nicht hingegen, wenn die Schädigung nur „bei Gelegenheit" erfolgt. Hier besteht der geforderte Zusammenhang, weil das Herausfahren zu der dem F übertragenen Verrichtung gehört.

d) Außerdem muss ein Verschulden des Geschäftsherrn, hier also der Geschäftsführer der B-GmbH, in Bezug auf die Auswahl oder Überwachung des Verrichtungsgehilfen vorliegen. Dieses Verschulden wird, wie sich aus § 831 Abs. 1 S. 2 BGB ergibt, vermutet. Deshalb muss die B-GmbH sich entlasten (exkulpieren). Dafür reicht es nicht aus, dass der F bisher 20 Jahre unfallfrei gefahren ist. Die B-GmbH müsste vielmehr vortragen, dass sie den F sorgfältig ausgewählt und seine Fahrleistungen während der Beschäftigungsdauer regelmäßig überwacht hat. Da der Sachverhalt hierzu keine Angaben enthält, bleibt es beim vermuteten Verschulden.

Da alle Voraussetzungen des § 831 Abs. 1 BGB vorliegen, ist die B-GmbH H dem Grunde nach zum Schadensersatz verpflichtet.

## 3. Aufgabe

Art, Inhalt und Umfang des Schadensersatzanspruchs richten sich bei den hier vorliegenden Anspruchsgrundlagen (§ 823 Abs. 1 BGB, § 831 Abs. 1 BGB) nach §§ 842 ff. BGB und §§ 249 ff. BGB. Einer der in §§ 842 ff. BGB enthaltenen Fälle liegt hier nicht vor.

a) Schadensumfang

   aa) Art, Inhalt und Umfang der nach § 823 Abs. 1 BGB bzw. § 831 Abs. 1 BGB zu ersetzenden Schäden sind deshalb nach §§ 249 ff. BGB zu bestimmen. Nach § 249 Abs. 1 BGB hat H gegen F und die B-GmbH Anspruch auf Wiederherstellung des früheren Zustandes, also auf eine Reparatur des Fahrzeuges. Da eine Sache beschädigt wurde, kann H statt der Herstellung gemäß § 249 Abs. 2 S. 1 BGB aber auch den für die Herstellung *erforderlichen* Geldbetrag in Höhe von

---

27  Da zwischen der B-GmbH und H vor dem Unfall kein Schuldverhältnis bestand, ist § 280 Abs. 1 BGB nicht zu prüfen.

10.000,-- € verlangen, und zwar unabhängig davon, ob er die Reparatur durchführen lässt. Wenn das Fahrzeug nicht repariert wird, erhält H keine Umsatzsteuer (§ 249 Abs. 2 S. 2 BGB). Lässt H die Reparatur durchführen, hat er gegen F und die B-GmbH Anspruch auf die Zahlung des Nettobetrages in Höhe von 10.000,-- € zuzüglich der tatsächlich angefallenen Umsatzsteuer. Nach § 3 Nr. 1 PflVG kann H seinen Anspruch auch direkt gegen die Kfz-Haftpflichtversicherung der B-GmbH geltend machen.

bb) Die entgangene Provision ist nach § 823 Abs. 1 BGB bzw. § 831 Abs. 1 BGB in Zusammenhang mit § 252 BGB zu ersetzen. Nach § 252 S. 1 BGB umfasst der zu ersetzende Schaden auch den entgangenen Gewinn, etwa in Form einer entgangenen Provision. Satz 2 enthält zugunsten des Geschädigten eine Beweiserleichterung. Zu ersetzen ist der Gewinn, der nach dem gewöhnlichen Lauf der Dinge, insbesondere nach den getroffenen Vorkehrungen, mit Sicherheit erwartet werden konnte. Da H aufgrund der schon geführten intensiven Gespräche mit ziemlich großer Sicherheit die Provision erzielt hätte, ist die Provision in Höhe von 21.000,-- € zu ersetzen.

b) Mitverschulden
Problematisch ist für beide Schadenspositionen, dass H an der Verursachung des Unfalls ein Mitverschulden treffen könnte, weil er mit hoher Geschwindigkeit (80 km/h) im Bereich eines Autobahnparkplatzes gefahren ist. Eine so hohe Geschwindigkeit auf einem Autobahnparkplatz in der Nähe von Parkboxen stellt ein fahrlässiges und ins Gewicht fallendes Mitverschulden dar und rechtfertigt eine Kürzung der Ansprüche des H. Nach § 254 Abs. 1 BGB kommt es für den Umfang der Kürzung darauf an, ob der Schaden vorwiegend von F oder von H verursacht worden ist. Den aus der Parklücke fahrenden und vorfahrtspflichtigen F trifft die größere Schuld an der Herbeiführung des Unfalls, doch ist auch die schnelle, nicht der Situation angepasste Fahrweise des H zu berücksichtigten. Danach erscheint eine Mitverschuldensquote von 2/3 für F zu 1/3 für H angemessen[28]. Die Ansprüche des H sind mithin jeweils um 1/3 zu kürzen. H bekommt deshalb wegen des Sachschadens am Pkw nur 2/3 von 10.000,-- €, also 6.666,67 € zzgl. 2/3 der tatsächlich angefallenen Umsatzsteuer, der entgangene Gewinn ist im Umfang von 14.000,-- € zu ersetzen.

---

28 Andere Quoten sind vertretbar, aber nicht soweit, dass H ein Mitverschulden von mehr als ½ trifft.

# Fall 8: Der enttäuschte Camper

## Fall aus der Vorlesung „Sachenrecht"

Elke Eilers (E) trifft mit ihrem Bekannten Martin Mayer (M) die Vereinbarung, dass M ihr bereits am „Alfsee" aufgebautes und bisher von ihr für drei Wochen Urlaub „bewohntes" Zelt gegen Zahlung von 50,-- € für zwei Wochen nutzen darf. Nachdem M wegen eines Unwetters und weil „der Rücken gewaltig zwickt" den Spaß am Campen verloren hat, bietet er Benno Berens (B), dessen „Drei-Mann-Zelt" soeben das Opfer des immer noch wütenden Sturmtiefs Christina geworden ist, das der E gehörende Zelt unter Nennung des Neupreises von 525,-- € für 400,-- € zum Kauf an. M tritt dabei gegenüber B wie der Eigentümer des Zeltes auf („mein Zelt"), zumal er aufgrund von falsch verstandenen Andeutungen der E versehentlich davon ausgeht, E sei mit einem Verkauf zu einem guten Preis einverstanden. Bei den Kaufverhandlungen weist M ausdrücklich darauf hin, dass er das Zelt erst fünfmal für jeweils wenige Tage genutzt habe. Außerdem erzählt er B, er wolle wegen des unbeständigen Wetters in Zukunft lieber in den Süden fliegen, zumal die Luftmatratze ihm „tierische Rückenschmerzen" bereite. „Kurz und gut, er habe die Nase vom Zelten gestrichen voll. Keine Nacht werde er mehr in einem Zelt verbringen".

B, der die Geschichte des M glaubt, erwidert, er habe Interesse, doch könne und wolle er auf keinen Fall mehr als 250,-- € zahlen. Schließlich einigen sich beide auf einen Kaufpreis von 300,-- €, der etwa 100,-- € unter dem Zeitwert des Zeltes liegt. Beim gemeinsamen Abbauen fällt B auf, dass M nicht so recht weiß, wie man sinnvoll vorgeht. So wählt M eine unzweckmäßige Reihenfolge der unterschiedlichen Arbeitsgänge, auch gelingt es ihm erst nach mehreren Fehlversuchen, aus den von Hand markierten Verpackungssäcken den jeweils richtigen für das Innenzelt, das Außenzelt, die Zeltstangen usw. herauszufinden. Peinlich berührt erklärt M, „das Zeltabbauen sei auch beim sechsten Mal immer noch eine Kunst für sich". Nachdem der Abbau schließlich mit viel Mühe und unter tatkräftiger Mithilfe des B mehr schlecht als recht gelungen ist, verstauen B und M nach inzwischen erfolgter Zahlung des Kaufpreises die Zeltsäcke nebst Inhalt gemeinsam im Fahrzeug des B, das auf dem Parkplatz vor dem Campingplatz steht. In diesem Augenblick kommt E hinzu, die „nur mal nach dem Rechten sehen will".

Obwohl M der E sofort den Kaufpreis von 300,-- € anbietet, möchte E „ihr" Zelt wiederhaben. B lehnt aber eine Rückgabe ganz energisch ab, weil er „sein Schnäppchen" um keinen Preis der Welt wieder abgeben will.

**Aufgabe:**
Prüfen Sie, ob E gegen B ein Herausgabeanspruch zusteht. Berücksichtigen Sie dabei auch mögliche Anspruchsgrundlagen aus dem Deliktsrecht und aus dem Recht der ungerechtfertigten Bereicherung.

> **Hinweis**
>
> Diese Aufgabe eignet sich aufgrund ihrer Länge nicht für eine Klausur. Sie ist eher für eine Anfängerhausarbeit zu gebrauchen.
>
> Neben zahlreichen detaillierten Angaben im Sachverhalt ist besonderes Augenmerk auf die Aufgabenstellung zu richten. In Bezug auf den **Herausgabeanspruch** sollen auch Ansprüche aus dem **Deliktsrecht** und aus dem Recht der **ungerechtfertigten Bereicherung** geprüft werden.
>
> Die folgende Lösung ist sehr ausführlich: Sie soll es Ihnen ermöglichen, drei wichtige gesetzliche Anspruchsgrundlagen im Rahmen einer einzigen Fallbearbeitung zu wiederholen. Natürlich verlangt niemand in der Klausur eine so differenzierte Bearbeitung!
>
> Die in der Lösung in Teil 2 und Teil 3 enthaltenen Rechtsprobleme weisen zudem einen recht hohen Schwierigkeitsgrad auf. Also nicht verzweifeln, sondern alles gut und mit Verstand durcharbeiten!

**Vorüberlegung zur Lösung**

Beginnen wir mit einer Graphik unter Berücksichtigung der möglichen Ansprüche und der Rechtsbeziehungen der Parteien.

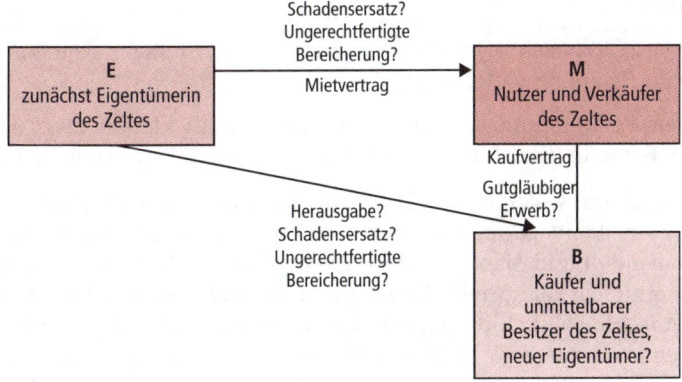

Abbildung 30.1: Graphik zu Fall 8

Jetzt ist nach dem berühmten „W-Satz" vorzugehen:

**„Wer will was von wem woraus?"**

In der Aufgabenstellung heißt es dazu:

- „Prüfen Sie, ob E gegen B ein Herausgabeanspruch zusteht. Berücksichtigen Sie dabei auch mögliche Anspruchsgrundlagen aus dem Deliktsrecht und aus dem Recht der ungerechtfertigten Bereicherung".

- Zu prüfen ist also, ob E gegen B einem Herausgabeanspruch hat. Aber woraus? Da verschiedene Anspruchsgrundlagen in Betracht kommen, muss eine Reihenfolge unter Beachtung der allgemeinen Regeln festgelegt werden. Diese Regeln gelten immer dann, wenn der Sachverhalt keine Besonderheiten aufweist. Auf jeden Fall ermöglichen sie eine erste Orientierung.

> **Merksatz** Regeln zur Rangfolge von Anspruchsgrundlagen:
>
> **1. Regel:** Vertragliche Ansprüche vor gesetzlichen Ansprüchen prüfen.
>
> **2. Regel:** Sachenrechtliche Ansprüche (§§ 985, 986 BGB) vor schuldrechtlichen Ansprüchen prüfen.
>
> **3. Regel:** Deliktsrecht (§§ 823 ff. BGB) vor ungerechtfertigter Bereicherung (§§ 812 ff. BGB) prüfen.
>
> **4. Regel:** § 816 BGB vor § 812 BGB prüfen.

Daraus folgt:

1. Im Verhältnis zwischen E und B kommen keine vertraglichen Ansprüche in Betracht, weil zwischen diesen beiden Beteiligten kein Vertrag besteht. Verträge bestehen nur zwischen E und M (Mietvertrag) und M und B (Kaufvertrag).

2. Aus dem Sachenrecht kommt der Herausgabeanspruch aus §§ 985, 986 BGB in Betracht.

3. Aus dem Deliktsrecht kommt § 823 Abs. 1 BGB in Betracht, weil E möglicherweise ihr Eigentum verloren hat.

4. Aus dem Recht der ungerechtfertigten Bereicherung kommt § 812 Abs. 1 S. 1 BGB in Betracht, weil B möglicherweise auf Kosten der E bereichert ist.

Die Prüfung ist mit § 985 BGB zu beginnen, da es sich um eine „starke", nämlich dingliche und damit gegen jedermann wirkende sachenrechtliche Anspruchsgrundlage handelt und diese Vorschrift die begehrte Rechtsfolge (Herausgabe der Sache) unmittelbar ausspricht. Dabei ist es sinnvoll, sofort § 986 BGB mit zu nennen. Anschließend sind die nach der Aufgabenstellung zu berücksichtigenden Vorschriften aus dem Deliktsrecht und dem Recht der ungerechtfertigten Bereicherung zu untersuchen.

## 1. Teil: Anspruch E gegen B auf Herausgabe des Zeltes

**1. E könnte gegen B einen Anspruch auf Herausgabe des Zeltes nach §§ 985, 986 BGB haben.**

Dann müsste E (noch) *Eigentümerin* des Zeltes sein, B müsste dessen *Besitzer* sein und B dürfte gegenüber E *kein Recht zum Besitz* haben.

E war Eigentümerin des Zeltes. Sie könnte das Eigentum aber durch eine zwischen M und B erfolgte Übereignung an B verloren haben.

> **Hinweis**
> Da offensichtlich ist, dass hier nicht die berechtigte Eigentümerin E, sondern M als Nichtberechtigter gehandelt hat und auch kein Fall des § 185 Abs. 1, Abs. 2 BGB vorliegt, ist es sinnvoll, § 932 BGB sofort mit zu prüfen.

Weil hier nicht die berechtigte Eigentümerin E gehandelt hat und weil M durch E weder ermächtigt worden war, das Eigentum zu übertragen (§ 185 Abs. 1 BGB) noch E die Eigentumsübertragung im Nachhinein genehmigt hat (§ 185 Abs. 2 BGB), kommt nur ein gutgläubiger Eigentumserwerb nach §§ 929 S. 1, 932 BGB in Betracht.

> **Hinweis**
> Auch beim gutgläubigen Eigentumserwerb gilt für bewegliche Sachen der Satz: „§ 929 Satz 1 ist immer dabei!" Das heißt, die Prüfung ist mit § 929 S. 1 BGB und *nicht* mit § 932 BGB zu beginnen! § 929 S. 1 bildet das „Gerüst", § 932 hilft (nur) über die fehlende Berechtigung zur Übereignung hinweg.

### 1.1 Einigung

Erste Voraussetzung für einen gutgläubigen Eigentumserwerb ist eine **Einigung** zwischen dem vermeintlichen Eigentümer und dem Erwerber darüber, dass das Eigentum an der Sache übergehen soll. Hier müssten sich also M als vermeintlicher Eigentümer und B als Erwerber mit diesem Inhalt geeinigt haben. Eine solche Einigung ist dem Sachverhalt ausdrücklich nicht zu entnehmen, doch ergibt sie sich aus den Umständen. Da M und B die Zeltsäcke nebst Inhalt im Auto des B verstaut haben, liegt darin eine durch schlüssiges Verhalten zustande gekommene Einigung mit dem Inhalt, dass nunmehr B der Eigentümer der Sachen sein soll. Dafür spricht auch, dass B den Kaufpreis bereits gezahlt und damit die ihm aus dem Kaufvertrag obliegende Verpflichtung vollständig erfüllt hat. Das Verhalten von M und B kann nur so verstanden werden, dass das Zelt jetzt B gehören soll.

### 1.2 Übergabe

Nach § 929 S. 1 BGB ist neben der Einigung über den Eigentumsübergang die **Übergabe** der Sache erforderlich. Dafür muss der – vermeintliche – Eigentümer seinen (unmittelbaren) **Besitz** vollständig auf den Erwerber übertragen (§ 854 Abs. 1 BGB). Diese Voraussetzung ist mit dem Einladen der Gegenstände in das Auto des B gegeben, weil M seinen Besitz vollständig aufgibt und B den unmittelbaren Besitz erwirbt.

### 1.3 Berechtigung zu Übereignung

Da M nicht der Eigentümer des Zeltes war, war er nicht zur Übertragung des Eigentums berechtigt. Die fehlende **Berechtigung** könnte durch den **guten Glauben** des B überwunden worden sein. B muss geglaubt haben, M sei der Eigentümer des Zeltes. Einen Ansatzpunkt für die Begründung dieses Glaubens enthält § 1006 Abs. 1 S. 1 BGB. Danach wird vermutet, dass der unmittelbare Besitzer einer Sache auch deren Eigentümer sei. Deshalb durfte B zunächst einmal davon ausgehen, dass das Zelt M gehörte. Dieser Glaube gilt aber nicht uneingeschränkt. Nach § 932 Abs. 2 BGB scheidet ein gutgläubiger Erwerb vielmehr aus, wenn der Erwerber weiß, dass die Sache nicht dem Veräußerer gehört. Ein solcher Fall ist hier nicht gegeben, weil B die Geschichte des M für wahr hielt, also keine positive Kenntnis davon hatte, dass M nicht der Eigentümer des Zeltes war.

Ein gutgläubiger Erwerb tritt nach der anderen Variante des § 932 Abs. 2 BGB aber auch dann nicht ein, wenn der Erwerber infolge *grober Fahrlässigkeit* nicht erkennt, dass der Veräußerer nicht der Eigentümer der Sache ist. Ausgehend von der Definition der einfachen Fahrlässigkeit in § 276 Abs. 2 BGB handelt grob fahrlässig, wer die im Verkehr erforderliche Sorgfalt in ungewöhnlich hohem Maße verletzt und dasjenige nicht beachtet, was im gegebenen Fall jedem hätte einleuchten müssen.

> **Hinweis**
> Wenn es – wie hier – Argumente für und gegen das Vorliegen einer groben Fahrlässigkeit gibt, sind beide Seiten darzustellen. Bitte keine einseitigen Ausführungen, sondern ein abwägendes Pro und Contra. Dabei ist es geschickt, zunächst die Argumente zu nennen, denen im Ergebnis *nicht* gefolgt werden soll.

**Für** eine grobe Fahrlässigkeit des B spricht, dass er bemerkt, dass M erhebliche Probleme mit dem Abbau des Zeltes und mit dem Verstauen der Gegenstände in die Zeltsäcke hat, aber keinen Verdacht äußert und auch keine Nachfragen stellt. Wenn jemand einen Zeltabbau bereits fünfmal vorgenommen hat, müsste das eigentlich besser klappen, jedenfalls ergeben sich Anhaltspunkte, dass etwas „nicht stimmen" könnte.

**Gegen** eine grobe Fahrlässigkeit sprechen aber die anderen Umstände des Erwerbs: Der Preis erscheint bei einem fünfmal genutzten Zelt nicht unangemessen niedrig zu sein, das Geschäft wurde auf einem öffentlichen Campingplatz abgewickelt. Die „Geschichte" des M für den Verkauf ist durchaus einleuchtend (Wetter, Rückenprobleme). Außerdem spricht § 1006 Abs. 1 S. 1 BGB für das Eigentum des M.

Deshalb liegt möglicherweise eine leichte Fahrlässigkeit (§ 276 Abs. 2 BGB) des B vor, aber keine grobe, also besonders schwere Fahrlässigkeit im Sinne des § 932 Abs. 2 BGB.

Damit sind alle Voraussetzungen für einen gutgläubigen Erwerb gemäß §§ 929 S. 1, 932 BGB erfüllt.

### 1.4 Ausschluss durch § 935 Abs. 1 BGB

Dem Eigentumserwerb könnte aber § 935 Abs. 1 BGB entgegenstehen. Danach scheidet ein gutgläubiger Erwerb an solchen Sachen aus, die dem Eigentümer **abhanden gekommen** sind. Abhanden gekommen ist eine Sache, wenn der Eigentümer *unfreiwillig* den *unmittelbaren Besitz* an ihr verloren hat. Hier hat die Eigentümerin E ihren unmittelbaren Besitz freiwillig auf M übertragen, indem sie ihm das Zelt zur Nutzung überlassen hat. Also steht § 935 Abs. 1 BGB dem Eigentumserwerb nicht entgegen. Damit hat B gutgläubig das Eigentum erworben.

Ein Herausgabeanspruch der E aus §§ 985, 986 BGB gegen B besteht nicht, weil E aufgrund des gutgläubigen Erwerbs des B nicht mehr Eigentümerin des Zeltes ist.

> **Hinweis**
> Die weiteren Voraussetzungen der §§ 985, 986 BGB – unmittelbarer Besitz des B und kein Besitzrecht gegenüber E – sind nicht mehr zu prüfen, da schon die erste Voraussetzung nicht vorliegt.

**2. E könnte einen Anspruch auf Herausgabe des Zeltes gegen B aus § 823 Abs. 1 BGB i.V.m. § 249 Abs. 1 BGB haben.**

Dann müsste durch eine **Handlung** des B ein durch § 823 Abs. 1 BGB geschütztes Rechtsgut oder Recht der E verletzt worden sein. Die Handlung des B, an die anzuknüpfen ist, besteht im gutgläubigen Erwerb des Eigentums und des Besitzes an dem Zelt. Denn durch diese Handlung hat E ihr Eigentum, also ein Recht im Sinne des § 823 Abs. 1 BGB, und den Besitz, also ein sonstiges Recht im Sinne des § 823 Abs. 1 BGB, verloren.

Es besteht jedoch Einigkeit, dass im Ergebnis keine Schadensersatzpflicht des B gegeben ist, weil B – wie zuvor geprüft – nach den §§ 929, 932 BGB gutgläubig das Eigentum erworben hat. Dieses von der Rechtsordnung gewollte Ergebnis darf nicht durch eine Pflicht zum Schadensersatz beeinträchtigt oder gar rückgängig gemacht werden.

Für dieses Ergebnis sind verschiedene Begründungen vertretbar: Man kann argumentieren, im Falle eines gutgläubigen Erwerbs liege schon keine Verletzungshandlung gemäß § 823 Abs. 1 BGB vor, weil sonst ein Widerspruch zum *Wertungsmodell der §§ 932 ff. BGB* bestehen würde. Falls man eine Verletzungshandlung annimmt, liegt es nahe, die Rechtswidrigkeit zu verneinen, weil der gutgläubige Erwerb mit der Rechtsordnung (§§ 932 ff. BGB) in Einklang steht. Auf jeden Fall scheitert der Anspruch beim Verschulden. Da im Rahmen der §§ 932 ff. BGB nur Vorsatz und grobe Fahrlässigkeit einem Eigentumserwerb entgegenstehen, muss dieser Verschuldensmaßstab auch im Rahmen des § 823 Abs. 1 BGB gelten.

Also besteht kein Anspruch der E gegen B aus § 823 Abs. 1 BGB.

**3. E könnte gegen B einen Anspruch aus § 812 Abs. 1, S. 1, 1. Fall BGB auf Herausgabe des Eigentums und des Besitzes am Zelt haben.**

Nach § 812 Abs. 1 S. 1 BGB ist derjenige, der

a) **etwas erlangt** hat,

b) durch **Leistung eines anderen** oder in sonstiger Weise auf dessen Kosten,

c) **ohne rechtlichen Grund,**

dem **Leistenden** oder dem, auf dessen Kosten sich der Erwerb vollzogen hat, zur **Herausgabe des Erlangten** verpflichtet.

B müsste etwas erlangt haben, wofür jeder Vermögensvorteil ausreicht. B hat Eigentum und Besitz am Zelt erlangt.

Dies müsste durch eine Leistung der Person, die die Herausgabe begehrt (hier E), erfolgt sein. Eine Leistung im Sinne des § 812 Abs. 1 S. 1 BGB ist eine gewollte und zweckgerichtete Vermehrung fremden Vermögens. Maßgeblich für die Beurteilung, wer die Leistung erbracht hat, ist die Sicht des Leistungsempfängers. Aus der Sicht des B hat aber nicht E, sondern der M das Eigentum und den Besitz an dem Zelt zur Erfüllung des Kaufvertrages zwischen B und M übertragen. Damit liegt eine Leistung des M und nicht eine solche der E vor. Da E keine Leistung erbracht hat, steht ihr kein Anspruch aus einer „Leistungskondiktion" gegen B zu.

Da eine Leistung des M vorliegt, ist wegen des so genannten „Vorrangs der Leistungskondiktion" die Alternative „oder in sonstiger Weise auf dessen Kosten" nicht mehr zu prüfen[29]. E hat damit auch nach § 812 Abs. 1 S. 1 BGB keinen Anspruch auf Herausgabe des Zeltes gegen B.

**4. Ergebnis**

E steht gegen den gutgläubigen Erwerber B aus keinem rechtlichen Gesichtspunkt ein Anspruch zu. Der Herausgabeanspruch nach §§ 985, 986 BGB scheitert daran, dass E infolge des gutgläubigen Erwerbs durch B nicht mehr Eigentümerin des Zeltes ist. Dieses von der Rechtsordnung gewollte Ergebnis darf nicht durch einen Schadensersatzanspruch nach § 823 Abs. 1 BGB in Frage gestellt werden. § 812 Abs. 1 BGB scheidet aus, weil keine Leistung der E, sondern eine solche des M vorliegt.

## 2. Teil: Ergänzung

Nach der Aufgabenstellung ist nur nach Ansprüchen der E gegen B auf Herausgabe des Zeltes, nicht hingegen nach möglichen Ansprüchen der E gegen M gefragt. Deshalb sind diese Ansprüche auch nicht zu untersuchen. Zur Vervollständigung in Kürze:

a) In Betracht kommt ein vertraglicher Schadensersatzanspruch der E gegen M, weil M seiner Verpflichtung zur Rückgabe der Mietsache (§ 546 Abs. 1 BGB) aufgrund der Weigerung des B, das Zelt wieder herauszugeben, nicht nachkommen kann (§§ 280 Abs. 1, Abs. 3, 283 BGB).

b) Ein Schadensersatzanspruch kann sich auch aus § 823 Abs. 1 BGB ergeben, weil E durch eine Handlung des M das Eigentum am Zelt verloren hat.

Beide Anspruchsgrundlagen setzen ein Verschulden des M voraus, das in Bezug auf den vertraglichen Anspruch gemäß § 280 Abs. 1 S. 2 BGB vermutet wird. Der Anspruch besteht nach § 251 Abs. 1 BGB in Höhe des Verkehrswertes des Zeltes (400,-- €).

c) E kann von M die Herausgabe des Kaufpreises in Höhe von 300,-- € aus § 816 Abs. 1 BGB verlangen, weil M eine Verfügung – die Übertragung des Eigentums an B – vorgenommen hat. Diese Verfügung ist der E gegenüber nach §§ 929, 932 BGB wirksam. Als Gegenleistung hat M den Kaufpreis erhalten. Diesen muss er an E herausgeben, auch wenn ihn kein Verschulden trifft.

---

29 Zwischen den Alternativen „durch Leistung" und „in sonstiger Weise auf dessen Kosten" gibt es eine Rangordnung: Wenn irgendjemand eine Leistung erbracht hat, ist die Variante „in sonstiger Weise auf dessen Kosten" nicht mehr zu prüfen. Man spricht vom „Vorrang der Leistungskondiktion" vor den anderen Kondiktionsarten. Also ist zunächst zu untersuchen, ob eine Leistung vorliegt. Ergibt diese Prüfung, dass ein anderer als der, der die Herausgabe begehrt, eine Leistung erbracht hat, ist die Prüfung des § 812 Abs. 1 S. 1 BGB zu beenden.

# Fall 9: Der unwesentliche Motor

## Fall aus der Vorlesung „Sachenrecht"

Der dem Berger (B) gehörende Pkw erhält in der Werkstatt des Unger (U) einen Austauschmotor und ein neues angeschweißtes Bodenblech. In den im Vertrag wirksam vereinbarten „Werkstattbedingungen" des U heißt es: „Alle Teile bleiben bis zur vollständigen Zahlung unser Eigentum". Da der von B zur Zahlung übergebene Scheck nicht eingelöst wird, fragt U nach seinen Rechten.

---

**Ein Wort vorab**

Ein kurzer, scheinbar einfacher Fall, der aber eine ganze Reihe von Problemen enthält und zu einem etwas überraschenden Ergebnis führen wird, weil die juristische Bewertung in Teilen nur schwer mit dem „gesunden Menschenverstand" in Einklang zu bringen ist.

**Vorüberlegung zur Lösung**

Da in dieser Aufgabe nicht nach einem ganz bestimmten Anspruch, sondern allgemein nach den Rechten des U gefragt ist, muss zunächst überlegt werden, welche Rechte dies sein könnten. Dabei ist es sinnvoll, sich in die Position des U zu versetzen und zu überlegen, was U bei *wirtschaftlicher* Betrachtung von B begehrt.

Da keine Besonderheiten ersichtlich sind, ist davon auszugehen, dass U in erster Linie eine Bezahlung seiner Arbeiten erhalten möchte. Wenn er diesen Anspruch nicht durchsetzen kann, wird ihn interessieren, ob ihm ein Unternehmerpfandrecht zusteht oder ob er jedenfalls die eingebauten Teile wieder herausverlangen kann. Die Prüfung erfolgt deshalb in dieser Reihenfolge.

---

**1. Anspruch auf Zahlung der Vergütung**

U könnte gegen B einen Anspruch auf Zahlung der Vergütung aus §§ 631, 632 BGB haben.

**1.1**

Der Anspruch muss **entstanden** sein. U und B müssten einen Werkvertrag geschlossen haben. Nach dem Sachverhalt liegt ein Vertrag unter wirksamer Einbeziehung der „Werkstattbedingungen" des U vor. Da dieser Vertrag auf die Herbeiführung eines Erfolgs in Form der Autoreparatur gerichtet ist, handelt es sich um einen Werkvertrag (§ 631 BGB). Mit dem Abschluss des Vertrages ist der Anspruch auf die Zahlung der Vergütung **entstanden**.

---

**Hinweis** — Da keine Einzelheiten zum Vertragsschluss mitgeteilt werden, ist insoweit auch keine Prüfung vorzunehmen. Also bitte kein Wort zu Angebot und Annahme, keine Definitionen und keine Subsumtionen! Sie könnten ohnehin nur spekulieren, wie es wohl gewesen sein könnte. Das macht aber keinen Sinn!

**1.2**

Der Anspruch darf nicht **erloschen** sein. Nach § 362 Abs. 1 BGB erlischt ein Schuldverhältnis und damit auch ein Anspruch, wenn die geschuldete Leistung an den Gläubiger bewirkt wird. Bei einer Geldschuld ist, wenn keine andere Vereinbarung getroffen worden ist, regelmäßig eine Barzahlung zu leisten. Eine solche ist hier nicht erfolgt.

Nach § 364 Abs. 1 BGB erlischt ein Schuldverhältnis aber auch, wenn der Gläubiger eine andere als die geschuldete Leistung an „Erfüllungs statt" annimmt. Hier hat der B dem U zum Zwecke der Bezahlung einen Scheck übergeben. Die bloße Annahme eines Schecks führt aber in aller Regel noch nicht dazu, dass die zugrundezu Grunde liegende Forderung erlischt. Durch die Annahme eines Schecks wird vielmehr zwischen dem Schuldner als Scheckgeber und dem Gläubiger als Schecknehmer eine neue Verbindlichkeit aus dem Scheck begründet. Der Aussteller (Scheckgeber) haftet nach Art. 12 ScheckG (Scheckgesetz) für die Zahlung des Schecks. Daraus folgt gemäß § 364 Abs. 2 BGB, dass der Scheck „im Zweifel" nicht an Erfüllungs statt, sondern lediglich erfüllungshalber angenommen wird. Die der Scheckhingabe zugrundezu Grunde liegende Werklohnforderung des U geht deshalb solange nicht unter, bis der U den Betrag durch Einlösung des Schecks erhalten hat[30]. Damit ist der Anspruch des U auf Zahlung der Vergütung aus §§ 631, 632 BGB durch die Annahme des Schecks nicht erloschen. Da der Scheck nicht eingelöst wurde, ist der Vergütungsanspruch auch nicht zu einem späteren Zeitpunkt untergegangen.

**1.3**

Der Anspruch auf die Zahlung der Werklohnvergütung müsste **durchsetzbar**, insbesondere fällig sein. Nach § 641 Abs. 1 S. 1 BGB ist die Vergütung bei der Abnahme des Werkes zu entrichten. Eine Abnahme im Sinne des § 640 Abs. 1 S. 1 BGB liegt vor, wenn der Besteller das Werk als im Wesentlichen vertragsgerecht anerkennt. Dies kann auch durch schlüssiges Handeln geschehen, zum Beispiel durch Ingebrauchnahme, muss aber gegenüber dem Unternehmer zum Ausdruck kommen. Hier ist B mit dem reparierten Pkw weggefahren und nicht zurückgekommen, um eventuelle Mängel der Reparatur zu reklamieren. Dadurch hat er stillschweigend die Abnahme erklärt.

Der Vergütungsanspruch ist also **entstanden, nicht erloschen** und **durchsetzbar**, sodass U von B gemäß §§ 631, 632 BGB die Zahlung des Werklohns verlangen kann. Problematisch wird es aber, wenn B nicht in der Lage oder nicht gewillt ist, die Zahlung zu leisten. Für diesen Fall stellt sich die Frage nach dem Bestehen eines Unternehmerpfandrechts, um eine Verwertung des Fahrzeugs vorzunehmen.

**2. Anspruch auf Verwertung aus einem Unternehmerpfandrecht**

Zur Durchsetzung des Vergütungsanspruchs aus §§ 631, 632 BGB könnte U ein **Unternehmerpfandrecht** an dem Fahrzeug des B zustehen. Nach **§ 647 BGB** entsteht ein solches Pfandrecht für die dem Unternehmer zustehenden Forderungen an den Sachen des Bestellers, die zum Zwecke der Ausbesserung in den unmittelbaren Besitz des Unternehmers gelangt sind. Hier hatte der U den unmittelbaren Besitz an dem Pkw des B erlangt, sodass das Pfandrecht für die Werklohnforderung entstanden war.

Das Pfandrecht könnte aber durch die Rückgabe des Fahrzeugs an B **erloschen** sein. Für das gesetzliche Pfandrecht gelten nach § 1257 BGB die Regelungen für das rechtsgeschäftliche Pfandrecht. Gemäß § 1253 Abs. 1 S. 1 BGB erlischt ein Pfandrecht, wenn der Pfandgläubiger das Pfand an den Eigentümer zurückgibt. Mit der Rückgabe des

---

30  Hinweis: Die Ausführungen gelten in gleicher Weise für die Annahme von Wechseln.

Pkw von U an B ist das Pfandrecht also erloschen, sodass U kein Unternehmerpfandrecht aus § 647 BGB mehr zusteht. U hat deshalb keine Möglichkeit, durch eine Verwertung des Fahrzeugs den Werklohn zu erhalten.

### 3. Herausgabeanspruch des U gegen B aus §§ 985, 986 BGB

Deshalb ist zu klären, ob U aufgrund des nach dem Sachverhalt wirksam vereinbarten Eigentumsvorbehalts berechtigt ist, die eingebauten Gegenstände, insbesondere natürlich den Austauschmotor von B herauszuverlangen. Dieser Anspruch könnte sich für den Austauschmotor aus §§ 985, 986 BGB ergeben. Dann müsste

– U (noch) **Eigentümer** des Austauschmotors sein,

– B müsste dessen (unmittelbarer) **Besitzer** sein und

– B dürfte im Verhältnis zu U **kein Recht zum Besitz** haben.

### 3.1

U war **Eigentümer** des Motors. Er könnte sein Eigentum aber infolge eines **gesetzlichen** Eigentumserwerbs gemäß den §§ 946 ff. BGB an B verloren haben[31]. In Betracht kommt § 947 Abs. 1 i.V.m Abs. 2 BGB. Diese Vorschrift setzt voraus, dass bewegliche Sachen so miteinander verbunden werden, dass sie wesentliche Bestandteile einer einheitlichen Sache werden. Das Fahrzeug des B (ohne Motor) und der Austauschmotor des U sind bewegliche Sachen, die durch den Einbau des Motors miteinander verbunden worden sind. Fraglich ist aber, ob Fahrzeug und Motor durch den Einbau wesentliche Bestandteile einer einheitlichen Sache, nämlich des kompletten Pkw, sind.

Diese Frage ist nach § 93 BGB zu beurteilen. Nach dieser Vorschrift sind Bestandteile einer Sache, die nicht voneinander getrennt werden können, ohne dass der eine oder der andere Bestandteil zerstört oder in seinem Wesen verändert wird, wesentliche Bestandteile der Sache. Entscheidend ist, ob der eine oder der andere Bestandteil nach der Trennung in der bisherigen Art – sei es auch erst nach einer Verbindung mit einer anderen Sache – wirtschaftlich genutzt werden kann.

Es kommt also (nur) darauf an, ob der Ausbau des Austauschmotors aus dem Pkw zu einer Zerstörung oder Wesensänderung des Pkw oder des Motors führt. Da der Austauschmotor in ein anderes Fahrzeug eingesetzt werden kann und das Fahrzeug des B mit einem anderen Austauschmotor bestückt werden kann, können beide Bestandteile nach der Trennung weiter wirtschaftlich genutzt werden. Sie bilden damit *keinen* wesentlichen Bestandteil der einheitlichen Sache Pkw. U hat das Eigentum am Austauschmotor also nicht nach § 947 BGB verloren. Er ist nach wie vor (alleiniger) Eigentümer des Austauschmotors.

> **Hinweis** Das Ergebnis ist vielleicht überraschend, aber juristisch unbestritten. Sie dürfen also bei § 93 BGB nicht aus der Wichtigkeit oder Bedeutung einer Sache für eine andere Sache den Schluss auf einen *wesentlichen* Bestandteil ziehen. Bei § 94 BGB (vgl. den folgenden Fall) gilt ein etwas anderer Maßstab.

---

31 Ansatz wie das Ende im Märchen „E war Eigentümer, und wenn er das Eigentum nicht verloren hat, dann hat er's auch noch heute".

In Betracht kommt, dass U sein Eigentum nach § 929 S. 1 BGB durch einen **rechts-geschäftlichen** Eigentumserwerb an B verloren hat. Dann müsste eine entsprechende Einigung zwischen U und B vorliegen. U hat sich jedoch in den wirksam vereinbarten „Werkstattbedingungen" das Eigentum bis zur vollständigen Zahlung vorbehalten. Dies bedeutet, dass die für einen rechtsgeschäftlichen Eigentumserwerb erforderliche Einigung vom Eintritt einer Bedingung abhängig gemacht wird. Nach § 158 Abs. 1 BGB soll das Eigentum an dem Motor erst dann auf den B übergehen, wenn B den Werklohn vollständig an U gezahlt hat. Da dies bisher nicht geschehen ist, hat U das Eigentum nicht gemäß § 929 S. 1 BGB verloren.

**3.2**
B ist (unmittelbarerer) **Besitzer** des Austauschmotors, da er die tatsächliche Gewalt über den Pkw einschließlich des Motors hat (§ 854 Abs. 1 BGB).

**3.3**
B dürfte **im Verhältnis zu U kein Recht zum Besitz** haben. B ist aufgrund des mit U geschlossenen Werkvertrages jedoch der rechtmäßige Besitzer des Motors. U kann dieses Besitzrecht aber dadurch beseitigen, dass er gemäß § 349 BGB vom Werkvertrag zurücktritt, weil sich der Werkvertrag damit in ein Rückgewährschuldverhältnis gemäß § 346 BGB wandelt.

Vor der Erklärung des Rücktritts muss U nach § 323 Abs. 1 BGB dem B zunächst eine angemessene Frist zur Bezahlung des Werklohns setzen. Dies ist auch sinnvoll, weil die Bezahlung für U vorteilhafter ist als der Ausbau des Motors, der – wie schon der Einbau – weitere Kosten verursacht. Der Umstand, dass der von B zur Zahlung übergebene Scheck „geplatzt ist", führt ohne Hinzutreten weiterer Umstände nicht dazu, dass die Fristsetzung nach § 323 Abs. 2 Nr. 3 BGB entbehrlich ist. Deshalb ist U erst nach erfolglosem Ablauf der Zahlungsfrist zum Rücktritt vom Werkvertrag berechtigt. Nach Erklärung des Rücktritts (§ 349 BGB) entfällt das Besitzrecht des B, da die empfangenen Leistungen nach § 346 Abs. 1 BGB zurückzugewähren (heraus-zugeben) sind. U hat damit gemäß §§ 985, 986 BGB einen Anspruch gegen B auf die Herausgabe des Austauschmotors.

> **Hinweis** Dieser Anspruch ergibt sich nach dem Rücktritt vom Werkvertrag auch aus § 346 Abs. 1 BGB.

**4. Anspruch auf Herausgabe des Bodenblechs gemäß §§ 985, 986 BGB**
Hier ist im Wesentlichen auf die Ausführungen zu 3. zu verweisen. Ein Unterschied kann sich allein daraus ergeben, dass das Bodenblech wesentlicher Bestandteil des Pkw gemäß § 93 BGB geworden sein könnte. Dies ist anzunehmen, da der Ausbau des geschweißten Bodenblechs zu einer Zerstörung führt. Da der Pkw im Verhältnis zum Bodenblech als Hauptsache anzusehen ist, hat B als Eigentümer des Pkw gemäß § 947 Abs. 1 i.V.m. Abs. 2 BGB das Alleineigentum am Bodenblech erworben. Zugleich hat U sein Eigentum verloren, sodass ihm wegen des Blechs kein Herausgabeanspruch gemäß §§ 985, 986 BGB gegen B zusteht. Der in den „Werkstattbedingungen" des U enthaltene **Eigentumsvorbehalt** führt zu keinem anderen Ergebnis, da § 947 BGB **zwingendes Recht** ist und durch eine Vereinbarung der Parteien nicht außer Kraft gesetzt werden kann.

# Fall 10: Dachpfannen

## Fall aus der Vorlesung „Sachenrecht"

Vey (V) liefert aufgrund eines Kaufvertrages Dachpfannen an die Kaiser-GmbH (K-GmbH), die auf einem ihr gehörenden Grundstück ein Bürogebäude errichtet. In den wirksam vereinbarten Lieferbedingungen des V heißt es wie folgt.

*„Alle Lieferungen und Leistungen erfolgen unter Eigentumsvorbehalt."*

Gehen Sie davon aus, dass sich 30 % der gelieferten Dachpfannen bereits auf dem Dach befinden und mit Sturmhaken befestigt sind, sich aber ohne Beschädigung wieder entfernen lassen. Die anderen 70 % der Pfannen liegen vor dem Gebäude. Da die K-GmbH den fälligen Kaufpreis nicht wie vereinbart zahlt, verlangt V unter Hinweis auf den Eigentumsvorbehalt die „sofortige Rückgabe" sämtlicher Pfannen von der K-GmbH. Zu Recht?

> **Hinweis** Vertragliche Ansprüche aus § 346 BGB sind nicht zu prüfen.

V könnte einen Anspruch auf Herausgabe der Dachpfannen gemäß §§ 985, 986 BGB gegen die K-GmbH haben.

### 1. Eigentum des V an den Pfannen

Die erste Voraussetzung ist, dass V noch Eigentümer der Dachpfannen ist. Dies ist der Fall, wenn V sein Eigentum nicht durch Rechtsgeschäft nach § 929 S. 1 BGB oder durch Gesetz gemäß § 946 BGB an die K-GmbH verloren hat.

### 1.1 Rechtsgeschäftlicher Eigentumserwerb

Voraussetzung für einen Eigentumserwerb der K-GmbH nach § 929 BGB sind Einigung, Übergabe und Berechtigung. Eine Einigung anlässlich der Lieferung oder zu einem anderen Zeitpunkt mit dem Inhalt, dass das Eigentum bereits übergehen soll, ist nicht erfolgt, da V laut seinen AGB unter Eigentumsvorbehalt geliefert hat (§§ 929, 158 Abs. 1 BGB). Zwar enthält die Klausel in den wirksam vereinbarten Lieferbedingungen des V keine ausdrückliche Regelung, wovon der Eigentumsvorbehalt abhängig sein soll. Die insoweit unvollständige Klausel ist aber im Wege der Auslegung gemäß §§ 133, 157 BGB und § 449 Abs. 1 BGB so zu verstehen, wie es im Geschäftsverkehr üblich ist: Danach bildet die Zahlung der vertraglich geschuldeten Gegenleistung, hier also des Kaufpreises, die Bedingung für den Übergang des Eigentums. Da die Zahlung der K-GmbH noch nicht erfolgt ist, ist das Eigentum an den Dachpfannen nicht gemäß § 929 S. 1 BGB auf die K-GmbH übergegangen.

### 1.2 Gesetzlicher Eigentumserwerb

V könnte aber das Eigentum an den Dachpfannen nach § 946 BGB verloren haben. Voraussetzung ist, dass eine bewegliche Sache dergestalt (gemeint ist: „so") mit einem Grundstück verbunden wird, dass sie wesentlicher Bestandteil des Grundstücks wird. Dachpfannen sind bewegliche Sachen (§ 90 BGB). Um wesentlicher Bestandteil des Grundstücks zu werden, müssten sie mit dem Grundstück verbunden sein (§ 94 Abs. 1 BGB). Eine unmittelbare Verbindung der Dachpfannen mit dem Grundstück liegt nicht vor. Dies gilt auf jeden Fall für die Pfannen, die noch vor dem Gebäude liegen. Aber auch die bereits eingedeckten Pfannen sind nicht unmittelbar mit dem Grundstück verbunden. Diese Pfannen könnten aber wesentliche Bestandteile des Gebäudes sein (§ 94 Abs. 2 BGB), das wiederum wesentlicher Bestandteil des Grundstücks sein könnte (§ 94 Abs. 1 BGB).

### 1.2.1 Bereits eingedeckte Pfannen

Nach § 94 Abs. 1 BGB sind die mit dem Grund und Boden fest verbundenen Sachen, insbesondere die Gebäude, wesentliche Bestandteile eines Grundstücks. Also ist das von der K-GmbH errichtete Bürogebäude ein wesentlicher Bestandteil des Grundstücks. Nach § 946 BGB erstreckt sich damit das Eigentum an dem Grundstück auf das Gebäude: Deshalb gehört das Gebäude dem, dem das Grundstück gehört, hier also der K-GmbH[32].

Nach § 94 Abs. 2 BGB sind alle *zur Herstellung des Gebäudes eingefügten Sachen* wesentliche Bestandteile des Gebäudes. Das sind alle Teile, ohne die das Gebäude nach der Verkehrsanschauung noch nicht fertig gestellt ist. Die Teile müssen mit dem Gebäude verbunden sein, eine feste *Verbindung* ist aber nicht erforderlich. Hier liegt durch die Befestigung mit den Sturmhaken eine Verbindung mit dem Gebäude vor.

> **Hinweis** Die Sachen müssen eingefügt sein. Das bloße Hineinstellen, etwa von Möbeln, reicht für ein „Einfügen" nicht aus. Deshalb sind die Betten eines Hotelzimmers keine wesentlichen Bestandteile des Hotels.

Was zur Fertigstellung des Gebäudes erforderlich ist, ist unter Berücksichtigung seiner Beschaffenheit und seines Zwecks zu beurteilen. Unabhängig vom konkreten Zweck eines Gebäudes (Wohngebäude, Verkaufsraum, Lagerhalle) sind Dachpfannen bei einem Gebäude mit Dach erforderlich, um es fertig zu stellen. Damit sind die bereits verlegten und mit Sturmhaken befestigten Dachpfannen zur Herstellung des Gebäudes eingefügt und damit wesentlicher Bestandteil des Gebäudes geworden. Dass sie sich ohne Probleme wieder abnehmen und entfernen lassen, steht im Rahmen der Prüfung des § 94 Abs. 2 BGB nicht entgegen[33].

Da das Gebäude wesentlicher Bestandteil des Grundstücks ist, ist das Eigentum an den bereits eingedeckten Pfannen nach §§ 946, 94 Abs. 1, Abs. 2 BGB durch die Einfügung von V auf die K-GmbH übergegangen. Damit liegen die Voraussetzungen des § 946 BGB vor, sodass V sein Eigentum an den Dachpfannen nach § 946 BGB verloren haben könnte.

Etwas anderes kann sich aber aus dem Eigentumsvorbehalt in den Lieferbedingungen des V ergeben. Bei § 946 BGB handelt es sich jedoch um zwingendes Recht, sodass eine entgegenstehende vertragliche Vereinbarung keine Wirkung hat. Der Eigentumsvorbehalt ist deshalb mit der Einfügung der Pfannen in das Gebäude erloschen.

Die K-GmbH ist also Eigentümerin der bereits eingedeckten Pfannen geworden. Damit liegt schon die erste Voraussetzung des § 985 BGB – Eigentum des V – nicht vor, sodass V keinen Anspruch auf Herausgabe dieser Pfannen hat.

---

32 Etwas anderes gilt, wenn an einem Grundstück ein Erbbaurecht bestellt ist, vgl. S. 459 f.
33 Bei § 93 BGB gilt ein anderer Maßstab! Vgl. den Fall zum Austauschmotor!

### 1.2.2 Noch nicht eingedeckte Pfannen

Anders könnte es sich mit den Pfannen verhalten, die noch vor dem Gebäude liegen. Wegen des Eigentumsvorbehalts (§§ 929 S. 1, 158 Abs. 1 BGB) ist das **Eigentum** nicht nach § 929 S. 1 BGB auf die K-GmbH übergegangen. Ein gesetzlicher Eigentumserwerb nach §§ 946, 94 Abs. 1, Abs. 2 BGB liegt ebenfalls nicht vor, weil diese Pfannen noch nicht in das Gebäude eingefügt sind. V ist damit nach wie vor deren Eigentümer.

Zweite Voraussetzung für den Herausgabeanspruch gemäß §§ 985, 986 BGB ist, dass die K-GmbH (unmittelbare) **Besitzerin** der Pfannen ist. Da sich die Pfannen auf dem Grundstück der K-GmbH befinden, übt sie durch ihre Geschäftsführer die tatsächliche Sachherrschaft aus und ist damit deren Besitzerin (§ 854 Abs. 1 BGB). Somit liegen die beiden Voraussetzungen des § 985 BGB vor.

Der Anspruch nach § 985 BGB besteht gleichwohl nicht, wenn der Besitzerin, also der K-GmbH, gegenüber dem Eigentümer, hier V, ein **Recht zum Besitz** gemäß § 986 Abs. 1 BGB zusteht. Das ist hier der Fall. Das Besitzrecht leitet sich aus dem Kaufvertrag ab. Auch wenn die K-GmbH den Kaufpreis bei Fälligkeit nicht gezahlt hat, ist und bleibt sie aufgrund des Kaufvertrages rechtmäßige Besitzerin der Dachpfannen. V kann deshalb deren Herausgabe solange nicht verlangen, wie der K-GmbH dieses Besitzrecht zusteht. Dieses Ergebnis folgt auch aus § 449 Abs. 2 BGB. Danach besteht ein Herausgabeanspruch aufgrund des Eigentumsvorbehalts erst dann, wenn V (zuvor) vom Kaufvertrag zurückgetreten ist. Dafür muss V ein Rücktrittsrecht zustehen, außerdem muss er den Rücktritt erklären (§ 349 BGB). Da nicht ersichtlich ist, dass die Parteien im Kaufvertrag zugunsten des V ein Rücktrittsrecht vereinbart haben, muss V nach § 323 BGB vorgehen, um ein solches Recht zu begründen. Da die K-GmbH bei einem gegenseitigen Vertrag (Kaufvertrag) eine fällige Leistung (Kaufpreiszahlung) nicht erbracht hat, muss V der K-GmbH nach § 323 Abs. 1 BGB eine angemessene Zahlungsfrist setzen. Erfolgt während dieser Frist keine Zahlung, ist V berechtigt, gemäß § 349 BGB den Rücktritt vom Kaufvertrag zu erklären. Nach Erklärung des Rücktritts entfällt das „Recht zum Besitz" im Sinne des § 986 Abs. 1 BGB.

Eine Fristsetzung ist nach § 323 Abs. 2 Nr. 3 BGB entbehrlich, wenn besondere Umstände vorliegen, die unter Abwägung der beiderseitigen Interessen den sofortigen Rücktritt rechtfertigen. Dafür spricht, dass die K-GmbH die Möglichkeit hat, die restlichen Pfannen schnell einzudecken und damit einen gesetzlichen Eigentumserwerb herbeizuführen. Dies hätte zur Folge, dass der Herausgabeanspruch nicht mehr bestehen würde. Da im Sachverhalt zu dieser Möglichkeit keine Angaben enthalten sind, kann vom Vorliegen eines solchen Ausnahmefalls (wohl) nicht ausgegangen werden.

**Ergebnis:**
1. Bezüglich der bereits eingedeckten Pfannen ist das Eigentum nach §§ 946, 94 Abs. 1, Abs. 2 BGB von V auf die K-GmbH übergegangen, sodass kein Herausgabeanspruch des V gegen die K-GmbH nach §§ 985, 986 BGB besteht.

2. Erst nach Rücktritt vom Kaufvertrag steht V gegen die K-GmbH ein Recht auf Herausgabe der noch nicht eingedeckten Pfannen zu. Ein Recht zum Rücktritt hat V erst, wenn eine der K-GmbH gesetzte, angemessene Frist zur Zahlung des Kaufpreises ohne Erfolg abgelaufen ist.

# TEIL VIII

## Anhang

# Glossar

## Abstraktionsprinzip

siehe ▶ *Trennungsprinzip*

## Adäquate Kausalität

Eine adäquate Kausalität ist gegeben, wenn der Zusammenhang zwischen Ursache und Wirkung, zum Beispiel zwischen einer Verletzungshandlung und einer Verletzung eines Rechtsgutes, nicht völlig *außergewöhnlich* und *unwahrscheinlich* ist. Zu unterscheiden sind die haftungsbegründende und die haftungsausfüllende Kausalität.

## Akzessorietät

siehe ▶ *Bürgschaft* ▶ *Hypothek* ▶ *Grundschuld*

## Allgemeine Geschäftsbedingungen (AGB)

*Begriff*  Allgemeine Geschäftsbedingungen sind nach § 305 Abs. 1 S. 1 BGB alle für eine Vielzahl von Verträgen vorformulierten Vertragsbedingungen, die eine Vertragspartei (genannt: der Verwender) der anderen Vertragspartei bei Abschluss eines Vertrages stellt. Eine Vielzahl liegt vor, wenn die Bedingungen mindestens drei Mal verwendet werden sollen, nicht notwendig durch denselben Verwender.

*Einbeziehung*  Voraussetzungen für die Einbeziehung von AGB gegenüber einem *Verbraucher* sind nach § 305 Abs. 2 BGB: Ein ausdrücklicher Hinweis des Verwenders auf die AGB, die Möglichkeit der zumutbaren Kenntnisnahme der AGB für den Verbraucher und das Einverständnis des Verbrauchers mit der Geltung der AGB. Diese drei positiven Voraussetzungen müssen *„bei Vertragsabschluss"*, also im Zeitpunkt des Vertragsschlusses vorliegen. Aus § 305 c BGB folgt, dass AGB-Klauseln, die ganz und gar ungewöhnlich sind, kein Vertragsbestandteil werden, selbst wenn die drei erforderlichen positiven Voraussetzungen erfüllt sind. ▶ *Verbraucher*

*Inhaltskontrolle*  Bei der Inhaltskontrolle von AGB, die gegenüber einem *Verbraucher* verwendet werden, ist zunächst § 309 BGB, dann § 308 BGB und zum Schluss § 307 BGB zu prüfen. Im Falle eines Verstoßes gegen eines der zahlreichen Verbote ist die betreffende Klausel unwirksam (nichtig). Sie wird nicht mit dem zulässigen Inhalt aufrechterhalten („Verbot der geltungserhaltenden Reduktion"). Der Vertrag bleibt hingegen nach § 306 Abs. 1 BGB wirksam. An die Stelle der unwirksamen Klausel treten die gesetzlichen Vorschriften (§ 306 Abs. 2 BGB). ▶ *Verbraucher*

*Unternehmer*  Bei der Verwendung von AGB gegenüber *Unternehmern* bestehen nach § 310 Abs. 1 S. 1 BGB Besonderheiten. Die Einbeziehung ist einfacher, da § 305 Abs. 2 BGB nicht gilt. Die Inhaltskontrolle erfolgt allein nach § 307 BGB, doch können auch Klauseln, die in den §§ 308, 309 BGB stehen, nach § 307 BGB unwirksam sein. ▶ *Unternehmer* ▶ *Kaufmann*

## Allgemeines Persönlichkeitsrecht

Als „sonstiges Recht" im Sinne des § 823 Abs. 1 BGB ist das Allgemeine Persönlichkeitsrecht anerkannt, abgeleitet aus Art. 1, 2 GG (Grundgesetz). Es beinhaltet das Recht des Einzelnen auf Achtung seiner individuellen Persönlichkeit durch den Staat, aber auch im privaten Rechtsverkehr. Eine Verletzung begründet einen Schadensersatzanspruch.

## Allgemeines Schadensrecht

Das allgemeine Schadensrecht ist in den §§ 249 ff. BGB geregelt. Bei diesen Vorschriften handelt es sich *nicht* um Anspruchsgrundlagen. Die §§ 249 ff. BGB regeln (nur) Art, Inhalt und Umfang eines Schadensersatzanspruchs. Sie kommen erst zur Anwendung, wenn aufgrund einer Anspruchsgrundlage „dem Grunde nach" ein Anspruch auf Schadensersatz gegeben ist und es nur noch um die Ausgestaltung des Anspruchs geht. ▶ *Deliktsrecht* ▶ *Verrichtungsgehilfe*

## Anfechtbarkeit

Ein anfechtbares Rechtsgeschäft ist von Anfang an wirksam. Es „leidet" lediglich darunter, dass es möglicherweise angefochten und damit rückwirkend nichtig wird (§ 142 Abs. 1 BGB). Im Falle einer wirksamen Anfechtung wird das Rechtsgeschäft also so behandelt, als sei es von Anfang an nichtig gewesen. Sind bereits Leistungen ausgetauscht worden, erfolgt die Rückabwicklung nach den Vorschriften über die *ungerechtfertigte Bereicherung* (§§ 812 ff. BGB). Erfolgt keine oder keine rechtzeitige Anfechtung, bleibt das Rechtsgeschäft trotz Vorliegens eines Anfechtungsgrundes wirksam. ▶ *Ungerechtfertigte Bereicherung* ▶ *Gestaltungsrechte* ▶ *Kündigung* ▶ *Rücktritt* ▶ *Widerruf*

## Anfechtungsfrist

Im Fall der Anfechtung nach §§ 119, 120 BGB muss die Anfechtung gemäß § 121 Abs. 1 BGB *ohne schuldhaftes Zögern unverzüglich* erfolgen, nachdem der Anfechtungsberechtigte vom Anfechtungsgrund Kenntnis erlangt hat. Wird die Anfechtung auf § 123 BGB gestützt, beträgt die Anfechtungsfrist ein Jahr (§ 124 Abs. 1 BGB).

## Anfechtungsgründe

*Inhaltsirrtum* § 119 Abs. 1, 1. Fall BGB: Hier erklärt jemand, was er erklären will, er erklärt *damit* aber etwas anderes, als er will, weil der verwendete Ausdruck eine andere Bedeutung hat, als der Erklärende meint.

*Erklärungsirrtum* § 119 Abs. 1, 2. Fall BGB: Hier erklärt jemand etwas anderes, als er erklären will, weil er sich versieht: Es handelt sich um die so genannten „Ver-Fälle": Verschreiben, Versprechen, Vertippen, Vergreifen usw.

*Eigenschaftsirrtum* § 119 Abs. 2 BGB: Irrtum über eine verkehrswesentliche Eigenschaft einer Person oder einer Sache: *Eigenschaften* einer Sache oder einer Person sind alle wertbildenden Faktoren; *verkehrswesentlich* sind die Eigenschaften, die für *dieses* konkrete Rechtsgeschäft von Bedeutung sind.

*Übermittlungsfehler* § 120 BGB: Falsche Übermittlung einer Erklärung: Beim Empfänger kommt etwas anderes an, als der Absender auf den Weg gebracht hat, weil die Erklärung auf dem Transport einen anderen Inhalt erhält.

*Arglistige Täuschung* § 123 Abs. 1, 1. Fall BGB: Die arglistige Täuschung setzt eine Täuschung zum Zwecke der Herbeiführung oder der Aufrechterhaltung eines Irrtums voraus. Beispiele bilden falsche Angaben des Verkäufers eines Gebrauchtwagens zur Unfallfreiheit oder zur bisherigen Laufleistung des Fahrzeuges, die Vorlage gefälschter Zeugnisse bei der Einstellung oder eine „frisierte Bilanz" beim Unternehmenskauf.

*Widerrechtliche Drohung* § 123 Abs. 1, 2. Fall BGB: Widerrechtliche Drohung: Hier geht es nicht um einen Irrtum, sondern darum, dass jemand durch eine widerrechtliche Drohung zur Abgabe einer Willenserklärung veranlasst wird. Unter *Drohung* versteht man die Inaussichtstellung eines empfindlichen Übels.

Die *Widerrechtlichkeit* ist gegeben, wenn zwischen der Drohung und dem Übel eine „verwerfliche Zweck-Mittel-Relation" besteht. Das bedeutet, dass nicht jede Drohung ein Anfechtungsrecht begründet.

## Angebot

Ein Angebot (Antrag) ist eine Willenserklärung, die auf den Abschluss eines Vertrages gerichtet ist. Die Erklärung muss alle wesentlichen Vertragsinhalte enthalten, nämlich die Parteien des Vertrages, die Leistung der einen Seite und die Gegenleistung der anderen Seite, sodass der Vertrag durch ein einfaches „Ja" der anderen Seite zustande kommen kann. Erforderlich ist außerdem, dass der Anbietende sich rechtlich binden will (Rechtsbindungswille, Rechtsfolgewille). Abgekürzt kann man von P/L/GL + RBW (für Parteien, Leistung, Gegenleistung und Rechtsbindungswille) sprechen. ▶ *Annahme* ▶ *invitatio ad offerendum* ▶ *Willenserklärung* ▶ *Vertrag*

## Angemessene Frist

Eine dem Schuldner gesetzte Frist (§§ 281 Abs. 1, 323 Abs. 1 BGB) ist angemessen, wenn der Schuldner die Möglichkeit hat, seine im Wesentlichen vorbereitete Leistung nunmehr zu erbringen. Er soll seine schon begonnene Leistung beenden können.

## Annahme

*Begriff* Die Annahme ist eine Willenserklärung. Sie muss sich auf ein Angebot beziehen und durch ein bloßes „Ja" oder „Einverstanden" oder in ähnlicher Weise erfolgen.

*Verspätete* Eine Annahme ist verspätet, wenn sie nach Ablauf der *Annahmefrist* erfolgt. Eine verspätete Annahme gilt als neuer Antrag (§ 150 Abs. 1 BGB). ▶ Angebot

*Geänderte* Eine Annahme unter Erweiterungen, Einschränkungen oder sonstigen Änderungen gilt nach § 150 Abs. 2 BGB als Ablehnung verbunden mit einem neuen Antrag. ▶ *Angebot*

## Annahmefrist

*Begriff* Die Annahmefrist beschreibt die Zeit, für die der Anbietende an sein Angebot gebunden ist (§ 145 BGB). Nach Ablauf der Frist erlischt das Angebot (§ 146 BGB). Eine Annahme ist *rechtzeitig*, wenn sie innerhalb der Frist nach §§ 147 bis 149 BGB erfolgt.

*Unter Anwesenden* Das einem Anwesenden gemachte Angebot muss sofort angenommen werden (§ 147 Abs. 1 BGB). Anderenfalls erlischt es (§ 146 BGB).

*Unter Abwesenden* Das einem Abwesenden gemachte Angebot muss innerhalb der Annahmefrist nach § 147 Abs. 2 BGB angenommen werden. Für die Berechnung der Frist gilt die „TÜR-Formel": **T**ransport + **Ü**berlegung und Bearbeitung + **R**ücktransport = Annahmefrist.

*Gesetzte* Nach § 148 BGB kann der Antragende für die Annahme seines Angebotes eine Annahmefrist setzten. Diese Frist geht den Fristen nach § 147 Abs. 1 BGB und § 147 Abs. 2 BGB vor.

## Anwartschaftsrecht

Das Anwartschaftsrecht entsteht, wenn eine Sache unter *Eigentumsvorbehalt* veräußert wird. Es ist ein „wesensgleiches Minus" zum Eigentum: „Wesensgleich", weil es sich um ein dingliches Recht handelt, „Minus", weil es noch kein vollwertiges Eigentum ist. Auf das Anwartschaftsrecht finden die Vorschriften über das Eigentum entsprechend (analog) Anwendung: Das Anwartschaftsrecht kann deshalb nach §§ 929 ff. BGB analog von seinem Inhaber auf einen anderen übertragen werden. Wird einem Anwartschaftsberechtigten der unmittelbare Besitz an der Sache entzogen, steht ihm gegen den Besitzer ein Herausgabeanspruch gemäß § 985 BGB analog zu. ▶ *Eigentumsvorbehalt* ▶ *dingliche Rechte*

## Auflassung

Nach § 925 Abs. 1 BGB muss die zur Übereignung eines Grundstücks erforderliche Einigung bei gleichzeitiger Anwesenheit beider Teile (Eigentümer und Erwerber) vor einer zuständigen Stelle erklärt werden. Diese Einigung wird *Auflassung* genannt. Zuständige Stelle ist nach § 925 Abs. 1 S. 2 BGB ein Notar. Es ist zulässig, dass Eigentümer und Erwerber sich bei Abgabe der Auflassungserklärung vertreten lassen. ▶ *Grundstücksrecht* ▶ *Eigentumserwerb an unbeweglichen Sachen* ▶ *Auflassungsvormerkung*

## Auflassungsvormerkung

Da zwischen dem Abschluss des notariellen Kaufvertrages und der Umschreibung im Grundbuch oft mehrere Monate vergehen, besteht die Möglichkeit, eine Vormerkung zur Sicherung des Eigentumserwerbs (§§ 873 Abs. 1, 883 Abs. 1 BGB) in das Grundbuch einzutragen. Eine solche Auflassungsvormerkung sichert den späteren Erwerb des Eigentums für den Zeitraum zwischen dem Abschluss des Kaufvertrages und der Eintragung des Erwerbers in das Grundbuch. Sie ist allerdings mit zusätzlichen Kosten für die Eintragung und die spätere Löschung verbunden. ▶ *Auflassung* ▶ *Grundstücksrecht* ▶ *Eigentumserwerb an unbeweglichen Sachen*

## Aufrechnung

Nach § 387 BGB kann die Aufrechnung erklärt werden, wenn zwei Personen einander Leistungen schulden, die ihrem Gegenstand nach gleichartig sind, der Aufrechnende die ihm gebührende Leistung fordern und die obliegende Leistung bewirken kann. Wird die Aufrechnung erklärt, erlöschen die Forderungen, soweit sie sich decken (§ 389 BGB).

## Ausschlussfrist

*Begriff*  Lässt der Berechtigte eine Ausschlussfrist verstreichen, erlischt das Recht. *Beispiele*  Ausschlussfristen sind die Anfechtungsfristen der §§ 121 und 124 BGB und die Frist für eine fristlose Kündigung eines Dienstverhältnisses nach § 622 Abs. 2 BGB. Ebenfalls eine Ausschlussfrist ist die dreiwöchige Klagefrist nach § 4 KSchG (Kündigungsschutzgesetz). Nur unter sehr engen Voraussetzungen wird eine Klage nach Ablauf der drei Wochen zugelassen (§ 5 KSchG). ▶ *Verjährung*

## Beschränkte dingliche Rechte

Neben dem Eigentum als Vollrecht an einer Sache gibt es beschränkte dingliche Rechte, die wie das Eigentum gegenüber jedermann bestehen, sich aber nur auf einen bestimmten Ausschnitt des „Vollrechts" Eigentum beziehen. Beispiele bilden die Hypothek und die Grundschuld, die ein Verwertungsrecht an einem Grundstück begründen. ▶ *Dingliche Rechte* ▶ *Hypothek* ▶ *Grundschuld*

## Besitz

*Begriff*  Der Begriff „Besitz" drückt eine *tatsächliche* Beziehung zwischen einer Person und einer Sache aus (vgl. § 854 Abs. 1 BGB zum Besitzerwerb). Besitzer ist derjenige, der die tatsächliche Gewalt über eine Sache ausübt (der die Sache gerade hat!).

*Unmittelbarer Besitz*  Wenn das BGB vom „Besitz" spricht, ist der *unmittelbare* Besitz gemeint. Hier geht es ausschließlich um die *tatsächliche* Beziehung der Person zur Sache. Der unmittelbare Besitz wird nach § 854 Abs. 1 BGB durch die Erlangung der *tatsächlichen Gewalt* über die Sache erworben.

*Mittelbarer Besitz*  Wenn jemand aufgrund eines Miet- oder Verwahrungsvertrages oder eines ähnlichen Vertrages (*Leihvertrag*) unmittelbarer Besitzer einer Sache ist, so ist der andere (Vertragspartner) *mittelbarer* Besitzer dieser Sache (§ 868 BGB). Zwischen den Parteien besteht dann ein Besitzmittlungsverhältnis (Besitzkonstitut). ▶ *Besitzmittlungsverhältnis* ▶ *Leasingvertrag*

*Besitzmittlungsverhältnis*  Ein Besitzmittlungsverhältnis (Besitzkonstitut) wird durch den Abschluss eines Miet-, Verwahrungs- oder ähnlichen Vertrages (Leihvertrag) begründet (§ 868 BGB). Im Fall des Mietvertrages ist der Mieter der unmittelbare Besitzer, der Vermieter der mittelbare Besitzer. Beim Leihvertrag ist der Entleiher der unmittelbare Besitzer, der Verleiher der mittelbare Besitzer. ▶ *Sicherungsübereignung*

## Besitzdiener

Arbeitnehmer, die den Weisungen des Arbeitgebers in Bezug auf die Nutzung einer dem Arbeitgeber gehörenden Sache unterliegen, sind Besitzdiener. Unmittelbarer Besitzer ist der Arbeitgeber, auch wenn er keine tatsächliche Sachherrschaft hat (§ 855 BGB).

## Besitzkonstitut

siehe ▶ *Besitz: Besitzmittlungsverhältnis*

## Besitzmittlungsverhältnis

siehe ▶ *Besitz*

## Beweislastumkehr

Abweichend vom Grundsatz, dass jede Partei die ihr günstigen Tatsachen darlegen und ggf. beweisen muss, ordnet das Gesetz in einzelnen Fällen eine Umkehr der Beweislast an. So muss der Schuldner, wenn eine objektive Pflichtverletzung gemäß § 280 Abs. 1 S. 1 BGB vorliegt, beweisen, dass er diese *nicht* zu vertreten hat (§ 280 Abs. 1 S. 2 BGB). Der Geschäftsherr muss beweisen, dass ihn bezüglich der Auswahl und der laufenden Überwachung der Verrichtungsgehilfen kein Verschulden trifft (§ 831 Abs. 1 S. 2 BGB). ▶ *Verrichtungsgehilfe: Exkulpation,* ▶ *Sachmangel: Kerntheorie* ▶ *Entlastungsbeweis*

## Bringschuld

Eine Bringschuld liegt vor, wenn der Verkäufer die Kaufsache zum Käufer transportieren muss. Die Lieferung ist Teil der Pflicht des Verkäufers aus dem Kaufvertrag, der deshalb das Transportrisiko trägt. ▶ *Holschuld* ▶ *Schickschuld*

## Bürgschaft

*Begriff* Durch den Bürgschaftsvertrag verpflichtet sich der Bürge gemäß § 765 Abs. 1 BGB gegenüber dem Gläubiger eines Dritten, für die Erfüllung der Verbindlichkeit des Dritten (auch „Hauptschuldner" genannt) einzustehen.

▶ *Kreditsicherung* ▶ *Schuldbeitritt* ▶ *Garantievertrag* ▶ *Patronatserklärung*

*Bürgschaftsvertrag* Der Bürgschaftsvertrag kommt durch eine Einigung zwischen dem „Gläubiger eines Dritten" und dem Bürgen zustande. An dieser Einigung ist der Dritte (auch Hauptschuldner genannt) nicht beteiligt. Er wird auch keine Partei des Bürgschaftsvertrages. Die Übernahme der Bürgschaft erfolgt allerdings in der Regel auf Veranlassung des Dritten (Hauptschuldners).

*Schriftform* Nach § 766 S. 1 BGB muss die Erklärung des Bürgen schriftlich erteilt werden. Nicht ausreichend ist die Übernahme der Bürgschaft per Fax, selbst wenn dieses eigenhändig unterschrieben ist. Die Einhaltung der Schriftform verlangt vielmehr, dass dem Gläubiger das vom Bürgen unterzeichnete Originaldokument übergeben wird. Die Erklärung der anderen Seite (Gläubiger) ist an keine Form gebunden, kann also auch mündlich oder konkludent abgegeben werden. Wird die Schriftform der Bürgschaftserklärung nicht gewahrt, ist der Bürgschaftsvertrag nach § 125 S. 1 BGB wegen Formmangels nichtig. Der Vertrag wird aber nachträglich wirksam, soweit der Bürge – etwa in Unkenntnis der Unwirksamkeit – Zahlungen an den Gläubiger leistet. Nach § 766 S. 3 BGB wird der Formmangel allerdings nur in dem Umfang („*soweit*") geheilt, in dem der Bürge tatsächlich zahlt. Für den noch nicht bezahlten Teilbetrag bleibt der Bürgschaftsvertrag nichtig.

*Schriftform, Ausnahme* Eine Ausnahme zur Formvorschrift des § 766 S. 1 BGB enthält § 350 HGB. Danach bedarf die Erklärung des Bürgen keiner Form, wenn die Übernahme der Bürgschaft für den Bürgen ein Handelsgeschäft ist. In diesem Fall kann die Bürgschaftserklärung auch per Fax, E-Mail oder mündlich abgegeben werden. ▶ *Handelsgeschäft* ▶ *Kaufmann*

*Akzessorietät* Die Bürgschaft ist akzessorisch. Das bedeutet, dass sie das Bestehen der gesicherten Forderung voraussetzt. Für den Umfang ist nach § 767 Abs. 1 BGB der jeweilige Bestand dieser Forderung (Hauptverbindlichkeit) maßgebend. ▶ *Hypothek* ▶ *Grundschuld*

*Höchstbetragsbürgschaft* Die Übernahme einer Höchstbetragsbürgschaft hat in der Regel zur Folge, dass der Bürge – abweichend von § 767 Abs. 1 S. 2 BGB – auch dann nicht über den vereinbarten Höchstbetrag hinaus haftet, wenn sich die Hauptverbindlichkeit durch Verschulden oder Verzug des Hauptschuldners erhöht. Außerdem ist eine Regelung in AGB unwirksam, nach der sich die Bürgschaft auch dann auf die Zinsen, Provisionen und Kosten, die in Zusammenhang mit der gesicherten Forderung entstehen, erstreckt, wenn dadurch der vereinbarte Höchstbetrag überschritten wird. ▶ *Allgemeine Geschäftsbedingungen*

*Einrede der Vorausklage* Der Bürge soll nach der Vorstellung des Gesetzgebers im Normalfall nur hilfsweise haften. Deshalb steht ihm nach § 771 BGB die *Einrede der Vorausklage* zu. Wie bei anderen Einreden muss auch der Bürge die „Einrede erheben". In der Praxis ist die Einrede der Vorausklage allerdings oft ausgeschlossen. Dies ist insbesondere dann der Fall, wenn der Bürge ein Formular unterzeichnet, durch das er eine *selbstschuldnerische Bürgschaft* übernimmt, da hierin nach § 773 Abs. 1 Nr. 1 BGB ein Verzicht auf die Einrede liegt. Die Einrede ist nach § 350 HGB auch dann ausgeschlossen, wenn die Übernahme der Bürgschaft für den Bürgen ein Handelsgeschäft ist. ▶ *Handelsgeschäft* ▶ *Kaufmann*

*Selbstschuldnerische Bürgschaft* Wenn der Bürge sich als Selbstschuldner verbürgt, steht ihm die Einrede der Vorausklage nicht zu (§ 773 Abs. 1 Nr. 1 BGB).

*Bürgschaft auf erstes Anfordern* Bei der Bürgschaft auf erstes Anfordern muss der Bürge sofort nach einer formgebundenen Aufforderung des Gläubigers (Anforderungsschreiben mit festgelegtem Inhalt) zahlen, ohne die Berechtigung der Inanspruchnahme vorab prüfen zu dürfen. Dies ist – wenn man so will – aus der Sicht des Bürgen die „gefährlichste Bürgschaftsart". Ihre Übernahme auf einem Formular des Gläubigers ist nach § 307 BGB nichtig, wenn der Bürge nicht über eine besondere Geschäftserfahrenheit bezüglich dieser Bürgschaftsart verfügt (Bank, Versicherung). Im Fall der Nichtigkeit liegt nach der Rechtsprechung eine einfache Bürgschaft vor. ▶ *Allgemeine Geschäftsbedingungen*

*Ausfallbürgschaft* Durch eine Ausfallbürgschaft verpflichtet sich der Bürge, für den *endgültigen* Ausfall der Hauptforderung einzustehen, also für das, was der Gläubiger trotz Anwendung gehöriger Sorgfalt, insbesondere durch Erhebung seines Anspruchs gegen den Gläubiger, durch Zwangsvollstreckung und Verwertung anderer Sicherheiten vom Hauptschuldner nicht erlangen kann. Eine Ausfallbürgschaft wird zum Beispiel von staatlichen Stellen zur Sicherung von Arbeitsplätzen gegeben.

*Gewährleistungsbürgschaft* Eine Gewährleistungsbürgschaft wird übernommen, um einen sofortigen Anspruch auf Zahlung eines vertraglich vereinbarten Sicherungseinbehalts zu bekommen.

*Vertragserfüllungsbürgschaft* Die Vertragserfüllungsbürgschaft dient der Absicherung eines Vertragspartners, der eine Vorleistung zu erbringen hat, etwa in Form einer Anzahlung auf den Kaufpreis oder den Werklohn.

## Deklaratorisch

Eine Handlung ist deklaratorisch (rechtsbezeugend, rechtsbestätigend), wenn sie einen zuvor schon bestehenden Sachverhalt (lediglich) bestätigt. Beispiele sind die Eintragung eines Kaufmanns (§ 1 HGB) oder eines Prokuristen (§ 53 HGB) in das Handelsregister: Derjenige, der ein Handelsgewerbe im Sinne des § 1 Abs. 2 HGB betreibt, ist nämlich auch ohne Eintragung bereits Kaufmann. Sind die Voraussetzungen des § 49 Abs. 1 HGB erfüllt, ist die Erteilung der Prokura sofort, also schon vor der Eintragung in das Handelsregister, wirksam. ▶ *konstitutiv*

## Deliktsfähigkeit

*Begriff* Nur wer deliktsfähig ist, muss für einen Schaden, den er einem anderen durch eine unerlaubte Handlung zufügt, aufkommen, also Schadensersatz leisten. ▶ *Geschäftsfähigkeit* ▶ *Rechtsfähigkeit*

*Nicht deliktsfähig* Nach § 828 Abs. 1 BGB sind *Kinder* unter sieben Jahren (bei Verkehrsunfällen unter zehn Jahren, § 828 Abs. 2 BGB) nicht deliktsfähig.

*Beschränkt deliktsfähig* Beschränkt deliktsfähig sind *Minderjährige* zwischen sieben (bzw. bei Verkehrsunfällen zehn) Jahren und 18 Jahren (§ 828 Abs. 3 BGB).

## Deliktsrecht

Nach dem in den §§ 823 bis 853 BGB enthaltenen Recht der unerlaubten Handlungen (Deliktsrecht) bestimmt sich, unter welchen Voraussetzungen eine geschädigte Person von einem anderen Schadensersatz verlangen kann. Die Vorschriften regeln dabei – mit Ausnahme der §§ 842 ff. BGB – nur, *ob* ein Anspruch besteht, nicht aber, *wie* und *in welcher Höhe* Schadensersatz zu leisten ist. Art, Inhalt und Umfang des Anspruchs regeln vielmehr die §§ 842 ff. BGB und die §§ 249 ff. BGB.

## Dienstvertrag

Der in §§ 611 ff. BGB geregelte Dienstvertrag umfasst zwei Typen von Dienstverträgen: Den einen Bereich bilden die Dienstverträge, die unselbstständige, abhängige Dienstleistungen zum Gegenstand haben: Das sind die *Arbeitsverträge*. Die zweite große Gruppe der Dienstverträge betrifft unter anderem die Verträge der *selbstständig Tätigen*, die ihre Dienstleistung in wirtschaftlicher und sozialer Unabhängigkeit leisten (Ärzte, Rechtsanwälte, Steuerberater und Wirtschaftsprüfer). Zu dieser Gruppe der Dienstverträge gehören auch bestimmte Formen von Krankenhausverträgen und die Anstellungsverträge mit den Organen juristischer Personen, insbesondere dem Vorstand einer Aktiengesellschaft und dem Geschäftsführer einer GmbH. ▶ *Werkvertrag* ▶ *GmbH*

## Dingliche Rechte

Dingliche Rechte sind Rechte, die gegenüber jedermann bestehen. Sie werden deshalb auch absolute Rechte genannt. Das wichtigste dingliche Recht ist das Eigentum. Dem Eigentümer stehen aufgrund des Eigentums gegen jedermann Ansprüche zu. So kann der Eigentümer gemäß § 985 BGB von jedem Besitzer die Herausgabe seiner Sache verlangen, es sei denn, der Besitzer hätte gegenüber dem Eigentümer ein Besitzrecht (§ 986 BGB). ▶ *Beschränkte dingliche Rechte* ▶ *Hypothek* ▶ *Grundschuld* ▶ *relative Rechte* ▶ *Allgemeine Geschäftsbedingungen*

## Dispositives Recht

Dispositives Recht steht zur Disposition der Parteien, es kann also vertraglich geändert oder ausgeschlossen werden. ▶ *Allgemeine Geschäftsbedingungen* ▶ *Zwingendes Recht*

## Entlastungsbeweis

Der Schuldner muss den Entlastungsbeweis führen, um ein vom Gesetz vermutetes Vertretenmüssen bzw. Verschulden zu widerlegen. Beispiele für ein vermutetes Vertretenmüssen bilden § 280 Abs. 1 S. 2 BGB und § 286 Abs. 4 BGB. Ein Beispiel für ein vermutetes Verschulden bildet § 831 Abs. 1 S. 2 BGB. Gelingt dem Schuldner der Entlastungsbeweis nicht, bleibt es bei der gesetzlichen Vermutung. ▶ *Beweislastumkehr* ▶ *Verrichtungsgehilfe: Exkulpation*

## Eigentum

Der Begriff „Eigentum" drückt eine *rechtliche* Beziehung zwischen einer Person und einer Sache aus. Eigentümer ist derjenige, dem eine Sache *gehört*. Er ist nach § 903 BGB berechtigt, mit der Sache nach Belieben zu verfahren und andere von jeder Einwirkung auszuschließen, soweit nicht das Gesetz oder Rechte Dritter entgegenstehen. ▶ *Besitz*

## Eigentumserwerb an beweglichen Sachen

*Begriff* Der *rechtsgeschäftliche* Eigentumserwerb nach § 929 S. 1 BGB beruht auf der *Einigung* der Parteien über den Eigentumsübergang. Das Eigentum geht über, weil der (bisherige) Eigentümer und der Erwerber diese Rechtsfolge wollen und sich deshalb entsprechend einigen. Neben der Einigung ist eine *Übergabe* der Sache an den Erwerber erforderlich. Außerdem muss der Veräußerer zur Übereignung *berechtigt* sein. ▶ *Gesetzlicher Eigentumserwerb*

*Einigung*  Die Einigung nach § 929 S. 1 BGB ist ein sachenrechtlicher *Vertrag*, der durch Angebot und Annahme gemäß §§ 145 ff. BGB zustande kommt. Beim Erwerb beweglicher Sachen wird dieser Vertrag häufig durch konkludentes Handeln geschlossen. Nach dem Trennungsprinzip ist er von dem – in der Regel – zugrunde liegenden Kaufvertrag zu unterscheiden. ▶ *Trennungsprinzip*

*Übergabe Normalfall*  Die Übergabe nach § 929 S. 1 BGB erfordert, dass der Erwerber vom Veräußerer den *unmittelbaren Besitz* an der Sache erlangt. Dies geschieht gemäß § 854 Abs. 1 BGB dadurch, dass der Erwerber die tatsächliche Gewalt über die Sache erwirbt. Hierbei handelt es sich *nicht* um einen Vertrag, sondern um einen *Realakt*, also eine tatsächliche Handlung.

*Übergabe Sonderfall*  Im Fall des § 929 S. 2 BGB befindet sich die Sache, die übereignet werden soll, bereits beim Erwerber, zum Beispiel, weil er sie vom Eigentümer gemietet oder geleast hat. Hier müssen nach § 929 S. 1 BGB nur die Voraussetzungen *Einigung* und *Berechtigung* zur Übereignung vorliegen. Nicht erforderlich ist hingegen die *Übergabe*, weil der Erwerber bereits unmittelbarer Besitzer der Sache ist.

*Besitzmittlungsverhältnis*  Nach § 930 BGB kann an Stelle der Übergabe ein Besitzmittlungsverhältnis (Besitzkonstitut) vereinbart werden. Dies geschieht durch den Abschluss eines Vertrages mit dem Inhalt, dass der Erwerber (lediglich) den mittelbaren Besitz erlangt, während der Veräußerer unmittelbarer Besitzer bleibt. Beispiele finden sich in § 868 BGB. Praktisch wichtig sind Miet- und Leihverträge, bei denen der Erwerber der Vermieter/Verleiher ist, während der bisherige Eigentümer der Mieter/Entleiher ist. ▶ *Besitz*

*Abtretung Herausgabeanspruch*  Wenn sich die Sache im unmittelbaren Besitz eines Dritten befindet, kann die nach § 929 S. 1 BGB erforderliche Übergabe dadurch ersetzt werden, dass der (bisherige) Eigentümer dem Erwerber den Herausgabeanspruch gegen den Dritten nach § 398 BGB abtritt.

*Berechtigung*  Die Übereignung einer beweglichen Sache nach § 929 S. 1 BGB setzt neben der Einigung und der Übergabe die Berechtigung zur Übereignung voraus. Berechtigt ist grundsätzlich der Eigentümer. In Ausnahmefällen ist der Eigentümer nicht zur Übereignung berechtigt, zum Beispiel im Insolvenzverfahren (§§ 22 Abs. 1, 80 InsO – Insolvenzordnung. ▶ *Gutgläubiger Erwerb*

## Eigentumserwerb an unbeweglichen Sachen

Die Übertragung des Eigentums an unbeweglichen Sachen erfordert nach §§ 873 Abs. 1, 925 Abs. 1 BGB die Einigung über den Übergang des Eigentums (*Auflassung*), die *Eintragung* des Erwerbers in das Grundbuch und die *Berechtigung* des Veräußerers zur Übereignung. ▶ *Auflassung* ▶ *Grundbuch* ▶ *gesetzlicher Eigentumserwerb*

## Eigentumsvorbehalt

Beim Eigentumsvorbehalt behält sich der Eigentümer das Eigentum bis zum Eintritt einer Bedingung, in der Regel der vollständigen Zahlung des Kaufpreises, vor. Die rechtliche Konstruktion richtet sich nach §§ 929 S. 1, 158 Abs. 1 BGB: Der Käufer wird *unmittelbarer Besitzer* der Ware (§ 854 Abs. 1 BGB) und erhält ein *Anwartschaftsrecht*; der Verkäufer bleibt bis zur vollständigen Zahlung des Kaufpreises Eigentümer der Ware. ▶ *Anwartschaftsrecht* ▶ *verlängerter Eigentumsvorbehalt*

## Erforderlicher Geldbetrag

In Fällen der Körperverletzung und der Sachbeschädigung macht der Geschädigte (Gläubiger) in aller Regel von dem ihm durch § 249 Abs. 2 BGB eingeräumten Wahlrecht Gebrauch und verlangt statt der nach § 249 Abs. 1 BGB geschuldeten Herstellung den für die Herstellung *erforderlichen* Geldbetrag („fiktive Reparaturkosten"). In vielen Fällen wird die Reparatur dabei nicht oder nicht vollständig durchgeführt, sondern auf „Gutachterbasis" fiktiv abgerechnet. Dies ist zulässig, da der Geschädigte einen Anspruch auf den für die Reparatur *erforderlichen* Geldbetrag hat, auch wenn gar keine Reparatur erfolgt. Nach § 249 Abs. 2 S. 2 BGB ist die Umsatzsteuer allerdings nur zu erstatten, wenn und soweit sie tatsächlich angefallen ist. Ein Anspruch auf den Ersatz der „fiktiven Reparaturkosten" besteht im Übrigen nicht, wenn diese den Wert des Fahrzeugs übersteigen und somit ein wirtschaftlicher Totalschaden vorliegt. Wird die Reparatur in einem solchen Fall ordnungsgemäß *durchgeführt*, gewährt die Rechtsprechung allerdings einen Anspruch von bis zu 30 % über dem Zeitwert des Fahrzeugs.

## Erfüllungsgehilfe

Erfüllungsgehilfen (§ 278 BGB) sind die Personen, derer sich der Schuldner zur Erfüllung einer Verbindlichkeit bedient. Dies können *Arbeitnehmer* des Schuldners sein, aber auch selbstständige *Unternehmer*, zum Beispiel *Subunternehmer*. Die Qualifizierung als Erfüllungsgehilfe gilt immer *nur gegenüber dem jeweiligen Gläubiger des Schuldners*, nicht gegenüber dritten Personen (Passanten, Nachbarn, sonstige Dritte). § 278 BGB ist keine Anspruchsgrundlage. Es wird lediglich das Verschulden des Erfüllungsgehilfen dem Schuldner wie ein eigenes Verschulden zugerechnet. ▶ *Verrichtungsgehilfe*

## Etwas erlangt

„Etwas erlangt" im Sinne des § 812 Abs. 1 S. 1 BGB ist jeder Vermögenszuwachs. Um festzustellen, ob ein Vermögenszuwachs erfolgt ist, ist das Vermögen vor und nach der maßgeblichen Handlung zu vergleichen. Hat ein Zuwachs stattgefunden, ist das Merkmal „etwas erlangt" erfüllt. Neben einer Erhöhung der Aktiva kommt auch eine Verringerung der Passiva in Betracht.
▶ *Leistung* ▶ *ohne rechtlichen Grund* ▶ *ungerechtfertigte Bereicherung*

## Exkulpation

siehe ▶ *Entlastungsbeweis*

## Factoring

*Echtes* Beim *echten Factoring* kauft ein Factoringunternehmen (Factor) eine bestimmte, einige oder alle Forderungen eines Unternehmens gegen dessen Schuldner (Rechtskauf: § 453 BGB). Zur Erfüllung des Kaufvertrages werden die gekauften Forderungen nach § 398 BGB vom bisherigen Inhaber (Verkäufer) an den Factor (Käufer) abgetreten. Das Risiko, ob sich die Forderungen als werthaltig erweisen und durchsetzbar sind, trägt der Factor.
*Unechtes* Beim *unechten Factoring* behält das übertragende Unternehmen das Risiko der Durchsetzbarkeit der Forderung. Scheitert die Durchsetzung, ist der bereits gezahlte Kaufpreis gegen Rückabtretung der Forderung zurückzuzahlen. Die (zunächst nur vorläufige) Gutschrift wird rechtlich als Kreditgeschäft bewertet.

## Fahrlässigkeit

*Einfache (leichte)*  Die einfache (leichte) Fahrlässigkeit ist in § 276 Abs. 2 BGB definiert. Danach handelt fahrlässig, wer die im Verkehr erforderliche Sorgfalt außer Acht lässt. Damit ist gemeint, dass jemand nicht so aufpasst, wie es in der konkreten Situation erforderlich ist. Mit „Verkehr" ist nicht etwa nur der „Autoverkehr", sondern der gesamte Rechts- und Geschäftsverkehr gemeint. ▶ *Vorsatz*

*Grobe Fahrlässigkeit*  Der Begriff der „groben Fahrlässigkeit" ist im BGB nicht definiert. Ausgehend von der gesetzlichen Definition in § 276 Abs. 2 BGB handelt grob fahrlässig, wer die im Verkehr erforderliche Sorgfalt in besonders schwerer Weise außer Acht lässt. Diese Definition entspricht § 276 Abs. 2 BGB mit dem Einschub „in besonders schwerer Weise". ▶ *Einfache Fahrlässigkeit* ▶ *Vorsatz* ▶ *gutgläubiger Erwerb: Kfz-Brief*

## Franchisevertrag

Durch den Franchisevertrag räumt ein Unternehmer (Franchisegeber) einem anderen Unternehmer (Franchisenehmer) das Recht ein, gegen Zahlung einer laufenden Franchisegebühr bestimmte Waren oder Dienstleistungen unter Nutzung der Marke, der Geschäftsform, der Vertriebsmethoden und des Know-how des Franchisegebers zu vertreiben. Beide Vertragspartner sind selbstständige Unternehmer, die *im eigenen Namen* und *auf eigene Rechnung* handeln. Die Bindung der Franchisenehmer an die Vorgaben des Franchisegebers kann gleichwohl sehr erheblich sein. ▶ *Unternehmer* ▶ *Kaufmann*

## Garantie

Übernimmt der Verkäufer, der Hersteller oder ein Dritter gemäß § 443 BGB eine Garantie für die Beschaffenheit oder Haltbarkeit einer Sache, so stehen dem Käufer im Garantiefall neben den gesetzlichen Ansprüchen gegen den Verkäufer (§ 437 BGB) die Rechte aus der Garantie gegen den Garantiegeber zu. Der Umfang der Ansprüche ergibt sich aus der Garantieerklärung und der einschlägigen Werbung des Garantiegebers. Von der Garantie abzugrenzen sind bloße werbemäßige Anpreisungen und Zusagen, die sich nicht auf konkrete Eigenschaften beziehen. Besondere Regelungen für die Übernahme der Garantie bestehen nach § 477 BGB beim Verbrauchsgüterkauf. ▶ *Verbrauchsgüterkauf*

## Garantievertrag

Durch den im BGB nicht geregelten Garantievertrag verpflichtet sich der Garant, für den Eintritt eines bestimmten Erfolges einzustehen oder die Gefahr eines künftigen Schadens zu übernehmen. Der Garant muss den Erfolg nicht selbst herbeiführen oder die Gefahr konkret abwenden. Tritt der garantierte Erfolg nicht ein oder realisiert sich die Gefahr, ist der Garant aber zum Schadensersatz verpflichtet. ▶ *Kreditsicherung* ▶ *Bürgschaft* ▶ *Schuldbeitritt* ▶ *Garantievertrag* ▶ *Patronatserklärung*

## GbR

Die in den §§ 705 ff. BGB geregelte Gesellschaft bürgerlichen Rechts (GbR, auch „BGB-Gesellschaft") ist eine Personengesellschaft. Für Verbindlichkeiten der GbR haften deshalb die Gesellschafter der GbR als Gesamtschuldner, zusätzlich haftet die Gesellschaft, sofern sie rechtsfähig ist. Das ist nach der Rechtsprechung der Fall, wenn und soweit die GbR am Geschäftsverkehr teilnimmt. ▶ *Rechtsfähigkeit* ▶ *Gesamtschuld* ▶ *OHG* ▶ *KG* ▶ *GmbH*

## Gesamtschuld

Eine Gesamtschuld liegt nach § 421 Satz 1 BGB vor, wenn mehrere Personen eine Leistung in der Weise schulden, dass jeder die ganze Leistung erbringen muss, der Gläubiger die Leistung aber nur einmal fordern kann. In einem solchen Fall kann der Gläubiger die Leistung von jedem Schuldner ganz oder zum Teil fordern. Eine Gesamtschuld kann sich aus einer vertraglichen Vereinbarung (mehrere Mieter) oder aus dem Gesetz (Gesellschafter GbR und OHG) ergeben.
▶ *OHG* ▶ *GbR*

## Geschäftsfähigkeit

*Begriff* Geschäftsfähig ist, wer durch eigene Willenserklärungen wirksam Rechtsgeschäfte tätigen kann. Dies können Verträge (zweiseitige Rechtsgeschäfte) oder einseitige Rechtsgeschäfte (Rücktritt, Widerruf, Kündigung, Anfechtung, Testament) sein. ▶ *Rechtsfähigkeit* ▶ *Deliktsfähigkeit*

*Geschäftsunfähig* Geschäftsunfähig sind Kinder unter sieben Jahren und Personen, die unter einer dauernden krankhaften Störung der Geistestätigkeit leiden (§ 104 BGB).

*Beschränkt geschäftsfähig* Beschränkt geschäftsfähig sind Personen, die zwischen sieben und 18 Jahre alt sind. Diese Personen nennt das BGB „Minderjährige" (§§ 2, 106 BGB). Die von einem Minderjährigen abgegebene Willenserklärung ist von Anfang an wirksam, wenn der Minderjährige durch die Willenserklärung *„lediglich einen rechtlichen Vorteil erlangt"*. Denn in einem solchen Fall bedarf der Minderjährige nach § 107 BGB keiner Einwilligung des gesetzlichen Vertreters.

*Rechtlicher Vorteil* Für die Frage, ob eine Willenserklärung lediglich rechtlich vorteilhaft ist, ist nur auf die *rechtlichen* Folgen der Willenserklärung abzustellen, nicht auf die *wirtschaftlichen* Folgen. Auch ein wirtschaftlich sehr günstiger Vertrag ist deshalb nicht nach § 107 BGB wirksam, wenn der Minderjährige irgendeine, auch noch so kleine Gegenleistung erbringen muss. Das ist zum Beispiel bei einem Schenkungsvertrag nicht der Fall, wenn der Minderjährige der Beschenkte ist. Mittelbare Folgen (Steuern, Versicherungen) bleiben außer Betracht.

*„Taschengeldparagraph"* Der von einem Minderjährigen geschlossene Vertrag wird nach § 110 BGB wirksam, wenn der Minderjährige die ihm obliegende Leistung vollständig mit ihm dafür überlassenen Mitteln erbracht *hat*. Im Fall eines Ratenkaufs muss also auch die letzte Rate gezahlt sein.

*Voll geschäftsfähig* Voll geschäftsfähig sind Person, die älter als 18 Jahre und damit volljährig sind (§ 2 BGB).

## Gesetzliche Schuldverhältnisse

Die gesetzlichen Schuldverhältnisse (zum Beispiel §§ 812 ff. BGB, §§ 823 ff. BGB) unterscheiden sich von den vertraglichen Schuldverhältnissen dadurch, dass die gesetzlichen Schuldverhältnisse ohne und auch gegen den Willen der Beteiligten allein deshalb entstehen, weil die im Gesetz enthaltenen Tatbestandsvoraussetzungen erfüllt sind, also „weil das Gesetz es will".
▶ *Vertragliche Schuldverhältnisse* ▶ *vorvertragliche Schuldverhältnisse*

## Gesetzlicher Eigentumserwerb

*Begriff* Beim *gesetzlichen Eigentumserwerb* gemäß §§ 946 bis 950 BGB vollzieht sich der Wechsel des Eigentums, weil bestimmte im Gesetz genannte Tatbestandsmerkmale vorliegen. Dagegen kommt es nicht darauf an, ob die Parteien den Eigentumswechsel wollen oder ob sie überhaupt wissen, dass das Eigentum übergeht. Dieser erfolgt vielmehr „von selbst", also ohne und auch gegen den Willen einer oder beider Parteien. Das Eigentum geht über, „weil das Gesetz es will." Ein etwa vereinbarter Eigentumsvorbehalt erlischt. ▶ *Eigentumserwerb*
▶ *Eigentumsvorbehalt*

*Wesentlicher Bestandteil* Nach § 93 BGB sind wesentliche Bestandteile einer Sache solche Bestandteile, die nicht voneinander getrennt werden können, ohne dass der eine oder der andere in seinem Wesen verändert oder zerstört wird. Daraus folgt im Umkehrschluss, dass eine Sache kein wesentlicher Bestandteil einer anderen Sache ist, wenn man diese Sache auseinander bauen kann und die einzelnen Bestandteile danach noch zu gebrauchen sind. Dies gilt auch dann, wenn diese Sachen erst nach einer Verbindung mit anderen Sachen wieder benutzbar werden. Ein Motor ist deshalb – juristisch – kein wesentlicher Bestandteil eines Kraftfahrzeugs!

*Verbindung mit Grundstück* § 946 BGB regelt die Verbindung einer beweglichen Sache mit einem Grundstück. Sofern die Sache durch die Verbindung zum *wesentlichen Bestandteil des Grundstücks* wird, erstreckt sich das Eigentum an dem Grundstück auf diese Sache. Dies bedeutet, dass dem Eigentümer des Grundstücks nach der Verbindung auch die (bisher) bewegliche Sache gehört. Das Eigentum geht durch die Verbindung mit dem Grundstück vom bisherigen Eigentümer auf den Eigentümer des Grundstücks über, und zwar selbst dann, wenn die Parteien dies gar nicht wissen oder nicht wollen. § 946 BGB ist zwingendes Recht und kann deshalb durch eine Vereinbarung der Parteien nicht außer Kraft gesetzt werden. Ein vereinbarter Eigentumsvorbehalt erlischt.
▶ *Eigentumsvorbehalt*

*Wesentlicher Bestandteil Gebäude* Eine Sondervorschrift für Gebäude enthält § 94 BGB. Nach Abs. 1 dieser Vorschrift gehören zu den wesentlichen Bestandteilen eines Grundstücks die mit dem Grund und Boden fest verbundenen Sachen, insbesondere die *Gebäude*. Gebäude sind neben Häusern andere Baulichkeiten wie Brücken, Windkraftanlagen und Tiefgaragen. Voraussetzung ist eine *feste* Verbindung von Gebäude und Grundstück. Nach § 94 Abs. 2 BGB gehören die zur *Herstellung des Gebäudes eingefügten Sachen* zu den wesentlichen Bestandteilen des Gebäudes.

*Zur Herstellung eingefügt* „Zur Herstellung eingefügt" im Sinne des § 94 Abs. 2 BGB sind alle Teile, ohne die das Gebäude nach der Verkehrsanschauung nicht fertig gestellt ist. Auf den Zeitpunkt der Einfügung kommt es nicht an, sodass auch die Sachen, die zur Renovierung oder anlässlich eines Umbaus eingefügt werden, „zur Herstellung eingefügt" sind. Erforderlich ist eine Verbindung, die nicht notwendig fest sein muss.

*Scheinbestandteile* Eine Ausnahme zu § 93 BGB und zu § 94 BGB enthält § 95 BGB. Zu den Bestandteilen eines Grundstücks gehören solche Sachen nicht, die nur zu einem vorübergehenden Zweck mit Grund und Boden verbunden oder in ein Gebäude eingefügt werden. Dies können zum Beispiel Einbauten durch einen Mieter sein, die nach Ablauf der Mietzeit wieder entfernt werden sollen.

## Gestaltungsrechte

Gestaltungsrechte eröffnen die Möglichkeit, durch eine einseitige Erklärung auf einen Vertrag einzuwirken, ihn also zu gestalten. Dabei geht es in der Regel nicht um den Abschluss eines Vertrages, sondern um die Einwirkung auf einen schon bestehenden Vertrag. Diese Einwirkung kann dabei ganz unterschiedlicher Natur sein: Im Falle einer Anfechtung gilt der Vertrag rückwirkend (von Anfang an) als nichtig (§ 142 Abs. 1 BGB). Wird der Rücktritt von einem Vertrag erklärt, wird ein Rückgewährschuldverhältnis begründet (§§ 346 ff. BGB). Dies gilt auch im Falle eines Widerrufs. Eine Kündigung beendet den Vertrag für die Zukunft.
▶ *Anfechtung* ▶ *Rücktritt* ▶ *Widerruf* ▶ *Kündigung*

## GmbH

Die Gesellschaft mit beschränkter Haftung (GmbH) ist eine juristische Person. Für Verbindlichkeiten der Gesellschaft haftet nach § 13 Abs. 2 GmbHG nur das Gesellschaftsvermögen. Nur ausnahmsweise können die Gesellschafter oder der (die) Geschäftsführer unmittelbar in Anspruch genommen werden, zum Beispiel der Geschäftsführer in Fällen der Insolvenzverschleppung gemäß § 823 Abs. 2 BGB, § 64 Abs. 1 GmbHG. ▶ *GmbH & Co KG*

## GmbH & Co KG

Die GmbH & Co KG ist eine Kommanditgesellschaft (KG) und damit eine Personengesellschaft. Die Besonderheit gegenüber einer „normalen" KG besteht darin, dass die Komplementärin eine GmbH, also eine juristische Person ist, die lediglich mit ihrem Gesellschaftsvermögen haftet. ▶ *KG* ▶ *GmbH*

## Grundbuch

Das Grundbuch ist ein öffentliches Register, das bei den Amtsgerichten geführt wird. Es enthält alle wesentlichen Tatsachen für Grundstücke. Dabei wird für jedes einzelne Grundstück ein eigenes Grundbuchblatt angelegt. Dieses beginnt mit dem Bestandsverzeichnis, in dem die Bezeichnung des Grundstücks nach der Gemarkung (Vermessungsbezirk), Flur, Flurstück, Wirtschaftsart, Lage und Größe vermerkt sind. Es folgen drei Abteilungen: Die erste Abteilung enthält den oder die Eigentümer und die Grundlage der Eintragung (Auflassung, Erbschaft, Zwangsversteigerung). Aus der zweiten Abteilung sind alle Belastungen des Grundstücks mit Ausnahme der Grundpfandrechte zu ersehen, zum Beispiel Vorkaufsrechte (§§ 1094 ff. BGB) und Grunddienstbarkeiten (§§ 1018 ff. BGB). In die dritte Abteilung werden die Grundpfandrechte eingetragen, mit denen das Grundstück belastet ist, also die Hypotheken, Grundschulden und die Rentenschulden. Einsicht in das Grundbuch kann nach § 12 GBO jeder nehmen, der ein berechtigtes Interesse darlegt. ▶ *Eigentumserwerb an unbeweglichen Sachen*
▶ *Auflassung* ▶ *Grundschuld* ▶ *Hypothek*

## Grundschuld

Nach § 1191 Abs. 1 BGB kann ein Grundstück in der Weise belastet werden, dass an denjenigen, zu dessen Gunsten die Bezahlung erfolgt, eine bestimmte Geldsumme aus dem Grundstück zu zahlen ist. Die Zahlung erfolgt aus der Verwertung des Grundstücks nach §§ 1192 Abs. 1, 1147 BGB im Wege der Zwangsvollstreckung (Zwangsversteigerung oder Zwangsverwaltung).

Die Bestellung einer Grundschuld vollzieht sich nach §§ 873, 1191 ff. BGB. Die Grundschuld ist *nicht* akzessorisch, sodass das Bestehen einer Forderung *keine* Voraussetzung für die Bestellung der Grundschuld ist (*„isolierte Grundschuld“*). In der Regel ist aber eine Forderung vorhanden, die durch die Grundschuld gesichert werden soll (*„Sicherungsgrundschuld“*). Forderung und Grundschuld werden durch die *Zweckerklärung* (*Sicherungsabrede*) miteinander verbunden.

In der Praxis hat die Grundschuld die Hypothek weitgehend verdrängt, weil die Grundschuld flexibler ist als die Hypothek und deshalb den Interessen der Beteiligten besser gerecht wird. Ein wesentlicher Vorteil der Grundschuld besteht darin, dass die Grundschuld Forderungen in wechselnder Höhe absichern und nach einer Änderung der Zweckerklärung (Sicherungsabrede) nacheinander zur Absicherung verschiedener Forderungen desselben Gläubigers dienen kann, ohne dass erneut Kosten für die Eintragung der Grundschuld in das Grundbuch anfallen.

▶ *Hypothek* ▶ *Grundbuch* ▶ *Grundstücksrecht* ▶ *Bürgschaft: akzessorisch*

## Grundstücksrecht

§ 873 BGB ist die wichtigste Vorschrift im Grundstücksrecht. Sie geht in ihrem Anwendungsbereich weiter als § 929 BGB, der lediglich die *Übereignung* beweglicher Sachen regelt. Demgegenüber erfasst § 873 BGB – im Zusammenwirken mit anderen Vorschriften – neben der Übereignung unbeweglicher Sachen (Grundstücke) auch die Belastung eines Grundstücks mit einem Recht (Hypothek, Grundschuld, Grunddienstbarkeit) und die Übertragung oder Belastung eines solchen Rechtes (Übertragung einer Grundschuld von einer Bank auf eine andere Bank).

## Gutgläubiger Erwerb

*Begriff* Durch die Vorschriften zum guten Glauben (§§ 932 ff. BGB) wird für bestimmte Fälle ein Eigentumserwerb vom Nichtberechtigten ermöglicht. Der Erwerber muss glauben, dass der Veräußerer der Eigentümer der Sache ist. Einen Ansatzpunkt dafür liefert § 1006 Abs. 1 S. 1 BGB: Danach wird zugunsten des (unmittelbaren) Besitzers einer beweglichen Sache vermutet, dass er der Eigentümer der Sache ist.

*Guter Glaube im BGB* Nach § 932 Abs. 2 BGB ist der Erwerber *nicht* im guten Glauben (bösgläubig), wenn ihm bekannt ist, dass der Veräußerer nicht der Eigentümer ist, oder wenn ihm dieser Umstand infolge *grober Fahrlässigkeit* nicht bekannt ist. „Bekannt sein“ bedeutet, dass der Erwerber weiß, dass der Veräußerer nicht der Eigentümer ist. Ein gutgläubiger Erwerb scheidet ebenfalls aus, wenn der Erwerber dies infolge *grober Fahrlässigkeit* nicht erkennt. Wenn der Erwerber hingegen aufgrund normaler (leichter) Fahrlässigkeit nicht bemerkt, dass der Veräußerer nicht der Eigentümer ist, behandelt das BGB den Erwerber als gutgläubig, sodass er das Eigentum vom Nichtberechtigten erwerben kann. Dies gilt erst recht, wenn dem Erwerber gar keine Fahrlässigkeit zur Last fällt.

▶ *Fahrlässigkeit: grobe*

*Guter Glaube im HGB* § 932 BGB wird für den geschäftlichen Verkehr durch § 366 HGB erweitert. Sofern ein im Handelsregister eingetragener Kaufmann im Betriebe seines Handelsgewerbes eine ihm nicht gehörige (gehörende) bewegliche Sache veräußert, gelten nach § 366 Abs. 1 HGB die Vorschriften des BGB über den gutgläubigen Erwerb – das sind die §§ 932 ff. BGB – auch dann, wenn der gute Glaube des Erwerbers (lediglich) dahin geht, dass der Veräußerer befugt ist, über die Sache *zu verfügen*. Damit kommt ein gutgläubiger Erwerb in Betracht, wenn der Erwerber zwar weiß, dass der Veräußerer nicht der Eigentümer der Sache ist, aber glaubt, der Eigentümer habe gemäß § 185 Abs. 1 BGB darin eingewilligt, dass der Veräußerer als Nichtberechtigter das Eigentum überträgt. ▶ *Kaufmann* ▶ *Handelsregister*

*Kfz-Brief* Beim Kauf eines Gebrauchtfahrzeugs nimmt die Rechtsprechung eine Bösgläubigkeit des Erwerbers an, wenn dieser sich nicht aufgrund der Eintragung im Kfz-Brief davon überzeugt, dass der Veräußerer verfügungsbefugt ist. Für die Prüfung reicht es nicht aus, dass der Veräußerer im Besitz des Briefes ist. Der Käufer muss sich den Brief vielmehr vorlegen lassen, es sei denn, besondere Umstände ließen eine andere Beurteilung zu (etwa bei einem Kauf eines neuen Kfz von einem seriösen Händler). Das Eigentum am Kfz-Brief steht jeweils dem Eigentümer des Kraftfahrzeuges zu (§ 952 Abs. 1 BGB analog). Wem das Auto gehört, gehört also automatisch auch der Kfz-Brief. Die Übergabe des Briefes ist deshalb *keine* Voraussetzung für den Erwerb des Eigentums am Auto.

*Abhanden gekommen* An abhanden gekommenen Sachen kann das Eigentum nicht gutgläubig erworben werden (§ 935 Abs. 1 BGB, Ausnahmen in § 935 Abs. 2 BGB für Geld und Inhaberpapiere). Eine Sache ist abhanden gekommen, wenn der Eigentümer den *unmittelbaren* Besitz an der Sache *unfreiwillig* verloren hat. Daraus folgt im Umkehrschluss, dass kein Abhandenkommen vorliegt, wenn der Eigentümer einer Sache den unmittelbaren Besitz *freiwillig* auf einen Dritten übertragen hat.

## Handelsgeschäft

Handelsgeschäfte sind nach § 343 Abs. 1 HGB alle Geschäfte eines Kaufmanns, die zum Betriebe seines Handelsgewerbes gehören, wofür nach § 344 Abs. 1 HGB eine Vermutung spricht. ▶ *Kaufmann*

## Handelsregister

Das Handelsregister ist ein öffentliches Register, in das die für den kaufmännischen Geschäftsverkehr relevanten Tatsachen eingetragen werden. Es wird bei den Amtsgerichten geführt. Nach § 9 HGB kann jedermann zu Informationszwecken Einsicht in das Handelsregister und die zum Handelsregister eingereichten Schriftstücke nehmen. ▶ *Kaufmann* ▶ *Prokura* ▶ *deklaratorisch* ▶ *konstitutiv* ▶ *Grundbuch*

## Handlung

Eine Handlung kann in einem positivem Tun oder einem Unterlassen bestehen. Für die Abgrenzung kommt es darauf an, ob der Schwerpunkt der Vorwerfbarkeit in einem Tun oder in einem Unterlassen liegt. Ein Unterlassen erfüllt nur dann den Tatbestand, wenn eine Pflicht zum Tätigwerden bestand, zum Beispiel aus der Schaffung und Unterhaltung einer Gefahrenquelle („allgemeine Verkehrssicherungspflicht").

## Herstellergarantie

Da die Übernahme der Herstellergarantie gemäß § 443 BGB eine freiwillige Leistung des Herstellers ist, ist er bezüglich der Ausgestaltung der Garantie an keine gesetzlichen Vorgaben gebunden. Er kann eine gegenüber den gesetzlichen Ansprüchen weitergehende, aber auch eine dahinter zurückbleibende oder eine ganz andersartige Garantie übernehmen. Welche Rechte dem Garantienehmer im Einzelfall zustehen und unter welchen Voraussetzungen diese Rechte bestehen, richtet sich nach dem Inhalt der Garantieerklärung, die bei Unklarheiten auszulegen ist (§§ 133, 157 BGB). § 477 BGB stellt bei Vorliegen eines *Verbrauchsgüterkaufs* (§ 474 BGB) besondere Anforderungen an Haltbarkeits- und Beschaffenheitsgarantien (§ 443 BGB). Diese Garantien müssen einfach und verständlich abgefasst sein. Außerdem muss der Verbraucher darauf hingewiesen werden, dass die Rechte aus der Garantie neben den Ansprüchen aus § 437 BGB bestehen und dass diese Rechte durch die Garantie nicht eingeschränkt werden (§ 477 Abs. 1 Nr. 1 BGB). Werden diese Anforderungen nicht beachtet, ist die Garantie gleichwohl wirksam (§ 477 Abs. 3 BGB). ▶ *Verbrauchsgüterkauf*

## Holschuld

Eine Holschuld liegt vor, wenn der Gläubiger (Käufer) die Ware beim Schuldner (Verkäufer) abholen muss. Der Schuldner muss das Abholen der Ware ermöglichen, etwa durch Aussondern aus einer größeren Vorratsmenge und Bereitstellung, sich aber nicht um den Transport kümmern. Das Transportrisiko trägt der Käufer. ▶ *Bringschuld* ▶ *Schickschuld*

## Hypothek

Nach § 1113 Abs. 1 BGB kann ein Grundstück in der Weise belastet werden, dass an denjenigen, zu dessen Gunsten die Bezahlung erfolgt, eine bestimmte Geldsumme aus dem Grundstück zu zahlen ist. Die Zahlung erfolgt aus der Verwertung des Grundstücks nach § 1147 BGB im Wege der Zwangsvollstreckung (Zwangsversteigerung oder Zwangsverwaltung). Die Bestellung einer Hypothek vollzieht sich nach §§ 873, 1113 ff. BGB. Die Hypothek ist, wie die Bürgschaft, ein *akzessorisches* Recht. Das bedeutet, dass die Hypothek notwendig eine zu sichernde Forderung voraussetzt. Besteht die Forderung nicht, besteht auch keine Hypothek. Geht die Forderung unter, geht auch die Hypothek unter. Werden Tilgungen auf die gesicherte Forderung geleistet, verringert sich die Hypothek entsprechend. Die Hypothek verschwindet dabei aber nicht einfach „im Nichts", sondern wandelt sich in eine dem Eigentümer zustehende Grundschuld um (genannt: „Eigentümergrundschuld"). Wächst die gesicherte Forderung später wieder an, wächst die Hypothek nicht wieder! Es gilt der Satz „Einmal tot, immer tot". ▶ *Grundschuld* ▶ *Grundbuch* ▶ *Grundstücksrecht*

## Immaterieller Schaden

siehe ▶ *Nichtvermögensschaden*

## invitatio ad offerendum

Die invitatio ad offerendum (Einladung zur Abgabe eines Angebotes) ist kein Angebot, weil der Wille des Handelnden, sich rechtlich zu binden, noch fehlt. Ob bereits ein (verbindliches) Angebot oder nur eine (unverbindliche) invitatio ad offerendum vorliegt, ist im Wege der Auslegung nach §§ 133, 157 BGB zu klären. ▶ *Angebot* ▶ *Willenserklärung: Auslegung*

## Juristische Person

Juristische Personen sind rechtsfähig. Sie werden von der Rechtsordnung („von den Juristen") geschaffen. Man unterscheidet zwischen juristischen Personen des öffentlichen Rechts (Bund, Länder, Kreise, Gemeinden) und denen des Privatrechts. Hierzu gehören der eingetragene Verein (§§ 21 ff. BGB), die GmbH (GmbHG) und die Aktiengesellschaft (AktG). Keine juristischen Personen sind die Gesellschaft bürgerlichen Rechts (GbR), die Offene Handelsgesellschaft (OHG) und die Kommanditgesellschaft (KG). OHG und KG sind den juristischen Personen aber angenähert (§ 124 HGB für die OGH, §§ 161 Abs. 2, 124 HGB für die KG) und deshalb rechtsfähig. Die GbR ist nach der Rechtsprechung ebenfalls rechtsfähig, soweit sie am Rechts- und Geschäftsverkehr teilnimmt. ▶ *Rechtsfähigkeit* ▶ *GmbH* ▶ *OHG* ▶ *KG* ▶ *GbR* ▶ *natürliche Person*

## Kaufmann

Kaufmann im Sinne des HGB sind nach § 1 HGB alle Gewerbetreibenden, deren Unternehmen nach Art und Umfang einen in kaufmännischer Weise eingerichteten Geschäftsbetrieb *erfordert*. Außerdem sind die Offene Handelsgesellschaft, die Kommanditgesellschaft, die GmbH und die Aktiengesellschaft Kaufleute im Sinne des HGB (§ 6 HGB, §§ 105, 161 HGB, § 13 Abs. 3 GmbHG, § 3 Abs. 1 AktG). Zahlreiche *Unternehmer* sind hingegen keine Kaufleute (viele Einzelhändler, Handwerker, Gastwirte, Kioskpächter). Sie betreiben zwar ein Gewerbe, aber kein *Handels*gewerbe, weil ihr Unternehmen nach Art und Umfang keine kaufmännischen Einrichtungen erfordert (§ 1 Abs. 2 HGB). Nicht unter das HGB fallen auch die zahlreichen GbR (Gesellschaften bürgerlichen Rechts). Keine Kaufleute sind auch die so genannten Freiberufler (Ärzte, Steuerberater, Wirtschaftsprüfer, Rechtsanwälte, Architekten), da sie *kein Gewerbe* ausüben, sowie Künstler. Der Geschäftsführer und Gesellschafter einer GmbH ist ebenfalls *kein* Kaufmann im Sinne des HGB, und zwar selbst dann nicht, wenn er Alleingesellschafter und Alleingeschäftsführer der GmbH ist. Für die genannten Personen gilt das HGB deshalb nicht. ▶ *Unternehmer* ▶ *Verbraucher* ▶ *Bürgschaft: Schriftform, Ausnahme*

## Kerntheorie

siehe ▶ *Sachmangel: Kerntheorie*

## Kfz-Brief

siehe ▶ *Gutgläubiger Erwerb*

## KG

Die in den §§ 161 ff. HGB geregelte Kommanditgesellschaft ist eine Personengesellschaft. Sie besteht aus mindestens einem persönlich haftenden Gesellschafter (*Komplementär*) und mindestens einem beschränkt haftenden Gesellschafter (*Kommanditist*). Für die KG und für den Komplementär gelten nach § 161 Abs. 2 HGB die Vorschriften für die OHG bzw. den OHG-Gesellschafter (§§ 105 ff. HGB). Deshalb haftet für Verbindlichkeiten der KG neben der KG (§§ 161 Abs. 2, 124 Abs. 1 HGB) auch der Komplementär (§§ 161 Abs. 2, 128 HGB). Die §§ 161 ff. HGB enthalten Regelungen für den Kommanditisten, unter anderem zur beschränkten Haftung gegenüber den Gläubigern der KG gemäß § 171 HGB. ▶ *GbR* ▶ *GmbH & Co KG* ▶ *OHG* ▶ *Rechtsfähigkeit*

## Kommanditgesellschaft

siehe ▶ *KG*

## Konkludentes Verhalten

Ein konkludentes (schlüssiges) Verhalten liegt vor, wenn aus dem Verhalten einer Person mit Sicherheit auf einen ganz bestimmten Rechtsfolgewillen geschlossen werden kann. Das Verhalten muss also den eindeutigen Schluss auf einen bestimmten Willen zulassen. Ob dies der Fall ist, wird im Wege der Auslegung nach §§ 133, 157 BGB ermittelt, die vom Empfängerhorizont ausgeht. ▶ *Willenserklärung: Auslegung*

## Konstitutiv

Eine Handlung ist konstitutiv (rechtsbegründend), wenn die Rechtsänderung erst durch die Vornahme der Handlung eintritt. Ein Beispiel bildet die Eintragung einer GmbH in das Handelsregister, da die GmbH als solche vor der Eintragung nicht besteht (§ 13 Abs. 1 GmbHG). Gleiches gilt nach § 41 Abs. 1 S. 1 AktG für die Aktiengesellschaft. Ebenfalls konstitutiv ist die nach § 873 Abs. 1 BGB für den Eigentumserwerb an einem Grundstück erforderliche Eintragung des Erwerbers in das Grundbuch. ▶ *deklaratorisch*

## Konventionalstrafe

siehe ▶ *Vertragsstrafe*

## Kreditsicherung

*Personalsicherheiten*   Von den Personalsicherheiten ist die Bürgschaft gesetzlich geregelt (§§ 765 ff. BGB, §§ 349, 350 HGB). In der Praxis finden sich weitere – gesetzlich nicht geregelte – Formen, insbesondere der Schuldbeitritt, die Patronatserklärung und der Garantievertrag. ▶ *Bürgschaft* ▶ *Schuldbeitritt* ▶ *Patronatserklärung* ▶ *Garantievertrag*

*Sachsicherheiten*   Bei den Sachsicherheiten (Realsicherheiten) sind die Pfandrechte an Grundstücken (§§ 1113 ff., 1191 ff. BGB), an beweglichen Sachen (§§ 562 ff. BGB, § 647 BGB, §§ 1204 ff. BGB) und an Rechten (§§ 1273 ff. BGB) gesetzlich geregelt. Weitere Formen sind der Eigentumsvorbehalt und die Sicherungsübereignung. ▶ *Pfandrechte* ▶ *Eigentumsvorbehalt* ▶ *Sicherungsübereignung* ▶ *Hypothek* ▶ *Grundschuld*

## Kündigung

*Begriff*   Die Kündigung beendet einen Vertrag, der auf einen dauernden Leistungsaustausch gerichtet ist (Dauerschuldverhältnis), für die Zukunft. Die bis zum Wirksamwerden der Kündigung ausgetauschten Leistungen werden – anders als in Fällen des Rücktritts, des Widerrufs und der Anfechtung – nicht zurückgegeben. Deshalb muss ein Vermieter die erhaltene Miete nicht zurückzahlen, der Arbeitnehmer darf den für die Vergangenheit gezahlten Lohn behalten. ▶ *Gestaltungsrechte* ▶ *Anfechtung* ▶ *Rücktritt* ▶ *Widerruf*

*Außerordentliche*   Eine außerordentliche Kündigung – oft auch fristlose Kündigung genannt – setzt voraus, dass ein Kündigungsgrund vorliegt (vgl. für den Mietvertrag §§ 543, 569 BGB, für den Dienstvertrag §§ 626 f. BGB); eine Kündigungsfrist muss nicht eingehalten werden (also: *mit Grund, ohne Frist*). Bei Arbeitsverträgen wird in der Regel verlangt, dass vor Ausspruch der Kündigung eine *Abmahnung* erfolgt ist, es sei denn, der Verstoß des Arbeitnehmers ist so gravierend, dass eine sofortige Beendigung des Arbeitsverhältnisses gerechtfertigt ist.

*Ordentliche*   Bei einer ordentlichen Kündigung muss eine Kündigungsfrist eingehalten werden (vgl. für den Mietvertrag über Wohnraum § 573 c BGB, für den Dienstvertrag §§ 621, 622 BGB); sie bedarf hingegen eigentlich keines Grundes (also: *mit Frist, ohne Grund*). Abweichend davon wird aber in wichtigen Bereichen aus sozialen Gründen auch bei dieser Kündigungsart ein Kündigungsgrund verlangt: Im Wohnungsmietrecht gemäß § 573 BGB ein *berechtigtes Interesse* des Vermieters an der Beendigung des Mietverhältnisses, zum Beispiel „Eigenbedarf"; bei Arbeitsverträgen sind häufig die Regelungen des Kündigungsschutzgesetzes (allgemeiner Kündigungsschutz) und solche zum Sonderkündigungsschutz (z.B. Mutterschutzgesetz) zu beachten, die eine ordentliche Kündigung erschweren oder für bestimmte Personengruppen ausschließen.

### Leasingvertrag

Ein Leasingvertrag liegt vor, wenn der Leasinggeber dem Leasingnehmer eine Sache (unbewegliche oder bewegliche) oder eine Sachgesamtheit gegen Zahlung von Leasingraten zum Gebrauch überlässt. Eine Besonderheit des Leasingvertrages besteht darin, dass der Leasingnehmer die Gefahr und Haftung für Instandhaltung, Mängel, Untergang und Beschädigung der Sache trägt. Im Gegenzug tritt der Leasinggeber seine Ansprüche aus der Sachmängelhaftung gegen den Lieferanten (§ 437 BGB) an den Leasingnehmer ab. Durch diese Gestaltung unterscheidet sich der Leasingvertrag vom Mietvertrag, bei dem die Risiken der Beschädigung und des Untergangs der Sache vom Vermieter zu tragen sind, der lediglich in bestimmtem Umfang die Schönheitsreparaturen und – bei der Geschäftsraummiete – bestimmte Instandsetzungsarbeiten auf den Mieter übertragen kann.
▶ *Mietvertrag*

### Leistung

Eine Leistung im Sinne des § 812 Abs. 1 S. 1, 1. Fall BGB ist eine gewollte und zweckgerichtete Vermehrung fremden Vermögens. ▶ *Etwas erlangt* ▶ *ohne rechtlichen Grund* ▶ *ungerechtfertigte Bereicherung*

### Leistungskondiktion

Eine Leistungskondiktion liegt vor, wenn eine Bereicherung dadurch eingetreten ist, dass (irgend-)jemand eine Leistung an den Bereicherten erbracht hat. Die wichtigste Form der anderen Kondiktionsarten („in sonstiger Weise") bildet die Eingriffskondiktion. Diese Kondiktionsarten sind gegenüber der Leistungskondiktion subsidiär und deshalb nur zu prüfen, wenn niemand eine Leistung erbracht hat.

### Lizenzvertrag

Durch den Lizenzvertrag wird einem anderen ein gewerbliches Schutzrecht (Patent, Gebrauchsmuster) zur Nutzung überlassen. Zum Teil wird der Begriff auch weiter verstanden und umfasst als Vertragsgegenstand auch Urheberrechte und weitere, rechtlich nicht geschützte Gegenstände wie Informationen, Geschäftsideen oder ein sonstiges Know-how.

### Mahnung

*Begriff* Eine Mahnung ist eine an den Schuldner gerichtete bestimmte und eindeutige Aufforderung des Gläubigers zur Leistung. Eine Fristsetzung ist nicht erforderlich, auch nicht die Androhung negativer Folgen. Es genügt vielmehr, dass der Gläubiger deutlich zum Ausdruck bringt, dass er die Leistung ernsthaft verlangt.
*Mahnungsgleiche Tatbestände* In § 286 Abs. 1 S. 2 BGB werden die Erhebung einer Klage auf die Leistung und die Zustellung eines Mahnbescheides im (gerichtlichen) Mahnverfahren der Mahnung gleichgestellt.
*Entbehrlichkeit der Mahnung* Nach § 286 Abs. 2 BGB ist die Mahnung in bestimmten Fällen entbehrlich, sodass der Verzug ausnahmsweise ohne Mahnung (bzw. ohne einen mahnungsgleichen Tatbestand) eintreten kann. Nach der Nr. 1 ist das der Fall, wenn für die Leistung eine Zeit nach dem Kalender

*bestimmt* ist. Diese Bestimmung kann sich aus dem *Gesetz* (vgl. § 556 b BGB für die Zahlung der Miete) oder aus einer *Vereinbarung* der Parteien (Regelung im Vertrag) ergeben. Nicht ausreichend ist eine einseitige Bestimmung durch den Gläubiger, zum Beispiel eine Zahlungsfrist auf der Rechnung.

## Materieller Schaden

siehe ▶ *Vermögensschaden*

## Mietvertrag

*Begriff*   Durch den Mietvertrag wird der Vermieter nach § 535 BGB verpflichtet, dem Mieter den Gebrauch der Mietsache während der Mietzeit in einem vertragsgemäßen Zustand zu gewähren (zu überlassen). Der Mieter ist zur Zahlung der vereinbarten Miete verpflichtet. ▶ *Leasingvertrag* ▶ *Pachtvertrag*

*Auf bestimmte Zeit*   Ein Mietvertrag auf bestimmte Zeit endet mit Ablauf der vereinbarten Mietzeit. Er ist häufig bei der Geschäftsraummiete anzutreffen. Während der Laufzeit kann der Mietvertrag auf bestimmte Zeit nur aus wichtigem Grund gekündigt werden. Eine einseitige Erhöhung der Miete ist nur möglich, wenn dies vertraglich vorgesehen ist, etwa in Form einer Wertsicherungsklausel. Eine Verlängerung des Mietverhältnisses über die vereinbarte Zeit hinaus tritt ein, wenn eine Partei von einem ihr im Mietvertrag eingeräumten *Optionsrecht* Gebrauch macht.

*Auf unbestimmte Zeit*   Der Mietvertrag auf unbestimmte Zeit endet nicht automatisch, sondern durch die Kündigung einer Partei oder durch einen Aufhebungsvertrag.

*Formfreiheit*   Wie andere Verträge kommt auch der Mietvertrag durch die Annahme eines Angebotes zustande, wobei ein Mietvertrag nach dem BGB *nicht* schriftlich geschlossen werden muss (vgl. aber § 550 BGB). Die Parteien können aber die Einhaltung der Schriftform vereinbaren („*gewillkürte Schriftform*", § 125 S. 2 BGB). In einem solchen Fall ist gemäß § 154 Abs. 2 BGB analog „im Zweifel" davon auszugehen, dass der Vertrag erst nach der Unterschrift von Mieter und Vermieter wirksam werden soll.

*Gesetzliche Formvorschrift*   Nach § 550 S. 1 BGB besteht eine gesetzliche Formvorschrift für Mietverträge, die für bestimmte Zeit, und zwar für längere Zeit als ein Jahr (fest) geschlossen werden sollen. Wird die Form nicht eingehalten, ist der Vertrag aber abweichend von § 125 S. 1 BGB nicht nichtig, sondern gilt für unbestimmte Zeit.

*Schönheitsreparaturen*   Nach § 535 Abs. 1 S. 2 BGB hat der *Vermieter* die Mietsache während der Mietzeit in einem vertragsgemäßen Zustand zu erhalten. Diese Regelung ist dispositiv, kann also durch eine Vereinbarung der Parteien geändert werden, es sei denn, die Vereinbarung verstößt gegen § 307 BGB. Im Bereich der Geschäftsraummiete gehen die vertraglichen Änderungen zum Teil sehr weit, bei der Wohnungsmiete beschränken sie sich in der Regel auf die so genannten „Schönheitsreparaturen". Dies sind Maßnahmen zur Beseitigung von Mängeln, die durch einen vertragsgemäßen Gebrauch entstanden sind. Dazu gehören das Streichen oder Tapezieren von Wänden, Decken, Böden, Heizkörpern einschließlich der Rohre und von Fenstern und Außentüren von innen. Davon zu unterscheiden sind *Instandsetzungsreparaturen*, die auf Beseitigung der durch Abnutzung, Alterung und Witterungseinflüsse entstandenen Mängel abzielen.

*Eigenbedarf*  Nach § 573 Abs. 1 BGB kann der Vermieter das Mietverhältnis über Wohnraum nur kündigen, wenn er ein *berechtigtes Interesse* an dessen Beendigung hat. In der Praxis geht es häufig um die Frage des so genannten „Eigenbedarfs". Ein Eigenbedarf liegt vor, wenn der Vermieter die Räume für sich, seine Familienangehörigen oder Angehörige seines Haushalts *benötigt.*

*Form der Kündigung*  Nach § 568 Abs. 1 BGB bedarf die Kündigung des Mietverhältnisses der schriftlichen Form, und zwar auch, wenn der Mietvertrag mündlich geschlossen wurde. Dies gilt nach § 623 BGB auch für die Beendigung eines Arbeitsverhältnisses durch Kündigung oder Aufhebungsvertrag.

## Minderjährig

Minderjährig sind gemäß §§ 106, 2 BGB Personen zwischen dem siebenten und dem 18. Lebensjahr. ▶ *Geschäftsfähigkeit* ▶ *Deliktsfähigkeit* ▶ *Rechtsfähigkeit*

## Natürliche Person

Natürliche Personen sind Menschen. Die Rechtsfähigkeit beginnt mit der Vollendung der Geburt (§ 1 BGB), die Erbfähigkeit gemäß § 1923 Abs. 2 BGB schon mit der Zeugung. ▶ *Juristische Person*

## Negative Merkmale

Um einen Anspruch zu begründen, müssen alle positiven Tatbestandsmerkmale vorliegen. Negative Tatbestandsmerkmale dürfen nicht vorliegen, da sie einem Anspruch entgegenstehen.

## Nichtigkeit

Ein nichtiges Rechtsgeschäft entfaltet von Anfang an keine Wirkungen. Wenn das Geschäft trotz der Nichtigkeit durchgeführt wird, erfolgt die Rückabwicklung nach den Vorschriften über die ungerechtfertigte Bereicherung (§§ 812 ff. BGB). Nichtigkeitsgründe sind Formmängel (§ 125 BGB), Verstöße gegen ein gesetzliches Verbot (§ 134 BGB) oder gegen die guten Sitten (§ 138 Abs. 1 BGB), insbesondere Wucher (§ 138 Abs. 2 BGB). Die Anfechtung führt ebenfalls zur Nichtigkeit des angefochtenen Rechtsgeschäfts (§ 142 Abs. 1 BGB). ▶ *Rechtsgeschäft* ▶ *Sittenwidrigkeit* ▶ *Anfechtung* ▶ *ungerechtfertigte Bereicherung*

## Nichtvermögensschäden

Nichtvermögensschäden (immaterielle Schäden) lassen sich nicht konkret in Geld bestimmen. Nach § 253 Abs. 1 BGB kann eine Entschädigung in Geld nur in den im Gesetz genannten Fällen verlangt werden. Hauptfall ist der Anspruch auf Schmerzensgeld nach § 253 Abs. 2 BGB. ▶ *Vermögensschäden*

## Notarielle Beurkundung

Bei der notariellen Beurkundung (§ 128 BGB) müssen Antrag und Annahme vor einem Notar beurkundet werden, allerdings nicht notwendig gleichzeitig. Der Notar beurkundet den gesamten Vertrag, nicht nur die Unterschriften der Parteien. Beispiele sind: Der Grundstückskaufvertrag (§ 311 b Abs. 1 S. 1 BGB), die Einigung über den Übergang des Eigentums an einem Grundstück („Auflassung", §§ 873 Abs. 1, 925 Abs. 1 BGB), der Gesellschaftsvertrag einer GmbH (§ 2 Abs. 1 GmbHG), die Satzung einer Aktiengesellschaft (§ 23 Abs. 1 AktG), Hauptversammlungsbeschlüsse einer Aktiengesellschaft (§ 130 Abs. 1 S. 1 AktG). Ausnahmen bestehen bei nicht börsennotierten Aktiengesellschaften (§ 130 Abs. 1 S. 2 AktG). ▶ *Auflassung* ▶ *Eigentumserwerb an unbeweglichen Sachen*

## Offene Handelsgesellschaft

siehe ▶ *OHG*

## OHG

Die in §§ 105 ff. HGB geregelte Offene Handelsgesellschaft ist eine Personen-
gesellschaft mit mindestens zwei Gesellschaftern (natürliche oder juristische
Personen). Für Verbindlichkeiten der OHG haften neben der Gesellschaft (§ 124
Abs. 1 HGB) auch deren Gesellschafter als Gesamtschuldner (§ 128 HGB).
▶ *KG* ▶ *GbR* ▶ *GmbH* ▶ *Gesamtschuld*

## Ohne rechtlichen Grund

Das Merkmal „*ohne rechtlichen Grund*" im Sinne des § 812 Abs. 1 S. 1 BGB ist
erfüllt, wenn für eine Vermögensverschiebung kein Rechtsgrund vorhanden ist.
Insbesondere dann, wenn sich nach Durchführung eines Vertrages herausstellt,
dass der Vertrag nichtig ist, sind die von den Parteien erbrachten Leistungen
„ohne Rechtsgrund" erfolgt. Sie müssen deshalb nach §§ 812 Abs. 1 S. 1, 818 BGB
herausgegeben werden. ▶ *Etwas erlangt* ▶ *Leistung* ▶ *ungerechtfertigte Bereicherung*

## Pachtvertrag

Der Pachtvertrag ist in den §§ 581 bis 584 b BGB geregelt. Der wichtigste Unterschied zum Mietvertrag besteht darin, dass der Verpächter dem Pächter neben
der Gebrauchsüberlassung des Gegenstandes nach § 581 Abs. 1 BGB zusätzlich
„den Genuss der Früchte" zu gewähren hat. Ein Pachtvertrag über Räumlichkeiten liegt vor, wenn diese so beschaffen sind, dass aus ihrer Nutzung unmittelbar
Erträge erzielt werden können, zum Beispiel ein komplett eingerichtetes
Speiserestaurant. ▶ *Mietvertrag*

## Patronatserklärung

In der im BGB nicht geregelten, aber aufgrund der Vertragsfreiheit zulässigen
Patronatserklärung verspricht ein „Patron" gegenüber dem Gläubiger eines Dritten ein bestimmtes Verhalten, das die Aussicht auf eine Vertragserfüllung durch
den Dritten verbessert und damit dessen Kreditwürdigkeit erhöht. Die Praxis differenziert zwischen „weichen" und „harten" Patronatserklärungen. Den weichen Erklärungen kommt kein rechtsgeschäftlicher Charakter zu, es handelt sich
nur um unverbindliche Erklärungen („good-will-Erklärung"), die keine Rechtsfolge nach sich ziehen. Sie sind deshalb nicht einklagbar. Diese Form wird dem
Kreditgeber in der Regel nicht genügen. Bei den „harten" Patronatserklärungen
wird hingegen eine rechtliche Einstandspflicht des „Patrons" begründet, zum
Beispiel eine Pflicht der Muttergesellschaft zur finanziellen Ausstattung der
Tochtergesellschaft. ▶ *Kreditsicherung* ▶ *Bürgschaft* ▶ *Schuldbeitritt*
▶ *Garantievertrag*

## Pfandrechte

Pfandrechte können an Rechten (insbesondere Forderungen), an beweglichen
Sachen und an unbeweglichen Sachen (Grundschuld, Hypothek) bestehen. Sie
können auf einer Vereinbarung der Parteien beruhen (rechtsgeschäftliche Pfandrechte) oder aufgrund einer gesetzlichen Regelung „von selbst" entstehen
(gesetzliche Pfandrechte). Gesetzliche Pfandrechte sind das Vermieterpfandrecht
(§§ 562 ff. BGB) und das Pfandrecht des Unternehmers beim Werkvertrag (§ 647

BGB). Bei den rechtsgeschäftlichen Pfandrechten ist neben weiteren Voraussetzungen eine *Einigung* der Parteien über die Entstehung des Pfandrechts erforderlich.
▶ *Grundschuld* ▶ *Hypothek* ▶ *Werkvertrag: Unternehmerpfandrecht*
▶ *Sicherungsübereignung*

## Positive Merkmale

Um einen Anspruch zu begründen, müssen alle *positiven* Tatbestandsmerkmale vorliegen. *Negative* Tatbestandsmerkmale dürfen nicht vorliegen, da sie einem Anspruch entgegenstehen.

## Positives Tun

siehe ▶ *Handlung*

## Produkthaftung

Die Produkthaftung verpflichtet den Hersteller eines Produkts zum Schadensersatz, wenn jemand durch die Nutzung eines fehlerhaften Produkts einen Schaden erleidet. Sie beruht auf zwei Ansätzen: Aufgrund der Rechtsprechung des Bundesgerichtshofs basiert sie zum einen auf § 823 Abs. 1 BGB, zum anderen ist sie im Produkthaftungsgesetz (ProdHaftG) geregelt.

## Prokura

Die Prokura ist eine rechtsgeschäftliche Vertretungsmacht. Sie kann nur vom Inhaber eines Handelsgeschäftes durch ausdrückliche Erklärung erteilt werden (§ 49 Abs. 1 HGB). Die Prokura muss in das Handelsregister eingetragen werden (§ 53 HGB), doch hat die Eintragung nur deklaratorische (rechtbezeugende) Wirkung. Die Erteilung der Prokura ist also auch ohne Eintragung wirksam. Eine Besonderheit der Prokura gegenüber anderen Vollmachten besteht darin, dass der Umfang dieser Vertretungsmacht gesetzlich bestimmt ist. Nach § 49 Abs. 1 HGB ermächtigt die Prokura zu allen Arten von gerichtlichen und außergerichtlichen Rechtsgeschäften, die der Betrieb eines (gemeint ist *irgendeines*) Handelsgewerbes mit sich bringt. Einschränkungen dieser umfassenden Vertretungsmacht sind gemäß § 50 Abs. 1 HGB gegenüber Dritten unwirksam. ▶ *Vertretung*
▶ *deklaratorisch* ▶ *Handelsregister*

## Recht am Unternehmen

Als „sonstiges Recht" im Sinne des § 823 Abs. 1 BGB hat die Rechtsprechung das „Recht am eingerichteten und ausgeübten Gewerbebetrieb" entwickelt, das heute oft kürzer als „Recht am Unternehmen" bezeichnet wird. Durch dieses Recht wird der Schutz des Unternehmers gegen Beeinträchtigungen seiner rechtmäßig ausgeübten unternehmerischen Betätigung gesichert. Ein Schadensersatzanspruch setzt dabei voraus, dass ein unmittelbarer *betriebsbezogener Eingriff* vorliegt.

## Rechtsfähigkeit

Rechtsfähig ist, wer Träger von Rechten und Pflichten sein kann. Dies können neben natürlichen Personen (Menschen) und juristischen Personen (GmbH, Aktiengesellschaft) auch Personenvereinigungen sein, wenn sie – wie Offene Handelsgesellschaft und Kommanditgesellschaft – den juristischen Personen angenähert sind. Ebenfalls rechtsfähig ist die GbR, soweit sie am Wirtschaftsverkehr teilnimmt. ▶ *Geschäftsfähigkeit* ▶ *Deliktsfähigkeit* ▶ *natürliche Person*
▶ *juristische Person* ▶ *OHG* ▶ *KG* ▶ *GbR*

## Rechtsgeschäft

Ein Rechtsgeschäft besteht aus einer oder mehreren Willenserklärungen, die allein oder in Verbindung mit anderen Tatbestandsmerkmalen eine Rechtsfolge herbeiführen, die von dem oder den Beteiligten gewollt ist. Zu unterscheiden ist zwischen einseitigen und mehrseitigen Rechtsgeschäften. Mehrseitige Rechtsgeschäfte sind Verträge und Beschlüsse, da mehrere Personen beteiligt sind. Einseitige Rechtsgeschäfte kann eine Person allein tätigen. Beispiele bilden der Rücktritt, der Widerruf, die Kündigung, die Anfechtung und das Testament.
▶ *Willenserklärung* ▶ *Vertrag* ▶ *Rücktritt* ▶ *Widerruf* ▶ *Kündigung*
▶ *Anfechtung*

## Relative Rechte

Relative Rechte bestehen nur zwischen bestimmten Personen. Beispiel: Ansprüche aus Verträgen gegen den jeweiligen Vertragspartner. ▶ *Absolute Rechte*

## Rücktritt

Ein Rücktritt vom Vertrag setzt voraus, dass ein Rücktrittsrecht vorliegt und der Berechtigte den Rücktritt erklärt (§ 349 BGB). Ein Rücktrittsrecht kann sich aus dem Vertrag („Der Käufer ist berechtigt, vom Vertrag zurückzutreten, wenn nicht ...") oder aus dem Gesetz ergeben. Wenn die Kaufsache einen Sach- oder Rechtsmangel hat, kann der Käufer gemäß § 437 Nr. 2 BGB nach Fristsetzung bzw. Fehlschlagen der Nacherfüllung vom Kaufvertrag zurücktreten. Ein allgemeines Rücktrittsrecht bei gegenseitigen Verträgen begründet § 323 BGB. Im Falle eines wirksamen Rücktritts sind die Parteien nach § 346 Abs. 1 BGB verpflichtet, die empfangenen Leistungen zurückzugewähren. Der Vertrag wandelt sich in ein „Rückgewährschuldverhältnis" um. ▶ *angemessene Frist* ▶ *Gestaltungsrechte*
▶ *Anfechtung* ▶ *Kündigung* ▶ *Widerruf*

## Sachmangel

*Begriff* Eine Sache ist frei von Sachmängeln, wenn sie bei Gefahrübergang die *vereinbarte Beschaffenheit* hat (§ 434 Abs. 1 S. 1 BGB). Soweit die Beschaffenheit nicht vereinbart ist, ist die Sache mangelfrei, wenn sie sich für die nach dem Vertrag *vorausgesetzte Verwendung* eignet (§ 434 Abs. 1 S. 2 Nr. 1 BGB), sonst (gemeint ist im Übrigen), wenn die Sache sich für die *gewöhnliche Verwendung* eignet und eine Beschaffenheit aufweist, die bei Sachen der gleichen Art *üblich* ist und die der Käufer nach der Art der Sache erwarten kann (§ 434 Abs. 1 S. 2 Nr. 2 BGB).

*Vereinbarte Beschaffenheit* Eine Vereinbarung der Beschaffenheit der Kaufsache (*Soll-Beschaffenheit*) im Sinne des § 434 Abs. 1 S. 1 BGB kann dadurch erfolgen, dass der Zustand der Kaufsache im Kaufvertrag ausdrücklich festgehalten wird. Die Vereinbarung kann auch stillschweigend (konkludent) getroffen werden.

*Vorausgesetzte Beschaffenheit* Die Beschaffenheit ist vorausgesetzt (§ 433 Abs. 1 S. 2 Nr. 1 BGB), wenn die Parteien eine *gemeinsame* Vorstellung vom Verwendungszweck der Sache haben, zum Beispiel weil eine bestimmte Verwendung der Sache im Vorfeld des Vertrages zugrunde gelegt wurde. Einseitige Vorstellungen des Käufers genügen ebenso wenig wie das Wissen des Verkäufers, wozu der Käufer die Sache nutzen will.

*Gewöhnliche Verwendung* Ist die Beschaffenheit der Sache weder vereinbart noch nach dem Vertrag vorausgesetzt, ist die Sache nach § 434 Abs. 1 S. 2 Nr. 2 BGB mangelfrei, wenn sie sich für die *gewöhnliche Verwendung* eignet und eine Beschaffenheit aufweist, die bei Sachen der gleichen Art *üblich* ist und die der Käufer nach der Art der Sache *erwarten kann*.

*Montagefehler* Nach § 434 Abs. 2 BGB ist ein Sachmangel auch dann gegeben, wenn die vereinbarte Montage der Kaufsache durch den Verkäufer unsachgemäß durchgeführt wird oder wenn eine Montageanleitung mangelhaft ist (so genannte „IKEA-Klausel").

*Falsche Lieferung* Nach § 434 Abs. 3 BGB werden bestimmte Fehler bei der Lieferung einem Sachmangel gleichgestellt, also wie ein Sachmangel behandelt. Dies gilt, wenn der Verkäufer eine andere als die gekaufte Sache oder eine zu geringe Menge liefert.

*Gefahrübergang* Der Gefahrübergang tritt nach § 446 BGB bei einer Kaufsache mit der Übergabe der Sache an den Käufer ein. Beim Versendungskauf geht die Gefahr nach § 447 BGB über, sobald der Verkäufer die Sache der zur Ausführung der Versendung bestimmten Person (Post, Spediteur, Frachtführer) übergeben hat.

*Kerntheorie* Der Mangel der Kaufsache muss im Zeitpunkt des Gefahrübergangs jedenfalls im Kern vorhanden sein, „sich zeigen" kann er auch noch später. Eine besondere Beweislastregel enthält § 476 BGB für den Verbrauchsgüterkauf. Danach wird bei einem Mangel, der sich innerhalb von sechs Monaten nach Gefahrübergang zeigt, vermutet, dass die Sache schon bei Gefahrübergang mangelhaft war. ▶ *Verbrauchsgüterkauf* ▶ *Beweislastumkehr*

## Rechte des Käufers

Falls die Kaufsache einen Mangel hat, kann der Käufer gemäß § 437 BGB Nacherfüllung, Rücktritt vom Vertrag oder Minderung des Kaufpreises sowie Schadensersatz oder Aufwendungsersatz verlangen. Zunächst steht dem Käufer allerdings nur ein Recht auf Nacherfüllung zu. Die anderen Rechte bestehen nur nachrangig und setzen in der Regel eine fruchtlose *Fristsetzung zur Nacherfüllung* voraus. ▶ *Angemessene Frist* ▶ *Rücktritt*

## Schickschuld

Eine Schickschuld liegt vor, wenn der Schuldner die Ware an den Gläubiger abschicken, also zum Transport geben muss. Der Verkäufer muss die Ware in diesem Fall „auf den Weg bringen", zum Beispiel durch Aufgabe bei der Post oder Abgabe an eine andere Transportperson, etwa einen Frachtführer, ist aber nicht für die Durchführung des Transports verantwortlich. Das Transportrisiko trägt deshalb der Käufer. ▶ *Bringschuld* ▶ *Holschuld*

## Schlüssiges Verhalten

siehe ▶ *konkludentes Verhalten*

## Schuldbeitritt

Der Schuldbeitritt ist im Gesetz nicht geregelt, aber aufgrund der Vertragsfreiheit zulässig. Von der in §§ 414, 415 BGB geregelten befreienden Schuldübernahme unterscheidet sich der Schuldbeitritt dadurch, dass hier *kein Wechsel* des Schuldners erfolgt, sondern dass der Beitretende als *weiterer* Schuldner neben den vorhandenen Schuldner tritt. Der bisherige Schuldner und der Beitretende werden Gesamtschuldner. ▶ *Kreditsicherung* ▶ *Bürgschaft* ▶ *Garantievertrag* ▶ *Patronatserklärung* ▶ *Gesamtschuld*

## Schuldverhältnis

*Begriff* Wenn ein Schuldverhältnis vorliegt, ist der Gläubiger berechtigt, vom Schuldner eine Leistung zu fordern (§ 241 Abs. 1 BGB). Zu unterscheiden ist zwischen vertraglichen, vorvertraglichen und gesetzlichen Schuldverhältnissen.

▶ *Vertragliches Schuldverhältnis* ▶ *gesetzliche Schuldverhältnisse*

▶ *vorvertragliches Schuldverhältnis*

*Gläubiger* Gläubiger ist derjenige, dem ein Anspruch zusteht.

*Schuldner* Schuldner ist derjenige, der den Anspruch erfüllen soll (der etwas schuldet).

## Schutzgesetz

Ein Schutzgesetz im Sinne des § 823 Abs. 2 BGB ist eine Norm, die dem Einzelnen einen Schutz vor der Verletzung seiner Rechtsgüter, Rechte und anderen rechtlich geschützten Interessen gewähren soll. Dazu gehören viele Vorschriften des Strafgesetzbuches (StGB), zum Beispiel die Delikte Körperverletzung (§§ 223 ff. StGB), Diebstahl (§ 242 StGB), Unterschlagung (§ 246 StGB) und Betrug (§ 263 StGB). Eine gemeindliche Streusatzung ist ebenfalls ein Schutzgesetz im Sinne des § 823 Abs. 2 BGB.

## Schwebende Unwirksamkeit

Ein schwebend unwirksames Rechtsgeschäft ist weder wirksam noch unwirksam (nichtig), sondern befindet sich in einer Schwebelage. Sein weiteres „Schicksal" hängt davon ab, ob ein bisher nicht beteiligter Dritter seine Genehmigung erteilt (vgl. §§ 177 Abs. 1, 108 Abs. 1 BGB). Tut er dies, wird das Rechtsgeschäft rückwirkend wirksam (§ 184 Abs. 1 BGB). Die Verweigerung der Genehmigung führt hingegen zur Nichtigkeit des Rechtsgeschäfts. ▶ *Nichtigkeit* ▶ *Rechtsgeschäft* ▶ *Geschäftsfähigkeit* ▶ *Vertretung: ohne Vertretungsmacht*

## Schweigen

Wer schweigt, gibt keine (Willens-)Erklärung ab. Dies gilt grundsätzlich auch für Kaufleute. Ausnahmen im BGB sind §§ 108 Abs. 2 S. 2, 177 Abs. 2 S. 2, 516 Abs. 2 S. 2; im Handelsrecht § 362 HGB und das kaufmännische Bestätigungsschreiben.

## Sicherungsübereignung

Bei der im BGB nicht geregelten Sicherungsübereignung („SÜ") dient eine Sache oder eine Sachgesamtheit zur Absicherung einer Forderung. Dies können einzelne Sachen sein (Pkw, Lkw, Baukran) oder Sachgesamtheiten, wie etwa ein Warenlager. Die rechtliche Konstruktion ist wie folgt: Der Sicherungsgeber (Kreditnehmer) übereignet gemäß §§ 929, 930, 868 BGB die Sache oder die Sachgesamtheit an den Sicherungsnehmer (Kreditgeber). Die – neben der Einigung – für die Übereignung nach § 929 S. 1 BGB erforderliche Übergabe wird durch die Begründung eines *Besitzmittlungsverhältnisses* ersetzt (vgl. §§ 930, 868 BGB), das häufig ein Leih-, Verwahrungs- oder ein Mietvertrag ist. Der Sicherungsnehmer (Kreditgeber) wird Eigentümer der Sache und deren mittelbarer Besitzer. Der unmittelbare Besitz verbleibt hingegen beim Sicherungsgeber (Kreditnehmer), der die Sache damit weiter nutzen kann, um aus den Erlösen den durch die SÜ gesicherten Kredit begleichen zu können. Nur wenn es zu Problemen bei der Rückzahlung des Kredits kommt, ist der Sicherungsnehmer berechtigt, die Herausgabe der Sache zu verlangen und sie zu verwerten.

▶ *Besitz: Besitzmittlungsverhältnis* ▶ *Pfandrechte* ▶ *Kreditsicherung*

### Sittenwidrigkeit

Ein Rechtsgeschäft ist nach § 138 Abs. 1 BGB sittenwidrig, „wenn es gegen das Anstandsgefühl aller billig und gerecht Denkenden verstößt". ▶ *Rechtsgeschäft* ▶ *Anfechtbarkeit* ▶ *ungerechtfertigte Bereicherung*

### Skonto

Der Schuldner ist zu einem Skontoabzug berechtigt, wenn eine entsprechende vertragliche Regelung mit dem Gläubiger besteht. Dem Gläubiger steht es frei, ob er ein Skontorecht einräumt, um den Schuldner zu einer schnellen Zahlung zu motivieren. Wenn nichts anderes vereinbart ist, reicht es für die Inanspruchnahme des Skontos aus, dass der Schuldner rechtzeitig die *Leistungshandlung* vornimmt. Diese besteht im Falle der Überweisung darin, dass er „seine" Bank anweist, die Überweisung auszuführen. Diese Anweisung kann auch noch am letzten Tag der Skontofrist erfolgen. Dagegen kommt es nicht darauf an, dass der *Leistungserfolg* (Gutschrift des Geldes auf dem Gläubigerkonto) ebenfalls innerhalb der Frist eintritt, es sei denn, die Parteien hätten eine andere Vereinbarung getroffen.

### Trennungsprinzip

Die Abwicklung eines Kaufvertrages besteht aus drei Rechtsgeschäften: Abschluss des Kaufvertrages (schuldrechtliches Verpflichtungsgeschäft), Übereignung der Kaufsache (erstes sachenrechtliches Verfügungsgeschäft), Zahlung des Kaufpreises (zweites sachenrechtliches Verfügungsgeschäft). Das Trennungsprinzip besagt, dass die Wirksamkeit dieser drei Rechtsgeschäfte getrennt (einzeln) zu betrachten ist. Die Rechtsgeschäfte sind in ihrer rechtlichen Wirksamkeit unabhängig voneinander. Das bedeutet zum Beispiel, dass der Kaufvertrag unwirksam sein kann, während die beiden Erfüllungsgeschäfte wirksam sind. Ebenso kann im Falle eines wirksamen Kaufvertrages die Übereignung der Kaufsache unwirksam sein, die Zahlung des Kaufpreises hingegen wirksam. Dieser Sachverhalt wird, etwas ungenau, auch als „Abstraktionsprinzip" bezeichnet.

### Unbewegliche Sachen

Unbewegliche Sachen sind bebaute und unbebaute Grundstücke.
▶ *Grundstücksrecht* ▶ *Grundbuch* ▶ *Eigentumserwerb an unbeweglichen Sachen*

### Ungerechtfertigte Bereicherung

Die Vorschriften über die ungerechtfertigte Bereicherung (§§ 812 ff. BGB) dienen dazu, Zuwächse im Vermögen einer Person, für die es keinen Rechtsgrund gibt, rückgängig zu machen. ▶ *Etwas erlangt* ▶ *Leistung* ▶ *ohne rechtlichen Grund* ▶ *Anfechtung* ▶ *Nichtigkeit*

### Unmöglichkeit

Wenn eine Leistung unmöglich ist, hat der Gläubiger gemäß § 275 Abs. 1 BGB keinen Anspruch mehr auf die Leistung, ohne dass es darauf ankommt, wer die Unmöglichkeit zu vertreten hat. Davon zu trennen ist, ob dem Gläubiger ein Schadensersatzanspruch zusteht (§§ 280 Abs. 1, Abs. 3, 283 BGB) und ob die noch mögliche Gegenleistung zu erbringen ist (§ 326 BGB). Bei der Behandlung der Unmöglichkeit ist es wichtig, zwischen der unmöglichen und der (immer noch) möglichen Leistung zu unterscheiden.

## Unterlassen

Ein Unterlassen erfüllt nur dann den Tatbestand des § 823 Abs. 1 BGB, wenn eine Pflicht zum Tätigwerden, also zum Handeln besteht. Die Pflicht kann sich aus dem Gesetz, einer konkreten Lebensbeziehung (insbesondere innerhalb der Familie) oder aus einem vorangegangenen Tun ergeben. ▶ *Handlung*

## Unternehmer

Ein Unternehmer ist nach § 14 BGB eine natürliche Person (Mensch), eine juristische Person (GmbH, Aktiengesellschaft) oder eine rechtsfähige Personengesellschaft (Offene Handelsgesellschaft, Kommanditgesellschaft), die bei Abschluss eines Rechtsgeschäftes in Ausübung ihrer gewerblichen oder selbstständigen beruflichen Tätigkeit handelt. Eine GbR, die am Geschäftsverkehr teilnimmt, ist nach der Rechtsprechung ebenfalls Unternehmerin. ▶ *Verbraucher* ▶ *Kaufmann* ▶ *Verbrauchsgüterkauf* ▶ *Allgemeine Geschäftsbedingungen: Unternehmer*

## Veräußerung

Mit dem Begriff „Veräußerung" ist die Übertragung des Eigentums nach §§ 929 ff. BGB (für bewegliche Sachen) bzw. §§ 873, 925 BGB (für unbewegliche Sachen) gemeint. „Veräußerer" ist derjenige, der das Eigentum überträgt. Wenn in einem juristischen Text von „Veräußerung" die Rede ist, sind – in der Regel – der (schuldrechtliche) Kaufvertrag (§ 433 BGB) und die (sachenrechtliche) Übertragung des Eigentums (§§ 929 ff. BGB, §§ 873, 925 BGB) gemeint. ▶ *Eigentum* ▶ *Eigentumserwerb an beweglichen Sachen* ▶ *Eigentumserwerb an unbeweglichen Sachen*

## Verarbeitung

*Begriff* Wird ein Stoff (eine Sache) oder werden mehrere Stoffe (Sachen) verarbeitet oder umgebildet und entsteht dadurch eine neue Sache, so wird der Hersteller der neuen Sache gemäß § 950 Abs. 1 BGB deren Eigentümer, es sei denn, der Wert der Verarbeitung ist wesentlich geringer als der Gesamtwert der verarbeiteten Stoffe.

*Anforderungen* Die Anforderungen an eine Verarbeitung oder Umbildung sind gering. Nach § 950 Abs. 1 S. 2 BGB reicht bereits das Schreiben, Zeichnen, Malen, Drucken und Gravieren oder eine ähnliche Bearbeitung einer Oberfläche aus. Ebenso genügt das Zusammenfügen von Bauteilen, aber auch das Zerlegen einer Sache in ihre Einzelbestandteile.

*Neue Sache* Ob eine Sache neu im Sinne des § 950 BGB ist, ist wirtschaftlich unter Berücksichtigung der Verkehrsauffassung zu entscheiden. Eine *neue* Sache liegt einmal dann vor, wenn eine im Verhältnis zu den Stoffen *andere* Sache entsteht, aber auch bei Erreichung einer höheren Verarbeitungsstufe. Demgegenüber genügen bloße Wertsteigerungen (ein und dieselbe Sache ist mehr wert als vorher) ebenso wenig wie bloße Instandsetzungen oder Reparaturen. Anzeichen für eine neue Sache kann ein neuer Name sein.

*Wert der Verarbeitung* Nach § 950 BGB wird ein Hersteller nicht Eigentümer der neu hergestellten Sache, wenn der Wert der Verarbeitung wesentlich geringer ist als der Wert „des Stoffes", womit der Wert aller verarbeiteten Materialien gemeint ist. Dies wird angenommen, wenn sich der Stoffwert zum Verarbeitungswert im Verhältnis von weniger als 100 zu 60 verhält.

### Verbraucher

Verbraucher ist nach § 13 BGB jede natürliche Person (Mensch), die ein Rechtsgeschäft zu einem Zweck abschließt, der weder ihrer gewerblichen noch *selbstständigen* beruflichen Tätigkeit zugerechnet werden kann. ▶ *Unternehmer* ▶ *Kaufmann* ▶ *Verbrauchsgüterkauf* ▶ *Allgemeine Geschäftsbedingungen*

### Verbrauchsgüterkauf

Ein Verbrauchsgüterkauf liegt vor, wenn ein *Verbraucher* (§ 13 BGB) von einem *Unternehmer* (§ 14 BGB) eine bewegliche Sache kauft. In diesem Fall gelten neben den §§ 433 ff. BGB zusätzlich die §§ 474 ff. BGB.
▶ *Verbraucher* ▶ *Unternehmer* ▶ *Kaufmann*

### Verjährung

Wenn ein Anspruch verjährt ist, ist der Verpflichtete (der Schuldner) nach § 214 Abs. 1 BGB berechtigt, die Leistung zu verweigern. Eine Verjährung bewirkt also nicht den Untergang (das Erlöschen) des Anspruchs, sondern begründet nur ein Gegenrecht. Der Verpflichtete muss dieses Recht dadurch geltend machen, dass er die „Einrede der Verjährung" erhebt. ▶ *Ausschlussfrist*

### Verlängerter Eigentumsvorbehalt

In der Praxis weit verbreitet ist der verlängerte Eigentumsvorbehalt. Diese Konstruktion wird gewählt, wenn eine Absatzkette vorliegt und der erste Käufer nicht in der Lage ist, den Kaufpreis vor der Weiterveräußerung an seine Kunden zu zahlen. In diesem Fall kann der Eigentümer (Lieferant) dem ersten Käufer (Nichteigentümer) die Veräußerung an Dritte gestatten. Der erste Käufer trifft dann als Nichtberechtigter eine Verfügung, die nach § 185 Abs. 1 BGB wirksam ist, weil sie mit der Einwilligung des Eigentümers erfolgt. Da damit das Eigentum auf die Dritten übergeht, lässt sich der bisherige Eigentümer (Lieferant) die Kaufpreisforderungen, die dem ersten Käufer gegen die Dritten zustehen, zur Sicherheit abtreten (§ 398 BGB).

### Vermögensschäden

Vermögensschäden (materielle Schäden) sind Schäden, die sich in Euro und Cent konkret bestimmen lassen, notfalls im Wege der Schätzung. Typische Beispiele sind Reparaturkosten, Heilungskosten (Krankenhauskosten, Zuzahlung für Medikamente, Fahrten mit dem Taxi zum Arzt), Verdienstausfall und entgangener Gewinn. ▶ *Nichtvermögensschäden*

### Verschulden

siehe ▶ *Fahrlässigkeit* ▶ *Vorsatz*

### Verrichtungsgehilfe

*Begriff* Verrichtungsgehilfe ist, wer in weisungsabhängiger Form von einem anderen (Geschäftsherrn) in dessen Interesse zu einer Verrichtung bestellt ist. § 831 Abs. 1 BGB ist eine gegen den Geschäftsherrn gerichtete Anspruchsgrundlage. Neben diesem kann der Verrichtungsgehilfe persönlich haften, zum Beispiel aus § 823 Abs. 1 BGB. ▶ *Erfüllungsgehilfe*
*In Ausführung der Verrichtung* Der Verrichtungsgehilfe handelt in Ausführung der Verrichtung, wenn ein zeitlicher und sachlicher Zusammenhang zwischen der aufgetragenen Verrichtung und der schädigenden Handlung besteht, was bei einer vorsätzlich begangenen *Straftat* jedenfalls in der Regel nicht der Fall ist.

*Verschulden*  § 831 Abs. 1 BGB setzt ein Verschulden des Geschäftsherrn in Bezug auf die *Auswahl oder Überwachung* des Verrichtungsgehilfen voraus. Dieses Verschulden wird vermutet. ▶ *Beweislastumkehr*

*Exkulpation*  Da das Verschulden des Geschäftsherrn vermutet wird, muss dieser sich exkulpieren (entlasten), indem er beweist, dass ihn bezüglich der Auswahl und *der laufenden Überwachung* des Verrichtungsgehilfen kein Verschulden trifft. Gelingt dieser Beweis nicht, bleibt es beim vermuteten Verschulden.

## Vertrag

*Begriff*  Ein Vertrag ist die von zwei oder mehreren Personen erklärte Willensübereinstimmung über die Herbeiführung eines rechtlichen Erfolgs. Er setzt mindestens zwei Willenserklärungen voraus. Der Vertrag ist ein mehrseitiges Rechtsgeschäft. ▶ *Willenserklärung* ▶ *Rechtsgeschäft*

*Abschluss*  Der Abschluss eines Vertrages setzt die rechtzeitige Annahme eines Angebots (Antrags) voraus. ▶ *Angebot* ▶ *Annahme* ▶ *Annahmefrist*

*Gegenseitiger Vertrag*  Ein gegenseitiger Vertrag (besser: gegenseitig *verpflichtender* Vertrag) liegt vor, wenn sich beide Seiten wechselseitig zu einer Leistung verpflichten. Leistung und Gegenleistung stehen im Gegenseitigkeitsverhältnis. Die wichtigsten schuldrechtlichen Verträge sind gegenseitig verpflichtende Verträge (zum Beispiel der Kauf-, der Miet-, der Dienst- und der Werkvertrag).

## Vertragliches Schuldverhältnis

Ein vertragliches Schuldverhältnis beruht auf dem Willen der Parteien, die den Vertrag geschlossen haben. ▶ *Gesetzliches Schuldverhältnis* ▶ *vorvertragliches Schuldverhältnis*

## Vertragsstrafe

Die Vertragsstrafe (Konventionalstrafe) wird in Verträgen vereinbart, um den Schuldner zu einer ordnungsgemäßen, insbesondere rechtzeitigen Erfüllung seiner vertraglichen Pflichten anzuhalten. Nach § 339 BGB ist eine Strafe, die der Schuldner dem Gläubiger für den Fall verspricht, dass er seine Verbindlichkeit nicht oder nicht in gehöriger Weise erfüllt, verwirkt, wenn der Schuldner mit seiner Leistung in Verzug kommt. Mit „Strafe" ist hier nicht eine vom Gericht verhängte Geldstrafe gemeint, sondern eine Geldzahlung des Schuldners an den Gläubiger. „Verwirkt" bedeutet, dass der Anspruch auf die Strafe entstanden ist.

## Vertretung

*Begriff*  Wenn jemand eine eigene *Willenserklärung* im Namen des Vertretenen und im Rahmen der Vertretungsmacht abgibt, dann wirkt die vom Vertreter abgegebene Willenserklärung gemäß § 164 Abs. 1 S. 1 BGB unmittelbar für und gegen den Vertretenen. Es ist also so, als wenn dieser die Erklärung selbst abgegeben hätte. ▶ *Prokura*

*Eigene Willenserklärung*  Der Vertreter muss eine *eigene* Willenserklärung abgeben und nicht lediglich, wie der Bote, eine fremde Willenserklärung überbringen.

*Im Namen des Vertretenen*  Die Willenserklärung muss erkennbar im Namen des Vertretenen abgegeben werden („Offenkundigkeitsprinzip"). Häufig wird auch gesagt, der Vertreter müsse „im fremden Namen" handeln. Der andere Teil soll schon vor Abschluss eines Vertrages wissen, dass der Vertrag nicht mit dem Handelnden – dem Vertreter -, sondern mit einem anderen – dem Vertretenen – geschlossen werden soll. Dafür genügt es, dass der Vertretene bestimmbar ist, sein

Name muss nicht genannt werden oder dem anderen Teil (Vertragspartner) bekannt sein. Die Willenserklärung muss außerdem nicht ausdrücklich im Namen des Vertretenen abgegeben werden, vielmehr reicht es aus, wenn sich dieses aus den Umständen ergibt (§ 164 Abs. 1 S. 2 BGB). Solche Umstände können sich aus der Verwendung von Firmenbögen, aus der Angabe der Firmenadresse als Lieferadresse und aus Art, Inhalt und Umfang einer Bestellung ergeben.

*Unternehmensbezogenes Geschäft*   Bei Verträgen und anderen Rechtsgeschäften, die sich auf ein Unternehmen beziehen, nimmt die Rechtsprechung an, dass der Wille der Beteiligten *im Zweifel* dahin geht, dass der Unternehmensinhaber und nicht einer seiner Angestellten (der Vertreter) Vertragspartei des anderen Teils werden soll. Diese Vermutung gilt insbesondere dann, wenn ein Rechtsgeschäft in den Räumen eines Unternehmens getätigt wird.

*Vertretungsmacht*   Die Vertretungsmacht kann sich aus dem Gesetz (Eltern für die Kinder, §§ 1626 Abs. 1, 1629 Abs. 1 BGB) oder aus einer rechtsgeschäftlichen Erteilung ergeben (Vollmacht, § 167 BGB). Außerdem sind bestimmte Organe juristischer Personen zur Vertretung berechtigt, zum Beispiel der GmbH-Geschäftsführer für die GmbH (§ 35 GmbHG).

*Vollmacht*   Die Vollmacht kann als *Innenvollmacht* gegenüber dem Vertreter oder als *Außenvollmacht* gegenüber dem anderen Teil erteilt werden (§ 167 Abs. 1 BGB).

*Ohne Vertretungsmacht*   Handelt jemand als Vertreter, ohne Vertretungsmacht zu haben, oder überschreitet er seine Vertretungsmacht, ist der Vertrag schwebend unwirksam (§ 177 Abs. 1 BGB). Verweigert der angeblich Vertretene die Genehmigung, kommt ein Anspruch des anderen Teils gegen den Vertreter ohne Vertretungsmacht aus § 179 Abs. 1 BGB in Betracht. § 179 Abs. 1 BGB ist eine Anspruchsgrundlage. ▶ *Schwebende Unwirksamkeit*

## VOB

Die „Vergabe- und Vertragsordnung für Bauleistungen" (VOB) ist zwischen der öffentlichen Hand und Vertretern der Bauindustrie ausgehandelt worden. Sie ist in die Teile A, B und C gegliedert. Teil B (DIN 1961) behandelt die „Allgemeinen Vertragsbedingungen für die Ausführung von Bauleistungen". Neben den Regelungen zur Vergütung in § 2 VOB/B sind Regelungen zu den folgenden Punkten enthalten: Zur Bauausführung (§§ 3 bis 6 VOB/B), zur Gefahrtragung (§ 7 VOB/B), zur Kündigung des Bauvertrages (§§ 8, 9 VOB/B), zur Vertragsstrafe (§ 11 VOB/B), zur Abnahme (§ 12 VOB/B), zur Gewährleistung einschließlich der Verjährung (§ 13 VOB/B) und zur Abrechnung und Zahlung (§§ 14 bis 16 VOB/B). Bei der VOB handelt es sich – trotz des äußeren Erscheinungsbildes und ihrer Veröffentlichung im Bundesanzeiger – weder um ein Gesetz noch um eine andere Rechtsnorm. Die Regelungen der VOB/B stellen vielmehr Allgemeine Geschäftsbedingungen dar und unterfallen den §§ 305 ff. BGB. Daraus folgt: Da die VOB kein Gesetz ist, gilt sie nicht automatisch. Vielmehr muss ihre Geltung von den Parteien vereinbart werden, was insbesondere gegenüber Verbrauchern wegen der Nichtbeachtung der Anforderungen des § 305 Abs. 2 Nr. 2 BGB oft nicht gelingt. Häufig wird dem Verbraucher nämlich nicht die Möglichkeit der zumutbaren Kenntnisnahme eröffnet. Wenn die VOB wirksam vereinbart ist, geht sie den §§ 631 ff. BGB vor. ▶ *Allgemeine Geschäftsbedingungen*

## Vorsatz

Vorsatz liegt vor, wenn der Täter absichtlich handelt (direkter Vorsatz). Vorsätzlich handelt aber auch, wer den Verletzungserfolg nicht will, ihn aber zumindest billigend in Kauf nimmt (bedingter Vorsatz, Eventualvorsatz). Hier verfährt der Täter nach dem Motto: „Es wird schon nichts passieren, aber wenn es passiert, dann passiert es eben".

## Vorvertragliches Schuldverhältnis

Ein Schuldverhältnis mit Schutz-, Aufklärungs- und sonstigen Nebenpflichten entsteht nach § 311 Abs. 2 BGB bereits vor Abschluss eines Vertrages. Man spricht von einem vorvertraglichen Schuldverhältnis, für das die Pflichten zur Rücksichtnahme nach § 241 Abs. 2 BGB bereits bestehen.
▶ *Vertragliches Schuldverhältnis* ▶ *gesetzliches Schuldverhältnis*

## Werkvertrag

*Begriff* Der Werkvertrag ist auf die Herbeiführung eines Erfolges gerichtet. Dadurch unterscheidet er sich vom Dienstvertrag, der gemäß § 611 Abs. 1 BGB auf die Leistung der versprochenen Dienste gegen Zahlung einer Vergütung und damit auf eine Tätigkeit gerichtet ist.

*Fiktive Vergütung* Nach § 632 Abs. 1 BGB gilt eine Vergütung als vereinbart, wenn die Herstellung des Werkes den Umständen nach nur gegen eine Vergütung zu erwarten ist. Diese Fiktion („gilt als vereinbart ...") greift (nur) dann ein, wenn die Parteien keine ausdrückliche oder zumindest konkludente Vereinbarung zur Vergütung getroffen haben, was im wirtschaftlichen Bereich eher selten der Fall ist.

*Übliche Vergütung* Da es bei einem Werkvertrag häufig nicht möglich ist, die Höhe der Vergütung im Voraus zu bestimmen, enthält § 632 Abs. 2 BGB eine (weitere) Fiktion. Bei fehlender Vereinbarung zur Höhe der Vergütung ist bei Bestehen einer Taxe die taxmäßige Vergütung, anderenfalls die übliche Vergütung als vereinbart anzusehen. Unter einer Taxe versteht man einen behördlich festgesetzten Preis, etwa für die Benutzung von Taxen, aber auch Gebührenordnungen für Ärzte, Architekten, Rechtsanwälte und Steuerberater. Diese Ordnungen enthalten allerdings nicht immer starre Gebühren, sondern lassen den Rechnungsstellern einen Spielraum, den sie im Rahmen des Üblichen nutzen dürfen.

*Kostenanschlag* Wenn dem Werkvertrag ein Kostenanschlag (oft Kostenvoranschlag genannt) zugrunde liegt, ohne dass der Unternehmer die Gewähr für dessen Richtigkeit übernommen hat, muss der Unternehmer den Besteller nach § 650 Abs. 2 BGB informieren, wenn sich während der Herstellung des Werkes zeigt, dass dieses nicht ohne eine wesentliche finanzielle Überschreitung ausführbar ist. Als wesentlich wird eine Überschreitung ab 15 % oder ab 20 % angesehen. Unterlässt der Unternehmer die Anzeige, liegt hierin eine Pflichtverletzung gemäß § 280 Abs. 1 BGB mit der Folge, dass der Besteller nur dem Kostenanschlag gemäß zur Zahlung verpflichtet ist.

*Abnahme* Nach § 640 Abs. 1 BGB ist der Besteller verpflichtet, das vertragsgemäß hergestellte Werk abzunehmen. Eine Abnahme liegt vor, wenn der Besteller das Werk als im Wesentlichen vertragsgemäße Leistung körperlich entgegennimmt. Die Abnahme kann förmlich durch die Unterzeichnung eines Abnahmeprotokolls oder konkludent (schlüssiges Verhalten) erfolgen. In beiden Fällen muss gegenüber dem Unternehmer zum Ausdruck kommen, dass der Besteller die Werkleistung als im Wesentlichen vertragsgemäß anerkennt. Möglich ist auch eine fiktive Abnahme (§§ 640 Abs. 1 S. 3, § 641 a Abs. 1 S. 1 BGB).

*Unternehmerpfandrecht* Nach § 647 BGB steht dem Unternehmer für seine Forderungen aus dem Werkvertrag ein Pfandrecht an den *beweglichen* Sachen zu, die in seinen Besitz gelangt sind. Das Pfandrecht berechtigt ihn zur Verwertung des Gegenstandes. ▶ *Pfandrechte*

## Widerrechtlichkeit

Jede Verletzung eines fremden Rechtsgutes oder Rechtes ist widerrechtlich, es sei denn, es liegt ein Rechtfertigungsgrund vor (Einwilligung, Notwehr). *„Die Tatbestandsmäßigkeit indiziert die Widerrechtlichkeit"!* Diese Regel gilt aber nicht, wenn ein Eingriff in das *Recht am Unternehmen* oder in das *Allgemeine Persönlichkeitsrecht* vorliegt. In diesen beiden Fällen muss die Rechtswidrigkeit im Wege einer Güter- und Interessenabwägung festgestellt werden.

▶ *Deliktsrecht* ▶ *Allgemeines Persönlichkeitsrecht* ▶ *Recht am Unternehmen*

## Widerruf

In zahlreichen Fällen stehen Verbrauchern Widerrufsrechte zu, insbesondere beim Fernabsatzvertrag (§§ 312 d Abs. 1, 355 BGB), bei Haustürgeschäften (§§ 312, 355 BGB) und beim Verbraucherdarlehensvertrag (§§ 495 Abs. 1, 355 BGB). Die fristgerechte Erklärung des Widerrufs hat nach § 357 Abs. 1 BGB zur Folge, dass der Vertrag gemäß §§ 346 ff. BGB rückabgewickelt wird.

▶ *Gestaltungsrechte* ▶ *Rücktritt* ▶ *Anfechtung* ▶ *Kündigung*

## Willenserklärung

*Begriff* Eine Willenserklärung ist die Erklärung einer Person, die auf die Herbeiführung einer Rechtsfolge gerichtet ist. Wesentlicher Bestandteil einer Willenserklärung ist der Rechtsbindungswille, also der Wille, eine in rechtlicher Hinsicht verbindliche Handlung vorzunehmen, zum Beispiel einen Vertrag abzuschließen, die Kündigung eines Mietvertrages auszusprechen oder eine Anfechtung wegen arglistiger Täuschung zu erklären. Dieser Wille wird auch Rechtsfolgewille genannt. Neben dieser subjektiven Komponente ist die Erklärung des Willens erforderlich (objektive Komponente). ▶ *Rechtsgeschäft* ▶ *Vertrag* ▶ *invitatio ad offerendum*

*Auslegung* Für die Auslegung einer (unklaren) Willenserklärung kommt es nach §§ 133, 157 BGB darauf an, wie der Erklärungsempfänger die Willenserklärung nach Treu und Glauben und unter Berücksichtigung der Begleitumstände und der Verkehrssitte verstehen musste. Dieser Ansatz wird als „Auslegung vom Empfängerhorizont" bezeichnet.

*Empfangsbedürftig* Die meisten Willenserklärungen sind empfangsbedürftig. Sie werden erst wirksam, wenn sie bei einem anderen ankommen, ihm also zugehen. Beispiele sind Angebot und Annahme, Anfechtung, Kündigung, Rücktritt und Widerruf. Eine *nicht* empfangsbedürftige und damit sofort wirksame Willenserklärung ist das *Testament*.

## Zugang

*Begriff* Eine Willenserklärung unter Abwesenden ist nach § 130 Abs. 1 S. 1 BGB zugegangen, wenn sie in den Machtbereich des Empfängers gelangt ist, und der Empfänger unter normalen Verhältnissen die Möglichkeit hat, vom Inhalt der Erklärung Kenntnis zu nehmen und nach der Verkehrsanschauung mit einer Kenntnisnahme zu rechnen ist. Außerdem darf kein vorheriger oder gleichzeitiger Widerruf erfolgen (§ 130 Abs. 1 S. 2 BGB).

*Verzicht auf den Zugang* Nach § 151 BGB wird auf den Zugang *der Annahmeerklärung verzichtet*, wenn die Erklärung der Annahme gegenüber dem Antragenden nach der Verkehrssitte nicht zu erwarten ist oder der Antragende auf die Erklärung verzichtet hat. Es wird nicht auf die Erklärung der Annahme, sondern *nur* auf den Zugang der Erklärung beim Antragenden verzichtet. Deshalb muss mindestens eine konkludente Annahmeerklärung vorliegen.

▶ *Konkludentes Verhalten*

## Zwingendes Recht

Zwingendes Recht kann durch eine Vereinbarung der Parteien weder geändert noch ausgeschlossen werden. ▶ *Dispositives Recht*

# Literaturverzeichnis

Die überwiegende Zahl der Nachweise entstammt dem Standardkommentar Palandt oder Gerichtsentscheidungen. Sofern es möglich war, wurden die Fundstellen der Urteile in den Zeitschriften Neue Juristische Wochenschrift (NJW) und NJW-Rechtsprechungs-Report Zivilrecht (NJW-RR) nachgewiesen.

| | |
|---|---|
| Canaris | Handelsrecht, 23. Aufl., München 2000. |
| Karsten/Bauer/Klose | Forderungssicherung und -durchsetzung in der Bauwirtschaft, 1. Aufl. Baden-Baden, 2006. |
| Löhnig | Die Einbeziehung von AGB bei Internet-Geschäften, NJW 1997, S. 1688 f. |
| Mehrings | Papier ist geduldig – zur Verjährungsfrist des § 13 Nr. 4 VOB/B, MDR 1998, S. 78 ff. |
| Mehrings | Zur Einbeziehung von AGB in den Internet-Vertrag, BB 1998, S. 2373 ff. |
| Meyer, Justus | Die Insolvenzanfälligkeit der GmbH als rechtspolitisches Problem, GmbH-Rundschau 2004, S. 1417 ff. |
| Palandt | Bürgerliches Gesetzbuch, 65. Auflage, München 2006. |
| Soehring/Seelmann-Eggebert | Die Entwicklung des Presse- und Äußerungsrechts in den Jahren 2000 bis 2004, NJW 2005, 571 ff. |
| Staudinger | Eckpfeiler des Zivilrechts, 1. Aufl. Berlin 2005. |
| Zantow | Finanzierung. Die Grundlagen modernen Finanzmanagements, München 2004. |

# Register